《人民文库》编委会

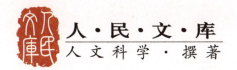

人·民·文·库
人文科学·撰著

从鸦片战争到五四运动
（上）

胡绳 著

人民出版社

《人民文库》出版前言

人民出版社是党的第一家出版机构，始创于1921年9月，重建于1950年12月，伴随着党的历史、新中国的发展、改革开放的巨变一路走来，成为新中国出版业的见证和缩影！

"指示新潮底趋向，测定潮势底迟速"，这十四个大字就赫然写在人民出版社创设通告上，成为办社宗旨。在不同的历史时期，出版宗旨的表述也许有所不同，但宗旨的精髓却始终未变！无论是在传播马列、宣传真理方面，还是在繁荣学术、探索未来方面，人民版图书都秉承这一宗旨。几十年来，特别是新中国成立以来，人民出版社出版了大批为世人所公认的精品力作。有的图书眼光犀利，独具卓识；有的图书取材宏富，考索赅博；有的图书大题小做，简明精悍。它们引领着当时的思想、理论、学术潮流，一版再版，不仅在当时享誉图书界，即使在今天，仍然具有重要影响。

为挖掘人民出版社蕴藏的丰富出版资源，在广泛征求相关专家学者和老一辈出版家意见的基础上，我社决定从历年出版的2万多种作品中（包括我社副牌东方出版社和曾作为我社副牌的三联书店出版的图书），精选出一批在当时产生过历史作用，在当下仍具思想性、原创性、学术性以及珍贵史料价值的优秀作品，汇聚成《人民文库》，以满足广大读者的阅读收藏需求，积累传承优秀文化。

《人民文库》第一批以20世纪80年代末以前出版的图书为主，

分为以下类别：（1）马克思主义理论，（2）中共党史及党史资料，（3）人文科学（包括撰著、译著），（4）人物，（5）文化。首批出版100余种，准备用两年时间出齐。此后，我们还将根据读者需求，精选出20世纪90年代以来的优秀作品陆续出版。

由于文库入选作品出版于不同年代，一方面为满足当代读者特别是年轻读者的阅读需要，在保证质量的前提下，我们将原来的繁体字、竖排本改为简体字、横排本；另一方面，为尽可能保留原书风貌，对于有些入选文库作品的版式、编排，姑仍其旧。这样做，也许有"偷懒"之嫌，但却是我们让读者在不影响阅读的情况下，体味优秀作品恒久价值的一片用心。

在社会主义文化大发展大繁荣的今天，作为公益性出版单位，我们深知人民出版社在坚持社会主义文化前进方向，为人民多出书、出好书所担当的社会责任。我们将从新的历史起点出发，再创人民出版社的辉煌。

《人民文库》编委会

目　　录

上　　册

绪　　论

第一编　鸦片战争和太平天国农民革命

第二编　半殖民地、半封建统治秩序的形成

下　　册

第三编　戊戌维新和义和团运动

第四编　资产阶级领导的辛亥革命

第五编　向新民主主义革命的过渡

再 版 序 言

1995 年 11 月到 12 月间，我利用养病的时间把 1980 年初写成、1981 年出版的《从鸦片战争到五四运动》读了一遍。自这本书完成以后，这还是第一次从头到尾重读它。

《从鸦片战争到五四运动》全书约 70 万字。1981 年 6 月由人民出版社出版，然后又由上海人民出版社出了字体较大(4 号字)的版本，不久红旗出版社还出了这部书的简本。这三个本子都经过多次重印。据我掌握的情况，它们的印数累计共 300 余万册。

在屡次重印的过程中，曾经对个别字句作了修改，其中有的还是比较重要的修改。例如，在最初的印本中提到尼布楚条约中规定的中俄边界线时本应该写"外兴安岭"，错成了"大兴安岭"。这个错误在后来的印本中已经改正了。根据出版社的规定，改正个别字眼，虽然重印也不叫新的一版。所以至今出的书还是初版本，只是有第几次印本的不同。这次通读中，不免做了较多的修改。因此，我请人民出版社出版这书的第二版，并且请上海人民出版社和红旗出版社在未做相应的修改以前不再出版这书的大字本和简本。

这次虽然作了比较多的修改，但毕竟不是大改。这是因为：第一，这本书的基本论点和总的体系我现在还不觉得有修改的必要。第二，如果现在来写这本书，当然全书的面貌包括材料的取舍和论述的详略会有很大不同。但是我不能把 1981 年以前写的书改成 1995 年写的书。

对于这次所作的改动，在这里举几个例子。

第一，在第二章第一节第四段中提到"在菲律宾的西班牙人曾帮助明朝夹攻以林凤为首的中国海盗"。我看到过一个刊物上有一篇关心华侨的历史的作者写的文章。他说，林凤对于中国和菲律宾人民的友好关系是有贡献的，把他说成海盗是错误的。我在这里本来只是要说明明朝政府为消灭本国的海盗，引进了外国的侵略势力。很惭愧我对林凤的事迹并无了解。最近我读到1994年出版的《潮汕百科全书》，其中有林凤的小传。这才使我对这个明朝的海上英雄人物有了较多的认识。

据《潮汕百科全书》说，林凤生于饶平县（属广东潮州），19岁参加"海上绿林"泰老翁的队伍，后继其业，以澎湖为基地，开拓海上贸易，最盛时辖舰300余艘，人员4万以上。隆庆元年（1567）率部攻占广东惠来县的神泉港。万历元年到二年（1573—1574）他的军队曾进入广东、福建、台湾沿海的一些地方。由于明朝以重兵围剿，他于万历二年十一月率领战舰62艘，战士2000名（多数是农民和工匠）、水手2000名、妇女儿童1500名，共5500人，还带了大批生产工具和种子等，向吕宋岛进发，以应菲律宾人为驱逐西班牙殖民主义者的邀约。他的部队曾进攻马尼拉获胜，击毙了西班牙驻菲律宾的总指挥。第二次进攻失利，撤兵北上到了邦阿西楠省（Pangasinan）的林加延湾（Lingayen G.），在那里建立了都城（包括住所、城寨、宝塔），自称国王，向当地居民传授中国的农业耕作技术和手工艺。当地居民欢迎林凤，为他提供粮食、木材和其他必需品。万历三年（1575）三月，西班牙殖民主义者加强兵力围攻林凤。明朝乘机派人到菲律宾与西班牙驻菲律宾总督密谈，联合围攻林凤。林凤苦战4个月，因粮械不继，于八月四日一夜间，率40余艘战舰突围，直抵台湾，并重返潮州附近海域，战舰又增至150余艘，势力复振。后来因队伍内部意见分歧，林凤离开潮州，不知所终。

根据这个记述，我把书中原来说的那句话改为"在菲律宾的西班牙人曾和明朝合作围攻被明朝官方视为海盗、帮助菲律宾人反抗西班牙殖民主义者的林凤的部队"。

第二，书中第八章第一节原来的标题是《所谓"中外同心灭贼"》，现在改成了《强盗成了朋友》。"中外同心灭贼"这句话出自咸丰十一年（1861）五月总理衙门的一个奏报。其中说，自英法联军以后，由于"我们"的笼络，英国、法国正在和"我"亲近，向"我"靠拢。所以应当"乘此时卧薪尝胆，中外同心以灭贼为志。"有个朋友向我提出这里所说的"中外"是指朝廷和地方，即中央和外省，不是讲中国和外国。我考虑了这个意见，认为他的解释是对的。在咸丰末年，清朝当局确实在考虑利用外国的助力来歼灭太平天国，但是上述奏报中所说的"中外"却不能解释为中国和外国。那是说，趁英法同"我"亲近的时候，朝廷和在长江下游统率大军的曾国藩等人应当更加协同去消灭太平天国。在上述奏报后三个月，同治元年正月十三日（1862 年 2 月 11 日）清廷有一道上谕说，英法两国这次在上海帮助剿贼，"尤其真心和好，克尽友邦之谊"，并且要地方官员随时迅速报告英法助剿的情节，"以彰中外和好同心协助之意"。这里所说的"中外"那就毫无疑问的是指中国和外国。因为这道上谕是引用在第八章的第二节里，所以，第八章第一节的题目就作了改变，并在这一节中不再引用上述咸丰十一年的总理衙门奏报中的"中外同心"那句话。

第三，在书中第十二章第四节的末尾处引用郭嵩焘和曾纪泽的两段话并加以评论。评论中使用了"对帝国主义世界的统治秩序是多么心悦诚服"和"合于帝国主义的需要的第一批买办外交家"这样的语言，现在作了些修改。因为在这里并不是对郭、曾二人作全面的评价。这里想说的是：对世界有所了解当然胜过懵然无知，但有所了解后立刻就发生一个问题：对于帝国主义统治世界的秩序（在这种秩序下中国是个受灾难的半殖民地国家）是否只能顶礼膜拜、心悦诚服？当时的中国人要如实地认识周围的世界和中国在这世界中的地位，的确并不是很容易的。不只是承认既成的事实，而且敢于打破旧局面开创新局面，这是更难得多的事情。中国人包括其中的先进分子，是用几代人的努力才做到这一点的。为做到这一点不能不，也的确是经过了和帝国主义侵略者企图灌输在中国人民中的认识相斗争的过程。这段话经修改后表达得准确一些。

这次所作的修改多数是由于历年来读者和朋友的提示，或者因受到报纸刊物上有关文章的启发。近十几年来，我国学术界对于中国近代史的史料的收集和整理，对于中国近代史中许多问题的研究都有许多新的成就。可惜我不能遍读有关的材料。如果我读得更多，这次所作的修改可能会更多一些。

这次通读和修改这本书的过程中，我曾考虑过几个问题，不妨在这里说一下。

第一个问题是关于阶级和阶级斗争的问题。我写这本书是使用阶级分析的观点和方法。其所以使用这种观点和方法并不是因为必须遵守马克思主义，而是因为只有用马克思主义阶级分析的观点和方法，才能说清楚在这里我所处理的历史问题。这本书是中国半殖民地半封建时期的前半期，即 1840 年到 1919 年之间的政治史。中国在经过了两千多年基本上停滞的封建社会以后，社会政治发生了前所未有的激烈的动荡和变动。这些动荡和变化从根本上和总体上说来是表现为旧的阶级虽然衰落，但仍然存在，新的阶级虽然已经兴起，但尚未取得胜利；旧时期的阶级斗争仍然残存，而新时期的阶级斗争已经开始兴起。外国帝国主义势力的侵入更使中国国内的阶级矛盾和阶级斗争复杂化。帝国主义和中国的矛盾是民族矛盾，同时也是阶级矛盾。因为不同的阶级对于外国侵略者采取不同的态度，其态度也不是一成不变的。不指明这些，就只能停止于描述历史现象，不能说清任何问题。如果我不是写一部政治史，而是写一部通史，我也不可能脱离这种观点和方法。当然不应当把任何社会现象都用，或者只是用阶级根源来解释，不应当把任何社会矛盾都说成是敌对阶级之间，或这个阶级和那个阶级之间的矛盾。把马克思主义阶级分析的观点简单化、公式化是我们所不取的。

中国近代史中发生了多次革命，这些革命几乎都不能不采取武装斗争的形式，即阶级斗争的最高形式。这里说的革命是指推翻旧的统治阶级，改变旧的社会政治制度的革命。我在这本书中对于几次革命的论述曾遇到两种评论，一种是认为过于贬低，一种是认为估价过高。对于这几次革命，历来都有不同的看法。相对说来，对辛亥革命争议较少，但仍有相当大的分歧。我以为站在更高的历史台阶上，指出辛亥革命的弱点和它之所以不能取得较多成就的原因，这并不是加以贬低，并不是贬低它的历史地位和历史意义。至于根本否定辛亥革命的看法由来已久，学术界中最早当推康有为和梁启超。他们在辛亥革命前就反对革命。在这以后更是利用社会国家的混乱状况来谴责革命，宣告与革命告别。我的观点是，即使是有严重缺点的、不成熟的、有许多负作用的、一时没有得到完全成功的革命，如果它是适应于阶级斗争向前发展的形势而发生的，它就不能不被认为是必要的，是推进社会历史进步的。

有人认为改良是比革命更好的方法，所以不应当推崇革命。但历史事实是，在社会政治发展中，改良的道路走不通的时候，才发生革命。对于革命和改良，不能脱离具体的历史条件而作抽象的价值评估。在这本书中改良和改良主义是指推动社会进步发展的步骤和方法而言的。就这本书叙述的范围而言，在和旧势力斗争中，改良主义是有积极的进步意义，而且在客观上有为革命作前驱的作用。但是改良主义又有否定革命的作用。所以在中国近代历史上改良主义常常是有两面性的。在革命的形势已经出现的时候，在革命的烽火已经兴起的时候，改良主义的立场如果不有所改变，它的斗争锋芒就不是指向旧势力，而是指向革命。旧势力也会利用改良主义来抗拒革命。

到了社会主义时期，社会历史条件发生了根本的变化。对于在这个时期的阶级、阶级斗争、革命的看法，当然应当从实际出发，发生很大的乃至根本性的变化。在社会主义初级阶段，阶级矛盾虽然还存在，但已经不是社会的主要矛盾。社会矛盾的内容发生了变化，解决这些矛盾的方法也不同了。当我们说改革开放搞活经济也是一种革命的时候，所说的革命显然有和旧时代不同的含义。旧时代的阶级矛盾、阶级斗争、革命的经验对我们现在仍然有意义,但并不是要我们重复这些经验。以阶级斗争为纲来处理社会主义时期的各种社会政治问题,实践已证明是完全错误的。我们要从社会主义初级阶段的具体实际出发,认识社会各阶级、阶层的动态,他们和旧社会的差异(在形式上某些方面似乎相同),如何用和旧社会不同的方法来对待和解决阶级矛盾和其他社会矛盾,等等。

第二个问题是对外开放的问题。从1978年底的中共十一届三中全会以后,我国实行了对外开放政策,并且不断地扩大开放。我国和世界各国的经济技术文化的交流大为增加。我们取得了在社会主义建设中利用国外和境外的资金的经验,也取得了利用外国市场和资源的经验,虽然至今还是初步的经验。这些是在我国的历史上完全新的经验。

为什么说是完全新的经验呢?因为除了古代的中外贸易文化的交往外,我国历来只有闭关守国的经验和从鸦片战争后100年间作为半殖民地国家向世界开放的经验。在那100年间虽然有外国资金投入中国,但那些资金几乎都是从对中国的剥削和敲诈而来。它投入中国只是加强了剥削和压榨,阻碍了民族经济的发展。那时的进出口贸易为数很少,而且基本上是输出农产品和矿产品,进口机器制造的产品。那种开放只能使中国处于贫穷落后的状况。那时的中国虽然已经被帝国主义国家闯开了大门,门户洞开毫无阻拦,但是对外开放的程度其实是很低的。这就因为那种开放使中国贫穷,而越是贫穷就越谈不到扩大开放。在那种情况下,谁也不敢梦想利用外国的资金、市场和资源来发展本国的经济。

在抗日战争结束前不久,也就是大约在1944年,那时人们正在考虑抗日战争结束以后的中国,我在国民党地区的一个刊物上看到过一篇文章,大意是说,世界各国应该让中国富强起来,这样他们和中国的贸易及其他经济交往才能大大增加,这对各国才是最有利的。文章中举出了美国和欧洲各国及日本战前相互间贸易的数字,和它们与中国之间贸易来往的数字相比较,后者少得十分可怜。文章的作者举出这些材料用以证明他的论点。文章给我印象很深,虽然事隔多年已忘记了杂志的名称和作者的姓名,但仍记得他提出的上述论点。我当时认为这种论点不是没有道理的。但是如果认为依靠这种论点就可以说服帝国主义国家允许中国真正独立,并且扶助中国走向富强,那是一种幻想。帝国主义在中国历来是一面想使中国对外开放,一面又压迫中国,使中国保持落后和贫穷,因而实际上对外开放的程度极低,甚至并不开放。这是依靠帝国主义解决不了的一个矛盾。只有中国人民用自己的努力来争得民族的完全独立,用自己的力量从中国的具体情况出发来发展中国经济的时候,这个矛盾才能解决。正因为中国近十几年来作为一个独立的国家实行对外开放政策取得的经验是完全新的。所以我们不能用旧时代的经验来解释新的有关现象。当然也不能根据新时代的经验来重新解释半殖民地时代的历史现象,以为过去对那个时代的认识是落后的不正确的。

至于1899年到1900年美国政府提出的中国门户开放政策,那和现在我们所实行的对外开放完全是不同性质的。当时帝国主义列强的势力已经深入中国,并在中国划分势力范围。美国的所谓门户开放政策是说,各国在中国的势力范围不应当对其他各国关起门来,而应该向各国一律开放。在《从鸦片战争到五四运动》和我的另一本书《帝国主义与中国政治》中,对历史上的对外开放问题都有些论述,当然不可能和1978年以后的情况对比来进行论述。

第三个问题是可否以现代化问题为主题来叙述和说明中国近代的历史? 我的书是在具有划时期意义的党的十一届三中全会举行后一年多的时候出版的。那时,大家明确地否定"文化大革命"及以前一段时期中提出的以阶级斗争为纲的主张。在历史学界中有人因此觉得,在中国近代史中不宜着重论述阶级和阶级斗争。提出以现代化为主题来叙述近代史的意见,可能和这种想法有关。

虽然有过上述这种意见,但是至今尚未有以现代化为主题写出来的中国近代史(也许我孤陋寡闻未见到过)。但是我认为这种意见是可行的。从 1840 年鸦片战争以后,几代中国人为实现现代化作过些什么努力,经历过怎样的过程,遇到过什么艰难,有过什么分歧、什么争论,这些是中国近代史中的重要题目。以此为主题来叙述中国近代历史显然是很有意义的。

但是以现代化为中国近代史的主题并不妨碍使用阶级分析的观点和方法。相反的,如果不用阶级分析的观点和方法,在中国近代史中有关现代化的许多复杂的问题恐怕是很难以解释和解决的。

在中国近代史中,现代化也就是工业化和与工业化相伴随着的经济、政治和文化等各方面的变化。从 19 世纪后期到 20 世纪初期的中国,现代化就是资本主义化。那时社会主义的问题还没有提上日程。中国的资本主义化当然就是中国国内各种社会力量的对比和斗争的问题。而且还不只是国内的问题,因为这时已经渗入了外国帝国主义的侵略势力。可以这样看,最早促使中国走向某种程度的现代化的不是别的什么力量,就是帝国主义。说只是某种程度的现代化,是因为帝国主义在全世界所到之处,按照自己的面貌来改造一切社会制度落后的民族和国家,但并不是要使它们真正成为和自己完全一样,而只是使那里发生以有利于自己实行殖民统治为严格范围的朝向资本主义的变化。

在第二次世界大战后的历史条件下得到民族独立的那些原殖民地国家是明确的例证。它们经历过长期的殖民统治,有的甚至三四百年。在殖民统治时期,帝国主义者支配着殖民地及其人民的命运。从帝国主义者的利益出发,各种妨碍民族进步发展的前资本主义的社会关系被有意地保留下来。资本主义在那里是有所发展,但只是在有限的范围内,而且得到好处的只是殖民地者和当地人民中的极少数人,在取得独立以后这些国家无一例外地都处于贫穷落后的状况。至于在实现了资本主义的土地上土著居民已被消灭殆尽的情况也有不少的实例。某些人居然说中国如果当过几十年殖民地,就会实现现代化。这完全是极端无知的昏话。

经过鸦片战争外国资本主义侵略势力进入中国以后,要原封不动地保持封建社会的原样,已经是不可能的。帝国主义的压力不允许中国统治势力闭关自守,也不允许它一切保持原样。帝国主义的压力也刺激了中国人民追求新的道路。在这种情况下,中国近代史中的现代化问题不可能不出现两种倾向。一种倾向是在帝国主义允许的范围内的现代化,这就是,并不要根本改变封建主义的社会经济制度及其政治和意识形态的上层建筑,而只是在某些方面在极有限的程度内进行向资本主义制度靠拢的改变。另一种倾向是突破帝国主义所允许的范围,争取实现民族的独立自主,从而实现现代化。这两种倾向在中国近代史中虽然泾渭分明,但有时是难以分辨的。这本书曾仔细地将 19 世纪 60 年代至 90 年代的洋务派官僚和资产阶级改良派加以区别。那时的洋务派官僚是上述的第一种倾向的最早的代表人。那时的资产阶级改良派是后一种倾向的先驱。

在中国近代史上讲对外开放,就要区别在殖民地半殖民地身份上的对外开放和独立自主的对外开放。同样,讲现代化,也不能不区别帝国主义所允许范围内的现代化和独立自主的现代化。要说清楚这两种倾向的区别和其他种种有关现代化的问题,在我看来都不可能离开马克思主义的阶级观点和阶级分析。

在我的书中对上述问题有所论述,虽然不够展开。近年来在我的文章中曾写过这个问题。现在摘录这些文章中的有关段落,附录在这篇序言之后,以供参考。

在这篇序言的最后还有几件事情交待一下。

一、有些读者和朋友从这本书的书名想到我应该续写一本《从五四运动到人民共和国建立》。的确我曾考虑过这件事,但至今未能动手。我的精力和年龄已不允许我再写出那本书,我想委托一些朋友把它写出来。

二、这本书中引文出处的注释,在 1981 年的初次印本中当然用的都是在这以前的书的版本。后来几次重印时曾对有些引文根据新的版本核对。因而注释中用了 1981 年以后的版本,但也不是一律改变,所以显得不一致。现在没有作进一步调整的工作。

　　三、本书初版中有一个人名索引(这是我的朋友孙洁人同志作的,他已经在两年前逝世了)。许多读者和我自己都感到这个索引很有用。不但可以查到有关各个人的记述,也可以通过人名查到事情。书中提到的欧美各国的人名的原文也可以从索引中查到。再版本中仍保留这个索引,并且作了些补充,加上了注文中的人名。再版本中又由白小麦同志编了一个《事项索引》。现在我国的学术著作中一般都缺少这类索引,所以我特别在这里提一下。

1995 年 12 月末

附　　录

一、摘自 1990 年 6 月 3 日的《纪念鸦片战争一百五十周年》

　　在鸦片战争以前,中国和中国以外的世界几乎完全隔绝。这一次战争打破了这种隔绝,中国和世界发生了越来越密切的联系。因为有了这种联系,中国人打开了眼界,中国人民的斗争得到了世界各国进步人民的同情和支持。近代中国社会发生了新的社会经济形态、新的阶级力量、新的思想,也是和中国不再是对外界完全封闭的社会有关。但是,在那一百年间,中国是作为一个半殖民地国家,即半独立的国家和世界联系的。从根本上说,这种联系的内容是帝国主义对中国的侵略和掠夺。诚然,到了世界的近代,没有一个民族的发展能够和世界隔绝。但是,是以附庸国的地位,半殖民地、殖民地的地位来和世界联系,还是以独立国家的地位来和世界联系,这是关系一个民族和国家的命运的大问题。帝国主义者常常以义和团为例,把近代中国人民的反帝斗争诬蔑为"排外"。1899 年勃兴的义和团运动是帝国主义侵略激起的反抗斗争,但因为没有先进阶级的领导,所以带有排外的色彩。但经过义和团之役后不久,中国人民已经超越了初期的幼稚的斗争时代,懂得排外不是出路。中国人民反抗帝国主义的侵略和压迫,推翻帝国主义的代理人的统治,并不是要"排外",而是因为只有这样,中国才能作为一个独立的国家和世界联系,才能在和世界的联系中不是处于被侮辱、被损害,受人支配的地位。1949 年中国革命的胜利和新中国的建立,为什么受到全国各族、各阶层人民的热烈拥护呢?就因为在中国共产党领导下,中国人民开始掌握自己的命运;在中国共产党领导下的新中国打破了一百年来的旧例,收回了曾经丧失的全部国家主权,自立于世界各国之林。

社会主义中国所实行的对外开放,在性质上当然和鸦片战争后一百年间的"开放"完全不同。现在的中国是一个独立自主的、拥有完整主权的社会主义国家,在和平共处五项原则的基础上和世界上一切国家平等交往。我们坚定不移地实行开放政策,发展中国与世界各国各方面的联系。中国能够为促进世界的和平与发展尽自己的一份责任,也相信,中国向中国以外的世界开放是有利于中国的进步和发展的。我们无限珍视经过几代人的奋斗才争得的国家的独立和主权。伟大的中国人民过去敢于反抗外来的压力,今后也不会在任何外来的压力面前屈服。

二、摘自 1990 年 8 月 31 日的《关于近代中国与世界的几个问题》

近代中国受到世界上所有大小帝国主义国家的欺凌。几个强国在中国划分势力范围,有的强国还曾试图独占中国。近代中国的历史是被侵略、被掠夺、被压迫的历史。这段历史从 1840 年算起,持续 109 年之久。在近代以前的一段时间里,中国和中国以外的世界几乎是完全隔绝的。世界不了解中国,中国人也不了解世界。近代中国和世界发生了愈来愈密切的联系,这种联系当然是多方面的,而其根本内容是帝国主义列强武装侵略中国,在经济上掠夺中国,在政治上支配中国。中国处于被侮辱、被损害、被宰割的地位。

外来的侵略和压迫不能不引起中国人民的反抗。中国是一个具有悠久的文化传统,并且具有作为统一国家的长期历史的国家。所以资本主义外国的侵略压迫,一开始就遇到中国人民的强烈反抗。在近代中国社会中出现了新的阶级力量,即资产阶级和无产阶级的力量以后,反抗外国帝国主义及其在中国的助手和代理人的斗争就愈来愈强烈。帝国主义列强曾使中国局部地区殖民地化,并且使中国丧失了作为独立国家的完整主权,成为一个半独立的即半殖民地国家。但是,近代中国毕竟没有完全沦为殖民地,其原因主要就在于中国人民的反抗斗争。这种反抗斗争的发展终于使中国摆脱了半殖民地、殖民地的命运,取得了民族的独立,恢复了全部国家主权。所以,中国近代历史又是一部反抗外国资本主义、帝国主义的侵略和压迫的历史。

帝国主义的侵略、掠夺和剥削,造成了近代中国的贫穷和落后。这里要特别指出的是,中国封建社会内部存在的资本主义生产关系的萌芽没有能正常地发展起来,使中国进入资本主义社会,其原因就在于帝国主义控制了中国的经济命脉和中国的政治。固然,外国资本主义的侵入对中国封建社会的自然经济基础起了破坏作用,从而促进了商品经济和资本主义因素的发展;但是,从上个世纪中叶以后出现的中国民族资本处于极其艰难的条件下,不可能发展壮大起来。它不但遭到具有种种特权的外国资本的排挤,而且无力抗拒在中国社会中仍然居于统治地位的前资本主义的剥削制度。近代中国的前70年是在清皇朝统治下。帝国主义使清皇朝变成它们所利用的驯服工具;在清皇朝覆灭以后,又支持一个个代表地主阶级和买办官僚资本利益的军阀官僚势力。封建的土地关系、商业高利贷资本和一切前资本主义的剥削制度及其上层建筑,由于受到帝国主义的维护而得以继续存在。帝国主义利用它们作为统治和剥削中国人民的工具。这样,帝国主义的侵略阻断了中国的工业化、民主化的独立发展的道路,使中国在成为半殖民地的同时,又处于半封建的境地。

近代中国并不是近代化的中国,不是一个商品经济发达,教育发达,工业化、民主化的国家。在近代中国面前摆着两个问题:即一、如何摆脱帝国主义的统治和压迫,成为一个独立的国家;二、如何使中国近代化。这两个问题显然是密切相关的。因为落后,所以挨打;因为不断地挨打,所以更落后。这是一个恶性的循环。

以首先解决近代化问题为突破口,来解除这种恶性循环,行不行呢?在半殖民地半封建的中国,一切工业救国、教育救国,以合法的途径实现民主化、近代化的主张都不能成功。致力于振兴工业、振兴教育的好心人虽然取得了一些成就,但并不能达到中国近代化的目的,不能使中国独立自强。不动摇原有的政治和社会秩序而谋求实现民主化的努力更是毫无作用。这些善良的愿望之所以不能实现,就是因为有帝国主义及其在中国的代理人的严重的阻力。

首先解决民族独立的问题,是很艰难的。要在十分落后的社会基础上,战胜已经在中国居于统治地位的帝国主义势力,当然不是一件轻而易举的事情。但历史经验证明,只有这样做,才能改变中国所面临的恶性循环的命运。就是说,只有先争取民族的解放和国家的独立,才能谈得到近代化的政治、经济、文化的建设。

帝国主义列强在侵略中国中的相互矛盾,帝国主义在中国的代理人之间的相互矛盾,是落后的中国争取解放、独立可以利用的条件。但根本的问题还在于要把中国一切反对帝国主义的侵略压迫的力量动员和团结起来。在中国共产党领导下,中国人民经过长期艰苦奋斗终于完成了历史任务,使中国摆脱了帝国主义的枷锁,从而为中国的近代化、现代化开辟了宽广的道路。

近代中国是不是一个对世界开放的国家?

这也许是一个不成问题的问题。

在半殖民地的中国,即使不在受到外国军事侵略的时候,外国人在中国领土上倚仗不平等条约而拥有种种特权,中国大门的钥匙是在外国人的荷包里(这就是说,海关为外国人掌握),外国人在中国自由地开设银行、商行、工厂,列强的兵舰和商船自由地在中国沿海和内河航行,列强的军队驻扎在中国的领土上。那时,中国政府在决定对外政策时,甚至在决定重大的内部政策时,都要看帝国主义主人的指挥棒指向哪里。在这样的情况下,还有什么不开放呢?

1900 年左右,美国提出中国门户开放政策。但那并不是要中国开放门户,因为中国的大门早已被列强的大炮打开了。那是按"利益均沾"的原则针对列强在中国划分势力范围而说的,是要求属于任何一个国家的势力范围的地区应当向其他国家开放,而不应当封锁。

虽说近代中国已经在政治和经济上受列强所支配,但列强对中国的情况又总是不满意。其不满意大致上有两方面。一方面可以说是政治方面的。列强总是觉得他们利用来统治中国的代理人不够强大到足以在中国人民的反抗面前保卫他们的利益,不但不能消除这种反抗,反而被人民的力量冲垮。关于这方面的问题,这里不多说。很明显的,这是帝国主义自己制造出来的一个矛盾。他们所扶植的,既然是违反中国人民利益和民族利益的势力,这样的势力尽管拥有"合法"的政权,拥有强大的兵力,也不可能在人民中有威望,不可能保持对帝国主义有利的安定的内部秩序。

从经济方面说,帝国主义者不满意的是,近代中国始终不能如他们在用炮舰打开大门时所指望的那样,成为一个广阔的商品市场、投资市场和原料供应地。中国进出口贸易总额在 1936 年(即抗日战争全面爆发前一年),不过 16 亿元(按当时的汇率计,不足 5 亿美元),比 1910年左右只增加了不到百分之三十,这实在是微不足道的数字。中国的进口在鸦片战争后 70 年间,最多的还是鸦片烟。直至新中国建立前夕,外国能输入中国的始终主要是煤油、糖、棉布等,以及其他许多廉价的制成品。中国的出口主要也只是生丝、猪鬃、钨砂、桐油之类的"传统"外销商品。帝国主义在中国投资数字是比较大的。据经济史家估计,帝国主义在华投资从 20 世纪开始时的 15 亿美元,增加到抗日战争前的 43 亿美元。那时,帝国主义的投资主要是商业掠夺性的,依靠帝国主义的特权可以取得最大限度的利润。而且这种投资可以说是没有资本输出的投资,因为在巨额的投资中的很大部分是来自中国所偿付的"赔款",其余部分是以欺诈勒索的方法占有的土地(在上海这样的城市,那时房地产构成外国人的资本的重要部分),对中国的鸦片贸易中取得的暴利,外国银行所吸收的中国人的存款,等等。总之,巨额资本的绝大部分是从中国掠夺和赚取来的,很少从国外输入。那时,中国的资源也都深藏在地下,没有被开发。

为什么近代中国已经被列强打开了门户,却并不能成为一个广阔的市场呢? 原因很明显,因为中国贫穷落后。

贫穷落后的中国没有多少剩余的生产品,也无力购买多少外国的产品。帝国主义的经济侵略虽然曾深入到一部分农村,但农村的绝大多数还处于自然经济和半自然经济,几乎没有或者只有极少量的商品经济。所以,对于占近代中国的最大部分人口的地区来说,其实并没有对外开放。沿海城市固然可以说是开放的,但在30年代人们给上海以"冒险家的乐园"的称号,就是说,外国的流氓、骗子、走私贩子可以在那里大发横财。这样,正常的贸易当然只会萎缩。

近代中国曾多次兴起有商人和城市居民参加的抵制美国货、抵制英国货、抵制日本货的运动。这种排斥外国货的运动反映了人民对于侵略者的正当的仇恨,也反映了那时经济上的对外开放只是带给中国社会和中国人民以灾难。

近代中国的贫穷落后是帝国主义造成的。所以可以说,帝国主义一方面打开中国的门户,迫使中国对外开放;但另一方面他们的掠夺和剥削又使中国贫穷落后,处于没有能力正常地对外开放的地位。这又是帝国主义自己造成而解决不了的一个矛盾。

三四十年代,中国舆论界中有人说,列强应该考虑如何帮助中国富强起来,因为一个富强的中国才会和世界各国大大地增加贸易和经济联系。这种说法的后一半是对的,而前一半即指望帝国主义列强帮助中国富强,则是梦想。

中国人民用自己的力量争取民族的独立,恢复国家的主权,才能发展自己的经济,并且作为独立自主的国家发展正常的,即平等互利的对外开放,这是已经有事实证明了的。

三、摘自 1991 年 11 月 13 日的《论中国的改革和开放》

近代中国是在西方列强炮舰政策的压力下被迫开放的。从 19 世纪的 40 年代以后,中国多次受到外国的军事侵略,因而被加上种种不平等条约的束缚。那时外国人在中国领土上拥有种种特权,不受中国法律的约束。中国的海关被外国人控制。外国人在中国自由地开设银行、商行、工厂,按照他们自己的规矩设立学校、教堂。列强的军队驻扎在中国的领土上。从清朝政府到以后中华民国的历届政府,基本上都是靠乞怜和讨好于外国帝国主义而维持自己的权力。它们的对内对外的重大政策基本上听从于帝国主义的意愿。帝国主义也以扶持这些统治势力来维护自己在中国的特殊权益。所以那时的中国可以说是完全开放的,而这种开放是以丧失作为独立国家所应拥有的主权为代价的。也就是说,那时的中国并不是作为一个独立的国家,而是作为一个半殖民地和世界交往,向外国开放的。不能说那样的开放对中国的经济文化的发展没有起任何积极作用,但总的说来,中国人得到的是蒙受民族灾难的经验。

那时中国虽然对于外国是门户洞开的,但实际在经济文化上又不是真正开放。其原因并不在于有什么封锁,简单地说来就是由于中国贫穷。那时中国的出口进口贸易的数字是微不足道的。贫穷落后的中国哪里有多少产品可以出口?绝大多数人民,其中主要是农民过着衣不蔽体,食不果腹的生活,国内有多大商品市场?那时的中国人除了由于生活无着流亡到国外做苦力的人以外,没有多少人能出国。就这些情形说,中国又并不开放。可以这样说,外国的侵略使中国在不平等的条件下开放;同时,这种侵略又是中国贫穷落后的根源,而贫穷落后使中国实际上处于并不开放的状态。

从这些旧时代的经验中,中国人得出的结论并不是中国不应当对外开放,应当闭关自守,而是中国应当首先摆脱半殖民地的地位,也就是摆脱外国帝国主义的统治和压迫,这样才能作为独立的国家平等地和世界各国交往,才有可能摆脱贫穷落后的状态,取得正常地对外开放

— 16 —

的条件。

新中国初成立时,就准备在互相尊重领土主权和平等互利的基础上同世界各国建立外交关系,进行正常的贸易往来和其他经济联系。但是正如大家所知道的,美国政府当时采取了不承认中华人民共和国的政策。它通过朝鲜战争对中国实行武力威胁,通过台湾问题干涉中国内政,对中国实行封锁禁运,阻挠中国恢复在联合国中的合法地位,企图把新中国排斥在国际社会之外。美国政府的这种政策影响了其他许多国家。在那种情况下,中国和一切国家包括资本主义发达国家建立正常关系的愿望不能完全实现,中国不可能实行全面的开放政策。

中国固然需要实行开放政策,但在开放政策之上,还有一个更高的原则,就是维护国家的独立和主权完整。在历史上饱受民族灾难的中国人民,十分珍视独立自主的原则,维护国家应有的尊严。如果新中国政权放弃国家独立和主权完整的原则而和世界交往,那么它就会和以往的近代中国历届统治者一样,遭到人民的唾弃。

说独立原则高于开放,并不是说这二者间的关系总是不能并存的对立。在正常的情况下,这二者是一致的。中国近代的长期经验证明,牺牲了国家的独立和主权完整而实行的对外开放,只是使中国处于被侮辱、被损害、被剥削的地位,也就不可能有正常的对外开放。世界许多国家的经验也证明,一个独立的拥有完全主权的国家,一个自身经济发展的国家,才能够正常地对外开放。

1971年10月,中华人民共和国在联合国中的合法地位冲破了各种阻碍得到了恢复。1972年9月,中日建立了外交关系。1979年1月,中美建立了外交关系。在西欧各国中,除法国和北欧诸国已于50年代到60年代和中国建立外交关系外,70年代中国又和意大利、比利时、英国、荷兰、德意志联邦共和国、西班牙等国建立了外交关系,并且同欧洲共同体建立正式关系。中国和第三世界许多国家间一向存在的友好关系,在 70 年代及其以后得到进一步发展。这就使中国有可能提出和实行全面的开放政策。

1984 年《中共中央关于经济体制改革的决定》中说:"必须吸收和借鉴当今世界各国包括资本主义发达国家的一切反映现代社会化生产规律的先进经营管理方法"。1986 年中共中央的另一个决议中说:"必须下大决心用大力气,把当代世界各国包括资本主义发达国家的先进的科学技术、具有普遍适用性的经济行政管理经验和其他有益文化学到手,并在实践中加以检验和发展"。这些主张和 1956 年毛泽东关于提倡向外国学习的方针是前后完全一致的。

1978 年以后的十几年间,在实行改革政策的同时,对外开放的步子逐步加大。把广东、福建沿海 4 个城市和海南岛辟为对外开放的经济特区。又使从北到南沿海 14 个港口城市成为开放城市。还把长江三角洲、珠江三角洲和福建的厦门、泉州、樟州三角地区开辟为沿海经济开发区。这样就形成了经济特区、沿海开放城市、沿海经济开发区、内地这样一个多层次的对外开放格局。现在正在建立上海浦东开发区,又是对外开放的一个重大步骤。在 960 万平方公里的中国大地上,不但沿海地区,而且内地,不但城市,而且农村,都参与了对外开放。在对外贸易方面,出口进口额逐年加大。外资的引进,外国先进技术的引进,以各种形式迅速地推进。对外经济、技术和文化的交流的规模越来越扩大。到世界各国的留学生不断地增加。很显然,中国城乡经济的发展使对外开放的扩大成为可能,而对外开放又促进了中国经济的发展。

在现代世界上,没有一个国家能够孤立于世界之外而得到发展。用这一般的理由来说明中国之所以实行开放政策还不够。中国是一个人口众多的国家,如果不是自力更生,不充分发挥自己的力量,而一切依赖外国,那是不可能得到发展的。但是通过对外开放,可以增强自我发展的能力。中国是在落后的经济基础上建立社会主义,而社会主义的巩固,必须有赖于运用现代科学技术的经济大发展,必须以社会化的大生产为基础。所以在社会主义建设中要善于吸收人类文明的一切有益的成果,这对于中国是特别重要的。这就是中国社会主义建设从一开始就提出要向一切外国学习的原因,这就是中国必须实行对外开放政策的原因。

中国的对外开放,是以平等互利的原则进行的。对外贸易、吸引外资都是两利的。既有利于中国,也有利于对方。按照不平等条件损害中国的主权而实行开放的那种时代,已经一去不复返了。如果以为中国需要实行对外开放政策,而可以强加给中国新的不平等条件,损害中国的独立和主权完整,那是办不到的。同时,要想孤立中国,使中国不实行对外开放政策,也是办不到的。

以上这些,可以说明中国的对外开放政策为什么一定会坚持执行下去。

序　言

    这本书所讲的是中国半殖民地半封建时代中的前一段,即无产阶级领导的新民主主义革命开始以前一段的历史。虽然多年来大家习惯上称这一段的历史为中国近代史,但是早已有人建议,把中国近代史规定为从1840年鸦片战争到1949年中华人民共和国成立前的一百一十年的历史,而把中国民主革命胜利,摆脱了半殖民地半封建的社会以后,进入社会主义时代的历史称为中国现代史①。在中华人民共和国成立已经超过三十年的时候,按社会性质来划分中国近代史和中国现代史,看来是更加适当的。这本书没有采用《中国近代史》这样的书名,不但因为避免雷同,而且因为这只是中国近代史前期的历史。

    苏联的有些中国历史研究者把中国近代史的起点上推到17世纪中叶清皇朝建立时。这一方面是把西欧历史的分期强加到中国历史上来,另一方面又是意在把中国近代史的主题说成好像是中国国内的民族矛盾。这种分期方法是非科学的,是中国历史学界断然加以否定的。

    我的这本书是在1973年9月开始写的,那一年的四个月里写了开头的四章。以后的几年里不可能用全部时间和精力来写这本书,因而在1974年到1975年只写了九章,即第五到第十三章;1976年到1977年又写了七章,即第十四到第二十章,其中有四章是在别的同志提供的资料和初稿的基础上改写的(苏沛同志:第十四章、第十六章和第十七

---

    ①　提出这种建议的不止一个人。例如荣孟源在1956年写的《关于近代史分期的意见》一文中说:"有人说,中国近代史的断限应从1840年起,到1949年9月止,我赞成这个意见"(见《中国近代史分期问题讨论集》,第146页)。

章;滕文生同志:第十五章);1978年写了第二十一章到第二十五章共五章,1979年除了整理修改已写成的各章稿子外,写了最后的两章。总之,这本书是六年多的时间内断断续续写成的。

写这样一本书的打算是在更早的时候就有了的。这里顺便说一下我学习和研究中国近代历史的经过。

四十年前,1940年是鸦片战争的一百周年,我写了篇关于鸦片战争的论文①,那是我在二十二岁时写的第一篇关于中国近代史的习作。以后,到了1946—1948年间,也就是中国的半殖民地半封建时代在革命的炮火声中将要宣告结束的时候,由于实际的需要,才又进行了这方面的学习和研究。那时,为国民党统治下的上海报刊写文章,起先大多用现实的政治题目,但这样的题目的文章渐渐地发表不出来了。于是就试用中国近代史的题材写一些文章以代替政论。除了在一些刊物上发表的单篇以外,1947年写了本《帝国主义与中国政治》②。这本小书在全国解放后虽曾想加以较多的增订,但没有能这样做;几次再版,只作了些小的修改补充。

1953年我在中共中央高级党校讲课时,写了四万多字的《中国近代史提纲》(这所谓"近代",是指1840—1919年)。这个提纲没有正式出版,学校在当时和1960年、1962年印过小册子,也传到了校外。但这的确仅仅是个粗略的提纲,而且有不少缺点。在写了这个提纲后,我逐渐地对这段历史形成一些看法,为初步说明这些看法,写了《中国近代历史的分期问题》③,这篇文章引起了学术界对这问题的一场讨论④。

---

① 《论鸦片战争》,发表于沈志远主编的《理论与现实》杂志(重庆生活书店出版)。

② 《帝国主义与中国政治》,1948年7月香港生活书店出版,全国解放后,由人民出版社出版(1952年7月出第一版,1978年出第六版)。

③ 发表于《历史研究》1954年第一期。

④ 这次讨论文章见《中国近代历史分期问题讨论集》,生活·读书·新知三联书店1957年出版。

关于分期问题的这篇文章,主要是提出了三次革命高潮的概念。第一次革命高潮时期是1851—1864年的太平天国时期;第二次革命高潮时期是中日甲午战争后的几年,在这几年中发生了1898年的戊戌维新运动和1900年的义和团运动;第三次革命高潮时期是由1905年同盟会成立到1911—1912年的辛亥革命的时期。当时我认为,"根据历史发展的情况来看,三次革命高潮中阶级力量的配备和关系是各不相同的,这正是中国近代社会经济结构的发展过程中的各个不同阶段的集中反映"。

在有了这样的看法后,就开始想按照这种看法写出一本书来。以后多年间虽然作了些收集资料的准备工作,还写了个别段落的稿子,却一直没有能动笔写这本书。到了1966年以后,进入了一种特殊的生活条件,虽然可以说曾有相当多的"空闲"时间,却又脱离了一切资料。那时,也曾忽发"奇想",以为不妨着手考虑写这本久已蓄意要写的书,甚至写了部分的提纲,但在那样的特殊的生活条件下,写书终于不过是个空想而已。

直到1973年,才获得了接触材料,进行写作的可能,但是拖拖拉拉,六年多才完成这本书,除了客观原因以外,只能说由于自己抓得不紧了。

三次革命高潮的提法,虽然被历史学界的一些研究者所采用,但也有提出异议的。问题似乎主要是在第二次革命高潮时期。二十多年前我的文章中说:"如果把第二次革命运动的高涨仅看做是1899—1900年的义和团的发动是不完全的"。"农民革命——这是中国社会当时主要的革命力量;资本主义思想——这是中国社会当时的带有进步性的理想。二者在第二次革命高涨期间虽然都存在着,但二者是完全各不相关的。追求资本主义理想的改良主义运动表现为短命的'戊戌维新'。以农民群众为主体的自发的(反帝)斗争则在悲惨地失败了的义和团运动中取得歪曲的表现"。当时有的批评者认为这种说法是"对义和团运动反帝斗争的革命意义估计不足"。近来学术界则有另外一种看法,以为义和团运动够不上称为一次革命高潮。在我看来,在充分估计义和团运动的反帝斗争意义的时候,必须看到它具有的严重弱点;同时,也不能因为在当时的历史条件下,义和团运动不可能发展为一个健康的反帝斗争,就把它的历史地位抹煞掉。义和团虽然是传统的农民斗争形式的继续,但是把打击的矛头直接指向帝国主义侵略势力,而且义和团运动时期已经有了资产阶级倾向的政治力量。包括戊戌维新和义和团运动在内的第二次革命高潮时期是中国近代历史中的一个重要环节。

和三次革命高潮的提法相关联的,还有对洋务运动的估价问题。在这问题上,近来学术界有不同的看法。本书不认为有理由按照"洋务运动——戊戌维新——辛亥革命"的线索来论述这个时期的历史的进步潮流。

1906 年 12 月同盟会的机关报《民报》举行创刊周年的庆祝会。章太炎在这次会上的演说中说了这样的话:"以前的革命,俗称强盗结义;现在的革命,俗称秀才造反"①。章太炎的这个演说的主旨是对"秀才造反"的不彻底性进行针砭,但我们不妨借用他这个聪明的说法。太平天国时期是"强盗结义",不是"秀才造反";到了戊戌维新和义和团时期,还是"强盗结义",而"秀才"已开始迹近"造反",不过"秀才"是不愿把自己卷入"强盗结义"中的。到了同盟会时期,已是"秀才造反"为主,而且"秀才"还想运用"强盗"的力量。——三次革命高潮时期形势的不同,就发动力量来说,基本上就是这样。当然,所谓"强盗"和"秀才"是都有一定的阶级含义的。

在二十多年前,我曾建议把 1840—1919 年的历史分成七个时期。但如果把每次革命高潮时期和在它以前的准备时期合并起来,那就成为四个时期了。这四个时期就是:

第一,从鸦片战争到太平天国失败(1840—1864 年)。本书中的第

---

① 《民报》第十期,第 96 页。

一编就是写的这个时期。学术界中有人认为这一时期的下限不应当摆在 1864 年而应该摆在 1873 年,但是 1864 年天京的沦陷毕竟是太平天国运动失败的明显标志,在这以后若干年间虽然还有太平军余部、捻军的活动及其他农民起义,但那只是第一次革命高潮的余波,历史透镜的聚光点已经渐渐移到别的方面去了。

第二,从太平天国失败后到义和团运动(1864—1901 年)。这一时期在本书中占了两编(即第二、第三编)。对于这一时期的下限学术界也有不同看法,有人认为应该是 1905 年而不是 1901 年。但是在我看来,1901 年以后的几年,已经是从 1905 年起的资产阶级、小资产阶级领导的革命运动的准备时期("秀才"开始造反了)。还有人认为应该把 1864 年到 1894 年或 1895 年划为一个独立的时期,而把这以后的一个时期划到 1911 年。我认为如果分得过细一点,是可以把 1864—1895 年划为一个时期的,但这时期对于第二次革命高潮说来是个准备时期,戊戌维新运动和义和团运动都是这三十年中社会政治发展的结果。至于把这一时期的下限划到 1911 年,那就把第二次革命高潮和第三次革命高潮合并在一起,在我看来是不适当的。总之,1901 年是一个重要的划时期的标志,当然不是因为这刚好是 20 世纪的开始,而是因为在这以前和在这以后,社会政治力量的配置有了明显的变化。

第三,从义和团运动失败后到辛亥革命(1901—1912 年)。这是本书中的第四编。本书不采取辛亥革命到 1913 年的所谓"二次革命"的失败才宣告结束的看法,也不采取把这个时期一直延长到 1919 年的看法。因为在 1912 年袁世凯取得政权时,辛亥革命的高潮已经终结。

第四,从辛亥革命失败后到五四运动(1912—1919 年)。这是本书的第五编。这是从旧民主主义革命向新民主主义革命过渡的时期,因此是不宜于和第三次革命高潮时期合为一个时期的。

以上就是这本书的基本结构。

这本书,本来是想写成一本可供一般读者浏览而不至于感到十分枯燥的书。这个目的未必能够达到。书中固然有一些自己的看法,但也尽可能吸取了学术界的已有的研究成果。

全国解放以后,学术界对于从鸦片战争到五四运动这一段期间的历史做过很多工作,包括资料收集工作和研究工作。不借助于这些工作成果,这本书是写不出来的。从 1966 年起十年之久,近代史研究工作,如同其他部门的研究工作一样,遭到严重的破坏和摧残。近三年多来,近代史研究工作复苏了。在党的百家争鸣方针的鼓舞下,开始提出了不少新的问题、新的看法。有些问题在学术界尚无一致的结论,但提出这些问题至少也使人得到启发。我正在这时整理和编定这本稿子,可说是件幸运的事。但是由于自己能力的限制,而且见闻不周,无论学术界以往的成果,还是近几年的新成果,一定还有不少是应该吸取而没有能吸取的。

写这本书得到不少朋友的助力。除了前面已经提到的苏沛、滕文生二同志外,张枬、郑惠、孙洁人、陈铭康、郑则民、石仲泉等同志,或者在本书开始撰写时,或者在全书整理修改时给予作者以协助,孙洁人同志编了附在书末的人名索引。还蒙丁名楠、戴逸、金冲及、荣孟源等同志阅读了书稿的部分篇章,提出了很多可贵的修改意见。人民出版社编辑部的陈汉孝、林言椒、邓卫中等同志也给了本书作者以很大帮助。

对于我从他们的著作中得到启发和养料的作家们,对于在写作过程中给我帮助的朋友们,在此一并表示感谢。

胡 绳

1980 年 2 月

绪　　论

第 一 章

十九世纪四十年代以前的中国

（一）经济基础

清朝道光二十年到二十二年(1840—1842 年)英国侵略中国的中英鸦片战争后,封建的中国发生了重大的变化:在外国资本主义——帝国主义侵略和压迫下,中国社会变成了半殖民地、半封建的社会。在此以前,中国社会处于封建时代,长达二千三四百年之久。

在七世纪到十三世纪的唐朝、宋朝,中国经济和文化发展水平处于当时世界的前列,到了十六、十七、十八世纪,也就是明朝(1368—1644年)的后期和清朝(1644—1911 年)的前期,西欧各国相继由封建社会向资本主义社会发展,中国社会仍旧停滞在封建社会中。中国落后了。

中国封建时代的社会经济是以个体小农业和家庭小手工业紧紧结合在一起为其基本特征。在这样的社会中,"自给自足的自然经济占主要地位。农民不但生产自己需要的农产品,而且生产自己需要的大部分手工业品。地主和贵族对于从农民剥削来的地租,也主要地是自己享用,而不是用于交换。那时虽有交换的发展,但是在整个经济中不起决定的作用。"①

封建专制皇朝从来是全国地主阶级的总代表,同时它自己又是全国最大的地主。明朝直接属于皇家的田庄称为皇庄,弘治二年(1489年)畿内皇庄有一百二十八万多亩,以后不断扩大,嘉靖元年(1522年)有二千万亩以上。明朝第一个皇帝朱元璋分封他的许多儿子为亲王,规定每个亲王有田十万亩,实际数目还远远超过。以后明朝的历代皇帝对亲王和其他皇亲贵族往往一次"赐"田数十万亩到一二百万亩。清朝有内务府直接管辖的庄田,其性质与明朝的皇庄是一样的。嘉庆年间(1796—1820年)内务府庄田共有四百万亩。满洲贵族也各自占有大小不等的田庄,这种所谓八旗宗室庄田,在嘉庆年间共有一百三十多万亩。

清朝使全部满族人都成为不劳而食的寄生者。只许他们当兵或者做官,一律不得作工经商。除了皇室和贵族圈占大量土地成为大地主以外,对其他满族人也都给以一份土地,他们并不自己耕种,而是租给汉族农民。而且每个满族人几乎一生下来就可以领取一份"饷银"。这种寄生生活不过二三十年就使得本来以剽悍著称的满洲兵失去了战斗能力,而且许多满族人越来越习惯于过奢靡生活,坐吃山空,以至不得不把他们所占有的田产典卖给汉人(按规定,是不准买卖的)。雍正、乾隆年间,朝庭屡次拨出巨款把这些典卖出去的田地赎回给满族人。直到清朝末年,许多满族的普通人民过的是类似于汉族中破落户子弟的生活,虽能靠祖业而不致有冻馁之虞,但毫无振作起来的希望。

明朝和清朝的耕地都分为官田、民田两类。除了直接属于皇室贵族的官田以外,还有其他种种名义的官田。民田是可以自由买卖的。在明朝初年,自耕农和小地主的数目比较多。据《明史》载②,洪武二十六年(1393年)官方统计全国耕地有八亿五千万亩,但到了弘治十五年

---

① 《毛泽东选集》第 2 卷,人民出版社 1991 年版,第 623—624 页。
② 《明史》卷七十七,《食货志》,中华书局版,第 1882—1883 页。

(1502年)却只有四亿二千二百万亩,相隔一百一十年耕地统计数字少了一半。万历六年(1578年)起,用三年的时间核实全国田亩数为七亿零一百万亩,仍比洪武年间少一亿五千万亩。这主要是因为大量的民田被占为官田和集中到官僚、豪绅、大地主手中的原故。官方稽核田亩数量,用来作征税根据,对于官田固然没有查清的必要与可能,对于有权势的大地主所拥有土地的数量一般地也无法核实。土地越来越集中,农民受剥削越来越严重。许多自耕农、半自耕农以至一部分小地主,丧失了土地,变成了农奴和佃户,大量的农民在农村中生活不下去,流离失所。明朝末年连续十多年的农民大起义就是在这个背景下产生的。到了清朝,又大致重复了明朝所经历的过程。清朝初期的康熙年间(1662—1722年),除了集中的官田以外,民田的所有权比较分散,但是权贵豪门的兼并土地的趋势发展很快。乾隆皇帝(1736—1795年)的宠臣和珅占有土地达八十多万亩,和珅的两个家人也各有田六万多亩①。这固然是突出的例子,但各地方拥有数千亩、数万亩耕地的豪绅地主是不少的。乾隆十三年(1748年)湖南巡抚杨锡绂说:"近日田之归于富户者,大约十之五、六,旧时有田之人,今俱为佃耕之户。"②这种百分之五六十的田地归于少数富有的地主手里的情形,是各地普遍的现象。

自己没有土地或只有极少数土地的农民,租种皇帝、贵族、官僚和其他地主的土地。在明、清两朝,农民交纳地租,多数采"分租"制,一般以收成一半或百分之六十计算,甚至多到百分之七、八十;也有采"定租"制的,地租数额虽然稍低于分租制,但不管遇到多大天灾,都要照额交纳。地主阶级还通过高利贷剥削农民,这种剥削,有时较重租更甚。农民还有义务为封建国家和地主服劳役。明朝万历九年(1581

---

① 李文治编:《中国近代农业史资料》,三联书店1957年版,第一辑,第69页。

② 杨锡绂:《陈明米贵之由疏》。转引自李文治编:《中国近代农业史资料》第一辑,第105页。

年)改革赋税制度,实行"一条鞭法",即把原来规定的地税、贡纳、徭役、人头税等都归入田赋里面,按亩征银。这种改革并不能使贫苦农民得到好处。地主向封建国家交纳的田赋,还是取之于佃户。而且有权势的大地主一般都有办法减轻以至逃避规定的田赋负担,而使负担"飞洒"到中小地主、小业主和自耕农的身上。万历年间的"一条鞭法"事实上也没有能贯彻执行,到了天启、崇祯年间(1621—1644年),即明朝最后二十多年间又用各种名目增加了田赋以外的"加派"。清朝一开始就宣布按照明朝万历的定额征收钱粮,废除明末的各种加派;并采取"一条鞭法",免除徭役(对国家无偿劳动)。这些做法虽然起了使农业经济恢复起来的作用,但主要还是有利于地主,特别是大地主。大地主把负担"飞洒"给中小地主和小业主的情形在乾隆以后又渐渐盛行起来。虽然在形式上废除了农民对国家的徭役,改为官方出钱雇人去当差,但是被迫当差的贫苦农民,实际上拿不到应有的报酬,仍然是无偿劳动的性质。广大贫苦农民,对于地主,对于地主阶级的国家,处于受着沉重压迫的农奴地位。除了封建国家规定的赋税以外,各地的官员和豪绅地主还以各种名义抽捐征税,所有捐税负担,归根结蒂,都是加在农民的身上。千千万万的小农家庭终岁勤劳,至多只能维持最低限度的生存条件,在自己耕作的小块土地上反复地进行着简单的再生产。清朝嘉庆年间(1796—1820年)统计全国耕地面积,包括民田、官田,共为八亿零八百多万亩,还比明朝初年的田亩总数少。这些数字固然未必完全可靠,但是也可以表明,明、清两代封建的农业经济总的说来处于衰落状态中。经过明末清初战乱的破坏后,农业生产虽然逐渐恢复起来,但是始终没有超过明朝的水平。

明朝和清朝,在有些地区,由于商品经济有所发展,由于农民中的两极分化,也存在着雇佣长工和短工的富农经济,但是这种富农经济仍带有很强的封建性,富农往往同时出租其所有的部分土地,并力求使自己成为地主。

明朝的后期,商业的发达超过了以往的朝代,有了许多繁荣的城镇。商业和手工业集中在这些城镇中。清朝中叶,这种城镇的经济重新发展起来。毛泽东指出:"中国封建社会内的商品经济的发展,已经孕育着资本主义的萌芽,如果没有外国资本主义的影响,中国也将缓慢地发展到资本主义社会。"①从当时的城镇经济中可以看到这种资本主义的萌芽,不过那毕竟还是"萌芽",是在封建经济压制下远未成熟的幼苗。

明朝和清朝,有规模相当大的官营工场手工业,如官营的织造工业、陶瓷工业、钱币制造工业、船舶和军火的制造工业等。它们的生产不是为了供应市场,而是专为供应封建国家的需要,供应皇家和贵族享受的。官营的手工业作坊和手工场内部生产关系是封建性的,劳动者在人身上是不自由的或不完全自由的。这种官营的工场手工业不可能直接发展为资本主义。当时的商业基本上是依附于封建的生产关系的贩运商业。这种商业也不可能直接发展为资本主义。

带有资本主义萌芽性质的是私营手工业工场。在当时历史条件下,私营手工业工场对封建制度有很大的依赖性,其内部对劳动者的雇佣关系仍带有不同程度的奴役关系。像在边远地区的矿山开采行业,大多由地方豪强投资经营,在那里对劳动者纵然采取雇佣的形式,实际上总是实行着封建性的野蛮的强制。在商品经济较为发达的地区,有些行业的私营手工业工场,资本主义性质比较多一些。例如铁器制造、棉布漂染、榨油、碾米、造纸、制糖等业,有些地方有较大的作坊和手工工场。生产资料是作坊、工场的主人所有,对雇佣的工人按期发给工钱,"并无主仆名分"②。许多地方也出现了商业资本投入手工业工场,或者以包卖商的形式直接支配农民的小手工业的情形,这也属于资本主义因素最早的萌芽。在封建生产关系的束缚下,这些萌芽状态的资

① 《毛泽东选集》第 2 卷,人民出版社 1991 年版,第 626 页。
② 彭泽益编:《中国近代手工业史资料》第一卷,三联书店 1957 年版,第266 页。

本主义因素很难茁壮地成长起来。

城镇中的小手工业者和手工劳动者,大多数是破产的农民转化而来的。小手工业者不能不忍受各种封建的剥削和压迫,依靠封建性的师徒关系和行会制度而维持着自己的生存。他们中很少人能从小业主的地位上升为手工业工场主人。手工业工场劳动者们还远没有成为现代意义的无产者。

总之,在十九世纪四十年代以前三四百年间,中国社会经济还是处于封建阶段,资本主义因素的萌芽不但在数量上极其稀少,而且还很不健全。当时社会的主要矛盾还是农民阶级和地主阶级的矛盾。

(二)专制主义的政权

明朝的统治政权实现了中国封建历史上空前的统一集中。这是一个代表地主阶级利益,以压迫和剥削农民大众为任务的专制政权。

以农民英雄李自成为首的农民大革命倾覆了明朝在北京的统治(1644年)。居住于中国东北地区的少数民族——满族的军队乘机进入关内。他们得到了明朝的许多汉族将军和官僚的合作,残酷地镇压和扑灭了农民革命,重新恢复了为造反的农民所扰乱了的封建统治秩序。新的皇朝——清朝,也是一个高度中央集权的封建专制主义政权,它完全继承了明朝的传统。

清朝的皇帝是满族人,在清朝统治下满族人享有某些特权。但是清朝仍然是代表全国封建地主阶级利益的政权。

满族入关的时候,只有二十万人的兵力(其中满族兵十三万人)。以这样少数的力量而能够在很短的时间内征服全中国,就因为满洲贵族统治者一开始就成功地实行了联合汉族地主阶级以镇压农民革命势力的政策。汉族地主阶级中的一部分力量在南方拥戴明朝的后裔,抵抗清朝统治,这种抵抗到了顺治十七年(1660年)基本上崩溃了。明朝的遗臣郑成功把在明朝晚年强占台湾的荷兰人赶跑,在台湾建立了奉戴明朝的政权。康熙元年(1662年),郑成功死,他的继承者虽仍保持着台湾,但已无力进兵大陆。清朝在消灭南方的明朝的残余力量的战争中,主要是依靠已经向它投顺的原明朝将军们的武力。吴三桂是在清朝入关时就出了大力的一个最主要的明朝将军,清朝封他为王,以云南为领地。康熙十二年(1673年)由于清朝已经开始采取步骤企图削弱以至消除他的这种拥兵割据的藩王地位,他以恢复明朝的名义宣布反清。吴三桂有兵十万,还得到了南方的一些省份中和他一样的投降将军的支援,其中主要的是在福建、广东被清朝封为王的耿精忠、尚可喜,所以这次事件在历史上被称为"三藩之变"。这些投降将军打出来的复兴明朝的口号已不能在地主阶级中引起广泛的反响。在清朝的武力进攻和政治分化下,耿精忠和尚之信(尚可喜的儿子)再次投降清朝,吴三桂在康熙十七年(1678年)自称皇帝,不久就死去,他的孙子吴世璠继承帝位,终于在康熙二十年(1681年)彻底失败。占领台湾的郑氏政权也在康熙二十二年(1683年)被清朝消灭。在征服吴三桂和台湾郑家的战争中,清朝所使用的武力主要已不是满洲军队,而是汉族地主阶级的军队——即被称为绿营的军队。

清朝的统治者接受了汉族地主阶级的文化及其政治统治方式。他们和汉族大地主结合在一起,掌握着国家的权力,维护着封建统治的社会秩序。这个政权赢得了汉族地主阶级的拥戴。

清朝的政治制度基本上沿袭明朝。明朝后期的许多皇帝,多半荒淫怠惰,不理朝政,他们的权力实际上为宦官或权臣所代行。倒是最后一个崇祯皇帝自己管事。清朝的皇帝一般地是把专制权力紧紧地掌握在自己手里。明朝和清朝的中央政权机关,都设吏部(主管文官的铨叙)、户部(主管财政)、礼部(主管典礼)、兵部(主管军政)、刑部(主管刑法)、工部(主管全国各项工程的营建)这六部,各部的正副长官称尚书、侍郎。清朝规定各部尚书和侍郎都有两人,满、汉族各一人。尚书和侍郎都可以直接上奏皇帝,向皇帝负责。明朝设内阁,作为皇帝的助手,"入阁办事"的称大学士,往往由尚书兼任。清朝的内阁是由内阁大学士满、汉族各二人和协办大学士满、汉族各一人组成。但在雍正朝以前,皇帝把军政大事都交给由满洲贵族担任的议政王大臣会商上奏。从雍正朝起,别设军机处,选派大学士和尚书、侍郎若干人充军机大臣,军机处实际上代替了内阁的地位。清朝的中央政权机关还有都察院、大理寺、理藩院、翰林院等等,所有这些机构都直接向皇帝负责。

清朝的地方行政区划和官制也大致和明朝相同。除在北京畿辅地区设顺天府(长官称府尹)外,有十八个行省和若干特别行政区。十八个行省是直隶、山东、山西、河南、安徽、江西、江苏、湖北、湖南、广东、广西、浙江、福建、陕西、甘肃、四川、云南、贵州。此外,东北三省,即盛京(奉天)、吉林、黑龙江,因为是满族的"发祥地"而被视为特别区,到了光绪年间始改为一般的行省。新疆原来被视为"藩部",在光绪年间改为行省。光绪年间还把原属福建省的台湾改为一行省。内蒙、外蒙、西藏、青海都是"藩部"。十八个行省的长官是总督和巡抚,有的省(山西、河南、山东)只有巡抚,没有总督,有的省(直隶、四川)只有总督,没有巡抚。其他省每省有一巡抚,而又有兼管两省或三省的总督(广东、广西的两广总督,湖南、湖北的湖广总督,福建、浙江的闽浙总督,云南、贵州的云贵总督,陕西、甘肃的陕甘总督,江苏、安徽、江西的两江总督)。总督的地位虽说高于巡抚,但在兼有两者的省份里,巡抚并不隶属于总督,他们共同向皇帝负责。在驻有满洲军队(八旗军)的有些省分里,又设有满将军,其地位是和总督、巡抚平行的。在每个省里还设布政使、按察使、提督学政、以及督粮道、盐法道、河工道等官员。在省以下的行政区划一般有道、府、县三级。省一级的主要官员,省以下的各级地方长官,直至县官,都由中央政权直接指派。这种制度都是适应于中央集权的需要的。

官员是从地主阶级中选拔出来的。除了满洲、蒙古贵族的子弟和因有特殊功勋而受爵赏的汉族大官僚的子弟有做官的特权外,一般地是通过科举考试来选拔出适合于封建统治需要的官员。皇帝派出官员到各省举行考试,最高级的考试在京城举行。虽说考场中有种种贿买舞弊的黑幕,但这种考试制度使中小地主也感到有进入仕途的希望。至于贫苦农民,根本没有条件受到足以应考的教育,当然不可能通过这种制度而做官。

清朝入关时的军队是"八旗",它主要由满洲人组成,也有蒙古人和汉人。统一全国后,八旗兵除驻守京城,还屯驻在近畿和外省各冲要地方。嘉庆十七年(1812年)全国的满、蒙、汉八旗兵共五十万人。除八旗外,有"绿营",都由汉人当兵(因为用绿色旗,故称绿营)。绿营分驻全国各省,归各省总督、巡抚节制,要用兵时由中央政权直接调度。全国共有绿营兵约六十六万人。八旗兵是世袭的军队,绿营的兵士基本上也是终生的职业兵。封建统治者需要这种完全和社会隔绝的军队,因为它的任务就是镇压在封建压迫下的人民。

为了供养皇室和以它为首的全部官僚机构和军队,封建统治政权集中了庞大的国家财富,这些财富归根结蒂来自千百万小农的血汗。封建主义的国家还听任各级官员用各种方法向人民巧取豪夺。例如,各级地方官员征收田赋上交国家,在法定的数额以外,还加收归于官员私囊的一部分,在明清两代叫做"火耗"。康熙皇帝说过,所谓廉吏并不是一文不取,如果州县官只取一分火耗,此外不取,那就算是好官了。他以为地方官员在一两正税外自取一分(百分之一)是合理的,实际上当时的火耗一般都在一钱(百分之十)以上,甚至有四五钱的(百分之四五十),这还算是合法范围内的贪污。所以民间说:"三年清知府,十万雪花银"。在封建官场中,真正廉洁的官吏是极其罕见的。

清朝官方统计,嘉庆八年(1803年)全国人口的总数有三万万,道光十五年(1835年)已达四万万。按当时情况说,全国总人口中百分之九十几是在封建剥削下的农民和由农民转化而来的手工业者、运输工人及其他贫民。以北京朝廷为中心,由散布全国的官僚机构和军队组成的庞大国家机器的唯一任务就是维护封建的土地关系和剥削制度,以保障占总人口百分之几的贵族、地主、绅士的特权地位,压制百分之九十几的人民群众,使他们服从这种社会秩序。清朝政权厉行文化上的专制主义。用传统的封建宗法制的观念加上最愚蠢的宗教迷信,来束缚人民的心智,愚弄广大人民,也是为了达到同样的目的。

封建的国家机器并不做任何有利于社会生产发展的工作,唯一可以算是这方面的工作是治河。为治理黄河和其他易于成灾的河流,清朝特设河道总督,其品级相当于管理两三省的总督。还有其他许多治河官员。国家支付的治河款项虽然不少,但是效果很小。河工成为官员营私贪污的"肥缺"。

明朝后期,对于民间的商业、矿业加重征税,起了压制初兴的资本主义萌芽的作用。清朝实行的是类似的政策,它通过官僚机构垄断一些大商业,如盐业和进出口贸易,并且在内地设立关卡,对于运销过程中的商品,重重征税。这都是不利于自由商品经济的发展的。

总之,封建主义的专制政权用它所拥有的一切手段——行政的、强制的手段和文化的、意识形态的手段,维护个体小农业和家庭手工业相结合的经济基础,极力打击和扼杀任何足以动摇这种经济基础的新因素,因为,以吸吮千百万农民的血汗来喂养自己的全部封建主义上层建筑,只能是建立在这种经济基础上面。虽然对农民的残酷剥削,使得许多农家无法继续维持"男耕女织"的那种生活,因而造成封建统治的危机,但封建专制主义的政权继续顽固地用一切手段维持固有的社会秩序。很明显,不打碎封建专制主义的政权这个桎梏,中国社会的进一步发展是不可能的。

(三)农民革命

明朝晚期,由于田赋收入日益减少,专制皇朝极力加征商税、矿税,激起了各地商人和城市贫民的反抗。特别在万历二十五年(1597年)以后的十多年间,朝廷派出的太监纷纷前往各地横征暴敛,许多城市,如湖北的荆州、武昌,山东的临清、江苏的苏州、广东的潮阳、江西的景德镇,都发生了激烈的民变。在这种民变中可以看到随着资本主义的萌芽而出现的城市市民和封建统治者之间的矛盾。

在当时的知识界中,结社的风气很盛。许多在朝廷中担任过较低官职的或尚未做官的地主阶级知识分子,以讲学的名义组成团体,他们讽议朝政,评论人物,抨击贪污腐朽的当权势力,主张开放言路,改革弊政。万历二十二年(1594年)吏部郎中顾宪成被把持朝政的太监势力排斥,回到江苏的无锡,和气味相投的一些知识界人士在东林书院讲学,这一派人由此被称为东林党。当权的太监和依附于太监的官僚们被称为阉党。两党间的倾轧和斗争一直延续到明朝在南方最后灭亡时。这种斗争虽然基本上是地主阶级内部的斗争,但是由东林党形成的社会舆论也代表了城市市民情绪。天启年间(1621—1627年),封建统治者压制自由讲学和自由结社。东林党一些积极分子被逮捕以至被杀时,苏州、常州这些手工业、商业比较发达的城市中,都发生了群众性的抗议行动。

当时的城市市民虽然可以说是近代资产阶级和无产阶级的前身,但是还远没有形成资产阶级和无产阶级。所以在明朝统治下的危机的总爆发,仍然如以往的各个朝代一样,表现为单纯的农民起义和农民战争。

明清之际的思想界出现了一些对封建传统势力说来是异端的思想。有些杰出的思想家,如黄宗羲(1610—1704)、顾炎武(1613—1682)、王夫之(1619—1692)、唐甄(1630—1704),提出了带有民主主义和个人主义色彩的观点,表现了对于封建的土地制度和君主专制制度,对于封建的道德伦理观念的不同程度的怀疑和否定的态度。他们的思想体系总的说来还是封建主义的老框框,他们在这种老框框的束缚下透露出来了对于某种新的社会关系的朦胧的向往。这究竟是什么样的新的社会关系是他们所不了解的,靠什么力量来实现这种向往更是他们所不知道的。他们虽然一般地对于在封建剥削下过着悲惨生活的农民表示同情,但是农民革命是他们所强烈地反对的。

在清朝政权建立的四十年后,如前述,从地主阶级中已经不再发生对于这个政权的有组织的反抗。敢于起来反抗的只有农民群众。

乾隆皇帝统治下的六十年间（1736—1795年），就经济情况来说，是清朝的极盛时期。但紧跟着，在嘉庆元年（1796年）爆发了白莲教的农民大起义。这次起义开始于湖北省西部长江以北地区，蔓延到四川省和河南省的附近一带。在官军的进剿下，起义军进入四川，得到农民群众广泛的响应，全省震动。陕西、甘肃等省也随着卷入了起义的烽火中。这次起义从开始发动到最后完全覆灭，历时九年之久。为了镇压这次农民起义，清朝动员了几乎全部它所能够调动的军队，用了军费二万万两。它的将领们先后上报杀死造反的群众数十万人。这时，清朝的官军，不但八旗，连绿营也已极其腐朽了，战斗力很差。各个地方的地主豪绅组织的武装，即所谓"乡勇"，对于镇压这一次农民战争起了很大的作用。

白莲教的来源很久。早在元朝末年，以赵州栾城（今河北栾城县）为中心的白莲教组织就是发动农民起义的一个重要力量。到了明朝，白莲教仍然在北方民间暗暗流传着。天启五年（1625年），山东西南部发生过一次白莲教的起义。清朝乾隆年间，官方发觉在河南、湖北省有白莲教的秘密活动，捉拿了它的几个首领，并且到处进行查究，但终于无法遏止它的起义。

白莲教起义军是在传统的宗教迷信外衣下的一次单纯农民战争。它并没有统一的组织。在湖北发动起来的和在四川发动起来的，各有几个领袖。他们分股各自活动，旋分旋合。这一股被官军消灭以后，另一股又在别处发展起来。虽然官军疲于奔命，但是起义军也因而不可能造成更大的声势。在官方的奖励下，各地方的地主豪绅招募乡勇，结寨筑堡，坚壁清野，起义军的活动也就愈来愈困难了。

这次白莲教的起义虽然失败了，但大大震撼了清朝的统治。这次起义不但表明了封建主义统治的"极盛"下面埋伏着激烈的阶级斗争，而且揭露了这个寄生在农民身上的貌似强大的清皇朝的内在的虚弱。

第 二 章

十九世纪四十年代以前
中国和资本主义各国的关系

（一）十六、十七世纪外国侵入者的碰壁

早在 16 世纪，随着西欧资本主义的揭幕，欧洲的海盗式的殖民者、商人、冒险家来到了中国。

葡萄牙人和西班牙人是十六世纪海上的霸主。明朝正德九年到十一年(1514 年到 1516 年)间，葡萄牙的船开始到达广东沿海。正德十二年(1517 年)有八条带有武装的葡萄牙船闯入珠江口，开炮示威。后一年，西门·安得洛德为首的葡萄牙人甚至在珠江口的屯门建筑碉堡，作为他们的据点(这些殖民强盗当时在非洲、美洲和亚洲其他地区都是惯于这样做的)。中国的史书中说他们"剽劫行旅，至掠小儿为食"，"掠买良民，筑室立寨。"①又有记载说他们"设立营寨，大造火铳，为攻

---

① 《明史》卷三二五,《外国传》六,中华书局版,第 8430 页。

战具,杀人抢船,势甚猖獗。"①明朝政府决定驱逐他们,正德十六年(1521年)派兵围困屯门,把西门·安得洛德这一帮强盗赶跑了。

接着,葡萄牙人又到闽、浙沿海进行同样的海盗活动。明朝嘉靖二十五年(1546年)在宁波,明朝官军在当地人民支持下实行了一次对这些海盗的讨伐,据西方人记载,葡萄牙人死于此役的有五百人。二十七年(1548年)葡萄牙人在浙江盘踞的据点双屿港终于被扫荡干净。后一年这些远来的海盗在福建也受到了一次重创。

这样,葡萄牙人在中国就没有能像他们在世界上其他一些地区那样凭借武力为所欲为。他们终于用行贿的办法,在明朝嘉靖四十年(1561年)左右,使明朝地方官员承认澳门作他们的居留地。

西班牙人在1571年(明朝隆庆五年)占领了菲律宾。在菲律宾的西班牙人曾和明朝合作围攻被明朝官方视为海盗、帮助菲律宾人反抗西班牙殖民主义者的林凤的部队,这样他们才和中国发生关系,但他们也只能在福建海口通商。1584年(万历十二年)有个西班牙商人在澳门宣称,有五千名西班牙人就可以征服中国,最少也可以占有沿海各省。两年后,一个菲律宾的总督也说,有一万或一万二千个西班牙人可以达到这个目的②。——这种狂妄的野心在早期的西班牙殖民者中是有代表性的。

十七世纪中叶,在东北边疆上,中国同沙皇俄国曾发生纠纷。

当时,沙皇俄国是一个富于侵略性的封建帝国。十六世纪末沙皇政府武力征服了西伯利亚西部的诸民族。进入十七世纪后,许多武装的冒险家与商人,在沙皇政府的指使下,继续向东发展。他们向散居在叶尼塞河以东直到鄂霍次克海沿岸的广大地区内的各游牧民族勒索皮货及其他财富,奴役他们的子女,无情地杀戮敢于反抗的人。四十年

---

① 陈文辅:《汪公(铉)遗爱词记》。转引自郭廷以著《中国近代史》第一册,商务印书馆1939年版,第92页。汪铉是在正德十六年进行屯门之战的一个官员。

② 郭廷以:《中国近代史》第一册,第175页。

代,正在满洲军队入关的时候,沙皇的征服者侵入到黑龙江流域。他们在这里受到了中国军队的阻击,但沙皇政府仍不放弃它吞并黑龙江流域的打算。它在黑龙江上游的石勒喀河北岸侵占了尼布楚城,并在黑龙江北岸河曲处建立了一个前哨小站雅克萨,阴谋向下游继续发展。

康熙二十四年和二十五年(1685 年和 1686 年),清朝政府两次出兵围攻雅克萨。康熙二十八年(1689 年)中俄双方派代表在尼布楚会谈,订立尼布楚条约。根据这个条约,中俄两国在这个地区的边界,以格尔必齐河、石勒喀河、额尔古纳河,和由外兴安岭向东直到鄂霍次克海边为界,以南是中国领土,以北是俄国领土。条约规定拆毁雅克萨。这样,沙皇俄国在这个地区的侵略野心暂时受到了阻遏。

1689 年的尼布楚条约使得中俄在以后一百多年间大体上保持了正常的贸易关系,在十八世纪俄国还经常派使者到北京。

嘉庆十年(1805 年),俄国的远航队曾到澳门,但清朝政府因为中俄间已有北方的陆路贸易而拒绝它在海口通商。

海上的世界霸权,在十七世纪,渐渐由葡萄牙和西班牙转到了荷兰和英国的手里。

荷兰是十七世纪的典型的资本主义国家。荷兰殖民者逐渐占领了印度尼西亚的主要岛屿,在那里实行了极端野蛮残酷的统治。明朝万历二十九年(1601 年),荷兰船只首次到广州。此后,荷兰人曾两次强占澎湖列岛,并且侵扰厦门沿海的若干地方。他们的所作所为同一百年前的葡萄牙人一样,也筑堡据守,掠夺渔船,俘虏华人,勒令修筑堡垒;他们还把俘获的中国人运送到爪哇做奴隶。天启四年(1624 年),明朝官军夺回澎湖列岛。

接着,荷兰人又强占了台湾。到了清朝顺治十八年(1661 年)中国的民族英雄郑成功从台湾赶跑了荷兰人,使荷兰殖民者对中国的野心最终失败。在以后二十年间,清朝政府为了要消灭占据台湾和福建沿海的郑家势力,竟不惜几次邀请荷兰出兵相助,并因而给予了荷兰人通商的权利。

英国,在十六世纪末年已在海上击败了西班牙,而在十七世纪又在印度和东方竭力同葡萄牙争夺霸权。英国的东印度公司的第一次到中国的船还是为葡萄牙人所雇用的,这是在明朝崇祯八年(1635 年)。崇祯十年(1637 年),英国人威代尔率领的舰队(共四只船)闯进珠江口,与虎门炮台相互炮击。炮台被毁,英国舰只也受到损伤退出。由于当时英国在东方主要是经营印度,它在中国海口,又受到先来的葡萄牙人的排挤,所以直到十七世纪末年,英国只是逐年有些不多的船只到广东海口从事贸易。

(二)十八世纪中国方面加强防范和限制

以上事实说明,十六世纪、十七世纪中国人在自己的海口遇到的西方人并不是什么要求和平贸易的商人。他们是在西欧资本主义原始积累时期为掠夺财富而到世界各地去进行殖民事业的冒险家。他们手里拿着基督教的圣经,他们的行为是海盗。马克思在《资本论》中指出:"关于基督教殖民制度,有一位把基督教当作专业来研究的人,威·豪伊特曾这样说过:'所谓的基督教人种在世界各地对他们所能奴役的一切民族所采取的野蛮和残酷的暴行,是世界历史上任何时期,任何野蛮愚昧和残暴无耻的人种都无法比拟的。'"①

为了证明这个论断,人们可以举出十六七世纪葡萄牙人、西班牙人、荷兰人、英国人、法国人对待美洲印地安人,对待非洲的黑人,对待印度人、印度尼西亚人、菲律宾人等等的无数血淋淋的事实。他们用欺诈、掠夺、奴役来对待他们所遇到的土著居民,把这些土著居民世代居住的土地占为己有,甚至用他们的暴行使整个部落、整个民族灭绝。

曾任驻华公使的美国作家霍耳康在他 1910 年所写的著作中,概括地描绘了在十六七世纪中来到中国的西方人。他指出:"……这些所

---

① 《马克思恩格斯全集》第 23 卷,人民出版社 1972 年版,第 819—820 页。

谓和平商业的开拓者的所作所为,说不上像友好的文明人,而只能说是海盗行径。他们不仅理应为帝国(指中国——引者)所拒绝,而且简直该被中国当局动手消灭掉。这些人不断骚扰中国南部海岸,抢劫、破坏城镇,几十、几百地杀死无辜的男女和儿童,然后'和平地'扬帆而去。或者,他们登上大陆,强迫中国人给他们筑堡垒,以最粗野的兽性掳走妇女,强夺当地人的所有财物,践踏了人道与文明的一切准则。"①

十九世纪以前的中国人并不了解西方资本主义各国在世界各处的所作所为。这些西方的来客用他们最初到达中国的行为介绍了他们自己,从而迫使中国人采取了某些他们认为理所应该的措施。虽然中国在封建时代已有同外国进行和平贸易的悠久历史,接待外国来的商人和其他人士从来是好客和没有民族偏见的,但从十六世纪以后,中国人不得不对这一批批新来的"不速之客"实行严格的防范和限制,他们不得不采取必要的自卫措施。另一个美国外交家、作家科士达在 1904 年的一本著作中这样写道:"在十六世纪,……中国的统治者没有忽视已经以武力占领了菲律宾、爪哇和其他海岛,并在印度和马来半岛取得了立足点的葡萄牙人、荷兰人和西班牙人的侵略气焰。在中国自己的港口与这些民族以及英国人的早期接触中充满了暴行与杀戮,这就使中国当局在十七世纪采取了导致封闭除广州外一切港口的严重步骤,而且,即使在广州,对外交往也是在极其苛刻的条件下进行的"②。

广州早在宋朝时就是进行中外互市,允许外国船只(主要是阿拉伯人的船)停泊的口岸。到了十六世纪中叶,明朝政府曾禁止外国船只到广州,规定葡萄牙人只准在电白、上川岛、澳门这些比较远离省城的地方进行贸易;这同前面所述的葡萄牙人的暴行显然是有关的。到了崇祯十年(1637 年)发生了上述英国船炮击虎门炮台的事件后,明朝

① Chester Holcombe: A Sketch of the Relations Between China and the Western World (见 1910 年版 George H. Blakeslee 编的 China and the Far East 一书,第 36 页)。

② J. W. Foster: American Diplomacy in the Orient, 第 6—7 页。

政府又下令不准外国船进入珠江口内。清朝政府初期也重申了这个禁令。这期间,中国政府只承认澳门是外国船可以停泊,外国商人可以暂时居住的地方。

到了康熙二十四年(1685年),清朝政府下令开放海禁,指定广州、漳州、宁波、云台山(在今连云港附近)四个地方为通商口岸。清朝政府之所以在这时采取这个措施,一方面由于它感到内部统治秩序已经稳定,另一方面也是由于西方来的冒险家这时已不能不以商人的身份比较地遵守规矩了。当时的中国政府的态度是:只有你遵守规矩,才可以容许你们在这里做生意(前面已经说到,在东北陆路边疆上也同样是这个态度)。

在东南沿海的对外贸易方面,清朝政府确是定了不少严格的规矩。康熙二十四年指定的四个通商口岸中,主要的是广州。以后在乾隆二十四年(1759年),清朝政府又限定只开放广州一地。从十七世纪末年到十九世纪初年,在广州的通商规矩大体上是这样的:外国商船虽准驶到黄埔停泊,但外国兵船不准驶入口内,商船中如携有炮位,在进入黄埔前须卸下,交易完毕驶出时再归还。外国商人到广州后,他们的买卖必须经过官方特许的商人(他们称为"洋行",并组成一垄断性的组织叫做"公行")。外国商人在广州的起居行动都由洋行商人负责约束,他们不准在广州过冬(每年五、六月进口,九、十月间出去)。他们在广州时只准在出洋行修建的所谓"夷馆"中居住,严格禁止外国人雇佣中国人和中国人向外国人借贷资本。外国商人住在广州时每月除在规定的日子可以到规定的地方游散外,不准离开"夷馆"。不准携带妇女到广州,不准外国人像中国的官员绅士那样地乘坐轿子等等。

十八世纪的这些限制外国商人的规矩,一向成为西方的某些资产阶级历史学者嘲笑和攻击的对象,他们想以此来证明当时中国是个"野蛮"国家,是以"不平等"态度来对待外国人,甚至以此来证明后来西方国家对中国发动侵略战争的合理性。但是任何一个主权国家当然都有权规定在对外贸易上实行什么样的制度,这些规定并没有越出这种权力。固然其中个别次要的规定反映中国封建统治者落后的成见，如禁止"夷妇"到广州，但是，当西方殖民者正以冒险家、海盗的身份在世界上一切他们所能到的地区和国家肆无忌惮地为所欲为的时候，这些规定，就其主要部分来看，实在是当时中国方面所可能采取的必要的自卫措施。

把十八世纪清政府的这些通商制度仅仅看成是落后的闭关锁国政策，而不承认它起了民族自卫作用，是错误的。问题是，在国内以维护落后的封建生产关系为任务的反动统治者，不可能把对外的自卫政策认真地贯彻下去，更不可能把这种自卫政策同争取本国的社会经济的进步发展结合起来。清朝统治者不愿意完全取消对外贸易，只是因为朝廷和有关官员从对外贸易中能得到很大的利益的原故。腐朽的、贪污成性的、在根本上同本国人民相敌对的封建统治者不可能真正有效地对付外来的侵略者。我们已经看到，葡萄牙人用行贿的方法得到澳门作居留地，明朝统治者曾和在菲律宾的西班牙人合力攻剿本国的海盗，清朝统治者为消灭台湾省的郑家势力还想借用荷兰人的兵力。这里还要补充一点的是，在十七八世纪西班牙殖民者在菲律宾，荷兰殖民者在爪哇等地曾大量地屠杀中国在那里的居民，而明朝和清朝政府一概置之不问。对于上述种种通商口岸的规矩，外国商人也常常用向官员行贿和收买某些中国商人的方法来加以冲破，例如英国人的东印度公司为了争取能自由地同中国商人交易，曾于乾隆三十五年（1770年）向广东总督李侍尧行贿十万两银子，使李侍尧下令解散了由洋行组成的垄断组织——"公行"（到乾隆四十五年又恢复）。其他有些规矩也往往成为具文，例如卸下商船上的炮位常常不能做到，把武器私运进"夷馆"是常有的事。

所以，当时的事实并不是中国实行了过于严格的不合理的防范和限制，而是某些正当的防范和限制，在腐朽的清朝官方和狡猾的外国商人的共同破坏下并不能真正贯彻执行。

由于这种防范和限制暂时起了自卫的作用，清朝统治者狂妄自大地以为这些外国商人都是来自渺不足道的蛮夷小国,而自命为高于万邦的"天朝";他们根本不想去认真了解这些究竟是什么样的国家。这种情形当然是封建统治者的落后性的表现。

(三)英国及其东印度公司

十八世纪到十九世纪,英国成为西方资本主义的霸主。经历了十八世纪中叶的产业革命,英国迅速发展为强大的资本主义工业国家。英国的大资产阶级狂热地要求扩大它的殖民地。在开拓殖民地的竞争中,英国的势力渐渐超过了衰老的西班牙和葡萄牙,超过了荷兰,也超过了和它同时迅速地发展了资本主义的法国。在各国对中国的贸易中,英国开始居于首位。乾隆二十九年(1764年)在中国从西欧各国输入商品总值中,英国占百分之六十三,为一百二十万两;在西欧自中国输出商品总值中,英国占百分之四十七,为一百七十万两。

在印度,英国的东印度公司在1767年(乾隆三十二年)凭借阴谋与武力占领了有二三千万人口的富庶的孟加拉。这时,东印度公司,如同马克思所说的,已经"由一个商业强权变成了一个军事的和拥有领土的强权。"①东印度公司在1833年(道光十三年)以前一直垄断着英国对中国的贸易。

法国在康熙二十八年(1689年)开始有商船到中国。此外,在十八世纪初期奥地利、比利时、普鲁士、丹麦、瑞典也都开始有船同中国通商。美国在英国承认它独立的第二年,1784年(乾隆四十九年)就有商船到中国来。在十九世纪初年,它对中国的贸易额已仅次于英国,居于第二位。不过其绝对数字比英国少得多。

乾隆五十七年(1792年)英国派了马戛尔尼为特使,要求到北京。马戛尔尼曾在印度任殖民地官员,这次出使的全部费用都是东印度公

---

① 《马克思恩格斯全集》第9卷,人民出版社1961年版,第168页。

司担负的。所以他虽然带有英王的信件,实际上是东印度公司的代表人。他被准许到达北京,见到乾隆皇帝,但他的要求(开放宁波、舟山、天津等口岸,允许英国派官员驻北京,把舟山附近小岛和广州省城附近的一地给英国人作居留地等等)都被驳回了。到了嘉庆二十一年(1816年),英国又派了以阿美思德为首的使团(其中主要人员也是东印度公司派出来的)到北京,重申类似要求,仍遭拒绝。

以东印度公司为首的英国资产阶级,不满足于按照中国政府制定的规矩进行正常的贸易。由于中国的封建经济的自给自足性,这种贸易是发展得很慢的,外国商品很难在中国开辟市场,当时中国的对外贸易经常是出口的数额大于进口的数额。

英国带头用各种方法来破坏中国政府规定的那些规矩。嘉庆十三年(1808年),英法间在欧洲正发生"半岛战争",英国的印度总督借口防止法军侵略澳门,派出舰队到澳门附近登陆,并且进入黄埔。清朝政府下令广东地方官员武力对付。英国方面这时还没有对中国进行战争的准备,事态没有扩大,但是东印度公司的老板们已经打算凭武力实现他们对中国的野心了。道光十年(1830年),清朝的一个关心"夷务"的官员指出:"迩年以来,有英吉利贸易夷人,自恃富强,动违禁令。而其余各国,遂亦相率效尤,日形狂诞。"①但仅仅零敲碎打地来破坏还是他们所不能满足的。

在1789年(乾隆五十四年)法国资产阶级革命以前,除美国以外的整个南北美洲(包括西印度群岛)、印度、印度尼西亚的一大部分,非洲的西岸和南岸,大洋洲的一部分都已沦为西方资本主义国家的殖民地。英国在1816年(嘉庆二十一年)完全统治了印度,在1824年(道光四年)占领了新加坡,并已部分地占领缅甸。1833年(道光十三年)东印度公司对中国的贸易独占权被取消,这表示英国资本家已经普遍

---

① 工科掌印给事中邵正笏的一个奏折,见故宫博物院文献馆1930年出版的《史料旬刊》第十期,第362页。

地对中国发生了"兴趣"。

　　一方面是内部危机正在日趋严重的封建的中国,一方面是已经有了三百年殖民地"事业"的经验的西方资本主义国家,——中国就是在这种情况下走向近代的历史。

第 一 编

鸦片战争和太平天国农民革命

第 三 章

鸦 片 战 争

（一）禁止鸦片的问题

道光二十年到二十二年（1840 年到 1842 年）的鸦片战争，是封建的中国变为半殖民地半封建的中国的转折点。

在鸦片战争前的七十年间，以英国人为主，外国商人一年比一年增加地向中国贩运鸦片。在乾隆三十八年（1773 年）东印度公司开始在印度实行鸦片专卖，这时每年已有一千箱鸦片输入中国；到了嘉庆年间（十九世纪初期），每年输入量增加到四千多箱；到了鸦片战争前几年间，每年多到四万箱左右（每箱一百斤或一百二十斤。在鸦片战争发生时，每一箱在中国海口出售价格按质量高下为四百银元到八百银元）。

在战前时期的正常贸易中，英国商人主要向中国输出毛织品和印度棉花，而从中国输入茶、丝等物。由于中国社会自给自足的经济，加上政府在对外贸易中实行限制和防范的政策，英国不可能在中国为自己的商品打开市场，因而出现贸易逆差。英国商人曾努力向中国推销棉纺织品,但销路很小,改变不了局面。在这种情况下,英国商人发现鸦片是对他们最有利的商品。它的售价比成本高得多,而且它具有这样的特殊性质:人们只要吸鸦片成瘾,就不能不经常地、愈来愈多地需要它。中国这样一个人口众多的大国,如果吸毒成风,就会成为鸦片的广大市场。因此,不顾中国官方的禁令,非法地大规模地向中国推销鸦片成为英国商人追逐高额利润,并改变对中国贸易逆差的重要手段。据英国官方材料,在 1837 年 7 月到 1838 年 6 月这一个年度内,中国从英国(包括印度)的进口总值是五百六十万镑,其中鸦片占百分之六十(三百四十万镑)。而这年中国对英国的输出总值是三百一十万镑,中国入超二百五十万镑。这就是说,除掉鸦片,在正常贸易中,英国人卖给中国的商品总值比它所买去的中国商品总值少九十万镑。

那时,美国人也从土耳其贩运鸦片到中国来。其数量仅次于英国,例如,嘉庆二十二年(1817 年),在输入中国的鸦片总额四千五百箱中,美国占一千九百箱。

中国方面,早在嘉庆四年(1799 年)就已禁止鸦片进口。嘉庆年间,曾多次发布这种禁令。例如嘉庆十九年(1814 年)的上谕指出,"鸦片烟一物,其性至为毒烈,服之者皆邪慝之人,恣意妄为,无所不至,久之气血耗竭,必且促其寿命"。还指出:"其来由于番舶先至广东进关后,以渐贩往各省"。这道上谕认为在海关上认真查禁,是禁烟的比较易行的办法,"如(外国商人)仍有违禁私与中国商民交易者,查出按例治罪,杜其来源,较之内地纷纷查拿,实为事半功倍"①。但是这些禁令并没有起什么效果,鸦片仍源源不绝地输入中国,外国商人贩卖鸦片的船只公然停泊在黄埔。

道光元年(1821 年)起,在广州海口上,形式上加强了禁烟。"凡洋艘至粤,先由行商出具所进黄埔货船并无鸦片甘结,方准开舱验货。其

---

① 《清代外交史料·嘉庆朝》第四册,故宫博物院 1932 年编印,第 19 页。

行商容隐,经事后查出者,加等治罪"①。这是把责任加于官许的经营进出口贸易的中国"行商"身上。道光三年(1823年)两广总督阮元奏折中说:"现在内港及黄埔、澳门、虎门各海口,尚无偷透",这是说,正式进口的商品中没有鸦片。但是他承认,"外海地方,潜行贩卖,越入各省,不能保其必无"②。事实上,鸦片进口的主要途径是通过非法的走私,"鸦片趸船尽徙之零丁洋,其地水路四达,凡福建、江、浙、天津之泛外海者,就地交兑,其销数之畅如故也。"③不但"如故",而且走私买卖的规模越来越大。英国和美国商人用来囤放鸦片的趸船,从黄埔移到了珠江口外的零丁洋(亦称伶仃洋)上,外洋运来的鸦片都存在趸船上。外国的鸦片贩子在广州和中国商人进行交易,由中国人的走私船到趸船上取货。这些走私船备有武器,成群结队,自由地越过关卡,把毒品输送到广东、福建、浙江以及其他沿海省份。各级官员对此不闻不问,他们从外国的和本国的走私贩子那里得到了大量的贿赂,有些官员自己就参与走私活动。甚至两广总督也用官船供走私贩运。许多地方官员以及在他们背后的中央大员直接间接地从鸦片走私中得到好处。依靠走私的途径,英国、美国的鸦片贩子无所顾忌地进行着他们的肮脏的贸易。

清朝官方渐渐地发现了由于鸦片大量进口而引起的一个后果,就是现银的出口。嘉庆年间,朝廷在禁止鸦片进口的同时,也禁止"偷漏银两出洋"。但那时还不很清楚这是密切相关的两件事。按正常的商品贸易来说,中国是出超的,其所以出口现银,就是因为大量鸦片走私进口的原故。道光十一年(1831年)监察御史冯赞勋的奏折说清楚了问题:"查烟土一项,私相售买,每年出口纹银不下数百万,是以内地有用之财而易外洋害人之物,其流毒无穷,其竭财亦无尽。于国用民生,

---

①　江上蹇叟(夏燮):《中西纪事》第4卷,同治四年刻本,第2页。
②　《清道光朝外交史料》第一册,故宫博物院1933年编印,第41页。
③　《中西纪事》第4卷,第2页。

均大有关系。"①早在道光初年,已经开始出现"各省市肆银价愈昂,钱价愈贱"②的现象。一两银子在道光元年(1821年)前后值制钱一千文上下,到了道光十六到十八年(1836—1838年),值到一千三百到一千六百文了。当时人们认为,这就是现银出口,内地银两短绌所造成的结果。银贵钱贱使各级地方官员感到吃亏,他们以各种名义向百姓征收的税大多是钱,而向上报销则以银两计。道光十三年(1833年)江苏巡抚林则徐说:"近年以来,银价之贵,州县最受其亏。而银商因缘为奸,每于钱粮紧迫之时倍抬高价。州县亏空之由,与盐务之积疲、关税之短绌,均未必不由于此。要皆偷漏出洋之弊有以致此也"③。由于鸦片私运入口造成了银贵钱贱,造成了对社会经济和国家财政不利的影响,所以禁止鸦片就更显得是个迫切问题了。

虽然朝廷几乎每年都下令禁止进口和贩运鸦片,但是这些禁令都不发生效果,腐朽的官僚机构解决不了这个问题。事实上,越是严厉禁止,贩运鸦片的利润越大,各级官员也越可以得到更多的贿赂。于是有的官员提出了"变通办理"的主张,其代表是太常寺少卿许乃济。他在道光十六年(1836年)上了一个奏折,主张"准令夷商将鸦片照药材纳税",也就是让鸦片贸易合法化,使官员们从走私商人得到的贿赂变成国家的税收。他以为,嗜鸦片的人都是"游惰无志、不足重轻之辈",所以除了"文武员弁士子兵丁"以外,可以听任民间吸食。至于漏银的问题,他以为在鸦片贸易合法化后,规定"只准以货易货,不得用银购买",就可以解决了④。

许乃济的"弛禁"主张立即得到广州的一些大员(两广总督邓廷桢

---

① 《史料旬刊》第三期,故宫博物院文献馆1932年编印,第83页。
② 监察御史黄中模道光二年(1822年)的奏折。《道光朝外交史料》第1卷,第14页。
③ 《林则徐集·奏稿》,中华书局1965年版,第136页。
④ 中国史学会主编:《中国近代史资料丛刊:鸦片战争》(此书以后简称《鸦片战争资料》)第一册,神州国光社1954年版,第471—474页。

等)的响应,但也遭到了另一些官员的反对。御史袁玉麟很有力地驳斥了许乃济提出的论点。他说,政令应该是划一的,既然在民间开禁,就无法禁止"官弁士兵"吸食。只准"以货易货"也是行不通的,因为并没有那么多出口货用以同鸦片交换,"内地载出之茶叶大黄等货,与外夷载入呢羽钟表等货,仅足相抵。今每岁添入二千万两银之鸦片,则内地安得再有二千万两之货与之相抵",因此既然准许鸦片进口,那就必然只好用银子去买①。

弛禁的主张显然站不住,但是怎样才能有效地禁止鸦片,应该从何下手呢? 道光十八年(1838年)闰四月,鸿胪寺卿黄爵滋上奏认为只在海口禁止鸦片进口是无效的,根本办法是禁止吸食鸦片,他主张对吸鸦片的人限期一年戒绝,过期犯禁的处以死刑。皇帝把他的奏折发交各省官员征求意见。最坚定地支持他的主张的是湖广总督林则徐。他还提出了禁止吸食鸦片的六条具体办法,并在两湖地区切实执行,取得良好效果,获得社会舆论的广泛支持和拥护。黄爵滋强调因鸦片进口而"漏银"的危机:"以中国有用之财,填海外无穷之壑,易此害人之物,渐成病国之忧。日复一日,年复一年,臣不知伊于胡底"②。林则徐也认为,鸦片流行,不但吸食的人受害,而且使财富"漏向外洋",所以必须视为严重的问题,"若犹泄泄视之,是使数十年后,中原几无可以御敌之兵,且无可以充饷之银"③。他们是从维护封建统治政权立论,所以道光皇帝不能不为他们的主张所打动,官员中也没有人能公开表示反对。

当时,吸食鸦片很普遍,各级官员和各级衙门里的人员,军队里的军官和士兵,嗜好这种毒品成瘾的人越来越多。所以,黄爵滋的那种逾期不戒烟的人处以死刑的主张,是许多官员不赞成的,道光皇帝也没有

---

①　《筹办夷务始末(道光朝)》(以后简称《道光夷务》)第一册,齐思和等整理,中华书局1964年版,第11—12页。

②　《道光夷务》第一册,第32页。

③　《林则徐集·奏稿》,第601页。

采纳。但是弛禁的主张没有人敢提了。提出弛禁主张的许乃济受到了降职的处分。曾经同意弛禁的两广总督邓廷桢也表示应当禁止贩运鸦片。以首席军机大臣穆彰阿为首的一些大员是鸦片走私得利者在朝廷中的代表,他们希望维持鸦片走私,一贯地暗中抵制和破坏禁烟措施,在表面上则以"有伤国体"为名表示不同意公开买卖鸦片。

道光皇帝这时下了决心禁止鸦片,他想从禁止鸦片进口来解决这个问题。道光十八年十一月十五日(1838年12月31日),林则徐被任命为钦差大臣到广州去专办这件事情。

(二)林则徐的禁烟和英国侵略者

林则徐(1785—1850),福建侯官(今福州)人,是主张严禁鸦片的主要代表人,也是鸦片战争时期清朝官员中抵抗派的首领。他在嘉庆十六年(1811年)中进士进入官场,先后在浙江、江苏、陕西、湖北、河南等省任地方官,还在河南督修过堤工,比较了解社会的情况和民间的疾苦。他曾与黄爵滋、龚自珍、魏源等提倡经世之学,他们是一群对腐朽黑暗的现实政治不满,要求有所改革的地主阶级知识分子。道光十二年(1832年)林则徐任江苏巡抚,比较注意兴修水利,十七年调任湖广总督。在他受任钦差大臣离京时,他的朋友龚自珍写了一篇送行文章,文章说,在广州禁烟,外国人可能动武,应该有所准备。林则徐复信同意这种看法。龚自珍的文章还要林则徐警惕在广东的官员绅士中都会有阻挠禁烟的人。对此,林则徐答复说,他所担心的还不是在广东那边有人阻挠。这实际上是说,阻挠可能来自京城。所以他说:"如履如临,曷能已已!"①他知道是冒着风险去广州的。

林则徐在道光十九年正月下旬(1839年3月)到达广州,立即雷厉

① 龚自珍:《送钦差大臣侯官林公序》,附林则徐的《复札》。见《龚自珍全集》上册,中华书局1961年版,第171页。

风行地开展禁烟运动。原来并不赞成严禁鸦片的两广总督邓廷桢在形势推动下,转变为禁烟派中得力的重要人物,他向林则徐表示一定要"合力同心除中国大患之源"。林则徐在赴广州途中,已经根据他所掌握的情况,开列了一批"汉奸"的名单,通知广东地方官迅即把他们拘拿起来。这批汉奸都是勾结外国鸦片商人从事走私贩运的人。

外国商人根据多年的经验认为,清朝官员都是可以买通的,官方的禁烟无非都是没有雨的雷声。他们没有料到,新来的钦差大臣表现了完全不同的作风。他到广州半个月后,通知外国商人把运抵海口存在趸船上的鸦片全数缴出,毫无通融余地。他还指名捉拿多年来从事鸦片走私,恶名昭著的英国商人(以后改为把他们驱逐出境,不准再到中国)。由于他所采取的坚决措施,二百多英国商人终于在当年三四月间被迫交出了一万八千七百五十三箱鸦片。英国政府派驻广州的商务监督义律,不让英国商人把鸦片烟直接交给中国官方,而要先交给义律,再由他以英国商务监督的名义交给中国政府。义律采取这种做法是为了使鸦片纠纷成为两国政府之间的问题,为下一步的阴谋作准备。他的这种做法恰好表明了英国政府是公然支持非法私贩鸦片的。当时,美国在广州的商人也被迫交出了一千五百四十箱鸦片烟,同样经过义律的手转交。

英、美商人交出的鸦片二万多箱,约二百三十多万斤。林则徐把它们全部在虎门当众销毁。销毁的方法是在海滩上挖了池子,把鸦片浸泡在盐卤水中,再投入石灰,使它沸腾起来,最后引潮水冲入海中。有些外国商人看到了这个场面,他们承认销毁工作确是做得很彻底。在贪污成风的清朝官场中,查禁鸦片一般都成为发财致富的手段。林则徐的销毁鸦片是一个非常突出的行动。

林则徐还要求外国商人具结保证,"嗣后来船,永不敢夹带鸦片,如有带来,一经查出,货尽没官,人即正法,情甘服罪"①。义律在被迫

---

① 《鸦片战争资料》第二册,第243页。

交出鸦片之后,指使英国商人拒绝按照林则徐的要求具结,率领他们在四月十二日退出广州。这些商人先是住在澳门,后又都到了泊在九龙的尖沙嘴附近的海船上。义律下令英国商船一律不准进入黄埔做买卖。他向英国政府报告,要求派军队来准备武力解决。所以在林则徐销毁鸦片以后,中英间贸易断绝,其责任是在义律,而不在林则徐。

林则徐并没有封锁广州海口。相反地,他认为,正常的贸易应当照旧进行。任何国家的商船,只要不夹带鸦片,并且具结承认以后也不带鸦片,都允许进口。在四月以后的六个月内,有四十五艘美国商船和其他国家的十七艘商船相继具结进口。英国的商船,虽然急于想把装载的货物脱手,但由于义律的命令,只能继续停泊在海上。五月二十七日,在九龙的尖沙嘴发生了英国水手行凶杀死了一个中国人的事件。林则徐要求英国人交出凶手,义律无理地拒绝。这时,义律手下有两艘军舰,七月二十七日,义律率军舰突然炮击九龙山口,那里的中国水师船和炮台发炮还击。即使这样,林则徐仍然表示,只要英国人把凶手交出来,只要英国商船具结不再贩运鸦片,广州港口仍然是向英国人开放的。林则徐还派员在澳门同义律谈判,但义律只是用谈判拖延时间,等待国内的军队到来,所以谈判没有结果。

九月间有两艘刚从印度开来的英国商船不顾义律的禁令,按照林则徐规定的条件请求准予进口,这是义律不甘心的。九月二十八日,义律率领军舰闯入珠江,在穿鼻洋附近阻拦进口的英国船,并和水师提督关天培所率领的中国师船接战。在紧接着的十天内英国人又连续六次进犯驻有中国军队的官涌(九龙尖沙嘴以北的一座小山梁)。林则徐和邓廷桢在军事上已经做了些准备,所以英国人的这几次进攻都被打退了。这虽然不是取得大胜,但确也使英国人看到,在广州是有戒备的,对于侵入者是敢于抵抗的。林则徐、邓廷桢把这几次战斗向朝廷作了报告,按照官场的向例,这类报告不免有些浮夸的字眼,例如奏报中说:"旬日之内,大小接仗六次,俱系全胜"。但总的说来,这个奏报还是比较实在的。奏报中说明对待英国人的态度是:"苟知悔悟,尽许回头",这就是说,并不准备同英国决裂。所以"他国货船遵式具结者,固许进埔(黄埔),即英国货船,亦不因其违抗于前,而并阻其自新于后"。林则徐派官员对于已经进口的一艘英商船的船长,"面加慰谕",而对于因英国兵舰阻拦未能进口的另一艘英国商船,也准备"查明下落,护带进埔"①。林则徐这时当然不知道英国政府将要派军队来。他是紧紧抓住禁止鸦片这一个问题,采取了既有原则,又比较稳妥的政策。

但是,在北京的道光皇帝的头脑愈来愈发热了。他在接到林则徐等关于七月二十七日九龙山炮战的报告时已经亲自批示说:"朕不虑卿等孟浪,但戒卿等不可畏葸。"②对于林则徐等"接仗六次,俱系全胜"的奏报中所说的对英国商人政策,皇帝认为是错误的。林则徐等说:"英国商人苟知悔悟,尽许回头",皇帝批示道:"不应如此,恐失体制"。林则徐等说,对于愿意具结的英国船,许其进口,皇帝批示道:"恭顺抗拒,情虽不同,究系一国之人,不应若是办理。"皇帝下令说:"著林则徐等酌量情形,即将英吉利国贸易停止,所有该国船只,尽行驱逐出口,不必取具甘结"③。

林则徐不能违抗朝廷旨意,他宣布"自十一月初一日(1839 年 12 月 6 日)起,停止英吉利国贸易"④,十二月初一日(1840 年 1 月 5 日)又进一步下令禁止一切英国船只进口。但即使在这以后,林则徐和义律之间还交换过几次信件,并没有决裂。直到英国政府派出的侵略军队到达广东海面的时候,情势才发生了根本变化。

1840 年 2 月(道光二十年正月),英国政府决定派出所谓"东方远征军"开往中国。当时英国议会曾辩论对中国出兵是否合理的问题。议院中的"反对派以拒绝为支持一种恶毒的、有伤道德的交易而进行

---

① 《道光夷务》第一册,第241—243 页。
② 同上书,第226 页。
③ 同上书,第242—243 页。
④ 同上书,第247 页。

战争的理由反对政府的政策"①。所谓"恶毒的、有伤道德的交易"当
然就是指鸦片贸易。下议院中仅以微弱的多数通过支持政府的立场。
内务大臣罗素向议会发言为政府的立场辩护,说明英国开战的目的是:
"为商务监督及女王陛下的臣民所忍受的暴行与虐待要求赔偿,为英
国商人们在恐吓与暴力之下所受到的损失要求赔偿,为英国商人们的
人身和财产获得保证,使今后免受暴虐与残忍的待遇,并能够在正常的
情况之下经商"②。许多英国资产阶级的历史著作力图证明,英国当时
对中国作战虽然因中国方面禁烟而引起,但并不是为了保护鸦片贸易,
而是为了要求在"平等"地位上进行正常的贸易。中国有些资产阶级
学者也附和这种说法。当时英国官方对作战原因的公开说明,例如上
举罗素的话,的确都小心避免提到鸦片烟,但是所谓"英国商人们在恐
吓和暴力之下所受到的损失",很明显的就是针对林则徐迫使英国商
人交出鸦片烟而言,所谓"为英国商人的人身和财产获得保证",就是
针对林则徐提出的如果以后再贩烟"货尽没官,人即正法"的要求而说
的。既然如此,怎么能说不是为保护鸦片走私呢?

至于说,中国的封建皇朝在贸易关系上不以"平等"态度对待外
国,所以英国发动战争是为了争取"平等"。——这是一种强盗逻辑。
强行进入一个独立的主权国,否认这个国家有权自行规定自己的对外
政策和对外贸易制度,企图用武力来取得在这个国家中为所欲为的地
位,而称之为要求"平等",这是十九世纪的作为世界霸主的英国资产
阶级的强盗逻辑。

英、美的有些历史书说,如果不是林则徐禁运鸦片,英国对中国的
这次战争也会发生。这种说法是对的。英国资产阶级政府发动这次战
争,除了保护鸦片走私以外,还有更深刻的原因。当时英国资产阶级中
热心鼓吹对中国作战的有两部分人,一部分人是鸦片走私贩子,例如被

---

① 马士:《中华帝国对外关系史》第 1 卷,中译本三联书店 1957 年版,第 284 页。

② Maspero:《中国》,据张雁深译文。

林则徐驱逐出境的查顿和玛地臣。这两个人多年在中国沿海从事鸦片走私而发了财，回国后不久，都成了国会议员，玛地臣还受封为爵士。另一部分人是同对中国贸易有关的工业、商业、航运、金融等方面的资本家。他们竭力企图把英国的工业制造品推销到中国去。当时英国已经发生资本主义的"生产过剩"的危机，英国资产阶级在全世界到处寻找新的市场。中国这样一个广大的国家自然成了他们觊觎的目标之一。他们认为，中国政府在对外贸易上的那些限制和规定是使英国工业品不能畅销于中国的主要障碍，因此他们主张用武力冲破这种障碍，使中国成为对于英国商品自由开放的广阔市场。如果没有林则徐禁止鸦片，英国资产阶级也会找另一借口来发动战争，这是可以断言的①。

英国资产阶级在 1840 年发动战争是以保护肮脏的鸦片走私为其直接原因，企图用武力迫使中国放弃一切自我保卫的措施，而向外国资本主义的商品自由开放——所以这次战争，在英国方面，完全是非正义的侵略战争。

（三）战与"抚"

道光皇帝无论在禁烟问题还是在战争问题上，都没有一贯的坚定的方针。以禁烟来说，他虽然曾经显得很有决心，但是一遇到阻力时，他的决心就像肥皂泡一样消失了。在他的朝廷中，有许多官员本来就不赞成严禁鸦片，因为鸦片贩运是为他们带来好处的。而主张禁烟的多数官员也只能寄希望于用一种比较省力的办法来解决问题。腐朽的封建统治集团，作为一个整体，已经不可能用自己的力量消除自己身上的痼疾。虽然事实很明显，把外国鸦片贩子运来的毒品接运入口，把鸦

---

① 法国作家 Cordier 论述鸦片战争说："要找一作战的借口是很容易的。但是一个信基督教的国家，却在一个所谓野蛮国家的君主努力停止一种很不道德的贸易的行动上，去寻找开战的借口，是不太值得的。"（Cordier：《中国通史》，据张雁深译文）

片运销国内各地,都与各级官员的包庇、受贿有关,而且许多大小官员就是鸦片的嗜好者。但是从来没有一个比较显要的官员因鸦片而受到惩治。皇帝和官员们对于外国情况并没有任何了解,以为只要略施威吓,并以停止贸易为武器,就可以使外国商人再不敢私贩鸦片,从而一劳永逸地在国内禁绝鸦片了。因此他们认为,从外国的鸦片贩子下手来解决禁烟和相连带的白银外流的问题,似乎是最省事的办法,用不着同时向自己内部的贪污腐朽作斗争,就能解决问题。道光皇帝在决心禁烟时派林则徐到广东,其动机也就在此。他没有料到,在外国的鸦片贩子的背后,有着他所吓不倒,反而使他吓倒的一种力量。

在封建统治集团中,林则徐是头脑比较清醒的一个人。他在就任钦差大臣以前,对中国以外的世界也是全不了解的;到达广州之后,他很重视探访外情,注意西方资本主义国家的情况和动态。他组织人编译澳门报刊上的材料,还积累资料,编辑《四洲志》草稿,以求了解这些国家的历史、疆域和政治情况。虽然他所了解的还很有限,但是他渐渐懂得,对于这些国家是应该认真对待的。

林则徐在广东力谋加强戒备。道光十九年(1939年)十二月初他被任命为两广总督(原任两广总督的邓廷桢调任闽浙总督)。他在虎门口外海面设置木排铁链,又购买西洋大炮,添置炮台、炮位,在珠江口两岸加强布防。他命令水师提督关天培等率领水陆官兵认真操练。看到了沿海人民对英国侵略者的同仇敌忾,他认为"民心可用",召募了一些渔民、蛋户①加以训练。根据当时的军事形势,他认为必须采取"以守为战、以逸待劳"的作战方法。

英国政府派好望角海军提督懿律(义律的兄弟)统率所谓东方远征军,并委任他和义律为全权代表同中国交涉。道光二十年五月(1840年6月),英国侵略舰队到了广东海面,宣布封锁广州,禁止所有

———————————

① 在封建时代,粤闽沿海地区以舟为家、过水上生活的居民被称为蛋户(也写作疍户),并被视为一种贱民。

船只进入广州省河。林则徐移驻虎门,校阅水师,并且张贴告示,动员人民,准备作战。懿律和义律根据英政府的训令,避免在广东拖延,率舰队主力北上。六月初侵略军在厦门海面与闽浙总督邓廷桢统辖下的水师发生冲突。接着英军乘福建以北防务空虚,向浙江沿海进攻,首先到舟山海面,登陆占领定海县城。一部分英军驻守定海,其余继续北上,七月十六日到了天津的白河口。

朝廷一面空喊要在浙江进剿,收复定海,一面看到外国兵船迫近京畿,十分紧张,只想用温和的方法劝使他们自动退到南方去。按当时统治者的语言,这叫做用"抚"的方法。所谓"抚",实际上成了屈服和投降的别名。

直隶总督琦善在白河口像接待客人一样地接待了英国兵船。懿律和义律把英国外相帕麦斯顿致中国"宰相"的照会交给琦善,由他送呈皇帝①。皇帝从阅读这个照会中得到的结论是,英国兵船并不是来挑衅的,只是因为林则徐等在广东查禁鸦片办理不善,所以才北上请求"昭雪伸冤"。其实,帕麦斯顿的照会明明包含着极端粗暴的勒索和讹诈:要求按价赔偿"所有逼夺之货物"(这是指被林则徐没收销毁的鸦片);要求割让一个或几个岛屿;为达到这些要求,要封锁中国海口,并对某些地方实行军事占领,未得满意结果时,不能停战;而英国这次出兵的一切费用,要由中国负担等等。

道光皇帝下谕指示琦善拒绝割让海岛和偿还烟价:"当日呈缴之烟,原系违禁之件,早经眼同烧毁。既已呈缴于前,即不得索价于后"。至于要中国担负英国出兵费用一点,皇帝没有提到,他那时大概以为这不过是异想天开的奇谈,根本不值得答复。但是皇帝的谕旨中又说:"上年林则徐等查禁烟土,未能仰仗大公至正之意,以致受人欺朦,措置失当。兹所求昭雪之冤,大皇帝早有所闻,必当逐细查明,重治其罪。现已派钦差大臣驰至广东,秉公查办,定能代伸冤抑。该统帅懿律等,

---

① 照会见《道光夷务》第一册,第382—387页(这是当时皇帝读到的译文)。

着即返棹南还,听候处理可也。"①琦善在致懿律的照会中照样写上了这些话②。很明显,这是把一切责任都推给了林则徐,想以惩办林则徐来搪塞武装进犯的洋人。帕麦斯顿的照会还不敢公然指责中国的禁烟,关于要求赔偿鸦片这一点,只能含糊地说是"货物"(英文原文是这样说的)。现在,皇帝和琦善明确地把林则徐的禁烟说成是"措置失当"。英国人虽然没有因此而完全满意,但是从此禁烟宣告失败。在广东禁烟的林则徐等官员倒成了罪人了。

琦善向皇帝报告说:"天津切近京畿,凡盐漕铜船皆由此来,最为咽喉重地。设使边衅一开,该夷狡焉思逞,频相滋扰,致我劳师糜饷,所关匪细。且海道处处可通,如黑沿子庄并无口门之所,该夷尚能乘坐小船,设法上岸,又安得有如许弁兵,旷日持久,无时无处,不加堵御?诚恐防不胜防"③。这是皇帝和琦善等大臣认为洋人既然到了天津口外,就只能和他们妥协了事的原因。白河口的英国人曾在附近沿海一些地方自由登陆,不但在黑沿子庄这种"并无口门之所",而且到了山海关这样的要冲。他们在到过山海关以后,向一个清朝官员说:"因闻山海关地方,向多古迹,是以前往观看",又说:"该处只有弓箭,并未见有炮位"。这个官员答以"此系密防,岂能令尔望见。"直隶总督琦善把这件事报告了皇帝,并且说:"该夷所恃者大炮,其所畏者亦惟大炮。山海关一带,本无存炮,现饬委员等,在于报部废弃炮位内,检得数尊,尚系前明之物,业已蒸洗备用。"④在英国舰队到了广东海面后,皇帝曾多次下诏,令沿海各督抚严加防范,各省督抚也纷纷报告,已经做了准备,其实完全是空话。这个直隶总督倒并不真是以为拿明朝的废炮可以吓倒洋人,不过是以此来证明他的辖区完全没有防御侵略者的能力。

琦善在白河口同懿律有过几次书信来往,并同义律进行了两次会

---

① 《道光夷务》第一册,第391—392 页。
② 同上书,第387—388 页。
③ 同上书,第425—426 页。
④ 同上书,第460—461 页。

谈。英国人坚持包括赔偿鸦片烟价在内的各项无理要求。琦善除了承认一定重治林则徐的罪以外，对其余问题，含糊地答应，只要到广东去，一切都可商谈。这样，英国舰队就在八月二十日离开白河口，折回南方。

英国舰队又到了浙江海面。英国人向琦善表示过，在他们的要求未得到满足前，决不放弃已经占领的定海。派在浙江的钦差大臣伊里布丝毫没有作战布置，他向英国人求和，并且应英国人的要求向定海居民发出布告说："务须各安耕读，自保身家，如果夷人并不向尔等扰害，尔等亦不复行查拿也。"①于是英国方面宣布浙江休战，除留下少数兵力外，全军移向广东。

在"抚"的空气高涨，皇帝已表示不信任林则徐的情况下，本来反对严禁鸦片的官员们大肆造谣中伤，陷害以林则徐为首的禁烟派和抵抗派。九月，道光皇帝下谕申斥林则徐、邓廷桢，给他们加上"误国病民"的罪名，把英国侵略军沿海骚扰，各省"纷纷征调，糜饷劳师"，说成是他们"办理不善"的结果②。被革职的林则徐还上奏说，为海防长久之计，应当不惜经费，"制炮必求极利，造船必求极坚"，并要求"带罪前赴浙省，随营效力，以赎前愆。"对于这个奏文，皇帝加上了"无理，可恶"，"一片胡言"等等批语③。

林则徐被罢免后，在白河口"抚夷"有功的琦善接任两广总督，在广州和英国人义律谈判（懿律已经因病回国）。琦善完全不作任何作战准备，只想在谈判中用延宕的办法来使对方降低他们的要求。义律决定再度使用武力。道光二十年十二月，英军突然袭击和占领了虎门外的沙角、大角两个炮台。水师提督关天培统率守军进行了英勇的抵抗，使敌人遭到较多的伤亡。但是琦善并不积极抵抗。义律擅自发布

①　《鸦片战争文献》。见《国闻周报》第十卷第四十八期。
②　《道光夷务》第一册，第483页。
③　同上书，第531页。

公告,宣称已与琦善达成初步协议,把香港割让给英国,并赔偿烟款六百万元等。英军随即强行占领了香港。

道光皇帝在知道英国硬要割地赔款之后,忽然又改变方针,主张打仗了。原来他以为,已到天津海口的英国军队既然很容易地就撤往南方,可见他们并没有多少厉害;既然已就"抚",就不应该再要求割地赔款。割地,有伤"天朝"体面,赔款,钱又从何而来!道光二十一年正月初五日(1841年1月27日),皇帝下诏表示决心在广东和浙江把英国人"痛加剿洗"①。一个月后,他命令把琦善革职锁拿,查抄家产。

义律没有得到割地赔款的确实凭证,又获悉清朝政府调兵遣将的消息,就采取先发制人的手段。二月上旬,英军向虎门炮台发动进攻。琦善的投降政策使许多官兵丧失了战斗意志,英军轻易地占领了虎门的十余座炮台和一千余尊炮位。水师提督关天培亲自上炮台率部抵抗,他在这一次战役中牺牲。

英国方面由于在华兵力不足,在二月初把留在浙江定海的部队全部撤退。钦差大臣伊里布因而能够奏报"收复"定海。已经下了作战诏书的道光皇帝这时认为,伊里布一直不敢和敌军作战,不能加以剿灭,"可谓庸懦无能之至"②,所以也给了他以革职的处分。

道光皇帝这时似乎真是有了作战的决心。他下令从湖北、四川、贵州、河南、广西、江西调动军队开往广东。他派遣皇侄奕山为靖逆将军,尚书隆文和湖南提督杨芳为参赞大臣,一起负责广东的军事。杨芳先到了广州,此人号称名将,但也和琦善一样,竭力采取"抚"的办法以避免作战,因此他受到皇帝的申斥。皇帝认为他"只知迁就完事,不顾国家大体",训示他说:"此事更无他议,唯有进剿一法。……断不准提及通商二字"③。随后,奕山和隆文也到了广州。他们在出京前由皇帝

---

① 《道光夷务》第二册,第712页。
② 同上书,第830页。
③ 同上书,第956页。

"面授机宜",要他们"一鼓作气,殄灭丑类"。四月初,奕山在毫无切实的军事部署的情况下和侵略军打了一仗,只打了七天,广州城外炮台全部失陷,一万八千军队溃散了。正在英军要发动攻城时,奕山挂起了白旗乞降。在奕山主持下订立了新的停战条款,其中主要是奕山和中国军队于六天内退出广州城,七天内交付六百万元赔款。奕山迅速地做到了这些条款,英军在取得赔款时,四月十九日退出虎门。

道光皇帝这一回批准了奕山的投降行动。原来他的作战的决心和禁烟的决心一样,是一遇挫折就迅速熄灭了。他说:"该夷性等犬羊,不值与之计较"①,既然这些洋人已经在广东退出虎门,而且在浙江也已交还了定海,那么面子上也还算过得去,一切事情就算完了。打败仗的奕山等人没有受到任何处分,惩罚反而落到了已经革职的林则徐、邓廷桢身上,皇帝下令把他们"发往伊犁,效力赎罪"。六月初,皇帝下令,广东和其他沿海各省在前一时期为加强防务而从外省调集的官兵一律裁撤。

但侵略者却不认为战事已经告终。英国政府在知道义律率兵到了大沽口又撤回,接着在广东也未得到明确效果这些情形以后非常不满意,认为义律没有能贯彻执行原定的计划。英国政府撤回义律,改派曾在印度任职的朴鼎查担任全权大臣,同时更换了司令官,增加侵略军力。

道光二十一年六月中旬(1841年8月初),朴鼎查到了广东,立刻通知中国官方,要出兵北上以求满足去年在白河口提出的全部要求。这以后一整年中间,英军在福建、浙江、江苏发动了一连串的攻势。清朝当局手忙脚乱地调兵遣将,布置抵抗。但是在任何地方都显不出有抵抗的决心和能力。英军在七月间一度占领厦门,为了要进攻更北的省份,不久就退出厦门,但仍盘踞鼓浪屿。八月中旬英舰到了浙江海面,第二次占领定海,并且占领了镇海和宁波。这一回,浙江的守军进

---

① 《道光夷务》第二册,第1046页。

行了抵抗,但在这些抵抗失败,派去浙江的钦差大臣裕谦在镇海兵败自杀后,浙江巡抚刘韵珂就断定军事抵抗是无用的,只能寻求别的出路,也就是求和。侵略军在占领了浙江沿海这几个地方后,就在这里过冬。因此浙江变成了一个军事中心。道光皇帝派遣另一个皇侄奕经为扬威将军到浙江主持军务。奕经虽然主战,但只想靠临时从各省凑集的军队一战而侥幸取胜。道光二十二年正月底,奕经以一万三千多的兵力反攻宁波、镇海,迅速地失败退却;紧接着,英军以一千二百多人向慈溪追击,使奕经的大军全部溃散。于是这个扬威将军也不再想"扬威"而赞同刘韵珂的立场了。这时侵略军丝毫无议和之意,它似乎还要在浙江进一步占领杭州,这使浙江当局十分恐慌。但是英军在三月下旬放弃宁波,腾出兵力到浙江以北的地区寻找更致命的打击点。在一度攻占乍浦以后,四月底英国舰队到了江苏省长江口外。五月初八日,英军攻占吴淞、宝山,江南提督陈化成在吴淞率部抵抗,壮烈牺牲。由于两江总督牛鑑怯懦畏战,清朝官兵无抵抗地放弃了上海。英国侵略者扬言要进入长江,还要更往北去。

道光皇帝原来寄希望于扬威将军奕经,这个希望落空后,又转向求和的方针了。皇帝派遣原任盛京将军的耆英以钦差大臣名义到浙江,并起用被认为是善于实行"抚"的政策而能博得英国人的好感的伊里布。耆英和伊里布接受的任务就是设法在尽可能低的条件下求和。虽然皇帝下达的命令中仍然写上"相机追剿"一类的空话,其实从朝廷到地方上的官员和将军们,已经完全丧失在战场上的信心了。

在战争中心移到了长江口的时候,耆英、伊里布奉派赶到江苏,立即同英方联系,要求停战言和。但侵略者拒绝,他们要在更有利的情势下才提出媾和的条件。英军退出上海,由吴淞口西驶,进入长江。历史上称为天险的长江,在腐朽的封建统治者的手中,对于初来的英国舰队,成了敞开的通道。五月二十八日,英国舰队进入长江,四天后,越过被认为是长江的第一重门户的江阴炮台。六月十四日,镇江被攻陷。七月初一日,英国兵舰已经停泊在南京的下关。

急急忙忙赶来的钦差大臣耆英、伊里布,加上两江总督牛鑑,在南京全部接受了朴鼎查提出的和约条款,不敢有任何异议。七月二十四日(1842 年 8 月 29 日)订立了可耻的城下之盟——这就是南京条约,在近代史上第一个加在中华民族身上的不平等条约。

(四)战败的原因

让我们来看看鸦片战争中作战双方力量对比的形势。

英国军队在武器方面,显然居于优势地位。但是同样明显的是英国侵略军在另一方面又处于极其不利的地位。鸦片战争开始时,英国的"远征军"一共是配有大炮的十六艘兵船(帆船),四艘轮船,以及若干艘运输船,其全部海陆军人数为五千多。战争后期,增加了兵力,有兵船二十五艘,轮船十四艘,共载炮七百多门,除炮兵外,有步兵一万余人;由于抽出部分兵力分驻香港、厦门、定海和镇海,向南京进军的兵力不过七千多人。在当时交通条件下,从英国本土航行到中国,至少要四个月。从印度到中国至少要一整月。用少数的兵力,侵入一个遥远的大国,这本来是一种海盗劫掠式的冒险行动。他们虽然可以在漫长的中国的海岸线上任意选择一点进攻,却不敢较久地占领,不敢分散兵力,不敢过于深入,实际上只能靠突袭取胜,进行讹诈。所以侵略军到了大沽口,并不登陆深入,重新回到广东;侵略军占领了厦门、宁波、乍浦等地后,不久又放弃;最后它进入长江,并不占领什么地方,在南京城下讹诈目的达到后,即退出长江。这些都是因为他们兵力有限,不敢把战线拉得过长,不敢让战争拖延过久的原故。

中国方面战争领导权掌握在腐朽的封建统治者手里,他们和本国的广大人民处于尖锐对立的地位。他们不但不能充分利用在本土上作战能够取得的有利条件,反而由于他们的所作所为而丧失了这些有利条件;不但不能利用远来的敌人所处的不利条件,使之陷入愈来愈大的困难,反而使对敌方本来是不利的条件变成了有利的条件。

中国的将军督抚们是怎样解释他们的战败的原因的呢？试举几个有代表性的说法。道光二十一年九月，浙江巡抚刘韵珂在定海、镇海继福建厦门之后失陷时，向皇帝报告说，这三个地方都已尽力做了防御的准备"而该夷乃直如破竹"，其原因他认为是："盖其炮火器械，无不猛烈精巧，为中国所必不能及。又该逆漂泊于数万里之外，其众皆以必死为期，万夫一心，有进无退，而财力充裕，无一处不勾结汉奸，无一汉奸不得其重贿，为之致死，此其所以逞凶肆逆，各省不能取胜之实情也"①。认定自己无力作战的琦善在道光二十年十二月用"船炮不坚，兵心不固"②八个字来说明广东的情形，他又说："此时若竟与交锋，无论船炮既不相敌，兵心亦多畏葸，……并有内地奸徒，串嘱打仗。故该夷之虚实，我则无由而知，而此间之动静，无时不窥探通报。"③关于琦善所说的最后一点，道光二十二年二月在浙江的奕经也向皇帝报告说："所有宁波一带，山势陆路，汉奸处处为之导引，反较我兵熟悉。……官兵虚实，逆夷无不尽知。以故两次接仗，转致失利"④。

可见这些将军们并不认为"船坚炮利"是敌人取胜的唯一原因。他们虽然竭力夸张武器的作用，但还举出了些使他们失败的其他因素：自己方面"兵心不固"，而实行冒险侵略行动的敌人倒是兵心很固；外来的侵入者能尽知我方的虚实，而在本国国土上作战的军队反而像个瞎子似地连"山势陆路"都不如敌人那么熟悉……。这些奇怪现象并不是被敌人吓破了胆的将军们的乱说，不过他们没有把事情说完全，更不能说明这些怪现象产生的原因。

"兵心不固"的现象的确是严重的。道光二十二年四月，皇帝诏书总结战争的情形说，"将弁兵丁，动谓船坚炮利，凶焰难当，因而见贼仓

---

① 《道光夷务》第三册，第1300页。
② 《道光夷务》第二册，第655页。
③ 同上书，第628页。
④ 《道光夷务》第四册，第1669页。

皇,望风先溃"①。但这还是把兵心不固归因于武器。其实封建统治者所豢养的军队本来是为了镇压人民的,只能在手无寸铁的人民面前逞凶暴。到了鸦片战争时,清朝军队更是腐败到了极点。徐继畬(在战争时,曾任厦门附近的地方官)这样描写官兵的情况说:"人不知战,名之为兵,实则市人,无纪律,无赏罚,见贼即走"②。黄钧宰(《金壶七墨》一书的作者)描写由各省调到广东的军队情形说:"奉调之初,沿途劫夺,……抵粤以后,喧呶纷扰,兵将不相见,遇避难百姓,指为汉奸,攘取财物。校场中互相格斗,日有积尸。"③琦善向皇帝的报告中提到广东水师中发生的事情:"众兵曾向提臣(指水师提督)讹索银钱,否则即欲纷纷四散。……该提臣势出无可如何,……每名散给洋银二元,甫得留防"④。很多地方海防早已形同虚设,例如在定海第一次失陷时,当地县衙门里当幕僚的王庆庄说:"定镇额兵逾万;后减至二千余,承平日久,隶尺籍者,半系栉工修脚贱佣,以番银三四十元,买充行伍,操防巡缉,视为具文"⑤。封建统治者用这样的军队来同拥有优势武器的侵略军作战,当然谈不到旺盛的士气。而掌握战争领导权的封建统治者在整个战争中一贯地没有坚定的方针。从皇帝到将军、督、抚,和战方针不定,说战没有切合实际的作战方法,稍受挫折,立刻求和;和议不成,又空喊作战。在这种情形下,当然更谈不到鼓起坚强的军心和民心。

封建统治者既然没有决心反对侵略者,既然在抵抗侵略的战争中仍然继续纵兵扰民,当然它不可能得到人民群众的支持。没有群众帮助的军队,反而不如得到一些汉奸导引的外国侵略者那样熟悉"山势陆路",这也是不奇怪的。为侵略者所收买的汉奸在居民中终究只占

---

① 《道光夷务》第四册,,第 1849 页。
② 《退密斋文集》。《鸦片战争资料》第二册,第 597 页。
③ 《金壶七墨》。见上书,第 615 页。
④ 《道光夷务》第二册,第 777 页。
⑤ 《犀烛留观记事》。《鸦片战争资料》第三册,第 240 页。

极少数。封建统治者无法解决在官兵之间、军民之间的矛盾，却极度夸张汉奸的数量和作用。奕经在浙江向皇帝报告说："曹江以东，到处汉奸充斥，商民十有七八，孰奸孰良，竟莫能辨。"①奕山在广东也说："密查粤省情形，患不在外而在内。各商因夷以致富，细民藉夷以滋生。近海商民，多能熟悉夷语，其中狡者布为奸细。"于是他得出结论说："防民甚于防寇，此所谓患不在外而在内者此也。"②把几乎所有的民众都说成是汉奸，显然是瞎说，但这种说法恰好说明，封建统治者心目中最大的敌人是民而不是"夷"，即使在同"外寇"——外国侵略者作战的时候，仍然认为"防民甚于防寇"！

外国侵略者多年在沿海活动，的确经过各种途径收买了一些汉奸，到了战时，这些汉奸成了他们的有用的助手。但封建统治者其实并不真是仇视汉奸，特别是一到了所谓"议抚"时，汉奸成了他们所利用的宝贝。例如有一个鲍鹏，本是在广州为英国著名的鸦片贩子颠地跑腿的走狗。两广总督琦善到广州接替林则徐时，把鲍鹏收罗了来，使他成为一个八品衔的官员。琦善在广州与英国人的交涉，鲍鹏都参与在内。英国人关于鲍鹏的记载说："这人原在颠地先生在广州所开的公司里当买办"，又说："我方和琦善之间的前前后后的一切接洽中，联络媒介就是前面提到过的买办鲍鹏，他是一个机敏聪明的人，约有四十五岁，混合话说得很流利。"③林则徐说："广东夷务大不可问，静老（琦善字静庵——引者）以为秘计，不令外人知情，密任直隶守隶白含章及汉奸鲍鹏往来寄信，虽甚秘密，其实人人皆知。"④

何止这个八品衔的鲍鹏是个汉奸！琦善本人以及耆英、伊里布等一心一意宣传敌人的力量强大，曲意求和的大员们，何尝不是真正意义上的汉奸？这种戴花翎的汉奸，使中国丧失抵抗外来侵略的能力，在战

---

① 《道光夷务》第四册，第 1669 页。
② 《道光夷务》第二册，第 994、995 页。
③ 《英军在华作战记》。见《鸦片战争资料》第五册，第 94、174 页。
④ 林则徐在道光二十一年正月的家书。见《鸦片战争资料》第二册，第 563 页。

争中实行失败主义、投降主义；他们的危害是那一些为敌军指引路径、刺探消息的小汉奸所无法比拟的。

封建统治阶级同农民起义军作战时总是决心很大的，例如最近的一次镇压白莲教起义，即使战争中失利，即使战争拖延不决，它也要打下去。你死我活的阶级矛盾决定了它这样做。但在鸦片战争这样的对付外来侵略者的战争中，它却那样地易于动摇，那样地经受不起挫折，这当然也是为它的阶级地位所决定的。浙江巡抚刘韵珂在道光二十二年二月向皇帝指出，如果战争继续下去，就有十大"可虑"。其中第一到第七项说的是敌方武器精良，又有汉奸帮助，自己方面军心民心都不可用，所以无法战争等等。到了第八项，他说到了封建统治者的命根子，征收漕粮的问题，他说，因为有战争，漕粮收不齐，"今大兵复又失利，催征更属为难"。然后第九项，他说到内地"匪徒聚众抢掠"的问题，他说，虽然已经多方"弹压"，但是"现在米麦蔬菜，价日增昂，小民度日艰难，即使前此各奸民未能复集，安保此外不另有不逞之徒乘机而起"。最后第十项，是说，"沿海七省，警备已将两载……计七省一月之防费，为数甚巨，防无已时，即费难数计，糜饷劳师，伊于胡底？"①刘韵珂的"十可虑"论是很能说明问题的。在封建统治者看来，对外的战争能一下取得胜利，当然很好，可以更加强在内部的统治。但是失败，哪怕是一点小小的挫折，都会使已经存在着的内部危机大大加强起来。长时期的战争是他们所不敢设想的。

封建统治者不可能在民族自卫战争中动员广大人民的力量，只能靠有限的军力在漫长的海岸线上到处分兵把口，在任何一点被突破时，就惊惶失措，除了节节败退外没有别的办法。本来是敌寡我众的形势，但是在实际战场上却成了敌众我寡的形势。在浙江兵败自杀的裕谦说："彼可并帮来犯，我则必须扼要分守，彼可数日不来，我则必须时刻

---

① 《道光夷务》第四册，第1678—1682页。

防备,已成彼众我寡,彼聚我散,彼逸我劳之势”①。本来应该是侵略者力求速战速决,旷日持久对他们是很不利的,但腐朽的封建统治者却害怕战争延长更甚于侵略者,一想到“糜饷劳师,伊于胡底”就感到危机重重。封建统治者不能使敌人每取得一个胜利都付出一定的代价,也不能使敌人看不到胜利的前景而陷入困境;反而使侵略者因为轻易地取得一个个胜利,并且因为看到讹诈的手段能够生效,从而大大地增加了他们的威风。

鸦片战争中一些主战的将军、督抚很快就变到主和的立场。道光皇帝也曾显得好像是坚决主战,但是他不断地动摇,终于接受屈辱的和约。这就因为他们在主战时都不切实际地认为可以一战取胜,当速战论行不通,马上就转到了投降主义。林则徐是一贯的坚决的主战论者,但他最多只能在他曾负责的广东地区加强防务。在封建官僚集团中虽然还出现了林则徐这样优秀的人物,但他在本集团中只能受到排挤和打击。当整个封建统治势力已经被敌人的海盗行为所吓倒,而认为议和投降比打仗有利得多的时候,林则徐被撤职查办是不可避免的。

签订南京条约的耆英、伊里布、牛鑑向皇帝报告说:“臣等伏思该夷所请各条,虽系贪利无厌,而其意不过求赏码头,贸易通商而止,尚非潜蓄异谋。与其兵连祸结,流毒愈深,不若姑允所请,以保江南大局”②。封建统治者所说的“异谋”,就是指改朝换代而言。为什么封建统治者同造反的农民势不两立,而同他们也曾表示痛恨的“洋鬼子”终于妥协?这就是因为在封建统治者看来,前者公然有“异谋”,而后者并不“潜蓄异谋”的原故。

(五)三元里的斗争

英国侵略者在发动对中国的战争时,显然不能不考虑到,以少数的

---

① 《道光夷务》第三册,第 1226 页。
② 《道光夷务》第五册,第 2262—2263 页。

"远征军"去与成亿的中国人敌对是危险的事。中国政府的外强中干和中国人民对这个政府的敌对情绪,是他们认为可以利用的机会。一个有名的鸦片贩子安德森在战前向英国政府提出的侵略计划说:"(中国的)一般人民并不喜欢他们的政府"。"对于中国,和对于一切软弱的政府一样,勇敢地施用武力,可以收到意外的效果。用这手段,我们可以恢复我们在中国人民中的威信。但是除非等到中国政府拒绝我们的正义的要求,迫不得已时,不可对一般中国人加以损害,否则便使我们的利益与政策受到损失"①。

英国政府派出的"远征军"采取了这个鸦片贩子建议的策略。侵略军初到广东时,用汉文发布一个声明书,书中"向中国人保证,这次远征对于和平居民并无恶意,远征完全由于林则徐的虐待英人而起,大军所攻击的,仅仅是政府的官员、军官、以及兵士"②。当时,英国资产阶级认为,中国的皇帝和官兵们在对外关系上实行的"锁国政策",是他们所遇到的唯一障碍,只要打碎这个障碍,庞大的中国就向他们自由开放了,因此,采取这样的策略是最聪明和适当的。中国封建统治者对于这一点印象很深,非常愤慨。耆英和伊里布报告上海一带情形说:"(英军)张贴伪示,本国与百姓毫无战争,最愿彼此和睦,广开通商之路,但大清官兵不肯议和。此等鬼蜮伎俩,尤令人愤满胸怀"③。

但是事实的发展同侵略者的预想相反。侵略者以为能在所到之处把敌视中国封建统治者的广大人民拉到自己一方面来,这种妄想是完全落空了的。

许多地方的中国人还是第一次接触到西方侵略者,完全不知道这些武装的陌生人跑来是为了什么,这次战争是怎么回事,他们需要从亲身经验中逐渐认识这些。英国侵略军侵入中国沿海的许多地区和城

---

① 英国蓝皮书:《对华贸易有关的英商给政府的呈文》。见《鸦片战争资料》第二册,第663页。
② 《英军在华作战记》。见《鸦片战争资料》第五册,第63页。
③ 《道光夷务》第四册,第2024页。

市,烧杀抢掠,奸淫妇女,显示出海盗的本色,对中国人民犯下了严重罪行。广州城外的"十三行",原是与外国商人贸易的场所,被英国侵略者洗劫一空。英军的铁蹄所到之处,如厦门、定海、宁波、乍浦、镇江等地,人民都遭到了摧残和劫掠,生命财产受到惨重的损失。英军的侵略暴行,引起东南沿海地区广大人民的强烈义愤。他们自发地起来为反对外国侵略者进行了英勇的斗争。例如,在福建厦门近郊的乡民曾以抬枪等为武器与英军展开激烈的战斗,歼敌多人。在浙江宁波、镇海、定海等地出现反抗侵略者的"黑水党",多次神出鬼没地狙击英军,有时用小划艇袭扰和消灭敌人。在江苏太仓等地农民埋伏击杀英国士兵,使侵略军胆战心惊,不敢上岸。靖江人民还用抬枪击中英军船舰的火药舱,敌船起火,狼狈逃窜。在台湾的台南、台北、基隆等地人民也多次击溃英军的进犯。在广东,广州三元里人民的抗英斗争,是当时中国人民反侵略斗争的一面光辉旗帜。

当英国侵略者认定清朝官兵并无抵抗能力的时候,他们在道光二十一年四月初十日(1841年5月30日)在广州城北约五里的三元里遇到了他们所没有料到的敌人,打了一场特殊的仗。

这时,广州的统帅"靖逆将军"奕山已经放弃抵抗,同英国侵略者订约言和,到达广州城边的侵略军官兵们正在肆行劫掠奸淫。这一天,侵占四方炮台的英国军队忽然发现他们面对着数以千计的敌人。一个英国军官这样描写道:"30日上午,一大群一大群的敌人集合在军营的后面,以长矛、盾牌和剑为主要的武器。……敌人散布在一哩以上的地面上,大约有五千人之众,……两小时以内,敌人增加到七千人以上,露出许多军旗和几枝火绳枪。"[1]原来这些并不是中国官兵,而是普通的老百姓。其中主要是农民。来自附近一百零三乡的群众越聚越多,他们打着三星旗,抱着对侵略者的仇恨,用最简单的武器进行肉搏。侵略者被分割在几处,陷入群众的包围中,很难摆脱。雷雨更使他们增加困

----

① 《英军在华作战记》。见《鸦片战争资料》第五册,第225—226页。

窘。到了第二天,奕山应英国人的要求派广州知府余保纯出城解围,劝说群众的领袖们引导群众散开。侵略军才得以陆续撤退。

在中国近代历史上终于发展为激流狂涛的人民反帝斗争,可以说,最早就萌芽在三元里。只就鸦片战争的各方面形势来看,三元里的斗争也足以说明若干重要问题。

在三元里爆发的斗争中,普通的农民群众不顾官方已经屈膝求和,自己起来惩罚侵略强盗,而这些侵略强盗却得到了封建官员的帮助,这决不是一件偶然发生的事,而是深刻地表明了由这次战争引起的内外阶级关系变化的趋势。广州附近的居民接触洋人较久,琦善说:"粤省民风,浇薄而贪,除业为汉奸者更无庸议外,其余亦华夷杂处,习见为常,且率多与夷浃洽"①。奕山也据此而断言"防民甚于防寇"。三元里的群众的英勇斗争用事实验斥了这些敌视人民的封建官僚的谬说。

三元里的斗争在近代中国历史中第一次显示了只有在广大人民中存在着反对外国资本主义——帝国主义侵略的力量。封建统治者不认识,更不可能发动这种力量。但是,封建统治者在企图抵抗外来侵略势力时,也并不是想不到利用人民,按他们的说法,叫做"借资于民"。

封建统治者的"借资于民"的办法,有"募勇"和"团练"这两种形式。所谓"募勇",就是官方出资雇佣壮丁作为正规军的辅助。例如林则徐在广州曾从渔民、疍户和滨海居民中募勇五六千人。扬威将军奕经在浙江除从各省调兵一万一千多人外,还"募乡勇二万二千人"②。林则徐有《议覆团练水勇情形折》,说明了他对募勇的态度和做法。他说:"当防夷吃紧之时,恐此辈(指"粤东渔民疍户以及滨海居民")被其勾作汉奸,或为盘运鸦片,利之所在,不免争趋。仍惟收而用之,在官多一水勇,即在洋少一匪徒"③。这种看法是有代表性的。浙江道御史殷

---

① 《道光夷务》第二册,第777页。
② 贝青乔:《咄咄吟》。见《鸦片战争资料》第三册,第176页。
③ 《林则徐集·奏稿》,第881页。

德泰奏请在沿海各省招募水勇也说:"沿海一带,率多利涉之人,……其人小利自驱,招之即至,为我用则成水勇,为夷用则为汉奸。"①派到浙江的钦差大臣裕谦则说:"浙江之乡勇水勇,亦不过羁縻匪类,不使内讧而已"②。浙江巡抚刘韵珂曾在乍浦一带从"游民"中募勇,他说:这些"游民","性多犷悍,无事之时尚难冀其安分,有警之日,势更易于为匪",所以他一面"添兵弹压,以驯其桀骜之气",一面"将游民中之强壮驯良者,挑充乡勇以分其势,如有夷船突突乍洋,即令协同攻击,似于安内攘外,两有裨益。"③总之,在他们看来,他们所募的"勇"是也可以成为"汉奸"、"匪类"的人,是他们所很不放心的人,只是暂时利用一下罢了。从这种观点出发,其具体做法可想而知。林则徐说:"雇用此辈,流弊亦多,权宜虽在暂时,而驾驭必须得法。盖其来从乌合,非比有制之师,而又犷悍性成,每易藉端生事。……故当其招募之时,即令查明亲属,取具的保,……临事不藉冲锋,只令备为策应。……若辈久处行间,习知虚实,其中亦有所不宜,故又须加意防维,随时稽察。果能遵守纪律,出力向前,则留营酌编入伍,否则酌量资遣,妥为管束,以杜日后非为"④。可见,林则徐对于下层人民群众的态度,基本上属于封建统治者利用人民力量的观点,并不真是相信人民的力量。林则徐认真地执行禁烟,坚决地抵抗外来的侵略者,符合当时中华民族、中国人民的利益;这是他高出于其他封建官僚的地方。因此,他实行募勇,还能够取得积极的成果。

至于所谓"团练",那是指农村中地主绅士自己编组的武装力量。在镇压白莲教的战争中,这种团练起了很大作用,它并不是人民的武装,而恰好是同造反的农民对立的武装。道光二十一年九月,皇帝发出了这样的号召:"沿海各处乡村,均宜自行团练乡勇,联络声势,上为国

---

① 《道光夷务》第三册,第 1314 页。
② 同上书,第 1266 页。
③ 同上书,第 1217 页。"乍洋"指乍浦附近的海面。
④ 《林则徐集·奏稿》,第 882 页。

家杀贼,下即自卫身家";还提到了不久前的白莲教战争的经验;"从前三省教匪滋事,尽有由义勇出身擢至大员者"①。意思是希望各地方的地主绅士们仍能同样地出力。但是鸦片战争和白莲教战争的情况是完全不同的。在镇压农民革命的战争中,各地方的地主绅士同农民处于势不两立的地位,而集中地代表地主阶级利益的封建朝廷的战争决心是始终不懈的,所以在官兵失利的情形下,地主绅士们愿意竭尽全力组成武装以支援。在鸦片战争中,朝廷的和战方针是那么动摇不定,地方的地主绅士们当然也就要对战争采取观望态度了。侵略者的仅以政府官员,军官和士兵为敌的表示,对于绅商地主们是起了作用的。在侵略军进入长江,攻陷镇江后,扬州的盐商和绅士们竟派出代表向侵略者献银三十万五千两赎城,这是一个最明显的事例。所以,鸦片战争中,沿海各省虽然都鼓励地主绅士们"自行团练乡勇",但这种地主绅士的武装在许多地方并没有组织起来或者没有起什么作用。

在广州方面,南海、番禺、顺德一带农村的地主绅士在鸦片战争中,通过他们原有的"社学"的组织,团练乡勇,参加抗英。这和抵抗侵略态度坚决的林则徐的影响有关。三元里的斗争,参加的除农民外,有当地的丝织工人,打石工人,人数近万,已远远超过团练的范围。一些主持社学的地主绅士参与了这次斗争,并在群众中起领导作用。这些农村中的较小的地主和绅士,由于面临着侵略者的暴行,在群众自发的反侵略的斗争高潮中,也表现了斗争的积极性,但是他们的基本态度毕竟是追随地方官员的。所以他们很快地听从投降主义的官僚奕山、余保纯的劝说,停止了斗争。在三元里的斗争后,奕山为了掩饰自己对侵略者的投降行为,把这一次斗争当做自己组织团练的成就,向皇帝报告,并给其中"有功人员"请赏,得到赏的就是这些领导社学的地主绅士,其中有的由此而做了官。参与这个斗争的劳动人民中的英雄,则"名不见经传",而只流传在当地人民的口碑上。据调查,有的参加三元里

---

① 《道光夷务》第三册,第1316页。

斗争的农民和手工业工人自称"生不到衙门,死不到地狱",不愿向官府领赏,后来参加了五十年代的农民起义军①。

三元里的斗争,是中国人民长时期的、大规模的反帝斗争的最初的胚芽,它基本上是农民群众的自发斗争,而且地主阶级还在里面起着领导作用。当时,有些反对投降主义的人以为,如果广州的官员不去解围,三元里的斗争就能够取得很大胜利,甚至对整个战争起决定作用。这种看法是不符合实际的。中国人民的反帝斗争要发展成为对历史起决定作用的力量,还必须经历许多曲折漫长的道路。当然,另一种否认三元里的斗争的历史意义的看法更是完全错误的。二十世纪三十年代的国民党反动派由于他们对外国侵略者实行投降主义而对革命人民实行镇压,就对任何歌颂三元里斗争的历史记载表示极端的仇恨②。他们极力诋毁十九世纪四十年代初的三元里斗争,就是为了企图否定二十世纪三十年代的中国人民的反帝斗争的力量。这恰好证明了三元里斗争在历史发展中的地位。

(六)南京条约、望厦条约、黄埔条约

在道光二十二年七月(1842年8月)订立了《南京条约》以后,由于英国的要求,中英双方在广州和香港继续商谈,道光二十三年六月和八月(1843年7月和10月)又成立了《五口通商章程(附海关税则)》和《五口通商附粘善后条款》(又被称为《虎门条约》,《五口通商章程》也被视为虎门条约中的一部分)。这二者的内容大部分是

---

① 广东省文史研究馆编:《三元里抗英斗争史料》,1978年修订本,第171页。

② 例如罗家伦在1931年的一篇文章中说:"中国在鸦片战争中受了这种巨创深痛,事后还是不知发奋图强,三元里这件事的抵消力,自不在小。因为大家都相信官弱民强,汉奸急于求和;我却不相信到了十九世纪的世界,还可以执梃以挞坚甲利兵"。(郭廷以编《中国近代史》的引论)这个国民党反动派的历史学家是想使大家都相信,官是强的,民是弱的,求和的并不是汉奸,既然没有"坚甲利兵",就只能求和,而不应该抵抗。

关于通商口岸贸易的具体章程。这些章程中涉及的事项本来应该是中国作为主权国家自己决定的，现在却都按照侵略者的利益而作出了规定。这两个条约包含着一些在南京条约没有的重要内容。综合这三个不平等条约，可以看到英国侵略者经过鸦片战争强加给中国的是什么东西：

一、五口通商，即开放广州、福州、厦门、宁波、上海五处为通商口岸。

二、赔款二千一百万元，其中六百万元是赔偿林则徐在广州没收的鸦片（战争中期，英国人已在广州向奕山勒索过鸦片费六百万元，现在是又付一次），三百万元是偿还过去广州的行商所"欠"英国商人的款项，一千二百万元是赔偿英国这次出兵的军费。

三、割让香港。南京条约规定"因英国商船远路涉洋，往往有损坏须修补者，自应给予沿海一处，以便修船及存守所用物料。……准将香港一岛给予。"

四、协定关税。南京条约中说：通商口岸"应纳进口、出口货税、饷费，均宜秉公议定则例"。根据这条规定，次年成立所谓通商章程时又同时议定了各项进出口税率。这样，就开创了关税税则中国不能自己作主的局面。

五、南京条约中规定，废除原在广州实行的行商制度（即只有中国官方指定的商人有权经营出入口贸易的制度），以后英商"赴各该口贸易者，勿论与何商交易，均听其便"。这就是，英国按照它的需要迫使中国实行对外贸易自由的政策。

六、南京条约中有这样一个条款："凡系中国人，前在英人所据之邑居住者，或与英人有来往者，或有跟随及伺候英国官人者，均由大皇帝俯降御旨，誊录天下，恩准全然免罪，且凡系中国人为英国事被拿监禁受难者，亦加恩释放。"①这一个条文在当时中国官方很明确地认为

---

① 《中外旧约章汇编》第一册，三联书店1957年版，第31—32页。

就是说:"汉奸一概释放"①。这就在实际上创造了外国侵略者有权保护他所收罗的和雇佣的间谍奸细的局面。

七、五口通商章程中规定,以后如在通商口岸的英国人犯罪,不能由中国处理,而"由英国议定章程、法律,发给管事官照办"。这就开创了外国人在中国不受中国法律管束的局面,开创了在半殖民地中国的所谓"领事裁判权"的制度。

八、五口通商章程中规定以后每一通商口岸准许停泊一只英国"官船"。这就开创了中国近代史上外国兵船可以自由地进入中国领海以至内河的局面。

九、南京条约中规定英国人可以携带家眷到通商的五港口居住,虎门条约又补充说,"但中华地方官必须与英国管事官各就地方民情,议定于何地方,用何房屋及基地,系准英人租赁……"清朝官员本以为这种规定可以避免口岸上的纠纷,但是英国人和其他外国人利用这个条文在通商口岸划定居住地区,造成了所谓"租界"的制度。

十、虎门条约中有所谓"设将来大皇帝有新恩施及各国,亦应准英人一体均沾"这样的规定,根据这一条,英国就得到所谓"最惠国待遇"(一种片面的最惠国待遇)。后来别的侵略国家也援例得到这种特权,就是任何一个国家从中国勒索到什么好处,其他国家都可"合法"地"一体均沾"。

首先利用中英鸦片战争的机会跟着英国也来同中国订立类似的条约,攫取同样的权利的是美国和法国。

得到南京条约的签字的消息后,美国总统泰禄立即派了一个特使加勒·顾盛到中国,这个加勒·顾盛是曾经长期在中国经营鸦片走私买卖的约翰·顾盛的本家弟兄。

---

① 例如伊里布、刘韵珂奏文中说:根据议款中的规定,他们"联衔出具告示,以历次所获夷俘汉奸,业已遵旨释放,嗣后军民人等,不得再行查拿"。见《道光夷务》第五册,第2442页。

加勒·顾盛在道光二十四年正月(1844 年 2 月)到达澳门,立即同护理两广总督的程矞采交涉,他表示要到北京向皇帝呈递国书,同中国订立"永远和好条约"。和顾盛同来的有三艘美国炮舰,他模仿英国的经验,以炮舰的威胁作为提出要求的后盾。在他致程矞采的一个照会上说:"上次中英战争,实由于广州当局漠视英国官吏的权利所致。……如果在过去五年经验的前面,中国政府回复到已经招致灾祸的途径上去,我们只有把这种行径,看作中国企图再与一个大国战争的证据"①。

清朝政府只得专派钦差大臣到广州和顾盛谈判,承认美国在中国享有和英国同样的一切特权。这个钦差大臣就是在南京条约上签字的耆英。耆英和顾盛于道光二十四年五月(1844 年 7 月)在澳门附近的望厦村②签订条约,所以称为望厦条约。

望厦条约除了没有割地赔款以外,几乎包括了英国所订条约中的一切内容。而且有些项目,规定得比英国的条约更具体、更多地损害中国主权。

关于协定关税,虽然南京条约已开其端,但用的还只是"秉公议定则例"这样一个比较含糊的说法,而望厦条约则更明确地说:"倘中国日后欲将税例更变,须与合众国领事等官议允"。所以后来人们说,半殖民地中国的"协定关税"制度是由美国人确立起来的。

关于领事裁判权,望厦条约中明确地规定包括一切刑事案件和民事案件都在内,地区上也不仅限于通商口岸。按照望厦条约,在中国的美国人,如果因事被人控告,不管控告者是谁(是中国人,或是美国人,或是其他任何外国籍人)"中国官员均不得过问",只能由美国的领事官处理。所以,半殖民地中国的领事裁判权也是由望厦条约进一步确

---

① 　J. B. Moore:《国际公法汇览》。转引自卿汝楫著《美国侵华史》第 1 卷,第 60 页。

② 　当时,望厦不属于澳门。后来占据澳门的葡萄牙当局逐步自行扩展澳门的范围,使望厦成为澳门市区的一部分。

立起来的。

望厦条约又有"合众国……兵船巡查贸易至中国各港口"的规定，这也比英国的条约中的有关规定更扩大了。

最后，望厦条约中同样规定了"倘中国日后……另有利益及于各国，合众国民人应一体均沾。"①

中美望厦条约成了法国及其他资本主义国家和中国订立不平等条约的范本。搞成这个条约的顾盛向国务院的报告说："美国及其他国家，必须感谢英国，因为它订立了的南京条约，开放了中国门户。但现在，英国和其他国家，也须感谢美国，因为，我们将这门户开放得更宽阔了。"②美国的资产阶级学者也不得不承认，望厦条约具有侵略性，"显现了帝国主义的色彩"③。

在望厦条约签字后不久，道光二十四年六月底（1844 年 8 月间），法国派遣的特使剌萼尼也带了兵船七只，轮船一只来到了澳门，要求与耆英会晤。耆英先派人向法国人探问他们的来意，然后自己到澳门同剌萼尼进行谈判，终于在九月十三日（10 月 24 日）双方在停泊于黄埔的一艘法国兵船上签订了一个条约，被称为黄埔条约。耆英向皇帝报告说："该夷通商章程，业经议定条款，一切均照英、米（即美国——引者）二夷新例，字句互有异同，情节尚无出入"④。这就是说，凡是英国人、美国人得到的好处，都同样给了法国人。清朝政府这时已经决心采取所谓"一视同仁"，随便那一国的"夷"都不得罪的态度，但是在与法国的谈判中仍然发生了困难，这是因为法国人还提出了独特的要求，这就是天主教的"弛禁"的问题。

天主教在明朝传入中国，并在有些地区吸引到了一些信徒。到了

---

① 《五口贸易章程：海关税则》。《中外旧约章汇编》第一册，第51—57 页。

② W. F. Johnson：《美国外交史》。转引自《美国侵华史》第 1 卷，第 79 页。

③ Dennett：《美国在远东》。转引自丁名楠等著《帝国主义侵华史》第 1 卷，人民出版社 1973 年版，第 58 页。

④ 《道光夷务》第五册，第 2879 页。

雍正年间,清政府明令加以禁止。西方资本主义国家在世界各处进行其"殖民事业"时,传教士常常被使用为先驱者,基督圣经被看做是和炮舰同样有效而相济为用的武器。直到鸦片战争时,从西方国家来的传教士在中国沿海不断地进行活动。中国官方始终把中国人信从"夷教"看做非法,这是西方国家所不甘心的。法国人和中国的贸易本来很少,他就抓住传教问题来做文章。黄埔条约特别规定了一款:"倘有中国人将佛兰西礼拜堂、坟地触犯毁坏,地方官照例严拘重惩"①。这样就是明确规定了中国政府要保护法国人在中国的传教事业。(按照所谓利益均沾的原则,当然其他外国人的传教事业也同样受到了保护。)

但是仅仅有这一条,法国人还不满足。剌萼尼坚持必须由皇帝正式颁布命令,将天主教弛禁。到了道光二十五年(1845年)预定互换双方政府正式批准的条约以前,剌萼尼又表示,如果不满足这个要求,"约册即不必互换",最后又用炮舰威胁,说是还有兵船续来,"两国之事,正未可知"②。清朝政府让步了。道光二十六年正月(1864年2月)皇帝上谕:"天主教既系劝人为善,与别项邪教迥不相同,业已准免查禁"等等③。

虽然天主教在明朝已曾传入中国,但是这回的弛禁却有特别的意义。封建统治者在外国的压力下作出这个让步以后,传教成了外国侵略势力渗入中国内地的一个重要武器。

总之,经过鸦片战争,英、美、法这三个西方的主要资本主义强国迫使中国开始套上了不平等条约的枷锁。他们用武力打开了中国的门户,为的是要奴役这个古老的国家。使中国沦为半殖民地的各种恶劣制度在这些条约中初步奠定了基础。这场战争和这些条约充分暴露了

_____

① 《中外旧约章汇编》第一册,第62页。
② 《道光夷务》第六册,第2934、2949页。
③ 同上书,第2964页。

封建统治者完全没有能力抵抗外国资本主义的侵略。在战前,封建统治者为保卫自己而在对外贸易上设立的种种防范全部崩溃。从此,中国社会不可能不发生历史上从未有过的一系列的变化。

第 四 章

战 争 以 后

（一）广州城的斗争

广州，在鸦片战争中处于遭受英国侵略的前哨，发生过三元里的斗争；在战后几年间，由于人民群众中积累起来的反对侵略者的情绪，这里继续发生了一系列的群众性的反英斗争。通过这种斗争，可以看到内外阶级关系经过战争而发生的变化及其发展趋势。

在南京条约签订后三个多月，道光二十二年十一月初（1842 年 12 月初）发生了群众包围"夷楼"（即在广州城外历来指定给外国商人居住的地方）并火烧夷楼的事件。有一批登岸的英国水手行为蛮横，惹动公愤，群众自动集合起来造成了这场事件。在这次事件发生前几天，城里的明伦堂（这是当时知识分子活动的中心）贴出了一个《全粤义士义民公檄》，檄文认为跟英国侵略者议和是靠不住的，号召群众根据皇帝关于要求"团练自卫"的谕令组织起来准备进行反英斗争[1]。几个知

---

[1]　参见《鸦片战争资料》第三册，第353—355 页。

识分子和绅士起草了这檄文并且把它印刷散发。曾有上千的人聚集在明伦堂议论这事情。这对于激发群众中的反英情绪显然起了很大的作用。

这个檄文所依据的是在战争期间的上谕。两广总督祁𡎴和广东巡抚梁宝常立即在明伦堂贴出布告，禁止"聚众滋扰"，表示要严惩敢于破坏和局的暴乱行为。他们认为："皇上已准英夷就抚，照旧通商，我官绅士民当钦仰圣衷怀柔之至意，中外一体，方为孝子忠臣。"①所以官方态度是很明确的。在火烧夷楼事件发生后，他们杀了十个被认为祸首的人，不久后，又经过皇帝批准，严惩了起草和散发明伦堂檄文的钱江(一个监生)等数人。

有一种说法认为火烧夷楼是升平社学领导的，这不是事实。在祁𡎴、梁宝常向皇帝报告这一事件的同时，还报告了在城外石井地方的绅士们所办的升平社学和江村地方的绅士们所办的升平公所的情形，要求褒奖这些绅士，他们说："初六日夷楼被火，初七日臣等谕调该乡壮勇二千人来省以备不虞。该二处丁壮，于初八日即踊跃齐集。"②可见，在地方绅士领导下的升平社学，在这时是起着帮助官方维持秩序的作用的。

在南京条约上签字的两江总督耆英，受任为办理对外事务的钦差大臣(不久后改任两广总督兼钦差大臣)，他于道光二十三年五月(1843年6月)到了广东，他向皇帝报告："粤中风气，缙绅之家，皆系读书明理，守法奉公。惟市井小民，嗜利尚气，好斗轻生。……遂有上年十一月间焚抢洋行之事。其实皆系无赖游棍及俗名烂崽等辈所为"③。耆英明确地区别了"缙绅之家"与"市井小民"，闹事的人是后者而不是

---

① 祁𡎴和梁宝常的布告原文已不可见，有当时的英文译本见 Chinese Repository 1842 年 12 月号，第 686 页。祁、梁二人当时还为此事有一个给广州学教官的通知(见《鸦片战争资料》第四册，第 2 页)，这里的引文就是这个通知中的话。

② 《道光夷务》第五册，第 2517 页。

③ 同上书，第 2640—2641 页。

前者。

战前，一向只准英国人在广州城外一定地区居住。战后，英国人提出进广州城的要求，并且认为这是南京条约给予的权利（其实条约只规定广州是通商口岸，并没有关于进城的明文规定）。英国人一直坚持这个要求，把它当成一个十分重要的问题。不能实现这个要求，进不了广州城，实际上成了他们能不能在中国为所欲为的一个标志。那么究竟是什么障碍了他们实现这个要求呢？看一看在这场斗争中的形势是有必要的。

道光二十三年六月（1843 年 7 月），耆英已经对英国人的要求表示同意。这时，以何有书（他是升平公所的主持人）为首的地方绅士劝耆英不要这样做，他们给耆英的呈文说，让外国人进城很可能造成事端，"省城五方聚集，良莠不齐，诚恐烂匪凶徒，猝然干犯，夷人或不相谅，是敦和好，反致参商。"①于是耆英在关于这个问题给英国人的信上就说，他本来是愿意让英国人进城的，现在有八十多个绅士来向他表示反对，虽然他已当面告诫他们，拒绝接受他们的意见，但是经过连日的考察，觉得民情的疑虑确是还没有消除，所以必须再等待一段时期，让他和其他官员设法使人心安定下来云云②。这样，英国方面也就同意暂缓进城。

耆英和绅士们的担心，英国人的同意并不是没有根据的。到了道光二十五年十二月（1846 年 1 月）广州城里果然发生了一场严重的骚动。这时耆英在街头贴出了一个告示，要求人民不要反对洋人进城。贴出的告示立刻就被人撕掉，引起了一片抗议。耆英向皇帝报告中这样描写："甫经出示，即有人标贴红白字帖，语多忿激，群情汹汹。"③这些红白字帖中不但表露了对英国侵略者的仇恨，也表现了对屈服于侵

①　《鸦片战争资料》第六册，第 87 页。
②　这个信的原件已佚，英译文见 Chinese Repository 1846 年 1 月号，第 64 页。
③　《道光夷务》第六册，第 2970 页。

略者的官员们的愤怒。群众包围了知府衙门,纵火焚烧,知府刘浔仓卒逃出,才免于被群众抓住。

对于广州城里的这次骚动,英国人采取什么态度呢?他们并没有因此而坚持立即进城。相反,他们在道光二十六年三月和耆英约定推迟进城。英国公使德庇时关于这件事向英国人发出的一个通告中说:"进入广州城的权利……的实行,经同意延期到广州地方当局更能控制人民的时候"①。英国外相阿伯丁认为采取这种做法是最适当的,他认为:"关于开放广州城的问题,无论做什么可能损害到耆英地位的事,都应仔细考虑。因为广东人对于所有的外国人仇深似海,倘若耆英被迫去强制他们采取顺从的态度,他的处境将是十分困难的。"②

到了道光二十六年八月,有两个英国水手在广州城外被人殴打,二十七年正月,又有几个英国人在广州附近的佛山镇被当地群众用石块攻击。以这些事件为借口,英国的公使德庇时(他兼任香港总督和驻军总司令)在英国政府的同意下突然对广州进行了一次武装袭击。二月间,英国兵舰载着一千多人的军队闯进虎门,一天中间占领了所有的主要炮台,并进入城外的商馆地区。耆英与德庇时之间立即进行了反复交涉,结果达成协议,耆英保证要由地方当局对"欺凌"英国人的凶手查究和惩办,并且承认在两年后"英国官员和人民可以自由进城"③。这样,英国军队也就撤出了省河。英国人宁愿在他们认为十分重要的进城问题上继续等待,因为他们相信以耆英为代表的地方官员们是在努力控制仇视外国侵略者的下层人民的,所以他们不想强使耆英立即开放广州城,以免削弱他的地位。——在这里,我们在中国近代史上第一次看到了,外国侵略者维护中国封建统治者的地位,以便通过他们去对付人民群众。

---

① Chinese Repository 1846 年 5 月号,第 277 页。
② 马士:《中华帝国对外关系史》第 1 卷,第 428 页。
③ 同上书,第 438 页。

中国的封建统治者既然对外国侵略者实行了可耻的屈服投降的政策,就不可能在内部实行有力的统治。中国近代史上的这一条规律,在广州进城问题上已明白地显示出来了。耆英无法使人民相信让外国人进城不过是件小事,并不是又一次的屈服投降。他既不敢拒绝外国人的入城要求,又不敢像他所说的"屈民以从夷",害怕人民的打击落到自己的头上。他无可奈何地说:"进城一节,民与夷各相持不下,虽不致即开衅端,而彼此大有芥蒂。"①在发生了英军撞入省河的事件后,他向皇帝报告说:"数年以来,于民夷交涉事件,斟酌调停,实已智尽能索,而不意犹有今日之变!"②他始终把自己摆在"民"与"夷"之间,居于调停的地位。道光皇帝批准耆英的方针:"总期民夷两安,怨蓄悉泯,以定民情而消夷衅"③。

至于地方绅士——像上举何有书那样的人,在外国人进城问题上起着一种特殊的作用,对于外来的侵略者,他们是温和的反对派。但他们知道,如果没有下层群众的激烈的反对,也就没有温和的反对派的地位。因此,有时他们甚至表现为广大人民的反对情绪的代表者。但他们毕竟是封建统治政权的支柱,所以耆英认为可以通过绅士们去缓和群众情绪,他说:"欲息内外之争,必先弭民夷之隙。地方绅士与民人较为亲切,开导劝谕,易于信从"。所以他"责成绅士,纠合良民,互相保卫,于民夷冰炭之处,设法排解"④。让不安分的群众由绅士们管束起来,这是对封建统治者有利的。耆英在道光二十六年说:"升平等各社学……均有公正绅士为之钤束。近年以来,不惟滋扰府署与官为仇者,社学之人不与其事,即焚毁公司馆与夷构衅者,亦并无社学之人"⑤。

---

① 《道光夷务》第六册,第 2970 页。
② 同上书,第 3081 页。
③ 同上书,第 3084 页。
④ 同上书,第 3093 页。
⑤ 同上书,第 2994 页。

英国侵略者以南京条约为护符,无餍足地猎取他们的胜利果实,使地方绅士们也感到自己利益受到了损害。道光二十七年六月,英国人企图租占广州的河南地(即省城珠江的南岸地方),中国官方表示同意,并传令业主议定租价。业主们拒绝出租,因为这将使他们迁离本土。英国人自行到那里丈量土地,插旗立界,有强占之势。这样就激起了广大居民,包括上层绅士们的强烈反感。绅士们"会齐四十八乡,约集三千余人"同去找英国领事讲理,领事避而不见。我们现在可以看到以"河南合堡绅耆"名义给英国领事的信件和这些绅耆把此事通告"全省绅耆及各国官商"的信件。信中表示,他们的态度是"分辨情理,陈说利害",以达到"各守和约,相安无事,共享太平"的目的。他们向英国人说:"我等绅耆生长河南,目睹民情有汹汹之势,恐激变,故不得已会集众人,将情理利害四端,先行详晰陈明于阁下之前"。他们所陈述的利害主要是,如果英国人强占河南地,不免要遭到下层人民群众的骚扰,"民动公愤,而心甚齐,此非我绅耆所能排解,亦非大宪所能压服者也"①。很明显,这些绅士们是以下层群众的暴力来吓唬对方,而自己则保持温和的态度。这时,广州城的商人们也发出一个《告谕英商大略》的文件,其中说:"不惜苦口反复辩论,聊尽我辈之婆心,汝英商亦当三思猛省……但知安分营生,彼此视同手足,自然同享升平,均占乐利",同时也以下层人民群众的反抗情绪来警告对方:"英国屡次逞强,人心已失,今不时骚扰,使有身家者不能安居乐业,人心愈加愤恨。以数百万愤极之人与汝相杀,能保其必胜乎?"还说:"中国君子,惟重礼义,最鄙强梁,故稍知义理者皆安分守己。其间有不安本分之游民,借端生事,亦所不免。今后英商等如肯以君子自居,则当自重自爱,切勿三五成群,浪游各处,至招游民之侮……"②。这里所说的"游民"就是指下层人民群众,这里所说的"中国君子"就是指绅士和富商们。

---

① 《鸦片战争资料》第三册,第410、411、413页。
② 同上书,第355—357页。

　　在下层人民群众中郁积着的愤怒，在当时的具体条件下，只能表现为自发的个别的行动。在广州的外国人"三五成群，浪游各处"时，像上述绅士们所说的那样，遭到"游民之侮"的情形是经常发生的，这种行动固然不足以给外国侵略者以致命的打击，但英国人因此在好几年内不能实现进入广州城的企图。

　　道光二十八年耆英调离广东，由原任广东巡抚的徐广缙升任两广总督。英国人要求按照预定两年的期限在道光二十九年三月（1849年4月）实现进城的"权利"。这个消息传出来后，广州城内群众的反英情绪又一次掀起高潮。徐广缙感到他的处境非常困难，对于群众仍然既说服不了又压服不了。他说："广东民情剽悍，……民夷实有不解之仇……是以提及进城，无不立动公愤，群思食肉寝皮，纵以至诚劝说，断难望其曲从"①。这时，地方绅士许祥光等人起来号召城市居民组织自卫。徐广缙这样说："居民则以工人，铺户则以伙伴，均择其强壮可靠者充补，挨户注册，不得在外雇募，公同筹备经费，置造器械，添设栅栏，共团勇至十万余人"。"均归晓事之人分别管带，约束严肃"②。虽是这样，徐广缙和广东巡抚叶名琛等人认为还不能保证掌握局势，如果容许外国人进城，仍然难免有匪徒"乘机煽惑"。他们认为"外患固属堪虞，内变尤为可虑，措置稍有未协"，就有"众民解体"的危险③。虽然道光皇帝这时表示不妨让外国人进城一次，但徐广缙等在仔细考虑后，认为还是不能这样办。他们采取的办法仍然是用"民情未洽，众怒难犯"的理由来婉言拒绝英国人的要求，并且由绅士们写信给英国公使，用"民情汹汹，势将激变，于贵国大为不利，于粤民亦不聊生，两败俱伤，隐忧殊切"这类话进行"劝导"④。

　　由于徐广缙采取这种办法，果然英国人又一次放弃了入城的要求。

① 《道光夷务》第六册，第3170页。
② 同上书，第3188、3187页。
③ 同上书，第3174页。
④ 同上书，第3182页。

徐广缙等人没有想到能这样轻易地解决问题,他们报告皇帝说:"何以此次官民一气,兵勇齐心,锋刃未交,梗顽顿解,亦非臣等意料所及"①。道光皇帝也"龙心大悦",对徐广缙等官员和许祥光等绅士给了优厚的褒奖。他们都以为,这样利用了一次人民群众的声势,就造成了"官民一气"的局面,并使得蛮横的洋人不得不让步。他们陶醉于轻易的"胜利"中。其实,他们并没有真正总结战争的教训,实行民族的自卫,所以在面对外来侵略的时候,并没有做到什么"官民一气"。英国侵略者这时只是暂时回避一下和人民群众的直接冲突,同时还向中国政府发出了凶恶的警告,为下一步更大规模的行动作准备。

(二)五口通商和买办阶级的产生

鸦片战争后,对外正式开放了五个港口,不平等条约赋予外国商人以许多有利条件。战后最初的若干年头里,中国对外贸易的情况如下:

首先,鸦片仍然源源不绝地输入中国。在拟定南京条约时,英国方面曾表示希望中国宣布鸦片可以依法征税输入,也就是使鸦片贸易合法化。中国官员拒绝这样做。战后,以英国人为首的外国鸦片贩子更加无所忌惮地贩运鸦片,成了公开的走私。在鸦片战争结束的那一年,道光二十二年(1842年),有三万三千箱鸦片输入中国,道光三十年(1850年)已增加到五万三千箱,售价约在三千万元以上,到了咸丰八年(1858年),鸦片贸易终于被认为合法的贸易,那年进口的鸦片达七万八千箱之多。

在这十几年内,外国商人仍然是靠这种非法的毒品输入来抵消他们对中国的正常的贸易上的逆差。

战后,外国商人从中国买去的主要商品仍然是茶和丝。它们的出口额增加得很快。茶的出口,1843年(由广州一口)大致是一千三百多

① 《道光夷务》第六册,第3192页。

万斤,1844 年(由广州和上海两口)是五千三百万斤,1850 年(由广州和上海两口)是五千八百万斤,1855 年(由上海、广州、福州三口)是八千四百万斤。这十二年间,增加了五倍多。丝的出口,1843 年不到二千包,1845 年是一万三千包,1850 年超过二万包,1855 年五万六千多包。十二年增加了二十多倍。

外国资产阶级在廉价搜刮中国的农产品的同时,也要使中国成为他们的工业产品的市场。但这方面,他们没有能很快得到成功。拿英国来说,它在战前的 1836 年输入中国的除鸦片以外的货物总值是一百三十万英镑。战后从 1843 年到 1855 年这十三年中,只有少数的年份超过二百万镑(1844 年,二百三十万镑,1845 年,二百四十万镑,1851 年,二百二十万镑,1852 年,这是最高的一年,二百五十万镑),其余都保持在一百五十万镑左右,有的年份还低于一百三十万镑。就拿最高年份的二百五十万镑来说,按当时比价,约合银元一千一百多万元。可是那时每年输入中国的鸦片达三千万元以上!可见鸦片在贸易中的地位。

外国资产阶级本来以为只要打破了中国的"顽固"的政府的封锁,中国就能成为他们工业产品的最广阔的市场。他们没有料到中国的以小农业和家庭手工业紧相结合为基础的经济结构,对于工业品有这样顽强的抵抗能力。贪婪的西方资产阶级对这种情形是不甘心的。他们毕竟已经用武力撞开了中国的大门,已经在中国取得了优越的地位。实际上,当他们在咀嚼着第一次战争的果实时,已经在准备着凭借既得的优越地位进行下一次的冲击了。终于在太平天国农民大革命期间,发生了第二次鸦片战争(1856—1860 年),那是我们要留到后面去谈的。

"外国资本主义对于中国的社会经济起了很大的分解作用,一方面,破坏了中国自给自足的自然经济的基础,破坏了城市的手工业和农民的家庭手工业;又一方面,则促进了中国城乡商品经济的发展。"①

① 《毛泽东选集》第 2 卷,人民出版社 1991 年版,第 626 页。

外国资本主义对中国社会经济的分解和破坏的过程,延续了一个相当长的时期。南京条约后的初期,还没有因以后的条约而开放更多的港口,所以可以称为五口通商时期。在这时期,中国的进出口额比起以后还是很小的,但是在靠近通商口岸的沿海地区,原有的社会经济生活已经开始受到了深刻的影响。

由于茶、丝等农村产品愈来愈多地供应输出的需要,刺激了产区的农民更多地从事这些生产。例如福建武夷的茶,当时有人这样说:"武夷北苑,夙著茶名,饥不可食,寒不可衣,末业所存,易荒本业。乃自各国通商之初,番舶云集,商民偶沾其利,遂至争相慕效,漫山遍野,愈种愈多"①。这就是说,这里的农民愈来愈多地抛弃粮食生产,而生产这种"饥不可食,寒不可衣"的商品。丝、茶和其他出口商品的生产者,仍然是一家一户的个体小农民②。每年出口几十万担的茶叶和几万担的丝是从千千万万小农家庭的点点滴滴的生产累积起来的。这些个体小生产者,"把采集的茶叶,就近在乡间市集上卖与收购商贩,收购商贩或将茶运送到通商口岸去出卖,或在当地卖与茶商,洋商又从茶商之手购买"③。丝和别的产品也是如此。这样,从事小生产的中国农民就被卷进了他们所完全不了解的市场——国际市场。他们不得不忍受从当地小商贩、中国大商人直到外国商人的重重的盘剥。伦敦和纽约的茶市场、丝市场的价格支配着他们的微薄的产品的价格,支配着他们的命运。

外国的机制工业品的输入,以其价廉,而使原有的农民家庭手工业和城镇小手工业受到了排挤。这在若干地区的手纺织业中最为明显。

---

① 卞宝第:《卞制军政书》。转引自李文治编《中国近代农业史资料》第一辑,三联书店 1957 年版,第 446 页。

② 担任中国总税务司的外国人在 1888 年给总理衙门的报告中说:"中国之种茶,皆零星散处,此处一、二株茶树,彼处三、两株茶树"。见《中国近代农业史资料》第一辑,第 445 页。

③ 《1882 年—1891 年海关贸易十年报告》。见《中国近代农业史资料》第一辑,第451 页。

道光二十六年(1846 年)，一个关心社会经济情况的作者谈到松江、太仓一带的情形说："松太利在棉花梭布……近日洋布大行，价才当梭布三分之一。吾村专以纺织为业，近闻已无纱可纺，松太布市，消减大半。"①1847 年，英国商人的一个组织的报告书中写道："中国人所织的白而结实的布比我们(英国)的货物贵得多。我在上海发现，由于我们的布代替了他们的布的结果，他们的织布业已迅速下降了"②。固然，在五口通商时期，外国的机制布还没有能在它所到之处摧毁一切中国小农的简陋的织布机，因而当时一些英国商人慨叹地说："土布中，不论粗细，所含原料特重，而其生产成本之低，足抵制一切外来的严重的竞争"③。但是这是一场什么样的竞争啊！这是中国的小农尽力压低自己的生活水平，几乎赤手空拳地来和以大炮为前锋，以不平等条约为护身符的兰开厦的蒸气机工厂的"竞争"！中国的一个关于嘉定县的记载中说："往者匹夫匹妇，五口之家日织一匹，赢钱百文。自洋布盛行，土布日贱，计其所赢，仅得往日之半耳"④。这种情形表明，中国农民的小手工业，在外国资本主义的商品的压力下面，挣扎求生，是多么的艰难！

在鸦片战争以前，中国的城乡商品经济已经有所发展，从而使以小农业和家庭手工业的紧相结合为基础的自给自足的自然经济，不能不开始发生变化，因而中国社会经济已经出现了资本主义的萌芽的因素。外国资本主义势力的侵入虽然加速了这种变化，但是其结果却不是使中国独立地发展资本主义，而是使中国走向殖民地化。在五口通商时期，我们可以看到这样一种现象，即买办资产阶级的开始出现。

毛泽东说："帝国主义列强从中国的通商都市直至穷乡僻壤，造成

---

① ②　包世臣的《安吴四种》。见彭泽益编：《中国近代手工业史资料》第 1 卷，三联书店 1957 年版，第 495 页。

③　《米琪尔致文翰的报告》。同上书，第 506 页。

④　光绪八年(1882 年)的《嘉定县志》。见《中国近代农业史资料》第一辑，第 503 页。

了一个买办的和商业高利贷的剥削网,造成了为帝国主义服务的买办阶级和商业高利贷阶级,以便利其剥削广大的中国农民和其他人民大众。"①这种买办阶级的产生早于现代的民族资产阶级,因为他们是鸦片战争的五口通商的直接产物。

"买办",即所谓"康白度"(出自西班牙语 Comprador)这样的人,早在鸦片战争前已经有了,但是在战前和战后,买办这种人的身份有很大的变化。作为中国社会中的一个阶级,它是从鸦片战争后才开始其存在的历史的。

鸦片战争前,在唯一的广州港口,给外国商人充当翻译员和经济事务助手的人称为"通事"和"买办"。但这些通事和买办按例要由中国的行商选派和作保,受行商控制,外国商人不能自由雇用②。而行商则是中国官方指定的垄断对外贸易的商人。有些行商由于多年经营对外贸易而成为巨富,但是他们受着封建政府的紧紧的控制。他们经营对外贸易的特权随时可以被剥夺,如果官方认为他们不适合的话。朝廷和地方官员经常用各种名义向他们勒索巨款。所以这些行商虽然同外国商人有某些共同的利害,但毕竟外国商人不能把他们当做自己的工具来利用。这些行商有时缺少现金,向外国商人借债,东印度公司和其他外国商人也乐于向他们放债,这不但为了取得利息,而且是为了用这种借贷关系使这些行商依附到自己这一方面来。中国官方认为这种借债是行商的非法行动,发现了是要加以严厉惩处的。多年间,有不少行商因为内受官方的压榨,外受洋商的重利盘剥而破产歇业。所以,鸦片战争以前的行商与后来的完全依附于外国商人的买办,其地位是不同的。

那时,外国商人也偷偷地和官许的行商以外的别的人接触,进行其

---

① 《毛泽东选集》第2卷,人民出版社1991年版,第629页。
② 林则徐的一个奏折中说:"各夷馆所用工人以及看门人等,均责成买办雇佣,其买办责成通事保充,而通事又责成洋商(按即行商)选择,令其逐层担保,仍由府县查验,给牌承充"。(《道光夷务》第一册,第264页)

贸易活动。鸦片走私就是多半不经过正式的行商的。中国政府严格制裁这种非法地参与对外贸易的中国人，他们认为这种人是属于可疑的里通外国的歹徒。

道光十九年(1839年)江南道监察御史骆秉章的一个讨论"整饬洋务"问题的奏文中提到"严禁孖毡"这样一个问题，他说："凡土人晓习夷语，夷人买卖从中为之说合者，名曰：'孖毡'。其始不过受雇在洋行，藉作经纪。近有'孖毡'自出资本与夷人交易，货物出口，则搭洋行代为输税，而洋行亦利其抽分，名曰'搭报'。此中良莠不一，遂有串合夷人，违禁售私等弊。更有卑鄙棍徒，名曰孖毡，实系汉奸，朝夕出入夷楼，所有售卖鸦片及过付银两，皆其勾串。"①骆秉章对于"孖毡"一词虽然是误会②，但是他所说的"自出资本与夷人交易"，"串合夷人违禁售私"这样的人确是有的。这种人可以说是后来的买办阶级的前身。但当时他们和外国商人的关系，被视为非法的，他们不能明目张胆地活动。

前面曾提到，在鸦片战争中，向英国侵略者实行投降外交的钦差大臣琦善，手下有一个八品衔鲍鹏，是他在广州和外国人交涉中的得力助手。在琦善被撤职查办时，政府也查出了这个鲍鹏的来历。鲍鹏原名鲍聪(鲍亚聪)，林则徐通缉捉拿的中国鸦片烟贩中就有鲍聪和他叔叔鲍人琼。当时只捉住了鲍人琼，"据鲍人琼供称，伊兄鲍人琯曾充夷人颠地(亦译作顿地，是英国的一个有名的鸦片烟大贩子——引者)等买办。道光十八年六月，因鲍人琯患病回家，鲍亚聪受雇代办。……鲍亚聪又曾充过花旗夷人(即美国人——引者)闭黎买办"③。鲍聪逃到了山东，改名鲍鹏。他的老朋友潍县县令招子庸把他推荐给山东巡抚托

① 《道光夷务》第一册，第190—191页。
② "孖毡"其实是英语商人(Merchant)的译音，林则徐关于此问题的奏折说："查夷语有孖毡名目，音同'马占'，即华语所谓'买卖人'也。"见《道光夷务》第一册，第264页。
③ 《道光夷务》第二册，第1104页。

浑布。在英国兵船过山东境时,托浑布派他上船与英国人联络,以后又把他推荐给琦善。鲍鹏此人,可算是中国近代史上第一个参加重大政治活动的买办。这个买办没有得到好下场,道光二十一年(1841年)上谕宣布把鲍鹏"照交结外国例加等发遣","发往伊犁给官兵为奴,遇赦不赦。"①

鸦片战争和南京条约造成了一种新的形势。条约中既然明白规定外国商人在中国港口可以和任何中国商人交易,又实际上宣布了汉奸无罪。外国侵略者对这些条文抓得很紧。1844年底,在厦门就发生了这样的事。中国官方拘捕了两个中国人,因为他们在作战期间曾出售食物给英国人。英国领事阿利国立即出面抗议,使这两个人在一个月后被释放。阿利国向他的上级得意地报告说,这件事表明了"中国当局方面明白承认我有权保护英国人所雇用的任何中国人不受无理的侵凌"②。事实上,自从鸦片战争以后,中国封建统治者很少惩办在政治上里通外国侵略者的罪行,至于在商务与经济上为外国侵略者服务,那就完全成为合法的事情了。

五口通商后,买办成了外国商人所雇用的人,他们给外国商人经理买和卖的业务。但逐渐地买办的职能扩大了。日本人在十九世纪末年叙述中国商业情形的书上说,开始时,买办只是代外国商人经理劳务,取得一定的报酬(薪俸),但后来,买办们以自己的名义设店营业,承办外国商人所要进行的业务,外国商人"所欲买入或卖出者,皆委托买办,而买办乃体其意旨,与各商人直接交涉"③。这样的商人,形式上是独立的,实际上完全依附于外国资本。由于外国商人需要把农村中极其分散的农产品收集起来,并且要把进口的商品销售出去,尤其是要销售到五口以外的地区去,没有中国商人的中介是不可能的。"买办"的

① 《道光夷务》第二册,第1147页。
② 马士:《中华帝国对外关系史》第1卷,第422页。
③ 两湖总督署译印的《中国经济全书》第二辑,第246页。

含义也就随着实际生活的发展而扩展了。不少商人为了把农产品供应给通商口岸的外国公司而向各地的直接生产者或小商贩收购农产品，也有不少商人把外国商品运销到通商口岸以外的地区，他们虽无买办的名义，但是他们在经济上对外国商人有了很大的依附性。他们实际上成了买办。

一个在中国近代历史上起着极其反动作用的买办阶级就这样开始生长起来了。

（三）"租界"——国中之国

在鸦片战争后新开放的通商港口中，最重要的是上海。其重要性迅速地超过了广州。上海在半殖民地半封建的中国居于特殊的地位，它是资本主义——帝国主义侵略中国的一个最大的桥头堡垒，也是中国的无产阶级和人民群众同国外反动派长期搏斗中的一个最激烈的漩涡。它在成为通商港口的最初的年代里，很快地显出了它在对外贸易上的优越条件，因而受到侵略中国的各个资本主义国家的特别重视。

上海不但在地理条件上接近产茶和产丝的地区，而且附近的地区本来商品经济比较发达。上海在开始成为通商港口的最初年代里，它的出口贸易已增长得很快，它在全国出口总额中所占比重，道光二十六年（1846年）是七分之一，咸丰元年（1851年）增长到三分之一，而在紧接着的以后几年中已达到一半以上。

在半殖民地半封建的中国国土上，不少城市里有所谓"租界"，那里的统治权完全属于外国人。他们设立法院、警察、监狱、市政管理机关和税收机关。租界成为资本主义——帝国主义对中国实行武力恫吓，实行政治和经济侵略的基地，起着极其凶恶的作用。大部分租界一直存在到第二次世界大战期间。上海的租界在鸦片战争后首先形成。

英国、美国、法国资产阶级的代表人物，完全用欺诈的办法从清朝封建官僚手里取得了在上海建立租界的权利。这是用狡猾的骗术补充公开的抢劫的一个典型例证。

英国领事巴富尔在道光二十三年(1843 年)到上海。他和上海道台宫慕久交涉,把上海县城外黄浦江边的一百三十亩荒地租了下来,英国领事馆就设在这里。然后他又使得这个道台同意把该地区逐渐扩大到(在 1846 年)一千零八十亩,规定在这个地区内英国人可以向中国的土地所有者以私人契约租得土地。到此为止,还算是有条约根据的。因为虎门条约中有这样一条:"中华地方官必须与英国管事官各就地方民情,议定于何地方,用何房屋或基地,系准许英人租赁……英国管事官每年以英人或建屋若干间,或租屋若干所,通报地方官"①。但是很明显,虎门条约不过是说,在通商的港口,英国人可以在规定地区内向中国人租赁房屋或租地建屋而已。

道光二十五年(1845 年)上海的英领事使得上海道台同意订立了一个《上海租地章程》②,这个章程一共二十三条(以后在道光二十八年又补加了一条),粗看起来似乎不过是些事务性的规定,也并没有取消中国在出租土地上的主权。但是英国人很巧妙地使这个章程成为上海的"租界"制度的奠基石,至少可以举出下列几点:第一,有一个条文规定,洋商租地建屋后,可以停租,也可以转租给别人,但"业主不得任意停租",这样就形成了一种永租制,外国人只要花微不足道的一点租费,就在实际上永远享有租地了。第二,又一个条文规定,"租地租屋洋商应会商修建木石桥梁,保持道路清洁,树立路灯,设立灭火机,植树护路,挖沟排水,雇用更夫。领事官经各租主请求,召集会议,公同商议,摊派以上各项所需经费"。当时的清朝官员显然认为,洋人们愿意花钱修桥铺路,这并没有什么不好。却不料英国人在这里是为建立一个独立于中国法权以外的王国,初步制造了"合法"的根据。第三,章程中有一处规定:"他国商人愿在划归英商承租之洋泾浜界址内租地

---

① 《五口通商附粘善后条款》。《中外旧约章汇编》第一册,第 35—36 页。
② 同上书,第 65—70 页。

建房或赁屋居住、存货者,应先向英国领事官申请,藉悉能否允准,以免误会"。在当时的清朝官员,一定是以为免得自己去处理英国人和别国人之间的纠纷,让这些洋人自己去解决,其实这无异于承认了在所谓"划归英商承租的地区"内,英国领事官具有最高的权力。

当时上海的外国商人为数很少。道光二十四年(1844年)连领事在内共二十五人,到了三十年(1850年)增加到一百四十人。有了《租地章程》后,英国领事就召集租地的外国商人按年开会,推选出最初只有三个人的"道路码头委员会",向居民抽税,办理道路和码头事宜,这实际上就成了一个市政机关的雏型。道光二十八年(1848年),英国领事又向中国地方官要求把这个"租界"扩充到二千八百多亩地。

美国人本来住在英国人的租界内,到了1848年(道光二十八年),美国的文惠廉牧师向道台要求在虹口地区(英租界北面)建造教堂,并把这一带划为美国租界。上海道台立刻同意了。虹口地区的租界逐渐扩展,最后达到近八千亩地。在道光二十九年(1849年),上海官员又应法国人的要求把英租界南面的地方给他们做租界,开始是五百多亩地,以后逐渐扩展到一千二百多亩(1863年)。美国租界和英国租界在同治二年(1863年)合并,就成了所谓"公共租界"。这个公共租界最后扩展到八万亩地以上(二十世纪三十年代),比最初英国领事从上海道台租得的一百三十亩地扩展了六百多倍。所谓法国租界最后也扩展到二万多亩地。

"租界"在资本主义——帝国主义侵略中国的历史中所起的作用远不能用它所占的面积来表示。我们在以后的历史叙述中不免常常要提到上海租界。这里,只说一下公共租界最后形成的统治形式。

所谓公共租界的前身英租界在咸丰四年(1854年)形成了一个被译称"工部局"的机关,这实际上就是一个市政府,一个政权机关,它设立各个机构办理"警务"、"税务"、"财务"、"学务"等方面的事,另外还有法院。外国人根据什么能够在中国国土上建立他们的政府呢?根据就是上述道光二十五年的《上海租地章程》!对这个章程,在咸丰四年

（1854 年）、同治八年（1869 年）、光绪二十四年（1898 年），又作了修订补充，使之更符合于外国侵略者的需要。按照侵略者的说法，"工部局"这个政府，并不是英国、美国或任何外国政府派来的，它是根据中国地方官所承认的章程，由住在上海的外国人"民主"地产生的。在公共租界里建立了一个所谓"外人纳税会"，由它产生出"董事会"。董事长就是工部局的首脑。这是非常"民主"的制度，因为凡是住居上海的外国人而又占有至少值五百两银子的地产，每年缴纳捐税至少十两银子的，都是纳税会的会员，而凡是每年纳税到五十两银子的人都有资格被选举为董事。这里所说的税金并不是交给中国政府，而是由工部局统一收的。所谓"公共"，原意就是"国际的"，所以上海的公共租界，乃是一个住在上海的各国大老板的"民主共和国"。而其后台，不用说，就是各个侵略国家。那么在这外国大老板的"共和国"里有没有中国人呢？在道光二十五年的章程中规定，在租界内不准中国人居住（当时中国官员和英国领事都认为不让"华洋杂处"，可以避免纠纷），但是在咸丰四年（1854 年）修改章程时，外国的领事们和大老板们决定让中国人住到租界里来。显然，只有大老板，是形成不了一个"共和国"的。这以后，在租界里中国居民越来越多。同治四年（1865 年）公共租界的第一次户口调查是，中国人，九万人；外国人，二千三百人。（以后的增长情况，举几个年份为例：1895 年，中国人，二十四万人；外国人，四千七百人。1905 年，中国人，八十一万人；外国人，三万人。）到了 1920 年（民国九年）公共租界中除了外人纳税会以外，又设立了一个华人纳税会，其成员也要符合至少拥有五百两银子的地产等等条件，他们就是所谓"高等华人"，主要是买办资本家。从他们中也产生了几个董事，参加这个"国际的""民主共和国"的统治机关。所以最初本来是侵略者用明火打劫的方法取得了在上海设立一个专供外国商人居住的居留地，结果他们却在上海创立了一个国际大老板（和作为他们的附庸的极少数中国大老板）的共和国。这个共和国不但是在中国国土上的独立王国，而且它在长时期中掌握着半殖民地半封建的中国的经济命脉，吮吸全中国人民的血汗来养肥自己，而成为国际大老板们的一个真正的天堂。

（四）积水深潭中的初步激荡

鸦片战争前的中国封建社会好像是在其内部深处正酝酿着巨大变化的一潭积水，鸦片战争则是投入了一块大石，由此不可避免地引起强烈的连锁反应，而终将使整潭积水激荡起来。封建统治阶级，已经处于十分腐朽的阶段，没有能力对于他们所面临着的历史变局作出灵敏的反应，但他们中有一部分人已模糊地感到，南京条约的订立并不是一件事的结束，而倒是一系列的难以预测的事件的开始。

给事中董宗远在南京条约订立时上奏皇帝反对和议，认为屈膝求和，将招致严重后果："国威自此损矣，国脉自此伤矣，乱民自此生心矣，边境自此多事矣"。董宗远是从维护封建统治秩序着想，他所说的"国威"指以皇帝为首的封建统治政权的威望。他担心的不仅是对外的威望丧失，而且是对内将难以控制人民，也就是所谓"乱民自此生心矣"。他说："恐小则拒捕抗官，大则揭竿起事，皆势之所必然者"。所谓"国脉自此伤矣"，是指经济而言。他是因南京条约中的赔款而担心对方的需索将无止尽，"民穷财尽，殆不可支，将何以裕国用厚民生乎"？① 董宗远的这些议论代表了本来已经深感内部危机的封建统治者在经过鸦片战争后的无穷忧虑。

封建官僚和地主阶级知识分子中有一些人在鸦片战争的刺激下感到为了认真对付西方来的陌生人，必须对他们有一番切实的了解，因而开始寻求有关世界各国的新知识。

第一个这样做的是林则徐，他在道光十九年到二十年在广州时找人翻译了一些外国书报上的材料，他除利用一部分材料写成了一卷

---

① 《鸦片战争资料》第六册，第77页。

《四洲志》外,又把这些材料给了他的朋友魏源。魏源继续收集材料,在道光二十二年(1842 年)出版了一部五十卷的《海国图志》,在道光二十七年(1847 年)扩充为六十卷,最后在咸丰二年(1852 年)又经补充,成了一部一百卷的大书。差不多同时,在福建的徐继畬也根据他所收集到的外国人出的地图和其他书籍,经过五年的辛勤努力,在道光二十九年(1849 年)出版了一部十卷的《瀛环志略》。魏源和徐继畬的著作是在中国系统地介绍世界各国——特别是西方各国的历史和地理情形的最早的两部书。

鸦片战争前,中国人对于欧洲各国,虽然已经通商多年,但是它们究竟是怎样的国家,甚至是在哪里,并不了然,而且有一些荒诞不经的观念。现在,魏源、徐继畬的书第一次提供了比较符合实际的了解。这些新书大体准确地说明了地球上大陆、海洋和各个国家的位置和各国的地理形势,也粗略地叙述了各国历史,还企图说明欧洲各国当时的经济政治制度,虽然说得很不清楚,也不免有不少误解。

徐继畬的书说:"欧罗巴诸国,皆善权子母,以商贾为本计,关有税而田无赋,航海贸迁,不辞险远。四海之内,遍设埠头,固由其善于操舟,亦因国计全在于此,不得不尽心力而为之也。"[1]这当然还不能给人以资本主义经济制度的明确概念。书上又说:"英国……都城有公会所(按指议院——引者),内分两所,一曰爵房,一曰乡绅房(按指上议院和下议院)。爵房者,有爵位贵人及耶稣教士处之。乡绅房者,由庶民推择有才识学术者处之。国有大事,王谕相,相告爵房,聚众公议,参照条例,决其可否,复转告乡绅房,必乡绅大众允诺而后行,否则寝其事勿论。……大约刑赏征伐条例诸事,有爵者主议,增减课税,筹办帑饷,则全由乡绅主议。此制欧罗巴诸国皆从同,不独英吉利也"[2]。这算是提供了关于资产阶级的议会民主制度的模糊图画。关于英国,徐继畬

---

[1] 徐继畬:《瀛环志略》第 4 卷,清道光庚戌年(1850 年)刻本,第 12 页。
[2] 徐继畬:《瀛环志略》第 7 卷,第 44 页。

说："四海之内,其帆樯无所不到,凡有土有人之处,无不睥睨相度,思胺削其精华。"①这算是接触到了资本主义的殖民地扩张。他的书盛赞欧洲人的船坚炮利,但终究说不明白他们的本领从何而来。"其人性情缜密,善于运思,长于制器,金木之工,精巧不可思议,运用水火,尤为奇妙。……造舟尤极奥妙……,越七万里而通于中土,非偶然也"②。作者不能从社会经济制度上来说明问题,只能把欧洲人的"船坚炮利"归因于他们似乎具有"性情"和"运思"上的什么特殊才能。

《海国图志》的作者魏源把了解世界情况看成有重大意义的事,他说："欲制外夷者必先悉夷情,欲悉夷情者必先立译馆,翻夷书。"他又是中国近代史上最早提出向西方学习的口号的人中的一个,用他自己的话来说,叫做"师夷长技以制夷"(学了外国的长处来对付外国)。他所要学的主要是"船坚炮利"。他说："夷之长技有三:一、战舰,二、火器,三、养兵练兵之法"③。因此他主张在广州官办"造船厂"、"火器局"各一所,其余各地,"沿海商民,有自愿仿设厂局以造船械,或自用或出售者听之"。他的书还介绍了一些基本的自然科学知识,如书中刊载了四季寒暑图、日月蚀图等等。他以为只要靠官办一所船厂,一所枪炮厂,就能解决中国海防问题,以为只要一声号召,各地商民就能办起船械厂来制造民用的船舶和机器,这不过是书生的空想④。他的呼声在当时条件下没有得到多大的反响。

封建统治阶级,作为一个整体说,只是在鸦片战争的刺激下吃了一惊,并没有认真地从这里接受教训,认真地对付资本主义外国的侵略。

---

① 　徐继畲:《瀛环志略》第 7 卷,第 46 页。

② 　同上书,第 4 卷,第 8—9 页。

③ 　《海国图志》第 2 卷,清咸丰二年(1852 年)刻本,第 4—5、15 页。

④ 　1842 年有一广东的行商潘仕成"捐造"兵船,据说是"仿照夷船作法"(《道光夷务》第五册,第 2395 页),得到皇帝嘉奖,上谕说："据奏潘仕成所捐之船,坚实得力。以后制造船只,着该员一手经理,断不许令官员涉手,仍致草率偷减。"(同上,第 2397 页)道光皇帝倒很了解,靠他的官僚机构是办不成任何新事业的。潘仕成后来得到了布政司的官衔,他的仿造"夷船"的事业也没有下文了。

在战争结束后,一种使他们感到可以苟安下去的想法在他们中占着上风,这想法就是前面提到过的耆英等人在订南京条约时所说的"该夷……虽系贪得无厌,而其意不过求赏码头,贸易通商而已,尚非潜蓄异谋"。以后不少人发表了类似的说法。例如广东巡抚黄恩彤作《抚夷论》,其中说:"中国之所以控制而羁縻之(指英国)者,惟在通商……其国中一切经费全资商税……其所以兵犯顺者,非谋逆也,图复其通商也"①。福建巡抚刘鸿翱说:"臣莅闽四载,略识夷情,今之英吉利不同于前明倭寇。倭寇志在虏掠,英吉利志在通商。该国去中国八万余里,彼断不于八万里以外或有他图。彼亦知即有他图,亦断不能据守。"②这些人都自认为对于英国这样的国家的企图有了新的了解,以为它不过是为了"通商",并不像历史上所遇到的入侵者那样,要来进行掠夺,占领地方,直至当中国的皇帝。因此,只要抓住通商这一个题目,就可以加以"羁縻""控制",不至于出什么大乱子了。两广总督徐广缙说:"驭夷之道,不外羁縻"③。道光二十九年(1849年)徐广缙能做到使英国人放弃进广州城,这被认为是一件了不起的成功。朝廷和广东官员都认为这一成功完全证明羁縻和抚绥的老办法还是行得通的。

既然这样,对付外国人,似乎也就不是了不起的问题了。因此,一切的忧虑还是集中在内部的问题上。

经过鸦片战争,国内阶级矛盾——主要是地主阶级和农民阶级这两大阶级间的矛盾是更加尖锐化了。战争暴露了封建专制政府在外国侵略者面前的无能,暴露了它的外强中干。战争中国家军费开支增加,战后付出巨量赔款,这些负担最后都落到了农民群众身上。

从道光二十一年(1841年)起连续三年黄河三次决口,使河南、山东、安徽很多地方被淹没,死亡的人以百万计。道光二十六——三〇年

---

① 《鸦片战争资料》第五册,第435页。
② 故宫博物院1931年出版《史料旬刊》第三十六期,第329页。
③ 《道光夷务》第六册,第3158页。

（1846—1850 年）黄河流域和长江流域各省连续遭到严重的水、旱灾，尤其是道光二十九年（1849 年）湖北、安徽、江苏、浙江等省水灾之重，为这些地区百年来所未有。道光二十八年（1848 年）广东、广西大旱。这些所谓"天灾"，很大程度上是在腐朽贪污的封建官僚机构把持下水利失修的结果。

统治者自己也承认，封建官僚机构已不能做任何对人民有利的事。两江总督耆英在道光二十三年上皇帝密折中说："自古远兽，攘外必先安内。……今之牧令，不理民事，不问疾苦，动辄与民为难，以致民情涣散，内不自安，何暇攘外？"他又说："官与民，民与兵役，已同仇敌，良民与莠民亦成水火"。他把这种现象的产生说成是由于坏官员造成的，但他承认"好"的官员实在很难找到。他所说的实际上是腐朽的封建专制统治下的尖锐的阶级矛盾，这种阶级矛盾是封建统治者自己解决不了的。道光皇帝看了他的奏折，只好批道："所论一切情形均非虚妄，朕翻阅再三，倍觉可叹可恨！"①当然，他也提不出任何解决办法。

被压迫的农民大众为解决这个矛盾站起来了。在鸦片战争后的几年内，全国许多地区农民骚动以聚众抗粮、持械戕官等各种形式零星地爆发，各种不同名目的秘密结社在农民和其他劳动群众中十分活跃。特别是广东、广西、湖南一带，在道光二十七年（1847 年）以后，发生了若干次的农民武装起义，虽然规模还是比较小的，至于纯粹经济性的盗群更几乎是所在都有。——伟大的太平天国农民革命就在这样的革命形势中酝酿发动起来了。

---

① 《史料旬刊》第三十五期，第 291—293 页。

第 五 章

太平天国的兴起

（一）农民革命中的各阶级、阶层

在漫长的中国封建时代的历史上，反复发生的农民革命，既没有资产阶级的领导，也没有无产阶级的领导。那时还没有无产阶级和资产阶级。进入半殖民地半封建时代后，到了二十世纪初年，新产生的代表资产阶级的政治力量，才开始注意到农民的力量，但他们没有能力在革命中实行对农民的领导。无产阶级，作为一个独立的政治力量来把农民发动和领导起来，是更晚的事情。历史实践证明，在中国历史上，只有无产阶级能够把农民的革命积极性发挥到最大的程度，也只有在无产阶级的领导下，革命才取得了真正的胜利。在鸦片战争后的一段长时期内，中国农民的革命斗争仍然同过去的封建时代一样，得不到比它更先进的阶级的领导。

受着严重的封建剥削的农民群众，是封建社会中的巨大的革命力量。他们中革命性最强的是生活最贫苦的贫农阶层。在历史上每一次农民大革命中，贫农都起着重要的作用，他们是骨干，有时成为领导者。

"没有贫农,便没有革命。"①毛泽东在 1927 年的《湖南农民运动考察报告》中所作的这个论断,也完全适用于过去的封建时代的农民革命。但是只有贫农,还形成不了广大的农民革命队伍。事实上,封建时代的每一次规模比较大的农民革命,总是在封建统治者不断加强对农民的剥削与压迫,使得中农群众,首先是比较贫苦的中农也感到无法照旧生活下去的时候才爆发起来的。在封建社会中,文化为地主阶级所垄断。过着最贫苦生活的贫农几乎完全没有机会接受最起码的文化。比起贫农来,中农有可能稍微多一点文化,也较有可能对于本村、本地区以外的世界多一些见闻。因此,贫农往往和贫苦中农联合在一起领导和进行农民革命,他们在历史上曾多次地把革命火焰燃遍了中国大地。

城镇和农村中的小手工业者、小贩、水路和陆路的船夫、车夫和其他运输工人等的生活地位和贫农、中农差不多,他们大多本来就是贫苦的农民,也能够成为农民革命中的基本队伍。

在封建时代,特别是在封建统治者的残酷剥削使得下层广大人民生活十分不安定的时候,社会上往往存在着大批游民。他们得不到比较固定的、正常的职业,为寻求生存条件而流浪各处,经常过着极其贫困的生活。虽然他们绝大多数本来是贫苦的农民,但是江湖放荡的生活赋予他们一种特殊的社会性格。到了半殖民地半封建的中国,这种游民更加大量存在。毛泽东在论述中国革命问题时多次提到游民的问题。

毛泽东在 1926 年的《中国社会各阶级的分析》这一著名论文中说:"还有数量不小的游民无产者,为失了土地的农民和失了工作机会的手工业工人。他们是人类生活中最不安定者。他们在各地都有秘密组织,如闽粤的'三合会',湘鄂黔蜀的'哥老会',皖豫鲁等省的'大刀会',直隶及东三省的'在理会',上海等处的'青帮',都曾经是他们的政治和经济斗争的互助团体。处置这一批人,是中国的困难的问题之

① 《毛泽东选集》第 1 卷,人民出版社 1991 年版,第 21 页。

一。这一批人很能勇敢奋斗,但有破坏性,如引导得法,可以变成一种革命力量。"①

毛泽东在1939年的著作中,论述作为中国革命的动力的各个阶级、阶层时又说到"游民",他指出:"中国的殖民地和半殖民地的地位,造成了中国农村中和城市中的广大的失业人群。在这个人群中,有许多人被迫到没有任何谋生的正当途径,不得不找寻不正当的职业过活,这就是土匪、流氓、乞丐、娼妓和许多迷信职业家的来源。这个阶层是动摇的阶层;其中一部分容易被反动势力所收买,其另一部分则有参加革命的可能性。他们缺乏建设性,破坏有余而建设不足,在参加革命以后,就又成为革命队伍中流寇主义和无政府思想的来源。因此,应该善于改造他们,注意防止他们的破坏性"②。

但是在无产阶级领导中国革命以前,没有人能够完满地解决如何引导游民群众的革命积极性,而防止和克服他们对革命的危害性这一个困难的问题。

在封建社会里,各式各样的游民,有时被反动势力所收买,成为封建统治者雇佣的兵勇和地方豪绅组织的武装的一个主要来源。但是反动势力不可能完全吸收他们。流离失所的游民们,为了争取生存的条件,自发地组织起来,发泄对现社会秩序的仇恨,但他们的行动往往只限于经济的要求,缺乏远大的政治目的,因而形成所谓土匪和强盗。在他们认为合适的条件下容易接受所谓"招安",也就是接受反动势力的收买。当革命形势出现的时候,他们可以成为革命的积极参与者,甚至成为勇敢的先锋。他们多半是来自贫苦的农民,所以很容易和革命的农民找到共同的语言。比起株守在一小块土地上,通常是忠厚朴实的贫苦农民来,他们富于社会经验,见多识广,更多权变和机灵,所以在农民革命队伍中能够起很大的作用,有时甚至成为革命的领导者。有了

---

① 《毛泽东选集》第1卷,人民出版社1991年版,第8—9页。
② 《毛泽东选集》第2卷,人民出版社1991年版,第645—646页。

他们参加,大大增加了农民革命的声势。但同时,他们也往往把无组织性、无纪律性、流寇主义、单纯破坏性这些坏东西带进了农民革命队伍。他们既是农民革命中的勇敢分子,又往往成为革命中的不坚定分子;既给农民革命涂上了绚烂的色彩,又成为败坏农民革命并使农民革命终于失败的一个重要因素。

广大劳动农民起来革命,是向地主阶级造反。在漫长的封建时代,封建皇朝曾经多次被农民战争的暴风雨所推翻。农民革命能够给封建统治秩序以严重的打击,但是农民阶级不具备新的生产力,不能建立新的生产关系。消灭封建的经济制度和政治制度而代之以新的经济制度和政治制度,是他们所做不到的。造反的农民在意识形态上也摆脱不了封建统治阶级的毒害。每当被压迫的劳动人民不能照旧生活下去,地主阶级不能照旧统治下去,因而形成革命形势的时候,有些在政治上失意的地主阶级分子和地主阶级知识分子跑到农民队伍中来寻找出路。他们带来了地主阶级的丰富的政治斗争经验,同时也带来了地主阶级的政治和思想的影响。他们中有的在农民队伍中成为起重要作用的谋士,或者甚至成为领袖人物。他们既在农民队伍中,不能不在某种程度内根据农民的意志行事,但也往往是按照地主阶级的本能来利用农民的力量。农民阶级没有彻底独立的世界观;完全排斥进入自己队伍的地主阶级的坏影响,几乎是不可能的。在农民革命胜利在望的时候,从地主阶级中分化出来的力量越来越多地加入到革命队伍中来,这种情形不能不导致农民革命的变质。农民革命纵然取得了推翻一个旧的封建皇朝的胜利,但是胜利的果实却总是为地主阶级用这样那样方法所窃取。新起的皇朝仍然是地主阶级的政权,农民仍然处于封建的压迫下。

所以,总起来说,在还没有产生无产阶级和资产阶级的时代,活动于农民革命内部的主要社会力量就是:贫农、中农、游民和某些地主阶级分子。在封建时代的每一次比较大的农民革命中,都可以看到这几个阶级、阶层在起着它们的作用。它们的力量对比的状况,它们的互相影响和互相排斥,它们为争夺领导权而进行的斗争,染成了每一次农民革命的特色。

我们现在所要考察的十九世纪五十年代的太平天国农民大革命,是领导权掌握在贫农和贫苦中农手里的一次大革命,他们是在和游民的破坏性进行了必要的斗争而建立和保持自己的领导权的。参加革命的也有地主阶级分子,但是人数很少,在革命的初期,不足以形成影响运动发展方向的力量。

广西黔江和郁江合流处的桂平以及浔江北岸的平南等县的山区是太平天国的摇篮。当太平天国的创立者在这个地区进行活动,从传播一种新的宗教开始,酝酿着他们的伟大运动的时候,还有其他许多农民造反的队伍像无数火花一样迸发在广西省和相邻近的湖南省、广东省的各地。最初的太平军,不过是同时并存的许多股农民造反队伍中的一个。

在太平天国革命发动前的道光二十七年到三十年(1847—1850年),见于文献记载的广西农民起义队伍多达二三十支。官方对他们的活动情形的描述是"随起随灭,随灭随起","忽起忽散","东奔西突,此拿彼窜"①。他们一般立有"堂"的称号,如大胜堂、得胜堂、合义堂、聚义堂等等。这种称号是天地会的标志。官方又称之为"堂匪",说他们"立一堂名,互相纠集,义取平等,以兄弟相呼,有大哥、晚哥之号。聚则众数十或数百,合党竟至逾千逾万。散则如鸟兽,无一定之巢穴,一定之头目"②。道光三十年有广西的南宁、柳州、浔州、梧州、思恩等府的举人和绅士到北京的都察院"呈控广西匪乱情形",都察院据以上奏说:"贼皆用红布裹头,所竖旗帜,上有'替天行道,反清复明'字样,枪炮、器械、马匹俱全。""逆匪横行,延及七府一州"③。这里说的

①　《太平天国革命时期广西农民起义资料》前言,中华书局1978年版,第1页。
②　民国二十六年《邕宁县志》卷三四。转引自《太平天国革命时期广西农民起义资料》,第95页。
③　同上书,第42—43页。

"匪"、"贼",都是指天地会。"反清复明"、"替天行道"是天地会在造反时所用的口号。

天地会这个秘密组织早在清朝初期的康熙年间就产生了(据这个组织的内部传说的故事,它的成立是在康熙十三年,即 1674 年)。到我们现在所论述的这个时期,一百几十年间,这个组织特别在福建、两广、湖南等地区秘密地蔓延。它自称为"洪门",在有些地区又改称为"三点会"或"三合会"①。天地会的组织形式是所谓"山堂",每个山堂有自己的头子(称为"大哥"),经过歃血订盟、焚表、结拜兄弟这样的形式来组成,参加天地会就是参加某个山堂。在江湖上有一定资历与号召力的就可以自为头子,自建山堂。他们有一些口口相传的隐话和暗号,因而不同山堂的人在江湖上相遇时可以互相招呼,有相互协助的义务。这个秘密组织的基本群众和它的领导者主要是江湖游民。他们的生活条件使他们特别需要这样一种政治和经济斗争的互助团体。他们依靠这种组织来争取生存条件,对抗官府的压迫,进行各种对封建统治秩序说来是非法的行为。在社会阶级斗争形势激化的时候,他们也用这个组织来对封建统治者进行武装造反。所以清朝政府一贯严格禁止天地会。

按天地会内部流传的对本组织的历史的叙述,它的宗旨是"反清复明"(推翻清朝,恢复明朝)。这个口号是清朝初年,明朝残余力量在南方沿海地区进行最后挣扎的时期留下来的。但是经过一百多年,天地会的组织并不总是在这样的宗旨下进行活动。只是在发动公开对抗清朝统治者的武装起义的时候,"反清复明"这个传统的口号往往仍然成为他们的旗帜。他们只能使用这个传统的口号,似乎他们反对清朝统治,不过是为了要代之以一个汉族的封建皇朝,这就说明,他们并没

---

① 以后,天地会蔓延到更多地区,变为各种不同的名称。毛泽东在关于游民的论述中提到的"湘鄂黔蜀的'哥老会',皖豫鲁等省的'大刀会',直隶及东三省的'在理会',上海等处的'青帮'"都是天地会这种组织变化而来的。

有真正足以动员广大农民群众的政治口号。

天地会的组织形式也是他们的一个很大弱点。各个山堂互相独立，没有隶属的关系。威信高的"大哥"有时可以使别的山堂俯首听命，但也难免旋分旋合，不能形成统一的巨大力量。每个山堂自成一股势力，也就成不了大气候，所以往往不敢公开打出反清的旗帜，而只能在局部地区内戕官劫库，占山称王。由于缺乏远大的政治目的，缺乏统一的组织，所以他们的行动往往带有很大的投机性，在形势不利时从他们中很容易产生叛变行为——把自己出卖给封建统治者。也有些地方，豪绅恶霸参加到天地会里去，成为某些山堂的头头，更使这个组织的政治面目不清。例如有名的张嘉祥，是广东高要人，流落到了广西贵县，在县城的一家卤货铺当佣工，又经营过鸦片烟馆。道光二十六年开始当强盗，在横州集众竖旗，称雄于郁江上。他属于天地会的组织，立堂名"怡义"。他以"杀官留民，劫富济贫"的口号号召群众，最盛时拥众万余人，但是到了二十九年，他受招安，改名国梁，当了清朝官方得力的走狗。在太平军起义后他是追击围剿太平军的大帅向荣的部下，成为太平军的一个劲敌。

天地会的弱点充分反映了游民这一个阶层的消极因素。在广西及其附近的地区与太平天国发动起义的同时，天地会发动了许多股的起义，但是它们都是随起随灭，其原因就在于它们所具有的这些弱点。

天地会在广西各地的起义，对于太平天国运动的兴起客观上起了掩护的作用，起了分散敌人力量的作用。比起天地会来，太平天国是一个新起来的力量，初起时的声势还比不上天地会。虽然太平天国运动仍是一个自发的农民革命，但是它有比较明确的斗争纲领，有严密的统一的组织，从各方面说，它达到了天地会所没有能达到的水平。太平天国最后也是失败了，但是它起自一个狭小的地区，发展为全国性的巨大势力，成为中国在无产阶级产生以前的历史上的一次最伟大的农民革命运动。

（二）金田村起义

太平天国革命运动最早的组织者是洪秀全（1814—1864）和冯云山（1822—1852）。

他们两个都是广东花县人。洪秀全生于离广州城北约一百里的名叫官禄埗的一个小村子里，他家世代是农民，有少量自耕的土地，他的父亲和两个哥哥耕田度日。只有他这个小儿子从七岁起入私塾读书，但在十六岁时即因家贫辍学，参加家庭的农业劳动。他从十八岁起，十几年间在本村和邻村当蒙馆的塾师。多次到广州考秀才，都没有考上。就在当塾师的期间，他开始建立一种新的宗教信仰。冯云山是他的最早的同志之一，也是一个乡村塾师。太平天国正式的官书中说他"家道殷实"①，看来他和洪秀全一样，是个从中农家庭出身的青年。

在鸦片战争及其以后的时期，广州是中国的对外关系和内部社会关系剧烈震动的中心。出生于广州附近的这两个青年成了太平天国革命运动的创始人，不是偶然的。

按照太平天国的文献记载和洪秀全的族弟洪仁玕的记述，洪秀全的早年有一些神奇的故事。洪秀全在道光十六年（1836 年，即鸦片战争前四年）到广州应考时，偶然从街头两个不相识的人得到了一部叫做《劝世良言》的小书，带回家中，粗读了一下。第二年他又到广州应试，仍然失败，回家后生了一场大病。病中他感到被天使接到了天堂，一个庄严的老人向他指出妖魔迷惑世人的情形，并给予他宝剑，令他把闯上高天的妖魔一一逐落地狱，又有个年轻的人帮助他斩妖，如此等等。到了道光二十三年（1843 年，这已是鸦片战争以后），他重读七年前得到的那部小书，感到书中所述与那年"升天"时所见情形很多地方

---

① 《天情道理书》。见中国史学会主编《中国近代史资料丛刊：太平天国》（此书以后简称《太平天国资料》）第一册，神州国光社 1952 年版，第 371 页。

相符。原来他在天上遇到的就是书上所说的上帝和上帝的儿子耶稣，而他自己乃是上帝的次子，由上帝赋予他以一种神圣的使命。……

现在我们知道，洪秀全所得到的那几本题为《劝世良言》的小册子是一个叫做梁阿发的人在道光十二年（1832 年）所写的。这个梁阿发生于乾隆五十四年（1789 年），年轻时是给外国传教士印刷《圣经》的工人，因而同外国传教士接近，成了基督教徒，一生以传教为业。他的宣传基督教的小册子得到了洪秀全这样一个读者，当然是他完全没有料到的。洪秀全的所谓升天不过是他病中的幻觉，他浏览那几本小册子所得印象是这种幻觉产生的来源，这种幻觉在事后的描述中显然是被几倍地渲染和加工了。洪秀全完全不了解基督教是什么回事，他真是把《劝世良言》看成一部专门为他准备的"天书"。这部"天书"中着重论述的只有上帝是"独一真神"而一切偶像都应废弃这一点受到他特别注意。在这一思想的启发下他的第一个行动就是撤除学塾中的孔子牌位。"天书"中引用了基督教《圣经》中的某些语句，例如："神乃选世界所以为狂者，以愧智；亦选世界之弱，以愧强；又神选世界之卑贱见轻忽者，且为无者，以败为有者"[①]，这类从原始基督教遗留下来的语句，多少反映了被压迫的奴隶的反叛思想。这个年轻的塾师从这类语句中受到了很大的激动。这几本粗陋的基督教宣传小册子中传达的一些离奇的神话和某些含意暧昧的鼓动语言，通过洪秀全而对即将爆发的农民大革命起了触媒的作用。

洪秀全在道光二十三年"读懂"了那部小书以后，以为上帝给了他启示，使他负起宣传一种新的宗教信仰的使命。他本来为多次参加科举考试失败而愤懑，从此他放弃了从考场中找出路的打算。他在

---

① 这是基督教圣经《哥林多前书》中的话，在《劝世良言》中用的是当时的《圣经》汉语译文。这段话在后来的汉语译本中是这样的："上帝却选了世上愚拙的，教那有智慧的羞愧；又拣选世上软弱的，教那强壮的羞愧。上帝又拣选了世上卑贱的，被人厌恶的，以及那无有的，为要废掉那有的"。洪秀全为这样的语言所激动。见韩山文的《太平天国起义记》，《太平天国资料》第六册，第 849 页。

广州和家乡一带的见闻，使他痛感到这个社会充满了腐朽、黑暗、不公正的现象，他把他的新的宗教信仰看做是医治这个社会的"福音"。这时他只是一个宗教宣传者，而不是已经立志于推翻清朝统治的农民革命家。这种宗教宣传，虽然是他走向革命的始端，但只是在这种宗教信仰和实际的阶级斗争相结合的时候，它才真正成为革命所利用的武器。

洪秀全开始在本乡传播他的上帝的信仰时，只得到很少的同情者，其中有他的家庭成员和个别的亲属和朋友。他和也是塾师的冯云山撤除孔子牌位的大胆行动以及他们所传播的新信仰遭到乡村中一些人的反对，因而失去了教席。他们两人在道光二十四年二月（1844年4月）一起离开家乡，辗转来到广西的贵县山区。他们在贵县几个月间吸收了一百多个农民为信徒。洪秀全在当年十月回到广东花县。冯云山则到了贵县邻近的桂平的紫荆山区。

冯云山在荒僻的紫荆山区，开始时靠拾牛粪过活，并为人雇作短工，这样逐渐深入山区，成了一家富户的塾师。他在这里进行了艰苦的宣传工作和组织工作。在两年多的时间内，即道光二十五年到二十七年（1845—1847年），他从山区的居民，主要是贫苦农民中，组成了拥有三千多信从者的"拜上帝会"。太平天国的重要领袖人物很多是由冯云山在这时团结起来的。洪秀全和冯云山的离乡出行，特别是冯云山在紫荆山区的深入工作，对于他们的宗教宣传发展为革命斗争是重要关键。洪秀全回到故乡后，写了《原道救世歌》、《原道醒世训》等作品。洪秀全的这些作品虽然大部分是道德的、宗教的说教，但已包含着超出这个范围的内容。他发挥农民的纯朴的道德观念以启发群众走向严肃的斗争，要人们"勿拜邪神，须作正人"①；他又在宗教的外形下为苦难的农民展示出值得为之斗争的美好前景："天下多男人，尽是兄弟之辈，天下多女子，尽是姊妹之群"，"乱极则治，暗极则光，天之道也。于

---

① 《原道救世歌》。见《太平天国资料》第一册，第87—90页。

今夜退而日升矣,……行见天下一家,共享太平"①。道光二十七年七月(1847 年 8 月),洪秀全也到紫荆山区,与冯云山会合。他被尊为这个新宗教的教主和领袖。

从当时的中国社会阶级斗争形势来看,一场农民大革命的客观条件是成熟了。但是原有的可以供农民革命利用的组织形式和口号旗帜,例如天地会,不能满足一场农民大革命的需要。它要求一种新的组织形式、口号和旗帜。洪秀全接触到西方资产阶级带来的基督教,是一个偶然的事件。但必然性的历史通过这个偶然的事件而实现了。并不是基督教俘虏了洪秀全,影响了中国的革命农民,而是洪秀全按照中国农民革命的需要利用了基督教的某些形式。在道光二十七年(1847年),洪秀全曾到广州向一个美国传教士罗孝全学习基督教,但是这个美国传教士拒绝给他施"洗礼",不承认他是真正的基督教徒。这个美国牧师在 1852 年的一个报告中叙述他对洪秀全的印象是:"在述其异梦时,彼之所言实令我莫名其妙,迄今仍未明其究从何处而得此种意见,以彼对于圣经之知识无多也。"②难怪这个美国牧师不能承认和理解洪秀全的信仰。洪秀全的"上帝"并不就是这些传教士的"上帝"。他不过是从那几本基督教小册子中拿来了一个"上帝",使在封建重压下的中国农民革命取得了一个新颖的形式。

"拜上帝会"的组织,表现了这样几个特色:第一,这个宗教宣布说只有"上帝"是真神,其他一切向来为人所崇礼的对象都是妖魔,一切人都是上帝的子女,都是平等的。这种思想使农民群众在精神上大大解放。在封建社会里,一切精神界的权威,孔夫子、菩萨、阎罗王、龙王等等都是地主阶级权力的象征,是维护封建统治秩序的精神势力。现在既然这一切都不过是妖魔,那么,农民为什么不该站在上帝的一边去

---

① 《原道醒世训》。《太平天国资料》第一册,第 91—92 页。
② 罗孝全:《洪秀全革命之真相》(简又文译),见《太平天国资料》第六册,第 824 页。

同站在妖魔一边的人作战呢？既然一切人都是有平等权利的上帝的子女，那么，为什么农民不该起来粉碎封建主义的等级制度呢？第二，这个宗教所包含的一神论的思想起了把习惯于散漫生活的农民结成一个统一的组织的作用。第三，这个宗教要求严格的道德生活（绝对禁止奸淫、嗜杀、贪财、赌博、吸烟、酗酒），最能响应这些要求而组织起来的群众主要是贫苦的农民，他们成为整个运动的骨干力量。

拜上帝会的活动首先引起了地方上的地主势力的敌视和迫害。在同这些反动的地主势力的斗争中，拜上帝会的势力迅速发展，到了道光二十九——三十年（1849—1850年）时已有众万余人，分布在广西的桂平、贵县、平南、武宣、象州、博白、陆川等县，最远的还有一部分在广东的高州、信宜一带。在广西各地天地会的组织纷纷攘攘地进行武装活动的形势下，拜上帝会也决定发动武装起义。他们在编组军队和制造武器等方面做了充分准备后，号召所属的群众集中到桂平的金田村。道光三十年十月、十一月间，他们在桂平县的新墟、平南县的思旺墟和在金田村附近，先后击败了清朝官军的几次进剿。道光三十年十二月初十日（1851年1月11日），他们在金田村正式宣布起义，建号太平天国，公开宣告同整个封建统治势力处于武装对立的地位。

参加太平天国武装起义的群众主要的是各地的贫农、雇农。紫荆山上的"烧炭佬"是最早参加的骨干，他们是没有或绝少土地的贫农。最早参加的还有贵县的龙山山区的矿工和桂平码头的担夫，他们也是破产的农民，有些是从外地流浪来的。除了贫苦的农民以外，有一些经济地位属于地主富农的人家，由于发迹不久，没有功名，或其他原因而社会地位很低，受到当权的地主绅士欺凌和排挤，因而也卷进了革命的农民队伍中来。

在起义后，洪秀全称为天王，他是最高的领袖。在他下面，有东王杨秀清，西王肖朝贵，南王冯云山，北王韦昌辉，翼王石达开，他们形成最高的领导集团。在他们中间，按其阶级成分说，杨秀清、肖朝贵是贫农，而韦昌辉、石达开是出身于地主家庭。在这里面，值得注意的是杨秀清在革命中的地位。在封王诏中明确提出："以上所封各王,俱受东王节制"①。在金田起义的十个月后,东王掌握了全军的军权。

杨秀清(约1820—1856),生长于广西桂平县紫荆山区内,十岁以前就没有父母,以种山烧炭为业,不识字。他和肖朝贵都是"烧炭佬"中的领袖人物,他们在参加运动后,很快就被吸收在以洪秀全为中心的领导集团中。在金田起义以前,杨秀清曾多次假托上帝下凡,附在他身上说话,因而他成了"天父"的代言人。肖朝贵也用同样方法成了"天兄"(耶稣)的代言人。杨、肖虽然因此而取得某种特殊的地位,但这并没有使运动的创始人洪秀全、冯云山大权旁落。杨、肖的确是利用了闭塞的山区本来流行的鬼神附体的巫术的形式,这和洪秀全的梦魂上天的说法并没有什么高下之别。他们之所以能在群众中建立威信,并不是因为他们利用巫术的形式,而是因为他们假借"天父""天兄"的名义所说的话常常是在重要的关头(而且最初几次还是在洪秀全、冯云山因事不在当地的情况下),起着稳定人心,指明方向,打击敌人的作用。正因此,拜上帝会的创始人洪秀全、冯云山承认了他们具有为"天父"、"天兄"立言的特权,这种特权的被承认,并没有破坏天王洪秀全和其他诸王之间的亲密的兄弟般的关系。在杨秀清掌握全军军权的时期,太平天国迅速地取得巨大的胜利,这充分证明,这个出身于贫农的统帅具有非凡的组织才能和领导才能。在天王以外的五王中间,地位仅次于东王的是西王肖朝贵和南王冯云山。但这两个人都在起义的一年后于征途中牺牲。一直到太平军进入南京后,杨秀清始终在军事和政治的全局上是洪秀全的主要助手。

以洪秀全为首的领导核心的组成,是贫农和贫苦中农在太平天国运动中居于优势这一基本事实的反映。

---

① 《天命诏旨书》。见《太平天国资料》第一册,第680页。

（三）向南京的进军

太平军在金田村起义以后，经过连续两年的艰苦战斗，从广西省打进湖南省，并穿越整个湖南省，而于咸丰二年十二月（1853 年 1 月）攻占长江中游的重镇武昌。然后，全军由武昌沿长江东下，迅速地占领了南京城，这是在咸丰三年二月初十日（1853 年 3 月 19 日）。长江下游的这座古都城被宣布为太平天国的首都——天京。

这两年多的进军，总的说来，是胜利的进军，但其间经历了多次严重的风险。

在金田村起义以前，清朝朝廷已经因为广西的官员和军队无力扑灭本省各处造反的烽火而从外省调遣军队到广西来，并把以善战著名的湖南提督向荣调任为广西提督，又起用林则徐为钦差大臣兼广西巡抚。但这时官方所注意的还只是所谓"堂匪"、"会匪"，即天地会的各股起义力量。林则徐在鸦片战争中遣戍到伊犁后曾在新疆办理开垦。道光二十五年（1845 年）他被赦回京，先后受任陕西巡抚、云贵总督。二十九年因病请假回籍，三十年十月在奉令前赴广西的途中病死了。朝廷改派前两江总督李星沅为钦差大臣主持广西的军务。李星沅到达广西正是金田起义发动之时。官方立刻认定金田村这支初起的起义军是他们的最危险的敌人。李星沅集中了本省和从广东、福建、湖南、云南、贵州调来的军队共约万人，由广西提督向荣为前线指挥，来对付太平军。

金田村在紫荆山区的南麓，太平军起义后，立即占领在金田村以东约三十里的大湟江口，打算由此经水路转入更广阔的区域以至进兵桂林。向荣先是以全军分路进攻，企图一举歼灭太平军，但在太平军的有力的反击下遭到了很大的损失。向荣改变办法，死死堵住太平军的出路。于是太平军转入紫荆山区改从西北方向的武宣、象州地区冲出去，但仍然遭到清军阻击而未能实现。太平军又及时转移，折回到金田村这一带,终于向东北由山间僻径突出重围,经过思旺等地而到了蒙江上游的山城永安。这样,在紫荆山区一带的狭小地区内东突西奔,一共用了八个月的时间。太平天国在开始发动时就称王宣布国号,固然造成声势,但因此而过早地引起了封建统治者的集中注意。这时,领导者还没有军事经验,他们没有能在敌人兵力尚未集中的时候,迅速地转移,也没有能寻找敌人的弱点,集中力量歼灭其中的某一部分。这就使他们几乎被敌人扼死在摇篮里面。经过这八个月的战斗,他们开始初步取得了机动作战的经验。

但是在太平军到了永安的时候,他们又据城筑防坚守,遭到敌方的更大的兵力的包围。全军长期株守一个山城,当然不是聪明的办法。在半年后,他们才寻找到机会突围北上。接着他们去围攻桂林,用了一个多月,没有成功,便移师向湖南进兵。在经过全州的时候,冯云山这个在运动创立过程中起了特殊作用的领袖,被敌方的炮火击中而牺牲。在全州城北湘江上的蓑衣渡,太平军遭到敌人的袭击,蒙受了严重的创伤。为了整顿补充自己的队伍,他们不得不在湖南的道州、江华、永明间徘徊了两个月。在这支农民的部队中,初出省界,就发生了怀土恋乡的情绪,一部分人要求由永明、灌阳打回广西。以杨秀清为首,坚持了在当时的情况下唯一正确的方针,就是把从广西追来的敌军抛到后面去,继续前进。于是他们东进到郴州,北攻长沙。围攻长沙一个多月未能得手,却在这里又牺牲了先行部队的司令西王萧朝贵。在撤去长沙之围后,他们向西由宁乡到益阳。在洞庭湖边,他们得到了数千条民船。这使他们能够回过身来越过洞庭湖而占领岳州(今岳阳)。清朝从各方调集来的大军都还蜂聚蚁集在长沙、益阳一带,而太平军已经迅速地由岳州直扑汉阳和武昌了。太平军在武昌停留了不到一个月,就沿江东下,在二十多天的时间内,先后攻克九江、安庆、芜湖,直趋南京。

太平军的领导者,各级军事指挥员和战士绝大多数是从来没有打过仗的。他们从战争中学习战争。清朝政府调动了几倍于太平军的军队来实行围剿追击。统帅这些军队的威风凛凛的钦差大臣、总督、巡抚、将军,遇到了这些在不久以前除本村以外没有人知道名字的贫贱的农民,却一一地败下阵来,无法阻挡他们的前进。

在金田起义时,太平军共约二万人,其中有战斗力的不足万人。它的兵力逐步扩大。在永安时全军有四五万人,有战斗力的人约近二万。经过蓑衣渡一战的损失后,进入湖南时,剩下不到一万。他们在湖南、湖北逐步有了十几倍的扩充。从武汉东下时已经号称拥有五十万之众了。

太平军从广西山区向武汉、南京的进军过程中,虽然遭受过若干挫折,但全军始终保持着旺盛的战斗意志,始终保持着在统一指挥下的严密的组织性和纪律性,始终能认真执行对一般老百姓"秋毫无犯"的纪律。它的行动表现出它真是能够扫荡人间一切"妖魔"的革命军队,它所要扫荡的妖魔就是以清朝政府为代表的封建统治势力,因而受到了广大的下层人民的拥戴。所到之处,许多贫穷的和已经失掉土地的农民,许多本来已经流离失所,没有什么"恒产"可以留恋的劳动者,例如湖南的郴县、桂阳一带山区的开矿采煤的工人,湘江上的纤夫、船户、码头挑脚,许多城镇中的铁匠、木匠、小贩、轿夫等等像潮水一样涌进了太平军的队伍。因此,太平军就能够像滚雪球一样地不断地扩大起来。也有许多已经"落草上山"的穷人成群结队地加入太平军,他们大多是属于天地会的组织。

怎样对待天地会的组织,从阶级关系上说,就是怎样对待江湖游民。江湖游民是太平军扩充其队伍的一个主要来源。在广西、湖南、湖北,天地会的组织是非常多的。如果拒绝天地会参加,太平军就不可能扩大自己的队伍;如果让游民的坏习气支配自己,太平军就不能维持它的组织性和纪律性,维持它的严肃的政治面目。这是太平军所遇到的一个重要问题。

早在金田起义时,就有不少天地会的人参加,其中有的人像罗大纲,在向南京的进军中已经成了太平军中的重要的将领。但是也有些人三心两意,例如张钊、田芳等,他们原来是罗大纲的同伙,都是浔江上的"艇匪"的头头。太平军方面派人和张钊等建立了联系,但是他们中除了罗大纲以外,一则因为害怕拜上帝会的严格纪律,再则因为清朝官方这时正在向他们"招安",他们终于没有参加太平军,反而跑到了敌人方面去了。一些和他们接触的拜上帝会的人还受到他们的影响而发生动摇。在几年后,太平天国的官书《天情道理书》中提到这件事说:"时有大头妖(张钊的外号是大头羊——引者)在江口,全无一点真心,借名敬拜上帝,于沿江一带地方滋扰虐害,肆行无忌,只图目下快心,不顾后来永福。我们兄弟间有不知天父权能凭据者,因一时困苦,遂易其操,欲改其初志,同流合污,跟随大头妖,利其货财,贪一时之衣食,几为所诱。蒙天兄下凡(这是指肖朝贵以耶稣的名义说话——引者)唤醒弟妹,指出大头妖乃是贼匪,实非真心敬拜上帝之人……于是众兄弟聆天兄圣旨憬然醒,恍然悟,因之不敢前往"①。张钊等人率所部投入清官军去后,参加进剿太平军,号称"大头军",所以太平天国官书称他为"大头妖"。

《天情道理书》中还提到1850年广西武宣的"土匪陈亚癸",说他"聚党数千,掳掠乡村,扰害良民,奸邪淫乱,无所不至"②。这个陈亚癸也是天地会的一个头子,也曾经表示要同太平军合作,但他的行动仍然保持着脱离群众的那些作风,结果很快就被敌人消灭了。所以在太平天国的官书中提到他作为一种鉴诫。

这一类初期的经验使得太平天国的领导者提高了警惕。太平天国要求参加自己的队伍的人必须成为拜上帝会的教徒,也就是必须完全接受太平天国的宗教信仰,服从在这种宗教信仰基础上的组织纪律。为了使自己的队伍既能扩大,而又不致受足以败坏农民革命的坏习气的影响,他们是采取了他们所能采取的最好的办法。

宗教迷信是封建时代的农民的精神上的沉重负担。但是在没有现

---

① 《太平天国资料》第一册,第367—368页。
② 同上书,第376页。

代无产阶级的领导以前,农民即使是在争取解放的斗争中也难以完全摆脱这个负担。他们没有科学的政治的语言来表明他们的造反的目的和方向,来论证他们的造反的合理性,所以,往往只能借助于宗教的语言。太平天国的英雄们创造了农民的上帝来对抗封建统治阶级用以愚弄人民的一切鬼神,并且在这个上帝的名义下激发群众和组织群众。他们宣布,造反的目的不是为了一时的吃喝享受,而是为了保证一切穷苦人民的长远福利的神圣目的;也不仅是为了推翻满洲人的皇帝,而是为了建立一个符合于上帝意志的天国,这就比天地会的号召具有更深刻得多的内容,真正激动了一切被压迫的农民群众。由此,他们就使得为进行这样的斗争所必要的组织性、纪律性和自我牺牲精神,具有神圣的色彩,成为对一切参加者必须接受的约束。谁要参加太平天国的事业,谁就必须承认太平天国的上帝,并且按照上帝所要求的一切去做,否则,就不是真正可靠的同伴。这在太平天国的革命者看来,是非常明白的事情。

有的历史评论者对此表示惋惜说,如果太平天国不坚持他们的宗教信仰,只讲反清,那就会吸收更大量的天地会群众,甚至招来许多地主阶级分子和地主阶级知识分子。这种说法是对太平天国的宗教信仰所起的积极作用缺乏足够的估计。在当时的历史条件下,太平天国这个单纯农民革命,是依靠他们所建立的宗教信仰而表达反封建的斗争目的的,也是靠这种宗教信仰而保持了贫农和贫苦中农在革命中的领导地位的。

就对以天地会为代表的游民阶层的关系来说,正因为太平天国坚持了只有在崇仰同一的上帝的条件下才吸收他们参加,所以它能够在其进军过程中吸收了属于天地会的大量游民群众,并把他们溶化到自己的队伍中来,而不为他们所同化。

但是,没有先进阶级领导的农民,从宗教迷信中寻找他们的革命的语言和思想武器,这当然又是他们的一个很大的弱点。在这里,我们可以指出下列两点:第一,正在进军中的太平天国虽然依靠宗教的力量来保持了自己队伍内部的统一性,但是对于在他们以外的各种农民革命力量,他们的宗教却成了一个狭隘的宗派。在太平军北上后,在广东、广西,继续出现一股股的农民起义,其中主要是天地会组织领导的。他们有的声势也还不小,但是他们仍只能重蹈已往的覆辙,每一股各行其是,在不长的时间内就被敌人消灭。太平军虽然也派人和他们进行一些联系,但不可能对他们实行领导,帮助他们提高,也就只能坐看他们自生自灭。

第二,就太平天国内部来说,靠宗教为武器终究不能真正改造游民的习惯势力以及参加到农民队伍里来的地主阶级分子。在打到南京以后,形势显然和以前有了变化。天京已经建立,"天国"似乎已在眼前。在这以前的打天下的过程中,太平军成功地抵制了足以破坏农民革命的游民习惯势力和其他势力,在所遇到的各种挫折的考验下证明了自己的力量。现在,胜利又要来考验它了。虽然仅仅打下南京远不是全国的胜利,但这考验对它已经是十分严重的了。

(四)北伐和西征

毛泽东在论述游击战争中建立根据地的问题时指出:"历史上存在过许多流寇主义的农民战争,都没有成功。"①封建时代的农民战争的历史条件造成了这种流寇主义。特别在游民群众中,流寇主义有着深厚的基础。揭竿而起的农民在广大地区内流动作战,冲破强大敌人的围剿、堵击,因而能在一个时期内保存自己和发展自己,但是流寇主义不能使他们得到最终的胜利。

在太平天国的队伍内部有大量的游民成分,它所处的历史条件使它不可能摆脱流寇主义的战争的传统,它不能正确地解决建立根据地的问题。

---

① 《毛泽东选集》第 2 卷,人民出版社 1991 年版,第 418 页。

　　紫荆山区是太平军的发源地,但并不成为它的根据地。太平军从广西出发,进行的是无根据地的战争,一路占领的乡村和城市,都迅速地自动放弃。它的进军虽然大大地震撼了封建统治势力,但它在进驻天京以后,不能不面临敌人倾全国的力量来进行的围攻。

　　这时太平天国派出了一支有二万人左右的军队继续北上。这支军队在咸丰三年四月(1853 年 5 月)从扬州出发,迅速地穿越安徽、河南,在郑州以西的地区渡过黄河,迂回到山西境内,而在八月下旬进入了直隶省。这支军队和天京完全隔绝,甚至消息不通。当时洪秀全、杨秀清给予这支军队的方针是乘虚而入,直捣清朝的首都。他们显然因为有了占领南京的经验,以为用一支不大的力量孤军深入,就能同样地占领北京。但是这样一支部队在流动作战中,能够使腐朽的封建统治军队无可奈何,疲于应付,而要攻下坚守的重城却是困难的。这支部队越过黄河后曾围攻豫北的怀庆府城(今河南沁阳县治),五十多天没有打下来。当它进入直隶后,发现从保定方向正面进攻北京不可能,就折往东去,攻到天津城边。这是这一支勇敢的军队到达的最北的地区。它从长江边上打到这里,花了不到半年的时间。在这里,它面临敌方的严重阻力,严寒的冬天也增加了它的困难。它在咸丰四年正月(1854 年 2 月),不得不南撤。这支军队的指挥员是林凤祥、李开芳、吉文元。他们都是广西人,贫农家庭出身,在金田起义时就参加了,林、李二人在这以前都曾在外地当过兵。他们在指挥这次进军中,极其英勇顽强,坚贞不屈地一直战斗到死在敌人的囚笼里,他们是太平天国的英雄人物。这支军队在两年内驰骋六省,转战几千里,震撼了清朝统治的心脏地区。但是他们所执行的军事方针使他们很难避免失败。北伐军没有能在所到之处充分发动可以发动起来的群众,没有能在天津附近受阻以至撤退的情形下防止自己的士气的涣散。在撤退之后这支军队就失去了机动作战的能力。退到阜城被围困时,吉文元战死。林凤祥和李开芳从阜城突围后,各带一部分人分别死守直隶省的连镇和山东省的高唐(后又撤至茌平冯官屯),被敌人围困了十个月和一年的时间,终于全部覆灭了。太平天国虽然从天京几次派部队北上去接应和援救,但都没有成功。

就太平天国的战争全局来说,这次北伐的失败只是局部性的。这个局部战争虽然是流寇式的,但战争的全局这时已经转为与流寇主义相反的另一极端了。为什么他们不能用更大的力量进行北伐呢?原因是很明白的,因为已经有了"天京"这个大包袱,他们把主力用来保持这个大包袱。

这本来是农民战争的所不能解决的许多矛盾中的一个。如果只是东奔西窜,虽然能够在敌人面前有很大的主动性,但是不可能取得决定性的胜利。他们为了急于求得成功,又会犯相反的另一种错误:过早地占领中心城市,而一旦取得了中心城市并企图巩固地守住的时候,他们逐渐地丧失主动性,逐渐丧失了主动地进攻敌人的能力,也就逐渐丧失了战场上的优势(如果北伐军当时竟能达到占领北京的目的,也将难以避免陷入这一矛盾。如果以为太平军要是全力北伐打下北京就能取得完全的胜利,这是把问题看得太简单了)。如何能既保持灵活地打击敌人的地位,而又不断扩展自己的根据地以至取得最后胜利,这是历史上农民战争没有能解决的问题。这当然不只是军事问题,而首先是个政治问题,农民战争的政治上的弱点使它解决不了这个问题。

这里就军事形势看。太平天国奠都天京之后,在天京外围,它只占了镇江、扬州几点。在南京城外,有一支清朝的庞大军队屯驻在孝陵卫、紫金山一带,这叫做"江南大营";而江北还有一支称为"江北大营"的清朝军队,以扬州城外为中心。所以,天京是处于敌人包围中。在这种情形下,他们当然只能用一支偏师去进行北伐。他们的主力除了用来对付江南大营和江北大营外,还用来向南京以西的长江上游地区进兵。争夺长江上游地区,是为保住天京所必要的。

咸丰三年四月(1853年5月),在出动北伐部队的同时,太平军发动了西征。在这方面,太平军进行的是争城夺地的战争。它首先在安徽，当年内占领了安庆、庐州（合肥）这些重要城市和其他许多地方。同年，它在江西同清军激烈地争夺南昌，随后撤围北上，于八月间占领九江。到了咸丰四年，太平军又进入湖北，再度占领武昌，甚至更往西一度占领了荆门、宜昌，这是太平军沿长江达到的最西的地区。同年，太平军进入湖南，在这里，它遇到一个最凶恶的敌人，这就是曾国藩的湘军。湘军在靖港一战遭到失败后，重新整顿，在这年下半年和其他清朝部队一起进行反扑，从太平军手里夺回了湖南的岳州和湖北的武昌，并且进而围攻太平军占领的九江。被迫退出两湖的太平军集中了主要的兵力来对付湘军，十二月在湖口、九江附近给了湘军以巨大的打击。于是太平军又在咸丰五年二月中旬第三次占领武昌。这时湘军主力仍在江西，太平军和从广东方面北上的一部分天地会的起义力量相配合占领了江西的大部分地方，使曾国藩只能龟缩在赣东北的一隅。到了咸丰六年五月，太平军又击溃了钦差大臣向荣统率的江南大营。这时长江千里，西自武汉，东到镇江，都在太平军掌握中。虽然北伐军完全失败了，但在长江中下游太平军却达到了它的全盛时期。

从咸丰三年到六年的太平军的西征，虽然取得了很大的胜利，但是就其总的战略意图来说，是为了确保天京，所以它基本上只是在长江沿岸活动。它一次次打败了敌人，占领了一个个城池，却因此分散了自己的兵力，始终处于内线作战的地位。敌人仍然能依靠它所控制的全国的力量逐步地重新组织力量来进行反攻。

这里我们要说一下太平军所遇到的最凶恶的敌人——曾国藩的湘军。

清朝的正规军——“绿营”在过去对内的白莲教战争和对外的鸦片战争中都已证明了它的腐朽和无能。在太平天国初起时，清朝调动了全国的绿营的主力对太平军尾追堵击，完全无效。向荣算是当时最有名的将军，他带领了绿营兵从广西跟着太平军，一直“送”到了南京，南京城边的江南大营就是向荣统领的。以绿营组成的江南大营、江北大营守在南京旁边几年，只能坐视太平军进进出出。封建统治者已不可能指靠绿营来战胜太平军。这时,曾国藩出来组织了一支新的反革命军队——湘军。在反太平天国的战争中,曾国藩渐渐地成为中心人物。

曾国藩(1811—1872),出身于从富农而成为地主的家庭,道光十八年(1838年)考中进士,以后做了十多年的京官,升任到礼部侍郎兼兵部侍郎。咸丰二年(1852年)因为母亲病死回到湖南湘乡家中。朝廷命令他在本省办团练。由此他开始了反太平天国的事业。向来的所谓"团练"只是各地方的分散的地主武装。对付太平军这样的大规模的、有坚强组织的农民武力,分散的地主武装是无用的。曾国藩打破了办团练的老办法,组成了一支在绿营以外的正规军,它具有与绿营不同的特点。

曾国藩湘军的骨干是以保卫封建传统思想为职责而没有做过大官或没有做过官的读书人,这些人主要是中小地主和富农的知识分子。他利用同乡、师生等关系把这些人结合在一起。他主张要在山僻地区招募兵士,按他的说法是:"择技艺娴熟,年轻力壮,朴实而有农夫土气者为上,其油头滑面,有市井气者,有衙门气者概不收用"①。其所以选择山僻地区,是利用其还未受到外界革命风波的影响,其所以看中所谓"有农夫土气者",是利用其落后性,不觉悟性。湘军招兵,多半是由营官亲手在他自己的家乡中招募,这样来造成一种深厚的封建隶属关系。兵士的待遇,比绿营略高。对所招兵士,都令其取具保结,把里居、家属姓名,指纹都登记下来,以利于控制,防止逃亡反叛。从这些规定中可以看出,曾国藩确是用了深心来组织这一支新的反革命武装的。

在太平天国战争时期,封建统治势力固然已经十分腐朽,但是地主阶级有两千多年统治中国的历史,它的政治经验是极其丰富的,它绝不会束手待毙。当太平天国横扫半个中国,而一支偏师也能直逼京畿的

---

① 《初定营规二十二条》。《曾文正公杂著》第2卷,第2页。

时候,清朝政府确是处于十分危急的状态。它像一个垂死的有机体一样把它内部一切潜藏的活力都动员起来。组织湘军的曾国藩、江忠源、罗泽南、胡林翼等人就是在这危急时刻被动员起来的力量。他们多半不是出自世代簪缨的高门华第,虽然中过举人、进士,但还保持所谓"书生"的面目,因此比久处高位的官僚对于群众有较大的欺骗性,也比那些纨袴子弟能干得多。他们比较熟悉世情,能够把小地主、富农的兢兢业业地向上爬的那种劲头用到反革命事业上来。通过他们,清朝统治者在农民革命的大风暴前团结了中小地主、富农及其知识分子,并利用了为他们所影响的落后群众,这是清朝统治者能够渡过这场难关的一个重要原因。

湘军于咸丰三年(1853年)初开始在湖南组成,次年出省作战。曾国藩用自己的名义发出了一道檄文。这个檄文的措词是很狡猾的。他称太平天国为"粤匪",企图利用地方观念来动员"三江两湖之人"。接着申诉太平天国的罪状是把"中国数千年礼义人伦诗书典则""扫地荡尽",号召一切"读书识字者"来保卫以孔子、孟子为代表的名教,他说:"此岂独我大清之变,乃开辟以来名教之奇变",这就是说:不仅是为了保卫清朝政权,而是为了保卫封建主义的全部传统。为打动被封建迷信蛊惑的下层群众,他又列出太平天国的另一条罪状是不尊重关庙、岳庙以及一切佛寺道院城隍社坛,据说太平军的行动已为"鬼神所共愤"。于是孔、孟、关、岳直到城隍老爷、土地公公都被这个卫道之士请了出来作为讨伐叛逆的农民的后台了。

决不可以认为这些自命为"卫道之士"的"书生"比职业的武夫善良一些。曾国藩开始在长沙办团练时,已经得到了"曾剃头"的绰号,因为他杀戮很多。他当时说:"三四十年来应杀不杀之人充满山谷,遂以酿成今日流寇之祸"①。他明确认定,对不安分的老百姓,杀得太少太迟了。这些"书生"自以为他们的一切行为都为了保卫封建主义之

---

① 《与冯树堂》。《曾文正公书札》第1卷,第16页。

道,都是有充分"理论"根据的,所以在屠杀造反的农民时是极其心毒手辣的,用曾国藩自己的说法是:"书生好杀,时势使然耳"①。

咸丰四年(1854年)湘军在湖南、湖北对太平军的反扑,是从太平天国起义以来,清朝军队第一次得到的比较象样的胜利。虽然接着湘军又遭到挫折,但清朝政府已不能不承认湘军的战斗力超过原有的绿营。到了太平天国后期的战争中,湘军就愈来愈成为清朝的唯一的主力了。

(五)《天朝田亩制度》

农民革命的理想到底是什么?从封建剥削下争取解放的农民到底要建立一个怎样的社会呢?两千多年的封建时代的每一次农民革命都提出了这个问题,并企图回答这个问题。太平天国的英雄们第一次给这个问题做出了一个农民阶级在没有比它更先进的阶级的领导下所能够做的最完整的回答。他们不停留在"四海之内皆兄弟""扫尽妖魔,天下太平"这一类笼统的含糊的语言上,他们力求对农民的理想社会作出一个具体的规划。——这就是太平天国在定都南京后宣布的一个文件:《天朝田亩制度》。

我们不知道这个文件的作者是谁。这个文件是通过革命的烈火从千百万在封建桎梏下的农民的要求和愿望中提炼出来的。这个文件由已经有了三年的革命战争经验的英雄们写出来,不是偶然的。没有这样的经验,不可能写出这样的文件。因为只有这样的经验,也就只能写出这样的文件。

太平天国从一开始就设立了完密的军事组织。五人为一"伍",其中一人为"伍长";五个伍长上设一"两司马",四个两司马上设一"卒长",五个卒长上设一"旅帅",五个旅帅上设一"师帅",五个师帅上设

---

① 《与江岷樵》。《曾文正公书札》第1卷,第18页。

一"军帅"，每一军帅共辖一万三千一百五十五人；再以上则由全军统帅（"正军师"）派出"总制""监军"以指挥各军帅。这样的军事编制把散漫的农民队伍组成为有严格纪律的统一战斗集体。前面已经说过，在最初起义时，参加太平军的人，多半是全家参加的。他们的田产——如果有什么田产的话，都要变卖了交给"圣库"。富户们参加时都实行了这一条件。在作战中，一切缴获的财物都必须交公，绝对禁止"私取私藏"。在全军中实行一种大体平均的供给制度，这种制度维持相当长久。敌方这样描写说："伪官虽贵为王侯并无常俸，惟食肉有制。伪天王日给肉十斤，以次递减，至总制半斤，以下无与焉。其伪朝内各官一切衣食，皆向各典官衙取给，军中亦然"①。可以说，太平军全军中，过的是军事共产主义生活。这种对于维持这个军队的战斗力起了重要作用的军事组织的经验，成为《天朝田亩制度》这个文件的一种依据。

这个文件说的是整个社会组织，而并不仅是"田亩制度"。它之所以采用这一标题，反映了劳动农民在革命中最关心的就是土地问题——土地归谁所有，如何分配，而这问题也正是推翻封建社会制度的最中心的问题。

《天朝田亩制度》②在这问题上提出的原则是平分土地，其办法是按每家人口（包括男女老幼）平均分配耕地，人多的多分，人少的少分（十五岁以下的孩子比大人减一半）。文件规定把田地按产量多少分为从上上等到下下等共九等，这是为了做到分配均匀的原故。文件又规定，每一家还要栽桑树，养蚕纺织，缝衣。甚至具体规定，每一家养五只母鸡，两头母猪……

这样的分田办法的前提，很明显的，是剥夺地主的土地所有权，没收地主所有的一切土地。文件中并没有明白说出这一点来，其作者显

① 张德坚：《贼情汇纂》。见《太平天国资料》第三册，第277页。
② 《太平天国资料》第一册，第318—326页。

然认为这是不言而喻的。因为在《天朝田亩制度》中完全没有地主的地位。"凡天下田,丰荒相通,此处荒,则移彼丰处以赈此荒处,彼处荒,则移此丰处以赈彼荒处。务使天下共享天父上主皇上帝大福,有田同耕,有饭同食,有衣同穿,有钱同使,无处不均匀,无人不饱暖也。"这个农民革命的纲领就是这样大胆地提出了一个土地归"天下人"共有,否定地主阶级的所有权的主张。

《天朝田亩制度》进一步画出了它的理想社会的结构。它把太平军中已经行之有效的组织系统移到了社会上来。每一万三千一百五十五家由军帅一人统管,在军帅下逐级设师帅、旅帅等,其基层是每二十五家(五个伍)设一个两司马。文件说:"凡当收成时,两司马督伍长,除足其二十五家每人所食可接新谷外,余则归国库。凡麦、豆、苎麻、布帛、鸡、犬各物及银钱亦然"。所谓国库,每二十五家设一个,但两司马要把国库收入上交到军一级,而只是"存其钱谷数于簿"。"所有婚娶弥月喜事,俱用国库,但有限式,不得多用一钱。如一家有婚娶弥月事,给钱一千,谷一百斤,通天下皆一式"。至于"鳏寡孤独废疾","皆颁国库以养"。"凡二十五家中陶冶木石等匠,俱用伍长伍卒为之,农隙治事。"所以,由一个两司马统管的二十五家就成为理想的公有制社会的经济单位。这个文件要人们相信,只要按照上帝意志实行这样的公有制,几千年来贫苦农民所梦想的人人饱暖幸福的社会就实现了。"盖天下皆是天父上主皇上帝一大家,天下人人不受私,物物归上主,则主有所运用,天下大家处处平匀,人人饱暖矣。此乃天父上主皇上帝特命太平真主救世旨意也"。

以两司马为首的每二十五家是公有制经济的单位,同时也是执行文化教育、武装自卫、司法行政的职能的单位。每二十五家中设一"礼拜堂",由两司马在那里"教读圣书","讲听道理"。还设立类似民兵的制度:"每军每家设一人为伍卒",有警时参加杀敌捕贼,无事时为农耕田。民间诉讼由两司马处理,解决不了,逐级上报,直到军帅一级以至上奏天王。两司马还有责任每年一次把所属的各家中"有能遵条命及力农者"①向上保举,经过层层上级审核后由天王任命为官。对于已经做官的人,这个文件也详细规定升和贬的制度:每年一次由各级"首领"审查他们有无"贤迹"与"恶迹",逐级上报,最后由天王决定加以"超升"或"谴谪"。还规定:"凡天下每一夫有妻子女三、四口或五、六、七、八、九口,则出一人为兵"。这是指正规军,与伍卒不同。

这些就是《天朝田亩制度》所画出来的理想社会和理想国家的图案。这个图案的确画得十分粗糙,但其轮廓和线条却也十分清楚。这是一幅交织着现实和幻梦,交织着彻底的斗争性和不切实际的空想的图画。这里面既有由革命的烈火燃起来的大胆的想象,又充分暴露了小生产者的狭隘的实际主义;既闪耀着历史的远见,又覆压着旧时代的沉重的阴影。

这是一个贫苦农民的反封建的革命纲领,它宣布在消灭封建剥削制度之后,要建立起不容许任何剥削制度的公有社会,因此它表现了高度的革命彻底性,没有一点同封建的地主土地所有制妥协的余地,一点也不寄希望于地主阶级发"善心",甚至同农民作为小所有者的私有性表示了某种程度的决裂。这些小农民已经抛弃了他们的一小块土地而参加到太平军的洪流里,战争的烈火使他们突破了小私有者的圈子,创造性地提出了未来的理想社会的设计,并且以为可以用自己的手建立起这样的一个天国。但是,他们毕竟只有小生产者的经验。他们从诚朴的农民的实际主义出发,并不描绘"江湖好汉"所憧憬的"大斗分金,大秤分银"的浪漫主义图画,而不过是每家养五只母鸡,两头母猪,婚娶弥月时给钱一千,谷一百斤等等。在他们的天国中不过是两千多年

---

① "遵条命"就是遵守太平天国在政治和宗教方面的各项基本规定。有的历史学者因为《天朝田亩制度》中有把官"黜为农"、"贬为农"这样的说法就以为这是贱视农民的表示,甚至因此认为这个文件并不代表农民的观点,这种说法是错误的。文件中明确地说道:"民能遵条命及力农者则为贤为良,或举或赏。"力农被认为是做官的一个条件。官被证明不能称职的则应"黜为农"(仍旧当农民)。这同封建统治阶级对于官与农民的关系的看法恰好是对立的。

来小农民过惯了的结合着小农业和家庭手工业的生活,不过是闭塞的狭隘的农村中的自给自足的经济。在封建剥削制度下,他们要想安定地过这样的劳苦生活也办不到,而现在他们说,天国将保障所有的人一律过这样的生活。他们把理想社会想象得好像很美好,其实很暗淡。他们没有想到,靠这种平均主义绝对建立不起理想的天国,而只能是人间的贫穷世界的继续。事实上,他们的反封建斗争越是彻底,将越是为新的阶级分化创造条件,为一系列新的阶级斗争打开道路。他们不能预见还有漫长道路的阶级斗争的远景,也不知道,在这漫长道路上他们走的不过是最初的一小步。

这些在残酷的战争中的农民不做"桃花源"的幻梦,他们丝毫没有沾染上不要国家,不要军队,不要政府的愚蠢妄想。他们要建立的是以天王为首的统一集中的国家,并试图以农民所能设想的方法给这个国家加上民主的色彩。当然,他们也想不到,以小农业和家庭手工业相结合的分散的小生产为基础,除了产生封建专制主义的政权以外,不可能产生别的。

在这幅小农民画出来的理想国的图案中,没有城市,没有商业,没有独立的手工业。他们无法把这些东西安插到《天朝田亩制度》里去。这些东西在一个农民的自给自足的社会中没有存在的余地。实际上,太平军在进入南京后,曾一度解散原来的城市和取消商业。他们在没收天京城里所有的官僚、退休官僚、大地主的住宅和所属的一切财产的同时,也在实际上没收了各种商店中的一切物资。所有的物资都被集中起来,分类储存,成为军队,即国家所有的财富。居民都被分别男女编组起来,全部纳入太平军的军事组织。手工业者被编入军队所属的"诸匠营"和"百工衙"中。这样,整个城市实际上变成了一个大军营。他们宣布:"凡物皆天父赐来,不须钱买",商业也就很自然地被废除了。这样的做法,应该说,是符合于《天朝田亩制度》的精神的。

这种政策是农民所能想出来的对待城市的最革命的政策。在中国封建社会中,城市剥削农村,城市中盘踞着地主、商人、高利贷者。城市的繁华是积累了农民的血汗而形成的。起来造反的农民用他们所能采用的办法向城市实行报复。太平天国的英雄们认为不能简单地把城市抢光烧光，而要有秩序地把它纳入自己的社会制度中去。在这点上，太平天国虽然高出于单纯的流寇主义之上，然而还是把现实社会拉向后退（绝对的自给自足比哪怕是稍许的商品经济还是倒退）。

当时中国一些地方，特别在太平军到达的长江中下游地区，商品经济已经相当发达。消灭商业是不可能的。不久太平军在天京城外特准设立各种商店，开店的人要得到批准，领取天朝的"文凭"，所卖的货物是由"圣库"发给，这可以说是一种公营商店。但是这样的公营商店没有能长期存在，显然，"圣库"不可能源源不断地提供货源。他们纵然能用强制办法消灭城市中的商业，却怎样也消灭不了农村中的集镇贸易。只要军事局势略一安定，集镇贸易又自行恢复起来。太平军在初期对所占领的其他一些城市，也不同程度地实行了对南京城的办法。但是在这些城市中的商业消灭或衰落以后，在其附近农村集镇上的商业反而更加繁荣了。在后期，太平军在江南地区更无法实行初期的商业政策，只能在城市中也开放市场。他们发给商铺以称为"商凭"的营业执照，允许在遵守法令的条件下自由贸易。事实证明，太平天国的英雄们消灭不了、也控制不住商品经济这个"魔鬼"。虽然在《天朝田亩制度》中不承认这个"魔鬼"，但他们终究无法在实际生活中否认它的存在。太平天国的城市政策显然带有致命的弱点。他们所设计的整个社会由废除剥削制度的自给自足的农村组成的方案，也就很明显的不过是一个不能实现的空想。

《天朝田亩制度》中提出来的社会制度事实上从未真正实行过，也不可能真正实行。

在未到南京以前，在流动作战中，说不上实行他们的田亩制度。当时情况按清朝官方记载是：太平军每到一处即发布告示，"令富者贡献资粮，穷者效力"。清朝官方记载，在咸丰三年初进入武昌时，"亦如此出示，设馆收贡，仅行一日，见所获无几，遂逐户搜括"。当然是搜括富户。官方记载又说:"此时盖专掳城市,仍不扰乡民"。"不但不掳乡民,且所过之处,以攫得衣物散给贫者"①。专掳城市,当然是因为城市财富比较集中的原故。

在既入南京并重回江西、湖南一带时,就不能不进一步来解决管理农村的问题了。清朝官方记载说:太平军派人入各村庄,"勾通富户奸佃劣仆,访问窖藏所在,许掘得分给"。这是在经济上打击农村中的地主富农。不久后又在乡村中按照《天朝田亩制度》的规定设立军帅、师帅、旅帅、卒长、两司马、伍长各官。有些地方并出示曰:"天下农民米谷,商贾赀本,皆天父所有,全应解归圣库,大口岁给一石,小口五斗以为口食"②。这也是根据《天朝田亩制度》的精神,但如果认真这样做,就成了剥夺一切农民和小商贩的所有,而由国家负起供养全部人口的责任,这是行不通的。显然,他们并没有真这样做,因而"遂下科派之令,稽查所设乡官,一军之地共有田亩若干,以种一石终岁责交钱一千文,米三石六斗核算,注于册籍"③。曾国藩后来在同治二年(1863年)的奏疏中也说:"粤匪初兴,粗有条理,颇能禁止奸淫,以安裹胁之众,听民耕种以安占据之县,民间耕获与贼各分其半"④。

清朝官方的这些记述虽然未必很准确,但由此可见,太平天国实际做到了在经济和政治上打击农村中的地主阶级,农民们不交租给地主,而直接向国家纳税。也就是说,《天朝田亩制度》中的革命的方面是在一定程度内实施了的。至于土地的绝对平分,并把除维持最低生活需要以外的一切多余的粮食、财产都归"国库"这种想法,是并没有实行,也是不可能实行的。

在太平军西征的时候,东王和北王、翼王会奏天王说:"建都天京,兵士日众,宜广积米粮,以充军储而裕国课。弟等细思,安徽、江西,米

---

① 《贼情汇纂》。见《太平天国资料》第三册,第270、271页。
② 同上书,第272、275页。
③ 同上书,第275页。
④ 《沿途察看军情贼势片》。《曾文正公奏稿》第21卷,第15页。

粮广有,宜令镇守佐将,在彼晓谕良民,照旧交粮纳税"①。天王批准了
这个建议。据此,可见太平天国的领导者当时认为立刻去实行平分土
地等事是不适当的,还是要用"交粮纳税"的办法来解决军队所需要的
粮食问题。

必须指出,太平天国在其所占领的农村中对于地主的统治权力和
封建的土地所有制的打击的程度是很不平衡的,甚至在不少地方是很
不彻底的。太平军到达一个乡村时,对地主富户给了经济上的打击,再
加上当地农民起来斗争,就在事实上造成了农民不承认地主的土地所
有制的情形。但在这种斗争比较薄弱的地方,地主的地位就动摇不大。
有些地方形式上设立了乡官制度,实际上并没有消灭地主在当地农村
中的统治地位。

所谓乡官(即两司马、卒长)都是从当地居民中选拔出来的。在地
主势力确已受到严重打击的地方建立起来的乡村政权,固然较多具有
革命的性质,但在不少地方的乡官的人选却往往还是旧的地主和地主
的狗腿子一类人物。清朝官方记载说:"(太平军)胁田亩多者充伪官,
而以贫户充伍卒";"尽有乡官本刁健讼棍,饶有机阱,每备礼物入城献
于贼目(太平军的官员——引者),与之款洽,倚为护符"②。"(乡官)
皆以本乡土人为之,其中以土匪充数者固多,然因留恋家产伴为应承者
亦不少"③。这些记载表明,当时有不少地主阶级分子混入太平天国的
乡村政权中。依靠这类乡官,当然不可能建立真正的革命秩序。

上述情形都表明,太平天国并不能成功地管理农村和城市。但这
是完全可以理解的。单纯的农民革命好像一场暴风雨,可以给封建统
治秩序以严重的毁坏,但是并不能保证建立一种能够代替旧秩序的新
制度。要彻底推翻农村中的封建剥削制度而使农民群众再也不过被剥

---

① 《贼情汇纂》。见《太平天国资料》第三册,第203—204页。
② 同上书,第273、275页。
③ 涤浮道人:《金陵杂记》。《太平天国资料》第四册,第642页。

削的生活,要彻底摧毁地主阶级的统治而代之以农民群众的真正的民主制度,要把本来是建筑于对农民的剥削制度上的城市经济转变为真正对农民有利的城市,这都是十分艰难的任务,这样的任务不是单纯农民的革命所能完成的。太平天国的领导者在《天朝田亩制度》中提出的方案,固然被证明是行不通的,他们所作的试验,固然终于是失败了的,但是他们的经验使得中国革命中的这些复杂问题所包含着的各种矛盾更加鲜明地显示了出来。只就这点说,也是对于解决这些问题的重大贡献。

(六)天京城内的大变乱

当太平军向南京进军过程中,好像用筛子把旧社会筛了一道一样,筛出来的跟着它一起走了,剩下的照旧留在本地。但当太平军发展到长江下游,占领了南京这样的大城市,有了比较固定的地区时,除了一些逃走了的地主阶级分子以外,它不得不听任整个社会中的一切成分都包罗在自己的队伍里面,因而它的内部成分的复杂性大大地增加。城镇给它带来了更多的浪荡游民。城镇中不少地主分子和地主阶级知识分子,以及商人、手工业者,因为无路可走,不得不表示顺从太平军。农村基层政权中混进了不少地主阶级分子,还有许多被打败溃散了的清朝军队中的兵勇也参加到太平军内来了。

在这种情形下,特别需要一套如何在革命队伍中加强思想建设和组织建设的措施,以及如何在革命中对待各个不同阶级、阶层的政策。太平天国的领导者不能提出这样一套政策和措施。他们的宗教帮不了他们忙。《天朝田亩制度》这样一个只能对封建秩序起破坏作用而带有很大空想成分的纲领,也显然无济于事。

定都天京后,太平天国的领导者们在胜利面前没有保持清醒的头脑,相反,滋长了骄傲自满的情绪。封建地主阶级的腐朽思想愈来愈多地侵蚀到革命队伍内部。他们模仿封建统治阶级的排场和作风,在天京大兴土木,建筑王宫,过着养尊处优、豪华奢侈的生活。清朝官方的情报说,天王洪秀全临朝时,只有杨秀清、韦昌辉、石达开等几个王可以进见,其他官员都排列在大门内,按照仪式跪拜,呼喊"万岁"。天王同其他诸王的关系(更不用说同其他官员和将士的关系)再也不是兄弟关系,而是君臣上下的关系。每个王都有千人以上的僚属和侍从人员。杨秀清每出府,"开路用龙灯一条,计三十六节,以钲鼓随之,其次则绿边黄心金字衔牌二十对,其次则铜钲十六对,……役使千数百人如赛会状"①。封建等级制度甚至搞到极端繁琐的地步。以"天王诏令"的名义颁布的《太平礼制》,规定了"臣下"对天王的子女和其他各王的子女的不同称呼,天王长子称"幼主万岁",第三子称"王三殿下千岁",天王的长女称"王长金",次女称"天二金",其他各王,如东王的长子称"东嗣君千岁",第二子称"东二殿下万福",东王的女儿称"东长金","东二金"等等。对王以下各级官员以及他们的子女的称呼,也有规定,如丞相至军帅称"大人",师帅至两司马称"善人";丞相子至军帅子称"公子",师帅子至两司马子称"将子";丞相女至军帅女称"玉",师帅女至两司马女称"雪"。在公子、将子、玉或雪中,又有等级区别,如丞相子称丞相公子,军帅子称军帅公子,等等②。官员们出行都坐轿,天王的轿夫六十四人,东王的轿夫四十八人,下至两司马还有轿夫四人。高级官员坐轿时,小官和兵士都要回避或跪在道旁,否则就要受到惩罚。这些情况说明,太平天国领导者进入大城市以后,失去了同群众同甘共苦的作风,他们已经严重地脱离了群众。

　　太平天国定都天京,并西征占领长江两岸时,有些原来执行的政策实际上已不再坚持。咸丰六年(1856年),和太平军同时进入江西的一部分从广东来的天地会部队,保留着原有的组织,打着自己的旗号和太平军一起作战。这虽然增加了太平军的声势,但这些天地会部队带有

---

① 张德坚:《贼情汇纂》。见《太平天国资料》第三册,第179—180页。
② 《太平礼制》。见《太平天国资料》第一册,第103—105页。

严重的游民习气,所起的影响是很坏的。可见太平军已丧失用自己的严格的组织和纪律来溶化游民势力的能力了。

当太平军初起时,地主富农分子是舍弃了自己的财产,同造反的农民一起来打天下的。太平军实际上是在这样的条件下才容纳他们。情况变化了,当然不可能再这样做。在安徽、江西、湖北各地,许多富绅、地主接受了太平军的任命,担任各级乡官,却是为了保持自己在农村中的统治地位。

太平天国的敌人在战场上打不败太平军的时候,不会不想到使用内奸的传统老办法。例如有个江宁府学廪生张继庚在天京假作归顺,暗中联络党羽,秘密同江南大营的向荣通消息,企图里应外合,在咸丰四年被破获。这还是从内部进行破坏的比较低级的方式。愈来愈多的阶级异己分子混在太平军内,似乎为太平军工作,其实是以各种手段腐蚀农民队伍。这种"看不见的敌人"成了太平军最危险的敌人。

就在这样的形势下,天京城内发生了咸丰六年八月到十月(1856年9月到11月)的大变乱。太平天国中地位最高的天王洪秀全、东王杨秀清、北王韦昌辉、翼王石达开,还有地位次于这几个王的秦日纲(在定都天京后受封为燕王),都卷进了这场大变乱。

矛盾首先发生在洪秀全和杨秀清之间。杨秀清不但实际上掌握着军政大权,而且还不放弃他代"天父"立言的特权。当他自称"天父"附在他身上的时候,洪秀全只能按习惯下跪听令。咸丰六年,在已经把清朝的江南大营击溃以后,杨秀清更加居功自傲;七月里他假托"天父"的意志,要洪秀全封他为"万岁"。这实际上是不承认洪秀全具有至高无上的君主的权力,至少是要求平起平坐。这时,在江西前方的韦昌辉乘机率三千兵力赶回天京,深夜进城,在杨秀清没有戒备的情况下,攻进东王府,把杨秀清杀死。这一天是咸丰六年八月四日(1856年9月2日)。接着的两个多月中,韦昌辉在天京实行恐怖的统治,杀死了东王部下和群众二万多人。这时,清朝官方的报告说,看到长江上有无数"长发"的尸首顺流而下。

　　韦昌辉(1823—1856),广西桂平金田村人,家庭富有,是兼营典当业的地主。他虽然花钱捐得监生的资格,仍遭到当地官绅的欺压,因而为冯云山所说动,率全家参加起义,并成为太平天国领袖人物之一。起义从金田村开始,就是因为韦昌辉在那里毁家发难的原故。在定都天京后,韦昌辉对掌握大权的杨秀清表面上很恭顺,竭力逢迎谄媚,但心怀不满。有的记载说,他杀杨秀清是受了洪秀全的指使,这大概是可信的。他是否利用以及如何利用洪秀全的名义而使谋杀杨秀清扩大为一次大屠杀,则无可考。贫农出身的燕王秦日纲,广西贵县人,金田起义最早参加者之一,是个头脑简单而勇于作战的悍将。他追随韦昌辉,参与了谋杀杨秀清和天京大屠杀的暴行。

　　在大屠杀正进行时,翼王石达开从武昌前线回到天京,反对韦昌辉的这种行动。韦昌辉又想杀死石达开。石达开匆匆逃出天京,并且从安徽组织兵力,准备打回天京。这时,洪秀全已经在天京城内控制局势,经过两天交战,迅速镇压了韦昌辉的力量,所杀的只有二百人,就把局面稳定下来。秦日纲也在这时被杀。

　　石达开(1831—1863),虽然很年轻,但在西征中是重要的统帅之一。他在战场上的勇略和才智使敌人畏惧。江西和安徽的一些地区在他管理时,对待地主绅士比杨秀清和缓,这曾使杨秀清对他不满意,他也对杨秀清擅权不满。而且他对于洪秀全、杨秀清的那一套粗陋的宗教迷信,不大附和。在韦昌辉死后,石达开到了天京,成为主要的执政者。但他不能得到洪秀全的信任。到了第二年五月(1857年6月)他跑出天京,率领所部,离开太平天国而独立行动。他带走了不少精兵,使太平天国的力量在韦昌辉的屠杀后又一次遭到很大的削弱。

　　农民起义的领袖人物,因为个人恩怨和权力争夺而互相猜忌,以至发生火并,这在历史上是不少见的。这种火并当然会损伤自己的力量。韦昌辉就是利用了洪秀全和杨秀清的矛盾而掀起了一场大变乱。他以自己的行动表明他已成为农民革命的敌人。他在天京城内进行的这样大规模屠杀,在自古以来的中国农民战争史上是罕见的,这已经远远超出了农民领袖互相火并的性质。在以后的太平天国文书中,仍然尊杨秀清为东王,并把他被杀的日子定为东王升天节,而韦昌辉则再不被称为北王。这是太平天国自己对于这场天京大变乱所作的结论。

在这场大变乱发生时,太平天国还远没有达到预期推翻清朝统治的目的,但是领导者们已经从草莽英雄一变而为他们所说的"小天堂"的主人。洪秀全和杨秀清陶醉于既得的胜利中,为争夺权力而争斗起来,这既是小生产者的狭隘观点的表现,又是受地主阶级意识侵蚀的结果。他们当然无法防止在自己内部地主阶级势力的抬头,而恰恰为它创造了机会。

这场天京大变乱成为太平天国从飞跃发展的形势转向下坡路的标志。干部的损失、军事力量的削弱,固然是直接造成的后果,但更严重的后果是政治和思想上的危机的加强。过去,人们是在人人都是兄弟,并力斩邪除妖,建立人间天国的号召下团结起来,进行斗争的,这种号召在太平天国领袖集团的分裂和相杀中黯然失色了。过去,太平天国的革命政治和革命思想是以宗教的语言表达出来的,自经天京大变乱后,这些宗教的语言也不能不丧失其魅力了。

但是,由金田起义和向南京胜利进军而兴起的革命势头还没有因这次天京大变乱而完全被打断,韦昌辉的破坏活动以失败而告终。农民革命的主导力量(虽然它所具有的弱点愈来愈严重地表现出来)战胜了这次政变。所以,在这以后,太平天国在总的衰落过程中还能取得某些胜利,并且继续维持了八年之久。

第 六 章

第二次鸦片战争

（一）外国侵略者在太平天国初期的态度

太平天国革命发生在鸦片战争和五口通商以后，也就是在外国资本主义势力已经侵入中国的时候。这是已往的农民战争所从未遇到过的一种历史条件。太平天国最后是被外国资本主义侵略者和中国封建统治者合力扼杀了的。但是外国侵略者并不是一开始就表示他们同太平天国处于敌对地位，而且在太平天国战争期间，外国侵略者和清朝统治者之间还发生了战争（历史上被称为第二次鸦片战争）。外国侵略者的军队甚至打进了清朝皇帝的京城，给了封建统治者以它所难以忍受的打击，而这二者之间的合作却正是后者受到这种打击的过程中形成的。

在太平天国初期取得胜利的时候，清朝的有些地方官员已经无耻地请求外国侵略者帮助。苏松太道吴健彰代表署两江总督杨文定在上海向美国人、英国人、法国人请求派海军入长江，帮助清军击退太平军，这还是在咸丰三年(1853 年)太平军攻下南京前几天的事。吴健彰其人本来是广州同顺洋行的行商，又是上海美国资本的旗昌行(一个贩卖鸦片的有名的商行)的合伙人。他是一个道地的买办官僚。

美国在咸丰三年也曾通过某些关系向清朝追击太平军的主帅向荣表示了愿意在军事上给以援助的意思。但这时，清朝政府还不认为有必要求助于外国，而英国、法国、美国也不愿在清朝政府还没有明确表示态度的时候立即用行动来表明自己的立场。他们需要对他们还很不熟悉的中国由于太平军的惊人的胜利而造成的复杂形势观望一下，才来决定采取什么政策对自己最为有利。因此，他们觉得比较聪明的办法是对中国国内战争暂时采取"中立"的态度。

英、美、法三国公使在咸丰三年和四年(1853年和1854年)先后从上海访问天京，直接与太平军领袖接触。这是为了了解这个突然兴起的政权的底细，同时也是对清朝政府的一种姿态。清朝在上海的官员向朝廷多次发出警告，说这些外国可能正在暗中帮助"叛党"。这些国家用这种姿态作为对清朝政府进行讹诈的资本。

在咸丰三年首先到天京访问的是英国公使文翰，三月间他在天京会见了北王韦昌辉和翼王石达开，并与东王杨秀清交换了信件。接着，法国公使布尔布隆在同年十一月到了天京，燕王秦日纲和他进行了会谈。第三个去的是美国公使麦莲。麦莲的前任公使马歇尔上校在咸丰三年已曾想到天京，但因为他的船在镇江搁浅而未能到达目的地。麦莲在咸丰四年五月虽然到达天京，但他拒绝了天京官员向他提出的"觐见"东王杨秀清的要求，却把他所乘的兵船上驶芜湖，然后就返回上海。这些外国公使都是乘坐自己的兵船进入长江的。当时清朝政府固然不敢阻拦外国船自由行动，而太平天国政府也还不懂得外国船是无权在长江航行的。

太平天国领袖除洪秀全和其他个别将领(如当时驻守镇江的罗大纲、吴如孝)外，过去谁都没有接触过外国人。他们的确还非常缺乏国际知识，也不免受到封建统治者留下来的"万邦来朝"之类的传统观念的影响。他们又以为这些外国人和自己宗教相同，供奉同一个"上帝"，有共同的宗教语言，因而把他们称为"洋兄弟"，这又显得过于天真。但是总的说来，太平军的领袖们对待这些外国使者的态度是不卑不亢的，表现了农民革命家的本色。例如，英国公使向太平军的领袖们声明英国"绝对保守中立，不助满人"，得到的是"充满自信心的冷静态度"的答复："尔等如帮助满人，真是大错，但即令助之，亦是无用的。天父帮助我们，没有谁能与他作对的啊！"①这种态度和清朝的官员恰成鲜明的对立。这些外国使者从天京除了带回一些太平天国的出版物外没有得到任何东西。

太平天国是否承认南京条约等一系列不平等条约，是这些外国使者急于要弄清楚的问题。英国的文翰到了天京后特别把南京条约等文件抄送太平军领袖，甚至在其致东王的信中威胁说："我国与中国政府曾签订条约，有在广州、福州、厦门、宁波、上海五口岸经商之权利。如贵军或其他人等在任何形式之下对于英侨生命财产有所侵害，英国亦必采取与十年前抵拒各种侵害之同样手段，施以抵拒；彼时曾将镇江、南京及其附近各城占据，并签订和约"②。法国与美国公使也同样地向太平军提出了这个问题。他们不能得到满意的答复。美国公使麦莲向国务院报告中确定地说："天王兄弟及其臣下，当他们成为这个中华帝国的主人后，是不是会承认清朝政府与英、美、法三国已签订的条约义务呢？这是极不可能的"③。

太平军严禁鸦片，这一点也是各国十分注意的。一个随同美国公使到天京去的人记载说："吸菸不特严禁，而且禁令有效。抽鸦片之禁当然更为严厉执行了"④。英国的米赫斯牧师也说："此革命运动如能成功……，鸦片将被严厉禁绝，非同现在只有禁烟之虚名，将必实行禁

---

① 《英国政府蓝皮书中之太平天国史料》。《太平天国资料》第六册，第903页。
② 同上书，第910页。
③ 转引自卿汝楫著《美国侵华史》第1卷，三联书店1952年版，第413页。
④ 原文见1854年6月24日《先驱报》。

绝"①。对于仍把鸦片作为对华贸易的重要项目的英、美来说,这可不是一件小事情。

当时,有些外国传教士认为,信奉上帝的太平天国取得胜利是对西方各国非常有利的事。早在咸丰二年(1852年)向外国报道他所知道的洪秀全的革命的美国牧师罗孝全说:"与外国战争(指鸦片战争——引者)之出人意外的结果乃是中国之开放,如今,倘此次革命将推翻偶像之崇拜而开放(中国的)门户,使(基督教)福音得普遍传播于全国,则其结果岂非同样奇妙耶?"②对他的意见表示同意的米赫斯牧师(此人研究了文翰公使访问南京所得的材料)说:"如果革命军成功后,吾人所可预料之利益,乃是大开海禁以便传教和通商,及输入种种科学的改善,此在授受两方,均受其益"③。这些传教士建议自己的政府实行真正的中立。他们同情太平军的出发点是:基督教在中国传播,将极大地有利于西方国家,它们由1840年的侵略战争在中国取得的地位将因太平军的胜利而大为巩固和发展。

这些传教士的想法,不能为他们的政府所接受。这些政府派在中国的公使经过亲自考察后得出了不同的结论。英国公使文翰向政府报告说:"我曾说他们(太平军)已创立一种新宗教,可以称之为一种伪造的启示。这个宗教大概是以旧约和传道小册子为基础。但他们已掺入迷信及谬误成分于其中,足令一般毫无成见者怀疑其信仰是否真有诚意,抑或只是几个首领徒然利用其做为政治势力之工具,借此蛊惑众教徒之心而望其矢忠不变"④。美国公使麦莲的报告更直截了当:"他们(太平军)几乎完全由内地的无知识的、没有思想的群众所组成。……他们的来源是内地的强盗群……他们是不值得文明世界之重视的。而且,他们也许不能在他们所夺取及劫掠的城市之外,组织政府机构,这

---

① 《太平天国资料》第六册,第917页。
② 罗孝全:《洪秀全革命之真相》。同上书,第825页。
③ 《英国政府蓝皮书》。同上书,第917页。
④ 《英国政府蓝皮书》。《太平天国资料》第六册,第896页。

些城市之夺取与劫掠,是由广大群众受了最高度的煽惑,对于一切握有财产的人恨入骨髓所致"①。

　　公使们的见解显然要比那些传教士实际得多。他们不承认中国的造反的农民和资本主义侵略者所信奉的是同一个上帝。当然这并不是什么宗教问题,而是政治问题,阶级斗争的问题。以这些公使为代表的资本主义侵略者在太平天国革命一开始时就明确地认识到,他们在中国只能同"一切握有财产的人"站在一起,不管这些人多么愚昧,多么落后;他们也明确认识到,由太平天国所代表的贫苦劳动群众是他们在中国的真正敌人。

　　清朝政府已经在鸦片战争中证明是一个禁不起讹诈的政府,它已经在南京条约和其他一系列条约上签了字,对于这些条约,虽然侵略各国越来越感到不满足,但如果清朝的覆灭就是这些既得权益的丧失,是它们不甘心的。咸丰四年(1854年)英、美、法都提出了修改1842到1844年订立的条约的要求,它们所要的修改,不用说就是扩大它们的既得的利益。它们要利用清朝政府因为太平天国革命而陷入严重的内部危机的时候进行更大的讹诈。所以它们决定不摒弃清朝政府,也不轻易地答应帮助它,而要表示"中立",甚至作出可能支持太平军的姿态,这无非是向清朝政府表示:你不出好价钱,是做不成买卖的。

(二)在上海和广州的虚伪的中立

　　英、美、法的所谓"中立"的虚伪性,咸丰三年、四年(1853年、1854年)在上海和广州已经充分表现出来了。

　　太平军在咸丰三年占领南京、镇江后,并没有立即向东往上海方面进兵(以后有七年之久没有这样做)。但是上海一带的群众受到革命的影响,发生了激烈的动荡。这使得在上海的所谓"租界"里的外国人

---

①　转引自卿汝楫著《美国侵华史》第1卷,第111页。

十分恐慌。在英、美、法的领事的主持下,成立了外侨的武装组织,准备与他们的海军(当时,有四艘英、美、法兵舰停泊在上海)合作,进行"防卫"。前面已经说过,租界本来就是非法的。他们现在公然认为他们有权用武力来对抗中国人民的革命力量,防卫他们所诈骗得来的东西!

在上海一带,有一个属于天地会系统的群众秘密组织,叫做小刀会,它在咸丰三年八月初(1853年9月初)发动起义,占领上海县城,并在县城里建立政权,其首领刘丽川称为"大明国统理政教招讨大元帅"。小刀会起义后曾占领上海、嘉定等六个县。他们虽然同太平军有过联系,但是双方不能实行必要的合作,太平军这时还没有致力于开辟南京以东的地区。小刀会在苏州企图发动的起义失败后,它所已占领的除上海以外的几个县先后为清朝军队夺去,到了九月底成了孤守上海县城的形势。但即使是这样,清朝官军围攻上海县城仍然达十五个月之久,最后还是靠外国武力的帮助,才于咸丰四年年底(1855年2月)使小刀会在上海失败。

外国租界是和上海县城紧相邻近的。围攻上海县城的清朝官军也就必然要在租界边缘活动。咸丰四年四月借口有几个官军兵勇进入租界地区,英国、美国联合发动了一个军事行动,以他们的兵舰上所能用的武力为主,向清朝军队进攻,把它赶到距当时租界边缘较远的地方。清朝军队并没有认真作战,而是立即后撤。这一战,在英、美资产阶级历史书上称为"泥城之战"(因为英军是从南京路向泥城桥进攻)。当时英国外相表示完全赞同英国在上海的领事的"勇敢与判断"①。这一战的结果并不是恶化了英、美等国同清朝当局的关系,反而使这种关系融洽起来,从而使这些侵略国家不但能够进一步扩大了租界的地区,确定了租界的独立地位,而且能够在上海攫取了对全局有重大关系的利益,即控制中国的海关。

前面已经提到过的买办官僚苏松太道吴健彰在这时又是起了很大

① 《上海小刀会起义史料汇编》,上海人民出版社1959年出版,第432页。

作用的人物。在小刀会起义占领上海县城时,他在城里被俘获。当时正在上海的美国公使马歇尔和美国传教士晏玛太亲自到城里设法帮助吴健彰脱出来①。以后,吴健彰就一直在租界里以清朝官员身份进行活动。在所谓泥城之战后,皇帝对于上海官员们发出谕令,表示担心"夷人"与"上海叛匪"勾结,并且提出对付"夷人"的方针是:"着怡良(两江总督)许乃钊(江苏巡抚)督饬吴健彰设法羁縻,妥为控制,仍当责以大义,杜其奸谋,一面赶紧设法攻剿,迅图克复"②。于是由吴健彰代表清朝当局向英、美、法赔礼道歉,作出了"租界不可侵犯"的保证。前文(第四章第三节)提到所谓《上海租地章程》在咸丰四年曾进行一次修订,这次修订就是在泥城之战后由吴健彰和英、美、法三国领事商定的。根据新的章程,租界更加成为一个由外国资产阶级统治的具有完全独立的政权的地区。

在小刀会起义后,清朝政府设在上海租界内的海关立即被群众所捣毁。吴健彰本来兼任上海海关监督,但他要想重建海关受到英、美等国的阻挠。各国领事提出这样的一种奇妙的说法:清朝政府要在此重新设立海关,势必要有一定的保卫力量,而如果容许这些保卫力量进入租界,那就破坏了租界的"中立"。因此,在上海的海关就无法恢复起来。外国商人对此当然十分高兴,上海对于他们实际上一时成了个不收进出口税的"自由港"。上海海关收入对于清朝政府是十分重要的,特别在那军事开支庞大的时候。这个问题到了泥城之战后才算解决了。吴健彰和英、美、法三国领事在咸丰四年六月二十九日订立了一个协定,由苏松太道聘任外国人来担任上海税务司。根据这个协定,法国、美国、英国各一人共同组成了一个上海的关税管理委员会。这样,就开创了中国海关由外国人管理的这种殖民地制度,这种制度在几年

---

①　《太平军纪事》。《太平天国资料》第六册,第928页。

②　《咸丰朝筹办夷务始末》(此书以后简称《咸丰夷务》)故宫博物院1932年刊本,第7卷,第23页。

以后由上海一地推广到了全国。

在泥城之战以前，这些怀有阴谋的外国侵略分子有时故意向清朝官方表示他们同情小刀会的起义，例如美国公使麦莲曾向两江总督怡良说："我们承认这一个革命运动（指上海小刀会——引者）是一个有力量的、够尊敬的运动，有资格向外国政府要求享受交战国的权利，不管他们所控制的土地是大是小"①。但这不过是借以进行要挟讹诈的伎俩。经过泥城之战，在租界地位、海关控制权等问题上，清朝当局无一不使侵略各国满意之后，假面具就完全不需要了。

咸丰四年六月间，在美国公使麦莲参加下，英、法、美三国驻上海领事协议采取措施企图强迫小刀会起义军退出上海县城。他们与清军合作，完全断绝了租界和上海县城之间的交通，使在城内的起义军不可能从外面得到任何接济。最后则由法国人直接向起义军作战，法国租界是与县城紧相邻近的。法国的海军陆战队同清朝官军相配合，攻破了上海县城。小刀会领袖刘丽川和其他许多战士牺牲在城内，突围出城的一部分到了别的地区参加起义。有些逃到租界内的起义者被租界当局"引渡"给清军。清朝政府为了感谢法国人的重大帮助，承认十六铺一带的沿江地段划入法租界内。但法国官方还虚伪地表示，他们只是因故而同小刀会起义者发生冲突，并非有意要帮助清朝官军，他们的立场仍然是"中立"的。

咸丰四年在广东，天地会也纷纷发动起义。几乎全省郡邑都被各个堂号的天地会势力所占据。广州附近各城镇的起义军包围广州，企图加以占领。十月间，陷入困境的两广总督叶名琛致函英国的驻华公使（兼香港总督）包令，要求英国海军帮助官军共同来摧毁进攻广州的"叛党"。包令表示不能接受这种请求，并且正式发布公告，说是英国人对于发生在广东的内战严守中立，不得参与内战的任何方面。但是英国绝不愿意广州城落到造反的群众的手里。他们在中立的名义下实

---

① 转引自卿汝楫著《美国侵华史》第1卷，第146页。

际上在广州实行了干涉。英国人呤唎著的《太平天国革命亲历记》中说:"1854 年包令爵士使英国海军与罪恶昭彰的两广总督叶名琛联合,共同蹂躏广东。广州几乎是清朝政府在广东全省唯一据有之地,清朝政府是依靠英国人的力量才保有这座城市的"①。呤唎的书和别的外国作者的记述还具体记载了英国海军帮助清方打破天地会党对广州城的水上的封锁,以及英国海军攻击驶出海岸的天地会党的武装船只并用海盗名义把俘获的会党分子交给清朝官方等等情形。

使英国人恼火的是叶名琛并不因为他们事实上的帮助而改变他拒绝同外国人接近的态度。一个英国作者记载说:"(对于叶名琛的求助)包令当然回答说,他无权干预中国的国内事务。但是他带了一支强大的海军力量去保卫广州的洋行,无疑的,这支海军的来到对压平叛乱是起了作用的。包令本来以为在这种情况下,叶会邀请他到他的衙门内进行会晤。但事实上什么会晤也没有。"②

叶名琛是当时极端守旧的封建官僚的一个代表,他对外国人常常表现得十分倨傲,而在面临人民的造反时,却又把向外国人乞援看成理所当然的事情。他根本不考虑采取任何有效措施来对付外国侵略者,因而在不久后的第二次鸦片战争中他作出了极其可耻而又可笑的表演。

咸丰四年在上海小刀会起义和广州天地会起义的过程中,英、美等国所谓的"中立"显然是虚伪的,不过当时的历史条件使得他们在公开放弃"中立"的伪装而站到清朝政府方面去以前,还要狠狠地先把清朝政府揍一顿,这就是第二次鸦片战争。虽然这种情形看起来好像很奇怪,但是上面我们已经讲到在上海经过所谓泥城之战而实现了中外反动势力共同镇压小刀会的起义,这其实已经是第二次鸦片战争在一个局部地区的具体而微的预演。

① 《太平天国革命亲历记》,王维周译,第 131 页。
② S. Lane-Poole:The Life of SirHarry Parkes,第 1 卷,第 221 页。

（三）所谓修约问题

咸丰四年（1854年）英、美、法为了扩大它们既得的权益而向清朝政府提出修改条约的要求,照它们自己的说法,提出修改条约是有"合法"根据的。

道光二十四年（1844年）订立的中美望厦条约中规定,"和约一经议定,两国各宜遵守,不得轻有更改;至各口情形不一,所有贸易及海面各款恐不无稍有变通之处,应俟十二年后,两国派员公平酌办"①。在同一年订立的中法黄埔条约也有类似的话。根据这种规定,美国、法国认为有权在咸丰六年（1856年）按照它们的需要提出任何修改条约的要求,虽然按照原来规定,至多无非是说,可以按具体情况作些个别修改而已。英国和清朝订立的条约中甚至根本没有修改条约的话,但是它认为,根据所谓"最惠国的待遇",它也有把道光二十二年（1842年）订立的南京条约在满十二年时,即咸丰四年（1854年）进行修改的权利②。同样,根据片面的最惠国待遇,既然英国可以要求在咸丰四年修改条约,美国、法国也都有权在这一年提出修约要求了。——强盗们的"合法性"原来是可以按照这样的逻辑而制造出来的。

清朝官方最初是在咸丰三年（1853年）知道英国可能提出修约的要求。这年三月两广总督叶名琛奏报说:"据密探禀称,该国王（指英国——引者）因道光二十一年间定条约时,曾许给有十二年后再行更易之议,本年正计届期,亦难保其不乘此内地匪扰兵分之际,从旁窥伺,别有要求"③。这个消息颇使已遭到太平军严重打击的清朝官方感到恐慌。但这个昏庸糊涂的叶名琛始终没有查一下,对英国的条约中根

---

① 《中外旧约章汇编》第一册,第56页。
② 见英国外相克勒拉得恩于1854年2月13日致驻华公使包令的信件。马士:《中华帝国对外关系史》第1卷,附录16,第765页。
③ 《咸丰夷务》第6卷,第8页。

本没有"曾许给有十二年后再行更易之议"！他还把道光二十二年订的条约误为二十一年。

英国政府当时指示它的驻中国公使向清朝政府提出修改条约时所应达到的目的，其最主要的几点是：一，争取广泛地进入中国的整个内地和沿海各城，至少也要争取长江的自由航行，并进入直到南京的沿江各城以及浙江省沿海各大城；二，实行鸦片贸易的合法化；三，废除对外国的进口货和为向外国出口而购买的货物的内地税①。美、法政府都分别训令它们在中国的公使对英国的要求予以支持和合作。不过英国政府在对其驻中国公使的训令中又表示，在提出这些要求时不必急于求成，"把修约延迟相当的时间，确乎是会有一些好处的。"主要的一点好处是，"我们将会有更好的方法来推断变乱（指当时的太平天国战争——引者）的可能结果，并能据以策划我们的谈判"②。这就是说，再对中国国内形势的发展看一下。

咸丰四年三月（1854 年 5 月）英国和美国都更换了驻华公使，在新的公使包令和麦莲来到后，叶名琛又奏报说："该两国公使同时更易，其中必各有因。初来颇觉秘密，迨至再四查询，始知皆由于道光二十二年，前在江南订约时，有十二年后再行重订等语。本年闰七月初六即已届期（按，这是 1842 年南京条约满十二年的日子——引者），该国王等分遣各酋来粤，即专注意于此。"咸丰上谕对此的答复是："该夷意在要求，尤当不动声色，加以防范，届时，惟有随机应变，以绝其诡诈之谋。叶名琛在粤有年，熟悉情形，谅必驾驭得宜，无俟谆谆诰诫也"③。按当时清朝体制，两广总督同时是负责一切"夷务"的钦差大臣。叶名琛曾多年任广东巡抚，咸丰二年升任两广总督，但他对外国情形其实毫无了解，他的"不动声色加以防范"的办法就是，一概拒绝接见这些外国公

---

① 马士：《中华帝国对外关系史》第 1 卷，第 767 页。
② 同上书，第 765 页。
③ 《咸丰夷务》第 8 卷，第 4 页。

使。在英、美、法三国公使共同坚持要求下,叶名琛派了一个知州和一个知县传话说:"叶总督并未奉有谕旨办理变通事宜。"①所谓变通事宜即指修改条约。三国公使改而到上海去活动。他们会到了两江总督(怡良)和江苏巡抚(这年上半年是许乃钊,下半年是吉尔杭阿),并且表示,如果在广州和上海都不能解决问题,他们就自己到天津去。

吉尔杭阿向皇帝报告他和三国公使会谈中曾驳复了修约的要求:"当答以英夷原定章程,名为万年和约,本无十二年变通之文,即当永远遵行,包酋(指英公使包令——引者)不应有此不经之谈。美、法二夷,虽有十二年变通之约,而无另定新章之语"②。在这点上,吉尔杭阿比叶名琛高明一些,他至少把条约原文查了一下。但是吉尔杭阿向皇帝建议不妨接受修约的要求。他说:"兹麦酋(指美公使麦莲——引者)固执十二年变通之约,欲由长江直至汉口设立码头,势将无从阻止。莫若将机就计,钦派资深望重之大臣,前来议定妥协章程,允其所请。……否则一朝决裂,乘金陵未复之时,闯入长江,诸事不复受商,动辄为所挟制,一误再误,长江中又添一巨患矣"③。原来这时三国公使已先后访问天京,他们中,特别是美国很明显地表示愿意给清朝政府以军事上的帮助来换取条约权利的扩大。据两江总督怡良说,美公使麦莲交给他的照会中有"如蒙奏准,自当襄助中华,削平反侧,否则奏明本国,自行设法办理"④等语。所谓"自行设法办理"则又包含着威胁的意思。一般说来,当时在上海的清朝官员与买办资产者的关系最深。吉尔杭阿就是最早主张对修约要求全面妥协,以换取外国的帮助的一个官员。但吉尔杭阿的主张遭到朝廷的驳斥。皇帝的上谕说:"著吉尔杭阿相机筹办,示以抚绥之恩,折其虚骄之气,俾不致更萌妄念,方为

---

① ② 《咸丰夷务》第9卷,第2页。
③ 《咸丰夷务》第8卷,第35页。
④ 同上书,第20页。

妥善",同时命令长江上的军事长官"于江路下游圌山关一带,扼守海口,毋令夷船阑入,致与贼匪勾结"①。可见清朝政府这时仍怀疑"外夷"和太平军"勾结",所以虽然不愿意惹怒洋人,但认为吉尔杭阿的建议是不可行的。

咸丰四年八月英、美公使乘兵船到大沽口,法国公使没有同去,只派使馆秘书同行,这是因为法国的兵船这时正在修理的原故。他们声称,北上的目的是要面见皇帝和大学士,提出要求。清朝政府连忙派出官员到大沽口外拦阻。英国公使包令书面提出了十八条要求,美国公使麦莲也提出了十一条要求,其主要内容就是上述英国原定的方案,一句话,就是要使中国按照西方侵略国家的利益全面地向它们开放。清朝政府看了这些要求后,认为"所开各条,均属荒谬已极,必须逐层指驳,以杜其无厌之求",只有关于"民夷相争"要求"秉公办理"的问题,上海外国商人要求减免欠税的问题,广东茶税要求减轻的问题,这三条,还可考虑,但也只能到广东去具体商量②。

英、美公使这次北上虽然未得到任何满意的结果,但他们并没有坚持要到天津和到北京,而是悄悄地又回到了上海和广东。清朝政府认为这是他们并没有多大伎俩的证明,却不知道,这些国家本来想对中国国内形势发展再观望一下。而且,当时英国和法国由于同俄国间的克里米亚战争尚未结束,不可能在远东进行大规模的军事行动,所以它们在中国暂时避免采取过于强硬的态度,以免使自己反而处于窘困的境地。

广东的叶名琛在英、美等国公使北上时向皇帝报告说:"该夷酋等如果经抵天津,无论所要求者何事,应请敕下直隶总督,仍令该夷酋等速行回粤,臣自当相机开导,设法羁縻,以期仰慰圣廑"③。似乎他很有

①　《咸丰夷务》第9卷,第5页。
②　同上书,第40页。
③　《咸丰夷务》第10卷,第14页。

办法来对付"夷酋",但事实上他的"设法羁縻"仍旧是封建官僚惯用的推托、拖延的老办法。

到了咸丰六年(1856年)六月,叶名琛又奏报英、美、法三国重新提出修约问题,虽然他仍说不出任何对付办法,但他自信地说:"嗣后该夷酋,无论行抵何省,总令其回粤听候查办,臣(叶自称)自当……随时驾驭,设法箝制,庶可消患于未萌也"①。

咸丰六年提出修约要求的三国中,活动最积极的是新任美国公使巴驾。巴驾本是个传教士,多年在中国活动,并当了外交官。巴驾带了以美国总统名义写的信到中国。他竭力主张用兵舰做后盾来向清朝政府提出要求。但是美国政府当时并不可能用较多的兵力到远东。巴驾先在广州与叶名琛交涉无效,随后到福州想经过闽浙总督投递总统的书信,也遭到拒绝。他又到上海,想经过买办官僚吴健彰做媒介来使清朝官方同意进行全面修约的谈判。这时,吴健彰已被革除苏松太道的官职,但仍为官方所倚重。两江总督怡良在巴驾到上海后向皇帝报告说:"该护道(摄理上海道)蓝蔚雯,邀请吴健彰往晤巴驾,询其来意,据称该国王因十二年之期已满,给与国书,须入京面告大皇帝,有酌办事件"。怡良评论说:巴驾的"言词要挟,居心实属叵测"②。巴驾究竟说些什么,在外国文献中有记载。他说:"到了今日,只有让叛乱的人们(指太平军)知道,英、法、美三国联合一致,同情并支援清朝政府。这样叛军将会看到,他们是无力抵抗这一巨大力量的";但是"如果大皇帝拒绝西方国家之友谊的表示,则将来的发展是难于逆料的。而且,如果太平王今后对外国公使建议签订条约,各国公使接受他的建议,大皇帝是不能埋怨我们的了。"③

巴驾在上海用空言要挟没有能达到目的,他因为没有兵力,只好回

---

① 《咸丰夷务》第13卷,第13页。
② 同上书,第28—29页。
③ 转引自卿汝楫著《美国侵华史》第1卷,第160页。

到了广东。英、法两国虽然都支持巴驾的活动,但他们认为根据咸丰四年北上的经验,不使用武力是不会有效果的。所以它们的公使没有同巴驾共同行动。英国公使包令当时向政府报告说:"我的意见仍然是以单独行动,而没有一支堂皇兵力助其声威,欲求从中国人方面取得任何重要让步,是毫无希望的。"①英、法对俄国的克里米亚战争在1856年结束,它们已有可能调动兵力到远东。当巴驾由上海回到广州的时候,英国开始动起手来了。

(四)英法联军占领广州和入侵天津

咸丰六年九月(1856年10月)英国突然发动了对广州的攻击,其借口是一件微不足道的小事。中国的官员和兵勇为捉拿海盗在一只名为"亚罗"的快艇上捕了十二个当水手的中国人。这只快艇的主人是中国人。为了便于走私,船主聘用一个英国人当船长,并曾向香港政府登记,但在出事时登记已经过期。英国方面竟认为,中国无权在英国船上抓人,还说,船上悬有英国国旗,被中国兵勇扯下了。因为是以这样的借口挑起的战争,西方的历史书上称为"亚罗战争"。两广总督叶名琛对这一事件采取了妥协态度,把被捕的水手都交给了英国人,并辩解说,当时船上根本没有英国旗。其实在这样一只暧昧的船上即使扯掉了一面英国旗又算得了什么事!

英国发动这次战争的根据是如此薄弱,以至当时英国议会在应否为此而与中国作战问题上发生了激烈辩论。下议院通过了对于帕麦斯顿政府的对华政策的不信任案。帕麦斯顿解散议会,在新的议会中他得到了多数。帕麦斯顿早就有对中国进行一次新的战争的打算。马克思评论帕麦斯顿政府说:"战争已变成帕麦斯顿独裁的生命攸关的条件"。"他站在教士和鸦片走私商中间","跟圣洁的主教和邪恶的鸦片

---

① 马士:《中华帝国对外关系史》第1卷,第787页。

走私商走在一起的,还有大茶商,他们大部分都直接或间接从事鸦片贸易,因此热中于取消与中国签订的现行条约"①。很明显的,并不是因为有了亚罗船事件才发生这一次战争,而是帕麦斯顿政府需要发动对华战争,才有了这个所谓亚罗船事件。

英国驻华公使包令借口亚罗船事件向叶名琛发出了最后通牒,接着派出军舰三艘,闯入珠江口内,占领了几个炮台,并炮轰广州城。叶名琛虽然从来没有认真备战,但是广州的民间武力和一部分兵勇进行了抵抗。而且英国方面这时也还没有足够的兵力占领广州,所以侵略军在骚扰了一阵后就撤退了。叶名琛立刻上报皇帝:"防御英夷获胜"。但这并不能使皇帝感到放心,上谕说:"此次已开兵衅,不胜固属可忧,胜则该夷必来报复。……当此中原未靖,岂可沿海再起风波"?②在清朝政府方面,力求同侵略者妥协了事,力求避免决裂,这是整个第二次鸦片战争中的特点。到了咸丰七年(1857年)初,听说英国派到中国来的新的代表正在途中的时候,上谕说:"倘此次派来之人,尚讲情理,即应以理相接,勿使再有借口,俾得自为转圜。"③他们不知道,这时,英国帕麦斯顿政府已经在国内完成了舆论准备,新派来的全权特使额尔金是带着军队来的,他所负的任务并不是"转圜",而是要用武力来迫使清朝政府就范,达到进一步侵略中国的目的。

这时,法国的篡位的皇帝拿破仑第三也决定参加对中国的战争。法国人说,咸丰六年正月,有一个法国传教士(马神甫)在广西西林县进行传教活动,被地方官吏杀死。但西林县的知县否认发生过这样的事件。清朝官方并向法国人指出,按照条约外国传教士是无权到通商五口以外的地区去活动的。

在这一所谓"马神甫事件"发生后一年半,法国以此作发动战争的

---

① 《马克思恩格斯全集》第12卷,人民出版社1962年版,第155、161、162页。
② 《咸丰夷务》第14卷,第15页。
③ 《咸丰夷务》第15卷,第10页。

借口,派出了全权特使葛罗,率领它的远征部队与英国共同行动。

英、法政府又邀请美国合作,但美国政府决定不参加战争。在咸丰七年(1857年)春受任为驻华全权公使的列威廉奉行的政府训令是"在一切和平的方式上同英、法两国公使合作"①。根据这个方针,美国在这场战争中扮演的角色是以劝和者的姿态支持持械行凶的强盗以达到共同分赃的目的。

以英国为首的这次战争虽已一切准备就绪,但是咸丰七年(1857年)下半年印度军队爆发民族起义,以至不得不调用额尔金率领到中国的军队去印度,所以对中国的战争又延迟了一些时候。在咸丰七年的大部分时间中,广东海口大体上平静无事。这年十月,叶名琛收到英国的额尔金和法国的葛罗到任的照会,其中包含着明确的武力威胁的话,并且限期答复。但是叶名琛向皇帝报告说:他已在回照中驳斥了"英夷法夷"的要求,"其鬼蜮伎俩,饕餮潜谋,谅亦不过如此",而且吹嘘说,可以乘此时机,把他们历来提出的要求"一律斩断葛藤,以为一劳永逸之举"。皇帝十二月二十七日上谕欣慰地表示:"叶名琛既窥破底蕴,该夷伎俩已穷,俟续有照会,大局即可粗定。"②但实际上,在这道上谕发出之前,广州的局面已经急剧地变化了。

十一月初一(12月16日)英法兵船驶进了省河。叶名琛这时传谕,"该夷如无动静,兵勇毋许挑衅"③。其实是听任敌人从容作攻城的准备。到了十三日,侵略军开始发炮轰击,其部队立即登陆,两天后,广州就被占领。所有的在广州的清朝大员都被敌人俘虏。钦差大臣两广总督叶名琛被英国人捉到船上,以后被遣送拘留在印度(咸丰九年死于加尔各答)。与叶名琛同时的湖南巡抚骆秉章描写这个钦差大臣说:在"夷务方兴之时","叶名琛以渊默镇静为主,毫无布置,惟日事扶

---

① 马士:《中华帝国对外关系史》第1卷,第546页。
② 《咸丰夷务》第17卷,第37页。
③ 同上书,第39页。

鸾降乩,冀得神祐"①。还有一种颇为流行的讥讽叶名琛的说法,说他实行的是"六不",即"不战,不和,不守;不死,不降,不走"。叶名琛虽然没有公开地投降敌人,但是他实质上和投降主义者没有什么区别,不过他常常以虚骄的自大来掩饰他的投降主义罢了。当封建统治者的妄自尊大越来越被迫放弃,许多当权者面临外国侵略者就求和乞降,实行逃跑主义的时候,叶名琛就成为一个罕见的怪物了。

仅仅占领广州不是侵略者的目的。英国的额尔金和法国的葛罗立即率领舰队北上,他们先在上海投递照会作为一个过场,然后直奔大沽口。和他们共同行动的不但有美国的公使列威廉,而且沙皇俄国的公使普提雅廷也参加进来了。沙皇俄国利用清朝政府进行反太平天国的战争和应付英、法等国制造的麻烦的时机,单独地在中国北部边疆进行了野心极大的侵略活动(见下一节)。普提雅廷于咸丰七年九月到了香港决定同英、法、美共同行动,一起北上。英、法已经同清朝政府处于战争状态,而美、俄则装作是清朝的朋友,但它们之间的合作关系是很清楚的。当时的两江总督何桂清也这样说:"美、俄二夷则乘衅附和,希冀坐收现成之利。"②咸丰八年三月,这些敌人和"朋友"都到了大沽口外。

虽然英、法已经宣战,并已占领广州,但清朝政府丝毫没有诉诸武力的打算。当各国使者到上海时,上谕说:"现在中原未靖(指太平天国——引者),……不得不思柔远之方,为羁縻之计(其实就是对外妥协)"③。两江总督何桂清也竭力说,不能"轻言用兵",因为"就天下大势而论","内寇外患,交并而来,又将从何措手"④。所以他认为现已无法阻止这些"外夷"到天津,那就只好"钦派大臣(在天津)与之接见,

---

① 《咸丰夷务》第18卷,第11页。
② 《咸丰夷务》第20卷,第4页。
③ 《咸丰夷务》第19卷,第23页。
④ 《咸丰夷务》第20卷,第5页。

稍加以词色，使无衅可寻，与之筹定大局，令其缴城（指广州城）息兵"①。上谕同意他的意见。

皇帝派出直隶总督谭廷襄等人到大沽口外，他们先同俄、美两家接触（这两家为了表示与已开战的英、法不同，先到了大沽口外）。后到的英、法二家则借口谭廷襄不是全权大臣，拒绝同他谈判。这四家分别装成红脸和白脸，向清朝政府进行诱骗和恐吓。清朝方面虽然知道它们是互相串连的，但仍企图对俄、美两家进行所谓"牢笼"，要他们"从中说合"②，来使杀气腾腾的英、法愿意和解。清朝政府打算做出的让步是减税，甚至"必不得已，于闽省粤省附近通商海口之地，酌加小口各一处"③。这样的让步和四国的要求相距极远。侵略者已经看穿了清朝政府害怕对外战争的弱点，当然不肯就此了事。皇帝的上谕向直隶总督谭廷襄等说："该督等切不可以兵勇足恃，先启兵端，天津固不难制胜，设其窜扰他处，恐非天津可比"④。但事实立刻证明，就是在天津方面，清朝也表示不出任何抵抗外敌的决心。

四月初八，英、法突然开炮攻击大沽炮台。谭廷襄等奏报说："该夷船联络直上，闯入内河，砟炮轰伤兵勇甚多，不能站立，以致退散。炮台即时被占"⑤。清朝将领们仓皇逃跑，英、法侵略军迅速地兵临天津，俄、美"和事佬"也跟着来了。这时虽然朝廷官员中有些人提出战的方针，但有的不过是慷慨的空论，有的则以为依靠地方绅士办团练就能克敌制胜。比较有特殊见解的是兵部左侍郎王茂荫，他在奏文中说：应该在北京设防，"战而胜固善，即战不胜，退之城外，亦可以守"⑥。但是这时清朝政府对于外敌，是除非有保证能轻易地获胜，决不敢真正抵抗。

---

① 《咸丰夷务》第 20 卷，第 6 页。
② 《咸丰夷务》第 21 卷，第 13、16 页。
③ 同上书，第 39 页。
④ 同上书，第 22 页。
⑤ 《咸丰夷务》第 22 卷，第 23 页。
⑥ 《咸丰夷务》第 23 卷，第 24 页。

失掉京城而长期抵抗是它所根本不敢设想的。在此五年前,农民革命的太平军也曾兵临京津,封建统治者抵抗得是那么顽强,那么有决心。而这回他们对于已经侵入天津的外国侵略者是一心一意只想求和了。

皇帝立即专派大学士桂良和吏部尚书花沙纳到天津,还特旨起用在第一次鸦片战争中声名狼藉的投降主义者耆英参与在天津议和①。英国提出的条件,连皇帝看了也认为"直欲以中国地方,听伊出入,所请断属难行"②。但在继续谈判中,清朝方面只能节节退让,最后全部接受了英、法、美、俄四国的要求,签订条约。

中英、中法天津条约分别于咸丰八年五月十六日、十七日(1858 年 6 月 26 日、27 日)签字,主要内容有:英、法公使驻北京;增开通商口岸;外国人可入内地游历、通商、自由传教;修改税则;外国商船可在长江各口往来;中国分别向英、法赔款四百万、二百万两银,等等。俄、美两国打着"调停"的幌子,用伪善和狡诈的手腕,早在中英、中法条约签字以前(6 月 13 日、18 日)就诱逼清朝政府签订了中俄、中美天津条约。除了赔款以外,俄国、美国获得了英国、法国从天津条约所得到的一切。

主持订立这些条约的桂良、花沙纳签约之后奏报皇帝说:"此时夷人窥破中国虚实,凡吾国家艰难困苦情状,了如指掌,用敢大肆猖獗,毫无顾忌"。——其实应该说是看破了封建统治者的弱点。桂、花二人在奏文中着重说明国内"民变"的可虑,"国家内匪未净,外患再起,征调既难,军饷不易,"所以决不能战。奏文中又申述这些外国侵略者似乎也还可信任:"观其不敢害叶名琛,知有畏忌天朝之意;观其仍肯交还广东,即时退出海口,知无占据地方之心"。"今番(这些"外夷")感激圣恩,从此待以宽大,示以诚信,果然永敦和好,可省国家兵力,亦是羁縻一法"③。这种说法代表了一部分封建官僚(有些当权的封建官僚

---

① 这回耆英没有能起多大作用,由于他在谈判进行中自行由天津回北京,受到审讯,终于被皇帝"赐死"。

② 《咸丰夷务》第 24 卷,第 39 页。

③ 《咸丰夷务》第 27 卷,第 1—3 页。

对这一点还表示怀疑)对于西方来的外国侵略者的"新"认识，这种"新"认识为封建官僚在政治上的买办化打下了思想基础。

而且这时期，在被英、法侵略军占领的广州城，一些清朝大员已经创立了直接地、公开地为外国侵略者服役的实例。

在英、法侵略军于咸丰七年十一月占领广州，把两广总督叶名琛抓走后，清政府在广州的其他大员，广州将军穆克德纳、广东巡抚柏贵等，都成了侵略军的俘虏。穆克德纳的满洲驻防军已全部被解除武装。侵略者决定恢复柏贵和穆克德纳的原来职位，并且公告说：广州城已在联军武力管制之下，但政府交给柏贵管理。由两个英国人和一个法国人组成一个委员会，驻在巡抚衙门里实行管制，凡是巡抚发布的布告，都须经这委员会加盖印信。所以，以柏贵为首的广东政府，已成为傀儡政权。但是柏贵和穆克德纳仍继续向清朝政府递送报告。当然，报告中并不如实地叙述他们和侵略军的关系。他们的一个奏文中说："奴才一身何惜，惟大局攸关，不得不苟且忍耐，曲为羁縻"①。清朝政府居然还"谕令柏贵等，宜借绅民之力，驱逐夷人，然后从而开导，示以怀柔"②。

到了咸丰八年正月，湖南巡抚骆秉章查明了广州情形上报清廷后，朝廷似乎才恍然大悟。骆秉章说：占领广州的侵略者"上年十一月二十五日（1858年1月9日——引者）后，始将将军巡臣送回抚署，而令夷目率夷兵监之。收缴省城各标及近城各团军器，收省河各炮船归夷目统带，并以夷兵分守各城门。出示则用四夷酋与将军抚臣会衔。……将军抚臣等关防虽在，其公文均须由夷人阅过，始能发行。……柏贵既与夷酋商办，彼此同住一署，柏贵所陈必皆夷酋之意"③。

奇怪的是，虽然知道柏贵已做了敌人的傀儡，但是清朝政府并不对

---

① 《咸丰夷务》第18卷，第1页。
② 同上书，第8页。
③ 同上书，第11—12页。

柏贵作任何谴责，仍承认他是广东巡抚。到了英、法军占领大沽炮台北方形势紧张时，给新任两广总督黄宗汉①的上谕中还说："此时柏贵有无挽回补救之方，以赎前愆，并着黄宗汉传旨谕令知之"②。

广州城在侵略军统治下达三年多之久，柏贵在这期间病死。清朝政府又派了劳崇光去当广东巡抚，他仍然进广州城（咸丰九年七月）和侵略军的管制委员会"合署办公"，继续维持傀儡政权的局面。

在第一次鸦片战争中，侵略军只占领过如定海那样的小城市，在那里侵略者自己担任行政长官。到了第二次鸦片战争的广州城，侵略者建立了一个傀儡政权而又让它同清朝的中央政府保持联系，可以说，这是开创了在中国半殖民地化的过程中帝国主义统治中国的一种形式。

（五）第二次鸦片战争中的沙皇俄国

在道光三十年（1850 年），即中英鸦片战争后十年，沙皇俄国向清朝政府要求开放伊犁、塔尔巴哈台、喀什噶尔（都在新疆）这三处进行贸易。在这以前一百多年间，中俄间的通商只在蒙古边境，经过恰克图一地。清朝政府拒绝开放喀什噶尔，其他两处则同意了。咸丰三年（1853 年）俄国政府又要求让俄国人的船到上海等沿海口岸进行贸易，这个要求受到断然拒绝。

但沙皇俄国这个时期的侵略野心，主要是对着黑龙江流域。在康熙二十八年（1689 年）订立尼布楚条约时曾受到遏制的这种野心，到了十九世纪五十年代，重新膨胀起来。

道光二十七年（1847 年），沙皇任命穆拉维约夫为东西伯利亚总督，使他负起对黑龙江流域实行侵略扩张的任务。道光三十年（1850

---

① 黄宗汉是在咸丰七年底奉令出任钦差大臣两广总督的，他离开北京后显然有意一路耽误，一直到次年五月才到广东境内。这已是天津条约订立的时候了。

② 《咸丰夷务》第22卷，第28页。

年)穆拉维约夫擅自在黑龙江口的庙街(今尼古拉耶夫斯克)树立俄国国旗,设兵屯守。因为这是公然破坏尼布楚条约的行动,采取比较谨慎态度的俄国外务大臣表示反对,但这行动得到了沙皇尼古拉第一的支持。穆拉维约夫积极扩充外贝加尔的哥萨克军,他认为,为实现"占领阿穆尔(即黑龙江)的意图","唯一的方法就是向我们的懦弱的邻国(指中国)炫耀武力"①。

在克里米亚战争期间,咸丰四年(1854年)五六月间,穆拉维约夫借口要抄近路紧急增援堪察加方面以防英、法海军进攻,亲自率领兵力相当大的船队由石勒喀河入黑龙江,一直东驶出海。为了掩饰这种对于中国领土的公然的侵犯,穆拉维约夫特别通过驻在北京的"达喇嘛"②向清朝政府说明"本大臣之往东海口岸也,虽由中国黑龙江地面行走,然一切兵事应用之项,俱系自备。并无丝毫扰害中国,且绝无出人不意,因而贪利之心。两国和好已久,此意必能相谅。……但愿中国同心相信,勿以兵过见疑。此次由中国境内行兵,甚得邻好之益。如将来中国有甚难之事,虽令本俄罗斯国帮助亦无不可"③。

清朝政府虽然在黑龙江上兵力薄弱,不敢加以拦阻,却也没有被这一篇好话迷惑住。上谕说:"俄罗斯性情狡猾,诸事从无实话,不可不防。"④认为:"内地江面,不能听外国船只任意往来,此后断不可再从黑龙江行驶"⑤。可见这时俄国和清朝都明确认为黑龙江是中国的内江,因为按照尼布楚条约,中俄边界远在外兴安岭一带。

只隔了一年,咸丰五年(1855年)四五月间,穆拉维约夫又以同样的借口进行了在黑龙江的第二次航行,实际上是武装示威,并且于八月

---

① 《穆拉维约夫-阿穆尔斯基伯爵》第1卷,(俄)巴尔苏科夫编著,1891年莫斯科出版。中译本商务印书馆1973年出版,第298页。
② 当时有俄国传教士团驻在北京,所谓"达喇嘛"即传教士团中的修士大司祭。
③ 《咸丰夷务》第8卷,第25—26页。
④ 《咸丰夷务》第10卷,第31页。
⑤ 同上书,第18页。

间在松花江口与中国官员进行了所谓"划界"问题的会议。所谓"划界"问题原来是在咸丰三年(1853年)俄国方面提出的。当时俄方咨文说:"窃查俄罗斯国与大清国分界处所,自格尔毕齐河之东山后边系俄罗斯地方,山之南边系大清国地方,虽经议定在案,惟贵国立有界牌,敝国尚无界牌",所以现在要求中国方面派员和东西伯利亚总督商办"在无界牌之近海一带地方亦设立界牌"①。在得到这个咨文后,清朝政府经过慎重的考虑,认为从恰克图以东直至外兴安岭,两国边界总的是清楚的②,俄方要求仅是在格尔毕齐河边界建立界牌,这个要求可以同意③。但是当清朝政府派出划界专员通知俄方后,俄国人却又故意留难拖延了一段时间,到了穆拉维约夫第二次航行黑龙江,他的部队到了松花江口时,他才让谈判开始,显然是别有用心的。果然谈判一开始,俄国方面就极端无理地宣布:应该以黑龙江为"两国最无可争辩的天然疆界",也就是要把黑龙江左岸全部地区以及整个沿海地区都划归俄国所有④。中国代表拒绝了这种无理要求,并宣读了咸丰三年俄国的咨文,因为穆拉维约夫的要求显然远远超出他们自己的咨文的内容,这使穆拉维约夫无法回答,这次谈判就这样结束了。清朝皇帝在收到关于这次谈判的报告后的上谕中说:"黑龙江、松花江左岸,其为中国地界确然无疑,该夷胆敢欲求分给,居心叵测"⑤。

清朝当局明知沙皇俄国"居心叵测",一定不会罢休,但是他们始终不认真加强军事防御力量。当时的情况是如同吉林将军景淳所说:"东省兵丁军器,一概不足"⑥,景淳要求把调到南方去镇压太平天国的部队调回一部分来,"以资防守",但朝廷的答复是:"此时粤匪未平,正

---

① 《咸丰夷务》第6卷,第32页。
② 同上书,第34页。
③ 《咸丰夷务》第7卷,第1页。
④ 《穆拉维约夫-阿穆尔斯基伯爵》第1卷,第442页。
⑤ 《咸丰夷务》第12卷,第4页。
⑥ 《咸丰夷务》第8卷,第5页。

在攻剿之际,调出官兵,万难遽行撤回。"①反动的封建统治者始终把本国的人民看做最大的敌人,所以只好说:"从来抚驭外夷,惟有设法羁縻,善为开导,断无轻率用兵之理"②。既然下定这样的决心,当然只能听任对方为所欲为。

咸丰六年(1856年)克里米亚战争已经结束,俄国人又公然在黑龙江上进行第三次武装示威的巡行。黑龙江、吉林的地方长官纷纷上报说,不但俄国人的兵船来往纷纭,而且他们到处上岸搭棚建屋,存粮屯兵,上谕对此仍然只说了些"不可轻启衅端,亦不可漫无限制"、"外示羁縻,内加防范"这类空话③。这时,英国已经开始在广州动起手来,俄国沙皇政府决定派出普提雅廷为专使,向清朝当局表示:"贵国内地不靖,外寇侵扰广州",所以要派专使到北京"办理两国交涉一切事件"④。这时俄国人装成是中国最好的朋友,说他们的目的只是"祈将两国边界之事及早完结,以后情愿与贵国彼此相安相保,共防将来不测之事,两国永远相安,互相辅助。本国深知大义,非同贪利之国可比也。但愿贵国勿怀疑心,致误大事。"⑤清朝当局拒绝普提雅廷到北京。

于是,一方面普提雅廷到香港,如前文所说,和英、法、美的代表合作行动,另一方面,穆拉维约夫在黑龙江地区肆无忌惮地进行其所谓"殖民政策",事实上对整个黑龙江左岸进行了军事占领。他宣布,从1858年航期开始"凡留在左岸的居民,均属我国(即俄国)管辖"⑥。他甚至表示:"我认为,如果我们被迫对中国人使用武力,那么阿穆尔(即黑龙江)将是我们的主要作战基地。在瑷珲登陆,从那里有几条平坦大道,穿过人烟稠密的地区,通向南满和北京"⑦。

---

① ② 《咸丰夷务》第12卷,第24页。
③ 《咸丰夷务》第13卷,第21页。
④ 《咸丰夷务》第15卷,第8页。
⑤ 同上书,第13页。
⑥ 《穆拉维约夫-阿穆尔斯基伯爵》第1卷,第514页。
⑦ 同上书,第502页。

在普提雅廷到香港与三国合作以前,曾先到天津海口活动,这时他只是含糊地提到所谓边界问题。清朝当局认为,边界问题在尼布楚条约中已经明确解决,只有乌特河流域在恰克图条约中规定为两国共有,其具体国界可以会同勘定。因此要求普提雅廷到黑龙江方面去同指定的中国官员解决这问题。普提雅廷表示还要先回国请示。清朝当局这时给俄国发出咨文说明这种情形,并且说,估计明春普提雅廷会到黑龙江方面,"黑龙江大臣(将)届时前往会晤,公同查勘乌特河界址。至海兰泡等处,均系中国地界,近来贵国人船往来不绝,并自盖房屋居住,屡经中国好言晓喻。穆拉维约夫等置之不理,实属有违成约,中国与贵国和好多年,不应令属下人任意占踞中国地方……"①。所以清朝政府这时态度很明确,认为黑龙江左岸(包括海兰泡等地)都是属于中国的地方,这是符合于尼布楚条约的。事实上,普提雅廷并未回国,反而到了香港,随同英、法、美三国公使一起到上海。他在上海给中国当局的咨文中除支持英、法、美的要求外,特别提到中俄两国边界问题,公然说:"不能以兴安岭为两国边界,当以黑龙江为界"②。清朝当局在驳斥这一主张时,通知黑龙江将军奕山:"如果该夷(指普提雅廷)折回黑龙江,即着奕山据理拒绝,仍照前议,将乌特河地方会同勘定"③。这时,清朝官方又知道俄方可能会把勘界一事交穆拉维约夫负责,所以又命令奕山,根据这个精神"向穆拉维约夫详细晓喻,务期驾驭得宜,勿使该夷肆意侵占。"④

这样,就发生了咸丰八年(1858年)阴历四月间(阳历及俄历为五月)清朝的黑龙江将军奕山同沙俄的东西伯利亚总督穆拉维约夫之间的瑷珲谈判。这次谈判的第一天,穆拉维约夫就拿出了一个事先准备好了的条约草案,其基本点就是横蛮无理地主张以黑龙江为两国间的

---

① 《咸丰夷务》第17卷,第20页。
② 《咸丰夷务》第18卷,第33页。
③ 《咸丰夷务》第20卷,第1页。
④ 同上书,第2页。

国界。奕山当然不能接受这个条约。第二天,穆拉维约夫不出面谈判。俄国的档案如此记载:"为了留有余地,一旦今后产生某种误会需要作最后决定时他好再出面",所以第二天,他就称病不出,而由他的一个助手彼罗夫斯基进行谈判①。显然,穆拉维约夫也觉得迫使中国的代表接受这样的条件不是有把握的,所以要"留有余地",但是谈判的第五天,奕山就完全屈服了。第六天,奕山和穆拉维约夫签订了一个条约,这就是瑷珲条约。奕山向皇帝的报告中说,在会议期间"夜间瞭望夷船,火光明亮,枪炮声音不断,……势在有意寻衅",并且说:"势处万难,若不从权酌办,换给文字,必致夷酋愤激,立起衅端,势难安抚",所以只好妥协,"以纾眉急"②。俄国方面的档案则说,中国官员的屈服是因为:"一则中国虚弱无力,清皇朝风雨飘摇,二则他们害怕我们联合英国"。俄国人还向奕山说:"俄中两国维持和好,实悉赖我国皇上宽宏大量。根据中国近年来的各种行径,我国完全有权采取其他行动"③。

从这些简略的记载中,不难看出,沙皇俄国的扩张主义者是进行了多么凶恶和无耻的威胁和讹诈。

瑷珲条约文字极为简短,但这简短的条文造成的中国领土损失是惊人的。根据这个条约,外兴安岭以南、黑龙江以北六十多万平方公里的广大领域都划为俄国领土,乌苏里江以东直到海边的约四十万平方公里的地区则被说成是中俄两国"共管"之地,黑龙江、乌苏里江成了俄国可以自由通行的航道。而且所谓中俄共管不过是为了过渡到俄国独占。只隔了两年,在中俄北京条约中就已实现了这个过渡,乌苏里江以东也成了俄国的属地。

订立瑷珲条约的半个月后,俄国在天津以和事佬的身份同清朝政

---

① 《穆拉维约夫-阿穆尔斯基伯爵》第 1 卷,第 527 页。

② 《咸丰夷务》第 25 卷,第 13—15 页。

③ 《穆拉维约夫-阿穆尔斯基伯爵》第 1 卷,第 528 页。

府订立了中俄天津条约。但第二次鸦片战争到此尚未结束,不久后,英法联军又入侵北京,俄国也跟着一起同清朝政府订立北京条约。即使不去说俄国在天津条约和北京条约中得到的其他好处,只是瑷珲条约就使它像恩格斯在当时所指出的"从中国夺取了一块大小等于法德两国面积的领土和一条同多瑙河一样长的河流"①。在第二次鸦片战争时期,以不同面目出现的侵略中国的强盗帮中,沙皇俄国实际上成了获取赃物最多的一个强盗。

按清朝当局事先给与奕山的命令,奕山根本无权与俄国人订立这样的条约。瑷珲条约签字的时候,英法联军已经攻占大沽口,进抵天津。焦头烂额的清朝政府虽然一向对于东北边疆十分重视,但这时忍痛咽下了这一口苦药,不敢正式宣布否认瑷珲条约,而且还在天津与英、法谈判中无可奈何地寄希望于俄国这个"朋友"的"从中说合"。

上谕把瑷珲条约已经成立的消息告诉负责天津谈判的桂良等人,并说:"今俄国已准五口通商,又在黑龙江定约,诸事皆定,理应为中国出力,向英法两国讲理,杜其不情之请,速了此事,方能对得住中国"②。而俄国在天津也仍然以中国的好朋友自居。桂良等奏报:普提雅廷表示:"愿送中国火枪一万杆,各项炮位五十尊,……求奴才等代奏,并云嗣后夷患极宜预防,海口炮台万不足恃。伊拟备文回国,令派修造炮台并教兵技艺及看视金银矿苗各官前来中国,代为制备一切,实系感激图报,万无他意,不必见疑"③。清朝政府尽管多么软弱,多么糊涂,但也看得出沙皇俄国这个"朋友"又来了一个新花招,越是说"万无他意,不必见疑"就越是大有可疑。上谕对这事的回答是:"其欲令人来教导技艺,踩看矿苗,均着婉言回复,勿许为要"④。

---

① 《马克思恩格斯全集》第 12 卷,人民出版社 1962 年版,第 662 页。
② 《咸丰夷务》第 25 卷,第 18 页。
③ 同上书,第 39 页。
④ 同上书,第 41 页。

（六）从天津条约到北京条约

在太平天国革命运动时期发生的第二次鸦片战争,在清朝封建统治者的身上显著地表露出了这样的矛盾——它不敢抵抗外国侵略者而只能屈服于它的压力之下,但又要在本国人民面前极力保持它的"尊严",表示它还是能驾驭"外夷"而不是无力到只能受"外夷"支配。在从咸丰八年(1858年)的天津条约到咸丰十年(1860年)的北京条约之间的形势发展中贯串着这种矛盾,因此以咸丰皇帝为代表的中央政权的发号施令是如此地缺乏一贯性,摇摆不定,常常自相抵牾,终至只能听任侵略者摆布。

天津条约订立后,跟着就在上海同英国人进行修改税则的会议。咸丰皇帝这时似乎忽然发现,经他自己批准的条约中"以派员驻京,内江通商,及内地游行,赔缴兵费始退还广东四项,最为中国之害"①,他要把在敌人炮口下作出的可耻的屈服,在谈判桌上说服敌人取消掉。他甚至荒谬地主张,以免除关税来换取上述四条的修改。参加会议的大臣们不无理由地认为,免税当然是"外夷"愿意接受的,但他们在欣然接受以后仍然会按照条约索取他们所要的一切。这些大臣没有向英国提出这个荒谬的主张,也不敢要求修改那四条,尽管皇帝三令五申地催促他们用他们自己的名义"晓谕"对方。他们只能报告皇帝说,当委婉地暗示到这几点时,立即遭到对方严拒。上海的会议断续进行了半年之后,皇帝终于无可奈何地表示:"夷情狡执,该大臣等(指参加会议的大臣)迫于时势,亦属势处两难。该大臣之苦衷已在朕洞鉴之中。因思驻京一节,为患最巨,断难允行。至进京换约,如能尽力阻止,更属妥善"②。他这时只想能做到不让外国的使臣长驻京城这一条。他认

---

① 《咸丰夷务》第31卷,第31页。
② 《咸丰夷务》第35卷,第40页。

为,让外国使者长驻京城无异于公开宣布朝廷已"为外夷所监守"①
(后来的事实确也是如此,帝国主义国家派来的外交代表成了半殖民
地的中国政府的操纵者)。按照天津条约规定,一年后正式换约。咸
丰皇帝不愿意在京城换约,也无非是为了想表示,这些屈辱的条约不是
由皇帝自己负责的。总之,都是想为代表封建统治权威的皇帝保留点
"体面"。参加会议的大臣们当然能体会到这意思,他们尝试说服英国
人同意把长驻外使的地点和换约地点移到京城以外。但是,对方寸步
不让。

侵略者会给封建统治者及其最高代表者以"体面"的,但这时还不
给,他们要在得到后者彻底屈服的保证后才给。所以清朝方面对天津
条约似乎已反悔的表现,只使得侵略者准备进一步施行武力威胁。

咸丰九年五月(1859 年 6 月),预定换约的时间已到。英、法、美三
国公使自行到大沽口外,他们都有兵船随行,特别是英国,来的是以海
军上将何伯所率领的一支相当大的舰队。这时清朝方面决定接待这些
公使,但指定他们不带武装由大沽口稍北的北塘口登陆到天津,并且预
先告诉他们说,"现在大沽海口,已节节设备,如轻易入口,恐致误
伤"②。清朝方面的这些要求显然是完全合理的,是无可非议的。但英
法方面不理会这些通知,它们认为在中国应该有权要走哪里就走哪里。
五月二十五日(6 月 25 日),英法兵船蛮横地闯入大沽口,自行排除航
道上的障碍物,开炮轰击炮台,并以陆战队强行登陆。他们没有料到,
这时中国炮台对他们实行了猛烈而有效的反击。炮战继续了一昼夜,
侵略者遭到了严重的失败,英国的四艘炮艇被击沉,还有几艘炮艇失去
了作战能力。登陆部队半数以上伤亡,海军上将何伯也受伤。英法侵
略军被打得如此狼狈,如果没有在场的三艘美国兵船的援助,几乎无法
退出大沽口。美国在这时期本来一直以中立者自居,没有参加英法的

---

① 《咸丰夷务》第 50 卷,第 16 页。
② 《咸丰夷务》第 38 卷,第 17 页。

这次军事行动,但在紧急关头,却出来作了这与他的"中立"的身份不合的行动。

英国和法国侵略者对于1859年的这一次意外的失败是不甘心的。但由于中国以外的国际局势的影响,英法两国到1860年初才有可能联合派出相当大的兵力,仍分别由额尔金与葛罗为专使,再一次宣布同中国处于战争状态。

大沽口的炮战在清朝当局看来也是一个意外的事件。这次炮战完全不表明清朝皇帝及其政府对于侵略者的政策有了什么改变。炮战后五天的上谕中说:"驭夷之法,究须剿抚兼施,若专事攻击,恐兵连祸结,终无了期。不如趁此获胜之后,设法抚驭,仍令就我范围,方为妥善",并且表示担心:"惟恐各官兵,因此次获胜,总以攻剿为是,致误大局"①。所谓"设法抚驭,仍令就我范围",其实是央求他们仍然前来北京,进行换约。美国公使这样办了,清朝当局在京城和美国人完成换约手续后,还请他们转达英、法公使,希望他们"复寻旧好,进城换约"②。俄国新派的公使伊格那替业幅也到了北京。在咸丰九年十一月间传说英法海军即将到上海时,上谕却要上海地方当局派员"前往问其是否来此议和,于该国调兵等事佯为不知,看其如何回答,或可迎机开导,俾就范围,亦可为弭兵之计"③。朝廷虽然也命令加强海防,准备迎击,其实是没有作战的决心的,所以负责大沽口防务的将军僧格林沁向皇帝不满地说:"用兵之道,贵乎鼓作士气,不宜稍有游移,心无专主。……若今日言和,明日言抚,兵丁与该夷虽有不共天地之心,将领常存畏首畏尾之念,一旦人心懈怠,难再收拾"④。

咸丰十年(1860年)初,两江总督何桂清(此人早就成了上海买办资产者的政治上的代表人物)根据皇帝的旨意,要中国商人同英国商

---

① 《咸丰夷务》第38卷,第56页。
② 《咸丰夷务》第40卷,第5页。
③ 《咸丰夷务》第45卷,第5页。
④ 《咸丰夷务》第46卷,第4页。

人联系,向英国公使探听在什么条件下可以议和。英国人当然提出了一大串新的要求。由于英法军队即将开到,二月十六日(3月8日)英、法公使分别发出给清朝当局的最后通牒,要求"立即和无条件地接受"四项条件,其中包括对大沽炮台的行为"道歉",完全实行天津条约和追加新的赔款等项。他们明知这时清廷还不会完全接受这些条件,所以同时放出风声,说不久就要举兵北上,而且要"拦漕停税"(截夺从南到北海运的漕粮,停止交纳关税),这又是清廷十分害怕的事。

在上海通过买办商人同侵略者进行求和的谈判看来是行不通了。咸丰皇帝忽然表现了强硬的姿态。闰三月初一上谕说:"该夷不自引咎,不遵开导,仍以必不可行之事,志在必行,在中国岂能俯首受其挟持。现在天津等处,设防严密。如果该夷带兵前来,惟有与之决战。但此次用兵之后,该夷断非有心和好,所有前议条约,概作罢论。"①但是还不到一个月以后,由于英法的北上的恐吓尚未实现,皇帝的口气又改变了。上谕说:"如果任其带兵北来,与之决战,即我兵全操胜算,亦必至兵连祸结,后患无穷,终非善策。不若仍在上海反复开导,毋令决意北来,庶可消患于未形"②。所谓"反复开导"就是向敌人要求降低条件,赐与和平。这样的任务仍然交给上海的买办商人及其政治代表两江总督何桂清等人。但是侵略者还是不受"开导"。四月里,英法的一部分军队分别在浙江的定海和山东的烟台等地登陆,并且占领山东的成山角,这是南北漕运必经的海道上的咽喉。五月初,何桂清等在进行所谓"反复开导"时,却在和英法商量,请他们出兵帮同攻打太平军,原来这时太平军正在胜利地东进,已经攻占苏州。何桂清向皇帝奏报说,英法方面对天津条约的全部和今年二月提的四条一点也不肯让步,只要接受他们的要求,不但英、法军北上的危险可以消失,而且他们还可

① 《咸丰夷务》第50卷,第1页。
② 同上书,第33页。

以出兵助战,所以"仰乞皇上天恩,逾格从权,可否准将英法二国原定天津条约及续请四款,准予照办,庶几南北两衅,可期立时消释。"①这时皇帝表示反对这种主张,而且立即罢免何桂清,令薛焕继任。但薛焕其实完全是何桂清同类的人。五月下旬,英法的军队已经到齐,额尔金、葛罗二人也到达上海,并即启碇北上。薛焕向皇帝报告他的几年来办理"夷务"的经验是:"驭夷之法,全在顺其性而驯之"。他又说:"兹值我国家多事之秋,人人皆知以和为贵。……若不量为变通,恐益滋决裂,惟有姑顺其性,以期抚议有成。"②在这敌兵已经进压国门,按理应该表现抵抗的决心的时候,皇帝却又表示同意薛焕的主张,下令直隶总督恒福在英、法军队到达海口时"拣派善于词令的人,询其来意。"并且"详细开导……或可稍有转机"③。敌人来意如何,难道还需要向敌人打听吗?可是皇帝居然相信薛焕的报告:"该酋等有会齐兵船,……偕抵大沽海口,察看中国如何举动,始决战和之说",因而认为"是该夷等志在求和之说,尚非无因"④。原来求和的不是自己,反而是武装压境的敌人!

在皇帝的这种方针指导下,实际上成了开门揖盗的形势。英、法军队从容地在没有设防的北塘口登陆,抄袭大沽炮台,轻易地占领了炮台。僧格林沁的部队挂了白旗撤退,而且一直撤退到通州(今北京通县)。天津被敌军占领,实际上是由清朝地方官员把敌军迎进了不设防的天津。

皇帝派出了大学士桂良到天津,会同直隶总督恒福都以钦差大臣身份同英法议和,表示接受本年一月对方在上海提出的四条。但是侵略者这时的要求又提高了,要增加赔款,增开天津为通商口岸等。侵略者根本不同这些钦差大臣谈判,只是迫令他们同意所有提出的要求。

---

① 《咸丰夷务》第52卷,第17页。
② 《咸丰夷务》第53卷,第43页。
③ 同上书,第45页。
④ 《咸丰夷务》第54卷,第13、15页。

桂良等奏报皇帝,除了接受对方要求外别无其他办法,他们已向英法发出同意的照会。显然,他们之所以敢于这样做,是根据咸丰皇帝的避战乞和的方针。但这时咸丰皇帝忽然又变了卦,对桂良等大加申斥,认为他们怯懦无用。七月下旬,咸丰皇帝口口声声说现在只是对外夷"暂时羁縻",一定要准备进行一次"决战",而且"决战宜早不宜迟"①。"刻下唯有与之决战后再抚,舍此别无办法"②。而且"朕今亲统六帅,直抵通州,以伸天讨而张挞伐"③。就在发出"御驾亲征"的吹嘘的这一天(七月二十四日,即9月9日),英、法侵略军从天津向通州方面推进。但是人们没有看到什么"决战",只看到皇帝又急急忙忙派出了级别更高的钦差大臣(怡亲王载垣,尚书穆荫)同对方进行和议,想劝阻敌军不到通州。他们在给英国人法国人的照会中说:"贵国所开各款,业经允许,自无不可面定"④。皇帝深恐前方的军队轻于作战,破坏"抚局",特别通知统兵的僧格林沁说:"现在议抚之王大臣,料已行至通州。……僧格林沁等断不可轻于一试,以期于抚局有丝毫之益,实为万幸"⑤。

英法军队越来越逼近通州。咸丰皇帝已经决定对于英法的要求,除了"索要现金"及"带兵进城"(进北京城)这两点外全部接受,即使这两点也不是绝对拒绝。但是侵略者寸步不肯退让。皇帝这回又似乎真下了抵抗的决心。八月初的上谕看上去像是一个宣战的号召。其中历述了英法自咸丰七年进兵广州以来的罪行,然后说:"逆夷犹敢逞凶带领夷兵,逼进通州,称欲带兵入见,(把敌人进兵北京说成是"欲带兵入见"!——引者)朕若再事含容,其何以对天下?现在严饬统兵大臣带领各路马步诸军,与之决战。近畿各州县地方士民,或率领乡兵齐心

----

① 《咸丰夷务》第60卷,第7页。
②③ 同上书,第26、30页。
④ 同上书,第34页。
⑤ 同上书,第35页。

助战,或整饬团练,阻截路途。……务各敌忾同仇,明攻暗袭,以靖逆氛"①。

咸丰皇帝把作战的希望寄托在通州一带布防的僧格林沁的部队,以为他至少能在英法军队进犯时进行有效的阻击,然后能争取对方降低一点条件以达成和议。他又荒谬地以为英法派到通州的谈判代表巴夏礼是他们的"谋主",把他扣留下来就是一个大胜利。事实上,清朝军队这时已毫无斗志,这主要是在战争中所执行的混乱的政策所造成的。八月七日(9月21日),英、法军队向通州以西的八里桥一带发动进攻,僧格林沁的部队几乎全军溃散。于是北京城就敞开在侵略者面前了。

咸丰皇帝听到八里桥的败绩后,立刻逃出北京,到热河的行宫去了。他的弟弟恭亲王奕䜣被任为钦差大臣留守京城,"督办和局"。

英法侵略军到了北京城外,首先绕道到西北郊的圆明园,抢夺园内的金银财宝,并劫走所有能搬动的珍贵文物,九月五日(10月18日)英军纵火烧毁圆明园。几天后,这个经过清朝一百多年经营,汇集中国人民的血汗的结晶,综合中西建筑术,聚集古今艺术品而成的壮丽宫殿和园林,完全变成了废墟。法国大文学家雨果在1861年写给朋友的信中愤怒地斥责英法侵略者这一罪行。他写道:"在两个胜利者瓜分赃物的条件下,圆明园大规模地遭到了蹂躏"。"我们欧洲人是文明人,在我们眼中,中国人是野蛮人,可是你看文明人对野蛮人干了些什么!"雨果又正确地指出:"治人者所犯的罪恶是与治于人者不相干的。政府有时会做强盗,但人民是永不做强盗的。"②

有些官员主张在北京城外和敌人作战,但逃到了热河的咸丰皇帝说:"必须厚集兵力,一战成功,方为计出万全"③。这时有谁敢保证

---

① 《咸丰夷务》第62卷,第19页。
② 转引自丁名楠等著《帝国主义侵华史》第1卷,人民出版社1973年版,第158页。
③ 《咸丰夷务》第65卷,第4页。

"一战成功"？当然唯一的出路只能求和。留在城里的一些大臣自动开放了安定门,让英法军进城。本来驻在城外的奕䜣也按照咸丰皇帝的命令进城"与该夷将本年所议续约,画押盖印,并将八年天津和约互换"①。这时只能不折不扣地接受对方要求的一切,一个字也不敢驳回了。咸丰皇帝说:"业已入城,一经驳斥,必致决裂,只可委曲将就,以期保全大局"②。

咸丰十年(1860年)九月间,恭亲王奕䜣不但同英国、法国订立了北京条约,而且接着又同俄国订立了一个条约。沙皇俄国的公使伊格那替业幅在咸丰九年六月初到北京后,向清朝当局进行交涉,提出了些新的要求,其中主要的一点是要把瑷珲条约中规定为中俄共管的很大的地区都占为己有。清朝当局拒绝接受这些要求。咸丰十年四月间,在知道英法将再次兴兵进攻北京时,伊格那替业幅从北京到了上海。他向英法侵略者提供了关于白河沿岸清军防务的情报和俄国东正教教士私自测绘的北京详图,并指出城防最薄弱的地点。所以俄国人实际上成了英法侵略者的同伙和参谋。在英法军队到北京时,俄国的公使又钻进了北京城,自称来为双方调停,其实是乘机迫使清朝承认他所曾经提出的那些要求。这回清朝当局不敢拒绝了。恭亲王奏报说:"伏思该酋(指俄使)心怀叵测,未便过于拒绝"③,结果在十月初二(11月14日)又订立了中俄续增条约(亦称中俄北京条约),满足了沙皇俄国的要求。

在第二次鸦片战争中,清朝政府被迫订立的一连串不平等条约(包括天津条约、北京条约和在上海订立的"中英通商章程善后条约")的主要内容,这里综合地说一下。

一、北京条约把天津条约中所规定的对英、法的"赔款",都增加为

① 《咸丰夷务》第65卷,第23页。
② 《咸丰夷务》第66卷,第14页。
③ 《咸丰夷务》第67卷,第10页。

八百万两,外加上"恤金":英国,五十万两;法国,二十万两。

二、如前所述,俄国攫取得了黑龙江以北和乌苏里江以东的极其广大的领土,共一百万平方公里有余。

中俄天津条约中说:"日后大清国若有重待外国通商等事,凡有利益之处,毋庸再议,即与俄国一律办理施行。"①从此沙皇俄国也得到片面的最惠国待遇,成为侵略中国的国际强盗帮中"平等"的一员,而且成为他们的互相竞争和争夺中主要的一员。

由于片面的"最惠国待遇",以下所说各点,虽分别写在不同的条约上,但都成为所有这些强盗可以共同享受的权利。

三、除鸦片战争已开放的五口外,沿海又开放天津、牛庄(后改营口)、登州(后改烟台)、台南、淡水、潮州、琼州这七口,并在长江沿线开放镇江、南京、九江、汉口四口。在新疆,对俄也加开了喀什噶尔一口。

四、外国船(包括兵船)可以往来于沿海各通商口岸,也可以在长江一带自由通航,外国人可以任意在内地游历、通商。

五、外国教会有了在中国各地自由活动的权利。充当翻译员的法国教士甚至私自在北京条约中增加上了"任法国传教士在各省租买田地,建造自便"②的条文。

六、领事裁判权有了详密的规定:中国不但无权审理在中国犯了刑事案的外国人,而且凡涉及中国人和外国人之间的民事案件都要由"中国地方官与(外国)领事官会同审办。"③

七、进出口货物的税率,除茶、丝、鸦片外,一律按值百抽五的原则规定,而且洋货运入内地只抽百分之二点五的子口税,以代替各项内地税。中英通商善后条约中还有"任凭总理大臣邀请英人帮办税务"④这样的话,从此外国人管理中国的海关似乎有了"合法"的依据。

---

① 《中外旧约章汇编》第一册,第88页。

② 同上书,第147页。

③ 同上书,第98页(中英天津条约第十七款)。

④ 同上书,第118页(该条约第十款)。

八、鸦片烟成为合法的进口商品。

九、条约中有准许华工出国到英、法属地或其他外洋地方作工的规定，当时外国侵略者已经在东南沿海掠买华工，大批贩运出洋，这种暴虐行为从此得到了"合法"的保障。

十、外国派遣公使以征服者的姿态进驻中国的京城。

条约中的这些规定以及其他一些规定使得中国更深地堕入半殖民地化的泥坑。

第二次鸦片战争的后果不仅表现在这些条约上。经过这次战争，形成了外国侵略者与中国封建统治者联合镇压中国人民革命的形势，使中国封建统治者开始成为西方列强的附庸与工具。这是我们以后要讲到的。

（七）封建统治者把谁看成真正的敌人

这里我们还要说一下在第二次鸦片战争中的"团练"的问题。我们在第一次鸦片战争中已经看到，封建统治者在对付外国侵略者时常常说要"借助民力"。第二次鸦片战争中，咸丰十年七月二十七日的类似宣战号召的上谕中说："近畿各州县地方士民，或率乡兵，齐心助战，或整饬团练，阻截路途……"①，似乎也是在发动人民群众的力量。但封建统治者的所谓组织团练，决不表示他们相信人民的力量，决不是真正想动员人民力量来抵抗外国侵略者，也决不可能真正动员人民的力量。第二次鸦片战争中的情形继续证明这一点。

当英、法侵略军侵入津、沽时，清朝方面在京畿一带提倡办理团练不可谓不起劲。但是由朝廷派出的大员督率地方绅士富商组织起来的团练并不能在侵略军进攻中起拦截尾追的助战作用。绅士们的热心办团练，是借此派捐敛钱，或者作为进入官场的阶梯。他们需要有一点武

---

① 《咸丰夷务》第 61 卷，第 3 页。

力,也是为了在兵荒马乱之际,保卫自己的家业。所以僧格林沁奏报说:"现在津郡城乡,团勇不过万人,设遇有警之时,可以镇压土匪,不能调出迎敌。"①奉令回籍办团练的焦祐瀛、张之万也奏报说:"查武清之杨村,静海之独流等,均已举行团练,但均系弹压土匪而设,可以保卫乡间,未必即能打仗"②。清朝当局在它的正规军队遇敌即溃,而且又不断地向敌人乞和的情形下却幻想由地方上的绅士们领导的团练抗御敌人,当然只能落空。焦祐瀛等的奏报中又说:"抚议一起,人心懈怠,不但兵无斗志,亦复民无固心"③。这所谓民无固心其实就是绅士地主们的心理。下层群众中蕴藏着的愤怒,在没有组织与领导的情况下,最多只能表现为对侵略军的个别的破坏行为。官员和绅士们领导组织的团练不但不能动员下层群众的积极性,反而只起阻遏的作用。所以在侵略军向北京进逼时,甚至出现这种奇怪事情:"夷人北来时,津郡为之代雇车百数十辆,途中复应付柴草。……武清县民团未奉地方官的示谕,不肯与该夷为难。"听到这样的报告,连咸丰皇帝都认为"殊出情理之外"④,但其实这种现象正是封建统治者所实行的政策所造成的。

特别能说明问题的是在广东省的情形。

在咸丰七年广州城被英、法侵略军占领之后,清朝政府在毫无办法中想出了这样一着:要广东的官员"传谕各绅民,纠集团练数万人,讨其背约攻城之罪,将该夷逐出省城"⑤。广东省城附近的劳动群众有三元里的斗争传统,对于占领广州的敌人的斗争一直没有停止过,小股的敌人出城往往受到袭击,如果很好地组织这种斗争,是可以困扰敌人的,甚至有可能使它在城内站不住脚,但是要求一战而逐出敌人,是不

---

① 《咸丰夷务》第 46 卷,第 2 页。
② 《咸丰夷务》第 60 卷,第 23 页。
③ 同上书,第 25 页。
④ 《咸丰夷务》第 61 卷,第 31 页。
⑤ 《咸丰夷务》第 18 卷,第 5 页。

切实际的。更奇妙的是清朝当局规定了这样的方针：要把这种进攻说成是与清朝官方无关的，等到进攻得胜，"然后由地方官员出为调停"①。这时有前户部侍郎罗惇衍等三个地方上的大绅士主持办理广州城附近各地的团练，他们自称在积极准备实现收回广州城的任务。皇帝要那个拖延很久才到任的两广总督黄宗汉同罗惇衍等商量："将攻击夷人之事令罗惇衍等专办，而该督作为局外调停"②。这真是难以思议的事，要这些绅士以人民的名义去同侵略者决战，而官方则作为"局外"人进行"调停"！到了咸丰八年的天津条约已经订立之后，皇帝要罗惇衍如果确有把握，仍可进攻广州，但谕令黄宗汉，"照会该夷，使知构兵之故，与官无涉"③。在这情形下，这些绅士们哪里会真去打仗？他们报告皇帝说："臣等仰体圣意，自当按兵不动，遥作声威。而乡曲愚民，颇难明白徧谕。刻下沿海乡村，仍有忿然不平，不肯甘心接济夷人及为夷人服役者。该夷以势力欺压，间有民夷仇杀之案。当此万难措手之时，有此一着，便知公愤尚在人心，未始非牵制之一术。且出自百姓，与官绅无干"④。上谕答复说："现在夷人仍踞省城，既不与官绅为难，亦只可暂与相安。其民夷仇杀之案，无关大局者，仍当毋庸与闻"⑤。这样一来，不但"官"，而且"绅"都成了"局外"人了，在侵略者面前不甘心屈服的就只剩下不懂事的"乡曲愚民"！

但这些"乡曲愚民"却不承认官与绅是局外人。黄宗汉报告说：他已同罗惇衍等商量好，"攻剿之举，既不能计出万全，则且缓兵蓄威，毋使（外夷）有所借口，以免贻害沿海地方"，这实际上是说决定同占领广州的敌人和平共处，但是"无如好事之徒，安心构祸，肆口骂罗惇衍等虎头蛇尾；虚糜民间数十万银两，抚议一到，遂即按兵不动。……其催令臣督兵进剿匿名揭帖，竟贴至臣署前，并有用石块包揭帖，于夜深时

---

① 《咸丰夷务》第18卷，第6页。
② 《咸丰夷务》第26卷，第38页。
③ 《咸丰夷务》第35卷，第5页。
④⑤ 《咸丰夷务》第30卷，第35、37页。

由墙外掷进者。……"①下层人民群众对侵略者的愤怒转移到这些愚弄人民而向侵略者妥协的官绅身上,这是完全可以理解的。

这时,办团练的绅士们的任务也就转了个一百八十度的弯。咸丰九年初罗惇衍等奏报说:"臣等驻扎花县,……申谕北路乡民,不准仍与夷仇杀。"而且因为占领广州的侵略军表示要到花县,所以他又从花县向北撤退,"一面约束壮勇乡民,不准妄动。"②

广东这一角的情形,已足够使我们看到,封建地主阶级到了这个历史阶段已经彻底地堕落;在外国侵略者的压力面前,它只能起约束人民群众的爱国斗争的作用。不管外国侵略者如何欺凌与侮辱它,它也宁愿向他们妥协,甚至想依靠他们来求自己的生存。在第二次鸦片战争中,清朝封建统治者始终没有把外国侵略者当成真正的敌人,因为他们心目中的真正的敌人不是别的,而只是革命的人民——太平天国。

---

① 《咸丰夷务》第 31 卷,第 10 页。
② 同上书,第 12、13 页。

第 七 章

1856—1861 年的太平天国

（一）长江中下游的争战

在咸丰六年（1856 年）天京城内发生大变乱时，太平军控制着西自武汉，东到镇江的长江沿线，在湖北、江西、安徽三省太平军都居于优势。但就在这时，太平军已经实际上从战略进攻转而为战略防御。太平军为了卫护天京而占领了天京以西沿长江的大小诸城镇，力求坚守这些城镇和地区。于是太平军就成了防御的一方，清朝军队反而成了进攻的一方。到了韦昌辉在天京进行的屠杀使太平军骨干受到很大损失，而石达开的分裂又带走了一部分兵力以后，在天京以西的战场上，逐渐出现了不利于太平军的局势。

首先是在湖北。在咸丰五年（1855 年）二月间，太平军第三次占领武昌，湘军的主帅之一胡林翼受任为湖北巡抚，率军进攻武昌，加以围困。石达开曾在外围与城内的太平军配合夹攻胡林翼。到了天京变乱后，石达开撤走了城外的援军，城内的太平军无力继续坚守。咸丰六年十一月下旬守军突围而出。从此太平军再没有重新进入武昌。

接着,湘军以十万兵力投入江西战场。当时,除了省城以外,江西的几乎所有的重要城镇都不在清朝手里。但太平军的兵力比起敌方进攻的兵力来说,相对地较少,而又分散守御各个城镇。加以前面已经说过,在江西太平军中还杂有打着自己旗号的天地会部队,二者在作战中常常发生矛盾,不能很好地合作。例如,咸丰六年十一月初,袁州(宜春)的守将,一个天地会头子李能通开城降敌,城中二千多太平军老战士则坚持战斗到底。敌方利用太平军中的这些矛盾,经过剧烈的争战,在咸丰六年、七年分别包围攻下了江西的许多城镇。石达开在七年八月率十余万之众由安徽进入江西,但这时他已宣布"独树一帜",当然无力统一领导在江西的军事。八年二、三月间,石达开军退出江西,东入浙江、福建,还留在江西的太平军仍然分别坚守着尚未被敌人占领的几个城市。他们所采取的消极防御的办法只能使局势继续恶化。被敌人围困了近一年半的九江,终于在八年四月失陷。太平军名将林启容全军一万七千人在巷战中全部牺牲。到了这年八月,太平军手里的最后一个城市吉安也在太平军和天地会互相倾轧中被敌人攻占。这样,整个江西省反过来成了湘军的基地。

太平军在安徽的情况好得多。咸丰六年下半年,淮南地区的不少城镇也被清军从太平军手里夺去。但是太平军没有采取单纯防御的办法,他们和当时在皖北活动的另一支重要的农民起义军,即被称为捻军的部队结合了起来,在七年、八年进行了比较活跃的战斗。他们不仅在皖北取得了战场上的优势,而且西进到河南、湖北的边境。

在太平天国的一些名城重镇相继沦陷的情况下,形成了天京被围困的局面。清朝以钦差大臣和春接替已死去的向荣,统率江南大营,再次进逼天京,同以钦差大臣德兴阿统率的江北大营相配合,企图扼杀太平天国的心脏。八年六、七月间,太平军的将领们在安庆东北的枞阳镇举行会议,作了新的军事部署,决定由陈玉成、李秀成联合作战,共同解救天京之围。于是在陈玉成统帅下,已进入鄂豫边境的太平军撤兵东征,重新占领了淮南的庐州(合肥)和其他一些城镇。陈玉成又联合捻军与李秀成会师于滁州乌衣，八月，他们乘胜直下浦口，袭击监视天京的江北大营，使江北大营全军溃退，太平军前锋东进到苏北的扬州。

这时，在江西的湘军以为淮南的太平军的主力已经东进苏北，可以乘机攻进安徽。他们连续占领了安庆外围的不少城市，以其主力进攻巢湖边的三河，这里是太平军的一个重要军事据点，不料实际上他们已经进入了太平军的圈套。八年十月，陈玉成统率在苏北的太平军主力迅速西回，又加上李秀成的援军和其他方面的兵力，与三河的守军相配合，使进攻三河的湘军陷入包围圈中，遭到惨重的失败。曾国藩为此痛苦地说："李迪庵三河之挫，敝邑阵亡者达六千人，士气大伤"①。李迪庵即李续宾，他所率领的是湘军里的一支最凶狠的部队，他的部队在三河之战中被歼，他自己也死在这一战中。胡林翼也说："三河败绩之后，元气尽伤。四年纠合之精锐，覆于一旦。而敢战之才，明达足智之士亦凋伤殆尽。"②三河这一战是这时期太平军进行的一次典型的歼灭战。

太平军在三河的大胜，使它在战场上的主要对手湘军在一年多后才逐渐恢复元气。因此，在这期间，太平军就能腾出手来对付围困天京的以绿营兵组成的江南大营。

江北大营在八年八月被太平军击败后，清朝在江北的军务改由主持江南大营的钦差大臣和春节制。趁太平军主力赴三河作战时，清军又在天京附近的地区活跃起来。奉太平军之令守卫滁州、全椒、来安、江浦诸城的捻党头子李昭寿、薛之元在这年九月下旬叛变，把他们的部队和驻地都投到了敌人方面。这样，天京又遭到围困。陈玉成和李秀成的主力回师江北，到了九年十月克复六合、江浦等地，使天京形势有所改善。但是如果不彻底粉碎江南大营，还不能根本改变天京的处境。江南大营的部队虽然十分腐朽，但毕竟拥有十多万人。其中的一部分，

① 《致郭雨三》。《曾文正公书札》第5卷，第2页。
② 《复胜克斋钦使》。《胡文忠公遗集》第61卷，光绪十七年刊本，第29页。

主要是以前广西土匪头子、受清朝招安的张国梁所统率的部队,还是有较强的战斗力的。江南大营统帅和春的主要助手就是张国梁。为了粉碎江南大营,太平军的领导者决定了一个非常聪明的战略计划。

咸丰十年(1860 年)二月间,李秀成按照预定的计划,使用相当强的兵力从皖南进入浙江,在敌人完全没有料到的情况下,迅速进兵,突然攻入浙江省城杭州,在敌人中造成一片惊惶。正在围困天京的江南大营不得不分出一部分兵力到杭州方面增援。更使敌人出于意外的是太平军的目的并不在杭州。进入浙江的太平军在看到分散敌方兵力的目的已经达到,立即撤出杭州,大踏步地迅速回到皖南,与预定的陈玉成各路军队会合,对于包围天京的江南大营实行了反包围。发生在这年闰三月上半月的这场大会战的结果是江南大营全军崩溃。张国梁败退到丹阳,可耻地战死。和春也自杀。从此江南大营再也没有能恢复。粉碎江南大营这一战是太平军的灵活机动的战略的又一典型。

当时的太平军主帅陈玉成和李秀成,是太平天国后期杰出的将领。陈玉成(1837—1862),广西桂平人,贫农家庭出身。金田起义时他才十四岁,参加起义军当一个兵士。定都天京后,陈玉成随同西征军进攻武昌,他率领五百人首先以勇猛果敢的行动攻破武昌城。连续几年的战争实践的锻炼,使得这个贫农的孩子成长为太平军中的一个主将。他率领部队在安徽东西驰骋,使敌人不能不处处戒备。咸丰八年,陈玉成被封为前军主将,第二年又被封为英王。李秀成(1823—1864),出身于广西藤县一个贫苦的农民家庭。太平军进军永安路经藤县时参加革命。由于作战机智勇敢,从一名普通的士兵晋升为青年将领。石达开分裂出走后,他和陈玉成在太平天国危急的形势下共同担负军事重任,并且一起在皖北战场上作战。咸丰八年他被封为后军主将,第二年又被封为忠王。曾国藩、胡林翼这些反革命头子把陈玉成和李秀成看做他们在战场上的可怕的对手。

在粉碎江南大营后,摆在太平军面前的问题是下一步应该如何打开局面。当时,太平军占领的地区除了天京附近的不大的地区外,只有安徽省的大部分。天京以东太平军向来占有的唯一重要据点镇江已在咸丰七年十一月为敌人夺去。太平军的领导决定东进,先夺取江南富庶的地区。

担任东进任务的将领主要是李秀成。他在咸丰十年(1860年)四月间率部连续占领常州、无锡和当时苏南的政治经济中心苏州,很快地占领了太湖以东的地区,六月初已逼近了上海。同时,陈玉成率部进占太湖以西的地区并由此进入浙江,威胁杭州。太湖流域这个地区对于清朝政府说来,是征收漕粮的一个重要基地,夺取这个地区对清朝是一个严重的打击。但由于太平天国把很大军力用在这个方面,就给了清朝军队在南京上游组织反攻的时机。

从三河之战的失败中逐渐恢复元气的湘军首脑曾国藩,咸丰九年(1859年)下半年开始逐步分路进兵安徽。他想以湖北和江西为后方,同太平军争夺安徽,而又特别着重安庆一点。他以为只要占领安庆,就可步步为营,向南京推进。到了十年(1860年)五月,在曾国藩亲自率领下,集中了湘军主力八万人在安庆附近,实现了对安庆的包围。于是陈玉成从浙江回师,同太平军其他部队配合,收复了皖南一些城镇,并且渡长江到了皖北。十月里,陈玉成军从安庆以北的桐城向南进攻,企图解除安庆之围,但没有成功。

这时,太平军已经确定了分军两路,突入敌人后方,进攻武汉,解救安庆的计划。北路由陈玉成统率,由皖北入湖北,南路由李秀成统率,由皖南经江西入湖北。按照这个计划,陈玉成的军队在咸丰十一年(1861年)二月初进抵湖北的英山,并继续西进,占领黄州(黄岗),直逼武昌。这是极其聪明的战略,因为当时湘军后方空虚,连武汉也没有防御的能力。所以在安庆前方的湖北巡抚胡林翼听到陈玉成军队已迫近武汉时,惊惶失措,责备自己是"笨人下棋,死不顾家"①。由于曾国藩坚持不放松对安庆的包围,湘军不可能分出很大力量到武汉方面来。

---

① 《复左季丈京卿》。《胡文忠公遗集》,第37卷。

这时,英国驻华海军司令何伯和英国驻广州领事巴夏礼率领舰队到了汉口。巴夏礼特地赶到黄州会晤陈玉成,"劝告"他不要进攻武汉,以免损害英国的利益;同时还别有用心地说,九江方面没有听到李秀成等进兵的消息。在这种情况下,陈玉成就在快要兵抵武昌时自动退回,转向黄州以北,进攻麻城、黄安一带。这就使曾国藩、胡林翼放下心来。陈玉成看到安庆之围依然如故,就不再坚持开辟湖北的战场,于三月间以其主力回来援救安庆。

在苏州、常州一带的李秀成,原来不想西征,并主张守住东南新地盘的,但在洪秀全的督责下,也奉令回军武汉援救安庆。他以主力守江南,而自己带了一部分兵力到皖南,与其他部队合攻曾国藩的大本营所在地的祁门,没有攻打下来。他就转入江西境内。这时作为湘军的另一后方的江西也同湖北一样空虚。李秀成军入江西后,又有原属石达开的一些部队离开石达开来同他会合,一时江西又形成了沸沸腾腾的局面。李秀成留下他的一部分兵力在江西,自己从江西进入湖北,在十一年五月间到达接近武汉的地区。曾国藩仍然坚持围攻安庆,在湖北抵抗李秀成的清朝兵力很有限。但是李秀成听到陈玉成已回师安徽,又听到太平军在江西东北部失利时,迅速地从湖北撤出。英国驻汉口的领事金执尔曾到李秀成军中与他会晤,他之所以不坚持进兵武汉也是同英国人的劝阻有关系的。李秀成从湖北撤出的部队到江西会同他留下的部队一起向东进入了浙江,占领了杭州。这样,虽然陈玉成和李秀成曾进兵湖北、江西,并且他们本来是可以在这方面大有作为的,但湘军只是受了一场虚惊,仍然能保持着它凭以围攻安庆的后方地区。

李秀成和陈玉成之间在援救安庆问题上曾发生过争论。李秀成对此的态度是很消极的。其原因在于他一心只想保持江南地区。固然在当时集中全部力量去和湘军为争夺安庆一地而进行决战,是不对的,但是把天京以西的地区置之不顾,只守住苏、杭地区显然也是错误的。

反革命头子曾国藩在陈玉成、李秀成先后进兵湖北、江西时曾说:"此次贼救安庆,取势乃在千里以外。……贼之善于用兵,似较昔年更狡更悍。吾但求力破安庆一关,此外皆不遽与之争得失"①。同时他又说:"逆党之救援安庆,其取势乃在千里以外,江西被陷一郡五属,湖北被陷二郡十一属,皆所以掣官军之势,解安庆之围。论者多思撤皖围之兵,回顾腹地之急,又有谓宜弃皖南祁黟等县(这是指他的大本营所在地,皖南的祁门、黟县——引者),敛兵退保江境者。鄙意,皖围弛则江北之贼(指陈玉成——引者)一意上犯鄂境,黟祁退,则江南之贼(指李秀成——引者)一意内犯抚建(指江西的抚州、建昌——引者),故始终仍守原议"②。曾国藩的这些话证明,太平军深入敌人后方已经在敌人营垒中引起了意见分歧和混乱,曾国藩自己也不能不忧虑震动。曾国藩孤注一掷,集中他的几乎全部的兵力围困安庆,是为了进攻天京作准备,并把太平军都吸引到这一方面来。太平军反其道而行之,到敌人的空虚的后方纵横活动,迫使敌人分散其兵力而处于被动的地位,这本来是最聪明的策略,但是太平军不是自觉地执行这一正确的策略,因而也就不能坚持它。他们总是舍不得已经到手的一点东西。李秀成和陈玉成,一个以保持富庶的江南为满足,一个则倾全力来争夺安庆这一个城市,结果就使曾国藩这个顽强的反革命头子坚持用围困安庆来迫使对方处于被动地位的策略反而如愿以偿。

从咸丰十一年(1861年)三月起,陈玉成以全力进攻围困安庆的湘军。湘军用水师控制了长江,它对安庆的包围已经营了几年,为抵御和击退反包围的援军作了充分的准备。这场争夺安庆的会战连续进行了五个月,陈玉成的部下虽然战斗得非常勇猛,但安庆城终于在八月初被敌人攻破,陈玉成只能率领余部撤退。英勇地牺牲在这场会战中的太平军至少有两万多人。

如果太平军这时不是集中很大的兵力在安庆城外决战,而是由陈玉成、李秀成及其他部队很好地互相配合,坚持"取势于千里以外"深

① 《曾文正公家训》上卷,第12页。
② 《复万篪轩》。《曾文正公书札》第8卷,第18页。

入敌人后方,打击敌人,分散敌人的兵力,那么曾国藩的所谓"始终仍守原议"其实是坚持不下去的,不但安庆之围有可能解除,而且整个战局可能改观。他们不这样做,不能不说是很大的失算。

安庆失陷后,天京以西几乎完全成了敌人的天下,而只是在苏、杭地区太平军还暂时地保持着优势地位。

(二)捻军及其与太平军的合作

在河南和安徽的淮北地区,早在嘉庆年间农村里就有一种秘密组织。人们认为它是起义失败了的白莲教的遗党。当地农村中迎神赛会时要搓纸燃油,所谓"捻"即由此而得名。当时人记载说:"每一股谓之一捻。小捻数人、数十人,大捻二三百人。自嘉庆甲戌年(嘉庆十九年,1814 年)起,至今不绝,年丰则少靖,岁歉则横行"[1]。"方捻寇之初起也,不过饥穷乌合之徒,所至遮略剽杀,过城寨不攻,遇大军则走。"[2]可见这是饥寒交迫的农民的求生挣扎的一种组织。清朝当局虽然早就严禁结捻,但因为它只是分散的零星的活动,还不把它看成是大患。到了咸丰三年(1853 年)太平军抵达长江流域,特别是它的北上远征军队横越淮北地区时,这个地区的农民斗争就蓬勃地发展起来了。可惜北伐的太平军没有一路就地组织和发动农民,淮北地区的农民斗争在以后几年间与太平军没有什么联系。咸丰五年(1855 年)六月黄河在开封以东的铜瓦厢决口,黄河下流改道入大清河北流,使山东西南的几十个州县和皖北、苏北许多地方遭到严重的灾害。在封建统治的残酷压迫下,赤贫的农民和流亡的贫民更加无路可走。捻这种组织逐渐由小股合为大股,声势越来越大。张洛行成为皖北地区的捻党的大头子,自

---

① 黄钧宰:《金壶七墨》。见中国史学会主编:《中国近代史资料丛刊:捻军》(此书以后简称《捻军资料》)第一册,神州国光社 1953 年版,第 378 页。
② 薛福成:《庸盦文外编》。见《捻军资料》第一册,第 357 页。

号"大汉盟主",承认他为首领的各个部队共达几十万人。除了皖北以外,在淮河以北的广大地区,包括苏北、鲁南、豫东也都成了群雄竞起的局面。他们的力量大了,活动的地区范围也逐渐扩大了。有个站在清朝统治者立场上的人甚至认为"捻匪之为患有更甚于长发(指太平军——引者)者",他说,这是因为太平军的活动没有越过长江沿岸,而捻党则"纵横于淮南北,时复东掠丰沛(苏北),北蹂曹单而频窥济宁(鲁南),其势逼矣。譬诸疾病,长发方且困我肢体,捻匪又将溃及胸腹,不可不虑也"①。捻军活动于迫近清朝北方政治中枢的中原地带,当然不能不被认为大患。

捻军表现着这样几个特点:第一,它的声势虽大,但各股各自为政,不相统属,张洛行虽然在皖北称雄,对于承认他是首领的各部队也不能实行统一的领导。第二,它总是避免和敌人打硬仗,而经常奔走流动,使敌军无法捕捉到它。用它的敌人的说法是:"捻匪啸聚成群,飘忽无常,势不利于止而利于流"②;"时时多分小股,倏东忽西,伺间旁出"③。捻军又多着重发展骑兵,所以它的机动性更大。曾国藩(他在同治四年即1865年后曾负责对付捻军)也这样描写捻军说:"飘忽无常,伺隙则逞,稍一失势,则电掣飚去,终不得痛击而大创之。故捻匪之人多志大远不如粤匪(指太平军——引者),而其狡黠多马则反过之"④。曾国藩这段话不但说到我们这里说的捻军的第二个特点,而且说到它"志大远不如"太平军,这正是我们要说的它的第三个特点:它不像太平军那样有一个农民革命的纲领,也没有明确地提出推翻清皇朝的目标。这点又是和我们要说的它的第四个特点相关联的:它的领导者成份十分复杂。有些捻军领导者固然不愧为农民革命的英雄,他们在太平军失败以后仍然同敌人斗争到底。但也有些领导者其实是在"大乱

---

① 黄恩彤:《捻匪刍议》。《捻军资料》第一册,第408页。
② 洪良品:《平捻匪策》。同上书,第412页。
③ 《捻匪刍议》。同上书,第408页。
④ 《致吴南屏》。《曾文正公书札》第13卷,第9页。

之世"投机应变的角色,甚至有的人本来就是地方上的土豪恶霸。皖北捻军头子张洛行出身地主家庭,当过私盐贩子,他在最初聚众造反后,曾在宿州受清朝官方"招安",不久后又造反,清朝官方再一次和他接洽,他又动摇了。他找人算卦,说是不吉利,才下决心不再受招安①。不过张洛行以后还能斗争到底。当太平军到达淮河流域时,清朝在淮北一带照例号召地方士绅组织团练。但是怕事的士绅不敢出头,愿意出头的往往就是土豪恶霸。在官军无力保卫地方上的封建统治秩序的时候,这些团练头子就利用他们的合法名义为自己攫取权力,甚至因此而与地方官员发生矛盾。他们把团练的力量控制在自己的手中,不但用以保护自己的家业,而且用以达到某种政治上的野心。为了利害关系,他们今天和捻军作对,明天也可以和捻军携手。一旦看到不能从农民队伍中实现自己的野心的时候,他们又反过来效忠于清朝②。下文将提到的苗沛霖,就是以办团练起家而变来变去的一个代表人物。

咸丰七年(1857 年)太平军开始在安徽战场上和捻军的张洛行、龚得树合作。捻军参加了太平军在皖南的一些战役。太平军由于有了捻军的合作能够方便地出入于皖北、豫东。这时,太平军还派出了一支由扶王陈得才、遵王赖文光统率的部队经河南而入陕西,企图开辟西北战场。太平军与捻军的合作对清朝造成很大的威胁。曾国藩于咸丰九年(1859 年)惊叹说:"河南粤捻丛杂,东至清淮,西至确山,二千余里,无一干净之土"③!

清朝官方本来认为捻军只是所谓"流贼"。负责剿捻的袁甲三说:"数年以前之贼(指捻军——引者),不知沟垒可恃,专心以野战为强。自咸丰七年以后,皆知深沟高垒,以守为战。而攻剿愈觉费手"④。对

---

① 据《两淮戡乱记》。《捻军资料》第一册,第 285 页,及其他材料。
② 这类材料《山东军兴纪略》的《团匪》各章中很多。见《捻军资料》第四册,第 416 页以下。
③ 《复郭意城》。《曾文正公书札》第 5 卷,第 14 页。
④ 袁甲三致僧格林沁的信。见《捻军资料》第五册,第 203 页。

这个说法应该补充的是,坚持斗争的捻军在咸丰七年学到新的东西以后也并没有丢掉他们的善于流动作战的传统。另一方面,在咸丰七年以后,太平军曾几次采取迂回运动作战的策略击败敌人,因而能够如前面所说过的在安徽战场上打出了个较好的局面,不像在湖北和江西战场上因呆板地实行单纯防御而致失利,这表明他们从捻军也是学到了点东西的。

但是也不能不指出,太平军在安徽与捻军及其他地方势力合作中吃了些很大的亏。

第一个明显的亏就是李昭寿的投敌。李昭寿本来是个在鄂、皖边界的捻军的小头头,他在湖北英山归降了清朝,然后又杀掉了英山的清朝官员而投向太平军,成为李秀成的部将。太平军和张洛行的捻军合作就是李昭寿从中牵线的结果。李昭寿虽然加入太平军,但他的部下很多人抽鸦片烟,并且各自掠夺财物,据为己有,陈玉成发现后大怒,曾表示要斩他。但李秀成对他很信任。在咸丰八年(1858年)八月太平军打破江北大营后,李秀成调李昭寿的部队守滁州等城市,李昭寿几乎一到驻地就向清朝的钦差大臣胜保投降了。而且他还让他的同伙驻江浦的薛之元也投降。他们的投降造成天京被围的形势,迫使在西线的太平军只能东返,这是我们前面已经说过的了。李昭寿(他降清后改名为世忠)这回降清后,官做到松江提督,以至成为剿捻的大帅袁甲三的帮办。

第二个明显的大亏出在苗沛霖的身上。苗沛霖原是安徽凤台的一个秀才,他在家乡组织团练,立寨自卫,和捻军进行了几次战斗,击退了向他进攻的捻军。所以他本来并不是捻军,而是捻军的对头。清朝当局因为他积极参加剿捻,封给他四川川北道的官衔,令他督办安徽省团练。苗沛霖得到这个地位后,就把皖北的团练都控制在自己手里,成为独霸一方的局面。咸丰九年(1859年)他率部随袁甲三在凤阳攻打张洛行的捻军,自以为功劳很大而没有得到更高的权位,非常不满意。咸丰十年(1860年)英法侵略军入北京,皇帝逃到热河的消息传来时,苗沛霖大喜说："时候到了"①。这年十一月，他就"造反"起来了。他一面围攻清朝的安徽巡抚翁同书驻地寿州，一面派使者去联络捻军张洛行，还派使者到南京表示归顺太平天国。张洛行表示愿意和他修好，于是他才同捻军结合起来。太平天国也对他一点不怀疑，立刻封他为"奏王"。咸丰十一年（1861 年）九月下旬，他攻陷寿州城。这时，清朝的新的皇帝（同治）即位后已经回到了北京，而太平军已在安庆会战中失败，形势看来不妙。苗沛霖决定采取脚踏两条船的办法。他优礼俘获的安徽巡抚翁同书，并经过他向清朝表示将在适当时机回到清朝方面去。清朝的钦差大臣胜保在同治元年（1862 年）正月初到安徽督师，苗沛霖立即同胜保进行联系，暗中投降。在张洛行的捻军正同太平军一起围攻颍州（阜阳）时，苗沛霖向张洛行的背后突然发动攻击，使张洛行全军溃散②。这是同治元年（1862 年）三月间的事。与此同时，陈玉成在淮南的庐州（合肥）受到敌军围攻，四月里突围北走。他这时还不知道苗沛霖已经投降清朝，以为可以经过苗的地区而到皖北。苗沛霖假意欢迎陈玉成进入寿州城，把陈玉成和随从他的人都轻易的俘虏了献给清朝当局。陈玉成这个贫农出身的青年英雄就这样牺牲在这个两面三刀的反革命分子的手里。但苗沛霖并没有因此而得到清朝当局的信任，没有能官复原职。不久后，他又起兵"造反"，这回他已经完全孤立，因此，清朝当局并不太费力地就把他和他的部队消灭了。

　　类似李昭寿和苗沛霖这样的使太平军吃了亏的人另外也还有一些。本来，不但苗沛霖这样的假捻军不应当轻易信任，就是捻军，它的某些领导人和部队中的游民习气和其他坏习气也是需要改造的。太平天国初期在从广西到南京进军途中，曾经能够把各种不同来源的农民起义力量团结到自己内部来，溶化成为一个整体。但在此以后，它基本

---

　　① 《两淮戡乱记》。见《捻军资料》第一册，第 291 页。
　　② 张洛行在全军溃散后，和他的儿子投奔到宿州的捻军头领李英家的寨子，但李英家这时已投降敌人，他把张洛行出卖给了敌人。

上只采取了两种办法：一种办法是拒绝合体，例如对上海的小刀会起义；另一种办法是大开门户，无条件地收容。当它感到兵源愈来愈困难时，就愈来愈采取后一种办法。但这种办法，同拒绝合作一样是错误的，这是我们从天地会的问题上已经看到的了。

（三）洪仁玕和他的《资政新篇》

石达开在咸丰七年（1857年）五月离开天京，脱离太平天国独立行动，在安徽带了他的部队进入江西。前面已经说过，他对江西的战局没有能起什么积极作用。当他在八年二月退出江西时反而还带走了一些太平军的部队。这样，太平天国当时大部分最精锐的部队都被石达开拉跑。石达开率领了这些部队在以后一年多中间，辗转作战于浙江、福建、湖南三省，敌方没有用很大的兵力对付他，他却始终打不开一个局面。这就是因为他的分裂行动并没有使他的部下信服的理由。在没有足以鼓舞群众斗志的政治目的的情况下，强兵也变成了弱兵。所以陆续有些跟从他的部队脱离了他，回到太平天国。等到九年七月他率部进入广西，在广西停顿了两年多的过程中，脱离他而返师江西回归太平天国的部队甚至有二十万人之多。他的部属也有一些在广西投降了清朝。石达开后来自己说，他在广西时曾心灰意懒，"想要隐居山林"。但"因到处悬赏严拿，无地藏身"①，所以只好再干下去。抱着这种退坡的阴暗情绪，他在十一年又聚众数万人出广西，由湖南到鄂西想进入四川。由于清军阻拦，他无法渡过长江，被迫西趋贵州、云南，最后到了云南的昭通，由此渡过金沙江，想抢渡大渡河以进入四川腹地。同治二年（1863年）四月间他的全军主力在大渡河边的紫打地（今安顺场）被堵

---

① 《石达开自述》。见《太平天国资料》第二册，第781页。在广西脱离石达开的吉庆元等人向天王奏报中也说："翼王一返故乡，便有归林之说。"见《近代史资料》1955年第三期，第7页。

击围攻的敌人所困住。这时石达开写信给四川总督骆秉章请降,束手就擒。他以为,即使牺牲他个人,也还可以保全全军的生命。但是在他身边和他一起放下武器的部将二百多人,士兵二千多人,全部被处死,他自己也被押解到成都,被杀。

石达开给骆秉章的信中回顾十余年来的戎马生活说:"转觉驰驱天下,徒然劳及军民,且叹战场中每致伤连鸡犬,带甲经年,人无宁岁,运筹终日,身少闲时。天耶人耶,劳终无益,时乎运乎,穷竟不通。阅历数十年,已觉备尝艰苦,统兵数百万,徒为奔走焦劳。"①这封信虽然未必出于石达开的手笔,但看来是真实地反映了他当时的思想和情绪。当他在军事上陷于绝境的时候,对于他所曾参与的事业的绝望和懊丧也就达到了顶点。

在石达开离开天京后,天王洪秀全曾起用蒙得恩为"正掌率",这是当时最高的官职。陈玉成这个年轻的优秀将领被封为"又正掌率",李秀成则封为"副掌率"。陈、李二人经常奔驰于战场,只有蒙得恩留在天京作为洪秀全处理国事的主要助手。蒙得恩虽然在金田起义前就已参加拜上帝会,但无论在军事和政治活动方面都没有显出什么较强的能力。到了咸丰九年(1859 年)三月里,洪仁玕到达天京,这使洪秀全非常高兴。半个月后,洪仁玕被封为干王,负起了在天王领导下"总理朝纲"的任务。

突然来到天京的洪仁玕是个什么人呢?

洪仁玕(1822—1864)是天王洪秀全的族弟,拜上帝会最早的信徒之一。按他自己的说法是"自幼读书",同洪秀全一样,是个农民中的小知识分子。洪秀全决心革命时,曾与他密谋。在金田起义时,他还在广东本乡。起义发动后,洪秀全家乡中的亲属和有关的人都受到官方严缉。洪仁玕曾到广西,但没有追上起义的军队。咸丰二年(1852 年)他和洪秀全派到广东的一个使者一起发动了一次小规模的起义,没有

---

① 《石达开致骆秉章书》。据 1945 年出版的《新中华》复刊第三卷第九期。

成功。他被清朝官方所逮捕,幸而逃脱,并辗转逃亡到了香港。太平天国定都南京后,洪仁玕曾到上海,但未能设法抵天京,只好仍回到香港。他在香港接触了一些外国传教士,其中有个汉名叫韩山文的瑞典的青年教士,根据洪仁玕的口述写了本关于洪秀全的起义经过的书,是最早向世界介绍中国这一重大事件的一本书①。洪仁玕在香港期间,以给外国人教授中文为生,同时他也向外国人学了天文、历算及其他知识。到了咸丰九年(1859年),他从广东到江西、湖北,乔妆商人,经过清朝统治的地区终于到达了天京。

这样一个新来乍到的人立刻被置于国家的高位上。咸丰十年(1860年)太平军奔袭杭州,分散了敌方江南大营的兵力,立即回军击败江南大营,这一个英明的作战计划就是洪仁玕提出来的。在经过这一战使天京形势大为改善以后,主张出兵东进苏、杭、上海的也是洪仁玕。他当时认为东进胜利之后,应立即争取长江上游,分兵占领湖北、江西。他在发觉李秀成既得江南地区后,就以为"高枕无忧",曾批评说:"江之北,河之南,自古称为中州渔米之地。……今弃而不顾,徒以苏、杭繁华之地,一经挫折,必不能久远"②。他对李秀成的批评显然是正确的。他在太平天国负重任,一直到天京的覆灭。

洪仁玕在封为干王后不久,写了一本名为《资政新篇》的书③,经天王洪秀全批准后公布。洪仁玕说:他写这本书的目的是"条陈款列,善辅国政,以新民德"。他认为,"事有常变,理有穷通",应该"因时制宜,审势而行"。他在这本书里,按照他的了解,叙述了西方资本主义国家的情形,认为这些国家"技艺精巧,国法宏深",应该允许同外国通商;在不干涉内政的条件下,欢迎外国人来传授工艺技术。所以他的主张,实际上就是说,要建设一个新的国家,不应当再走中国传统的老路,而

---

① 韩山文所撰《洪秀全之异梦及广西乱事之始原》,其初版本1854年刊于香港。中文译本改题《太平天国起义记》,见《太平天国资料》第六册。

② 《洪仁玕自述》。见《太平天国资料》第二册,第852页。

③ 见《太平天国资料》第二册,第523—541页。

应该向西方国家学习。他具体的主张是要发展工业（所谓"兴器皿技艺"），开采矿藏，发展交通（"兴车马之利"，"兴舟楫之利"，以至制造火车轮船），创办银行，发行纸币，设立邮局、报馆、医院等等；他主张准许私人投资、奖励发明创造，对那些能制造火车轮船的人，"首创至巧者赏以自专其利。"此外，他还认为应该反对"不务实学，专事浮文"，应该革除像女子缠足这类落后的习俗。在洪仁玕所设想的新国家中是有富人和穷人的，甚至是有百万富翁的。他在提到银行时说："倘有百万家财者，……或三、四富民共请立，或一人请立，均无不可"；他认为"书信馆"（邮局）和"新闻馆"，"准富民纳饷禀明而设"。他还有一条具体主张是"兴士民公会"，就是要富人组织起来"以拯困扶危并教育等件"，但（对于穷人）"不得白白妄施，以沽名誉，……宜令作工以受所值"。所以，洪仁玕的主张就是要建立一个实行资本主义制度的社会。他的主张中又有一条说："外国有禁卖子为奴之例。家贫卖子，只顾眼前之便，不思子孙永为人奴，大辱祖考，……故准富者请人雇工，不得买奴，贻笑外邦"。很可注意的是他并不是责备富者买奴，反而责备家贫卖子的人。他赞成资本主义的雇佣制度的意思是很明确的。

《资政新篇》是作为太平天国的官书刊行的。书上附有洪秀全的眉批。对于洪仁玕提出的几乎每一点主张，洪秀全都作了肯定的批语。

洪仁玕为了发展太平天国的革命事业，提出了带有浓厚的资本主义色彩的纲领，这是自发的农民运动所不可能提出的。但值得注意的是，洪仁玕没有能把他所希望的这种改革同消灭封建剥削制度联系起来。关于这一点，我们拿《天朝田亩制度》和洪仁玕的《资政新篇》相比较，就可以看出来。《天朝田亩制度》所设想的是以小农经济为基础的绝对平均主义的社会。我们前面已说过，《天朝田亩制度》的作者无法把工商业和城市安排到他们所理想的社会中，这些东西在那个文件中根本没有位置。而在洪仁玕的《资政新篇》中，恰恰相反，几乎没有谈到农村。涉及农村的文字只有很简单的两条，一条是"兴乡官"，一条是"兴乡兵"。他要让"公义者"担任"乡官"，"以理一乡民情曲直吉凶等等,乡兵听其调遣",而"乡兵"的任务则是管理清洁卫生工作和维持社会治安。作为《天朝田亩制度》的核心的土地平分问题,在《资政新篇》中一个字也没有涉及。

在当时的中国,提倡发展资本主义工商业是有进步意义的。但是如果不推翻封建主义的政权,不消灭作为这个政权的基础的封建的土地关系,资本主义工商业的自由发展是不可能的。而且中国资本主义要能独立发展,还要解决怎样对付外国资本主义的侵略和压迫的问题。《天朝田亩制度》要求用革命的方法把土地从封建剥削者手里转移到农民手里,使农民摆脱封建的土地关系而获得解放,这实际上是为资本主义的发展扫清道路。《天朝田亩制度》的作者不懂得这一点,却以为他们由此可以直接进入一个平均主义的新社会。而《资政新篇》的作者洪仁玕所设想的是资本主义工商业得到自由发展的新社会,但是他却又完全撇开了《天朝田亩制度》,至少在他写这本书时没有提到农民革命的现实斗争任务。洪仁玕虽然一贯地忠心于洪秀全的革命事业,但他多年间并没有参加农民斗争的行列。他从西方已经成长起来的资本主义社会学到了些皮毛,却不真正懂得他所投身进去的这场农民大革命和发展资本主义的关系。

因此,洪仁玕的《资政新篇》虽然成了太平天国的"旨准颁行"的一本出版物,但是对于农民革命的发展没有能起积极的作用。

(四)太平天国的苏杭地区

咸丰十年、十一年(1860—1861 年)太平军进入苏南和毗邻的浙江北部地区,使这个地区受到了一场革命风暴的洗礼。农村中的广大贫苦农民和城市中的贫民用热烈的自发行动来响应革命,进行着对腐朽的旧制度的打击。

江南的许多大地主、大官僚在革命的风暴前纷纷逃亡,他们剥削积累起来的产业成为群众斗争的果实。贫苦的农民们自发地起来夺地抗租,许多大地主的地产实际上是被农民分掉了。虽然有混在革命队伍中的反革命分子的支持,留在本地的地主们要想照旧收取地租是很困难的,甚至不可能。太平军在苏杭地区,按照太平天国的制度,设立军师、师帅、旅帅……等各级乡官,建立各级地方政权,实行革命法令。整个苏杭地区也正如太平军所到达的其他地区一样,经历了一次激烈的震荡。

苏杭地区是商品经济很发达的富庶的地方。在这个地区的清朝军队崩溃以后的一段时期里,成了太平天国的后方。当地的一切反动势力竭力运用军事以外的方法来进行破坏活动。在这地区,对太平军起腐蚀和败坏作用的因素,比太平军所曾占领过的其他地区要大得多。

太平天国和太平军抵抗不了这些外来的腐蚀。我们已经看到,太平天国并没有一套如何对待社会上和参加到革命队伍来的各个不同阶级、阶层的有系统的革命政策,这样的弱点已表现于前期;后期洪仁玕的《资政新篇》也没有能提供这样的政策。而且,从咸丰十年(1860年)进军常州、苏州起,这个地区的主要领导人李秀成抱着有了“苏杭繁华之地”,就可以“高枕无忧”的心理,他只看到面前站着的拿枪的敌人,而对于钻在自己内部的敌人却缺乏必要的警惕。

当太平军乘击溃江南大营的威势迅速进兵东下时,不少江南大营的官员率领残部投降,例如在占领苏州城时,李文炳、何信义、周五等开城迎接太平军,他们都是原在江南大营中的有候补道员、候补知府之类官衔的角色。他们立即在太平军中得到了官职,如李文炳受封为“江南文将帅”,管理昆山县的政事。清朝地方官员向太平军表示归顺的,也很不少,他们一转身就变成了太平军在当地的主管官员。例如太平军于咸丰十一年(1861年)占领杭州时,即以原来的清朝钱塘县令袁忠清担任钱塘监军,袁忠清本是袁甲三手下的勇目出身。被任为仁和监军的李作梅也就是清朝的仁和县令(清朝的杭州分为钱塘、仁和二县)。

在苏州、杭州一带除地主阶级为抗拒太平军而组织的团练外,还有不少凭藉水网地带驾船活动的"枪匪",他们霸占码头、开设赌局、劫掠行旅,在太平军统治下扰乱社会秩序,与太平军敌对。他们的头子或其后台就是各地的豪绅恶霸。地主的团练大多很快涣散,而"枪匪"成为太平军很难加以消灭的力量。太平军对于坚持捣乱的地主团练和枪匪往往采取收编的办法,例如对于在苏州附近的永昌的团练头子徐少蘧、荡口的团练头子华翼伦、周庄的枪匪头子费玉成都采取了这种办法。徐少蘧还被太平天国封为抚天侯。他们在形式上归附于太平军而实际上仍保持其原来的立场和活动。李秀成派在苏州管理民政的熊万荃,派在常熟管理民政的钱桂仁,同徐少蘧、费玉成先是约定互不攻击,终于互相勾结,进行叛变活动。

　　钱桂仁的经历很可以说明混入农民革命队伍的地主阶级分子如何利用李秀成的信任而放肆地进行活动。钱桂仁初到常熟时,曾"广收金器,打成金狮一对、金凤一对,献媚于忠王。忠王大悦,在天王前特为保举陞慎天安兼佐将"①。但钱桂仁这时的官职还不大,他在常熟只能管民政方面的事。咸丰十一年(1861年)此人和上面提到的李文炳、熊万荃、徐少蘧等人串通,乘李秀成离开苏、常一带出征的时候,秘密与上海的清朝官方联系,约期里应外合。但李秀成恰好于十二月十七日由新克服的杭州回到苏州,这个叛乱计划被打乱了,未能执行。李秀成虽然对叛乱阴谋有所察觉,却只是把原在苏州的熊万荃调开到平湖、乍浦间②,对其他人未做任何处理,对钱桂仁仍然深信不疑。到了同治元年(1862年)钱桂仁为了博得李秀成的欢心,在常熟南门外修建一大石坊,叫做"报恩牌坊",刻石立碑。这果然使李秀成十分高兴,把他保举提升为"天军主将",常熟的军政民政都归他掌管。在这年李秀成奉令出兵援救天京后,钱桂仁又遣心腹向清军接洽投降,而且让清军派人潜入常熟城,准备相机行事。钱桂仁的部将骆国忠也参加这个密谋,但他

---

① 《海虞贼乱志》。《太平天国资料》第五册,第373页。
② 熊万荃后来又被派管海盐县,在海盐投降清朝官军。

企图排斥钱桂仁,独吞叛变的果实。在十一月里当钱桂仁到苏州去进行活动时,骆国忠把常熟城献给了清朝,杀死了城内反对投降的太平军的一些军官和战士,连钱桂仁的儿子也被他杀了。常熟的这次事变在江南战场上造成了极为不利于太平军的形势。钱桂仁仍然留在太平军内,而且居然又进一步升官,被封为王(称为"比王")。这个内奸终于在同治三年(1864 年)二月在浙江杭州被围攻时投降了敌人。钱桂仁在常熟为李秀成建立的石坊的牌刻说:"盖闻参旗井钺,神霄扬奋武之威,剡矢弦弧,羲易大行师之义","忠王荣千岁仰副天心,上承圣算,三方围合,百道梯攻……行见海色河声,齐入元音之奏;琴风镜月,同沾化雨之滋"等等①。这种封建文人的歌功颂德的滥调,只是代表地主阶级的虚伪的捧场。

前面说过,太平军在苏、杭间,克服一地后,也按照其传统,设立各级乡官,但在像熊万荃、钱桂仁这样的人管理地方民政的情形下,乡官必然会由地主绅士和他们的爪牙充任。熊万荃在苏州:"令城中每门召集耆老至其馆中,举为乡官"②。在钱桂仁的常熟是:"军帅请当地有声价者充当,师帅以书役及土豪充当,旅帅卒长以地保正身伙计分当……"③。这时,乡官的主要任务就是筹饷。太平军的传统办法本来有所谓"进贡",也就是勒令地主富绅交出他们的财产。但现在担任乡官的人利用"进贡"的名义把负担分加到所有的居户身上。关于浙江慈溪和奉化(均在咸丰十一年十月为太平军占领)的记载可以作为代表:在慈溪"勒限各乡,按都图进贡"。进贡的多少"以村落大小,户口贫富为等差"。完成进贡的责任就落在新设的军帅、师帅、旅帅各级乡官的身上。"土豪猾党"都当上了乡官。他们"各假庵寺为公馆,擅理词讼,桁杨鞭朴,严若长官。乡曲无赖,尤复争献妇女,为进身之地。附

---

① 《太平天国资料》第二册,第 887 页。
② 《苏台麋鹿记》卷上。《太平天国资料》第五册,第 275 页。
③ 《海虞贼乱记》。同上书,第 370 页。

从益众,而勒索益酷。"①在奉化,军帅、师帅、旅帅也都"胁令绅富充当","且令各村进贡。编立门牌,一牌出番洋三元五角(原注:时番洋每元计钱一千八百文)"②。当时,很多地方实行"编立门牌按牌出款"的办法,贫户也不能免于这种负担。

　　一些地方,太平军不但允许地主收租,而且支持地主们设局催租,甚至在佃户起来抗租时不去支持佃户反而保护地主的收租的权利。咸丰十一年(1861年)管理浙江桐乡的钟良相(他的官衔是"符天福")出了一个告示,其中列出的规条中有这样的几条:"清朝官宦依旧报名录用,其不愿仕者,给廪禄听归林下"。"被难之后,倘有房屋货物田产,准归原主识认收管,侵占者立究","住租房、种租田者,虽其产主他徙,总有归来之日。该租户仍将该还钱米缴还原主,不得抗欠"③。这个太平军地方官甚至对于逃亡地主的产业和他们的封建剥削权利也要加以保护!苏州的熊万荃宣布,仍照向例,佃户向地主交租,地主向政府交纳地丁、漕粮;还规定,地主如果逃亡,由佃户代完地粮,等地主回来后,"照租额算找"。长洲(苏州的一部分)的官员黄某在同治元年(1862年)的布告重申熊万荃的规定,并说,有的地主收不到地租,是由于"佃户畏强欺弱,亦由乡官弹压不周"。布告中声称:"如有顽佃抗还吞租,许即送局比追。倘有豪强业户,势压苦收,不顾穷佃力殚,亦许该佃户据实指名,禀报来辕,以凭提究,当以玩视民瘼治罪。"④这还算是既警告抗租的佃户,又警告压迫农民过甚的豪强地主。

　　对于商业,完全采取了自由政策。虽然在战争的条件下,江南那些本来很繁荣的城市,人口减少,市面萧条,但是许多集镇上的商业更兴

　　① 《慈溪县志》第55卷,第27页。转引自郭廷以著《太平天国史事日志》,商务印书馆1947年版,第830页。
　　② 《剡源乡志》。转引自《太平天国史事日志》,第828页。
　　③ 沈梓:《避寇日记》。见太平天国历史博物馆编《太平天国史料丛编简辑》第四册,第74页。
　　④ 《太平天国文书汇编》,第145—146页。

旺了。值得注意是有些材料说明太平军官员和商人合作经营商业,甚至进行高利贷剥削。例如,嘉兴城南的濮镇有一个商人和太平军合营丝绸庄,由太平军出资本,而由这商人经理。也是在嘉兴南的王店有个乡官同太平军合开当铺①。材料中虽然没有说清楚,但看来出资同商人合作的是太平军的当地的首领。这种情况也足以表明,农民革命军队已难以保持它原来的朴实单纯的状态。

(五)打着别的旗号的造反

太平天国的影响激动了全国各地被剥削被压迫的劳苦人民。在太平军没有到达或只是路过的许多地区,发生了打着太平天国以外的旗号的群众造反,它们有的同太平天国有联系,有的没有什么联系。分地区看,比较重要的有以下这些。

一、上海的小刀会

在太平军占领南京后半年,咸丰三年(1853 年)八月,上海的小刀会发动起义,占领上海县城坚持了十七个月。清朝官军得到外国干涉者的协助而攻下了上海县城,使这次起义失败。这是前面(第六章第二节)已经说过的了。上海的小刀会是天地会系统的组织,它的成员主要是城市贫民,包括手工业工人、水手、无业游民、裁遣的兵勇等等。他们中以广东人和福建人居多。他们和当地的农村联系较少,始终采取死守城市的办法。太平天国没有给他们以积极援助,固然因为太平军这时还没有由天京东进的打算,也因为小刀会的旗帜和口号是和太平天国不同的。小刀会群众中,旧式的行帮观念很重,有福建帮和广东帮的对立,这使他们内部不能很好地团结,也是他们失败的一个原因。

---

① 均见沈梓的《避寇日记》。

二、广西、广东、湖南的天地会

太平军离开广西后的最初几年，咸丰元年到五年（1851—1855 年）间，广西的天地会（三合会）仍然在省内各地分股活动，他们活跃于广西南部从贵县到梧州的浔江两岸，南宁、永淳、横县一带的邕江两岸，以至丽江沿岸的扶南、崇善等地。在广西东北部有以朱洪英、胡有禄为首的天地会起义军，咸丰四年一度占领恭城和灌阳，建立国号称"昇平天国"，用"太平天德"年号。这些天地会力量都没有能形成很大的声势。咸丰五年（1855 年）有一股较强的天地会力量从广东进入广西。

在广东省，天地会的秘密组织向来在下层社会中很流行，但一般地还不戕杀官员，劫夺城市。太平天国定都南京后第二年，咸丰四年（1854 年）他们公开造起反来了。这年五、六月间省城四围的东莞、花县、三水、佛山等地都为天地会起义群众所攻占或围困。从六月下旬起，各股起义力量互相配合进攻省城。省城广州被围攻半年多。在此期间，全省几乎所有的州府都有会党起义，他们占领了许多城镇，切断了省城和各地的交通。前面（第六章第二节）说过，两广总督叶名琛是依靠洋人力量的支援，才守住了广州城的。叶名琛在咸丰五年渐次逐退了围攻广州的起义军，并且发动了各地的地主武装，从天地会手里收复了许多城镇。这个面对外国侵略者不鸣一枪的两广总督，在同天地会起义军作战中先后杀戮了近十万人民。

广东的天地会起义军一部分往北进入湖南，一部分往西进入广西。到广西的是在广州附近的佛山镇开始发动起义的陈开、李文茂所率领的一股力量。陈开是船夫出身，李文茂原是走江湖唱戏的人。他们同本来活动于广西浔江上的三合会头领梁培友合作，率领部队，突破清军在梧州的堵击，溯江而上，咸丰五年八月占领浔州。他们建"大成国"，年号"洪德"，把浔州府城（桂平）改名秀京，作为他们的京城，起义的头领们都称为王。咸丰五年到十年（1855—1860 年）间，他们以浔州为中心，分兵占领了几十个府、州、县城，势力达到广西省的大部分地区。许多本来在广西省内活动的天地会头领,或者同大成国发生联系,或者乘机发展自己的势力。例如在省内西南部的太平府(府治在今崇左县,辖左江流域各地)有以壮族人吴凌云为首的起义部队,他在咸丰十一年(1861 年)初占领府城,建国号叫"延陵",自称延陵王。广西官方的绿营兵毫无作战力量,有一部分湘军在咸丰七年(1857 年)由蒋益澧统率进入广西。陈开、李文茂、梁培友等虽然建立了大成国,但仍不能摆脱天地会的各立山堂,互不统属的积习,他们抵挡不了战斗力较强的湘军。李文茂、梁培友相继战死。从太平天国分裂出来的石达开于咸丰九年(1859 年)七月从湖南退到了广西,他和大成国的力量不能建立很好的合作关系,有时还互相冲突。为了追逐石达开,湘军的刘长佑部也到了广西。广西的官军力量更增强了。咸丰十一年(1861 年)七月,蒋益澧的湘军攻占浔州,陈开退出秀京,被俘遇害。同治二年(1863 年)延陵王吴凌云也战败被杀。大成国余留下来的范亚音、黄鼎凤、姚新昌等人,吴凌云的儿子吴亚忠,以及其他天地会力量虽然还继续在广西省内活动,但已不能发展为较大的力量。

在咸丰五年(1855 年)五月间,从广东的韶州、乐昌、乳源等地分股进入湖南省的天地会起义部队很多,他们占领了湖南南部的宜章、郴州、桂阳。其中较强的是在东莞发动起义的何禄。同时,广西的号称昇平天国的朱洪英、胡有禄也进入湖南,占领东安。湖南南部各地的天地会头头们纷纷起兵响应。这些在湖南南部的天地会力量往北进攻,大多遭到湘军的阻击而败退。只有来自广东的一部分天地会力量进入江西和太平军会合。

三、福建的双刀会、红钱会

福建南部名为双刀会、红钱会的秘密结社也属于天地会系统。咸丰三年(1853 年)四月间以同安县的黄得美为首的双刀会发动起义,占领了厦门,同时发动的有以永春县林俊为首的红钱会。双刀会的起义很快失败了,厦门被官兵夺回,双刀会余众退到海上,坚持斗争到咸丰八年(1858 年)。红钱会的起义队伍在闽中山区仙游、永春、德化、安溪一带与官军和地方上的地主武装作战数年,但不能打开局面。咸丰八年,他们北上想和路经闽北的石达开队伍取得联系,中途为地主阶级的团练击败,红钱会的领袖林俊战死了。

四、淮河以北的捻军和山东的白莲教系统的起义军

在淮河以北,活动于河南、安徽、山东地区的捻军,在本章第二节里已经提到,他们是和太平军有合作关系的。以后还有机会提到他们。

在山东民间秘密结社中,白莲教有长期的传统。在太平天国革命时期,他们也零星地在各地活动,但大举起义则比较晚。咸丰十一年(1861 年)二月间鲁西北的临清、丘县、冠县一带的白莲教发动起义,迅速占领了十几座县城,但他们内部没有统一的组织,两个主要领袖张善继和杨泰都自称皇帝。清朝立即以优势的兵力把这次起义镇压了下去,两个皇帝都失败被杀。起义军的余部仍然分散活动。和白莲教起义军有联系的宋景诗率领的黑旗军是一支比较强的力量,在作战失利时曾接受清朝官方的招抚,但他在同治二年(1863 年)又举起造反的旗帜,成为官方在鲁西的大敌。后来,宋景诗会合到了捻军里面。

五、贵州、云南、四川各民族的群众起义

咸丰五年(1855 年),贵州苗民群众发动起义。苗民大多居住在贵州的古州(榕江)、台拱(台江)一带(现在在这地区设立了黔东南苗族侗族自治州)。汉族的豪绅地主不断侵夺他们的土地,清朝官员又通过土司头子向苗民进行勒索,这些土司头子借官府的势力压在苗民的头上。苗民群众不但被迫把他们的微薄的劳动产品供应官员和土司的需求,而且还得随时自己携带粮食来为他们服役当差。在造反的苗民中,最著名的领袖是张秀眉,他们靠简陋的武器,进行群众性的争生存的斗争,虽然遭到官兵的清剿,但势力发展得很快。贵州东南部的丹江(今雷山)等地和东北部的思南等地的汉族贫苦群众,以"教军"和"号

军"的名义发动起义,和苗民起义相配合。

石达开的部队在咸丰十年、十一年(1860 年、1861 年)曾到贵州,对贵州的群众起义起了促进的作用。到了同治二年(1863 年)四月,石达开在四川大渡河边覆灭后,还有一些他的余部退到贵州和当地起义群众结合在一起。

贵州的邻省云南,在同一时期发生了彝、回等少数民族的起义。云南省向来有许多少数民族与汉族共同生活。同治初一个云南巡抚说:"综计通省人数,汉居十之三四,回仅十之一二,而夷则居十之五六。"①这里所谓"夷"是封建统治阶级对少数民族的污蔑称呼,泛指彝、哈尼、傣、白、纳西、景颇等族。

在云南省西南部,澜沧江以东的哀牢山地区,当时居民大多数是彝族。咸丰六年(1856 年)这里爆发了以彝族的贫农英雄李文学为首的起义。在起义前两年,太平军战士王泰阶(四川汉族农民)和李学东(四川彝族奴隶)来到这地区发动群众起来"应援天国",他们同李文学和哈尼族的田四浪等一起领导了这个地区的起义斗争。起义军最初只有五千人,逐渐扩展到哀牢山的三万多平方公里的地区。起义的领导权看来是一直掌握在贫农的手里。他们从朴素的阶级感情出发,提出和实行了团结各族贫苦群众同地主阶级作斗争的方针。李文学当过二十年长工,他的起义檄文中说:"……驱逐满贼(清朝统治者——引者),除汉庄主(汉族地主),望我彝汉庶民(各族贫苦人民)共襄义举";他还说:"汉与彝为敌者,豪强也,贫无与也。"起义军执行了"庶民原耕庄主之田,悉归庶民所有,免租薄赋,按岁所获,课赋二成,荒不纳"的政策②。这个实现"耕者有其田"的简单易行的反封建纲领,鼓舞和团结了彝汉各族的贫苦人民。

---

① 云南巡抚奏。见中国史学会主编:《中国近代史资料丛刊:回民起义》(此书以后简称《回民起义资料》)第一册,神州国光社 1953 年版,第 379 页。

② 夏正寅:《哀牢夷雄列传》。《近代史资料》1957 年第二期,第 24—28 页。

云南省的回族同汉族杂居。早在道光年间,已常发生汉民和回民之间的械斗、仇杀事件,这些事件有些是由于回族中的上层分子利用宗教信仰煽动狭隘民族心理而造成,更多的则是由汉族中的恶霸劣绅挑动起来的。地方官员在处理这些事件时,一般都是偏袒汉人,甚至还同地主恶霸勾结在一起故意制造回、汉冲突,以便混水摸鱼,为自己谋利。在回民中积累起来的愤懑不平,到了太平天国革命时期,就爆发成了规模相当大的起义。

当时云南各地武装起来的互不统属的回民队伍有许多股,其领导者们的成分和动机是很杂乱的。昆明以南的临安(即现在的建水)一带的回民的主要领袖是马如龙,地主阶级出身,考中过武秀才。他在咸丰七年(1857年)联合其他回民部队围攻并几乎攻占了省城。到了咸丰十一年(1861年)马如龙投降了署理云贵总督徐之铭,带兵进入省城,反过来成了清朝官方镇压起义的回汉各族群众的得力工具,被任为云南提督。和他一起投降的一个回族的掌教马复初还一度署理云贵总督。

昆明以西的回民起义各部队在咸丰六年(1856年)攻占了大理,他们推戴杜文秀做领袖,号称"总统兵马大元帅"。杜文秀出身于世代经商的家庭,本人读过书,是个"庠生",但因家道中落,曾当过小商贩。杜文秀承认太平天国的领导,他"宣布遥奉太平天国南京之号召"①,反对狭隘的民族观点,在他领导的起义部队中注意吸收汉族和其他各族群众参加。

贵州的苗民起义,云南的哀牢山起义和杜文秀起义,在太平天国失败以后,都还继续坚持了若干年,所以关于它们的结局,留到以后去说。

咸丰九年(1859年),在云南东北部昭通府的牛皮寨有蓝大顺、李永和等人拜会结盟,这年八月间他们以一百多人的小队伍进入四川省境,先后攻陷川南一些城镇,力量迅速壮大起来。第二年,进兵岷江以西,前锋达到新津、灌县,使省城成都大为恐慌。清朝政府派湖南巡抚

---

① 《大理县志稿》。见《回民起义资料》第一册,第29页。

骆秉章率领一部分湘军入川。当湘军入川时,以蓝大顺、李永和、卯得兴等人为首的起义军已经不仅在川西,而且纵横在川北、川中广大地区了。湘军的前锋在重庆西北的合川遭到惨败。但是这支起义军进行的是低级的流寇战争,他们最盛时虽然拥有三十万人,但是分兵四出,没有明确的政治纲领和远大的政治目标。他们在咸丰十一年(1861 年)八月在川北的绵州(今绵阳)被骆秉章的湘军击败,同治元年(1862年)又在川西的丹棱、青神一带被围困,全军溃散。这支历时三年的起义军主力就此失败。李永和、卯得兴被俘牺牲。他们曾企图和同治元年初由湖北进入四川长江以南的石达开合作,但石达开始终没有能到达江北。这种合作没有实现。他们的一些残部在蓝大顺等人率领下突围北走,在川北、川东与鄂西活动,后来加入到了太平天国扶王陈得才的进军陕西的队伍里。

以上所说的情形表明,在太平天国影响下,的确在全国范围内掀起了革命的高潮。但是,把这些在天地会、白莲教等等旧式组织中分散地发动起来的力量和一些少数民族中的群众斗争力量领导和团结起来,则是太平天国没有能做到的。

(六)宗教的迷雾和现实的斗争

在第二次鸦片战争中,虽然外国侵略者深入京畿,但是清朝当局丝毫也没有因此而放松长江流域的反农民革命的军事,一点也没有减少这方面的兵力。

在咸丰十年(1860 年)侵略军已经到了京城边,皇帝已经逃出京城的时候,八月十一日(9 月 25 日)皇帝下了命令,要远调兵力,来守卫京城。其中要曾国藩"选川、楚精勇二三千名",由曾国藩手下的大将鲍超率领,"兼程前进,克日赴京"[1],曾国藩这时正在组织对安庆的包围,

---

[1] 《咸丰夷务》第 63 卷,第 11 页。

他于八月二十六日接到这个命令后,并不立即出兵,在他的答复中用极其狡猾的说法表达了他的政治态度。

曾国藩报告说,鲍超的部队现驻皖南徽州附近,距京五千余里,要三个月才能赶到,"而逆夷(指英法侵略军——引者)去都城仅数十里,安危之际,想不出八九两月之内",所以鲍超在十一月赶到,已没有用处了。他又说,如果在京城附近还能同"逆夷""相持数月之久",那么,只靠鲍超这一级的将领去也不顶事。因此,他表示希望皇帝把他和胡林翼(湘军中仅次于他的一个大头头,时任湖北巡抚)两人中,"饬派一人,带兵北上,冀效尺寸之劳,稍雪敷天之愤"。不过他还说,如果派他或胡林翼北上,那么,在皖南、皖北的进兵就只能停下来,退守江西、湖北了①。很明显,在曾国藩心目中,头等大事还是打太平军,如果一定要为救京城而同外国侵略者打仗,就只能放弃打太平军,这是他所不甘心的。

到了九月二十一日(11月3日),皇帝看到曾国藩的这篇复奏的时候,北京条约已经签字。皇帝命令说,曾国藩、胡林翼、鲍超都"毋庸来京"②。——这时在封建统治阶级看来,外国侵略者的问题已经解决。更是要集中一切力量去镇压农民革命了。

不但如此,而且在第二次鸦片战争中,还发生了英、法侵略者正在北方进攻清朝京城的同时,南方的清朝官方向英、法求援,并且共同进行对太平军作战这样的奇怪现象。

这个奇怪现象发生于咸丰十年(1860年)太平军在击破江南大营后,东下常州、苏州,进逼上海的时候。

当时苏南的经济政治中心是苏州。苏州的地主绅士与买办商人关系较多,他们眼看清朝官兵无力抵抗势如破竹的太平军,就向地方当局提出了借助洋兵的主张。江苏巡抚徐有壬(此人在苏州被太平军占领

---

① 《咸丰夷务》第67卷,第46—47页。
② 《咸丰夷务》第77卷,第47页。

时死了)立即派江苏布政司薛焕、苏松太道吴煦、苏州府知府吴云到上
海向英国、法国的领事求救,希望他们出兵到苏州援助。不过在这些人
刚到上海时,苏州已被太平军攻下来了。这时上海租界成了那一带逃
亡的地主、绅士、资产者的逋逃薮。他们和清朝的地方官一起纷纷通过
各种关系向外国人无耻地乞求出兵帮助镇压造反的农民。两江总督何
桂清也逃到了上海,他直接同英国、法国和美国的公使商谈这个问题。
就在这时,何桂清并向朝廷提议赶快同英法议和,接受他们提出的一切
要求,以换取他们"代为剿贼"①。

　　虽然前文已经提到(第六章第六节)何桂清因这个主张而遭到皇
帝的谴责,为此而被罢官,但是上海的官员和绅商买办仍然继续同英、
法商谈合作。这时有个开设泰记银号的买办资产者叫做杨坊的人,他
是四明公所(以买办资产者为主的一个组织)的董事,曾花钱捐得候补
道的官衔,此人成了中国官方与外国人之间的重要的联系人。英国人、
法国人这时正在把主要兵力集中到北方的大沽、天津方面去。无论从
政治和军事上说,他们都不愿意,也不可能在上海方面公开对清朝当局
承担较大的责任。但他们表示,因为上海租界是外国商人的利益所在,
他们是要用兵力来保卫的。租界在上海城外。中国地方官又通过杨坊
去请英、法,一并保卫县城,其所需经费可由杨坊负责。

　　英国公使布鲁斯和法国公使布尔布隆会商了联合"防卫"上海的
军事布置,决定共同用一千二百人的兵力帮助清军守卫上海县城,而在
租界上,则由他们各自负责防卫。清朝在上海的官员们和绅商买办们
不但承认外国有权用他们的武力保卫所谓租界,而且还把整个上海都
放到了外国人的武力保卫之下。但英、法公使这时仍称他们在上海对
中国的内战采取的是"中立"态度。布鲁斯报告英国外交大臣说:"在
我看来,我们并不对(中国的)这次内战进行干预,也不对交战双方的
权利表示任何态度,就可以保护上海免遭(太平军的)进攻,并协助当

---

① 《咸丰夷务》第52卷,第7页。

局维持上海城内的安定。我们这样做的根据是：上海是通商口岸，上海城的利益又与外国租界的利益密切相关，对上海城的攻击不可能不对租界造成极大的威胁。"①——在殖民地半殖民地国家中，资本主义、帝国主义国家支持腐朽反动的政治势力而反对革命，总是为了他们自己的利益，这本是不言而喻的；但把公然的直接的武装干涉称为"中立"，则纵然按帝国主义的强盗逻辑也显然是说不通的。

仅仅保卫上海还不能使绅商官员们放心。这时有个叫做华尔的美国流氓经过一个美国商人的介绍结识了杨坊，一说，他们之间还有一个中间人是个学了点英文而在上海经商的秀才丁吉昌，但杨坊始终是个主要起作用的人物。华尔自称能组织成一支洋人的军队，由他招募、训练和指挥，由中国方面供给军费，除了给官兵以很高的饷银外，还预先讲定每攻下一城，要给一笔巨额的赏金。杨坊和他的后台苏松太道吴煦都很赏识这个计划。果然华尔很快就募得了二百多想在中国发横财的外国水手、流氓、逃兵。这一支华尔的队伍可以说是封建官僚和买办资产者的雇佣军，由杨坊出面作这支雇佣军的老板。

这支被称为洋枪队的雇佣军由它的老板派出去，企图阻击正在进攻松江府的太平军，遭到大败，退回上海。但老板仍然信任华尔，让他重新招募人员，增添武器。李秀成的部下在咸丰十年五月中旬占领松江，其前锋逼近上海城郊。月底，华尔的洋枪队奉令出发，在清朝的一些部队的配合下，从太平军手里夺回了松江城。华尔的部下不但得到预定的奖金，而且在松江城大肆劫掠，这就使得华尔能够很快地招收到更多的想发财的洋人参加。他立即执行老板交下的第二个任务：进攻青浦。拿下了松江、青浦两点，就有可能拦截住太平军从嘉兴方面和苏州方面向上海的进攻。但是在青浦，华尔失利了。六月中旬，李秀成从苏州亲率军队援助守青浦的太平军，狠狠地打击了华尔的洋枪队和与

---

① 布鲁斯在 1860 年 5 月 30 日（咸丰十年四月初十日）的报告，见 A. Wilson：The Ever-victorious Army（1868 年版），第 61 页。

它配合的清军。洋枪队死伤三分之一,败退到松江。不久,太平军把松江也夺了回来。华尔在青浦之战中受伤,离开上海到法国医治去了。但华尔的故事并没有就此结束,以后我们还要谈到他。

以李秀成为首的太平军在占领了松江、青浦后,上海已经差不多在他掌握中了。他率军很快地进抵上海城附近,在城西南九里的地方大败清军。当他到了县城边时,他完全没有料到守城的并不是清军,而是英、法军队。城内的守军和黄浦江上的外国兵舰配合着向太平军猛烈轰击。从七月初二到初四这三天的战斗中,太平军伤亡惨重,仍没有能进城。初五(8 月 21 日),李秀成率全军撤退。

英、法在上海帮助清军击退太平军的这一天,恰好是它们在北方从清朝手里攻占了大沽炮台的同一天。

为什么李秀成从上海这样快地撤退?从军事上看,当时有一股清军猛攻嘉兴,太平军在嘉兴的守军告急。嘉兴如果失掉,李秀成向上海的进军将在后路受到威胁。但这股清军是江南大营的残部,力量并不很大,李秀成从上海回师,很快就把它粉碎了。这并不能成为必须放弃进攻上海的原因。

事实上,李秀成对于英、法军防守的上海并没有用全力去进攻。英、法军所靠的不过是枪炮厉害,而兵力微不足道。以李秀成当时所拥有的实力,如果坚决进攻,是可能打下上海来的。他不这样做,其主要原因在于太平天国方面对外国侵略者一直缺乏正确的认识。

在李秀成这次进兵上海前二年,即咸丰八年(1858 年)冬天,已经订立了天津条约之后,英国侵略军头子额尔金曾带领一支舰队,驶入长江,直到汉口,据称他的目的是要视察沿江商埠,以决定那些地方最适宜于开放给外国通商。当他沿江上驶,经过太平天国占领的地区时,并未登陆,却野蛮地向太平军在天京的炮台进行了轰击。天王洪秀全发出一个诏书,派人在芜湖递交额尔金。这个诏书的形式很别致(但这是洪秀全的诏书常用的文体),全篇是七字一句的韵文,其中几乎都是讲他的宗教观念,说明他是以上帝为父,以耶稣为兄,因此他才能"扫灭邪神"，建立"天国"。诏书中以"西洋番弟"称呼对方，全篇结语是："朕据众臣本章奏，方知弟等到天都，朕诏众臣礼相待，兄弟团圆莫疑狐。朕虑弟们不知得，故降诏旨情相孚。西洋番弟朝上帝，人间恩和在斯乎"①。这个文件显然表明，洪秀全仍然认为洋人和自己信奉同一个"上帝"，因而是能够兄弟相处的。他陷在宗教的迷雾中，对于现实的国际关系完全无知。

咸丰九年（1859 年）到达天京的洪仁玕虽然在香港住过多年，但所接触的主要是外国传教士。他的执政无助于提高太平军对现实的国际关系的了解。

李秀成在这次进军上海前，洪仁玕曾送信给上海的英、法、美领事，并自己到苏州，把在上海的几个英国传教士邀到苏州和他会晤。他想运用自己的影响来使外国人在上海不干预太平军的进兵。但是他想错了。应邀到苏州的英国传教士杨笃新叙述他见到干王的情形说："干王的情绪甚为激动。后来我们才知道，他激动的原因是由于已经听说他送往上海各国领事馆的一些信件，并未被领事们拆阅，而英、法军队又在防守上海县城。他说，前者，是对他个人的侮辱，后者是直接违反了外国人在双方交战团体之间所采取的中立原则"②。

但是洪仁玕和李秀成仍不相信外国人真会用武力防卫包括县城在内的整个上海。李秀成兵临上海郊区时，又发出公函给各国公使，通知说，他已严令兵将不得扰害外人，要求外国人悬挂黄色的旗子作标志，并表示他到上海后，将与各国公使进行商谈。

李秀成并没有在上海打一个大仗的准备，他率领到上海城边的部队只有三千人。这一地区的清朝军队已经不堪一击，他以为外国人不会真的动武，而上海城内又有事先约定内应的一些广东人（大概是小

① 原件全文见北京大学文科研究所和北京图书馆编的《太平天国史料》，开明书店 1950 年版，第 93—98 页。
② 呤唎著，王维周译：《太平天国亲历记》，中华书局 1961 年版，第 223 页。

刀会的余党），所以他本以为可以兵不血刃地进入上海。不料约定的内应都遭到了英、法军队的镇压。他所要对付的敌人又不是华尔那样的雇佣军，而是英、法的正规军队。从上海城边的三天的战斗来看，李秀成并没有下定决心和这样的敌人进行战争。

李秀成撤兵时又给英、美、葡领事发出一信，信中说："若我有志来取上海，犹如囊中取物。惟我仍念同教兄弟之情，恐争端一起，反被官兵冷笑。……汝中有人思及此情而悔汝前愆，仍与我等和好为美乎？"李秀成的这封信不写给法国人，而且信中大骂法国人，据他说，法国人曾要他到上海，他信以为实，不料法国人"已被官兵诱惑背誓，……如此不公不义，无以复加矣。"①所谓法国人曾要他到上海，事实真相究竟如何，已无法弄清楚。一个同时期的英国作家认为这可能是法国天主教会的一个阴谋。他说："天主教在中国的教士们是一个很强大的团体，在全国有一套地下交通系统，谁都知道，他们对太平天国极端仇恨。看来很可能就是他们派遣一些人员去欺骗忠王说，占领上海是很容易和安全的，从而引诱忠王自投罗网"②。

西方资产阶级把基督教传到中国，本来是为了麻痹中国人民。太平天国把它改头换面地利用了一番，虽然对发动农民革命起了某些积极作用，但归根结蒂，基督教和其他任何宗教迷信一样，对人民的觉醒是严重的妨害。太平天国面临从来的农民战争所没有遇到过的国际关系，所谓上帝的信仰终于使他们在现实斗争中迷惑和走入歧途。

在太平军这一次从上海撤退以后两个月，各国侵略者同清朝签订了北京条约。从此自称维护耶稣基督之教的人也同自称维护孔孟之道的人一样公开宣布自己是太平天国的死敌。现实的斗争迫使革命的农民不能不拨开宗教的迷雾而同联合起来的一切内外敌人进行艰苦的斗争。

---

① 《吴煦档案中的太平天国史料选辑》，三联书店 1958 年版，第 3 页。

② A. Wilson：The Ever-victorious Army，第 66 页。

第 八 章

国内外反革命势力的
大联合和太平天国的失败

（一）强盗成了朋友

在第二次鸦片战争中，皇帝的行宫圆明园被烧掉了，北京城的大门被用武力撞开了，屈辱的条约订立了。令人惊奇的是，在清朝的当权派中却出现了这样一种看法：这些侵略者其实倒是有礼貌的、很守信义的、可以做朋友的人！

封建当权派中的这种看法并不是新产生的。这种看法不过是第一次鸦片战争中耆英等人提出的对"外夷"的观点（见第四章第四节）的进一步发展。这时，代表这种看法的，是同外国侵略者谈判订立北京条约的恭亲王奕訢。咸丰皇帝的这个弟弟，由于进行这场谈判而成了办"洋务"的专家，不久后成立的"总理各国事务衙门"①就以他为首。他

① 北京条约订立后三个月（咸丰十年十二月），清朝政府成立"总理各国事务衙门"这一新的机构，其职权虽然可以说大致就是外交部，但实际上比外交部大得多。用当时的语言说，它乃是总管一切"洋务"的一个衙门。习惯上它被简称为"总理衙门"或"总署"、"译署"（以后我们常用"总理衙门"这个简称）。

在进行谈判过程中向皇帝的报告反映了他对洋人发生的好感。例如他描写一次同额尔金的会见说:"一切礼貌,与前更驯"①。由于从热河行宫来的上谕总是担心和约虽定,还会反复,奕䜣再三说明他的看法:"(这些外夷)内则志在通商,外则力争体面,如果待以优礼,似觉渐形驯顺。且该夷前曾有言,并非争城夺地而来,实为彼此无欺起见。臣等屡揣该夷词意,谅不至心存叵测。"②"该夷见臣示以坦白,渐觉驯顺,以后接见数次,迥非先时桀骜情形,该夷现既撤兵,似不致再虑反复。"③

有些事实使以奕䜣为代表的一部分当权者感到,洋人简直是出乎意外地好。第一个事实是并没有占领北京城。"该二国带兵二万余,分踞京城,……倘有包藏祸心,势必据为己有,乃仅以增索五十万现银及续增各条为请,其为甘心愿和,不欲屡启衅端,似属可信"④。第二个事实是也不占领天津。"该夷退回天津,纷纷南驶,而所请尚执条约为据。是该夷并不利我土地人民,犹可以信义笼络,驯服其性,自图振兴,似与前代之事稍异"⑤。不久后又有第三个事实,咸丰十一年(1861年)三月,英、法同时表示把军事占领了三年多的广州城交还,恭亲王奕䜣关于此事报告说:"(英、法)均称深知中国诚信相待,毫无嫌隙,彼此永敦和好,并释前日猜疑"。又说:"虽其词未必实出忠诚,而此后日以诚意感孚,或可渐为驯服"⑥。

腐朽的封建统治者在外国侵略的武力面前实行了投降主义,出卖了中华民族和中国人民的利益,但他们却认为这些外国侵略者"并不利我土地人民。"他们用委曲求全来博得外国侵略者的好感,却说洋人为他们的"诚意"所"驯服"。他们发现,原来这些外国侵略者所要求的

---

① 《咸丰夷务》第68卷,第1页。
② 《咸丰夷务》第69卷,第1—2页。
③ 同上书,第8页。
④ 同上书,第2页。
⑤ 《咸丰夷务》第71卷,第18页。
⑥ 《咸丰夷务》第76卷,第21页。(在这一年九月英、法占领军实际上退出了广州城)。

"仅仅"是那样一些条件,而并不是要到中国来做皇帝,并不要抛开以清朝皇帝为代表的封建统治者,取而代之。所谓"与前代之事稍异",也就是在第一次鸦片战争中耆英所说的外人并不"潜蓄异谋"同样的意思。

这些"外夷"不但不打算推翻清朝皇帝,而且还愿意以实力支持清朝政府。在北京条约刚签字八天,法国公使已经向恭亲王提出:愿意帮助清朝"攻剿发逆"①。又过了几天,恭亲王说,沙皇俄国的公使也向他表示:愿意实行军事合作,办法是"官军于陆路统重兵进剿,该夷(俄国)拨兵三四百名在水路会击"②。前面说过,第二次鸦片战争期间,在上海已经实行了这种合作。但在那时,上海的地方官对朝廷只作了很含糊的报告③,而且提出这种主张的官员都受到了朝廷的申斥④。现在,时隔不到半年,法国和俄国公使的口头表示立刻使清朝当局觉得应该认真考虑。恭亲王很快就表示愿意接受这样的合作,他的一个奏文中说:"综计天下大局,是今日之御夷,譬如蜀之待吴。蜀与吴,仇敌也,而诸葛亮秉政,仍遣使通好,约共讨魏……"⑤,他已明确主张实行诸葛亮的"联吴伐魏"政策,联合法、俄、英各国去伐那共同的敌人——太平天国。根据恭亲王的建议,皇帝在咸丰十年(1860年)十月把俄国、法国提出助剿太平军的问题交曾国藩等有关地方大员考虑提出意见。

---

① 《咸丰夷务》第67卷,第55页。
② 《咸丰夷务》第69卷,第29页。
③ 关于上海的这次合作,当时江苏巡抚薛焕的报告说:"贼(指太平军)逼城下,我兵与贼接仗,该夷兵(指英、法)亦上城从旁枪击,毙贼甚多,虽该夷为保护夷商起见,而其助顺去逆之意,臣亦不敢壅于上闻。唯英法夷兵无多,贼逆麇聚甚众,臣知未可深恃"云云(见《咸丰夷务》第59卷,第7页)。
④ 除了两江总督何桂清提出这种主张受到了撤职处分外,还有两淮盐运使乔松年在咸丰十年四月上奏请求对英、法实行妥协,他以为这样"不但可以匀出兵力,专以灭贼(指太平军),即征夷兵为用,且必乐从"。皇帝立即批驳说:"若借资夷力,后患无穷"(见《咸丰夷务》第51卷,第40页)。
⑤ 《咸丰夷务》第71卷,第18页。

江苏巡抚薛焕最热烈地表示赞成。他以为既然俄国、法国有此请求，那是再好不过的了。他表示希望他们不但出动兵船，还"能派陆军由旱路会剿"，而且"必须厚集兵力"，为此多给他们些兵费也是合算的①。

曾国藩这时已是两江总督兼督办江南军务的钦差大臣，他也主张接受俄国人"效顺之忱"，不过要他们缓一点出兵，因为"此时我之陆军势不能遽进金陵，若俄夷兵船即由海口上驶，亦未能遂收夹击之效"，所以等到要夹击南京时，再"约会该酋，派船助剿"。对于法国人也是同样，"亦可奖而允之，许其来助，示以和好而无猜，缓其师期，明非有急而求助"。当时俄国公使还提出用美国和俄国的船只给清朝运输漕粮的建议，曾国藩对此也表示赞同，还特别说了一下他对西方各国的了解，他重提美国早在咸丰三年就曾提议以兵船助剿的事实，认为"美夷于中国时有效顺之诚"。他也主张学造炮制船。他总结说："目前资夷力以助剿济运，得纾一时之忧，将来师夷智以造炮制船，尤可期永远之利"②。

此外，浙江巡抚王有龄也赞成"借资外国之兵"，他居然认为俄、法"在京陈情，亦足征同仇敌忾之诚"③。

但是这一次俄、法请求出兵并没有成为事实。这不仅因为曾国藩主张稍缓时日，而且因为清朝官员中仍有一部分人不完全相信以恭亲王为代表的那种"新"认识，这些人认为，请求"外夷"出兵，不但要被他们勒索军费，而且长江有被他们把持垄断的危险，他们所占领的地方也将久据不走。例如当时负责剿捻军事的袁甲三就提出这样的反对意见④，但是袁甲三又认为可以由地方当局同外国人合作，他说，如果外国人急于要进入现被太平军占领的那些口岸通商，那是"夷人自为谋

① 《咸丰夷务》第 71 卷，第 1—2 页。
② 同上书，第 11—12 页。
③ 《咸丰夷务》第 72 卷，第 15 页。
④ 《咸丰夷务》第 70 卷，第 19 页；第 71 卷，第 34 页。

利起见,听其自行攻取,中国亦不给兵费。若其由上海等处图复苏、常,可令薛焕与之酌定进兵之路,借示联络"①。所以他其实也并不真是反对借用外国兵力。

那时英国人对于沙皇俄国想插足到长江上来是非常不满意的,他们也不愿意法国人承揽这个买卖。所以英国的使馆参赞威妥玛向恭亲王说:"剿贼本系中国应办事件,若借助他人,不占据地方,与彼何利?非独俄法克复城池,不肯让出,即英国得之,亦不敢谓不踞为己有。"他还举英国占领印度为证②。英国人显然有意拆法国、俄国的台,他们之间在侵略中国的过程中是互相勾结又互相矛盾的。

虽然恭亲王等这些洋务专家不敢请皇帝立即下决心接受俄、法的请求,但是经过这番讨论,无论如何,清朝官方已经确认他们和"外夷"是可以在反对太平天国的斗争中成为同盟者的了。问题是采取什么方式合作,如何避免他们所担心的流弊。

在参与天津条约和北京条约的四个国家中,沙皇俄国主要力量用于鲸吞和蚕食中国北方的边疆地区,并不能到中国南方来有所作为。后来在同治元年(1862年)俄国又一次表示要用他们的海军到中国南方沿海来给清朝政府帮忙,也因为受到英、法的阻挠而未能实现。美国国内在1861年开始发生南北战争,这时无力顾及亚洲。在拿破仑第三统治下的法国虽然首先提议出兵助剿,意图抢先取得在中国的某种优越地位,但是它在中国的力量毕竟不如英国。当时环伺中国的,北方是沙皇俄国一霸,南方是英国一霸,而英国却不急于在清朝和太平天国间表示明确的态度。所以曾国藩认为:"以大西洋诸夷论之,英国狡黠最甚"③。

咸丰十一年正月(1861年2月),英国驻华海军司令何伯奉额尔金

① 《咸丰夷务》第71卷,第36页。
② 据恭亲王等的奏折。见《咸丰夷务》第72卷,第10页。
③ 《咸丰夷务》第71卷,第11页。

之令率领一支舰队由上海沿长江西上,驻广州领事巴夏礼和他同行。他们之所以采取这一步骤是为了准备按照条约规定,收获英国在长江内陆所攫取的权益,并且看一看为了达到这个目的,应当如何对待仍在长江中下游占有相当优势的太平天国。江苏巡抚薛焕奏报英国人的这一行动说:"据苏松太道吴煦密禀,闻其路过金陵,欲见发逆(指太平天国首脑——引者),与之说明,两不相犯,使洋船往来江面无碍,并欲与该逆互通交易等情。"①对于这个情报,朝廷却不大相信,皇帝的上谕对此事说:"该夷甫与中国换约,虽不助我剿贼,亦未必遂勾通粤逆(指太平天国——引者),再启兵端。"②上谕的这种看法被事实证明是对的。英国不但不是"勾通"太平天国,而且是要找出一种适当的方式帮助清朝政府对付太平天国。

何伯和巴夏礼这次在长江上往返约两个月,既到了清朝官兵驻守的汉口等地,又到了太平天国的京城。清朝地方官员向他们奴颜婢膝地表示欢迎。湖广总督官文报告何伯等到武汉的情形说:"奴才(官文向皇帝的自称)以礼款待,各皆欣悦",由于何伯又从武汉溯流上行,"奴才当飞饬岳州、荆州、宜昌文武各官沿途照料。如英兵上岸,示谕居民,两国和好,毋须惊疑⋯⋯"这就是无保留地把长江向英国军队开放,当然结果是像官文说的"英官欣喜相从"③了。而在另一方面,太平天国的领袖们尽管还没有摆脱宗教的迷雾,一点也不懂得北方发生的战争的意义,不懂得从这次战争中产生的条约已经把这些信奉基督的国家和清朝政府勾结在一起了,他们还是相信英国人口头上说的"中立"的谎言,但是一谈到具体问题,英国人就觉得太平天国并不能听任他们摆布。

英国人向太平天国表示,他们在中国的武力只是为了保护他们自

---

① 《咸丰夷务》第73卷,第28页。薛焕的奏报中还说,法国的"兵头"近派翻译员面告吴煦:"英夷不愿帮助中国(指清朝政府),居心殊为叵测,请预为防范。"这又是法国在背后拆英国的台。

② 同上书,第31页。

③ 《咸丰夷务》第75卷,第6页。

己在通商口岸的利益,决不参加中国国内战争的任何一方,他们要求太平军保证不开到距离上海三十英里——即一百华里半径内的地区。巴夏礼负责在天京同太平天国进行谈判。谈判开始时,太平天国方面的年轻的没有经验的蒙时雍(赞王蒙得恩的儿子,号为赞嗣君)表示可以接受这个要求。但天王洪秀全得到报告后立即反对。他允许不伤害不帮助清朝的外国人,但是不能接受太平军不进入上海地区的约束。经过五天的谈判后,洪秀全作了一点让步,即接受英方的要求,但只限于本年内。用赞嗣君蒙时雍的名义于二月二十三日(4月2日)发表一个对有关将领的命令,要他们在本年内不进入上海百里路程以内,命令中说:"我军于本年内并不作攻击上海吴淞的计划。"①巴夏礼虽然施展了恐吓和欺骗(在这方面,他在和清朝官员谈判中久已是老手),但只能得到这样的结果。赞嗣君的命令恰好表明太平军将在明年进攻上海,只要他们有此需要。

何伯这次航行长江时还派了一个军官威司利留在天京观察了一个星期。他从观察中得出结论说:"英国当向太平军通告云:吾人再不能袖手旁观,……且吾人今已与清廷结成友善的盟约,故决助其扫荡乱事。吾极深信一经如此通告,……直向南京施以一击,则乱党全局将可于一个月内崩溃。为施行此一击,吾人现已有充分的武力在中国。"②这个低级军官提出的主张成了以后几个月英国在华公使与军事头子所讨论的问题,并且一直提交到伦敦的英国政府。英国政府及其在华官员们决定不采取这种极端手段。他们看出,向清朝政府作战和向太平天国作战是不同的事情,对前者只投入少数兵力,短期内即可收效,而对后者则是直接与讹诈不了的人民群众的革命力量对立。他们不同意那个低级军官的粗率的乐观看法,不愿意自行投入一场难以预见其后

---

① 命令原文已佚,据吟唎著《太平天国革命亲历记》中译本,第260页。
② 威司利:《太平天国天京观察记》。见简又文著《太平天国杂记》,商务印书馆1935年版,第127页。

果的战争,而仍然要保持"中立"的外貌。英公使布鲁斯在咸丰十一年五月九日(1861年6月16日)致何伯信中说:"英国政府目前不应积极援助清朝政府,一方面因为我们已向叛军保证遵守中立,另一方面则因为这种干涉将导致严重的无限的后果"。"我们对于两方(清朝与太平天国——引者)表示不偏不袒的旁观的沉着态度愈久,他们就愈要付出高价来争取我们的友谊。"①但是能出高价的已经肯定是清朝政府,英国人这时的问题其实不过是要找出一种在保持"中立"的外貌下帮助清朝政府把革命镇压下去的方法,以免把自己投入战争风险。

英国的这种态度,清朝官方是看清楚了的,总理衙门的恭亲王奕䜣等大臣于咸丰十一年五月的奏报中说:"臣等探闻英国本有与粤逆两不相犯之约。法国虽欲剿贼以夸其勇而为英国所制,亦不敢自主。迨本年三月间,巴夏礼自长江来京,历言贼情断无成事之理",并说,巴夏礼只表示担心清朝官兵饷项不足,武器不行。恭亲王说:"自臣等笼络英、法以来,目前尚称安静,似可就而暱我"②。到了六月间恭亲王的一个奏折中又单独说到英国:"现在贼势虽属蔓延,唯威妥玛、巴夏礼等历言其不能成事,故肯暱而就我,果能认真剿办,则各国就抚之心,亦可愈久愈笃"③。什么叫"暱而就我"? 就是和我亲近,向我靠拢的意思,这显然不仅是普通的朋友了。

这时,封建统治势力和外国资本主义侵略者共同镇压革命的农民的形势的确已经成熟,只是要找到双方感到适合的方式,而这种方式很快也就找到了。

(二)上海周围的战争和所谓"常胜军"的出现

现代资本帝国主义比历史上一切侵略者更善于使侵略行动具有

---

① 据《太平天国革命亲历记》,第311、313页。
② 《咸丰夷务》第79卷,第17页。
③ 《咸丰夷务》第80卷,第25页。

"合法"的形式。它总是能够按照自己的利益预先制造出某种条约、协定、规章等等，再加上随时按照需要对既定的条约、协定、规章等进行解释和加以引申，这样，它的任何行动就总是"合法"、"合理"的了。

当时，英国和法国反对太平天国进攻通商口岸的城市，并且准备在通商口岸用武力对付太平天国，是以它们同清朝政府订立的条约为根据的。但是，清朝政府被迫订立的条约中并没有明文规定它们有这种权利。它们的逻辑是这样的：既然已经规定开放这些城市为通商口岸，这些城市的"安全"就同它们的利益有关，它们就有权为"保障这些城市的安全"而使用武力。而且既然它们有权保卫这些城市，也就应当有权保卫在这些城市周围三十英里（即一百华里）以内的地区。

对于外国人这样荒谬地从条约中引申出它本来没有的含义，清朝官方不但不提异议，而且非常满意。连担心洋人因"助剿"而盘踞内地的人也很满意了：洋人的势力进入通商口岸反正已经是只能承认的事实，洋人把军事行动限制在一定范围内似乎正足以证明他们是"守法"的人！

如前所说，太平天国虽然在咸丰十一年二月的谈判中作了点妥协，但丝毫没有表明他们承认外国人所说的那种"合法"的权利。

到了咸丰十一年十一月二十六日（1861 年 12 月 27 日）英国方面居然又向太平天国提出了措辞蛮横的照会①。这个照会中提出了四条很无理的要求，其中不但说，太平军不能开到上海周围一百里内，而且要求太平军不开到九江和汉口的一百里内，还宣称，镇江的金山是镇江英领事的住宅所在地，不可加以侵扰。

几天后，十二月二日（1862 年 1 月 1 日，太平天国历是十一月二十

---

① 这个照会是英国驻华海军司令何伯通过当时停泊在南京下关的一只英国兵舰的舰长提出的，巴夏礼仍然参与此次交涉。照会原文见《太平天国革命亲历记》，第 323 页。

二日)太平天国发出复照,义正词严地驳斥英国提出的全部要求。这里只摘录与上举问题有关的几点。关于不进兵上海吴淞百里内的要求:"今春我国虽然签订此项协定,但……我军肩负重任,为上帝光复全国,不能放弃寸土于不顾。……本年将尽,协定满期后,我国不能仅以贵国商务为念而不攻取该地。今当忠王(李秀成)侍王(李世贤)率天兵数百万之众克苏州、杭州及全省之时,忽接贵国此项提议,何胜诧异!"关于不进兵九江、汉口百里内及不侵扰金山的要求:"此项提议,我等已郑重考虑。惟贵国有此提议实属谬误。……今当我国派军攻取汉口、九江、镇江、金山之际,贵国忽伪托友好,暗助满妖,派兵驻守彼等重地,箝制我军行动,宁非怪事! 此项提议,我国焉能照准? 俟我国军队攻克汉口、九江、镇江、金山,安抚各地之后,倘贵国愿照常贸易,再来与我国商谈,有何不可? 贵国欲我军勿攻该地,目的何在?"复照最后说:"我国所欲殄除者,满妖盗匪也。我国所欲恢复者,中国也。今满妖未除,伟业未竟,我国碍难照准贵国所请。俟殄灭满妖之后,我国即予贵国提议以各种便利。"复照中固然仍表示希望对方"始终与我保持友好,坚守信用,勿存恶意"①,但是这个复照的确是对于倚仗同清朝政府订立的条约而在中国逞凶称霸的强盗的严重警告。其严重性不仅在于拒绝来照中的一切要求,而且在于根本不承认清朝政府所签订的条约。太平天国方面所说的对外友好关系并不以这些条约为基础,是很明确的。

英国方面的答复充分暴露了恶霸的原形:"贵方已悉上海吴淞两地为英、法军队所占领,倘贵军再敢甘冒不韪,重来进攻,则不仅将招致以前之挫败,且将因愚蠢而获致更严重之后果。"并且说,由于太平天国不接受英方关于金山、九江、汉口的要求,那就"证明贵方所表示之

---

① 太平天国的复文由幼赞王蒙时雍、章王林绍璋等署名。这个文件原文已佚,据《太平天国革命亲历记》,第323—326页。

友好全属空言而已,因此我国必将相应对待之"①。

当时,英国和法国同太平天国之间发生争执的地方,还有浙江的宁波(这是南京条约已开放的一个港口)。自太平军在咸丰十一年三月占领乍浦以后,英国和法国方面公然再三警告太平军不要攻占宁波。到了九、十月间,太平军在浙东先后占领绍兴、余姚、奉化、慈谿等地直逼宁波时,英国、法国又加派兵舰到宁波。但太平军不理会这种警告,没有被这种威胁吓退,十一月初进兵占领了宁波。就因为太平军对宁波的进军没有能被阻止,而且这时太平军又有大举向上海方面再度进兵的表示,所以英国在十一月下旬向太平军提出了上述那样狂妄的照会。

由这次照会而引起的谈判实际上是决裂了。太平军立即向上海进军。李秀成在太平天国历十一月二十八日(阴历十二月八日,即1862年1月7日)发出通告说:"在上海贸易之洋商……各宜自爱,两不相扰。自谕之后,倘不遵我王化而转助逆为恶,相与我师抗敌,则是飞蛾扑火,自取灭亡"②。英国、法国方面也用一个通告作出了反应:"上海县城及其周围,包括吴淞在内,现已为英法军队所占领",太平军倘若"胆敢进犯该地,将自蹈险境"③。

麕集在上海的苏、浙各地退职官僚、地主绅士首先同外国商人合作,联合成立了所谓"中外会防公所"。他们向英、法在上海的使领官员请求调兵"协助官军保守上海、克服宁波,以及江宁、苏州等地"④。英国方面要求上海的官员把这事报告朝廷,显然他们是要清朝政府正式出面邀请,这样来使他们的武装干涉中国内政更具备"合法"的形式。江苏巡抚薛焕是主张求助外国的官僚,他在咸丰十一年十二月和同治元年正月(1862年1月和2月)连续奏报,既说这种主张是上海的

① 《太平天国革命亲历记》,第327页。
② 《李秀成谕上海、松江军民》。《太平天国资料》第二册,第743页。
③ 《太平天国革命亲历记》,第346页。
④ 《同治朝筹办夷务始末》(以后简称《同治夷务》)第3卷,第47页。

"官绅商民"的共同意见,又说英国人深识大体,"亦以贼氛肆毒为恨",还报告了太平军先头部队到达吴淞附近时,法国已经开炮轰击①。朝廷接到第一次报告后立即"饬总理衙门与英、法在京使臣妥为筹商",接着又表示:"上海为通商要地,自宜中外同为保卫",并且为了避免事事经过总理衙门,转致稽迟,因此下令即著"薛焕会同前次呈请各绅士与英、法两国迅速筹商,克日办理。……其事后如有必须酬谢之说,亦可酌量定议"②。同治元年正月十三日上谕又说:"英、法两国自换和约后,彼此均以诚信相孚,此次在上海帮助剿贼,尤其真心和好,克尽友邦之谊……嗣后英法文武各员续有协同助剿之处,均著薛焕迅速驰奏,不得没其功勋,以彰中外和好同心协助之意。"③

在通商口岸及其附近地区,由外国的军队直接参加战争,这就成为清朝政府和英、法等外国都认为妥善的一种合作方式。

这里必须再提到美国流氓华尔,他在中外反革命大联合中起着特殊的作用。

前面已经说过,华尔在咸丰十年(1860年)太平军进攻上海时,受清朝官商雇用,率领一支由外国流氓、水手、逃兵组成的队伍参加作战,虽然他由此发了财,却并没有取得很大成功。他一度到法国治伤后又在咸丰十一年(1861年)春回到上海。他提出了一个新的计划,就是用中国人当士兵,使用洋枪洋炮,由洋人加以训练和指挥。他的原来的老板、清朝官方和绅商买办的代表人吴煦和杨坊,很表赞成,愿意投资实行这个计划。而且不久当英国的海军司令何伯知道了华尔的这个新计划后,也表示十分欣赏并愿意给以支持④。华尔在松江按照这个新计

---

① 《同治夷务》第3卷,第48页;第4卷,第2页。
② 《同治夷务》第3卷,第49页;第4卷,第3页。
③ 《同治夷务》第4卷,第3页。
④ 在这以前,英国方面很不喜欢华尔这个美国人的活动。1861年5月间英海军司令何伯甚至把他逮捕起来交给美国领事处理,理由是他引诱英国水手潜逃。但美国领事把他释放了,说他已加入中国籍,故美方无权定他的罪。美国官方对于华尔以个人名义进行的活动至少不愿意加以干涉,而且愈到后来愈给以支持。

划积极编练他的部队。在咸丰十一年底太平军向上海进兵时,华尔的部队已经有兵员一千二百人,有炮队,还配有轮船。他的炮很多是从美国买来的,英国的何伯也提供给他不少武器装备。

这一次太平军对上海地区的进攻延续了五个多月(从咸丰十一年十二月到同治元年五月,即1862年1—6月)。它所面对的中外反革命军队包含这三个部分,第一部分是英国和法国的军队,但其数量是不大的,法军只有九百人,英军也不超过三千。第二部分是清朝军队,从苏、常一带败下来的军队虽然有相当大的数量,但是几乎完全没有战斗力;李鸿章的淮军八千人于同治元年五月到达上海,是唯一有战斗力的一支清朝军队。最后第三部分就是华尔的这支军队。清朝官方无耻地把它称为"常胜军"。华尔自称已入中国籍,还接受了清朝的官衔。清朝当局连续提升他,直到戴红顶子的副将衔。名义上,这支军队是受清朝官方指挥的,但实际上,清朝官方也知道并不能把它看成是自己的军队。尽管它的兵士都是中国人,他的饷银是由清朝官方支付的,然而它还是一支洋人的军队!李鸿章对华尔军的描述是:"此军与洋人何提督(指英国海军司令何伯)等谊同胶漆,但食中国口粮","此四千人中头目均系洋人,岂中国官所能钤制?""该军四千五百人,以中国民勇隶外国将弁"。"英人隐然以常胜军属之外国,应当作外国人用法。"①所以这支军队具有一种很特殊的地位。它从一千二百人逐渐扩充到六千人。

这次太平军进攻上海,犯了没有一开始就集中足够优势的兵力的错误,所以在同治元年正月间虽然已经迫近上海,却没有取得决定性的胜利。二、三月里,英、法军队和华尔的军队,配合上清朝军队,发动反攻,迫使太平军退却,从太平军手里夺得了上海外围的嘉定、青浦、松江各地。但是四月间,太平军又动员了精锐部队从太仓方面重新向上海进军。太平军在嘉定和南翔打败了英、法军队,夺回了这两个城市。华

---

① 李鸿章:《朋僚函稿》第1卷,第36页;第2卷,第3、5、7页。

尔的所谓"常胜军"驻守的松江和青浦也被太平军围困。太平军攻下青浦时俘获了"常胜军"的副领队法尔思德。太平军又一次攻到上海近郊。英、法军队只能退守租界,华尔的部队也困守着松江城。由于没有能攻下松江,而防守上海的英国人和法国人已经筑起了一系列的炮台,李鸿章的淮军又在上海近郊对太平军打了一个胜仗,这时,进攻上海的太平军统帅李秀成没有坚持打下去。五月下旬,他率部不战而退出了上海附近地区。虽然当时天王洪秀全下令要他回援天京,因为天京正受到从长江上游来的曾国藩的几路湘军的围攻,但是事实上,李秀成直到八月里才从苏州西上去参加天京周围的战争。

　　英国、法国的军队直接参与这一次所谓保卫上海的战争证明,它们的兵力最多只能用于沿海的通商口岸。李鸿章在英、法军从嘉定退守上海租界时说:"嘉城复失,逆焰大张,西兵为贼众所慑,从此不肯出击"①,这是事实。从此以后,英、法军很少再敢出击到上海以外。附带说一下,在同治元年四月十二日(1862年5月10日)英、法军队还帮助清朝夺回了已被太平军占领了的宁波,那也只是靠英、法军舰的炮轰。英国始终坚持不愿过多地用自己的军队承担作战义务。正因为这样,华尔的"常胜军"的形式不仅受到清朝官方重视,而且也为英、美、法各国十分重视。当时英国的驻华的一些文职的和武职的官员都可算是有经验的殖民主义者,他们立刻看出,为了帮助清朝政府镇压中国人民革命,华尔的办法实在是一个最好的办法,这就是由外国人指挥、用中国人打中国人的办法。英国驻华公使布鲁斯致书上海英军提督斯得弗力,问他在英军压迫太平军退出上海附近后,清军能否防守;并且建议他"协助地方当局增强华尔的军力,成立炮队,改善清军组织,其功效较英军直接参加攻战尤为巨大"②。

　　英国不但主张加强华尔力量,而且意图推广运用这个办法。他们

① 《同治夷务》第6卷,第29页。
② 转引自郭廷以著《太平天国史事日志》,第885—886页。

向总理衙门提出了这个要求,清朝当局同意在天津试办,陆续派出了四百多个兵士由英国军官在天津训练。英国方面觉得人数太少。同治元年三月间总理衙门的奏报说:"英国斯总兵(即斯得弗力——引者)以练兵必须万人,少亦五千人,方足制胜,并于来京谒见时,面呈分营练兵清单,且称练兵必须练官。"①但清朝方面既怕多费饷银,又抽不出这么多兵来,无法满足英国的要求。到了这年六月里,英国驻华公使布鲁斯发出照会向总理衙门说明所谓"同防逆贼"的问题,要求清朝政府"自行尽力筹划,妥定防守之举",并说:"贵国官员如不能认真讲武,以御不虞,则本大臣只得遵咨本国水军,专将各口城外洋行地界分守,至于城中安置,其势悉归本城官员经理,与我军无涉"②。可见在经过上海外围战争的失败后,英国这时连所谓保卫通商口岸三十哩以内地区的口号也不愿意提了。他们宁愿采取为清朝政府练兵的办法来加强清朝官军力量。总理衙门的奏报中说:"据英国参赞威妥玛函称,伊国提督何伯,总兵斯得弗力,俱有愿在上海出力练兵之意。并据称何伯请练兵六千,每年饷需约以百万为率。又称斯得弗力请自募兵定饷,饷项多寡由中国给发"。花钱太多,是清朝政府当时最害怕的。所以总理衙门对此的意见是"唯有令上海、福建两处,仿照天津练兵之法,酌量情形,先行试办,则既不没外国献策之忧,而中国不至过耗财力,于事似属可行"③。这种办法在福州和广州都试办了一下,不过也像天津一样,当地地方当局都只能拨出极少数的兵员。

法国人对实行华尔的办法也十分热心。当广州的清朝官员让英国人操练军队时,法国人抢着表示:"中国与英、法两国一律和好,练兵之事,理应分任"④。此外,法国人还完全仿照华尔的办法在浙江宁波方面成立了一支由中国士兵组成而由法国军官勒伯勒东率领的军队。根

① 《同治夷务》第5卷,第16页。
② 《同治夷务》第7卷,第5页。
③ 同上书,第3—4页。
④ 《同治夷务》第14卷,第7页。

据法国人的要求,清朝当局给了勒伯勒东以署理浙江总兵的官衔①。这支军队被称为"常捷军",它在浙东地区进行了反太平军的战争。

老殖民主义者用自己的兵力去镇压殖民地的人民革命斗争,现代的所谓新殖民主义者则尽量利用殖民地、半殖民地国家内部的反动势力而避免使用自己的兵力。这后一种方式,早在太平天国时期,西方列强已经发现是对付中国这样一个大国最适合的方式了。

(三)从湘军到淮军

在国内外反革命势力大联合中,以曾国藩为首的湘军和由它派生出来的李鸿章的淮军,日益处于显要的地位。

前面已经说过,湘军的头头们就其出身说,多数是中小地主和富农及其知识分子。他们出来积极反对农民革命,维护清朝统治的权威,这是挽救了清朝政权的一个重要因素。但是在战争过程中,湘军的声势越来越大,湘军头头们的声望越来越高,这又不能不引起清朝朝廷很大的疑虑。早在湘军初组成时,军机大臣祁寯藻已向皇帝说:"曾国藩一在籍侍郎,犹匹夫也。匹夫居闾里,一呼蹶起,从者万人,恐非国家之福。"②

曾国藩等人对于当时封建的官僚集团中已经牢不可破的腐朽习气曾进行相当尖锐的批评。例如曾国藩说:"京官之办事通病有二:曰退缩,曰琐屑;外官之办事通病有二,曰敷衍,曰颟顸。退缩者,同官互推,不肯任怨,动辄请旨,不肯任咎是也。琐屑者,利析锱铢,不顾大体,察及秋毫,不见舆薪是也。敷衍者,装头盖面,但计目前剜肉补疮,不问明日是也。颟顸者,外面完全而中已溃烂,章奏粉饰,而语无归宿是也。

---

① 《同治夷务》第9卷,第14页。
② 曾国藩虽然曾在京任礼部侍郎和兵部侍郎之职,但在他开始组织湘军时已离职还乡,所以祁寯藻说:"犹匹夫也"。

有此四者,习俗相沿,但求苟安无过,不求振作有为。……"①对于原有的军队制度之缺乏效力,营伍中的习气败坏,更是攻击不遗余力。曾国藩说:"居今之世,用今之兵,虽诸葛复起,未必能灭此贼(指太平军)也。"②因而他认为,为了打太平军,必须"别树一帜,改弦更张"③。当然,他并不是要改封建统治秩序之"弦"。他自称是"奉朝廷之命,兴君子之师"④,这就是说,他要在维护清朝政权的前提之下树起所谓"君子之师"的旗帜。曾国藩的湘军同原有的"绿营"除其他差别外,在体制上也大不相同:"绿营"的兵将是互不相属的,各地的绿营兵都由朝廷直接调拨,临时派将统率,而湘军从一开始就采取另一种制度,所有将官都由曾国藩自己选用,这些将官所统带的兵又都由他们自己招募、训练和指挥。全部湘军都只受曾国藩的调度和指挥,实际上成为曾国藩的私军。正因此,清朝朝廷对曾国藩的军队总是不大放心。直到咸丰十年(1860年)前,只有湘军的第二个大头头胡林翼当了湖北巡抚⑤。而曾国藩自己长期只能以侍郎的空衔领兵,没有得到任何地方实权。各省长官(总督、巡抚)常常在兵饷和后勤方面给曾国藩的湘军为难。咸丰七年(1857年),曾国藩因父丧回籍时,向皇帝上奏大发牢骚说,他几年来用的是"侍郎"的关防,不能得到地方官的尊重,"事权反不如提镇",筹饷往往"州县故为阻扰",他的部下有了军功,虽经保举也不能得到实缺。他说:"细察今日局势,非位任巡抚有察吏之权者决不能以治军",他因为没有地方实权,在各省都是"处客寄虚悬之位",所以"终不免于贻误大局",因而他表示简直不想再干了⑥。曾国藩在这个奏折中代表他那一伙人非常明白地说出了要实权的意思。他们的要求其实

---

① 《应诏陈言诏》。《曾文正公奏稿》第1卷,第2页。
② 《与彭筱房》。《曾文正公书札》第2卷,第10页。
③ 《与王璞山》。同上书,第6页。
④ 《覆王璞山》。《曾文正公书札》第3卷,第18页。
⑤ 胡林翼在咸丰十一年(1861年)八月病死。
⑥ 《沥陈办事艰难仍恳终制折》。《曾文正公奏稿》第11卷,第13页。

就是:在地主阶级内部,权力应当重新分配。

在中国长期的封建时代,地主阶级中一部分不当权的力量(往往是代表中小地主阶级的某种势力)起来向当权派要求重新分配权力,引起矛盾斗争的情形是并不少见的。这种矛盾有时形成严重的党派斗争,但也往往能用妥协的方法解决。这是因为中小地主和当权的大地主在基本阶级利益上终究是一致的原故。当中小地主的某些代表人物(不论用什么方法)爬上国家权力的时候,往往也就使自己成为大地主利益的代表者了。咸丰七年,曾国藩虽然明确地提出了权位的要求,但仍然没有得到满足。到了咸丰十年(1860年)四月,太平军已粉碎江南大营,绿营几乎全部崩溃,同时,英、法军北上的危机迫在眼前,在这时候,清朝当局才任曾国藩为署理两江总督,同年六月,实授曾国藩为两江总督,并命为钦差大臣督办江南军务,所有大江南北水陆各军都归节制。

咸丰十一年(1861年)清朝宫廷内发生的一次政变,又使曾国藩集团得到进一步提高他们的地位的机会。

咸丰皇帝逃到了热河行宫后再没有能回北京。十一年七月他死在热河。由年方六岁的皇太子载淳(即同治帝)继位,有两个皇太后,即东太后(即慈安太后,咸丰帝的皇后)和西太后(即慈禧太后,原为贵妃,同治帝的生母)。咸丰皇帝死前封了八个赞襄政务王大臣,都是他一向亲信和重用的大臣,其中主要的是怡亲王载垣、郑亲王端华和端华的弟弟协办大学士肃顺。他们作为赞襄政务的大臣将在新皇帝即位后居于摄政的地位。咸丰皇帝的弟弟恭亲王奕䜣那时虽然在北京主持政务,但受到排斥。反对载垣等人的一派朝臣提出了由皇太后听政的主张,这个主张遭到载垣等人的驳斥。慈禧太后即叶赫那拉氏(1835—1908年)是个有政治野心的妇人,她拉拢奕䜣,而与载垣等人形成尖锐的对立。双方都使用了阴谋诡计。不顾载垣等人的阻挠,两个太后带了新皇帝回到北京。九月三十日,朝廷回到北京的第二天,就用新皇帝的名义发布了预先拟好的一个诏书,命载垣等八个赞襄政务王大臣即行解任。几天后,又令载垣、端华自杀,并把肃顺斩首。这次宫廷政变的结果是两个太后"垂帘听政",实际上国家权力渐渐归慈禧太后独揽。恭亲王奕䜣被任为议政王大臣,仍兼管总理各国事务衙门。

经过这次宫廷政变而上台的统治者为了巩固自己的地位,有必要取得已成为国内能和太平军对抗的唯一军事力量的曾国藩集团的支持。十月十八日命令曾国藩统辖江苏、安徽、江西三省并浙江全省军务,所有四省巡抚以下各官都归他节制,并且要曾国藩保荐封疆将帅人员。在以后几个月内,又加曾国藩太子少保衔,并任协办大学士。他的弟弟曾国荃既赏头品顶戴,又擢浙江按察使。由曾国藩举荐的李续宜、沈葆桢、李鸿章、左宗棠分任安徽、江西、江苏、浙江的巡抚。此外,在以后一两年内新上任的广西巡抚刘长佑、河南巡抚严树森、贵州巡抚江忠义,也都是湘军系统的人。

在这时候,包括满洲贵族在内的大地主阶级当权派的懦弱无能,已经充分暴露,地主阶级内部的分崩离析是完全可能的。曾国藩集团之被重用,起了防止分崩离析的作用,起了把从满洲贵族到汉族中的各种反革命力量,从大地主阶级到中小地主阶级以及在中国政治生活中愈来愈起邪恶作用的买办资产者的力量团结在镇压太平天国的反革命事业中的作用。

1861年的宫廷政变也牵涉到对外关系的问题。以新皇帝的名义谴责载垣、端华、肃顺等的第一个诏书中加给他们的罪名首先是"不能尽心和议,徒以诱获英国使臣以塞己责,以致失信于各国",并且说,在总理衙门已经"将各国应办事宜妥为经理,都城内外,安谧如常"的时候,他们仍然"朋比为奸,总以外国情形反复"而阻止皇帝回到北京①。按这个上谕来看,好像载垣等人是反对议和的,这并不符合事实。咸丰皇帝在第二次鸦片战争中虽然方针摇摆不定,其基调是乞和。作为咸丰皇帝的心腹的载垣等人对这种情形当然是有责任的。他们的特点只

————

① 《同治夷务》第2卷,第9页。

在于仍是以传统的对待"番邦蛮族"的眼光来看西方各国,有时还幻想一战而恢复"天朝上国"的威风。他们毫不了解资本主义的外国,也不认真对待外国的侵略,结果只能是投降和逃跑。他们丝毫也不反对向外国侵略者卑屈地求和。载垣等人之所以被加上"不尽心和议"的罪名,无非是因为,在这次政变中的胜利者要向外国人表示,自己是完全可以使外国人放心的。当时,英、法还有军队驻在天津。在清朝统治集团心目中,皇帝能否在北京的皇宫中坐稳,决定于"外国情形"是否反复。因此,政变的胜利者把取得外国的赞助当做一个极重要的问题。慈禧太后要同恭亲王奕䜣合作,也因为奕䜣当时已同外国人关系搞得很好的原故①。

在半殖民地半封建的中国历史上,各种反动派发动政变来攫取政权,先后发生过许多次。每一次的政变的发动者总是要看看外国侵略者的脸色,争取其赞助和支持。1861 年宫廷政变创设了一个先例。

在这次政变以后,曾国藩集团一跃而成为地主阶级当权势力中最大的实力派,同时他们也逐渐取得了正在为维护和发展在中国的侵略利益而公然干预中国内政的西方列强的好感和支持。

曾国藩在第二次鸦片战争中没有动用一兵一卒去对付外国侵略者,对于屈辱投降的条约没有说过一句反对的话。在战后的对外政策上,他也完全支持恭亲王奕䜣的路线。但是在同治元年(1862 年)前,曾国藩及其集团还没有直接同外国人打交道的经验。同治元年,曾国藩派李鸿章率领淮军到上海。李鸿章在上海立即成为这一地区的地主阶级和买办资产者的总代表,并和外国资本主义侵略势力进行了直接的勾结。

李鸿章(1824—1901),虽然早在道光二十七年(1847 年)中了进

---

① 慈禧太后和恭亲王的合作并没有长久维持下去。以后由于宫廷内部的矛盾,恭亲王渐渐为慈禧太后所嫌恶。同治十二年(1873 年)他的爵位被贬低,光绪十年(1884 年)他的一切职位被革除。

士,但长期间没有得到什么官职。太平天国战争前期,他只是在安徽巡抚福济手下帮忙。到了咸丰八年(1858 年)他才当了曾国藩的幕僚。所以他和湘军的关系并不深。不过他曾师事曾国藩,受到曾的赏识。在咸丰十一年冬,曾国藩决定派军队到上海方面去的时候,推荐当时挂名为福建延建邵道道员的李鸿章为江苏巡抚,担当这方面的主帅。李鸿章受命到他的家乡安徽庐州(合肥),依靠当地办"民团"的地主们招募士兵,再加上曾国藩从湘军中拨出若干营给他,自成一军,号为淮军。淮军的军制完全按照湘军的传统,它是湘军所派生出来的。在太平天国战争结束以后,湘军逐步遣散,李鸿章的淮军成了最大的实力派。

李鸿章在安徽组成的军队,如果走陆路到上海,必须经过太平军占领的地区,是很困难的。本来朝廷命他驻兵于镇江,但他坚持要以上海为基地。上海的官绅买办与英国商人订立合同,重价雇了英国的轮船,把淮军八千人分批运到上海。李鸿章说:"华夷混一,局势已成,我辈岂能强分界画"①。他用这个理由来说明为什么他的第一次行军借用外国势力,也用来说明他为什么选定实际上已由外国势力控制的上海做他的基地。

上海的官员、绅士、买办,例如和外国人合作成立所谓"中外会防公所"的那些绅商,同华尔合作建立所谓"常胜军"的吴煦、杨坊,是露骨的媚外主义者。他们一心一意只想靠外国兵力来消灭太平军,并以为只有靠外国兵力才能达到这个目的。当时,上海官场和社会上传说,英国即将派来大军进攻太平天国的天京,这类谣传多半是这些官员、绅士、买办制造和散布的,也正是反映了他们的希望。李鸿章到了上海后曾这样评论说:"吴道(指吴煦——引者)与杨道(指杨坊)暨会防局官绅,外交之术,过趋卑谄";"吴晓帆(即吴煦)与会防局官绅,阴主中外会剿之议,所以媚洋人者无微不至"②。李鸿章表示瞧不起这种对洋人

---

① 《复沈幼丹中丞》。《李文忠公朋僚函稿》第 1 卷,光绪三十一年刻本,第 9 页。
② 同上书,第 10、17 页。

"过趋卑谄"的角色。李鸿章和曾国藩等人对洋人的做法和这种角色是有些不同，但不过是五十步与百步之差。

曾国藩和李鸿章都不愿意外国直接出兵攻打苏、常、南京，这是因为他们自己是实力派的原故。他们眼看太平军的势力日渐衰退，总想在自己手里"大功"告成。他们只愿意接受华尔的那种形式的"帮助"，并要以自己的兵力为主，不愿意让洋人抢去头功。他们为了供养自己的军队，对于上海的官绅买办和洋人相勾结把上海海关收入的几乎全部都用来供给上海的参加"中外会防"的洋兵和华尔的"常胜军"，很不满意。李鸿章在上海所能得到的只有厘金的收入，他极想从已为洋人把持的海关收入中分到一部分。由于他在上海同洋人直接接触，渐渐看出，固然自己要靠洋人的力量，但同时，洋人是愿意清朝官军能用自己的力量去打太平军的。这些就是李鸿章、曾国藩等人同那些把全部希望都寄托于洋人身上的官绅买办不同的地方。

曾国藩在李鸿章的淮军尚未到上海时已经明确地说："宁波、上海皆系通商码头，洋人与我同其利害，自当共争而共守之"①。李鸿章到上海后，向曾国藩报告他的做法是"（对于洋人）鸿章婉言慰藉，可从则从，断不与之失和，上海总要他保护方好。然彼已与贼（指太平军）为仇，兵一动又不肯中止，百里之内时思攻剿。似当与委曲周旋，但求外敦和好，内要自强"②。所以英、法声称他们有保卫上海百里以内地区的权利，曾国藩和李鸿章认为是理所当然的。李鸿章在进兵苏、常时，上海是他的后方基地，是完全仰仗洋人的保护的。

李鸿章十分重视华尔的那支兵力，但是他发现，和华尔的关系全为吴煦和杨坊所把持。在他初到上海时，华尔甚至根本不来参见他。五个月后，李鸿章向曾国藩报告说："华尔打仗，实系奋勇，洋人利器，彼尽有之。鸿章近以全神笼络，欲结一人之心以联各国之好。渠允为我

---

① 《同治夷务》第 4 卷，第 28 页。
② 《李文忠公朋僚函稿》第 1 卷，第 26 页。

请外国铁匠制炸弹,代购洋枪。"①李鸿章的"全神笼络"终于做到把华尔这支队伍多少能由他调度使用,不过他仍然责成吴煦和杨坊来同华尔联系。他所谓"结一人之心以联各国之好",和吴煦、杨坊之流的做法在基本上是一致的。

同治元年(1862 年)八月,太平军已离开上海附近地区,而在浙东,太平军积极进攻宁波。这时,浙江巡抚左宗棠的军队在浙西,顾不上浙东沿海。宁波的防守完全靠英、法的兵力。李鸿章派华尔率"常胜军"的一部分兵力增援宁波。为进占慈溪而与太平军作战中,华尔这个美国流氓受重伤死去。发生了由谁来接替华尔的问题。由于美国公使坚持,英国在华官员也表赞同,由一个叫做白齐文的美国人(原来是华尔的助手)接替华尔统带所谓"常胜军"。这年九月初,已经进抵南京城外的曾国荃部队(湘军进攻南京的主力)遭到太平军的反包围,向李鸿章迫切地要求增援。李鸿章不愿意动用自己的兵力,决定让白齐文去南京助战。李鸿章向曾国藩报告说:"白齐文曾加三品顶戴,虽未改服,究与全用洋兵有别"②。曾国藩也表示同意。

不料白齐文虽然先是表示愿意进兵南京,却一直拖延不出发。据李鸿章说,这是因为英国在上海的陆军司令阻难的原故。到了十一月,白齐文的队伍忽然闹起事来,还把一向经管"常胜军"饷银的杨坊痛打了一顿。白齐文说,杨坊贪污、拖欠饷银。经过这一场纠纷后,"常胜军"没有到南京赴援,它的统领也改换成一个英国人名叫戈登。戈登原是英国工兵的一个军官,曾在第二次鸦片战争中参加进攻北京,劫掠圆明园。李鸿章对戈登非常满意,他说:"英兵头戈登接管,尚循礼法,月糜饷五万,东征西剿,亦尚效命"③。同治二年(1863 年)李鸿章进兵苏、常,在相当大的程度上依靠了戈登的"常胜军"的协助。

---

① 《李文忠公朋僚函稿》第 1 卷,第 54 页。
② 《李文忠公朋僚函稿》第 2 卷,第 17 页。
③ 《李文忠公朋僚函稿》第 3 卷,第 29 页。

作为江苏巡抚的李鸿章,自称他对待洋人的办法同他的前任薛焕①有所不同。他说:"薛公驻沪多年,与洋人踪迹甚疏,事事讲究体制,面虽曲从敷衍,其意尚以尊朝廷为本。"②又说:"薛公每以洋酋宜疏不宜亲相规,而鸿章之营则无日不有洋人过从,实苦烦扰,然因此气脉通贯,其中遂无敢播弄胁持之者。由于不甚拘体制,若辈亦颇尽情倾吐。"③这就是说,他同洋人的相处关系比薛焕亲密得多。其实,薛焕是完全支持那些一心依靠洋人的绅商买办的,不过他还摸不清朝廷的意向,生怕过于接近外国人,会像前一时期的何桂清那样遭到斥责和惩戒,所以他宁可退居幕后,避免多同洋人直接往来。而且他没有实力,洋人也看不起他。李鸿章不同,他的淮军到上海后,证明还是比较能打仗的,他又有曾国藩的湘军做后台,没有薛焕那种顾虑。他不愿意只经过吴煦、杨坊以及其他绅商买办去同洋人周旋,而要"不拘体制"地同洋人直接接触。他向曾国藩报告说:"何伯(英国海军司令——引者)驻兵在此,与薛、吴诸公(指薛焕、吴煦)向不见面,其待鸿章之礼貌情谊,沪人谓得未曾有。"④因为何伯常常到他的营里和他见面,他就沾沾自喜,引以为荣,这恰好证明他同薛焕和那些奔走奉迎洋人的绅商买办是一路货色。何伯的确对他重视得多,就因为在何伯看来,他比那些人有用得多。

李鸿章初到上海不久,就表示对洋人的枪炮十分佩服。他说:"洋兵数千,枪炮并发,所当辄靡,其落地开花炸弹真神技也。"⑤对洋枪洋炮的效用,曾国藩开始还不十分相信。李鸿章竭力说服他的老师。他说,外国兵少而强,中国兵多而弱,原因就在于中国的"枪炮窳滥"。他说,俄国、日本本来很弱,就因为"从前不知炮法",自从他们"求得英法秘巧,枪炮轮船渐能制用,遂与英法雄长"。他说:"中国但有开花大

---

① 在李鸿章军队到上海时,薛焕仍为江苏巡抚,不久李鸿章接任巡抚职,薛焕以办理通商事务大臣名义留在上海一个短时期。
② 《李文忠公朋僚函稿》第1卷,第35页。
③ 《李文忠公朋僚函稿》第2卷,第46页。
④⑤ 《李文忠公朋僚函稿》第1卷,第20页。

炮、轮船两样,西人即可敛手"。他还说,他已在他的部队中实行这个方针:"鸿章现雇洋人数名,分给各营教习。又募外国匠人由香港购买造炮器具。""又托法英提督各代购大炮数尊自本国寄来。"①购买洋枪洋炮,请外国人当教练,这是当时总理衙门的主张,而首先在自己的部队中实行的就是李鸿章。

前面已经提到,李鸿章说,他同外国人"委曲周旋",是为了"外敦和好,内要自强"。所谓"外敦和好",就是建立反对农民革命的联盟;所谓"内要自强",就是要靠洋人教练和购买洋枪洋炮来加强自己的反革命武装。这当然是西方列强所十分赞成的。

李鸿章的一件得意的事是,他在靠戈登的"常胜军"的助力而从太平军手里夺回苏、常地区以后,就做到了遣散"常胜军"。戈登本人虽然离职了,但他所统率的这支军队,包括一些外国人军官,都归并到了淮军里面去。外国人之同意解散"常胜军",不过是因为李鸿章的淮军已经成了变相的而且更扩大了的"常胜军"罢了。

(四)知识分子对太平天国的态度

在国内外一切反革命分子结合起来的时候,革命的农民找不到任何阶级同盟者。当时中国还没有产生能够支持和领导农民革命的无产阶级,也没有出现企图利用农民革命的资产阶级。

知识分子并不是一个阶级。当时的知识分子,几乎全部都是属于地主阶级。不但大地主阶级的知识分子,而且中小地主阶级和富农的知识分子,都站在农民革命的敌对方面。曾国藩用维护孔教的名义反对太平天国的宗教思想,就是为了坚定所有的地主阶级知识分子反对农民革命的信念。

太平天国革命队伍中也有知识分子,洪秀全本人和冯云山、洪仁玕

---

① 《李文忠公朋僚函稿》第3卷,第16、19页等处。

都是贫苦中农家庭出身的知识分子,石达开也是个知识分子,出身于小地主家庭。在太平天国革命队伍中,小知识分子虽然有一些,但为数很少。清朝官方材料中叙述太平军的主要骨干分子的文化程度时,绝大多数都给加上"不甚识字",至多是"稍通文墨"、"稍通文义"的考语。

当太平军到一个地方时,大知识分子们大抵都早已逃跑了,但也有些较小的知识分子——用他们自己说法是,"不幸而陷入"太平军中。太平军称他们为"先生",很愿意请他们来做文墨工作。关于这种情形,有些身历其境的知识分子留下了一些很有趣的描述。例如一个江苏金山人顾深(学问家顾观光的儿子)所撰《虎穴生还记》说,他没有能及时逃走,遇到了太平军。他向太平军表示他是"训蒙为业",虽然应过考,却还不是秀才(他故意把自己的身份说得低一些)。太平军知道了他是"念书人",就一定不让他走。他说:"我系文人,不能做生活"。太平军的人说:"不要你做重事便了"。接着他叙述了在太平军队伍中生活受优待的情形。当地太平军的一个头目特别关照说:"这是先生,当择一清净地方与他寝处"。快到除夕的一天,人们要他写对联,他这样叙述道(他在叙述中把太平军称为贼):"贼围绕而看,或为余伸纸,或为余磨墨,纸用红黄二色。一时许已就十余副,群贼相谓曰,他先生的字都不怪。不怪者,犹言不劣也。写对毕,又写拜年帖。……贼又相谓曰:他大字小字都不怪,更加见重。每有问答,必和颜悦色。二十九日,忽麻天安(这是这部分太平军的一个上级领导者——引者)有文书至,群贼围看,皆不懂,字多不识,令余阅之。……字系行书,余一一为具言之。众皆鼓掌大笑,咸曰:'难得这位通品先生在此,不然将若之何?'自此愈见亲热,有事不明,辄曰:'呼通品先生来'。……于是相待如一家人。"本来,他还被派打更,这时人们和他说:"打更乃是苦差,明天你不必去"。但这个读书先生却表示愿意继续打更。原来他是想利用打更的机会逃走。不久后,他果然逃出了"虎穴"①。从这个故事可

---

① 《太平天国资料》第六册,第732—734页,第740页。

以看到,农民革命队伍是很欢迎知识分子来帮忙的。另一个地主阶级知识分子也有类似的经验。他在所著《思痛记》中说:"盖贼中对于文人,大有礼贤下士之风,每得一人,辄解衣推食,延纳惟恐不周,即拂逆其意,亦柔气假借,不加呵斥也"①。可是这些地主阶级知识分子,尽管造反的农民"礼贤下士",对他们"相待如一家人",仍旧把革命的农民看作是"贼",不愿意真心给革命办事。太平天国还仿照科举考试的办法,进行考试,也没有什么效果。

值得注意的是,当时虽然还没有资产阶级,也就还没有资产阶级知识分子,但是已经开始有了些初步接受资本主义思想的知识分子。他们要按照西方资本主义国家的模式来对中国进行某些改革的主张是有进步意义的,但是他们不理解反封建的农民革命,他们不赞成,而且反对太平天国农民革命。这里可以举几个比较有名的人物为例。

一、冯桂芬(1809—1874)

他在咸丰十一年(1861年)刊行《校邠庐抗议》一书②,这是提倡资产阶级新学最早的著作中的一种。其中提倡"采西学"、"制洋器",主张学习西方的"算学、重学、视学、光学、化学"等,主张学习使用机器,认为"农具织具,百工所需,多用机轮,用力少而成功多。"③他把封建的中国和资本主义的外国相比较,认为"人无弃材不如夷,地无遗利不如夷,君民不隔不如夷,名实必符不如夷"④。他的书中对于当时的官制,官员的升迁制度,科举考试制度,官场上贪污习气等等提出了批评,这些批评固然谈不上是要求根本的改革,但在官僚地主的圈子内已被认

---

① 《太平天国资料》第四册,第484页。
② 冯桂芬著《校邠庐抗议》在同治光绪年间有不少刊本。他的儿子在他死后为他编《显志堂文集》,却没有把《抗议》的五十篇全部收进去。
③ 《校邠庐抗议》:《采西学议》。
④ 《校邠庐抗议》:《制洋器议》。

为是"立言不免稍激"①了。冯桂芬是个苏州的地主绅士,中过进士。他在咸丰十年逃到上海。他赞成借用外国力量来打太平天国。曾国藩派李鸿章的淮军到上海这件事是首先由在上海的地主绅士们推动的,冯桂芬是其中的一个积极参与者。他受李鸿章聘任为幕僚,襄助用兵苏、常一带。在他的书中认为,第二次鸦片战争后的形势是,由于俄、英、法、美四国"互相箝制",近数年内,可以"无事",但是"中华为地球第一大国,原隰衍沃,民物蕃阜,固宜百国所垂涎",如果不努力"自强",那么"我中华且将为天下万国所鱼肉,何以堪之,此贾生之所为痛哭流涕者也。"他认为,"国家以夷务为第一要政,而剿贼次之。何也,贼可灭夷不可灭也。"②他赞成借洋兵来"剿贼",认为反对借洋兵的人是不识夷情,不懂夷务;他说:"用夷固非常道,不失为权宜之策"③。在他心目中,"剿贼"——把太平天国农民革命消灭掉是当前的急务。

二、王韬(1828—1897)

他本是苏州农村里的一个秀才。在中了秀才以后四年,即道光二十九年(1849 年),他到上海,在一个英国传教士慕维廉所办的"墨海书馆"中工作。英美很早就注意在中国设立出版机构,发行汉文书报,其内容是宣传基督教,吹嘘西方物质文明,以求在中国人民,首先是知识分子中养成崇外媚外的心理。聘用王韬的墨海书馆就是这样的一个出版机构。他同英国人的关系不仅是在这个出版机构中工作。咸丰十一年(1861 年)英驻华海军司令何伯率舰队沿长江到南京和汉口,王韬还随同前往。就在这年冬天,他把他全家从上海搬回苏州,在苏州向太平军表示归顺,并上书为太平军出谋划策。约半年后他又回到上海,仍在英国人手下工作。在上海附近的一次战役中,清军从俘获物中发现了

---

① 　见吴云为《显志堂文集》所作的序言。
② 　《校邠庐抗议》:《善驭夷议》。
③ 　《校邠庐抗议》:《借兵俄法议》。

一封写给太平军"总理苏福省民务"的官员刘肇钧的长信,署名黄畹,并且很快查出这封信的作者就是王韬。清朝官方认为王韬是"通贼"的罪人,要求英国人交出来。英国人拒绝,把他送到香港了事。以后,王韬就长期在香港办报,还曾到过英国,晚年才回上海。王韬写了很多文章,出了不少书,提倡学习西方的科学技术知识,要求发展工商业和新式交通事业,主张改革封建的科举考试制度、学校制度,他是宣传资产阶级改良主义思想的早期的重要作者。但是他的著作一贯地表示反对太平天国的立场。他写给太平军的长信中主要意思是,太平军不应该进兵上海,对于洋人"宁和而毋战。"他说,太平军应该主要去同曾国藩争长江上游,"能复安庆,克取黄州,然后控九江,争汉口,与翼王(石达开)通问,合并兵力,长驱大进,黄河以南非复清有矣"。他说,上海虽然并不是不可能攻下,但从此和洋人结怨,是很不利的,"虽得志于上海,而于力争上游之大局反有所阻,此畹所不取也。"①这个王韬,不久后又在上海用同样的观点拟了一封给曾国藩的信,信中说,太平军不力争长江上游而占江、浙是"失其地利",从而向曾国藩献策说:"我之所以平贼者,要当反其道而行之,……力争上游,顺流进取,以得地利。"②把王韬给曾国藩和太平军双方出的主意综合起来,其实是要他们都放弃江、浙沿海一带,而在长江上游互相争夺。把江、浙一带放弃给谁? 显然是给英国人。所以王韬到太平军中混了一下,如果不是受英国人直接指使的话,也是站在为外国侵略者服务的立场到农民革命中来的投机分子。在王韬身上,我们看到了在中国这时开始出现了为外国侵略者所培养和保护的知识分子,他们可以发挥在某种程度和封建传统对立的思想,但不能成为反封建的农民革命的朋友。

三、容闳(1828—1912)

这是一个完全由外国人培养起来的知识分子。容闳出身于广东澳

---

① 《黄畹上刘肇钧禀》。《太平天国资料》第二册,第766—772页。
② 王韬:《弢园尺牍》第6卷。

门附近的农家,从七岁起在澳门和香港进英国人办的学校读书。二十岁时外国人把他送到美国,在那里受了大学教育。当他回国时,已经是太平天国战争时期了。咸丰十年(1860年)十月,他和两个美国传教士由上海走内河经过苏州、无锡等太平军占领地区到了天京。他们受到干王洪仁玕的接见。据容闳说,他在咸丰六年(1856年)在香港已和洪仁玕相识。所以他表示此来是"探问故人",而"无意投身太平军中"。但他向干王提出了七点建议:"一、依正当的军事制度,组织一良好军队;二、设立武备学校,以养成多数有学识军官;三、建设海军学校;四、建设善良政府,聘用富有经验之人才为各部行政顾问;五、创立银行制度,及厘订度量衡标准;六、颁定各级学校教育制度,以耶稣教圣经列为主课;七、设立各种实业学校。"并且表示:"倘不以为迂缓而采纳予言,愿为马前走卒"①。这些建议表明,容闳对于农民革命并没有一点起码的了解。在他后来写的书中甚至把"揭竿而起"的农民群众能够取得那么大的胜利,都归功于"由宗教上所得之勇敢精神为之",而他又对洪秀全的宗教并不是真正的基督教非常不满意。他的建议是想按照西方资本主义国家的榜样来改造农民政权,但是他拒绝参加农民革命。干王颁给容闳一个四等爵位的印衔,意思是希望他留在天京,他不接受。他和同来的美国传教士一起离开太平军区域,仍回到上海。到了同治二年(1863年)容闳被人介绍给曾国藩,从此以后,他就成了曾国藩办理洋务的一个得力助手。在他的书中对曾国藩作了高度的颂扬。

总之,当时虽然有个别的初步接受资本主义思想的知识分子,但他们或者仍然是站在地主阶级立场上,或者和帝国主义有较密切的关系,都是和农民革命格格不相入的。他们宁愿把希望寄托在太平天国的敌人曾国藩、李鸿章等人的身上。

这里我们还要提一下**钱江(约1800—1853)**这个人。这个人在第一次鸦片战争中,曾带头在广州明伦堂起草和散发反英斗争的檄文

---

① 容闳(纯甫):《西学东渐记》,商务印书馆1915年版,第66—67页。

（见第四章第一节），并因此受到清朝当局的严惩。他被充军到了伊犁。钱江是个浙江的监生，虽然不是科举正途出身，但他从伊犁遇赦而到了京城后，奔走于达官显宦之间，成了个颇有点名气的知识分子。到了太平军占领南京时，钱江认为这是他出来干一番事业的时候到了，便只身出都南下。他南下后干了些什么呢？有些关于太平天国的书籍记载说，钱江进入太平军中，向洪秀全上书，提出了《兴王策》，并在太平天国中担任要职。他提出的《兴王策》中包括"与各国更始，立约通商，互派使臣，保护其本国商场"，"增开女学"，"兴矿务"，"创行铁路"等等内容①。但是这些记载都是讹传，所谓钱江的《上天王书》和《兴王策》都是后人伪造的②。事实上，钱江从北京南下，就投靠了江北大营帮办军务大臣雷以諴，雷以諴开始实行厘捐，就是钱江的主意。不久后，雷以諴以"跋扈恣肆，乱陈图谶，蓄意谋逆"的罪状杀掉了钱江，其实钱江不过是恃才傲慢，使雷以諴觉得不堪忍受，他并没有造反。厘捐是既施于行商，又施于座商的商业税。由钱江设计创立的厘金制度逐渐推广到全国，并在太平天国战争以后继续保持，成为清朝当局在衰亡时期的一个重要财源。对于民族资本的发展，厘金制度起了严重的妨害作用。钱江在第一次鸦片战争中的表现不失为一个爱国志士，但他毕竟是个地主阶级的知识分子，他不但没有投身太平天国，而且可以说他是大有功于清朝统治者的。以钱江这个人的性格与作风说，是属于封建知识分子中的"狂生"这一类型的。但不论怎样狂妄自大，以至在本阶级中遭到忌恨和仇视，他还是按照自己的阶级本性而走着与农民革命相敌对的道路。

（五）太平天国的内部危机

在太平天国后期，洪秀全虽然保持着太平天国最高领导者的地位，

① 见罗邕、沈祖基合编的《太平天国诗文抄》。
② 参看罗尔纲著《钱江考》，见《太平天国史记载订谬集》。

但是他越来越显得丧失了领导革命继续前进的能力。

从韦昌辉的叛乱、杨秀清的被杀、石达开的分裂这些事情中,洪秀全没有得到积极性的教训。像历史上许多封建君主一样,他对周围的许多人觉得不能信任,因而滋长了任人唯亲的恶劣倾向。他把自己的哥哥洪仁发、洪仁达封为安王、福王,参与朝政直到天京被敌人攻陷时。这两个人虽然从起义一开始就参加,但都是庸碌无能的人,在当权以后又贪财纳贿,胡作乱为。他们的十个儿子也都受封为王。洪仁玕,如前所述,是有见解、有才干的人,但他初到天京,未见功绩,就被封为干王,显然是洪姓一家人的原故。洪秀全的两个"驸马"也受到重用。和陈玉成、李秀成同时从较低的官阶提拔起来的蒙得恩,因为善于逢迎,得到天王宠爱,其地位还高于战功卓著的陈、李二人。在蒙得恩病死后,他的儿子蒙时雍不过是个幼稚无知的青年人,继承王爵,参与国政。太平天国后期,作为洪秀全的亲信而在天京辅助他的,除了洪仁玕外,没有任何出色的人。

洪秀全的思想越来越受到他所创立的荒诞无稽的宗教信仰的束缚。李秀成这样记述说:"自六解京围之后("六解京围"在咸丰十年,即 1860 年——引者),我主(洪秀全)格外不由人奏,俱信天灵,诏言有天不有人也。……我主不问政事,只是教臣认实天情,自有升平之局。""主不问国中军民之事,深居宫内,永不出宫门,欲启奏国中情节保邦之意,凡具奏言,天王言天说地,并不以国为事。"①这是李秀成在失败被捕后向曾国藩所作供词中的话,或许有些夸张,但是从我们现在所能得到的洪秀全晚年发布的一些诏书来看,他"俱信天灵","言天说地"是确实的。有些诏书的唯一的内容就是要人相信他是受到"上帝"和"耶稣基督"以及"天兵天将"的保佑的。例如有一个"诏旨"中说,他梦中偕二妇人同行,遇到了四只黄色大虎,他就用手打虎,这时突然醒来。"朕思此梦兆关系非小,又欠分明,故求天父上帝、天兄基督再

---

① 《李秀成自述》。《太平天国资料》第二册,第810、826 页。

降梦指明。"于是他又睡去,梦中蒙上帝指点,使他看到,他已杀死了这四只黄虎,而且又杀死了两只乌狗。这道诏旨总结说:"朕用手指算明,共打死四虎二乌狗共六兽。梦兆如此。甥胞们欢喜打江山,放胆灭残妖。命史官记诏,以记爷哥("爷哥"指上帝和耶稣——引者)下凡带朕幼作主坐天国,天朝江山万万年也。钦此。"①这个杀死四虎二狗的梦话,在不久后的另一诏书又提到。这是个用七字句组成的诏书,其中说:"万权总是爷哥权,万能总是爷哥能。前蒙爷哥住朕头,又蒙哥恩出一言,故能烧灭死蛇兽,双蛇四虎二狗连。爷哥在朕灭蛇虎,普天铭感爷哥恩。爷哥出头妖即亡,爷哥山河万万年。信实爷哥胆自壮,尊敬爷哥天威扬。"②当安庆已被敌军包围,正在苦战中时,天王下诏说,他在一天夜间"登天","亲身觐见父皇",又在另一天夜间"亲征"(当然是在梦中),据说王后还听到天上有声如此说:"尔请天王宽心胸,天下太平慢慢来,就见太平天堂通。"③

洪秀全和参加这场大革命的其他任何人,都不能科学地解释他们初期为什么能那么顺利地取得巨大胜利,以及这种胜利随后为什么不能继续向前发展的原因。洪秀全既然把自己所造出来的上帝当成胜利的根源,他就只能企待上帝再次显示奇迹。在革命前期,他曾借用"天上"的语言来传达人间的革命的意志,但是到了革命的后期,他从远离实际的王宫中发出来的非人间的语言,已不可能在群众中引起什么激动了。这些语言,现在读来,使人感到好像是个神经不正常的人的呓语。天京最后被包围,濒于覆灭的日子里,洪秀全又下诏令大众安心,说是"朕即上天堂,向天父天兄领到天兵,保固天京"④。这当然完全是

①　这个诏旨见北京大学文科研究所和北京图书馆编辑的《太平天国史料》,第106—107页。原诏旨只记"十五日",大概是1860年的。

②　十一年(即1861年)正月十三日的《天王诏旨》。《太平天国史料》,第119—120页。

③　十一年五月十六日的《天王诏旨》。《太平天国资料》第二册,第685页。

④　郭廷以:《太平天国史事日志》,第1072页。

自欺欺人之谈。

李秀成在失败后的自述中说,他和他的堂弟侍王李世贤早就不相信"天父天兄"这一套宗教的语言,这话大概是可信的。就太平军全军来说,后期虽然一般地仍遵行某些宗教仪式,但是这已经只是空洞的形式,不可能像前期那样,借助于宗教信仰而使全军保持统一的意志和严格的纪律了。洪仁玕在《资政新篇》中说:"天朝初以天父真道,蓄万心如一心,故众弟只知有天父兄,不怕有妖魔鬼。此中奥妙,无人知觉。今因人心冷淡,故锐气减半耳。"①其实洪仁玕也不能说清楚这个"奥妙"。在苏州访问过他的英国传教士说:"他(洪仁玕)表示他的看法是,尽管他们的领袖(洪秀全)有错误,但他是个虔诚信教的人。他敬拜上帝,经常诵读《圣经》。《圣经》和《天路历程》是他所爱好的两本书。"②这里所说的洪秀全的错误是指宗教观念上的问题。曾经直接向外国牧师学习过的洪仁玕企图用"正统的基督教义"来纠正洪秀全的"错误",这当然丝毫无助于挽救太平天国的内在危机。

洪仁玕的《立法制谊谕》中又说:"前此拓土开疆,犹有日辟百里之势。何至于今而进寸退尺,战胜攻取之威转大逊于曩时? 良由昔之日令行禁止,由东王而臂指自如;今之日出死入生,任各军而事权不一也。"③他深深感到,杨秀清当政时"号令统一"的情形已难以恢复,并且认为"事权不一"是足以导致危险的后果的。洪仁玕还指出, 将领们和官员们"动以升迁为荣,儿若一岁九迁而犹缓,一月三迁而犹未足。……设仍各如所请,自兹以往,不及一年,举朝内外,皆义皆安,更有何官何爵可为升迁地耶?"④这实际上是说,大家都在谋求升官发财,争权夺利,已经失去了共同奋斗的远大政治目标。事权不一、离心离德,也就成为必然的趋势了。

---

① 《太平天国资料》第二册,第540页。
② 杨笃新给戴德曼牧师的报告。见《太平天国革命亲历记》,第224页。
③ 《太平天国史料》,第147页。
④ 同上书,第147—148页。

除了封官赐爵以外,太平天国的领导者已没有别的办法维系人心。
"义、安、福、燕、豫、侯"六等封爵是在天京大变乱后一两月内开始设立
的(例如,陈玉成在封王以前曾封为成天豫,继升为成天安;李秀成在
封王前,曾封为合天侯,继升为合天义)。人人谋求更高的封爵的情形
使洪仁玕发出了如上的慨叹。但实际情形的发展远远超过了他所说的
"举朝内外,皆义皆安"。

金田起义后,天王洪秀全以下,只有东王、西王、南王、北王、翼王五
个王,其中西王、南王早已战死。进入南京后,只增加了燕王秦日纲、豫
王胡以晄。翼王石达开出走,其他诸王先后都死去。洪秀全把几个洪
姓的弟兄封为王,因为人心不服,又把陈玉成、李秀成、蒙得恩等若干人
封为王。据 1861 年冬的记载,天王已封了一百多个王①。虽然又添设
了仅次于王爵的"天将、朝将、神将"等名目,但仍抑制不住许多将领自
恃有功非得王爵不能满意的情绪。而且领导者为了防止地方权力为个
别将领所把持,也宁愿把更多的将领提升为王,使他们互相牵制。甚至
还有纳贿于当权者,因而得封为王的。于是王爵的封赐越来越滥。在
天京沦陷后被清军虏获的黄文英说,他的堂兄黄文金因有战功封为堵
王,他自己只是替黄文金"管家务、管钱粮,并未管兵",也受封为昭王。
他还说:"起初是有大功的才封王,到后来就乱了。由广东跟出来的都
封王,本家亲戚也都封王,捐钱粮的也都封王,竟有二千七百多王!"②
这种极不正常的现象是太平天国内部秩序已陷入无法解救的混乱中的
深刻反映。

后期太平军纪律废弛是无可讳言的事实。许多官兵把虏获的财物
不归公而归私,并因劫掠而滥杀无辜,这些本是太平天国所严禁的。赌
博、抽鸦片的恶习也在军中出现了。这些现象使军队的作战力降低,也
严重损害了军民关系。太平军不但要对付清朝的军队,而且连自己统

---

① 鲁叔容:《虎口日记》。《太平天国资料》第六册,第 795 页。
② 《黄文英自述》。《太平天国资料》第二册,第 857 页。

治地区内的"土匪"也成了它所难以战胜的敌人。1862 年在浙江的侍王李世贤写给他的部下的一封信中说："我兵心散,不肯力战,势甚可危。又闻各处土匪四起,(在浙江西部)非十万精兵不足以平之。自吾思之,皆因众兄弟杀人放火,势逼使然,非尽关百姓之无良。……从今以后,宜加意爱民,使民不以我为仇,倘时势不佳,尚有藏身退步。否则,兵一失机,我与尔皆死无藏身之地"①。李世贤的这封机密的信札为清军所截获,又落到了英国驻宁波的领事官手里。这个英国领事把它送给在北京的英国公使,并加以评论说,这封信有一个特点,就是"只谈论世俗的问题",而"把太平天国的宗教完全撇开了";他又说:"凡是对清政府友好的人,看见信上谈到太平天国前途的地方,满是抑郁沮丧的情绪,当会感觉满意和高兴。"②

（六）天京的陷落

取得了反太平天国战争的军政全权的曾国藩,在同治元年(1862年)开始向太平军发动全面的进攻。他把李鸿章的淮军派到上海,又令左宗棠率领一部分湘军由江西进入浙江。他自己以安庆为大本营,用嫡系部队,沿长江向东,水陆并进,企图直扑天京。太平军在安庆保卫战中已消耗了很大的力量,他们还如前所述上了苗沛霖那样两面三刀的人物的当,以至陈玉成被敌人俘获牺牲。太平军在天京以西战场上,抵抗能力极为薄弱,所以曾国藩能够比较轻易地从太平军手里夺取了皖南、淮南和沿长江的一个个据点。湘军的水师控制了长江的水面。沿长江北岸进军的湘军主力曾国荃的部队,当年四月里在安徽的和州渡江,并连续攻占天京外围的若干据点。到了五月初,曾国荃的部队已进抵城边的雨花台;对岸的浦口则有投降清朝的叛将李昭寿的部队,控

---

① 　王崇武、黎世清编译:《太平天国译丛》,第33—34 页。
② 　《太平天国译丛》,第32—33 页。

制了北岸的各个据点。

曾国藩这时虽然造成了围攻天京的形势，但是他并不感到胜利在握。天京城防御力量还是很强的，在天京以东，太平军还有相当大的兵力，皖南也还有太平军在继续作战，而且扶王陈得才、遵王赖文光等的远征到陕西的太平军这时又回师豫、鄂，在天京战场的上游对清军起着牵制作用。所以当曾国荃屯兵雨花台时，曾国藩说："金陵地势宏阔，往年以七万人围攻数载（指过去的江南大营——引者），此时仅万余兵驻于南隅，洪逆（指洪秀全）见惯不惊，了无惧色。"①又说："舍弟兵仅逾万，前逼城贼，后御援贼，单薄可虑。"②果然曾国荃在雨花台屯驻四五个月，并不能再前进一步。到了闰八月下旬，苏南以李秀成为首的太平军大举回援天京，九月初在浙西的侍王李世贤也北上与李秀成配合作战，这样曾国荃的部队反而处于被围攻的地位。辅王杨辅清、堵王黄文金也在皖南反攻宁国、宣城，威胁湘军后方的皖南地区。这时，曾国藩非常紧张，不得不求助于湘军系统以外的兵力。他向湖广总督官文说："大江南岸之危实如累卵，不特江西可虑，即鄂境亦处处可虑。南岸果有疏失，则乘间偷渡北岸，亦属意中之事。"③所以他这时不但担心对南京的进攻陷于失败，而且担心从安徽、江西到湖北大江南北的清军阵地因此而全部发生动摇。曾国藩找不到任何别的援军，而李鸿章答应把白齐文的"常胜军"派来也没有实现。曾国藩只能以他自己直属的兵力来应付南京城下的一场大会战。

这场大会战历时四十六天。太平军的人数比敌方多，火力比敌方强，却没有能取得胜利，充分暴露了太平军这时在军事指挥和政治上的弱点。环攻曾国荃的太平军以李秀成与李世贤为主，其他还有十三个王的兵力，号称共六十万人。在他们组织这次进攻的会议上，李秀成特

① 《致官中堂》。《曾文正公书札》第10卷，第6页。
② 《致李少荃中丞》。同上书，第6页。
③ 《复官中堂》。《曾文正公书札》第10卷，第14页。

别强调"如欲奋一战而胜万战,先须联万心而作一心。"①其所以特别强调这点,正是因为太平天国中的许多"王"互不统属,在作战中并不能有真正的统一指挥的原故。太平军集中了大量的兵力对付曾国荃,而没有对作为湘军后方的皖南进行有力的反攻。皖南本是杨辅清、黄文金的地盘,但只靠他们自己的兵力没有能攻下宁国府。当时曾国藩曾说:"皖南十余州县几无坚城可恃"②。太平军不乘虚反攻皖南,却主要在天京城外同拼死挣扎的曾国荃打硬仗,这在军事上是不聪明的。结果,到了十月上旬,各路太平军纷纷撤退。湘军的主力虽遭到严重的伤亡,却逃过了一次被歼灭的危险。天京仍然处于被包围状态。

接着,天王洪秀全提出了一个"进北攻南"的新计划,这就是以重兵渡江北上,经皖北、鄂北而与从陕西来的陈得才、赖文光部会合,威胁武汉,把战场扩大到长江以北和长江上游去,从而分散敌方兵力,造成在天京外围歼击敌人的可能。这本来是好计划,可惜执行得很迟缓。同治元年(1862年)十月,他们只派了较少的兵力渡江到天京对岸的浦口,虽然打败了叛将李昭寿的部队,占领了江北的一些据点,但是主力部队没有迅速跟上去。曾国藩立即警觉起来,在江北、淮南各地加强了防御力量。同治二年(1863年)二月以后,李秀成的大军才渡江北上。曾国藩一方面仍加强对天京的攻势,一方面在淮南地区处处坚守,使李秀成在这地区辗转各地无所作为。而且从陕西东下的陈得才和赖文光因为在鄂皖边界的大别山以西被清军拦截,无法前进,仍回向陕西南部。两军会师已不可能。这年五月,李秀成全军从江北返回江南,士气已经很不振,渡江过程中,又遭到湘军拦击,损失很重。这样,"进北攻南"的计划也宣告失败。

为配合李秀成的渡江北上,长江以南有许多支太平军部队从皖南向西进入江西,但是没有统一指挥,纷纷攘攘地各自活动,并不能造成

---

① 　许瑶光:《谈浙》。《太平天国资料》第六册,第594页。
② 　《复左中丞》。《曾文正公书札》第10卷,第17页。

对敌人的威胁。在这时期,曾国藩在天京以东安排下的两路反革命军队乘机发动了反攻。

一路是李鸿章的淮军。前面(第七章第四节)已经提到过,常熟的守将钱桂仁、骆国忠等是混在太平军中的阶级异己分子,同治元年(1862年)十一月,他们投降了清朝。太平军在同治二年(1863年)动用很大力量企图夺回常熟,但没有成功。李鸿章在确保了常熟这一据点后,才敢于出兵同太平军夺取苏州、常州一带。终于在这一年十月占领了苏州,并于次年(1864年)四月占领了常州。英国人戈登率领的"常胜军"是李鸿章在作战中得力的助手。但如果不是太平军内部分崩离析,李鸿章单靠洋枪洋炮和洋人训练的军队,也未必能这样轻易地取得胜利。例如,守卫苏州城的太平军的高级将领有五个王,四个天将,其中只有慕王谭绍光坚决地对敌斗争,其他四个王和四个天将都向敌人进行投降的谈判,他们联合起来杀死谭绍光,把苏州城献给了李鸿章。这些投降的将领立即都被李鸿章杀掉了。

另一路是在浙西的左宗棠。他所率领的湘军和其他部队数量将近五万人,但战斗力并不强。和他对垒的太平军的统帅是侍王李世贤。在李世贤于同治元年(1862年)九月率领一部分军队去参加天京外围的战争后,留下来分别驻守各个据点的太平军不能很好地互相配合作战,甚至有互相倾轧冲突的情形。左宗棠利用了混在太平军内的一些阶级异己分子和叛徒,在浙西战场上取得了优势地位,占领了许多重要城市,向杭州进攻。至于在浙东沿海,前面已经说过,作为浙江巡抚的左宗棠本来无力顾到,地方官和地主绅士完全依靠洋人势力来抗击太平军。由法国军官率领的所谓"常捷军"是太平军在这地区的主要敌人。左宗棠在杭州外围和从浙东来的"常捷军"相会合,从此左宗棠也和李鸿章一样直接同外国侵略势力勾结起来了。他们联合在一起围攻杭州,同治三年(1864年)二月,占领了杭州。

这样,在苏南和浙江的十几万太平军,除了一小部分突围到了江西东部以外,完全处在敌军的包围中。

在太平军的据点逐一被敌人占领的情况下,许多阶级异己分子和动摇分子倒戈投降,许多部队涣散瓦解。虽然这样,被包围的十几万太平军不是敌人一口吞得下去的,敌人提心吊胆地害怕太平军突围出去,同在包围圈外的太平军相会合。当时,重新进入陕西的太平军曾占领汉中,又回过来进入湖北、河南,力量仍相当雄厚。所以太平军的事业还不能说是已经处于完全绝望的状况。在这种特别需要有正确而坚强的领导的时候,太平天国的领导者没有能采取任何果断的行动来挽救他们所面临的危险局面。天王洪秀全在天京城内卧病两旬后去世(四月二十七日)①。他的儿子,十六岁的洪天贵福继位,所能依靠的主要助手是洪仁玕和李秀成。坚守天京的太平军又苦战了一个多月,终于在六月十六日天京被敌人攻陷。天京城内的农民革命英雄们一万多人,血战到底,一部分被敌人屠杀,其余的在混乱中分别突围而出。李秀成跑出了天京,在东南的方山被敌人擒获,他在囚笼里写了数万言供状,表示愿意出来号召太平军余众放下武器投诚。李秀成作为太平天国战争后期的主要支柱,虽然犯了不少错误,但仍不失为一个勇敢的战士;在遭到失败时,为绝望的心理所支配,表现了可耻的动摇和变节。但是曾国藩没有因此而饶他一死。洪天贵福和洪仁玕逃出天京,只有少数部队相随,辗转流亡,走到了江西广昌,被敌人擒获,并被杀害。

在天京沦陷后,长江以南还保存着的只有侍王李世贤和康王汪海洋的部队,他们分别从江西赣江以东的地区南下到达福建西南部汀州(长汀)、龙岩、漳州一带。清朝调动了优势的兵力向他们进行围剿,他们内部又不能很好合作,汪海洋不但坐视李世贤部队在漳州地区的失败,而且还杀死了李世贤。汪海洋的部队也终于在同治五年(1866 年)全部覆灭。

天京的沦陷使得从陕西回师到鄂豫皖边界的那一支太平军非常沮

---

① 据洪仁玕和洪秀全的儿子洪天贵福说,洪秀全是病死的(见《太平天国资料》第二册,第 847、856 页)。但李秀成"供词"和曾国藩向朝廷报告中则说他是服毒自杀。

丧。他们中的一个主要领袖扶王陈得才,因为自己的部队为清军所败,而且内部又出现了叛变瓦解的现象,绝望地自杀了。但是另一个主要领袖遵王赖文光却联合这一带的捻军,重新振作起来,又把农民战争的火焰在长江以北,东至山东,西至陕西的广大地区内燃烧起来。赖文光是广西人,他在二十四岁时参加金田起义,是在太平军的战争中成长起来的一个英雄人物,很有组织和领导的才能。他把他所率领的太平军全部和本来分成许多小股各自活动于狭小的地区内的捻军联合起来,成为有组织的强大队伍。和他合作的是皖北捻军的头领,主要有号称梁王的张宗禹(总愚),号称鲁王的任化邦。虽然可以把他们看做是太平军事业的继承者,但由于他们已不再打太平天国的旗号,也抛弃了太平天国的宗教面貌,所以他们被称为捻军。又因为他们分军各在东部地区(山东)和西部地区(陕西)活动,所以被称为东捻和西捻。

同治四年(1865 年)四月,清朝的有名的将军僧格林沁在山东进剿捻军,在赖文光统帅下的捻军用巧妙的战术在曹州附近将其全军包围歼灭,僧格林沁阵亡。僧格林沁的部下大部分是蒙古骑兵。这一胜利使捻军夺得了大量的马匹和军械。清朝政府惊慌地发现捻军已成为新的大敌。为了对付捻军,它调动了湘军、淮军和其他各路军队,先是曾国藩,然后是李鸿章相继被任为在河南、山东地区进剿捻军的统帅。左宗棠也受令负责进剿西捻。捻军在人员数量和装备上都不如太平军,比起他们所面对的敌人,就更差得多了。那时的湘军、淮军,特别是淮军已经有较多的洋枪洋炮。但是在同治五年、六年(1866、1867 年)间,捻军在战争中取得了多次重大的胜利。湘军、淮军的好几支精悍的部队被他们歼灭,其主将或被生擒(淮军的郭松林)或在战场上被杀(淮军的张树珊,湘军的彭毓橘、肖德扬)。在陕西的刘蓉所部湘军被歼灭。湘军曾国荃所部,淮军刘铭传所部,都曾被打得溃不成军。

捻军在作战中的特点是,他们从不攻打敌方坚守的城池,也从不固守任何阵地,总是避开敌人的锋芒,以变幻不定的迅速行军来使敌人只能尾随追赶,疲于奔命。当敌人由于求战不能,追赶不及而松懈疲劳,出现罅隙的时候,他们就出其不意地出现在敌军周围,加以包围歼灭。他们打败僧格林沁和湘、淮军的许多名将都是靠了这个方法。所以捻军的领袖之一张宗禹说:"官军能战,应不与战,专以走疲之,则(我们)可常活"①。曾国藩这样描写捻军的战术说:"有时疾驰狂奔,日行百余里,连数日不稍停歇。有时盘于百余里之内,如蚁旋磨,忽左忽右。贼中相传秘诀曰:'多打几个圈,官兵之追者自疲矣;'僧王(僧格林沁)曹县之败,系贼以打圈之法疲之也"②。左宗棠也说:捻军的惯技是"飘忽驰骋,避实乘虚","遇官军坚不可撼,则望风远引,瞬息数十里,俟官军追及,则又盘折回旋,呕肆以疲我。其欲东也,必先西趋;其欲北也,又先南下,多方以误我"③。所以曾国藩又无可奈何地说:捻军"狡诈多端,飘忽异常,从不肯与堂堂之阵约期鏖战,必伺官军势孤力竭之时,出不意以困我"④。为捻军的这种不守"规矩"的打法搞得焦头烂额的敌人如此感叹说:"猛一回噬(指捻军突然发动反击——引者),立见伤亡。当此之际,虽韩白复生,无所用其勇,良平复出,无所用其智。"⑤捻军采取这种作战方法,显然是接受了太平军后期失败的经验,并且充分发挥了初期捻军流动作战的特点。但他们仍是单纯的农民战争,政治上不可能达到比太平天国更高的水平;在军事上他们虽然避免了死守坚城、专打硬仗这种不适当的做法,却又只能回到流寇主义的农民战争传统。他们没有建立任何根据地,只能靠所过之处取得的资财来供养自己。无论从军事和从经济上看,如果没有贯串几个省的广大地区容他们纵横驰骋,就会发生困难。

曾国藩和李鸿章看出了捻军的这个特点和弱点,力求改变紧跟追击的笨办法而采取所谓"画河圈地"的办法,即利用自然地形(主要是

---

① 据李鸿章的《复陈作梅观察》。《朋僚函稿》第8卷。
② 曾国藩:《致沅弟》。《家书》第10卷。
③ 左宗棠:《谨拟分别防剿机宜折》。《奏稿》第25卷。
④ 曾国藩:《官军叠胜该逆仍窜山东疏》。《奏稿》第21卷。
⑤ 尹耕之:《豫军记略》第11卷,引河南巡抚吴昌寿奏语。

河流），设立防线，以限制捻军的活动地区，并逐步紧缩，以至使捻军只能在一个很狭小的地区活动，无法发挥它在作战中的长处。没有现代无产阶级领导的农民战争，不能从政治上解决建立农村根据地的问题，也就像下围棋时不能"做眼"，在对方包围中成了"死棋"一样（这是毛泽东在论游击战争时所用过的比喻）。在这种情形下，以赖文光、任化邦为首的东捻军，首先于同治六年底（1868 年初）在苏、鲁地区遭到失败。以张宗禹等为首的西捻军这时从陕北渡河向东，迂回曲折地经过晋南、豫北地区而北上过保定，直接威胁清朝的首都。他们想以此来吸引敌方的军力，从而解救东捻。但这目的没有达到。在各路清军会集围攻下，西捻折回豫北转入山东，结果他们又重蹈东捻的覆辙，在冀鲁边界沿海狭小地区内为敌人封锁围困，终致全军覆没。这时是同治七年六月底（1868 年 8 月），上距太平天国的天京沦陷已经四年。

从道光三十年十二月（1851 年 1 月）开始的这一场太平天国农民大革命，截至同治三年（1864 年）天京沦陷，共十四年，它的余波又继续了四年。这场大革命是中国进入半殖民地半封建的近代的第一个革命高潮。

伟大的太平天国农民革命运动虽然失败了，但是它极大地扰动了封建社会的旧秩序，促进了封建社会的崩溃。它向外国资本主义侵略者显示了中国广大劳动人民中蕴藏着的不可估计的强大的革命力量，起了阻止中国殖民地化的作用。在太平天国大革命和两次鸦片战争中充分暴露了中国封建统治阶级的极端腐朽性，也充分暴露了西方资本主义侵略势力的反动性。从西方国家来的资产阶级侵略者，在世界的东方充当了绞杀人民进步事业的主要角色，他们和腐朽的封建统治者开始结成了反革命的同盟。在洒着千千万万农民革命的勇敢战士的鲜血的大地上，国内外反动势力联合起来建立起半殖民地半封建的统治秩序，但是一切反动势力都不能阻止由太平天国大革命所启导出来的反帝反封建的斗争一代代继承下去。

第 二 编

半殖民地、半封建统治秩序的形成

第 九 章

在农民大革命失败以后

（一）社会经济的严重破坏

近代中国史前期第一次革命高潮过去了。革命的农民大众没有能够推翻封建主义的剥削制度和统治制度，但是封建主义统治者也不可能一切照旧地恢复在他们统治下的社会秩序。在遭到农民革命严重打击的封建主义基地上，资本主义因素的成长已经成为不可抗拒的倾向。同时，外国资本主义侵略势力，也不可能使庞大的中国成为它们的殖民地，这除了由于各侵略者的互相倾轧以外，主要的因为第一次革命高潮已经显示出来，在中国被压迫人民群众中，存在着外国侵略者所无法征服的强大革命力量。

在第一次革命高潮以后形成起来的半殖民地、半封建统治秩序下，存在着尖锐的社会矛盾。封建主义统治者和以农民阶级为主的被压迫的人民大众之间的矛盾，仍然是中国社会内部的主要矛盾。随着外国资本——帝国主义势力日益加深对中国的侵略和压迫，而封建主义统治者日益勾结和依附外国侵略势力，外国帝国主义和中国人民、中华民族的矛盾也成了中国社会的一个主要矛盾。这些主要矛盾和其他社会矛盾愈来愈激化，不可能不导致新的革命高潮。在光绪十年(1884 年)发生了中法战争，在光绪二十年(1894 年)又发生了中日战争。这两次战争，特别是后一次战争，大大地激化了中国外部和内部的各种矛盾。在中日战争后，出现了中国近代史上的第二次革命高潮。

在这一编里所要论述的就是从第一个革命高潮结束到第二个革命高潮开始之间的三十年间的中国社会、政治和对外关系的各个方面的动态。首先要说的是在这一次农民大革命失败后中国人民所遭到的深重的灾难。

封建主义统治者，联合了外国侵略势力，镇压农民革命，对广大人民进行了极端残酷的杀戮，严重地摧残了社会生产力和社会经济。

以苏南、皖南、浙东地区为例。这些地区原来经济比较富庶，人口比较稠密，经过太平天国战争后，都遭到严重创伤。曾国藩说："徽、池、宁国等属，黄茅白骨，或竟日不逢一人"[1]。"皖南及江宁各属，市人肉以相食，或数十里野无耕种，村无炊烟。"[2]——这是在同治二、三年(1863、1864 年)湘军刚占领不久的皖南和南京附近的情况。李鸿章说："查苏省民稠地密，大都半里一村，三里一镇，炊烟相望，鸡犬相闻，今则一望平芜，荆榛塞路，有数里无居民者，有二三十里无居民者。间有破壁颓垣，孤嫠弱息，百存一二，皆面无人色，呻吟垂毙。"[3]——这是在同一时期淮军占领下的苏南的情形。左宗棠也说，战后浙江的情形是"遗黎仅存者，率皆饥疲不堪，面无人色。甚则槁死破屋之中，骴骸纵横，无人收殓，疫色流行，田土荒废。"[4]

在太平军占领一个地区时，除了官绅、地主、富户逃亡和死亡外，广

---

[1] 《曾文正公奏稿》第 21 卷，第 14 页。
[2] 《曾文正公奏稿》第 24 卷，第 7 页。
[3] 《李文忠公奏稿》第 3 卷，光绪三十一年刻本，第 44 页。
[4] 《左文襄公奏疏》第 2 卷，第 35 页。

大居民或者参加太平军,或者仍在本地安居;但一经官军占领,立刻就造成了上述的悲惨状况。后期的太平军虽然纪律废弛,远不如前期,但是造成灾难的罪魁祸首是清朝官军,而不是太平军,这一点即使从有些站在与太平军敌对的立场上的人的记载中也可看到。例如,在咸丰十年到十一年间有战场亲身经历的人李圭所写的记载中承认,被他称为"贼"的太平军的基本队伍是纪律严明的,在太平军治下的社会秩序大体上是安定的。他根据他的切身经验指出:"官军败贼及克复贼所据城池后,其烧杀劫夺之惨,实较贼为尤甚,此不可不知也。"又说:"至官军一面,则溃败后之虏掠,或战胜后之焚杀,尤属耳不忍闻,目不忍睹,其惨毒实较贼又有过之无不及,余不欲言,余亦不敢言也。"①

地主阶级的军队在太平军所曾占领的城市和农村进行大规模的虏掠和焚杀,既是为了掠夺财富,也是阶级报复。曾国藩兄弟率领湘军攻破天京后的所作所为是个典型的例证。天京沦陷时,城里的太平军只有一万多人,其中还有一部分突围出城。但是曾国藩上报皇帝说:曾国荃率所部在南京城内"分段搜杀,三日之间毙贼共十余万人。秦淮长河,尸首如麻。"这是把全部南京居民都当成了敌人。曾国藩的报告还说:太平军方面放火焚烧,把宫殿府宅都烧掉了,"三日夜火光不息"②。他又说:虽然"中外纷传洪逆之富,金银如海,百货充盈",但官军占领后却没有能找到任何库藏,他说:"克复老巢而全无货财,实出微臣意计之外,亦为从来罕闻之事。"③事实是:湘军在占领南京后,把全部货财都抢掠归己,然后纵火灭迹。放火的是湘军而不是太平军。曾国藩的幕僚赵烈文在他的日记中记载破城后七天时他所目睹的情形说:"其老弱本地人民,不能挑担,又无窖可挖者,尽遭杀死,沿街死尸十之

---

① 李圭:《思痛记》。《太平天国资料》第四册,第 474、481 页。
② 《曾文正公奏稿》第 25 卷,第 8 页。
③ 同上书,第 10 页。

九皆老者。其幼孩未满二三岁者亦斫戮以为戏，匍匐道上。妇女四十岁以下者一人俱无，老者无不负伤，或十余刀，数十刀，哀号之声，达于四远，其乱如此，可为发指。"①这就是说，湘军进南京后，除了强使一部分壮丁为他们服劳役，并把四十岁以下的妇女都抢走以外，其余不论老幼男女，几乎一概杀害。

太平军和同时的其他农民起义军的活动，以及少数民族的群众起义，几乎遍及全国各省。统治阶级的残酷镇压使全国各地的社会经济遭到严重的破坏。太平军在最后几年中与敌人搏斗最激烈的苏、浙、皖三省的情形是其中比较突出的例子。所以，当时已有并不是站在同情农民革命立场的江苏人痛骂曾国藩，"自湘军平贼以来，南民如水日深，如火益热"②。在湘军攻破南京后三十年，湖南人谭嗣同叙述他在南京的见闻说："顷来金陵，见满地荒寒气象。本地人言：发匪据城时，并未焚杀，百姓安堵如故。……不料湘军一破城，见人即杀，见屋即烧，子女玉帛，扫数悉入于湘军，而金陵遂永穷矣。至今父老言之，犹深愤恨。"③

战争和官军的屠杀使人口大量减少，这种情形在苏、浙、皖三省是很突出的。例如江苏省的吴江县战前（嘉庆二十五年，1820 年）有五十七万多人，而战后（同治三年，1864 年）人口只有二十万挂零；浙江的嘉兴县战前（道光十八年，1838 年）有近五十二万人，战后（同治二年，1863 年）只剩下十五万八千多人④。在这些地区，战后若干年间，许多耕地成了无主的荒地，有些流亡地主回来，找不到佃户为其耕种。清朝政府为此三令五申要地方官设法招民垦荒。同治八年（1869 年）的一

① 《能静居士日记》（同治三年六月二十三日）。
② 《能静居士日记》（同治四年九月九日）。
③ 《上欧阳瓣蘼师书》。《谭嗣同全集》，三联书店 1954 年版，第 326 页。
④ 据光绪三十年的《吴江县续志》和光绪四年的《嘉兴府志》。见《中国近代农业史资料》第一辑，第 153、156 页。

个上谕中说,对于垦荒的农民应"缓其逋租,假以籽种,俾有归农之乐"①。有些地主为了招徕佃户,先付一点开荒费用给佃户。在江苏、浙江、安徽、江西等省还流行所谓"田底""田面"分别归地主与佃户所有的办法。

当时,在那些已经抛荒的田地上,有许多外省的"客民"前来垦荒(例如,江苏、浙江就有不少来自湖南、湖北的垦荒客民)。官方虽然口头上承认荒地垦熟后归垦荒者所有,但是事实上"各处荒田,往往垦民甫经办有眉目,即有自称原主,串同局董书差,具结领回,垦民空费经营,转致为人作嫁。"②有财有势的人乘机霸占土地,垦荒的农民只能成为受他们剥削的佃户。即使垦荒农民真的成了他们所垦熟的一小块土地的主人(这些穷苦的农民没有财力从事较大面积的垦荒),他们也必须直接忍受向官府完粮纳税的无尽的负担。

至于地主为招徕佃户来垦荒而给与的一点"恩惠",总是在田地垦熟后,用提高地租来加倍地收回。所谓"田底""田面"之分,名义上是使佃农成为他们以辛勤劳动垦熟了的土地的半个主人,实际上却是束缚佃农的一种手段。苏州的一个地主阶级分子在光绪十年(1884年)所写的书中说,佃农如果"无田面为之系累",他就可能因不堪忍受地主的过分剥削而另找主人,所以地主们"皆以田连底面者为滑田,鄙弃不取",宁愿只要"田底",而"以田面听佃者自有之"。在佃户把"田面"看成是自己所有的"恒产"的情况下,"虽厚其租额,高其折价,迫其限日,酷烈其折辱敲吸之端",就是说,听凭地主怎样加强剥削,佃户也"不能舍而之他"了③。

各地的地主阶级,用各种不同形式加重了对农民的地租剥削。有的是增加了押租(即佃户在承租地主土地时所付的一笔押金),有的是

---

① 《同治朝东华录》第77卷,第17页。

② 丁日昌:《抚吴公牍》。转引自《中国近代农业史资料》第一辑,第164页。这是约在同治七年(1868年)写的一个文件中的话。

③ 陶煦:《租核》。见《中国近代农业史资料》第一辑,第253页。

要农民按谷价交钱,而在收租时高估谷价。地主们,特别是大地主利用官府的威力催逼佃户交租。例如,光绪二年(1876年)的报纸上这样记载说:"苏之业田者(即地主),遇有佃户欠租,无不送官追比,击其臀复枷其颈,或三日一比,或五日一比。比时或笞八百,或笞一千,惟业田者之所欲。每至冬间,三县头门左右缧绁而荷枷者以数百计。"①这说的是苏州三县(当时苏州城分属长洲、吴县、元和三县),全国其他地方也是相似的情形。

经过十八年的农民起义战争,各个地区,尤其是在动乱较大的地区,发生了地主阶级的土地重新分配的现象。有些原来的大地主没落了,有些中小地主破产了。而在镇压农民起义中兴起来了一批新的权贵,他们依靠兵权和官权成为巨富,用收买和巧取豪夺的方法兼并土地。湘军、淮军的将领们和参加反革命战争的其他将领们都在他们的本乡或别的地方成了大地主。湖南湘乡的曾国藩家早已成了大地主,单是曾国荃就拥有耕地六千亩。安徽合肥李家(李鸿章兄弟共六人)土地更多,集中在他们手里的耕地达六十万亩之多。河南项城的袁甲三(曾负责剿捻的军阀,袁世凯是他的侄孙),占有的耕地也有四千亩到五千亩。在太平天国战争后二三十年中,由于军阀、官僚以及大商人兼并土地,许多小自耕农以至中小地主丧失了土地,沦为佃户和贫民。

清朝政府在太平天国战争后,对于社会经济遭受严重破坏的地区,曾宣布减收田赋。这是因为事实上不可能照旧足额地征收田赋,同时这又是在大乱之后团结和安定地主阶级的一种措施。地主们丝毫不因为当年的国赋有所减轻而对农民少收一点租。所以当时人说:"国家之赋额减,而民间之租额未减。有田者蒙其惠,无田而佃人之田者仍不获其利"②。真正受惠的只是豪绅、大地主,他们"每遇开征(开征漕

---

① 光绪二年(1876)十二月初十日《申报》。见上书,第283页。
② 光绪三年(1877)八月十六日《申报》。见《中国近代农业史资料》第一辑,第280页。

粮),随意封送银两,谓本年之所应完,就此了结,余欠概置不理"①,甚至还有根本抗不交纳的。地方官不敢"得罪于巨室",对他们无可奈何。这样,国赋的负担势必重重地加在辛苦劳动的农民以至中小地主的身上。

总之,无地和少地的贫苦农民,在地主阶级的反攻倒算下,陷于更深的苦难中。中小地主和富农,虽然在农民革命中站在反革命方面,但其中除了一小部分人上升为大地主外,多数人并没有能得到什么好处,其中有些人生活愈来愈困难,这也是一个值得注意的现象。

地主统治阶级已经完全没有能力来恢复和发展他们视为国民经济的根本的农业。江苏溧阳的一个举人强汝询在同治十三年(1874 年)说:"夫四民生计皆仰给于农,国家正供亦专取于农,此真所谓财之源也。今江苏田荒未垦者尚数百万亩,合计经寇(指太平军等——引者)各省荒田不啻十倍于此,是国家岁失数百万金与数十万石米也。田之荒固由人少,然亦以农夫困甚,几不聊生,或去为商贩,或去为工匠,或去为仆隶,或穷为乞丐,或转于沟壑,甚或流为盗贼,故耕者日少。田之熟者且恐其荒,荒者又安望其熟? 此事之甚可忧者也。"②光绪十年(1884 年)一个江宁人徐承祖说:"查兵燹后(指太平天国时期的战争后——引者),各省荒田甚多,因升科(荒地开垦后开征粮赋)期速,折色(折钱交粮)累民,以致终岁勤劳不获温饱,而改业者有之,为匪者有之。是以承平二十余年,续垦者有限,甚有已熟复荒,职此之故。"③他们都指出了农业生产力继续萎缩的事实,也说到了严重的封建剥削下广大农民日益贫穷的事实。

各地区灾荒频仍是农业生产力遭到破坏的一个明显的标志。根据李鸿章从同治九年(1870 年)到光绪二十一年(1895 年)任直隶总督时

---

① 福润:《皖抚奏陈变通清赋办法疏》。见上书,第 342 页。

② 《求益斋文存》。中国史学会主编:《中国近代史资料丛刊:洋务运动》(此书以后简称《洋务运动资料》)第一册,第 363 页。

③ 《光绪十年闰五月初二日候选知府徐承祖呈》。见上书,第 234 页。

的奏疏中关于灾荒的报告,这二十五年中,直隶省(即今河北省)发生
灾荒的年头有十七年,其中十三年是水灾,三年是旱灾,还有一年是西
南地区旱灾,东北地区水灾。这是京城所在的省份,清政府经常拨出巨
款在这里治水,但是这些经费中的大部分照例为官僚所中饱。就全国
范围说,这个时期最严重的灾荒发生于光绪二年到五年(1876—1879
年)。二年,南方的广东、福建、浙江、江西、湖南五省遭到大水灾;同
时,在北方的山西、陕西、河南、山东大旱灾,北方的旱灾继续延长了三
四年。在北方数省的这几年大旱灾中死亡的人数,据一种估计有九百
万到一千三百万人,据另一种估计,仅山西一省在光绪三年(1877 年)
一年间就有五百万居民死亡。自然条件稍一不正常即造成灾荒,广大
的小农民没有一点抵御灾荒的能力,这是除了依靠暴力进行剥削和压
迫以外不能为农民做任何事情的腐朽封建统治阶级所造成的恶果。

(二)各少数民族的群众起义的失败

在太平天国覆灭了以后,在继承太平天国的捻军也完全失败了以
后,西南和西北几个省中的少数民族的群众起义,对于清朝统治者说
来,成了主要的危险。

在中国境内,从来除汉族以外,还居住着许多少数民族。封建统治
阶级总是对少数民族实行歧视、欺凌和压迫,有些少数民族中的剥削阶
级也往往利用民族间的隔阂和纠纷来达到自己的某种野心,但是各民
族的劳动人民在一般情况下是和睦相处的。清朝统治者统治全国,既
依靠汉族中的地主阶级,也依靠蒙古族、回族、藏族及其他某些少数民
族中的王公贵族、宗教首领和上层剥削阶级;清朝统治者又竭力制造和
煽动国内各民族,特别是汉族和各少数民族之间的互相猜忌和仇视。
汉族和各少数民族的劳动人民同样都处于严重的封建压迫之下。太平
天国在广西起义时,就有不少僮族(壮族)的群众参加。在这以后几年
间发生了前面(见第七章第五节)已经提到的贵州苗族的群众起义,云

南彝族、回族的群众起义,它们显然是受了太平天国起义的影响。

以张秀眉为领袖的贵州苗民的起义,从咸丰五年(1855 年)开始。到了同治三年(1864 年)太平天国的天京被清军占领时,苗民起义的力量,加上同他们配合的汉族贫苦群众的"教军"、"号军",已经发展到几乎遍及全省各州府,并且蔓延到邻省广西、湖南、云南。贵州的清朝官兵只能主要据守省城贵阳。同治五年(1866 年),湖南巡抚李瀚章(李鸿章的哥哥)受命以所统率的军队进入贵州,但仍不能取胜。同治六年(1867 年),另一支由席宝田统率的湘军也到了贵州。席宝田是湘军中著名的悍将,他的部队依靠洋枪洋炮对起义群众进行了残酷的屠杀。教军和号军相继覆灭,苗民形势孤立。张秀眉率领起义群众在优势的敌军的压力下还坚持作战了五年。百分之八十的苗寨被官兵破坏,大量的苗民壮丁被杀死。到了同治十一年(1872 年),这场历时十八年之久的苗民起义终于被镇压了下去。

爆发于咸丰六年(1856 年)的云南哀牢山的贫苦彝民群众的起义在太平天国失败后还坚持了好几年。同治十三年(1874 年),以李文学为首的起义军终于为清朝官军和地方上的地主武装所战败,李文学、田四浪等领导人都先后牺牲。只剩下李学东率领残部五百余人逃进了深山,虽想伺机再起,但已不可能了。两年后,李学东病死在岩穴中。据说,这次起义失败后,彝族人民在李文学的出生地弥渡县瓦卢村附近的山上树碑立庙,来纪念这个英雄人物;在哀牢山地区其他地方也有不少纪念李文学及其起义同伴的庙宇①。

在太平天国已经覆灭以后,杜文秀领导下的以大理为中心的回民起义军的声势仍旧很大。他们在同治六年到八年(1867 年到 1869 年)东进围攻省城二年多。杜文秀发布檄文,认为清朝统治是云南的"回汉彝三教"(实际上是指回、汉和其他各族——引者)发生种种纠纷的

---

① 刘尧汉辑:《云南哀牢山区彝族反清斗争史料》。《近代史资料》1957 年第二期。

根源。檄文宣告:"本帅目击时艰,念关民瘼,不忍无辜之回为汉所杀,更不忍无辜之汉被回所伤。爰举义师,以清妖孽。"①檄文用这样的语言表达了推翻清朝统治,实现民族团结的主张。当时云贵总督劳崇光认为全省其他地方的问题不过是某些汉人、回人间的"互相仇杀,并非谋逆",但是"杜文秀叛逆已成","逆匪杜文秀占据大理十有余年,沦陷府厅州县城池二十余处,亟应大举进剿"②。

在全国范围内农民革命已经进入低潮的时期,杜文秀以一隅之地不可能发展成更大的局面。而且他的起义军中的领导层,大多是回、汉、白各族的商人和地主阶级分子。所以他们不能像哀牢山的起义军那样提出反封建的土地革命的纲领。在他们的地区内所实行的只限于减轻赋税、兴修水利、保护商旅、制止民族仇杀等政策。

当时,已经侵入缅甸和越南的英国、法国,对中国的云南怀抱野心。投降清朝而被任为云南提督的马如龙从法国人得到武器的供应,由此引起后来法国提出经红河进入云南的航行权的要求。法国军官安邺率领的探险队于同治七年(1868年)到大理,杜文秀不予接见,勒令他们立即离境。同年,英国军官斯莱顿也从缅甸带了个探险队进入杜文秀的地区。杜文秀只允许他们订立一个双方愿意互市贸易的一般性协议。他们从杜文秀那里得不到更多东西。杜文秀手下有一个书生叫刘道衡的,在同治九年(1870年)向杜文秀建议结好英法,借它们的力量来推翻清朝,此人自荐充当使者到英、法去③。杜文秀在看不到自己事业的前途的情况下,曾为这种反动主张所迷惑。刘道衡经过缅甸到英国,以可耻的态度乞求英政府的援助,但已经决定支持清朝的英政府不信任他,也没有认真理睬他。刘道衡流落死在外国。虽然他在国外的活动完全不能由杜文秀负责,但是这种情形足以表明,时至十九世纪中

① 《回民起义资料》第二册,第131页。
② 《回民起义资料》第一册,第392、411页。
③ 刘道衡的《上杜公书》。见《回民起义资料》第二册,第165—171页。

叶,中国国内的阶级斗争和民族斗争的领导者如果方向不端正,脱离了全国各族人民团结起来反对卖国的封建统治势力的总方向,就有被资本主义外国侵略者的阴谋利用来实现其分裂中国和侵略中国的危险。(国外写到这段历史的有些书上说,杜文秀建立了一个"穆斯林国家——平南国",他自号"苏莱曼苏丹",这是当时外国人编造的谣言,与史实不符。)

清朝军队在击退了杜文秀对昆明的围攻,并且征服了昆明以南、以北为其他回民部队所占领的各地后,就以全力向西进攻他们视为主要敌人的杜文秀。清朝巡抚岑毓英和提督马如龙率兵步步逼近杜文秀的根据地大理。同治十一年(1872年)大理被攻陷。杜文秀一家和部下,包括回人和汉人的将领、兵士全部都被杀死。

从同治元年(1862年)起,在西北的陕西省和甘肃省(包括宁夏和青海的东部)许多回民和汉民杂居地方也爆发了回民起义。首先是在西安以东的渭南、同州(大荔)、临潼一带发生了回民的武装暴动,他们甚至一度包围西安。继之,起义的烽火蔓延到了西安以西的凤翔,以至甘肃的平凉、河州(临夏),直到西宁,也蔓延到了陕北各地。当时属于甘肃省的宁夏地区,回民武装占领了宁夏(银川)和灵州(灵武)。河西走廊的肃州(酒泉)也被一股回民所占领。在陕、甘的辽阔地区内,回民到处一呼百应地起来,这在根本上是清朝封建统治者的反动民族政策所造成的。按照这种反动的民族政策,地方官员们经常地制造民族间的隔阂和冲突。当时有人指出:"向来地方官偏袒汉民,凡争讼斗殴,无论曲直,皆抑压回民,"以致往往因很小的事故造成流血的冲突,官方借机"派兵剿洗"回民①。清朝官方材料还供认,宁夏一带官吏在执法时有意压抑回民,"回杀汉者,抵死;汉杀回者,令赏殓葬银二十四两"②。到了受欺侮压迫的回民聚众闹事时,官方立刻实行残酷的镇

---

① 张集馨:《临潼记事》。《回民起义资料》第三册,第17页。
② 杨毓秀编纂:《平回志》第3卷。同上书,第107页。

压。例如在同治二年(1863年),清朝将领多隆阿在大荔附近攻打回民聚居的羌白堡,"堡破时,堡中老弱妇女哭声震天,尽屠杀无遗"①。这当然只能激起回民中的更加剧烈的反抗。

太平天国后期,一部分太平军曾与捻军合作几度入陕(1861—1863年间),太平天国覆灭后,捻军(西捻)也曾在陕西活动(1866—1867年)。回民的起义虽然同入陕的太平军和捻军事实上互相配合,但是他们始终没有同太平军或捻军打成一片。要说明这一现象,必须看一下回民起义的领导成分。起义的基本群众虽然是遭受重重封建剥削的贫苦的回民劳动群众,但其领导者一般的则是回族中的上层剥削分子。例如在宁夏的大头领马化龙是个封建主,又是个宗教领袖(当时回教中被称为"新教"的一派的头子)。"世居灵州金积堡,富甲一乡","自称总大阿訇"②。又如在西宁的头领马桂源,曾捐得同知的官衔;西宁附近的大通的头领马寿是个清朝的军官;占领肃州的马文禄也是清朝甘州提督手下的军官。这些领导者用狭隘的民族观点来引导起义群众,至多只是反对当地的汉人中的豪强恶霸和某些"不公正"的官员,要求朝廷"昭雪"他们所受的冤屈,不可能提出较高的政治纲领。他们在组织上也是各自分股活动,不能形成统一的领导。当清朝军队的主要力量对付入陕的太平军和捻军的时候,这些领导者乘机纷纷发动起来,使起义的群众相信他们是可以信赖的领袖。到了官方大军压到他们的头上的时候,这些领导者很多乞求投降,以求自保,出卖了起义的群众。

为了剿灭入陕的太平军、捻军和陕、甘的起义回民,清朝政府在几年中调动了不少军队到西北地区,由于征战无功而撤换更替了不少将领和督抚。到了同治六年(1867年),镇压太平天国有功的左宗棠被任

① 《平回志》第1卷。同上书,第68页。
② 《平回志》第3卷,又曾毓瑜撰《征西纪略》第2卷。见《回民起义资料》第三册,第112、33页等处。

为陕甘总督。但这时西捻还在陕西活动,左宗棠仍首先集中力量剿捻,为追逐西捻渡河到山西。在捻军全部消灭以后,他于同治七年(1868年)十月从西安出发,用全力分路进剿起义的回民。左宗棠以湘军大将刘松山担任北路的军事,由绥德入宁夏,而他自己率部由陕西进入甘肃的泾川、平凉,逐步消灭省城兰州附近的各股回军。针对上述回民起义的弱点,左宗棠采取了所谓"先抚后杀"的恶毒策略,即先诱降那些动摇的头头,然后对群众大肆屠杀,往往连已降的头头一起杀掉。在北路,宁夏的那个自称为"总大阿訇"的马化龙在同治九年(1870年)请降。这时刘松山已经战死,接替他的职位的是他的侄儿刘锦棠。此人由残酷地镇压回民而发迹。他虽然接受了马化龙的投诚,但仍然杀死了他和他的家族以及他家里的雇工,并且平毁了这一带回民所居的堡寨。左宗棠于同治十一年(1872年)进入甘肃的省城兰州,并于同年冬天派刘锦棠荡平了现在属于青海省的西宁、大通一带的回军。这时各股回军的头子纷纷请降。最后,左宗棠出兵河西走廊。占领肃州(酒泉)的马文禄在同治十二年(1873年)九月也请降,左宗棠口头上允许缴械投降,但还是把马文禄等首领九人和当地的六千多回民杀掉了。他向朝廷奏报他进城时的情形说:"环视尸骸枕藉,即老弱妇女,亦颇不免。"①在许多本来回民聚居的地区,左宗棠进行了残酷的杀戮后,把余下的回民分散迁移到别的地方。

左宗棠用兵陕、甘,受害的不仅是回民。当时他所对付的还有所谓"土匪",那其实是流离失所的穷苦汉民。左宗棠奏报中承认:"有无家可归,流而为匪者,有因官军诛求无厌,无所控诉,激而为匪者。"他又说:"只分良莠,不论汉回,为久远之规,制贼之本。"②这就是说,不论汉回,只要是封建统治者看来是"莠民"的,都要诛杀。左宗棠对土匪也采取招抚的办法。有些豪强恶霸就乘机收容贫苦的群众,组成队伍,形

① 《左文襄公奏稿》第44卷,第8页。
② 《左文襄公奏稿》第32卷,第11页。

成自己的实力,向居民进行勒索劫掠,又借以求得招抚,为自己打开升官的门径。董福祥就是这样的一个角色。他本是盘踞在花马池(宁夏的盐池)的一个土匪头子,受招抚后追随左宗棠,后来成了在甘肃残害压迫汉、回人民的一个军阀。

左宗棠在同治八年(1869年)叙述甘肃东部的情形说:"平、庆、泾、固(平凉、庆阳、泾川、固原)之间,千里荒芜,弥望白骨黄茅,炊烟断绝,被祸之惨,实为天下所无。"①《平定关陇纪略》一书中说:"死者既暴骨如莽,生者复转徙之他。蝗旱继之,疠疫又继之,浩劫之余,孑遗有几?方是时,千里萧条,弥望焦土"②。这些灾难是由封建统治者的反动民族政策造成的,左宗棠的军队和其他历年以回、汉人民为敌的官军是直接造成这些灾难的凶手。

在同治十二年(1873年)左宗棠已经把陕、甘的回民起义大体镇压下去以后,西北的问题还没有终结。事情又发展到了新疆。

当时,清朝在新疆各处设官屯兵,天山北路设伊犁将军,南路设参赞大臣,先驻于喀什噶尔,后迁到叶尔羌。此外,还在乌鲁木齐、哈密等地设都统或办事大臣。天山北路的居民有许多是早先从甘肃西部迁来的回民,天山南路的居民大多是维吾尔人,天山南北都有汉族和其他民族的居民。清朝政府在全疆实行的屯垦政策,对于开发这里的农业曾起了积极的作用。

太平天国大革命的影响也不能不逐渐波及新疆这个边远地区。清朝官兵在这里欺压各族居民,进行横征暴敛,势必引起各族居民的反抗。这里靠近国境,清朝统治力量比较薄弱,各方面的野心家在这里进行阴谋活动,沙皇俄国和英国又都乘机向这里伸出了侵略的魔爪。因此,在这个地区形成了十分复杂的形势。当时新疆的局势足以表明,封建统治者不但造成国内各族人民的深重的灾难,而且又为阴谋分裂中

① 《左文襄公奏稿》第31卷,第37页。
② 《回民起义资料》第三册,第243页。

国的国内某些反动势力和外国侵略者及其走狗提供了可乘之机。但这些由于已超过本节的范围,将留到后面再去谈到。

在太平天国革命失败后,国内各少数民族的群众起义也相继失败,这又证明了各少数民族的解放斗争是同在全国人口中占大多数的汉族广大人民的斗争不可分的。没有全国性的革命胜利,个别少数民族的斗争不可能取得真正的胜利,有时甚至可能被国内外反动势力引入歧途。

(三)外国资本主义经济掠夺的加紧

中国人民的苦难的日益加深,不但由于国内封建势力的压迫和剥削,而且由于外国资本主义的加紧经济掠夺。

在我们这里所说的三十年间,即十九世纪六十年代初到九十年代初,西方各主要资本主义国家先后开始向垄断资本主义——帝国主义阶段发展。它们在全世界范围内更剧烈地展开了对殖民地的争夺和瓜分。当资本主义进入帝国主义阶段后,其对殖民地和半殖民地的剥削的主要特征是掠夺性的资本输出,即伴随着政治特权的取得,投放资本到这些经济上尚处于落后阶段的国家和地区,直接利用那里的原料和廉价劳动力,攫取超额的利润。帝国主义列强对中国的资本输出是在1894—1895年的中日甲午战争以后,才以越来越大的规模进行,但在这以前,它们已在香港和沿海各个通商口岸设立了一些工厂。

最早在五十年代至六十年代,出现于中国的外资工厂,主要是英国、美国资本的船厂,它们一般是从事船舶的修理,各厂雇用的中国工人有几百至千余人。继之,外国资本又在各地开办了磨粉厂、制药厂、制酒厂、砖茶厂、肥皂厂、榨油厂、缫丝厂、造纸厂、香烟厂、铁锅厂等等,直至"把生鸦片制成烟膏"的鸦片制造厂。一般的都是些小厂,其中较大的是英国、美国、德国资本的几家缫丝厂,最大的有工人一千多人。俄国资本的砖茶厂除设在沿海的福州外,甚至开设到了汉口、九江。还有值得注意的是,英国、美国资本当时在中国设立了好些印刷厂和报馆,从事书籍、期刊和报纸的出版,这已超过经济掠夺的范围,而是企图在意识形态上、舆论上为奴化中国作准备。

根据天津条约,资本主义国家不但在中国有沿海航行权,而且有内河航行权。美国商人 1862 年(同治元年)在上海成立的旗昌轮船公司,在六十年代垄断了长江上的航运。后来居上的是太古公司(1872年成立于伦敦的"中国航业公司"在上海所设的分公司,其业务由太古洋行代理)和怡和公司(即上海英商怡和洋行所设的"印度中国航业公司",1881 年成立)。这两个英商公司都兼营中国沿海和长江上的航运。首先受到这些外国轮船公司的打击的是原来从事沿海和长江航运的中国旧式帆船。许多船夫和有关的其他劳动人民在"洋船"汽笛声中失去了生存的依靠。福建按察使郭嵩焘在光绪元年说:"(外国)轮船入中国,而上海之沙船、宁波之钓船、广东之红单船全失其利。侵寻而及内江,自汉口以下,各船废业者逾半。"①中国的封建官僚主持的招商局(一个从事沿海和长江上航运的公司)成立于 1872 年(同治十一年),但竞争不过外国轮船公司。在旧中国长时期中,太古公司、怡和公司的轮船简直成了中国水面上的主人。

外国资本很早就在中国建立银行。其中主要的有英国的"印度澳州和中国银行"(即麦加利银行,它 1858 年设分行于上海,它的总行在伦敦,1853 年成立)和"香港和上海银行"(即汇丰银行,它在 1864 年设总行于香港,而于 1865 年设上海分行)。这两个银行渐渐成为英帝国主义对中国实行经济侵略的中心机关。它们初期的业务除了适应外国在华商人汇划方面的需要以外,还进行商业投机,对中国商人和清朝政府进行高利贷款,吸收中国的官僚、地主、商人的资金,在中国发行钞票,控制中国的金融。上海和其他通商口岸的许多中国商人的旧式钱庄,实际上渐渐地成了这些外国银行的附庸。以这些外国银行为核心,

① 《洋务运动资料》第一册,第 138 页。

加上与它们相联系的从事出入口贸易的外国公司("洋行"),通过中国的买办商人、买办性的钱庄等等,渐次形成了一个笼罩在中国农民和其他人民大众头上的沉重的剥削网。

外国资本在中国设立银行和企业,没有任何合法根据。资本主义外国在已经强迫清朝政府接受的不平等条约中还没有这方面的规定,就是因为它们当时对中国的经济侵略的形式主要的还不是资本输出,而仍是商品输出。在这三十年中,它们在中国,除了实行直接的经济掠夺外,主要的还是由控制中国的出入口贸易来压榨中国人民大众。

在第二次鸦片战争和反太平天国战争后,中国的海关和对外贸易完全被帝国主义列强所直接把持。前面已经说过,早在咸丰四年(1854年),在上海,英、美、法领事已经从买办官僚手里取得了当地的海关管理权。第二次鸦片战争期间,原任上海税务司的英国人李泰国,被清朝官方任命为总税务司。李泰国由于下面将要说到的为清政府到英国购买一支舰队的事件而于同治二年(1863年)去职,继任者是英国人赫德(他担任总税务司达四十五年之久,直到1909年)。在赫德手里建成了在外国帝国主义支配下的中国海关制度。按照这种制度,在同治三年(1864年),中国沿海十二个商埠(包括台湾的两个在内)和沿长江的九江、汉口的海关的税务司都由总税务司委派英国人、美国人、法国人和其他外国人担任,税务司以下的较高级职员也全是外国人。以后新增的海关都照此办理。税务司在名义上是清政府所派的海关监督的助理,实际上,各税务司都只向总税务司负责。总税务司设官署于北京,外交部性质的总理各国事务衙门授权总税务司管理全部的海关工作。天津条约和北京条约所规定的"赔款"由关税收入中逐年扣交,所以这些洋税务司起着监督中国海关收入以保证对英、法的赔款如期偿清的作用。到了同治五年(1866年)已经偿清了这些赔款后,这种殖民地管理性质的海关制度仍然保存着,并继续起着这种性质的监督的作用,因为在和平时期,帝国主义列强仍以各种名义向中国进行勒索,一般都由关税收入支付。清朝官方向外国借债(在中日甲午战争前,外债虽然还不大,但已有好几笔)也都以关税作担保,还有向外国购买军火的钱多半也是用关税收入支付。腐朽的清朝政府丝毫无意于改变这种海关制度,他们甚至认为与其由自己的官僚机构管理本国的海关,宁可让洋人管理为好。

第一次鸦片战争造成了所谓协定关税的制度,进口货物的税率已经大大降低。到了第二次鸦片战争期间,以英国为首的资本主义列强又强迫清朝政府按值百抽五的原则进一步降低进口税率。例如,按1843年的进口税率,棉花是百分之六点五四,棉纱是百分之六点九四,1858年以后,则分别降低为百分之五点七二和百分之四点八六,印花布甚至从百分之十四点二五降到百分之四点九八。这时规定的税率一直维持了半个世纪之久。中国成了世界上进口税率最低的一个国家。只有鸦片烟在成为合法的进口货物以后,税率比较高,但大量鸦片仍是走私进口。

海关由外国人管理,税率压在极低的水平上,航运由外国轮船公司所垄断,再加上外国人,无论是商人、传教士或任何其他人可以在全中国到处乱跑,——这一切当然是资本主义侵略国家为自己创造的有利条件。在这种有利条件下,对中国的商品输出逐步增加。但是在相当长的时期内,增加的速度仍然不能使那些以为被迫开放的中国将立即成为一个广阔市场的外国资本家感到满意。

在中日甲午战争前三十年间的中国出入口贸易统计数字,虽然可以从当时的海关报告中看到,但是由于漏税、漏报、走私等等因素,这些报告中的数字并不可靠。大体说来,这三十年的前二十年中,进口的商品总值的增加是很慢的,出口更几乎没有什么增加,在光绪十年到十一年(1884—1885年)的中法战争以后,进口数字才有了较大的增长。下列的依据海关报告的统计数字可以表明这种情形①。

① 据严中平等编《中国近代经济史统计资料选辑》,科学出版社1955年版,第64页。

	出口	进口	差额
1871—1873 年(年平均)	110 百万元	106 百万元	出超 4 百万元
1881—1883 年(年平均)	108 百万元	126 百万元	入超 18 百万元
1891—1893 年(年平均)	167 百万元	219 百万元	入超 52 百万元

这就是说,同 1871—1873 年的进口额相比,1881—1883 年只增加百分之十九弱,到了 1891—1893 年则增加到一倍以上。至于出口额,1881—1883 年比 1871—1873 年没有增加,还减少了一点,到了 1891—1893 年则增加了百分之五十多一点。

所以,一个英国作家根据统计资料指出:"从 1865 年至 1885 年,中国的净入口额只显示出一种几乎可说是毫不足道的增长——由六千万海关两增至八千万海关两。同时当我们注意到银两在这个时期又由六先令八便士跌至五先令三便士这一事实,那么这种增长就比这个数字所示的更微不足道了。"①由于外国资本家渴望扩大这个数字,所以在七十年代后期和八十年代,资本主义列强竭力把他们的侵略的触角伸入中国的广大的腹地和西南、西北的边疆地区。

当时中国出口贸易之所以增加很慢,在根本上是由于被束缚在封建的经济结构中的广大中国人民的贫穷。这时期的出口商品仍然主要是个体小农民生产的茶和丝。进口的各类商品总值中鸦片这种毒品经常还是处于第一位。中国的农民和小手工业者在死亡线上的求生挣扎成为外国资本主义的工业产品开辟中国市场的严重障碍。我们从下述的一些对外贸易简单数字中不难看到中国广大贫苦人民的惨痛的灾难,虽然外国大老板们对于他们所取得的利润总是感到不满足。

茶叶在中国出口商品中长期间占最大的比重。光绪十二年(1886年)中国茶叶出口一百八十万担。在这以前虽然出口量逐年有所增加,但由于日本、印度茶叶进入国际市场,八十年代初,中国茶叶在产区

---

① 伯尔考维茨:《中国通与英国外交部》,江载华译,商务印书馆 1959 年版,第 5 页。

的收购价格日益降低。1886年后出口量渐次减少，到了光绪二十年
（1894年）左右已经开始降到一百万担以下。许多为供应外销而刺激
起来的小茶农在这过程中遭到了致命的严重的打击是显而易见的。所
以当时人们这样说："茶价往昔售三十余两至四十两一担者，今只售十
六、十七两至十八两，其粗货竟有售至四、五两一担者。山户小民，终岁
栽植辛勤，不获一饭之饱"①。又有人说："茶货出口连年递减。茶农茶
工因之辍业，饥寒迫切，转为盗贼"②。

棉花曾是既有出口，也有进口；在这三十年间的初期，进口量超过
出口量。中国的许多手工纺织业者不但用本国产的，而且用进口的棉
花来纺纱织布。这种局面迅速逆转。在1873年棉花进口量是十二万
担，出口量是一万五千担，到了1893年，进口量只有三万多担，出口量
却达到三十四万八千多担。与此同时，棉纱和棉布的进口量迅速地逐
年增加。棉纱，1873年进口量四万多公担，1893年增加到近六十万公
担。棉布，1873年进口值二千四百多万元，1893年增加到近四千万元。
在这一些数字中所包含的内容是，愈来愈多的手工纺织业者在进口的
洋纱、洋布的压力下纷纷破产，同时，许多小农被迫廉价售出他们所生
产的棉花以供应外国资本主义生产的需要。

煤油，在六十年代还只有极少量为供应外国侨民需用而输入中国。
1878年美国煤油开始较大量向中国推销，这年的输入量是一千五百七
十万公升。到了1891—1893年，平均每年煤油输入量已增加到一亿七
千六百多万公升。从此，中国进入了使用所谓"洋油"的时代。它迅速
地成为除鸦片、棉纱、棉布之外的进口商品总值中最大的一项。各种日
用杂品如染料、油漆、铁、铁钉、针、火柴等等（被称为"洋漆"、"洋钉"、
"洋火"等等），也逐年递增地输入中国。

"洋布、洋纱、洋花边、洋袜、洋巾入中国，而女红失业；煤油、洋烛、

---

① 光绪十三年《访察茶叶情形文件》。《中国近代农业史资料》第一辑，第444页。
② 光绪二十三年的《农学报》。同上书，第445页。

洋电灯入中国,而东南数省之柏树皆弃为不材;洋铁、洋针、洋钉入中国,而业冶者多无事投闲。此其大者,尚有小者,不胜枚举。所以然者,外国用机制,故工致而价廉,且成功亦易;中国用人工,故工笨而价费,且成功亦难。华民生计,皆为所夺矣。"①这种议论可以代表当时的关心时事的人的看法。单拿煤油一项来说,起初人们只是拿来做灯油,很多人已感到日益通用的煤油排斥了植物油是个严重问题。光绪十三年(1887年),两广总督张之洞主张禁用煤油,他说:"粤省民间素用花生油,……自火油盛行,相形见绌,销路愈滞,价值日昂。种植少则害在农,榨制稀则害在工,贩卖微则害在商。吾民生计所关,实应禁止"②。这个自命为关注民生的官僚似乎根本不知道各种"洋货"为什么能畅销于中国的原因,却说可以用禁止使用煤油的办法来解决这个问题,当然只是废话。光绪二十年(1894年),有人这样说:"溯自同治十三年(1874年)以前,火油尚属仅见之物,不料二十年之间,竟如此盛行,岂非出人意外哉! 至将来更不知复至何所底止也。"③

但是洋布毕竟还不能完全打倒土布,洋油毕竟还不能畅销于全国,其原因就是在于占中国人口最大多数的劳动农民处于极端贫困的状态。这是资本主义外国迫使中国封建统治者撤除了一切妨碍洋货进口的堤防以后所唯一剩下来的堤防。

我们已经看到,两次鸦片战争的结果曾使得清朝官方有些人认为,外国所要求的不过是通商,而通商终究不是有大害的事。但事实不能不使人们渐渐地看出这种通商对中国的危害。光绪四年(1878年),有个监察御史的奏文中论说通商问题说:"始而海滨,继而腹地,既蚀人之资财,并据人之形胜。盘踞既久,遂唯所欲为。古之侵人国也,必费财而后辟土,彼之侵人国也,既辟土而又生财。……此洋人通商弱人之

---

① 郑观应:《盛世危言》第7卷,光绪二十一年刊本,第20页,《纺织》。
② 《张文襄公全集》第217卷,《书札》四,第7—8页。
③ 《光绪二十年厦门口华洋贸易情形论略》。彭泽益编,《中国近代手工业史资料》第2卷,三联书店1957年版,第167页。

实情也。"他又具体地说:"查洋布每年售于中国约银二千六七百万两,呢毡等物每年约银四五百万两,合计约银三千余万两。年盛一年,女工之失业者不知几何,(其实不只是女工。——引者)中国之漏卮不可以数计矣。……呢绒以毛毳织成,中国羊毛驼绒运往外国者每年以五六千担计。以内地之物产予他人以取利,又从而销售之,殊非计矣。"①他算是接触了一个实质问题:中国以原料供应外国,而外国以机制品销入中国的这种通商只能使中国民穷国弱。

这里必须说一下,在讲资本主义外国通过贸易来掠夺中国时,不能忘掉军火贸易这一项,而这一项是海关的通常报告所不载的。在太平天国战争期间,中国已经开始成为西方国家的军火商人所看中的一个好对象了。欺诈和勒索是在对中国的军火贸易中惯见的现象。

上面提到英国人李泰国曾代清朝购买兵船,这是较早的一个带有典型意义的故事。

李泰国当时是清朝的总税务司,在同治元年(1862年)因病告假回国,英国人赫德暂代他的职务。在赫德的怂恿下,总理衙门委托李泰国在英国代为购买一支舰队,并且按照赫德和李泰国所开的数目付出了六十五万两银子,据说用这笔钱可以买到中号轮船四只,小号轮船三只,包括船上的炮在内。但不久,赫德说,这个数目不够,必须再加十五万两。到了同治二年,李泰国回到中国,他报告说,已经买妥了舰队,并且聘请了一个名叫阿思本的英国军官和其他船上人员共六百人,这个船队即可由阿思本率领驶到中国,但购买用费还要追加二十七万两,共一百零七万两,而且以后每月用费(包括阿思本和其他洋人的工薪)需十万两。雇了那么多人,要那么多经常用费,使清朝官方大吃一惊。清朝官方忍痛承认了新追加的购买用费,但经过讨价还价,把每月用费降低到七万五千两。这时,清朝官方还同李泰国讲定,这个船队到中国后,由清朝派官员统领,而以阿思本任副职,所有雇用外国人员,以四年

---

① 《湖广道监察御史李璠奏折》。《洋务运动资料》第一册,第165、167页。

为期,在这期间中国官兵到船上学习①。使得清朝官方尤其吃惊的是,李泰国已经在英国同阿思本订立了十三条合同,根据这个合同,这个舰队只能由阿思本全权统领,所有官兵都由阿思本任用,他只接受经过李泰国传达的皇帝的诏谕,而且李泰国认为行不通的谕旨,就不给传达,等等②。清朝官方拒绝承认这个显然十分荒谬而且也不合法的合同,但是船队到达中国后,阿思本坚持必须照这个合同办。曾国藩本来是赞同这件事的,并且已经准备了接受这个船队的官兵,这时只好愤愤地说:"视彼七船者,在可有可无之数!"③英国公使布鲁斯出来为阿思本撑腰,美国公使蒲安臣也从中说合。花了钱买来而且还要继续花钱供养的舰队却不能真正成为自己所有的东西,甚至中国官兵上船学习都不可能,这毕竟是连清朝官方也觉得不堪忍受的。但是他们对此不敢采取稍为强硬的态度,他们采取的办法是:我们不要这些船了。于是这个舰队仍由阿思本带回英国,而清朝政府除已经按照每月用费七万五千两的规定付了几个月以外,又为遣送这些人和船回英国再付出了三十七万五千两。先后为此花的钱大约共达一百七十万两。为了怕得罪阿思本及其后台,还另外送给阿思本一万两银子。一个美国人记述此事说:清朝政府"用去五十五万多金镑,结果一无所得。"④由于此事李泰国不再当清朝的总税务司了。总理衙门通知英国使馆李泰国已经去职:"念其从前办理税务出力,赠银共一万四千两,俾得从容归国。"⑤为了送走这个恶棍,清朝政府又付出了一笔不小的款子。而英国政府则嘉奖此人在中国的"功勋",授给他三等巴斯勋位。

　　阿思本的舰队的故事,可以说明,资本主义外国和中国封建统治者之间的军火买卖,成为无耻的经济掠夺,竟可达到这样荒谬的程度! 清

---

① 见《同治夷务》第16卷,第29页。
② 这十三条合同全文见马士著《中华帝国对外关系史》第2卷,第39—40页。
③ 《同治夷务》第21卷,第18页。
④ 马士:《中华帝国对外关系史》第2卷,第45页。
⑤ 《同治夷务》第21卷,第48页。

朝官方吃的亏,上的当,它的"慷慨"的赠与,以及它购买军火的费用,都由中国人民用血汗来偿付,那是不用说的。

从太平天国战争时期开始,外国人把枪炮弹药直至兵船卖给清朝当局,战后,这种买卖继续进行,而且越做越大。清朝中央政府和拥有军权财权的地方大员纷纷靠买外国军火来增强用以镇压人民的力量。经手的官员都能从中得到巨额的贿赂和佣金,以饱私囊。到了八十年代,李鸿章成了外国军火商人的最大主顾。李鸿章除了一直不断地买枪炮和较小的兵船以外,从1879年(光绪五年)开始以大宗款项购办大型兵舰,而在1894年的中日甲午战争前,李鸿章靠外国的供应而拥有的,已经不是二十年前的付了钱但仍落空的那个小小的阿思本舰队,而是总吨数有四万多吨的,在当时说是相当可观的一支真正的舰队了。德国的有名的克虏伯兵工厂特别为李鸿章塑铸了一座全身的巨大铜像,运到上海,奉送给他,表示对这个大主顾的"敬意"。这座铜像曾长期地树立在上海的徐家汇附近。在这些年份中,这种军火买卖的总额多少,外国军火商人赚到了多少钱,清朝的经手的官员和商人又从中贪污了多少,这些我们在这里不细说了。中国的广大贫穷人民虽然衣不蔽体(因而不买"洋布"),甚至夜不点灯(因而不买"洋油"),但是中国的封建统治者能够敲骨吸髓地把人民的点点滴滴的血汗钱集中起来,供奉给克虏伯和其他军火工厂,这当然是外国的大老板们所感激不尽的。

(四)封建统治者同外国侵略者的互相勾结

在武装镇压中国农民革命的反革命事业中,清朝封建统治势力和从西方来的外国资本主义侵略势力互相勾结起来了。

太平天国战争前,外国侵略者一直把以清朝皇帝为首的整个封建统治机构看成是他们向中国进行侵略活动的障碍物,现在他们不这样看了。他们看出,这个封建统治机构不但不妨碍他们,而且还是适合他们的需要的。如果没有这个统治机构,他们就势必直接面对中国广大人民的反抗斗争。保存这个封建统治机构,通过它剥削中国人民,又利用它来镇压中国人民的反抗,并且要它在外国侵略者所提出的要求上签字,使这些要求取得"合法"的地位,这实在是对于外国侵略者最有利的事情。

参与订立1858年的天津条约的英、法、美、俄这四大国,在六十年代采取了他们自称为"合作政策"的联合侵华政策。这所谓"合作政策"是英国、美国所提倡,而为俄国、法国在一定程度上表示支持的。英国当时在对中国的经济侵略中占有最优越的地位,它不愿意其他国家单独发动侵略行动而使它的优越地位受到损害,但也不可能排斥其他各国而独吞中国。所以为了维护它在中国的既得利益,它主张各国应当互相合作来维持清朝政府的统治,使中国保持独立统一的外貌。美国由于六十年代初期国内发生南北战争而在对中国的侵略行动中落后了一步。在南北战争后,它除了在中国坚持享受条约所规定的特权以外,又积极地向太平洋上发展它的势力,为进一步加强它在中国的地位作准备。在这期间,实行所谓"合作政策"是对它极为有利的。俄国和法国各自抱有对中国的野心,俄国已经攫取了中国的大片领土,法国则主要利用天主教会来向中国内地伸展其侵略的触角,它们都没有能力排斥英国、美国的势力,所以也就只好承认"合作政策"。在强盗们的"合作"中,不可避免地存在着相互猜忌、倾轧和争夺,但是为了它们各自的、也是它们共同的利益,都宁愿维持清朝政府的统治。对于列强的这种做法的用意,清朝当权者也不是完全看不出来的。同治六年(1867年)李鸿章(这时任湖广总督)的一个奏文中说,各国对中国的做法是"欲胁各官以制百姓,胁朝廷以制官民。"[①]刘坤一(这时任江西巡抚)说:"洋人所重者利,所畏者民。……自知非仗朝命,无以制中国

---

① 《同治夷务》第55卷,第9页。

之民,图中国之利。"①这些话可以说是多少触及事情的实质。

清朝封建统治者经过两次鸦片战争,并有了依靠外国的帮助镇压人民革命的初步经验以后,已经越来越不敢违抗外国侵略者的意志了。主管外交事务的总理衙门在成立后不久就这样表示它的方针:"办理外国之事,非恐决裂,即涉迁就,势本难以两全。两害相形,则取其轻,实未敢因避迁就之讥,致蹈决裂之害"②,这个方针就是,为了避免"决裂",宁可一切"迁就"。

从清朝政府同英、俄、美、法这四大国以外的其他各国订立不平等条约的情况也可以说明这一点。最早是瑞典、挪威,已于道光二十七年(1847 年)和清朝政府订立了条约。到了咸丰十年(1860 年)以后,即第二次鸦片战争以后,清朝政府又相继接受下列各国订立不平等条约的要求,它们是:普鲁士(咸丰十一年,1861 年)、葡萄牙(同治元年,1862 年)、荷兰、丹麦(都在 1863 年),西班牙(1864 年)、比利时(1865年)、意大利(1866 年)、奥匈帝国(1869 年)。清朝政府承认了这些国家同英、俄、美、法四大国一样享有领事裁判权、片面的最惠国待遇,派遣外交官员到京城等等特权。

清朝政府同这些国家是怎样订约的呢? 例如,比利时在同治元年(1862 年)已由英国人介绍派出代表到上海向清朝官方提出订约的要求,并且坚持要到北京进行谈判。江苏巡抚薛焕奉令在上海进行谈判,基本上满足了对方的欲望,只求他们放弃北上。薛焕报告说:"从来洋人不遂所求,决裂甚难收拾"③。比利时虽然是西欧的小国,但这时期已因工业的发展而成为一个力求对外扩张的资本主义强国。到了同治四年(1865 年)比利时径自派使臣到北京,向总理衙门提出,三年前在上海议定的条款太简单了,必须重议,结果很快地就议定了共四十七款

---

① 《同治夷务》第 54 卷,第 13 页。
② 《同治夷务》第 5 卷,第 55 页。
③ 《同治夷务》第 7 卷,第 40 页。

的条约（原来只有四款），外加"通商章程"九款①，几乎包括两次鸦片
战争的几个条约的全部内容。又例如荷兰，这是个自十七世纪以来野
蛮而积极地进行对印度尼西亚的侵略和并吞的资本主义国家，它在同
治二年（1863 年）派出使臣自行到天津要求订立条约。北洋三口通商
大臣崇厚在总理衙门的指导下负责进行谈判。崇厚报告说，对方在谈
判中表示："该使特来天津，议立条约，拟照英法各国条款办理，以示一
体优待之意。"崇厚又说："窃思从来事涉外国，无不费尽唇舌。洋人素
性巧诈，如拒之太峻则偾事，许之过轻，又恐意存奢望"②。这是说，对
"洋人"的要求既不敢拒绝，又不宜轻易地承认，其实不过是经过一番
形式上的讨价还价后完全按对方的意志订立条约。

　　总之，四个大国经过两次战争才取得的权利，其他较小的资本主义
国家不过略费唇舌就得到了。从此中国成为一切大小资本——帝国主
义国家共同侵略的对象。

　　但是这并不是说，清朝封建统治者同资本主义外国侵略者之间不
存在什么矛盾。清朝统治者虽然感到可以放心，这些"洋鬼子"并不想
仿行中国历史上的换朝易代的老例，但是事实越来越明显，在不换朝易
代的情形下，外国侵略势力已经进入中国内部，使封建统治者再也不能
照旧完整地行使自己的统治权力。

　　封建统治者本以为可以在已经做出的对外让步的基础上，即在已
经订立的条约的基础上维持所谓"中外相安"的现状，但是他们很快就
发现，对既定的条约，即使逐字逐句地兑现，也不能使洋人感到满意。
总理衙门的大臣们在同治六年（1867 年）这样描述他们所非常难以对
付的洋人说："一事也，但使于彼有益，则必出全力以相争，不载入条约
之内不止。迨至入约之后，字字皆成铁案，稍有出入，又挟持条约，纠缠
不已。……彼族深险狡黠，遇事矫执，或系约中本系明晰，而彼必曲申

---

　　① 《中外旧约章汇编》第一册，第 207—208、230—240 页。
　　② 《同治夷务》第 20 卷，第 7—9 页。

其说。或条约中未臻妥善，而彼必据以为词，极其坚韧性成，得步进步。不独于约内所已载者难稍更动，且思于约外未载者更为增添。"①这就是说，这些洋人不但根据他们的需要任意地解释条约中的规定，而且还以武力做后盾不断地提出超出条约的要求。

封建统治者本来认为自己是中国这块土地上的合法的至高无上的全权的"主人"。他们残酷地镇压否认这种权利的造反的农民。现在武装撞进来的这些洋人虽然并不否认封建统治者的地位，甚至帮同镇压造反的农民，但是在实际上他们不但要分享在中国的统治权利，而且还要做中国的"主人"的"主人"。所以早在同治二年（1863年），官僚集团中已有人这样说："方今夷商既分布各口，又得内地游行，天主教布满天下，夷酋住在京城。中国虚实，无不毕悉。始不过侵我利权，近复预我军事。举凡用人行政，渐形干预。……彼负其豺狼之性，事事动形掣肘，稍不遂其所欲，辄以用兵挟制"②。同治六年（1867年）另一个官员说："即使诸国遵照原约（指咸丰十年的条约——引者），一无所改，而利权事权，已在其掌握中，数年之后，必有不堪设想者矣。"③这种情形，对于封建统治者说来，是难以咽下去的苦药，而且实际上已造成了严重困难。一方面遇事屈从洋人的意志，一方面又要使广大人民承认他们仍然是合法的至高无上的全权的"主人"，这显然是办不到的事情。

从鸦片战争以来侵入中国的各国，除了北方的俄国曾长期与中国直接接触以外，其余的本来都被认为是来自茫茫大洋的远处，而现在它们都已经成了盘踞在中国大地上，势将久踞不去的势力。东南海疆固然已经敞开在外国侵略者面前，而且渐渐地又形成整个中国大陆边疆都处于列强的包围之中的形势。沙皇俄国在已经强占了中国东北部的

---

① 《同治夷务》第49卷，第6页。
② 署礼部左侍郎薛焕奏语，见《同治夷务》第16卷，第4—5页。
③ 总理船政前江西巡抚沈葆桢奏语，见《同治夷务》第53卷，第2页。

大片领土以后，还继续在北方蚕食中国的领土，而在它占领了中亚细亚的若干国家和地区后，又紧紧地逼近了中国的西北部的新疆，这样，中国的北方从东到西共约一万多公里同沙俄相接壤。其次是英国，在它已经占领了全部印度以至克什米尔，又使缅甸成了它的殖民地以后，中国的西藏、云南五千多公里的边疆就直接同英国势力相接触。最后，使越南、老挝成了自己的殖民地的法国势力也在一千多公里的边疆上直接迫近中国的云南、广西。所以在光绪十八年（1892 年）清廷派驻英、法二国的公使薛福成指出，不但俄国，而且英国、法国都已成了紧靠中国边疆的势力，并且说："由斯以观，中国东南两面大海绕之，其自东北以讫西南，则三强国之境绕之。防于海者，动虞诸国窥伺，防于边者，日与三国周旋。"①这样，不但东南沿海地区，不但长江流域，而且东北、西北、西南广大的内陆地区都成了列强觊觎的对象。侵略者的先锋以传教士、探险队、勘察队、游历家、商人的名义和身份，足迹遍于全中国。除了通商口岸的"租界"以外，星罗棋布地到处树起来的外国教堂，成为中国各地居民直接接触到的外国侵略势力的显著标志。

外国侵略势力如此深入到全国各地区不能不被封建统治者看成严重的危机。一方面，这使封建统治者感到自己的统治权力到处受到了限制，一方面这又使许多甚至非常闭塞的地区的居民也看到了这个统治者在外国侵略势力面前是十分软弱无能的。反封建的农民起义虽然进入了低潮，但人民的斗争并没有停止。代之而起的是全国许多地方相继发生的群众性的反对外国侵略势力的斗争（多半以反对外国教会的形式出现）。清朝统治者禀承外国侵略者的意志竭力扑灭这种群众斗争的火焰，只能使火烧到自己头上，而它的每一次对外国侵略者的新的妥协让步，更是火上加油。

因为这些原因，清朝统治者在执行着一切"迁就"的总方针的前提下，为了避免自己的统治陷入无可挽救的危机，总是想给自己的对外让

---

① 《庸庵海外文编》第 2 卷，第 15 页。

步划出一个限度。虽然它在外国侵略者的恐吓、讹诈之下,经常放宽这种限度,但是这种半推半就的态度,当然又使外国侵略者感到不能满意。

在六十年代以英国为首开始执行上述对华的"合作政策"的各侵略国家,曾经竭力"教导"清朝政府,使它懂得,要获得列强的支持,就必须老老实实地承认资本——帝国主义支配全世界的国际关系,学会遵守殖民地、半殖民地的规矩。各国第一批进入北京的外交代表们就自居于这种"教导者"的地位。一个站在帝国主义立场上的美国历史学者马士这样说:"这些代表们并没有忽视他们的首要责任——要约束中国人适当地履行条约条款,并且要保护交托给他们的那些国家利益;不过他们也认为他们还有责任去教导在崭新的国际关系中并无经验的那些中华帝国大臣,并且给以意思诚恳而且实际为了中国最大利益的劝告。"[1]所谓"为了中国最大利益的劝告"是些什么,可以从当时担任中国总税务司的英国人赫德和英国公使馆参赞威妥玛专门为清朝政府写的两个文件中看到,这两个文件都在同治五年(1866 年)由总理衙门送呈皇帝,并发交各省督抚讨论。

赫德写的一篇,题目叫《局外旁观论》[2]。这个在中国创建了一套殖民地海关制度的帝国主义分子,在几十年中间,利用他的职权积极干预中国内政、外交各方面的事务。他的这篇文章的中心内容之一是要清朝政府务必切实遵守条约,在对外事务中一切照"章程"办事,他所指的当然就是外国侵略者所立的章程。他恐吓说:"国中违背条约,在万国公法,准至用兵。败者必认旧约赔补兵费,约外加保方止"。"若违章,有动兵之举,国乱之灾"。他还"劝告"清朝政府及早把外国可能提出的要求主动地先办。他说:"违约者或因不肯照约,或因不能照约。若不肯,必有出而勉强者;若因不能,必有起而代行者。……是以

---

① 马士:《中华帝国对外关系史》第 2 卷,第 125 页。

② 《同治夷务》第 40 卷,第 13—22 页。

或有应办,或有请办,不如早办,不致日后为人所勉强也"。他所提出应"早办"的事内包括"准洋商合华商会制轮车电机各等事"。当时,资本主义列强开始提出了由外国资本在中国修铁路、办电报、开矿、内河通航等要求,虽然这些要求在已有的条约中并无规定。赫德的文章最后说:"若照行,泰西各国必致欣悦,无事不助,无时不合"。这就是说,这对于清朝政府是最有利不过的了。

威妥玛所写的题为《新议略论》①的说帖是由英国公使阿利国送交总署的。这个说帖一方面恐吓说,如果不顺从外国的意志,就难免外国的"干预";"一国干预,诸国从之,试问将来中华天下,仍能一统自主,抑或不免分属诸邦,此不待言而可知。"一方面又劝告清朝政府要"借法自强",其实就是要清朝政府主动地把全中国向外国势力彻底开放。说帖中说:"类如各省开设铁道飞线(电报线),以及五金煤炭各厂开采,水陆各军安设操练,中华用项不足,约请借贷,医学各等项设馆教习,以上各等新法,中国如欲定意试行,各国闻之,无不欣悦"。为什么各国会欣悦呢? 说帖中说,这除了因为要办这些新法,就会"约外国人相帮"并且要外国人投资以外,还因为"内地从此容易治平,外国民人来往通商,常行居住,易得保全,各国亦可无虑。其最为欣悦者此也"。

对于外国侵略者自以为根据条约有权提出的某些要求,以及超出条约而提出的某些要求,清朝政府曾不断地谋求回避和拒绝,但它并不是作为一个主权国家理直气壮地驳复和抗议,而是央求外国侵略者照顾到自己内部统治的困难,放弃或降低这些要求。在同治六年(1867年)清朝中央政府要各省总督、巡抚讨论有关问题时,从总理衙门到地方的实力派几乎都认为,拒绝外国侵略者提出的新的要求的最好的理由是,政府如果接受这些要求,只会激起人民群众的反抗,结果就会造成对于外国人说来也是很不利的国内形势。当时任大学士两江总督的曾国藩的说法是具有代表性的,他说:"如果洋人争辩不休,尽可告以

---

① 《同治夷务》第40卷,第23—32页。

即使京师勉强应允……而中国亿万小民,穷极思变,与彼为仇,亦断非中国官员所能禁止。"①

　　列强支持清朝政府的政策中包含着一个无法解决的矛盾:一方面它们要使清朝政府保持腐败与懦弱的状态,因而只能屈服于外国的压力,遇事妥协让步;一方面又想使它具有足以镇压亿万人民群众的力量,以造成有利于外国侵略者的内部安定秩序。它们不断地对清朝政府施加压力,使它对外作出新的让步,然而,这也就不断地削弱了它对"亿万小民"的统治能力。清朝官员用他们无力压服"穷极思变"的"亿万小民"为理由来乞怜于外国侵略者,正是说明了这一点。

　　在以下各章中,我们将从1864—1894年这三十年间的一系列事实中,看到清朝封建统治者同外国侵略者的这种既互相勾结,又互相矛盾的情况。

---

① 《同治夷务》第54卷,第2页。

第 十 章

封建统治者的"办洋务"

（一）洋务运动的产生

六岁即位的载淳（同治帝），在位十三年，实际上掌权的是他的生母慈禧太后（见八章三节）。他在开始"亲政"的时候，突然死去。这为慈禧太后提供了继续掌权的机会。

载淳没有儿子。慈禧太后排除了皇族中的其他主张，选择了醇亲王奕譞的儿子载湉为继位的皇帝，这就是以光绪为年号的皇帝，他这时只有四岁。奕譞是道光帝的第七子，也就是咸丰帝的弟弟，载湉的生母又是慈禧的妹妹。按辈份说，载湉不是同治帝的继承者，而是咸丰帝的继承者。慈禧太后之所以要这样安排，是为了继续保持在同治帝时的东、西两太后"垂帘听政"的局面。如果新皇帝是继承同治帝的孩子，她们成了"太皇太后"，那就失去了摄政的权利。到了光绪七年（1881年），慈安太后暴病死去，就更加确立了这个十分擅长在宫廷中行使阴谋诡计的慈禧太后独掌国权的局面。

慈禧太后统治时期共达四十七年，即同治帝的十三年（1862—

1874 年）和光绪帝的三十四年（1875—1908 年），其中包括这里所说的从太平天国战争结束到中日甲午之战之间的三十年（1864—1894 年）。慈禧太后是顽固地保持封建统治秩序的势力的代表，她尽可能坚决地拒绝任何危害这种统治秩序的新的事物。但她也善于适应日益加强对中国的侵略和统治的外国帝国主义的需要而改变自己的某些统治形式和政策。她支持一切出卖中国权利的投降主义的主张和行动，只要有利于镇压反抗封建统治的人民力量。她的统治时期是中国社会变成半殖民地半封建社会后开始形成大地主阶级、大买办阶级的统治政权的时期。

慈禧太后的统治时期以联合西方资本主义侵略势力来镇压造反的农民大众而开始。"办洋务"的热潮也就是在这个背景下兴起来了。

当时所谓"洋务"指的是牵连到对外关系的一切事情，以至一切与外洋来的事物有关的事情。因此，外事交涉，订条约等固然是办洋务，派遣留学生，学习外洋来的科学，购买洋枪洋炮，使用机器，开矿办厂，雇用外国军官，按照"洋法"操练军队等，也无不属于办洋务的范围。兴办军事工业并围绕军事工业开办其他企业，建立新式武器装备的陆海军，是六十年代到九十年代洋务运动的主要内容。六十年代主持和提倡办洋务的，在朝廷里是总理各国事务衙门的大臣奕䜣和文祥等人，在地方上是握有实权的大官僚曾国藩、左宗棠、李鸿章等人。在这些人中间，李鸿章经办洋务最多，时间也最长，因此他成为办洋务的最重要的代表人物。这些从事洋务活动的封建官僚，可以称为洋务派。

在近代历史上，最早注意洋务的，应该算是第一次鸦片战争时的林则徐。那时，不叫洋务，叫"夷务"。林则徐主张学洋人制炮造船，就这点说，洋务派是林则徐的继承者。但是洋务派屈服于外国侵略者的压力，这是同坚决抵抗外国侵略者的林则徐不同的。林则徐的朋友魏源所说的"师夷长技以制夷"，也就是林则徐的主张。但这是腐朽的封建统治阶级所做不到的事，因此林则徐只能受到排斥。洋务派的官僚承认西洋"船坚炮利"，必须向洋人学习，并且认为，为了维护国内的封建统治秩序,只能容忍外国在中国的侵略势力,以便依靠洋人的帮助来镇压人民的革命斗争。虽然在封建官僚集团中也有人怀疑和反对这种主张,但是洋务派的命运同林则徐迥然不同,他们成为当权派中有势力的一个集团。洋务派是在封建地主阶级日益成为帝国主义统治中国的一个支柱的历史条件下的产物。

咸丰十年十二月(1861年1月),在签订了北京条约之后,恭亲王奕䜣、大学士桂良、户部左侍郎文祥的奏文说:"就今日之势论之,发捻交乘,心腹之害也。俄国壤地相接,有蚕食上国之志,肘腋之忧也。英国志在通商,暴虐无人理,不为限制,则无以自立,肢体之患也。故灭发捻为先,治俄次之,治英又次之。"①按他们的看法,同太平天国、捻军相比,外国侵略势力不过是"肘腋之忧"和"肢体之患"。所谓"治俄"、"治英",是欺人之谈;其实是要联俄、联英。创设总理各国事务衙门这样的机构,也就是在奕䜣等人的这个奏文中提出的。随即成立起来了的这个机构,其地位相当于军机处,成为凌驾于吏、户、礼、兵、刑、工六部以上的专办洋务的内阁。奕䜣等的奏文把它说成好像是个临时性的机构:"俟军务肃清,外国事务较简,即行裁撤,仍归军机处办理,以符旧制"②。其实它并没有"即行裁撤",而是继续存在了四十年。但是由此可见,总理衙门这个总管洋务的机构开始设立时就是为了"军务",也就是联合外国力量来共同镇压太平天国及其他农民起义力量。

在第二次鸦片战争以后,由于通商口岸增加,又设立南洋、北洋通商大臣。营口、天津、烟台三个口岸归北洋大臣管理。山东以南各口岸,包括长江上的几个口岸归南洋大臣管理。南洋、北洋大臣不仅办理通商事务,也要就地办理其他各项对外事务;光绪初年起,还负责督办南洋和北洋海防事宜。南洋大臣一直由两江总督兼任。曾国藩曾任两江总督,他在同治十一年死后,洋务官僚沈葆桢、曾国荃和刘坤一等先后担任两江总督,曾、刘是湘系的重要人物。李鸿章长期担任直隶总督

---

①② 《咸丰夷务》第71卷,第18、19页。

兼北洋大臣。上海和天津成为湘系和淮系势力倡办洋务,并同外国侵略者联系的基地。

洋务派官僚打着"自强"的旗号,说他们向外国购买枪、炮、兵船,并且自己设立军火工厂和其他工厂都是为了"自强"。李鸿章早在同治三年(1864 年)就说:他的主张是"及早自强,变易兵制,讲求军实",其具体办法是:"废弃弓箭,专精火器","仿立外国船厂,购求西人机器。"①总理衙门自成立后,也一直主张聘用外国人教练军队以及"习机器、制轮船"等等。在同治十三年(1874 年)总署奏文说:自从咸丰十年英法联军之役后,"人人有自强之心,亦人人为自强之言,而迄今仍并无自强之实,从前情事几于日久相忘",他们在这时提出了六条"紧急机宜",认为认真照这六条做去,就能"自强有实,而外侮潜消"②。这六条紧急机宜的主要内容仍不外是建立海军,设厂造船,购置最新式武器等等。采取这些措施,对封建统治势力说来,固然是一种改进,但这种皮毛上的改进,并不能使腐朽的封建势力在外国侵略者面前强起来。

封建官僚的洋务运动虽然自我标榜为"自强新政",但始终不能表现为自强的事实;他们在对外事务上,总的说来,实行的只能是迁就、妥协、投降的方针。在同治年间,由于内部的人民起义一个个被镇压下去,封建统治者自夸为"同治中兴"。但是即使封建统治者自己也不能不看到,这种"中兴"不过是充满了危机的虚假现象。

李鸿章在同治十三年(1874 年)这样描写当时的时局说:"各国条约已定,断难更改。江海各口,门户洞开,已为我与敌人公共之地。无事则同居异心,猜嫌既属难免;有警则我虞尔诈,措置更不易周。值此时局,似觉防无可防矣。"又说:"东南海疆万余里,各国通商传教,来往自如,麇集京师及各省腹地,阳托和好之名,阴怀吞噬之计。一国生事,诸国构煽,实为数千年来未有之变局。轮船电报之速,瞬息千里;军器

① 《李文忠公朋僚函稿》第 5 卷,第 34 页。
② 《同治夷务》第 98 卷,第 19、20 页。

机事之精,工力百倍,炮弹所到,无坚不摧,水陆关隘,不足限制,又为数千年来未有之强敌"①。在这段话里,他把面对着外国侵略势力的中国封建统治者的地位说得如此地软弱无能,他把外国侵略者的力量吹嘘得如此地不可抵御。他的这种害怕外国侵略者的心理可以代表在慈禧太后统治时期的整个官僚集团中的经常起主导作用的思想。所谓"中兴",所谓"自强",都不过是自欺欺人之谈。

关于洋务派的官僚们在外交和政治各方面的活动,将留到以后的几章里去谈,在这一章里我们主要从经济方面来考察一下洋务运动。

(二)官办的军事工业

在办洋务的封建官僚们主持下,中国开始有了一批官办的企业。这些企业因为是使用新式机器,雇佣了大量工人,大体上按照西方的机器工厂的组织形式来进行生产,已不同于旧有的官营工场手工业,所以是带有资本主义性质的企业。但是这些企业中很大部分是军事工业,它们的产品供应给国家和军队,并不作为商品而出售,更不投放到市场上去。这些企业不但为封建官僚所控制,而且对外国资本帝国主义有很大的依赖性。

我们首先来看一看封建官僚们办的军事工业。早在太平天国战争尚未结束时,同治元年到二年(1862—1863 年)间,两江总督曾国藩已在安庆设军械所(制成过一艘小轮船),江苏巡抚李鸿章在苏州和上海设洋炮局,但是规模都极小。第一个像样的官办军火工厂是在同治四年(1865 年)成立于上海的江南制造局,它是在曾国藩支持下由李鸿章主办的,除了生产枪炮以外,在光绪十一年(1885 年)前还造过军用船只。同治四年,李鸿章又在南京设立金陵制造局。他把他在苏州办的洋炮局搬移过去,以后又有所扩大。在北方,同治六年(1867 年)北洋

---

① 《李文忠公奏稿》第 24 卷,第 10、11 页。

三口通商大臣崇厚创办了天津机器局,同治九年(1870年)李鸿章任直隶总督后,天津机器局也归他主持。它主要是生产火药与子弹以配合江南制造局所造的枪炮。闽浙总督左宗棠于同治五年(1866年)在福州创办的马尾造船局(又名福州船政局),也是当时规模较大而历时较久的一个工厂,它主要是制造军用船只。正在筹办时,左宗棠调任陕甘总督,清朝政府特派船政大臣主持造船局。第一任船政大臣沈葆桢,原任江西巡抚,他担任这个职务直到光绪元年(1875年)。在七十年代到八十年代,全国许多省份,包括陕西、甘肃、广东、福建、山东、湖南、四川、吉林、山西、浙江、台湾、云南、湖北等都以"机器局""制造局"之类的名义相继设立军火工厂,它们都是由各省督抚动用官资设立的。但一般的规模都很小,有些维持不久就停办了。其中有的如广州机器局(同治十三年,即1874年创设),湖北枪炮厂(光绪十六年,即1890年创设)发展到较大的规模。

这里主要用江南制造局和马尾造船局等几个较大的厂的情形为代表来说明这些官办的军事工业的特点。

这种官办军事企业的产品,因为不是商品,所以是不计算成本的。企业不管盈亏,所以没有从利润转化而来的资金积累。它的扩展和停滞取决于负责官方拨款的多少,而不决定于市场的需要,也同企业经营的好坏无关。这些军事企业的开办经费一般是军阀官僚们从他们所掌握的军饷中拨出一部分,或从当地的关税收入、厘金收入中攫取一部分来充当的。李鸿章办江南制造局的有一部分经费的来源尤其特别。他让一个"因案革究"的海关通事唐国华和"同案已革"的两个扦手(即海关上的检查员)拿出四万两银子来"赎罪",他就用这笔钱买进上海虹口的美国人办的一个小机器厂,作为他的工厂的基础的一部分①。这些官办军事企业为了维持生产,必须每年支出大量经费(由于下述各种情形,这种经费支出是很大的)。在同治六年(1867年)前,各地海关

————————

① 参见《李文忠公奏稿》第9卷,第32页。

收入中每年要提出二成偿付对外国的赔款,在赔款偿清后,李鸿章就把上海海关收入中的这两成用作江南制造局的经常经费。天津机器局的经常费用是从天津海关收入中提取四成。福州船政局的经费也主要是从福州的海关税收入中取得的。

这种官办军事工业在技术和生产资料方面极大地依赖外国。创办这种军事工业的军阀官僚都靠外国人做他们的顾问,为他们到外国购买机器材料,雇用"洋匠"。李鸿章在苏州、南京开始办军事工厂时所依靠的主要是一个英国人马格里,此人本是第二次鸦片战争时英国侵略军中的一个军医。江南制造局在开办时依靠的是两个美国人,直到它创办三十多年后,仍由两个英国人分别"负责全部工程事务"和"负责制炮装炮。"①崇厚开办天津制造局时交给密妥士全权办理。密妥士是个英国商人,又当过美国和丹麦的领事官。左宗棠开办福州船政局则以他在反太平天国战争中的老朋友法国人日意格和德克碑为正副监督,"一切事务均责成该两员承办"②。他们又以高薪雇用不少外国人做技术工人。作为顾问、监督和技术工人的这些外国人,很多其实并不是这方面的内行,也并不真有高明的技术。总理衙门在光绪六年(1880 年)批评马尾船政局说:"当初雇募洋人日意格等本非精于造船之人,所募洋匠帮办艺亦平平。所造之船多系旧式"③。

这些官办的工厂固然生产出了船只、枪炮、军火等等,然而不但机器全部是买自外国,而且原料、材料,以至产品的许多部件、零件都是从外国买的。这点从江南制造局的各年收支报销中就可看到。试举光绪十年(1884 年)的报销为例。这年共支出银七十万两多一点。其中购买"外洋炮位,炮弹等件","购买外洋大小机器及一切机器",为制造枪炮子药,为制造机器,为添建厂房、修理船坞而购买"外洋物料",以至

---

① 孙毓棠编:《中国近代工业史资料》第一辑,科学出版社 1957 年版,第 276、282 页。

② 《左文襄公文集·奏稿》第 20 卷,第 64 页。

③ 《洋务运动资料》第五册,第 247 页。

为行船而购买"外洋煤油"等等,总之,购买一切外国的东西,共达四十五万二千多两,占总支出的近百分之六十五①。所以李鸿章说:"沪局(指江南制造局——引者)各船虽系自造,而大宗料物无非购自外洋,制造工作亦系洋匠主持"②。他又说:福建的厂和上海的厂"物料匠工多自外洋购致,是以中国造船之银,倍于外洋购船之价。"③

福建的马尾船政局在光绪二年(1876年)前,先后造过十九只小型的汽机木船。这些船是日意格买了法国的破旧机器装成的。以后开始造所谓铁胁船,光绪八年(1882年)造出了第一艘二千二百吨、配炮十尊的兵舰。到了光绪十一年(1885年)后又造了几艘。这些兵舰是怎样造出来的? 船政大臣裴荫森的报告说得很明白:要"设法购置""外洋钢铁、楢木各料……及轮船应用之电灯水雷、应用之电缆各件",要"由英国采购康邦新式机件全副运回工次,镶配合拢",还需要"外洋定购之船身钢板并轮机水缸、钢料等件",要"在法国科尔苏制厂定购钢板料件"等等。这些船上配备的"炮械药弹"也都是从德国克虏伯厂买来的④。再看一下崇厚开办天津机器局的情形。他说:"顷据密妥士面称:现接英国来信,所有制造火药、铜帽机器均已买妥,共用二万一千余金镑,核银约七万余两。应雇大船三只运送来津,每船需雇价三千余金镑,共需船价约三万两上下",还同时买了一千几百吨的煤,据说:"英国煤斤用作机器甚为合用,而较中国煤价值又廉"⑤云云。

这种情况当然并不奇怪。在采掘工业、金属冶炼工业、钢铁工业、一般机器制造工业毫无基础的情形下,这些军阀官僚想搞出他们所需要的军事工业,当然只能一切都靠向外国买。这样的军事工业当然不能成为独立的民族工业。

---

① 《洋务运动资料》第四册,第59页。
② 同上书,第33页。
③ 《李文忠公奏稿》第24卷,第17页。
④ 《洋务运动资料》第五册,第318、320、354、366页。
⑤ 《洋务运动资料》第四册,第237页。

　　这种封建性的、买办性的官办军事工业,经营管理是极其腐败的。无例外地,都是用封建官僚衙门的习气来办企业。管理机构庞大,讲究排场,不顾实效。企业中的官员们坐食高俸,而且还有许多凭一张八行书而挂名支薪的人员。至于采办各种洋货中的虚报贪污,那就更不用说了。光绪初年有人说:"外洋工料尤易浮冒,报价每至四五倍之多。……故人谓机器局管事一年,终身享用不尽"①。

　　六十年代官办的军火工业之兴起,本来是为了对内镇压人民的需要。这些军阀官僚宣称,有了自造的枪炮轮船,就能够抵御外侮,只是句空话。光绪五年(1879 年)一个以办洋务著名的官僚丁日昌承认:"江南制造局之轮船以及福建船政局之轮船,可以靖内匪,不能御外侮。"②李鸿章对江南制造局自我吹嘘得很厉害,但其成绩其实是不足道的。张之洞在光绪二十九年(1903 年)议论江南制造局(已在建厂近四十年后)说:"沪厂枪机不能全备,必须兼以人工到磨,并非全系机器所成,故费工多而出枪少。近来陆续添机,渐次整顿,每日仍只能出枪七支,一年只能出枪二千余支"③。同时又有人这样说:"此次派员将该厂(指江南机器局)所造之械,整件零件逐细考察,疵累甚多。以如此巨厂,岁糜经费一百四十万金,而各械无一完善者,殊为可惜。至于员司之冗滥,工作之窳延,各物购价之浮开,各厂用料之虚耗,种种积弊,又复不一而足"④。中日甲午战争结束的那年,光绪二十一年(1895年)皇帝的上谕根据户部的奏议说:"中国制造机器等局不下八九处,历年耗费不赀,一旦用兵,仍须向外洋采购军火"⑤。六十年代起三十年间的官僚资本的军事工业的结果就是如此。

---

　　①　刘锡鸿:《读郭廉使论时事书偶笔》。《洋务运动资料》第一册,第 289 页。

　　②　《洋务运动资料》第二册,第 393 页。

　　③　《张文襄公全集》第 60 卷,第 5 页。

　　④　朱彭寿:《安乐康平室随笔》。《洋务运动资料》第四册,第 178 页。

　　⑤　《光绪朝东华录》第四册,中华书局 1958 年版,总第 3637 页。

（三）官督商办的企业

在洋务派官僚们办军事工业遇到一连串的困难的时候，他们提出"寓强于富"的口号，办起军事工业以外的其他企业来。他们的意思是，为了求强，先要求富。从七十年代初到九十年代初，这类企业办了二十多个。比较重要的有下列这些：

同治十一年（1872年），在李鸿章主管下，开始创办轮船招商局（经营轮船运输，习惯上称为招商局）。它是这类企业中兴办最早、规模较大的一个。

光绪三年（1877年），李鸿章又创办了开平矿务局，这是我国最早用机器开采的一个大型煤矿，它就是现在的开滦煤矿的一部分。在七十年代到八十年代间，在山东峄县、台湾基隆、江苏铜山以及其他一些地方，官方也曾设局使用机器开采煤矿。八十年代在热河、黑龙江、山东、贵州、云南，官方还设立开采铜、金、铅、铁等金属的企业，有的还附有冶炼的设备。最著名的是九十年代初湖广总督张之洞在湖北主办的大冶铁矿和汉阳铁厂。汉阳铁厂在当时是个规模相当大的钢铁冶炼工厂。

在纺织工业方面，陕甘总督左宗棠向德国购买毛织机器运到兰州，光绪六年（1880年）成立了甘肃机器织呢厂，光绪十六年（1890年）李鸿章主办的上海机器织布局建成投产，光绪十九、二十年（1893、1894年）张之洞在湖北相继办起织布、纺纱、制麻、缫丝四个局。

在上述这些企业中，甘肃的织呢厂是官资办的，产品供应军队的需要，并不作为商品销售。因此，这个企业的性质同官办军事企业是相同的。它的产品质量不高，而且厂址在交通极不方便的兰州，如果把它的产品运到沿海地区去销售，加上运费，是无法同外国进口的毛织品竞争的，所以它不可能转化为商品生产。由于这个原因和其他一些原因，这个工厂开工两年多后就停产了。

　　招商局及其他一些企业的性质与官办企业有所不同。招商局是经营民用的航运的,采掘冶炼工业和纺织工业的产品全部或大部分是作为商品出售的。这一批企业中,少数完全由官方投资,大部分除了官资外,还召募私人资金入股。例如,李鸿章办的招商局、矿务局、织布局都有商人资金参加。七十年代和八十年代,这种被称为官督商办的办法很流行。因为生产的是商品,而对于私人投资入股,必须预约给以红利,因而就要计算盈亏,牟取利润。这类企业带有较多的资本主义性质。

　　所谓"求富",也就是赚钱,牟取利润,通过利润的积累扩大再生产。既然外国人在中国办轮船航运能够大赚其钱,中国自己办为什么不能同样赚钱呢? 土法采矿,已有长久的传统,加上新式机器,看来是能够赚钱的。至于纺织业,中国有原料,有廉价的劳动力,更应该提供较高的利润。由只办那种不计盈亏,很大地依赖于外国,不啻沙上建塔的军事工业,转到这种求富的企业,是一个进步的趋势。

　　洋务派官僚在办理这种求富的企业时,虽然不敢说就能抵制外国资本主义的经济侵略,但曾自以为能多少起一点这样的作用。同治十一年(1872年)李鸿章奏报他试办招商局的情节说:"若从此中国轮船畅行闽沪,各厂造成商船亦得随时租领,庶使我内江外海之利不致为洋人占尽,其关系于国计民生者实非浅鲜。"①后来招商局还试作远洋航行,光绪六年(1880年)李鸿章又奏报说:"商船能往外洋,俾外洋损一分之利,即中国益一分之利。微臣创设招商局之初意本是如此。"②光绪八年,李鸿章筹办上海织布局的奏折说:"查进口洋货以洋布为大宗,近年各口销数至二千二三百万余两。……臣拟遴派绅商在上海购买机器,设局仿造布匹,冀稍分洋商之利。"③上海机器织布局在建成投

----

　　① 《李文忠公奏稿》第20卷,第33页。
　　② 《李文忠公奏稿》第39卷,第32页。
　　③ 《李文忠公奏稿》第43卷,第43页。

产后三年遭火灾,全部被焚。由于看到织布厂是可以赚钱的,所以李鸿章又急谋恢复,重新建立了华盛纺织总厂,他奏报说,他的目的是"以土产敌洋货,力保中国商民自有之利权。"①

在九十年代初以前的二三十年中,帝国主义经济势力虽已深深地侵入中国,但还没有获得在中国自由设立工厂的权利。清朝当局虽然已经财力竭蹶,但还能筹措一些款项来办新式企业。不少下台的官僚、地主、封建商人和买办商人手中拥有相当数量的货币财富;在封建经济趋于破落的情况下,受着外国资本主义侵略的刺激,并看到外国资本主义发展的先例,他们有意于投资新式企业。在中国的外国银行、外国贸易公司、外国轮船公司乘机吸收了一部分中国人的资金。洋务派官僚提出官督商办的主张,企图集合私人资金来创办求富的企业,在开始时是很受到一些为自己手中的货币财富找出路的人士欢迎的。中国自己的技术力量这时固然极为薄弱,但已经有若干懂得些科学知识和技术知识的知识分子,也已经有少数技术工人。可以说,这时对于中国资本主义的发生和发展是一个比较有利的时机。

但是这时,封建落后势力仍居于统治地位。发展新式企业的领导权落到了洋务派官僚手中。在他们的军事工业中通行的封建官场习气,全部照样地搬到了非军事的官办企业和官督商办企业中。这些企业,享有某些特权,例如招商局能够承包漕粮的运输,纺织厂在运销中能够减免内地税和厘金。虽然如此,许多企业还是由于经营不善而亏折倒闭。有些企业虽然赚钱,但也很少把利润用于扩大再生产。无论亏本还是赢利,承办的官员们都从中发了大财。

官督商办企业,虽然吸收私人股金,但完全由官方主持,认股的商人对于企业的管理没有任何发言权,一切权力都由官方指派的总办、帮办等人掌握。在企业开办时拨给的官款,是规定要分年收回的。招商局就是这个办法,官方的资金由漕粮的运费分年抵还,"所有盈亏,全

---

① 《李文忠公奏稿》第77卷,第38页。

归商认,与官无涉。"①赚钱的时候,股东们多少还能得到点年终分红,但这种情形很少。亏折则全部落到股东的身上。因此,官督商办的名声越来越坏。又有改为官商合办的,这就是官商各出股份,共负盈亏,但是实际上,管理权仍然完全属于官方。例如张之洞办的湖北纺纱局,开始由官商各出资三十万两合办,管理人员则全由张之洞委派。这是个赚钱的企业,投资的商人要求参与管理,张之洞强迫商人退股,把这企业收归官办。

官办和官督商办的民用企业虽然规模还不大,却企图利用官势来造成垄断的局面。最明显的例证是上海织布局。在它筹建时,李鸿章呈请朝廷批准,"该局用机器织布,事属创举,自应酌定十年以内只准华商附股搭办,不准另行设局。"②张之洞在广东想办织布局,就向李鸿章询问说:"上海布局经尊处奏准十年内不准另行设局,是否专指上海而言?"③李鸿章含糊答复说:"粤设官局,距沪较远,似无妨。"④到了上海的厂子烧掉,李鸿章重建华盛纺织总厂时,他想把当时上海、宁波、镇江等处的已有的官办和民办的纺织厂以至张之洞在湖北设的厂都统一在他这个"总厂"下面,订立了一个"纱机四十万锭子,布机五千张"的计划,并且奏请:"应请饬下总理各国事务衙门立案,合中国各口综计,无论官办商办,即以现办纱机四十万锭子,布机五千张为额,十年之内,不准续添,俾免壅滞。"⑤

显然,这种垄断只是针对纯粹私营的企业。封建官僚对外国资本无可奈何,却总是想阻止民族资本的自由发展。清朝曾明令禁止纺织机器进口,也就是只有官方才有权向外国购买纺织机器。纯粹私营的工商业不但逃不了苛重的官税,而且还难免遭到层层官衙的勒索。所

① 《李文忠公奏稿》第 20 卷,第 33 页。
② 《李文忠公奏稿》第 43 卷,第 44 页。
③ 《张文襄公全集》第 131 卷,《电牍》十,第 16 页。
④ 《李文忠公电稿》第 10 卷,第 39 页。
⑤ 《李文忠公奏稿》第 78 卷,第 1 页。

以商人办的小规模的机器工业虽已出现,但很难发展起来。

封建官僚们办起了原来封建社会中没有的现代机器工业,这不可能不促进社会经济的变化。他们的原意是想因此而能维持和加强封建主义的统治,不但加强对内的镇压力量,而且对外也不至于只能在外国侵略势力面前步步退让。但是他们所办的企业大多失败了。他们的失败证明,现代的新的生产力是不可能在封建主义外壳中发展起来的,是同封建主义的生产关系及其上层建筑不相容的。洋务派官僚的控制对于中国资本主义的自由发展起了严重的阻碍作用。但是既然引进了现代的机器工业而又要原封不动地保持封建主义的旧中国是不可能的。和洋务派官僚的原意相反,他们兴办工业,对于中国资本主义的发展,又不可能不起刺激和推动的作用。

以下,略述几个洋务派官僚办的企业的情形,这虽然还算是办得比较有成效的几个企业,但可以使我们看到,封建官僚的腐朽统治是办不好现代企业的。

一、轮船招商局

招商局在同治十一年(1872 年)成立后发展得非常艰难,这除了由于英商太古公司、怡和公司的竞争和排挤以外,它本身的腐败性也是重要原因。光绪六年(1880 年)有人说:"查该局开办之始,道员朱其昂(此人是李鸿章任用的人——引者)等领官款,集商股,购第一船名伊敦,船大而旧;第二船名福星,舱通而小,均即沉溺。余船合用者少,致连年皆有漂没,而购买价值反较洋行新造之头等好船尤贵。用人之滥,糜费之巨,殊骇听闻。其后亏折殆尽"①。李鸿章又改派盛宣怀、唐廷枢、徐润等人办招商局。盛是久在李鸿章手下的干员,以后成为晚清著名的买办官僚之一。唐是英国怡和洋行的买办,徐也是个买办;这二人都捐有道员的官衔,因盛的介绍而为李鸿章所重用。他们续领官款,添

---

① 《国子监祭酒王先谦奏》。《洋务运动资料》第六册,第 38 页。

招商股,光绪三年(1877年)收买了美国旗昌洋行所有的轮船、码头、栈房。这桩买卖中是有不可告人的黑幕的。旗昌洋行的轮船及其他设备已经陈旧,不足以与英国人的轮船公司竞争,因此决定全部出卖。盛宣怀等人先乘旗昌洋行股票跌价的时候,利用局款为自己买了不少旗昌的股票,然后再经他们的手由招商局高价买下那些美国人的破烂东西,他们还从中取得巨额的佣金。这种黑幕虽经揭发,但在李鸿章的保护伞下(可以想见,李本人也得到了好处),他们的地位毫无动摇。招商局在买了美国人的船后,虽然船只多了,但是经常还是每月亏损五六万元。李鸿章因为人言沸腾,曾不得不派人调查招商局的情形。调查报告中说:"用人之弊,失之太滥。各局船栈,人浮于事,视太、怡行(指英商的太古、怡和)不啻三倍,而得用者无多。甚至首领要缺,委之庖代,……皆不在其事,但挂名分肥而已。""每年结帐又徒务虚名,纷然划抵,究难取信。患在公私混乱,挪欠自如"等等①。

英商的怡和、太古二公司在长江航运中用降低货运价格的办法来压迫招商局,使招商局更难维持。至于远洋航运,在光绪六年(1880年)前招商局的轮船曾试航日本、菲律宾、新加坡和美国,但是竞争不过外国轮船公司,不能继续下去。光绪十年(1884年)中法战争时,盛宣怀竟把招商局全部产业押卖给美国的旗昌洋行,第二年赎回后,又向英国汇丰银行抵借了三十万镑。到了光绪二十年(1894年)的中日战争以至后来光绪二十六年(1900年)的义和团运动时,盛宣怀多次玩弄把招商局向外国公司卖出买进的这种把戏。

二、上海机器织布局

李鸿章在光绪四年(1878年)派人开始筹办上海机器织布局。光绪六年的《招商集股章程》中说:"此事由中堂(指李鸿章——引者)委

① 马良:《改革招商局建议》。《洋务运动资料》第六册,第125、126页。

任。事虽由官发端,一切实由商办。官场浮华习气,一概芟除,方能持
久"①。必须做这样的声明,可见得官办的名声很臭。但织布局仍是同
招商局一样的官僚机构。虽然收齐了商股,向英国洋行订购了机器,又
聘请了美国工程师,还选定了厂址,"但以任事人任意挥霍,局事未成,
而用途已至四万余两,且又有买空卖空等弊,以致延搁八年,毫无成
就。"②到了光绪十四年(1888年)另换官员重新开办。已交的商股每
一百两只算七十两,要认股的人追加三十两,才给以新股票一百两。光
绪十六年工厂建成投产后三年,遭到火灾。盛宣怀这个为李鸿章宠信
的人受命结束旧厂,重建新厂。盛宣怀提出的办法是把旧厂剩余的资
产分摊给商股,发给新厂股票,其数目只有原股金数的二成。官方对旧
厂的投资则由新厂以后"每出纱一包捐银一两,陆续归缴"。这样,官
方一点也不吃亏,而认股的商人,"十年以来一无利息"③。他们所付出
的每一百三十两银子,变成了一纸二十两的股票。

三、汉阳铁厂

汉阳铁厂是张之洞办的。张之洞(1837—1909)是同治二年(1863
年)的翰林,光绪七年(1881年)任山西巡抚,十年(1884年)调两广总
督。他在光绪十五年(1889年)打算在广东设立炼铁炼钢的工厂,并委
托驻英国公使刘瑞芬购办机器设备。由于张之洞调任湖广总督,这个
拟办的工厂也就跟着他到了湖北。光绪十六年四月,他设立铁政局于
武昌,并且确定厂址设在汉阳。当年十一月开始建厂,花了三年多的时
间建成。全厂包括大小十个分厂,有炼铁的高炉两座,炼钢的酸性转炉
两座、平炉一座,还有轧制铁轨的设备等等。光绪二十年(1894年)五
月高炉开始出铁。据张之洞说,这个厂的生产能力全部发挥出来,每年

---

① 《洋务运动资料》第七册,第469页。
② 徐蔚南:《上海织布局的始末》。载《上海研究资料续集》,中华书局1937年版,
第306页。
③ 《洋务运动资料》第七册,第492页。

可出精钢、熟铁三万吨。不过事实上从来没有达到这样的产量。

张之洞在开始筹办这个厂时说："华民所需外洋之物必应悉行仿造，虽不尽断来源，亦可渐开风气。洋布、洋米而外，洋铁最为大宗。在我多出一分之货，即少漏一分之财，积之日久，强弱之势必有转移于无形者。是以虽当竭蹶之时，亦不得不勉力筹办"①。他开始时曾设想，"洋铁针及一切通用钢铁料件，如各种农具、锚、缆、钉、链、铁线、铁管、各种螺丝，用处行销最多，拟兼造"②。他还不知道，只有炼铁炼钢设备是不可能造出这一切钢铁器物的。在他移任湖广总督时，清朝当局准备修筑卢汉铁路（卢沟桥到汉口），他办的钢铁厂就以铸造铁轨为主。

在对冶炼工业毫无经验，也缺乏知识的情况下，张之洞办铁厂，不免有不少舛误。他还不知道什么地方有煤矿，什么地方有铁矿，就贸然决定在广东建立钢铁厂。幸而他调任到湖北，厂子设在汉阳，在不远的大冶找到了铁矿，条件比广州好多了。他向英国定购炼钢炉，人家告诉他，要先化验铁砂，才能决定用什么样的炼钢炉，他答复说："中国之大，何处无煤铁佳矿，但照英国所有者购办一份可也。"③结果，买来的三座炼钢炉中的两座酸性转炉，不适合于后来汉阳铁厂所用的含磷较多的大冶铁矿，影响了所产钢轨的质量。汉阳铁厂开工时，铁矿来源虽然有了，炼焦煤却尚无着落，仍在到处寻找。在湖北境内找到了两处可用的煤，但储量很少，又没有机器开采。由于煤供应不上，生产时常陷于停顿，以至只好高价购买北方开平煤矿的煤和外国进口的焦煤。这是汉阳铁工厂失败的一个原因，虽然还不是主要的原因。

应该承认，当时办这样一个厂是很有魄力的壮举。工厂快要建成时，张之洞说："地球东半面凡属亚洲界内，中国之外，自日本以及南洋各国各岛，暨五印度皆无铁厂。……中国创成此举，便可收回利权。各

① 《张文襄公全集·奏议》第27卷，第3页。
② 《张文襄公全集·电牍》第11卷，第18—19页。
③ 转引自吴杰编：《中国近代国民经济史》，人民出版社1958年版，第375页。

省局、厂、商民所需,即已甚广",而且他认为产品还可外销日本,因此,"此后钢铁炼成,不患行销不旺"①。事实上,这个工厂确是当时东方的一个最大的钢铁厂。日本八幡制铁所到1901年才开始投产,晚于汉阳铁厂七年。

封建主义的统治使这个壮举迅速遭到失败。张之洞开始时的想法是先用官款把厂子办起来,然后招集商股,归还官本,实行官督商办。但是这时这种办法已经行不通,所以只好继续使用官款。由于张之洞在朝廷中得到了主持海军衙门(这是中法战争后新设立的衙门)的醇亲王奕譞的支持,所以他能得到巨额拨款,一共花了五百六十多万两银子。可是生产和销售的情形远不如张之洞预想的那样美妙。虽然重金聘用了外国技师,但产品质量并不高。由于上述燃料供应困难和其他原因,产量也不如预计那样多。卢汉铁路还没有开工,而且李鸿章表示:"造路专任洋匠,彼以华厂试造,不若洋厂精熟可靠",所以不能买汉阳出的铁轨②。由于找不到销路,张之洞甚至把自产的钢铁请上海的洋行试销,当然只能遭到抵制。光绪二十一年(1895年)八月间,上谕责备张之洞说:"铁政局经营数年,未见明效"③。这时中日战争已经结束,战争的失败似乎更证明这个大钢铁厂只是个赔钱的包袱,毫无用处。

就在光绪二十一年下半年,即在汉阳铁工厂开工后一年,张之洞决定把"铁厂一切经费包与洋人",他派人多方探询英、德、比各国大工厂,是否愿来"估价"、"包办"④。湖南巡抚陈宝箴为此致电张之洞说,办铁厂本来为了少用外国的钢铁,现在"忽与外人共之",岂不和本意"大不符合"⑤?

---

① 《张文襄公全集·奏议》第33卷,第7、8页。
② 《覆鄂督张香帅》,见《李文忠公全集·电稿》第40卷,第24页。
③ 孙毓棠编:《中国近代工业史资料》第一辑下册,中华书局1962年版,第809页。
④ 同上书,第818—819页。
⑤ 同上书,第820页。

　　由于怕成为在官场中被攻击的口实,张之洞放弃了出售工厂给外国的主意。这时,在洋务运动中神通广大的盛宣怀出场了。此人亦官亦商,同外国商人和上海的买办商人有很多联系。光绪二十二年(1896年),张之洞把汉阳铁厂连同大冶铁矿交给盛宣怀接办。盛宣怀名义上是招募商股一百万两,实际上是靠挪用招商局、电报局(盛又是这两个局的总办)的款项并向外国银行借款来维持这个企业。从此这个企业差不多成了盛宣怀的私产①。他以官僚制度来办这个企业,其腐败与招商局相同。盛宣怀及其亲属都发了财,而这企业则为日本、德国和比利时等国资本所侵入,成为他们争夺的对象。

(四)后膛枪和铁甲船

　　在太平天国战争末期,李鸿章已经形成了一套唯武器论。以满洲贵族奕䜣、文祥等为首的总理衙门非常赞同这种唯武器论。他们曾把李鸿章的主张归结为这样几句话:"查治国之道,在乎自强,而审时度势,则自强以练兵为要,练兵又以制器为先"②。

　　从六十年代初年起,办洋务的官僚们在"自强"的口号下,买洋枪洋炮,请外国人练兵,提倡办军火工业和与军事工业直接有关的采矿、冶炼工业。他们从事可以赚钱的轮船运输业和轻工业,也还是为了充实军饷,增加搞军事的本钱。就连提倡学外国语文,提倡某些"西学",派人出洋留学也是围绕着军事的中心。由于曾国藩和李鸿章的创议,同治十一年(1872年)起派了几批幼童赴美留学,但多数都未学成即撤回。光绪二年(1876年)李鸿章派了几个武弁到德国学习水陆军械技艺,同年福建船政大臣也开始派学生出洋学习海军和造船。这是向欧

① 汉阳铁厂、大冶铁矿,后来又加上江西的萍乡煤矿,合组为汉冶萍公司。萍乡煤矿多年来用民间土法开采,光绪二十四年,盛宣怀占买了这个矿,改用机器开采。
② 《同治夷务》第25卷,第1页。

美派遣留学生的开端。曾国藩、李鸿章为发起派留学生致总理衙门的信中说:"舆图、算法、步天、测海、造船、制器等事,无一不与用兵相表里。"①超过这个范围的"西学"是他们所不愿意提倡的。

这些封建官僚认为他们之所以只能向外国侵略者屈服,是因为武器不如对方的原故,而他们之所以能把太平天国及其他人民起义镇压下去,是因为从外国人那里得到洋枪洋炮的原故。因此他们要使洋枪洋炮成为官方垄断的秘密武器。总理衙门说:"此项精秘之器……仍禁民间学习,以免别滋流弊"。又说:"如令洋弁教练,总宜拨给旗兵或绿营正身兵丁,断不可令招募之勇学其兵法,以免后患"②,外国人肯把枪炮卖给中国封建统治者,愿意教会他们使用,甚至传授制造的"秘诀",这是洋务官僚们认为万幸的事。他们以为学到了这套本事,就至少可以同外国人平起平坐了。

但是事实上,清朝政府不但继续在西方列强的军事讹诈面前屈服,而且还在七十年代初,被东方近邻新出现的一个侵略国家所吓倒。日本在 1868 年开始明治维新,迅速地走上了资本主义道路,并且在西方列强的支持下表现了对中国的侵略野心。同治十三年(1874 年)日本派兵三千人,在一些美国军官的协助下,突然在台湾南部的琅峤(今恒春半岛)登陆。这一袭击使清朝从中央到沿海各省全都张皇失措,恐慌万状。他们不敢武力抵抗,害怕引起战争,便只能接受英、美、法等国站在袒护日本立场上的"调停",送给日本五十万两的"赔偿"以换取日本退兵。由于当时日本还被视为一个落后的小国,因此,这一可耻的妥协使清朝统治者也不能不说,喊叫了十年"自强",其实毫无实效。总理衙门在这一年提出六条"紧急机宜",以期达到"自强有实而外侮潜消"的目的,就是为了表示接受这一次为日本侵略行动所吓倒的教训。

这里应该说一下,正是在六十年代,西方资本主义国家,随着工业

---

① 《李文忠公译署函稿》第 1 卷,第 20 页。
② 《同治夷务》第 25 卷,第 3 页;第 30 卷,第 10 页。

的发展,战争的武器有了很大的改进。恩格斯在 1860 年著的《步枪史》中指出,当时普通使用的虽然是前装枪,但适于战士使用的后装枪,已经出现,恩格斯说:"看来这种枪一定会逐渐代替所有其他类型的枪"①。不久后,普鲁士首先用后装线膛枪来装备了全体步兵,而在 1870 年的普法战争中,双方军队使用的都是后装线膛枪。这点恩格斯在 1878 年著《反杜林论》中曾加以论述。恩格斯在同一书中还说到海上武器的变化,他说:"仅仅在最近二十年中就有了一个完全不同的更加彻底的变革"②。1853—1856 年克里木战争时,军舰还是靠帆力航行而以蒸气机作辅助作用的木质舰船,"到这次战争快结束时,出现了浮动的装甲炮台"。"不久以后,军舰也装上了铁甲",装甲的厚度从至多四英寸逐步发展到十、十二、十四和二十四英寸厚。"现在的军舰是一种巨大的装甲的螺旋推进式蒸汽舰,有八千到九千吨的排水量,有六千到八千匹马力,有旋转的炮塔,四门以至六门重炮,有装在舰首吃水线以下的突出的冲角来冲撞敌人的舰船。这种军舰是一部庞大的机器。……"③恩格斯指出,武器的这种变化是和经济发展情况有关的。他说:"没有什么东西比陆军和海军更依赖于经济前提。装备、编成、编制、战术和战略,首先依赖于当时的生产水平和交通状况"④。

中国的一些封建官僚看到了西方的武器的改进,但丝毫也不懂得这种改进与社会生产和经济发展的关系。李鸿章在同治二年(1863年)说,"中国但有开花大炮、轮船两样,西人即可敛手"⑤。可是现在总算已经有了大炮、轮船,为什么外国人还敢于来欺负,而且竟然挑唆日本这个区区"小国"来挑衅呢?李鸿章作为熟悉洋务情况的唯武器论者认为,这是因为中国还不懂得使用后膛枪(即后装线膛枪),还没有铁甲兵船的原故。光绪九年(1883 年)李鸿章向总理衙门说:"同治

---

① 《马克思恩格斯全集》第 15 卷,人民出版社 1963 年版,第 239 页。
② 《马克思恩格斯选集》第 3 卷,人民出版社 1972 年版,第 211 页。
③④　同上书,第 211—212、206 页。
⑤ 《李文忠公朋僚函稿》第 3 卷,第 19 页。

初年我军在苏沪与洋人合力剿贼,其时洋人与我军所用者皆系前门枪炮,尚无后膛名目。……西方军实,日新月异,各国尽改用后膛新式枪炮,操练精熟,中国若为弗知也者,殊可愧叹。"①他自夸他的部队是最先购置后膛新式枪炮的。所以他在同治十三年(1874 年)响应总理衙门的六条"紧急机宜"说:"各省抽练之兵……用洋枪者已少,用后门枪及炸炮者更少。"他认为这样的军队"以剿内寇尚属可用,以御外侮实未敢信"。所以他主张"现有陆军认真选汰,一律改为洋枪炮队","沿海防营并换用后门进子枪"②。淮军系统的湖北提督郭松林在光绪五年(1879 年)奏请所有军队"一律改换后门洋枪,用西人之法以练其纪律。……"③当时的各地机器局虽然能够造成一些枪,但后膛新式枪却只能向外国买。光绪十三年(1887 年)新任四川总督刘秉璋奏报说:"臣查上海、天津、金陵三厂为中国机器局之大观,然皆未铸后膛洋枪,而川省机器局竟公然铸之。臣于去年冬间初到川时,诧为神异,心窃喜之",但他说:经过实际操习,原来花了很大本钱造出来的这些枪全不合用,"以更贵之价,铸无用之枪,殊不合算",因此他决定停办这个机器局,而以省下来的钱向"上海地亚士洋行购定后膛毛瑟枪一千五百杆"以及其他枪支弹药④。虽然清朝的中央和地方政府没有财力做到普遍使用后门枪炮,但这种主张显然使上海的洋行和德国的克虏伯、英国的阿姆士特龙等军火工厂做了一笔笔大宗的买卖。

至于装甲的大兵舰,自己更是造不出来,只能花钱去买。当时不少洋务家们认为同治十三年之所以对日本委曲将就,根本原因就在于铁甲船上。文祥说:"夫日本东洋一小国耳,新习西洋兵法,仅购铁甲船二只,竟敢借端发难;而沈葆桢及沿海疆臣等,佥以铁甲船尚未购妥,不

---

① 《李文忠公译署函稿》第 15 卷,第 23 页。
② 《李文忠公奏稿》第 24 卷,第 13、14 页。
③ 《洋务运动资料》第三册,第 514 页。
④ 《洋务运动资料》第四册,第 359、360 页。

便与之决裂。是此次之迁就了事,实以制备未齐之故"①。总理衙门也说:"伏查上年日本兵扰台湾,正恃铁甲船为自雄之具,彼时各疆臣防务未集,骤难用兵,均以彼有此船,中国无此船为可虑之尤。"②属于李鸿章系统的福建巡抚丁日昌更说:"查铁甲船为目前第一破敌利器,泰西各国皆视铁甲船之多寡以为强弱。即如日本蕞尔小国,尚且罄其全力购成铁甲船数号以壮国势。……故大学士文祥亦曾请购办铁甲船以为自强根本,此论均属切中目前事机"③。他还说"彼族(指西方各国——引者)所恃以纵横海上者,铁甲船、蚊子船及水雷、后门枪炮而已"④。但是据说"铁甲船每只价银二百余万两及百万以外"⑤。所以,总理衙门虽在光绪元年(1875 年)已主张先买一两只试用,却在几年内未能做到。

作为直隶总督兼北洋大臣的李鸿章从光绪元年到六年(1875 年到1880 年)先后委托总税务司赫德向英国的阿姆士特龙兵工厂买了十艘小型的兵舰,即所谓蚊子船和碰快船,花了近二百万两银子。在他提议下,广东、山东等省也纷纷购置蚊子船。但李鸿章认为这些还是不够的,"欲求自强,仍非破除成见,定购铁甲不可"⑤。这时清朝当局得到消息,说是英国新买下两艘德国制成的"八角台铁甲船",可以转售,其价"合中国银两核计约二百余万两之谱"。李鸿章认为虽然筹款困难,但是决不可错过这个机会。他说:"若机会一失,中国永无购铁甲之日,即永无自强之日"⑥。

在十九世纪的七八十年代,买办性的封建官僚们就是用唯武器论和单纯军事观点来空谈"抵御外侮",并用以掩盖他们的投降主义的。

由于某些原因,从英国转购德国所制的"八角台铁甲船"没有成为

---

① 《同治夷务》第 98 卷,第 41 页。
②③ 《洋务运动资料》第二册,第 337、369 页。
④⑤ 同上书,第 415、337 页。
⑤ 《李文忠公奏稿》第 35 卷,第 28 页。
⑥ 《李文忠公奏稿》第 36 卷,第 4 页。

事实,但是在总理衙门的支持下,李鸿章终于经过驻德公使李凤苞向德国的伏尔舰厂订购了两艘较大的有六千匹马力的铁甲船("定远""镇远")和一艘有二千八百匹马力的钢甲船("济远")。这三艘军舰造好后在光绪十一年(1885 年)驶抵中国。这三只船和一切所属设备以及送船来华的一应费用,超过四百万两银子。

李鸿章得到这三艘船的时候,已经是在中法战争(光绪十年,1884年)之后。算是接受中法战争的教训,光绪十一年上谕说:"惩前毖后,自以大治水师为主"①。这时设立了海军衙门,以醇亲王奕谭总理海军事务,并且决定首先加强在李鸿章主持下的北洋水师。继定远、镇远、济远三舰后,李鸿章又先后从德国、英国买进了若干艘船只,并建设了军港、船坞等设备。李鸿章的海军,同他的陆军一样,用了许多外国人。例如在定远、镇远、济远三船上有德国人四十二人。北洋舰队的副统领是英国人琅威理,旅顺、大连和威海卫的军港和炮台也是由外国人,主要是琅威理和德国人汉纳根等人设计和监造的。当时,其他地方的名义上算是防御外国侵略的防务设施也总是靠外国人搞的,例如长江上的吴淞炮台、江阴炮台就是由英国人参加建筑和教习的。

李鸿章在自称他的海军建立成功以后,光绪十七年(1891 年),进行第一次大检阅,光绪二十年(1894 年)四月进行第二次大检阅(按规定,每三年检阅一次)。他自我吹嘘说:"……夜间合操水师全军,万炮并发,起止如一。英、法、俄、日本各国均以兵船来观,称为节制精严。"他认为海防已非常巩固,"此后京师东面临海,北至辽沈,南至青齐,二千余里间,一气联络,形势完固"②。

就在第二次大检阅的这一年七、八月间,中日战争爆发,在战争中李鸿章的北洋海军全军覆没,旅顺、大连、威海卫等要塞全部被敌军占领。

---

① 《洋务运动资料》第二册,第565页。
② 《李文忠公奏稿》第78卷,第14、17页。

清朝政府在海军方面动用了很大数量的经费,这大笔经费成了从皇室到各级有关官员贪污中饱的对象。为慈禧太后的游乐而建筑的颐和园,"自开工以来,每岁暂由海军经费内腾挪三十万两拨给工程处应用"①。不过这个数目其实只是海军经费中的一个很小的部分。在李凤苞最初受李鸿章委托购买兵舰时就有人指摘说:李凤苞"浮开价值,尽入私囊,闻其数目足敷十余营一年之饷。"②这种指摘是可信的,因为"采买西洋军火器械,有浮报价银两三倍者,并有浮报至四五倍者"③,这是官僚机构中的通常现象。在已经停止购置新舰时,北洋海防费支出每年仍达一百四五十万两,其中究竟有多少真正用在海防上是很难说的。

贪污不过是封建官僚机构必然具有的腐朽属性之一。以李鸿章为代表的军事力量,正是为了卫护这种封建官僚机构,为了卫护整个封建统治和这种封建统治的经济基础的。他们希望牢牢地维持原来的社会政治制度而只加上一点从外国买来的新式武器,就能达到他们所谓"自强"的目的,当然只能是个梦想。李鸿章的北洋海军,在其极盛时期,虽然好像是个很有力量的庞然大物,但这不过是半殖民地半封建性质的极其脆弱的畸形的怪物!

（五）洋务问题上的一种分歧

在洋务派官僚大肆购买洋枪、洋炮、轮船、兵舰,并开办各种工厂的时候,封建官僚内部有一派人提出了反对的主张。由于这派人坚持拒绝任何在封建社会中原来没有的新东西,可以称之为极端守旧派。

---

① 《光绪十七年二月总理海军事务奕劻等片》。见《洋务运动资料》第三册,第141页。

② 《国子监祭酒盛昱片》。同上书,第12页。

③ 刘锡鸿:《筹办海防划一章程十条折片》。见《洋务运动资料》第二册,第485页。

同治元年(1862年),总理衙门在北京创设同文馆,招收学生,学习英、法、俄文,所收学生只限于满族青年。到了同治五年(1866年),总理衙门又奏请说:"因思洋人制造机器、火器等件,以及行船、行军,无一不自天文、算学中来",所以要在同文馆内另设一馆"延聘西人"教习天文、算学。显然出于害怕洋人的本领传到民间去的用意,规定必须是"满汉举人及恩、拔、岁、副、优贡",并须"取具同乡京官印结",才能投考入学①。虽然有这些限制,但这个主张仍然遭到极端守旧派的强烈反对。

首先是监察御史张盛藻表示特别反对"专用正途科甲人员学习天文算术",他说:"朝廷命官必用科甲正途者,为其读孔孟之书,学尧舜之道,明体达用,规模宏远也,何必令其习为机巧,专明制造轮船、洋枪之理乎?"②接着,大学士倭仁也再三提出反对意见,他说:"今以诵习诗书者而奉夷为师……恐不为夷人所用者鲜矣。""立国之道当以礼义人心为本,未有专恃术数而能起衰振弱者。天文、算学只为末议,即不讲习,于国家大计亦无所损"③。倭仁是当时所谓理学的权威,又是大学士的身份,响应他的意见的一时颇不乏人。结果同文馆虽然按照总理衙门的原议办起来了,但是在倭仁等人造成的反对舆论的影响下,投考的人寥寥无几。

到了同治十三年(1874年),在总理衙门提出六条"紧急机宜",发交各省总督、巡抚筹议以后,由于李鸿章为首的实力派的倡导,办洋务已经成为官场中的时髦风气,许多人把买军火、购机器、办机器局当成升官发财的捷径。但是官僚集团中仍有不少人以极端守旧派的观点发出反对的呼声。

从上述倭仁、张盛藻的议论中,可以看到,极端守旧派是以"孔孟

---

① 《洋务运动资料》第二册,第22—23页。
② 同上书,第28—29页。
③ 同上书,第34、38页。

之道""尧舜之道"来反对洋务的。他们担心"洋学"盛行,封建传统的
思想体系将受到冲决,因此而动摇封建政治和封建经济体制。光绪元
年(1875年)通政使于凌辰的奏折说:"夫制洋器,造洋船,即不能不学
洋学","窃恐天下皆将谓国家以礼义廉耻为无用,以洋学为难能,而人
心因之解体。"①其实洋务派和极端守旧派并没有原则上的对立。曾国
藩、李鸿章、左宗棠、张之洞和其他办洋务的官僚都是封建传统思想的
卫道者,他们丝毫无意于学习资本主义的政治经济制度。李鸿章早在
同治三年(1864年)说:"中国文武制度,事事远出西人之上,独火器万
不能及。"②一个曾任浙江巡抚的内阁学士梅启照在光绪六年(1880
年)说:"泰西各国,一切政事皆无足取法,惟武备则极力讲求;武备亦
无足取法,唯船坚炮利四字则精益求精"③。此人是个主张买铁甲船,
热中于办洋务的角色。封建官僚中的洋务派和极端守旧派同样都是要
竭力维护封建主义的经济基础及其上层建筑,他们的分歧不过在于洋
务派认为必须给封建主义的统治机器加上一些洋式的利爪,以挽救它
的垂危的命运。洋务派的反动目的固然不能达到,极端守旧派以为拒
绝"洋器"和"洋学"就能维持封建主义于不坠,当然也只是反动的
空想。

极端守旧派对办洋务的讥讽,有些话是说得很尖锐而符合事实的。
例如刘锡鸿于光绪元年(1875年)致书李鸿章,申述洋务派的练兵、理
财、造船、制器均无实效,他说:"迩来帑藏竭于上,民财殚于下,惟各省
局卡官吏顿成豪富者甚多,则诸所作为无益实用可想。将来恃以御敌,
决必大误机宜,尔时图官得官,图利得利者多饱飏去矣。"④但他当然不
愿意承认,这是腐朽的封建政治下的必然现象。

极端守旧派认为洋务派是"用夷变夏"。他们当中有人骂李鸿章、

---

① 《洋务运动资料》第一册,第121页。
② 《同治夷务》第25卷,第9页。
③ 《洋务运动资料》第二册,第489页。
④ 《洋务运动资料》第一册,第273—274、277页。

丁日昌是"直欲不用夷变夏不止"①。又有人指斥李鸿章是"竭中国之国帑、民财而尽输之洋人"②。这种攻击,固然为许多顽固地企图一切照旧保持封建秩序的地主官僚赞赏,一切痛恨投降主义的人士听了也感到言之成理。但是投降主义并不是从修铁路、造轮船而来的,而是腐朽的封建主义的派生物。极端守旧派虽然用这点攻击洋务派,其实他们自己也是投降主义者。例如上面提到过的刘锡鸿,在他致李鸿章反对洋务的信中说:"今西夷远隔重洋,势不能跨越数万里并有华夏",所以他以为"西洋之事当以和为主","平日接待洋人亦宜以诚以信,袒怀相示"③。这个反对洋枪、洋炮、洋船的人竟不反对用洋税务司,甚至主张"仿税务司而推广之,各省似不妨增设洋务司正副两员,以洋人之有才而能习正音(意谓能说中国话——引者)者充当"。他以为,一切中外交涉,交给这些担任"洋务司"的外国人去处理,这样,"中国贵官"就不必亲自去接待洋人,以至失去体统④。他所要求的只是保留封建主义的"体统",当然不可能在实质上反对投降主义。

极端守旧派还抓住了洋务派的唯武器论这个弱点,例如刘锡鸿说:"军民之心皆涣,虽有轮船火器,畴则驾而用之?""士卒同仇,则制梃可挞坚甲利兵;士卒逃散,则干将莫邪亦成废铁,在人不在器也"⑤。这些话固然好像很有道理,但是他们想用这个道理来证明,中国不应该使用新式枪炮,在中国的土地上不应该出现铁路、轮船、机器、电报等新事物,当然是完全错误的,而且我们必须检查他们用什么东西来反对洋务派的唯武器论。

通政使于凌辰说:"官畏夷,民不畏夷,夷人敢与官争,不敢与民

---

① 《光绪元年通政使于凌辰奏折》。同上书,第 121 页。
② 《光绪元年大理寺少卿王家璧奏折》。同上书,第 135 页。
③ 《洋务运动资料》第一册,第 275—276、288 页。
④ 同上书,第 297—298 页。
⑤ 同上书,第 278、289 页。

抗,其畏我人心,更甚于我之畏彼利器"①。大理寺少卿王家璧说:"敌所畏者中国之民心,我所恃者亦在此民心"②。他们用"人心"和"民心"同洋务派所推崇的后膛枪和铁甲船对立起来,以为只要牢牢地保持"中国数千年礼义廉耻之维",就能得"人心"③,装成好像是由总结鸦片战争以来的经验而得出了重视人民的力量的结论。但是他们从维护反动的封建礼教的立场出发,决不可能正确地总结经验。所以他们的结论是"仁义忠信可遍令人习之,机巧军械万不可多令人习之也"④。他们从反动的立场出发推崇鸦片战争时的三元里的斗争,并赞扬当时的人民群众的反教会斗争。他们想用在萌芽状态中的中国人民反对资本主义外国侵略的斗争,来证明封建旧制度、旧思想似乎能够代表和动员人民的力量。官至四川按察使的方濬颐在所著《二知轩文存》(光绪四年刊)中大谈"民为邦本",并且用"三元里之战"等的经验来证明中国不需要"泰西机器"。他说:"彼之人(指资本主义外国——引者)无礼乐教化,无典章文物,而沾沾焉惟利是视,好勇斗狠,恃其心思技巧,以此为富强之计,而我内地奸民遂与之勾结煽惑,陈书当道,几几乎欲用夷变夏。夫岂知中国三千年以来,帝王代嬗,治乱循环,惟以德服人者始能混一区宇,奠安黎庶。……而所谓天锡勇智,表正万邦者,要不在区区器械机巧之末也。曰有本在。本何在? 在民。"⑤ 极端守旧派的这种议论充分表明封建传统思想所说的"民为邦本"一类口号的虚伪性和欺骗性。在中国封建制度濒于没落,中国社会面临巨大震荡和变化的时候,他们仍想把中国人民束缚在封建传统中,抗拒任何一点新的变化和进步。他们是用比洋务派更加落后的观点来反对洋务派。

---

① 《洋务运动资料》第一册,第 121 页。
② 同上书,第 134 页。
③ 同上书,第 121 页。
④ 同上书,第 290 页。
⑤ 同上书,第 455 页。

（六）洋务问题上的又一种分歧

在洋务问题上还有另一种分歧，这种分歧开始时虽然还没有表现为明显的对立，然而是很值得注意的。

光绪元年(1875 年)福建按察使郭嵩焘在《条议海防事宜》中说："窃谓造船、制器，当师洋人之所利以利民，其法在令沿海商人广开机器局。……近天津招商局(指李鸿章主办的轮船招商局——引者)亦略得此意，然其法在招致商人，而商人与官积不相信，多怀疑不敢应，固不如使商人自制之情得而理顺也"。又说："窃谓西洋立国有本有末，其本在朝廷政教，其末在商贾。造船、制器，相辅以益其强，又末中之一节也。故欲先通商贾之气以立循用西法之基，所谓其本未遑而姑务其末者。"①郭嵩焘也是个热心提倡洋务的官僚，在许多问题上同李鸿章是一致的，但他的这一番话却同李鸿章多少有点不同。他不认为"泰西各国，一切政事皆无足取法"，而以为它们富强的根本在于"朝廷政教"；只是因为现在还不能一下子从根本上学它，所以只好先从造船制器学起。他认为必须像西方那样"通商贾之气"，让商人自由地经营造船、制器等业，而不大赞成官督商办的招商局的那种做法。他还以为"竭中国之力，造一铁甲船及各兵船布置海口"，是谈不到"操中国之胜算而杜海外之觊觎"的②。

类似的看法还可以举一些例。中过举但没有做官的强汝询针对同治十三年总理衙门所提六条紧急机宜发表的意见中，虽然赞成选用新式武器等，但又认为"西洋之强岂专恃乎器哉？其官民甚和，其心志甚齐，其法制简而肃……"表示了对于资产阶级政治的羡慕。他认为官办的事业靠不住，"天下唯由官办者最不能久"③。光绪四年(1878 年)

---

① ② 《洋务运动资料》第一册，第 138、139、142、143 页。
③ 《求益斋文存》。《洋务运动资料》第一册，第 361、365 页。

监察御史李璠主张对付西方经济侵略的办法是"唯有以商敌商,鼓励沿海义民仿照外国凑集公司,前往贸易,收回利权"。他又说:"外国官与商合,商之势大,故日臻富强;中国官与商分,商之势单,故日趋贫弱。"①光绪五年(1879年)贵州候补道罗应旒也认为,"西人之法例有足采者,可参用焉",他主张鼓励富商投资办各种企业,"中国商民有能备火轮船一只驶于长江大洋,及以五十万金为本资贩丝茶于外洋者,并能于京师及各直省设火轮车及电线者,皆酌赏以官职。"②

这种主张实际上就是要求发展私人资本,要求(虽然是更加含糊和不明确地要求)学习西方的资本主义政治。这种主张的出现,是当时除了官僚资本以外,已有一部分地主和商人投资于新式企业的事实的反映。

在中国封建经济内部本来存在着的资本主义萌芽的因素,除了继续受着封建主义的严重束缚外,又在外国资本主义势力的侵入下遭到摧残。原有的工场手工业在艰难条件下挣扎,发展到机器工业的可能是很少的。拥有私人资金可以投资于新式企业的,只有官僚、地主、商人和买办商人。封建统治者长期间认为机器流传到民间是十分有害的事情,例如在光绪二十一年(1895年),北京附近的通州有个武举人李福明开办了一个每天能磨成细面二百担的机器磨坊,竟被御史参奏,以"私开机器磨坊"的罪名受到惩戒③。从七十年代初开始实行官督商办,企图在官僚机构的控制下集中私人的资金,实行垄断,其效果如何,前面已经说过了。光绪元年(1875年)有人指出:"自中外通商以来,江、浙、闽、广诸商,亦有置买轮船者,大抵皆附西商之藉,用西国之旗,虽经费甚大,利归西人,而诸商曾不以为悔者,其故何也?盖为华商则报税过关,每虞稽滞,掣肘必多,为洋商则任往各口无所拦阻,获利较

---

① 《求益斋文存》。《洋务运动资料》第一册,第166、167页。

② 同上书,第178、181页。

③ 《光绪朝东华录》第四册,总第3553页。

易也"①。事实上,除投靠外国轮船公司外,还有许多官僚、商人、地主的资金存到外国的银行和洋行中。在这种种情形下,直到九十年代初(即中日战争以前),私人资本经营的新式工业是为数很少的。其中多数在上海。从七十年代初到九十年代初,上海的私人资本经营的新式企业(即使用机器的企业),不过是轮船修理、缫丝、轧花、粮食加工(碾米、磨粉)、火柴制造、印刷出版(石印)等行业,企业的总数(包括存在不久就歇业的)大约在五十家左右。有的雇佣工人五六百人,在当时也就算规模不小了。除上海外,广州及其附近地区和沿海的福州、汕头、宁波、厦门、台湾等地也有若干这类企业出现。其中值得注意的是,早在同治十一年(1872年)有一个广东南海的举人陈启源(他曾到南洋经商)在他的家乡创设机器缫丝厂,以后继续有人仿行,到光绪七年(1881年),在南海、顺德一带有了十一家这样的厂,到光绪十八年(1892年)发展到五六十家,每家雇佣的工人自数十人、二三百人至七八百人不等。至于全国其他地区,只有重庆、汉口、镇江、杭州、太原存在极少数的这种私营的新式企业。投资设立这些企业的,多半本人就曾是官僚,至少是有功名的地主绅士,因而同当权的官僚有联系;有的本是外国洋行的买办,同外国资本有联系,与洋务派官僚有联系。

上述的郭嵩焘等人虽然提出了与洋务派的主导观点有所不同的主张,但他们不能自觉地同洋务派对立起来,就是因为他们的主张所代表的并不是真正的独立的民族资产阶级,而是这种刚开始企图使自己资产阶级化的地主、官僚。

这样,就在办洋务的问题上我们看到了两种分歧,也就是洋务派遇到了两种反对者,一种是站在极端守旧的封建主义立场上的反对者,一种可以说是带有资产阶级倾向的反对者。前一种分歧虽然曾表现为尖锐地互相攻击,但双方在保卫封建的政治、经济制度这一根本点上其实

---

① 薛福成:《应诏陈言》(这是代山东巡抚丁宝桢起草的)。《庸庵文编》第1卷,光绪年间刻本,第23页。

是一致的。因此到了下一时期,当面临着是否要在政治经济制度上按资本主义方向实行某种变革的问题的时候,封建官僚中的洋务派和极端守旧派就能够抛开他们之间的分歧而采取共同的行动。后一种分歧虽然开始时是并不明显的,却是带有本质意义的分歧。随着实际社会生活的发展,这一分歧势必要越来越扩大起来。

到了八十年代后期,逐渐出现了一些人,比较明白地以资产阶级观点来反对洋务派,例如光绪十二年(1886年)宋育仁著的《时务论》中说,对于西方国家,"不师其法,惟仿其器,竭天下之心思财力以从事海防洋务,未收富强之效,徒使国兴聚敛,而官私中饱,此不揣本而齐末,故欲益而反损"。另一方面,他又说:"拘于墟者闭明而塞聪,耳食而目论,以为一切宜报罢,不者以为天下映。问何以策此时,则乌猝嗟诼之于无策。"①前一段话是反对洋务派的做法,后一段话则是讥讽那种站在封建主义立场否定洋务的人。

提出这种议论的人,有的是地主阶级出身的比较年轻的知识分子,他们虽经过科举考试,有了功名,做过小官,但在不同程度上接受了"西学"的影响,或者还参与过工商业活动;有的是在上海、香港学过外国语,和外国人有较多接触,甚至充当过买办商人,并因此而为洋务派官僚所任用。他们认为,像洋务派那样学习西方是不够的,由封建官僚来办洋务也是不行的。他们开始用"变法"来做自己的旗帜,把自己同洋务派区别开来。他们的主张,最突出的有两点:

第一,他们认为,国家应当容许和保护私人资本主义的发展。郑观应在光绪六年(1880年)出版《易言》一书,主张开矿、办工厂等,但究竟是官办还是民办,还不明确;光绪十九年(1893年)他又出版了《盛世危言》一书,主张既要讲求武备,对付外国资本主义的"兵战",更要振兴民族工商业,同外国进行"商战"。他还说:"凡通商口岸,内省腹地,其应兴铁路、轮舟、开矿、种植、纺织、制造之处,一体准民间开设,无所

---

① 宋育仁:《时务论》,光绪年间的刻本,第1页。

禁止,或集股,或自办,悉听其便。令以商贾之道行之,绝不拘以官场体统"①。陈虬在光绪十八年(1892 年)所著《经世博议》说:"保险、信局、铁路、矿务、织布等局,官方所未及办者,可准华商包办,许其专利若干年。"②他们中有人明确地反对官督商办。汤震在光绪十六年(1890年)所著《危言》说:"西人言理财,从无以商合官者。今乃混官商而一之。官有权,商无权,势不至本集自商,利散于官不止"③。

第二,他们主张效法西方的资产阶级政治,设立"议会"。他们所设想的"议会",可以拿光绪十九年(1893 年)陈炽所著《庸书》中的说法来代表。他说:"各府州县则仿外洋议院之制,由百姓公举乡官,每乡二人,一正一副,其年必足三十岁,其产必及一千金。……每任二年,期满再举,邑中有大政疑狱则聚众咨之。"④他主张,从地方到中央逐级都实行这种"议院"制度,不必担心这样的制度会有害于"国家"。他说:"今通邑大都,多有绅商董事,有事秉公理处;争讼日稀,惟力薄权轻,无由上达耳。未闻绅董之害政,而疑于议院之抗官乎?"⑤这虽然可以说是资产阶级要求参与政治的呼声,但并不真是要以资产阶级制度来彻底反对封建主义制度,而不过是在原有的封建统治制度下,为"绅商董事",即企图使自己资产阶级化的地主、绅士、官僚,争取在政治和经济上的较多的权力。

这种变法主张虽然比较明确地反对封建主义的洋务派,但是因为它所反映的是从封建阶级中分化来的资产阶级的观点,所以只是一种软弱的改良主义。到了洋务派因在中日甲午战争的失败而声名狼藉之后,这种变法的主张日益成为有广泛影响的思潮。

---

① 郑观应:《盛世危言》第 3 卷,光绪二十一年刊本,第 8—9 页。《洋务运动资料》第一册,第 524 页。
② 陈虬:《经世博议》第 2 卷,光绪十九年瓯雅堂刊本,第 12 页。
③ 汤震:《危言》第 2 卷,光绪十六年刊本,第 16 页。
④ 陈炽:《庸书》内编卷上,光绪二十三年刊本,第 7 页。
⑤ 陈炽:《庸书》外编,下卷,第 1 页。

（七）中国无产阶级的诞生

毛泽东说："为了侵略的必要,帝国主义给中国造成了买办制度,造成了官僚资本。帝国主义的侵略刺激了中国的社会经济,使它发生了变化,造成了帝国主义的对立物——造成了中国的民族工业,造成了中国的民族资产阶级,而特别是造成了在帝国主义直接经营的企业中、在官僚资本的企业中、在民族资产阶级的企业中做工的中国的无产阶级。"①

近代中国的民族资产阶级是在十九世纪的七十、八十年代才开始与买办资本、官僚资本逐渐分离而形成。近代中国无产阶级则在此以前已经诞生了。毛泽东说："中国无产阶级的发生和发展,不但是伴随中国民族资产阶级的发生和发展而来,而且是伴随帝国主义在中国直接地经营企业而来。所以,中国无产阶级的很大一部分较之中国资产阶级的年龄和资格更老些,因而它的社会力量和社会基础也更广大些。"②

早在十九世纪四十年代、五十年代,随着外国资本主义势力侵入中国,已开始有一些穷苦劳动人民成为直接受外国资本奴役的雇佣劳动者,他们是外国轮船上的船员和香港及沿海通商口岸的船坞工人、码头工人以及其他很少数的工厂的工人。到了六十年代后,外国资本在中国设立的工厂渐渐多起来,再加上封建官僚举办军事工业和民用工业,初期的民族资本的工业也开始发生,无产阶级的数量随之而逐渐增多起来。在这里所说的三十年的末尾,即在光绪二十年(1894 年),据估计,中国近代产业工人的总数,已有近十万人。这时,在外国资本直接经营的企业中的工人共约三万四千人,在官办企业中的工人也和这数

---

① 《毛泽东选集》第 4 卷,人民出版社 1991 年版,第 1484—1485 页。
② 《毛泽东选集》第 2 卷,人民出版社 1991 年版,第 627 页。

目差不多(其中,军事工业的工人约一万人,矿山和冶炼工业、纺织工业的工人约二万四千人),在初期民族资产阶级的企业(包括工厂和矿山)中的工人则约二万七千人。这三项合计,共约九万五千人左右①。他们是中国第一代的产业工人。当时,属于无产阶级的还有海员、船员,码头运输工人,城市建筑工人,还有手工业的雇佣劳动者和商店店员,还有农村中的雇农以及其他的城乡无产者。他们的总数当然要比上述产业工人的数目大得多。但是产业工人(一部分船员也应该属于其中)是整个无产阶级队伍中的核心。他们的出现,标志着中国历史上从未有过的一个新的最革命的阶级的产生。

早期的中国产业工人,不仅是受着资本主义剥削的雇佣劳动者,而且直接身受外国资本——帝国主义的压迫和封建主义的压迫。外国资本家称中国工人为"苦力",以极低的工资,在极恶劣的工作条件下驱使中国工人从事劳动。担任"监工"的洋人实际上是手执皮鞭的奴隶主。外国资本家还利用封建的把头制来奴役中国工人。清朝政府的官办企业对于工人也实行超经济的残酷剥削,并直接使用暴力压迫和统治工人。例如官办的开平煤矿,李鸿章批准有权设立刑具,对工人判刑②。

第一代的中国产业工人用事实证明,中国劳动人民凭着勤劳和智慧,只要接触到新式的机器,就能够很快地学会掌握它。这一点,即使是抱着种族偏见的西方人也不能不承认。英国人的一家在中国办的刊物这样叙述江南制造局的工人说:"在早期,当这年轻的兵工厂主要从事制造小型军用品的时候,外国监工们看着那些中国工人工作的迅速和灵巧,十分敬佩和惊叹。这些工人比街头乞丐好不了很多,获得了一点使用机器的知识,但他们显然具有控制和使用机器工具的天

---

① 孙毓棠编《中国近代工业史资料》第一辑下册,有 1894 年近代工业中雇佣工人人数的估计(见该书第 1201 页)。这里是根据该书提供的材料作了某些调整,取其大数。

② 《开平矿务创办章程》。引自《中国近代工业史资料》第一辑下册,第 1243 页。

赋能力。"①那些办工业的洋务官僚们虽然总是以为离开了洋人就办不了事，而被聘用的外国技师也不愿尽心竭力地教中国工人，但事实上，中国工人经过一段时间的学习与实习就能独立地进行工作。福州船政局在光绪五年（1879 年）在没有洋匠的情况下制造了铁胁船，当时的督办船政大臣奏报说："洋匠撤后，华工……年来改制铁胁，造法虽殊，而工料之坚则与从前无异"，"所有铁胁、铁梁、铁牵、铁龙骨、斗鲸及所配轮机，均系华工按图仿造。"②官办的工厂之所以成效不好，不是由于工人们无能，而是由于封建官僚的腐朽的管理制度。

外国资本在中国办的企业，清朝官办的企业，以及初期民族资产阶级的企业，几乎都是设立在几个沿海、沿江的通商口岸，因此形成了初期的中国产业工人总数虽不大，但在地区上高度集中的状况。据估计，1894 年除矿工以外的全国产业工人总数中的百分之八十，集中在上海、汉口、广州、天津这四个城市，而上海就占了百分之四十七。又由于中国的近代机器工业一般不是从手工业作坊发展起来，而是由力量雄厚的外国资本和官僚资本创办的，所以又形成了中国产业工人一开始就集中在较大的企业中的情形。据估计，在 1894 年雇佣工人五百名以上的企业（包括工厂、矿山）约有四十个，他们所雇佣的工人占全国工人总数的百分之六十以上③。

在中国这样一个大国中，近十万的产业工人当然是很小的数目。但是由于他们学会使用机器，成为中国新的社会生产力的代表者，由于他们一开始就具有高度集中的特点，因而他们同极端分散的、从事手工操作的其他城乡劳动群众相比较，具有很大的先进性。他们中潜藏着的政治能量比他们在总人口中所占比例大得多。

八十年代，新生的中国的工人阶级开始写下了他们反剥削反压迫

---

① 1893 年 6 月 9 日《北华捷报》。转引自《中国近代工业史资料》第一辑下册，第1224 页。

② 《洋务运动资料》第五册，第 221、208 页。

③ 参见《中国近代工业史资料》第一辑下册，第 1203 页。

的斗争的纪录。例如在开平矿务局(它是个封建统治势力严格控制的企业),煤矿工人曾为要求提高工资而罢工,又曾为反对外国技师的欺压而进行斗争。在江南制造局,也曾发生工人反对延长工作时间的罢工斗争。香港工人阶级很早就有同外国侵略者斗争的突出表现,咸丰八年(1858年),香港的市政工人和运输工人二万多人举行罢工,他们中许多人回到广州,参加反对英法联军侵占广州城的斗争。光绪十年(1884年)的中法战争期间,香港工人阶级举行大规模的罢工,针对以香港作为其军事补给站的法国侵略者,进行了有力的斗争。

中国的第一代的工人阶级,如同在以后的年代里不断地增加到它的队伍里来的新的成分一样,多半是出身于破产的农民。毛泽东指出,中国无产阶级所具有的特出的优点之一就是他们"和广大的农民有一种天然的联系,便利于他们和农民结成亲密的联盟。"[1]

但是新生的无产阶级不是立即就能成为一个自觉的阶级的。早期的工人阶级不但带有小生产者出身的痕迹,而且还受着手工业行会和地方帮派这些封建组织的严重影响。行会和帮派的组织使工人群众的眼光限制在局部的暂时的利益上,不利于工人阶级的团结和他们的觉悟的提高。在这里所说的三十年间以及在这以后的二十多年间,新生的无产阶级还处于从自在的阶级逐步地进而为自觉的阶级的过程中。只是到了1919年以后,中国无产阶级才作为一个独立的阶级而走上革命的舞台,并在本阶级的政党——中国共产党的领导下成为中国人民的反帝反封建的民主革命的领导阶级。

---

[1] 《毛泽东选集》第2卷,人民出版社1991年版,第644页。

第 十 一 章

反对外国侵略的群众运动的兴起

（一）六十年代的反侵略群众斗争

在以太平天国为中心的全国性的革命高潮中，人民斗争的主要锋芒是针对国内封建地主阶级的统治。这以后，人民斗争的主要锋芒逐渐转向外国侵略者。在这里所说的三十年间，群众性的反对外国侵略的斗争，虽然还处于逐步兴起的过程中，但连绵不断地在全国各地发生。由于外国传教士作为侵略的先锋深入到中国广大内地，群众对外国侵略者的仇恨和斗争，大量地表现为反对外国传教士和外国教堂的行动。由此而引起的同外国的纠纷，当时被称为教案。

反对外国侵略者的斗争具有极为广泛的社会基础，比起反封建斗争，它能够把更多的社会阶级和阶层卷进来。但是在一个时期中，这种斗争还不能形成全国性的高潮。人民中占最大数量的农民，经历了反动势力的严重镇压以后，要恢复元气，重新组织起来，不是很快就能做到的。又由于外国侵略者的势力伸入全国各地有先有后，群众的反抗斗争的发展在各地区是不平衡的。所以这种斗争分散在各地，此起彼落。

在农民阶级还不能重新形成有力的斗争组织的时候,许多地方的地主阶级及其知识分子参加到反侵略的人民斗争中来,甚至成为这种斗争的鼓吹者和发动者。他们企图利用下层人民的力量来抵御外国侵略者对他们的统治地位的损害。但是腐朽没落的地主阶级不可能坚持反对外国侵略者的立场。大地主阶级当权派已经确立了对外国侵略者妥协投降的方针,各个地方的地主阶级至多也只能在一个短时间内表现出反对外国侵略者的激烈姿态。他们力求使反对外国侵略势力的斗争具有维护封建主义的经济基础及其上层建筑的性质。他们的参加,在思想上、行动上对群众运动起了败坏的作用。他们总是把斗争引起的牺牲和损失推给下层群众而自己迅速地退出斗争。

在最早同外国侵略者相接触的沿海地区,地主阶级退出反侵略斗争也最早。这里可以拿同治五年(1866年)前几年间英国人要求进入潮州城的纠纷为例。

第二次鸦片战争中,清政府承认广东的潮州为新开放的商埠之一。英国虽然立即派出领事驻在汕头,但是在咸丰十一年(1861年),英领事在清朝官方保护下进入潮州城时,"突有数百千人,抛掷瓦砾,蜂拥鼓噪,势不可遏。该领事即时退出"①。这以后,英国坚持要求清朝官方负责造成让英国人安全进城的局面。英国人赫德在同治四年(1865年)写的《局外旁观论》中把这一点当做清政府是否遵守条约的一个重要问题,并且进行威胁说:"潮州进城之事,经五年之久,文书来往,至今领事未曾进城,而事愈久愈难,……若再不办,必致生事"②。

潮州进城问题虽然同第一次鸦片战争后的广州进城问题(见第四章第一节)性质类似,但解决的过程颇不相同。清朝官方和当地的多数地主绅士并不像在广州进城纠纷中那样比较坚持地利用下层群众的

---

① 《同治夷务》第37卷,第20页。
② 《同治夷务》第40卷,第20页。

力量来使外国人放弃进城的要求。

为了满足英国人的要求,同治四年(1865年),两广总督瑞麟和广东巡抚郭嵩焘派专员到潮州城"会集同城文武,邀约绅耆,面为剖析,并出示遍贴晓谕,俾知此次洋人入城,系钦奉谕旨,遵守条约,万无中止之理"。但是英领事这次进潮州城,仍然遭到群众的抗议。"入城之先二日,潮民又复沿街遍张揭帖,肆意阻挠",进城后"百姓因之大张揭帖,商贾均至罢市",所以英领事只在官衙内住了三天,仍被护送出城,出城时"百姓沿街拥塞,抛丢石块"。英领事向两广总督表示很不满意,并且认为在潮州百姓的这种行动背后,有一部分地方绅士在"挑唆摆布"①。这个问题立即由英公使在北京向总理衙门交涉。总理衙门的答复是:"此事广东地方官,实属尽心竭力办事,领事官须加体谅。其哄闹之人,恐系发逆奸细,或本地匪人乘机煽惑,借以生事。"②两广总督和广东巡抚也再三说明,地方绅士并没有存心反对洋人进城,官绅间是合作得很好的。他们说:"其倡议阻止洋人入城,事隔多年,起自何人,无凭查究。而愚民浮动之气,一发而不可遏,反复开导,持之愈坚。"③

朝廷把李鸿章手下擅长办洋务的官员丁日昌(他是潮州人)派到广东去,帮同地方官办理此事。为了完成让英国人进潮州城的任务,丁日昌同广东地方官一起做了许多准备工作。他们通过潮州的绅士们制造舆论,"由绅士刷印公启,挨户遍分,使之晓然于逞忿开衅之不祥,违旨恣行之非法"。又通过绅士们维持地方治安和控制群众,在潮州城内设立了十三个"局","每局雇勇一百名,各派绅董约束,如一隅有事,即惟该局之绅董是问。"还把"平日造言生事之詹大吉等六名,借他故次第弋获,使喜事之徒,有所儆惧。"经过这样的周密的准备后,英领事

---

① 《同治夷务》第37卷,第21—24页。
② 同上书,第41页。
③ 《同治夷务》第38卷,第19页。

及其随员在同治五年（1866年）五月安然无事地进了城，地方官绅和他们酬酢交欢，八十多岁的绅士邱步琼等特别去拜会英领事，使"该领事尤为欢欣鼓舞，谓官绅真能款我以礼矣。"官绅们还同意英国人在城内"设立公馆，常相往来。"①

潮州进城问题的"解决"，可以说明，沿海地区，特别是通商口岸的地主阶级，得风气之先，已经追随卖国投降的清朝政府，放弃对外国侵略者的反抗，连温和的反对派也不当了。

与此同时，在较晚接触到外国侵略势力的内地，地主阶级及其知识分子，其中包括地方上有权势的豪绅直到地方官员，往往在当地开始兴起的反对外国侵略者的运动中充当带头人或幕后策动者。

早在咸丰十一年（1861年），湖南已有地主绅士刊行反对天主教的书籍，散发攻击天主教的檄文。江西的绅士立即加以翻印，"刷印数万张遍贴省内外通衢"②。这时法国的传教士正拿着总理衙门给的执照来到湖南、江西活动。同治元年（1862年）二月，南昌发生了群众捣毁教堂的事件。发动和参加这次行动的主要是在省城应考的生童们，他们大都是地主富农的子弟。受省城的影响，南昌东南的进贤县也发生了类似事件。同时，在湖南的湘潭、衡阳等县，外国人设的教堂，相继被群众烧毁或拆毁，其情节也大致类似。例如在湘潭，据湖南巡抚说是"倡首滋事之人，查系阖郡生童，乘考聚集，一时乌合。"③这些事件发生后，法国公使在北京向总理衙门交涉，借端进行勒索。江西、湖南省当局为此而处分了一些县官，给法国人赔了银子，并划给了建造教堂的土地或代为重修被毁的教堂。两省官方都表示无法捉拿到为首闹事的人。这几次斗争，如果不是由当地有权势的绅士策动，也是他们所支持的。

---

① 《同治夷务》第43卷，第18—19页。
② 江上蹇叟（夏燮）：《中西纪事》第21卷，第5页。
③ 《同治夷务》第16卷，第20页。

　　偏僻的贵州省,在这时发生的教案甚至还是地方官员所促成的。贵州提督田兴恕、巡抚何冠英曾向全省官员发出公函,号召驱逐外来传教的人:"不必直说系天主教,竟以外来匪人目之,不得容留。倘能借故处之以法,尤为妥善。"①田兴恕是个年轻的军官,他在咸丰十一年指挥地主武装烧毁青岩的天主堂,杀死四个信教的中国人。到了同治元年,开州知州戴鹿芝,利用当地地主武装和外国教堂间的纠纷,杀死了一个法国传教士和五个中国教徒。这些案件涉及拥有兵权的地方大员。法国人起先坚持要把田兴恕处死,清朝政府感到十分为难。在同法国人反复进行讨价还价后,清朝政府除了要地方上付出巨额赔款外,把田兴恕撤职,充军到边地,才算了事。

　　以上所说湖南、江西、贵州的几次教案发生的时间还是在太平天国战争结束前。这以后,从同治四年(1865年)到八年(1869年)这几年间,在这几个省份和其他若干沿海和内地的省份的许多地方,层出不穷地涌现带有群众性的反外国教会的斗争。四川东部的几个县的斗争尤其激烈,并具有代表性。

　　法国人在重庆设立了川东主教,他所派出的传教士在川东各地进行活动,引起了群众的强烈反感。在这些地方,豪绅地主势力向来很大,"团防"(即地主武装)是官方所依靠的一个重要力量。在酆都、彭水、酉阳各地几乎连年不断地发生以团防武力为主体的反对洋教的斗争。同治四年(1865年)和七年(1868年)有两个法国传教士在酉阳先后被杀,教堂被毁。法国人认为这些事件都是在地方官员纵容下地方绅士主使造成的,要求严办。为了解决同治四年的事件,酉阳的豪绅抓了一个叫冉老五的人作为替罪羊,处以死刑,并且筹款八万两银子赔给法国人。这些赔款当然要分摊到一般居民头上,所以清朝官方说:"治罪之外,又令不滋事之人,代滋事之人摊赔银两巨万,以致众心愤怒不

---

　　① 《同治夷务》第6卷,第44页。

平，"就又继续酿成新的"仇杀巨案"①。同治七年的事件发生后，法国公使进一步胁迫清朝政府，认为必须严惩地方官和地方绅士，甚至要求处分四川总督。清朝政府特派当时任湖广总督的李鸿章入川处理此案，并处理接着发生的贵州遵义的教案。同治八年（1869 年）五月"遵义县城鸣锣聚众，将新城老城封闭，经堂学堂医馆尽行打毁"，也有一个法国传教士死于此役②。这次遵义的反教运动的主力也同样是地方豪绅领导的团防力量。

由于法国主要利用天主教向中国各地，包括比较偏僻的内地，发展其势力，所以绝大部分的教案都与法国有关。法国侵略者经常宣称，教案的发生是由于清朝政府无力约束地方的官绅，所以他们要自己来处理。例如同治五年（1866 年）法国公使向总理衙门照会说："照得南方有数省之官员及各该处绅士富豪通同一气，欺凌陷害传教士及习教人，本大臣不得不派本国兵船到各处所，俾该处官员及劣绅富豪悉按和约，保护教务。……凡法国兵船到处，必须该处官员及绅士富豪，至少每日供给兵船费用一千两。"③到了同治八年（1869 年）正在李鸿章奉派入川处理川、黔教案时，法国公使罗淑亚出京，到天津带同兵船到上海，并进入长江，到南京、安庆、九江。一路上清朝地方当局对法公使奉命唯谨，按照他提出的要求，付出一笔笔银子来了结当时在安徽、江西各地发生的教案。最后，法国公使到了武昌，声称还要入川。湖广总督李鸿章连忙从四川赶回武昌，向法公使报告他对酉阳教案的处理情形。李鸿章本来在川时已经把一个据说是杀外国教士的凶手砍了脑袋，并和法国人讲妥赔银一万八千两，但法国公使认为不够。结果李鸿章承认赔银数增为三万两，并且接受法公使的要求，把被认为是酉阳反教会行动的后台的一个豪绅迁移到别的地方去，这样才算把酉阳教案了结。

---

① 《同治夷务》第 64 卷，第 35 页。
② 《同治夷务》第 68 卷，第 2 页。
③ 《同治夷务》第 42 卷，第 56—57 页。

至于贵州遵义的教案,最后是以赔银七万两结案。

这些年发生的教案有些是涉及英国的。例如同治七年(1868 年)三月台湾的台南的英国人设的教堂被群众捣毁,同年七月江苏的扬州也发生针对英国人的教会的暴动。有个英国传教士为了在中国内地发展教会势力创办了个"中华内地会",扬州是中华内地会最初设立传教站的十一个城市中的一个。这次教案发生时正值府考。事先,全城贴出告白,称英国教士们为"耶稣教强盗"。参与行动的群众不下万人。英国人认为这次群众暴动是地方绅士和生童们煽动起来的①。两次事件发生后,英国人曾出动兵船到台湾和南京进行威胁,达到了勒索"赔款"和处分地方官员的目的。

这几年间的教案,使我们看到,在各地地主阶级及其知识分子,包括豪绅和某些地方官员的支配下,反对外国侵略的群众运动是不可能健康地发展起来的。

那些地方上的封建官绅之所以仇恨外国侵略势力,是为了维护本来由他们所独占的统治权力。同治五年江西巡抚刘坤一说:"行教者(指外国传教士)每纵教民以干预公事,挟侮长官,甚至地方匪类,假冒招摇,而各教士辄出把持,使各州县不得行其法。"②这是说出了地方官绅痛恨教会势力的根本原因。刘坤一还从维护封建主义的上层建筑立场出发,认为外国人传教比通商害处更大。他的看法是"通商不过耗我之物产精华,行教则足变我之人心风俗"③。同治元年刊印的一本反天主教的小书中说:"天主教不许供君亲牌位,不许祀祖先父母,真率天下而无君父者也。"④在反封建的农民革命尚在进行和余波未平的情势下,封建官绅引导群众反对外国教会,就其主观意图说,是包含着诱使群众离开反封建斗争而把锋芒转向外部的用意的。

---

①　马士:《中华帝国对外关系史》第 2 卷,第 249 页。

②③　《同治夷务》第 41 卷,第 43、44 页。

④　《辟邪纪实》卷上,同治元年刻本,第 10 页。

　　封建官绅当然不可能正确地揭发外国教会及其传教士作为外国资本帝国主义者的侵略先锋所起的罪恶作用。由于仅仅用维护封建的"人心风俗"不足以鼓动群众,他们还造作了种种奇谈怪论,例如说外国传教士有什么迷惑人心,使人忘记父母的"迷药"之类。这些编造的故事虽然在当时条件下很能起煽动群众的作用,但显然妨碍群众得到正确的认识,并把群众的行动引入歧途。

　　外国传教士能够吸引到的信徒,在各地方居民中总是占少数。教会除了从思想上蛊惑他们以外,还以他们的实际利益的保护人自居。信教的群众中有不少是为了逃避封建势力的无穷压榨,例如入教后有权拒绝地方绅士以迎神、赛会、修庙等名义摊派款项的负担,这种权利得到教堂的保护,并为清朝政府所正式承认。其实,人们在逃避了这方面的压榨后,又陷入了教堂的种种剥削。还有些流氓无赖投入外国教会倚仗洋人势力为非作歹。当地的官绅痛恨这一部分人托庇于洋人而摆脱自己的统治网,就竭力挑起不信教的人对他们的憎恨、敌意和仇杀。在清朝的官方文书中也习惯地使用"民教仇杀","教民、团民仇杀"之类的用语,实际上是把信教的人当成了"化外之民"。在反教的地方官绅的煽动下,不分皂白地迫害所谓"教民",只是更把他们驱逐到洋人的保护伞下面去。

　　地方官绅既然只是从这样的立场出发反对洋教,所以在他们感到外国侵略势力反不了的时候,在他们看到容忍教堂势力并不会在根本上危害封建经济基础及其上层建筑的时候,他们当然不会再同曾接受他们煽动的群众一起继续斗争下去。

　　同治元年十二月(1863年初),江西巡抚沈葆桢上报说:"街谈巷议,咸谓官藉外国,威逼小民,人情汹汹"①。他派员到民间私访,据报,私访者遇到的不知姓名的人说:"官府绅士总是依他(指洋人——引者),做官的止图一日无事,骗一日俸薪,到了紧急时候,他就走了,几

―――――――――
　　① 《同治夷务》第12卷,第27、33页。

时顾百姓的身家性命？绅士也多与官差不多，他有家当的也会搬去，受罪的都是百姓，与他何干。我们如今都不要他管，我们止做我们自己的事。"①这个议论可以代表当时已经看出不可能依靠官绅来反对外国侵略者的下层群众的愤慨情绪。但是人民群众要完全摆脱封建地主阶级的坏影响，正确地展开反对外国侵略者的斗争，还需要经历相当长时期的实践和学习的过程。

（二）洋务派对教案的态度和天津教案

前文（第十章第四节）曾说到，在封建官僚中洋务派和反对洋务的极端守旧派虽然在要不要引进洋枪、洋炮、机器工业等问题上有分歧，但是他们同样都是封建主义的维护者。从这个立场出发，极端守旧派固然对洋教的传播痛心疾首，洋务派也认为洋教是极其有害的。例如，洋务派的巨头李鸿章在同治六年（1867 年）说："自天主教弛禁以来，各省多毁堂阻教之案，足见民心士气之尚可恃，而邪教不能以惑众也。最可虑者，教士专于引诱无赖穷民，贫者利其资，弱者利其势，犯法者利其逋逃，往往怂恿教主与地方官相抗。因习教而纵奸徒，固为地方之隐患；因传教而召党类，尤藏异日之祸根。"②这种议论和守旧派是大体一致的。

但是，从洋务派的有些议论中，却可以看出，他们对教案的态度一开始就同极端守旧派有所不同。极端守旧派一般都认为，因为国家没有办法制止外国人的传教活动和其他侵略活动，唯一可行的办法就是纵容和利用群众的力量。满洲贵族醇郡王奕𫍽在同治八年（1869 年）发表的议论可以代表，他主张："设法激励乡绅，激励众民，贤者示以皇恩，愚者动以财货，焚其教堂，掳其洋货，杀其洋商，沉其货船。夷酋向

---

① 《同治夷务》第 12 卷，第 27、33 页。
② 《同治夷务》第 55 卷，第 16 页。

王大臣控告,则以查办为词以缓之,日久则以大吏不便尽治一省之民为词以绝之。……若谓该酋以利诱民,使无斗志,亦可明告百姓,凡抢劫洋货,任其自分,官不过问"①。他以为这就是"收民心以固根本"的办法,其实是卑怯地企图利用群众力量来反对他们所痛恨的洋人。洋务派则认为这种办法是很危险的,行不通的。主持总理衙门的恭亲王奕䜣的议论同他的弟兄奕譞不同,他说:"传教一事,实无良法箝制。……若再过事迁就,教士教民,必将更事鸱张。且恐民间积恐已深,万一以诛杀教民为名,势必至衔恨之人群起而应。彼时事变既成,臣等无术羁縻,必至决裂。尤可虑者,民心既已煽动,后患不可胜言。"②他们既害怕反教的活动招致外国侵略者的"决裂",又担心"民心"煽动起来后引起的"后患"。他们认为断不能同外国侵略者闹翻,所以虽然口头说,不能对外国人"过事迁就",实际上每次处理教案都是完全顺从外国人的意志,而宁可镇压群众。他们处理教案的办法常常遭到极端守旧派的攻击。但是极端守旧派并不真是相信人民群众的力量,并不真是敢于和能够动员人民群众的力量来反对外国侵略者,这是我们已经说过的了。那个愚蠢的贵族醇郡王不过是以为可以用"财货"来煽动群众,把群众推到反洋人的第一线上去,并以为"王大臣"们可以用封建官场中习用的推卸责任和拖延的办法来对付洋人。他们被洋务派讥为"不识时务"。

同治九年(1870年)爆发的天津教案,引起了洋务派和极端守旧派的激烈争论,但是从此洋务派的方针明确地成为官方处理这一类事件的主导方针。在极端守旧派思想指导下煽动群众反洋教斗争的各地官绅也就渐渐地偃旗息鼓了。

天津教案的发生,和地方绅士也有若干关系。事前,"乡绅集会孔

① 《同治夷务》第64卷,第13页。
② 《同治夷务》第14卷,第29页。

庙中,书院停课"①;社会上纷纷传说教会的种种罪行。五月二十三日,有群众几千人聚集在法国人办的教堂前面。法国领事丰大业认为官方没有认真弹压,自己带了枪到教堂前,向当时正在处理此事的天津知县刘杰开枪,并打伤了刘的仆人,更激起群众的义愤。群众当场把他打死。跟着,群众放火烧掉了教堂和其他多处外国人的房屋,在纷乱中被杀的有二十个外国人(其中大部分是法国人,有三个俄国人)和若干中国教徒。丰大业无理开枪,显然是造成这一事件的主因。事件发生后,不但天津人心浮动,社会秩序混乱,而且影响到京畿附近以至外省各地。清朝当局和驻华的各国人员都感到十分震动。除了法国公使借端向清政府提出威胁外,英、美、俄、意等国也联合提出抗议,并出动军舰进行示威。

从事件发生后总理衙门的文件中可以看到,这些办洋务的大员们担心的是什么。第一,他们怕各地群众效尤,"为谣言所惑,群起与洋人教民为难"。根据总理衙门的请求,朝廷立即下谕,"着各直省督抚,严饬所属地方官,务须剀切晓谕,妥为弹压,并将各处通商传教地方,随时保护,毋任愚民借端滋事"②。第二,他们怕法国人"遽行决裂","因此用兵",其他各国也配合行动,"协以谋我"。其实,当时法国在拿破仑第三统治下,国内局势十分不稳定。在天津教案发生后只有一个月,普法战争就开始了,法军迅速被打败,拿破仑第三在色当之役中全军覆没。所以法国并没有能力来在远东采取什么行动。对于国外局势,清朝官员丝毫不了解,反而把法国在华公使的踌躇不决的为难情况看成是一种凶兆。总理衙门说:"查该使臣遇各省细故,皆暴躁异常,此次反若不甚着急,似伊已有定谋,恐成不测。"③朝廷根据总理衙门的建议,特派驻天津的三口通商大臣崇厚充任出使法国的钦差大臣,去赔礼

---

①　王文杰:《中国近世史上的教案》,1947 年版,第 76 页。

②　《同治夷务》第 72 卷,第 29 页。

③　同上书,第 30 页。

道歉。至于天津教案本身,则派令直隶总督曾国藩立即由保定前往天津处理。

天津教案可说是曾国藩一生所办的最后一件大事。在办完天津教案后,他被调任两江总督,在同治十一年(1872 年)就死了。他用了三个月的时间处理天津教案。当时任江苏巡抚的丁日昌又被派到天津协助。他们都认为,如果不向外国人交出足够数量的人头,是解决不了由这次教案引起的危机的。但因为是群众一拥而起的行动,很难找到证据确凿的"正凶"。曾国藩、丁日昌在八月下旬向朝廷报告说:"自七月下旬设局发审,严立限期,昼夜追求,直至中秋节前,仅得应正法者七八人。"他们说,"若拘守常例,实属窒碍难行,有不能不变通办理者"①,也就是说,定罪不一定要有充分的证据,这样总算把"可以正法"的人数增加到十五名。二十天后,又把处死刑的人增加了五个,此外还有一批判处充军和徒刑的人。被官方捕拿、追逼供状的受害的人,为数更多。曾国藩等报告说:"先后两次,共得正法之犯二十人,军徒各犯二十五人,办理不为不重,不惟足对法国,亦堪遍告友邦。"②此外,总理衙门在北京按照法公使开的数目给了四十六万两银子的赔款,对俄国人也给了三万两银子,数目之大也超过以往历次教案。

在办案过程中,曾国藩说:"天主教本系劝人为善。……彼以仁慈为名而反受残酷之谤,宜洋人之忿忿不平也。"他认为教堂在中国并没有干什么坏事,唯一可疑的是社会上有些"迷拐人口"的罪犯可能同教堂有关,所以他说:"挖眼剖心决非事实,迷拐人口实难保其必无。"③他不追究外国教堂的活动在侵略中国中所起的作用,不查问为什么外国教堂会引起群众的仇恨,为什么种种有关教堂的流言会到处流播,却把教堂说成是蒙了不白之冤,应当为之"昭雪"。他把"迷拐人口"说成是

---

① 《同治夷务》第 76 卷,第 28、29 页。
② 《同治夷务》第 77 卷,第 18 页。
③ 《曾文正公奏稿》第 35 卷,第 10、12 页。

教堂唯一可疑的事,正是掩盖了外国侵略者以传教的名义所干的全部真正罪行。

事后,曾国藩谈到这次教案的处理时说:"外惭清议,内疚神明,为一生憾事。"但是他的"内疚"并不是因为对人民滥施重刑。他说:"在中国戕官毙命,尚当按名拟抵,况伤害外国多命,几开边衅,刁风尤不可长。"又说:"此案因愚民一旦愤激,致成大变。"①要这些"愚民""刁民"交出脑袋,在他看来是合情合理的。使他感到遗憾的只是天津知州和知县这两个官员受到牵连。他本来并不想定地方官的罪,只是因为法国公使坚持要知州、知县抵命,他才被迫上报朝廷把这两个官员下狱,以致这两个官员遭到流放的处分。曾国藩向朝廷说:"微臣之所深自负疚者此也。"②

受了极端守旧派的议论的影响,朝廷在六月底曾下令说:"此后如洋人仍有要挟恫喝之语,曾国藩务当力持正论,据理驳斥,庶可以折敌焰而张国维",并表示要在各地作军事戒备。曾国藩立即回奏说:"中国目前之力,断难遽启兵端,惟有委曲求全之一法",并且说:"皇上登极以来,外国盛强如故,惟赖守定和议,绝无改更,用能中外相安,十年无事,此已事之成效。……以后仍当坚持一心,曲全邻好,惟万不得已而设备,乃取以善全和局。"曾国藩的这个奏文结语说:"臣此次以无备之故,办理过柔,寸心抱疚,而区区愚虑,不敢不略陈所见。"③会读官场文牍的人当然看得出来,他的这些话,好像是自责,其实是说,他的"办案过柔",是有理由的,由于中国没有力量抗御外国侵略,所以只能委曲求全,只能采取对外柔顺的态度。

协助曾国藩处理天津教案的丁日昌刚一到天津就非常鲜明地表明他的方针。他说:"大约如此大案,总须缉获四五十人,分别斩绞军

---

① 《曾文正公奏稿》第35卷,第11、13页。
② 《同治夷务》第76卷,第40页。
③ 《曾文正公奏稿》第35卷,第13、14页。

流"。又说:"彼英、俄等国,此时但恐中国官吏,无弹压百姓之威权,致异日彼族蹈聚歼之覆辙,是以汲汲然聚而合谋于我"①。因此,他认为,封建统治者为求保存自己,就必须表现出他们还具有弹压百姓的充分权威。丁日昌的这种态度也就是曾国藩的态度。

曾国藩这个农民革命的最凶恶的敌人,这个标榜"自强"的洋务派的头子,的确是外国侵略者认为满意的工具。

封建官僚中反对办洋务的极端守旧派,在天津教案发生后进行了一阵鼓噪。例如内阁中书李如松说,天津的人民群众是因为保卫官员而杀掉洋人,"民知卫官而不知畏夷,知效忠于国家而不知自恤其罪戾";他还以为可以"乘此机会,尽毁在京夷馆,尽戮在京夷酋"②。他们不敢直接反对曾国藩,便以丁日昌为攻击对象。例如太常寺少卿王家璧在奏折中说他在江南就被人称为"丁鬼奴";其"抑民奉外,罗织株连,以求快洋人之意,自可想见"③。当时发表这种议论的主要人物是皇族中的醇郡王奕譞,他非常愤慨地表示反对天津教案的处理办法。极端守旧派斥责洋务派在天津教案上丧权辱国,抑民奉外,一时形成了使洋务派官僚们抬不起头来的舆论。但是极端守旧派官僚以为腐朽的封建统治势力能够把人民群众动员起来站在自己这一边,一举而把洋人势力赶走,这种议论,洋务派官僚也有理由认为只是非常糊涂的空谈罢了。丁日昌说:"局外之议论不谅局中之艰难,然一倡百和,亦足荧听闻而挠大计。卒之事势决裂,国家受无穷之累,而局外不与其祸,反得力持清议之名。"④他所讥讽的"清议"就是指极端守旧派的议论。事实上,这些极端守旧派官员也只能揎拳捋袖,空喊一阵,而让一切涉及洋人的事务由善于迎合洋人意志的洋务派官僚去处理。

以慈禧太后为首的清朝统治者,一方面按洋务派的方针镇压群众

① 《同治夷务》第75卷,第7页。
② 《同治夷务》第73卷,第17页。
③ 《同治夷务》第78卷,第17页。
④ 《同治夷务》第74卷,第19页。

的反侵略运动,向外国侵略者表示自己还是值得他们来加以支持的政府,一方面又让极端守旧派发表些应当"爱护民力"的"清议",以求在人民群众中造成这个皇朝是能够同人民群众一起去反对外国侵略者的幻想。封建统治者为维持自己的生存而同时施用这两手,的确是既恶毒而又狡猾的。

(三)从七十年代到九十年代
初年的反侵略群众斗争

天津教案重刑镇压的先例虽然使地主阶级在反教斗争中退缩,却不能阻止下层群众的斗争的继续。随着外国传教士到处横行霸道,在这以后十几年间,发生教案的地区比过去更广得多。

像在天津教案以前贵州的田兴恕那样公然煽动反对外国教会的地方官员,这时已经没有了。各地大小官员,对外国传教士和任何外国人保护唯恐不周,对他们的欲求不敢有一点违逆。各地的有声望的上层绅士一般地也都退出了反洋教的斗争,只敢在私下里吐露他们对"洋鬼子"、"洋教"、"吃洋教的人"的愤懑。下层群众激于义愤自发地进行反对外国侵略者的斗争,总是遭到官方的镇压。在个别地方,仍然有些地主阶级分子利用这种群众斗争浑水摸鱼,谋求自己的利益。例如光绪二年(1876年)四川邻水和江北厅的反洋教斗争是这几年中规模比较大的,当地的"团首"(即地主武装的头头)在斗争中向群众发号施令。但他们当然不会把斗争引导到同官方的镇压坚决对立的方向上去。

光绪初年发生在福建省北部山区的延平县(今南平县)的教案,可以说明在反侵略斗争的发展中,下层群众和地主绅士们的分裂。光绪元年、二年(1875、1876年)延平群众两次捣毁美国教堂。地方绅士支持这个行动,联甲总局绅董发出公启,指斥教会"蛊惑人心,败坏风俗,大为地方之害"。商人也参加斗争,各铺户遍插"齐心联甲,驱逐番夷"

的旗帜①。可见在这里的反洋教斗争曾经包罗上下各阶级和阶层。到了光绪五年(1879年)美国传教士以开设书店为名,重建"福音堂",进行传教活动,引起群众的反对。美国传教士开枪打伤了一个中国人。愤怒的群众捣毁福音堂。在地方官的保护下,美国传教士才得逃脱。闽浙总督立刻应美国领事的要求派员前往"查办"、"惩凶"。曾经表示反对洋教的联甲总局的绅董们这时退缩不敢再有所动作。街头贴出了些新的告白,其中说:"当今洋鬼子,诡计多端,存心叵测。殚我民财,鸦片恣其流毒;谋我土地,租买恃其钱财。起洋楼于海口,隐占要关;设教堂于冲途,显招牙爪。无非欺我冲主,谋我中国。正臣子痛心疾首,仇同不共戴天者也。"告白又针对官员们和绅士们说:"若听鬼子一面之词,倒行逆施,则是鬼子私他贿他,特谋此差而来,纵然回去讨好,得了高官,何颜对人,与宋代秦桧无异也。木偶乡绅,平日常与地方官说话,不知大义,一味巴结。官说是则应是,非则应非,皆洋人驱使。"②这个告白显然出于参加下层群众斗争的小知识分子的手笔。从告白中可以看到,下层群众已把反对洋教的意义提高到反对外国侵略的水平,并且看出官绅实际上站在外国侵略者一边。但是告白的作者仍以忠于朝廷的臣民自居,为受洋人欺负的"冲主"(年轻的皇帝)鸣不平。其实官绅对洋人的态度就是朝廷的态度,群众对巴结洋人的官绅的敌意不可能不进一步发展。所以光绪五年翰林院侍读王先谦表示担心:"始则愚民不知(不知道朝廷对洋人的态度——引者),仅怨官府;今知之,而骎骎乎怨及朝廷矣。"③

　　群众斗争的火焰燃烧得更加炽烈起来,是在光绪十年(1884年)的中法战争以后。如果说,在天津教案以前的几年间,内地的上层地主阶级常常担当反对洋教斗争的吹鼓手和策动者,那么,过了十多年后,在

　　① 《清季教案史料》第一册,故宫博物院1937年版,第74页。
　　② 《清季教案史料》第二册,第159页。
　　③ 《洋务运动资料》第一册,第191页。

许多地方这种斗争的主角则是民间的秘密结社——哥老会（天地会）。各地方的地主阶级和他们所掌握的武装力量已经完全站在运动的对立方面了。

在以重庆为中心的四川东部地区,群众的反对外国教会的斗争,从六十年代的酉阳教案以后,几乎逐年不断发生。光绪十二年（1886年）五六月间,法国人和美国人、英国人在重庆所建的教堂和其他设施几乎全部被打毁。打教堂之风立即传播到了铜梁、南川、大足、綦江等地。其中大足县龙水镇的法国教堂在光绪十二年、十四年、十六年三次被打毁。法国教士彭若瑟在龙水镇大量占买土地,仅在龙西二村这一个村子里,他所占买的水田即达一千二百亩之多。许多在中国内地的教堂占有大量耕地,实际上成为封建庄园主,使信教的中国人既在精神上受奴役,又成为被剥削的佃户,龙水镇的情形就是这样的一个例子。在光绪十六年（1890年）六月间,龙水镇教堂被打毁时,县里的官兵进行弹压,并要捉拿被认为是主犯的一个小地主蒋赞臣。以蒋赞臣的朋友余栋臣为首,就在这时发动了武装暴动。余栋臣别号余蛮子,出身于只有少量土地、不得不当挖煤苦力的家庭,他是当地哥老会的头头。在他领导下的基本队伍是"煤窑纸厂工人一百多人",其实都是贫苦农民。他们曾占领龙水镇。次年三四月间,他们被川东道派兵击溃。这次起义在川东各地下层群众中引起了强烈的反响。道、县官员向上报告说:"现在县属绅团,非但不与匪勾连,并且均愿随同官兵径往攻捕。"可见当时的"绅团"（地主武装）是完全站在官兵一方面的①。

在长江下游的广泛地区内,光绪十七年（1891年）掀起了群众斗争的新浪潮。开始是四月间,芜湖贫民聚众万余,焚毁教堂。这事件迅速影响到安徽、江苏二省沿江一带,并进而波及江西、湖北的若干地方。以江苏的情形来说,当时的两江总督刘坤一上报说:"本年四月间,安

---

① 关于余栋臣的起义材料,见《近代史资料》1955年第四期和1958年第一期,《关于余栋臣与四川农民反帝运动的资料》。

徽芜湖教堂被匪造谣焚毁后,江苏之丹阳、金匮(在今无锡县境——引者)、无锡、阳湖(在今武进县境)、江阴、如皋各属教堂接踵被毁。虽滋事情形轻重不一,要皆由于匪徒潜窜,捏造无根之言,煽惑愚民,聚众滋闹","此外各属亦复谣言四起,并有张贴揭帖情事。"他还说:"此等造谣滋事之匪,极为诡秘,行踪飘忽,缉捕较难。"不久,官方在芜湖杀了两个被认为是"预谋滋闹焚抢"的犯人。刘坤一说,他对这两个人"按照惩办会匪章程,批饬立予就地正法,传首江宁、镇江、上海等处示众"。所谓会匪,就是指哥老会。第二年,刘坤一又上报,在江苏各地抓了好些哥老会的人,其中有人承认"商谋毁抢教堂"。刘坤一认为沿江一带的教案就是由哥老会发动的①。当时的北京朝廷和外国人也都把哥老会看做是这些教案的祸首。上谕说:"江苏、安徽、湖北、江西等省,屡有焚毁教堂之事,半由会匪从中主谋"②。美国公使田贝在1891年五月向他国内报告说:"这几年来,几乎在长江各通商口岸都有骚乱发生。……据说,秘密的会社是这些骚乱的根本原因。该项会社以长江流域为最多,他们都是反对外国人的,他们同时也是中国官吏所最恐惧的对象。"③

　　光绪十七年(1891年)冬天,又在长城以外的热河东部朝阳、平泉、赤峰一带发生了一次较大规模的武装起义,起义者也以消灭洋人传播的天主教为号召,同时还号召反对欺压人民的清朝官员和蒙古王公。直隶省的东北部和奉天省的西南部都受到影响,发生群众的骚动。清朝政府调动热河、奉天、直隶的军队实行残酷的镇压,被屠杀的起义群众达两万余人。这次起义的骨干是在理会,它是哥老会到了北方演变成的一种秘密结社。

　　天地会、哥老会、在理会这一类民间秘密会党,是清朝官方严格禁

---

　　①　上引刘坤一语,散见《刘坤一遗集》第二册,中华书局1959年版,第698、704、727页。

　　②　《光绪朝东华录》第三册,总第2914页。

　　③　《美国外交档案》。转引自卿汝楫著《美国侵华史》第2卷,第600页。

止的非法组织。由于他们采取宗教迷信的形式,统治阶级称之为"邪教"。在光绪十七年以后不久,一个地主阶级分子写文章讨论教案问题,提出了"兴正教、安异教、除邪教"这样三条纲领性的主张①。他所说的"正教"是指"圣人孔子之教","异教"主要就是指天主教、耶稣教,而所谓"邪教"就是指秘密会党。但这里说的当然并不是什么宗教问题。这个纲领表明,地主阶级认为他们的孔孟之道是可以和代表外国侵略势力的天主教、耶稣教和平共处,相"安"无事的,而为了"安异教",就必须"除邪教",铲除下层群众的反对外国教会的斗争力量。这文章说:"自教案之起,上下江教匪声应气求,势皆联络。今日虽得其主名,擒戮殆尽,然哥老会匪特其一党耳。此外伏患于无形者尚不乏人"。"今之邪匪与天主耶稣为仇,勾连盘结,仍然肆妄,一旦变起,诚有不可卒制者也。非严刑峻罚剪除党类不可"。这一类言论最鲜明不过地表明,地主阶级中不少人已不同下层群众的暴乱行动相牵连,他们退出反对外国侵略势力的群众斗争,并且力求镇压这种斗争。

在八十年代后期出现的资产阶级改良主义者,对于反对外国侵略势力的群众运动从不表示同情,而站在与之对立的立场上。他们不从本质上看问题,只看到地主阶级参与这种运动而使这种运动染上的落后性,便加以反对;以为群众的"暴乱"行为只能引起外国人的干涉而造成祸端。他们虽然在一些问题上同洋务派官僚比较明显地区别开来,但在另一些问题上则和洋务派官僚划不清界限,在有关教案的问题上就是如此。例如,汤震和陈炽(在第十章第六节谈到这时期的资产阶级改良主义者时已提到过他们)在他们所著的书中,都把教案的发生说成只是由于外国教会吸收的教徒多半是"顽钝无耻之徒"的原故,他们以为只要采取官方掌握"教民"的清册之类的办法就可解决问

---

① 叶瀚:《整顿中国教务策》。见《增订教案汇编》第 4 卷,光绪二十八年刊本,第6—7 页。

题①。这些初期的资产阶级改良主义者把反对外国教会的群众看成"愚民",更把会党看成是"作乱犯上"的"暴民"。他们的先天不足、后天失调的软弱的资产阶级立场,使他们只能和封建地主阶级站在一起反对群众自发的反侵略斗争。

我们已经指出过(见第五章第一节),天地会、哥老会、在理会这些秘密会社的主要成分是各式各样的江湖上流荡的游民,在外国资本主义的势力日益使得封建经济遭到破坏的情况下,这种游民的数量越来越多,他们的秘密结社不顾清朝统治的严厉镇压越来越发展。他们参加反对外国侵略者的斗争,造成了浩大的声势。但是他们不可能使这种斗争提升到较高的政治水平。如何克服封建地主阶级参与这种斗争而给予它的坏的影响,同时又把一切仇视外国侵略者的社会力量都动员和组织起来,如何把反对外国侵略者的斗争同反封建的斗争结合起来,把争取中华民族的独立的斗争同争取中国社会的进步发展的斗争结合起来,这是历史提出来的新的课题。害怕和反对群众斗争的资产阶级改良主义者和以游民为主要成分的秘密会党都解答不了这些课题。

---

① 见汤震:《危言》第 3 卷;陈炽:《庸书外篇》下卷,《教民》。

第 十 二 章

帝国主义对中国边疆的侵略和半殖民地的外交

（一）俄国对中国西北边疆的侵略

沙皇俄国不仅在十九世纪六十年代初吞并了我国东北边疆的一百万平方公里的地区（见第六章第五节），而且紧接着，又把黑手伸进我国的西北边疆。咸丰十年（1860 年）俄国强使清朝政府接受的北京条约中有一条是关于西部边界的（该约第二条）。随后，清朝政府和沙皇政府各自派出官员在新疆的塔城（塔尔巴哈台）会晤，按照这一条文的规定，进行西部边界问题的谈判。中国在新疆的西北国界原来是在巴尔喀什湖的北岸，但是北京条约第二条却举出巴尔喀什湖以东约三百多公里的斋桑泊和在它以南约四百多公里的特穆尔图淖尔（伊塞克湖）作为划界的标志。俄国人还按照自己的需要解释这个条文，以便更多地占夺中国的领土。他们以武力做后盾迫使清朝政府按照他们的解释来"严格遵守"条约的规定。在同治三年九月（1864 年 10 月）签订的关于划定中俄西部边界的塔城议定书，完全是沙皇俄国方面的欺诈和武力威胁的产物。

沙皇俄国派出的全权代表巴布科夫在他所著书中供认了俄国政府
和官员们如何挖空心思进行欺诈。为了把斋桑泊地区和特穆尔图淖尔
地区都说成是俄国的领土,他们利用北京条约第二条汉文本和俄文本
有些用语的不同来捣鬼。北京条约第二条把雍正六年(1728 年)所立
的一个沙宾达巴哈界碑作为西部国界的起点,中文本中说,国界线是由
此"向西"到斋桑泊等等①,而俄文本却说是"向西南"。由于"向西南"
划,对俄国更为有利,他们坚持,在这点上只能以俄文本为根据,因为俄
文本是"正本",而"在译成中文抄写时,造成了明显的错误"②。但是
他们是不是一切都以俄文本为准呢? 也不。他们发觉,俄文本中所说
的"中国现有卡伦"在中文本则说是"常驻卡伦"(卡伦即哨所),而"常
驻卡伦"这个用语可以被利用来做文章,他们决定在这里必须照中文
本。他们把"常驻卡伦"解释为固定设制的卡伦。由此,他们就说,中
国的国界必须按那些固定设制的卡伦来划,至于在此以西的"前列卡
伦"和"外线卡伦"一概不算数。这一点是俄国方面始终坚持,而清朝
官员开始时是坚决反对的。巴布科夫书中说:俄文本和中文本的这种
不相吻合处"应当归咎于在最初制定时核对条约的两种文字上的疏忽
大意。"(其实可能是因为当时并没有想到可以这样来利用常驻卡伦这
个用语。)但是被认为"正本"的俄文本毕竟没有"常驻"字样,怎么办
呢? 这个厚颜无耻的扩张主义者认为这没有什么关系,"由于中国委
员完全不懂俄文,这种情况在当前的谈判中并没有什么特别不便之
处"③。

清朝官员们到了具体划界时才看出俄国人在北京条约中把西部界
线写得那么简略是存心不良。代表清朝政府参加塔城会议的乌里雅苏
台将军明谊说:整个界线虽然"袤延万里",但"其中并未指明逐段立界

---

① 《中外旧约章汇编》第一册,第 150 页。
② 巴布科夫:《我在西西伯利亚服务的回忆》上册,中译本 1973 年版,第 265 页。
③ 同上书,第 206 页。

地名,已属有意欺混侵占"①。由于中国方面拒绝接受俄国人对条文的解释,同治元年的第一次塔城会议没有得到什么结果。总理衙门的官员们在北京向俄国公使继续辩论有关问题。他们说,如果早知道条文中说的不是由沙宾达巴哈"向西",而是"向西南",他们是不会同意这个条文的。他们又说,"常驻"并不是长驻的意思,而且北京条约的条文中也没有明白说常驻卡伦就是边界线,但是他们始终不知道在俄文本中连"常驻"这个字眼都没有!

当然,蓄意侵略的强盗不会因字义学、法理学的辩论而让步。俄国人从会议开始前就不断地出动军队,分股进入阿尔泰、塔城、伊犁等地区,抢劫骚扰,宣称要强占他们认为属于他们的地方。像巴布科夫书中所说,他们在新疆,仿照在黑龙江、乌苏里江方面已经实行过的做法,用武力造成既成事实。巴布科夫说:"我国部队分布在国界上(他们所片面认定的国界——引者)的这一事实明确地向中国人表示,我们有充分的可能随时以武力来支持我们的要求。""我们在实际上占据了接近常设卡伦线的地方,以此向中国代表们指出,我们坚定不移地认定这条线就是国界线。"②同治二年五月间,在伊犁地区,清朝军队与侵入的俄军接仗,互相开炮轰击,俄军受到挫折。但是负责边防的将军们断定自己毫无作战能力,清朝政府也十分害怕决裂。总理衙门说:"查西北一带边疆,道路绵远,防不胜防。似目前议战议守,两无可恃"。因此,只能接受俄国方面的分界的方案,"倘再不准其照约议分,迁延日久,势必愈形决裂。现值兵饷两绌,若堵御不力,致被深入,恐所失愈多,转圜愈难"③。虽然总理衙门又说,在会议中,还要"酌量情形妥为商办,倘能挽回一二,于边疆亦不无裨益。"④但是妥协的调子已定,软弱的态度只能使蛮横的敌人更加蛮横。

---

① 《同治夷务》第8卷,第54页。
② 《我在西西伯利亚服务的回忆》上册,第187、278页。
③ 《同治夷务》第18卷,第51、52页。
④ 《同治夷务》第22卷,第26页。

俄国人对于清朝方面要求重开塔城会议的答复是,只有"不加变更地接受我国的划界草案",才能派出代表到塔城开会,否则就"停止划界事务"①。这就是说,根本不是举行什么会议,完全没有商谈的余地,清朝政府的代表所能做的事只是在俄国提出的划界草案上签字。沙皇俄国的这种极端蛮横的态度使腐朽无能的清朝统治者只能屈从。以明谊为首的清方代表们不敢提出任何异议地接受了俄国人起草的议定书和他们画的地图。就这样,沙皇强盗又从中国割去了巴尔喀什湖以东、以南的四十四万多平方公里的领土。但这还只是他们对中国西北地区的一系列的巧取豪夺的第一步。

扩张主义者的胃口永远不会满足。沙皇俄国经过同治三年(1864年)的划界议定书而夺得的中国领土,虽然已经超过了北京条约第二条的规定,但是他们觉得,北京条约对他们还是一个束缚。他们在消化已得的赃物的同时,利用当时新疆的形势,继续寻求机会攫取更多的领土。

这里要说一下当时新疆的形势。

有一个原在陕西的阿訇名叫妥明(又称妥得邻)的人,到了乌鲁木齐,和清朝的参将索焕章相勾结,在同治三年(1864 年)利用当地回人和汉人间发生纠纷的机会,杀死提督,赶走都统,占领了乌鲁木齐。妥明又排挤了索焕章,自号为清真王,企图号令陕、甘各股回军。但他的政权没有可靠的社会基础,他的残暴的军事统治引起了回、汉和其他各族人民的反对。他虽然占领了乌鲁木齐附近若干城市,并曾向西发展到伊犁地区,但没有能长久维持他的统治。在伊犁地区兴起了另一股势力,为首的是号称"塔兰齐苏丹"的阿布特拉,他在同治五年(1866年)正月占领了伊犁大城②,继之还占领了塔城。妥明则在同治八年(1869 年)被以南疆的喀什噶尔为据点的阿古柏所战败和杀死。

---

① 《我在西西伯利亚服务的回忆》上册,第 287 页。
② 伊犁地区当时有九个城,伊犁大城即惠远(今伊宁)。

南部新疆的各个地区,也有一些上层封建主利用维吾尔和其他各族人民群众对清朝的腐朽、卖国的统治及其欺压少数民族的政策的不满情绪,实行地方割据。阿古柏是浩罕汗国的一个军官。浩罕与新疆西部接壤,在光绪二年(1876 年)为俄国吞并以前是一个独立的汗国。其疆土包括现在苏联的吉尔吉斯的大部分地方和乌兹别克、哈萨克和塔吉克的一部分地方。浩罕的汗(王)曾与清朝政府修好,但有时也有侵入中国领土的活动。南疆维吾尔人中早就失去了权力的统治者(和卓)的后裔布士尔克一直流亡在浩罕。这时,浩罕利用南疆的混乱形势帮助布士尔克实行复辟。阿古柏在同治四年(1865 年)带了浩罕兵进入中国境内实行了这个阴谋,他们占领了喀什噶尔,并渐次占领南疆各城。到了同治六年(1867 年)阿古柏赶走了布士尔克,自己称汗,号为毕调勒特汗。在他战胜了妥明以后,又向北疆发展其势力,但他没有能吞并在阿布特拉占领下的伊犁地区。阿古柏的统治对维吾尔人和其他各族人民实行残酷的奴役和掠夺。他勾结沙皇俄国和英国,指望依靠它们的支持,分裂中国国土,维持一个独立的王国。

这样,无论在南疆或北疆,都出现了复杂的混乱的形势,清朝统治遇到了严重困难;这对于沙皇侵略者说来,是个好机会。

沙皇俄国多次派遣军官同南疆的阿古柏接触,进行拉拢,在同治五年(1866 年)已同阿古柏成立协定,规定俄国有权到南疆追捕逃人。同治十一年(1872 年),沙皇政府在同阿古柏订立的条约中,承认阿古柏是"独立国君主",而阿古柏则承诺给予俄国某些在南疆的特权。但是在同阿古柏的关系上,沙皇俄国遇到了英国的争夺,后者比较成功地使阿古柏充当自己的走狗,这点我们在以后还要提到。

在北疆,按照同治三年(1864 年)的塔城议定书仍然属于中国的整个伊犁地区,首先成为沙皇侵略者所觊觎的目标。同治十年(1871 年)沙皇侵略军袭取了伊犁城,由此引起了中俄之间在七十年代的一系列的紧张局势。

起先,在伊犁以东的地区被自称清真王的妥明所占领,而伊犁的清朝官军受到威胁的时候,清朝的伊犁将军在同治三年底到四年间居然不计后果,屡次向俄国人乞求派兵援助。北京朝廷虽然不反对地方当局这样做,但也感到这有引狼入室的危险。在看到俄国人并不急于出兵的时候,总理衙门说:俄国方面"于借兵助剿之事,情词闪避,难保非俟我之降心相求,以便其乘机挟制之计。"①又说:"俄人诡谲性成,每多乘危挟制,无论现在不肯借兵,有意居奇,就使拨兵前来,能为我用,胜则要求滋甚,败则任意索赔,种种掣肘,已难筹办。"②总理衙门对于沙皇俄国的侵略本性,总算还有点认识。在同治五年(1866年)伊犁已为阿布特拉占领后,总理衙门说:"伊城与俄境毗连,现既为贼所踞,俄人易起侵占之心"③。

果然,俄国人在观望了一段时间后,终于决定出兵消灭阿布特拉的地方政权,直接向清朝政府进行勒索。当时,清朝官方在具体实施塔城议定书时采取了十分迁就的态度。本来塔城议定书规定在一年后要在议定的国界线上具体勘察,设立界牌,但这工作拖延多年未办。同治八年(1869年),在俄国方面要求下,双方派出大员,从沙宾达巴哈到塔尔巴哈台山脉的哈巴尔—阿苏山口这一段的地区内进行了这一工作。这是整个西部国界线中在伊犁地区以北的一部分。清朝派出的大员,是署理伊犁将军兼乌里雅苏台参赞大臣荣全和科布多参赞大臣奎昌。俄国方面的主持官员巴布科夫十分满意地说:"荣全和奎昌都以充分的信任对待我,把全部边界事宜交付我的手中,同时还委派了中国官员归我指挥。"而且荣全和奎昌在工作开始后不久就离开边界听任巴布科夫一个人指挥一切。巴布科夫说:"实质上我不只是俄国的委员,而且是代行中国委员职务的委员。这一切都能指望中国官员在设置界牌的时候,确切遵循我的指示,毫无反对意见,这后来也就得到了证实。"④

① 《同治夷务》第34卷,第2页。
② 《同治夷务》第40卷,第1页。
③ 《同治夷务》第42卷,第27页。
④ 《我在西西伯利亚服务的回忆》下册,第414、415页。

因此,在这次划界中,俄国又在这里那里多占了不少的地方。这就又一次用事实证明,腐朽的清朝统治,包括其全部官僚机构的存在,对于俄国扩张主义者是多么有利的事。

沙皇的军队在同治十年(1871年)五月以"代管"伊犁地区的名义占领了伊犁,并且宣称还要进兵乌鲁木齐。清朝政府连忙叫荣全从科布多率兵前往"接受"伊犁,遭到俄国人的拒绝。俄国人在塔城附近同荣全谈判中反而提出了更多的领土要求。荣全解决不了这个问题,谈判移到北京进行。俄国公使的照会声称,只有在清朝政府能保证"其地安辑,并设官治理"的条件下才交还伊犁,还说,同治三年所定的边界"有弊病",应当加以修改"使之分明便利",又要求"在蒙古地方与天山南北路即布伦托海、乌鲁木齐、哈密、阿克苏、叶尔羌、喀什噶尔等处设立领事馆"等等①。事情愈来愈清楚,沙皇扩张主义者不仅要借口新疆局势混乱而久踞伊犁地区,还想乘机对同治三年议定的国界,作更加有利于他们的修改,并表现了对整个新疆以至蒙古的野心。谈判了一年多毫无结果,总理衙门无可奈何地说:"该国既于伊城遂其鸠居之计,复于各处冀为蚕食之谋,其心殊为叵测。"②

沙皇侵略者盘踞伊犁地区达十年之久。光绪二年(1876年),左宗棠进军新疆,粉碎了企图分裂中国的阿古柏反动政权,也就剥夺了沙皇侵略者不交还伊犁的借口。但沙皇侵略者又换用了别的手法,继续进行对中国领土的蚕食。在叙述这些以前,我们要先来看一下对中国西部领土抱着野心的另一个侵略国家——英国在这时期的活动。

(二)英国对中国西部边疆的侵略

英国依靠炮舰政策,同别的侵略国家一起打开了中国的沿海的大

---

① 《同治夷务》第87卷,第14、16、17页。
② 《同治夷务》第88卷,第35页。

门,在中国对外贸易总额中,英国所占的份额长期居于首位。它主要以东南沿海为根据,向长江流域伸展其势力。但它的活动并不仅限于沿海、沿江地区。从十九世纪七十年代开始,它以已经成为它的殖民地的印度为基地,把侵略的黑手伸向了中国的西部,即云南、西藏和新疆等地区。

在英国势力已经侵入与印度相邻的缅甸的时候,为了打开一条从上缅甸到云南的道路,英印政府在同治七年(1868年)第一次派遣所谓"探险队"由缅甸境内的伊洛瓦底江边的八莫出发,闯入中国境内,意图经过腾越(现名腾冲)到达大理。这个由斯莱顿上校率领的队伍只到达腾越,当时统治这个地区的杜文秀拒绝他们继续前进。(见第九章第二节)在杜文秀的势力被清朝镇压下去后不久,同治十三年(1874年),英国又一次组织"探险队",由上校军官伯朗率领,人数约有二百,实际上是支武装部队。但驻北京的英国使馆向清朝政府把它说成是少数几个人的"游历"。英使馆还派了一个翻译官马加理前往参加。伯朗的部队在光绪元年(1875年)初越过中国边境后,遭到了当地中国人的武装阻击,侵入者被迫退回八莫,马加理在蛮允(离边境不远的一个地方)被打死。英国方面立即抓住这个题目,掀起了一场大风波。

在伦敦政府指使下,驻华公使威妥玛(此人在中国已活动过三十年,以擅长讹诈勒索而著名)向清朝政府提出了范围极为广泛的要求,连妥协成性的总理衙门官员也觉得无法完全接受。清朝当局捕杀了被认为凶手的十几个人,还答应赔偿巨款,但仍不能使英国人满意。在事件发生后的一年半的时间中,除了总理衙门在北京同威妥玛进行谈判外,在天津的李鸿章也受命进行谈判。这种谈判无非是请求对方降低要价。英国人添派军队驻扎在缅甸、云南边境,并且出动兵舰到渤海湾内。威妥玛表示,如果不全部接受他的要求,就要撤退使馆,断绝关系,也就是以战争来威胁。他几次中断谈判,径自出京到上海,做出决裂的姿态。清朝官员们对决裂二字怕得要命。李鸿章说:"若果决裂,不仅滇边受害,通商各口先自岌岌莫保。南北兵力皆单,已有之轮船炮台断不足以御大敌。加以关卡闭市,饷源一竭,万事瓦解"①。这时,俄国人已经占领了伊犁。李鸿章向总理衙门通知了这样的情报:俄国人与英国人密商,"将来英兵进滇,俄兵亦由伊犁进,使中国首尾不能相顾"②。李鸿章这个情报是从美国一个副领事得来的。这其实是各个侵略者互相配合共同施加恫吓与压力。

最后,谈判的任务完全落到了李鸿章身上。光绪二年(1876 年)六、七月间的烟台会议上,李鸿章全部接受了威妥玛提出的要求,成立了烟台条约。烟台条约规定,为马加理被杀,中国赔银二十万两,还要派专使到英国去赔礼道歉,又规定云南边境通商事宜应订立章程,而且英国官员得在大理或云南其他地方驻留五年察看通商情形。这样,清朝当局就被迫把云南完全开放在侵略势力面前。不但如此,烟台条约中还包含了远远超过这次云南边境事件的内容。条约规定宜昌、芜湖、温州、北海成为通商口岸,英国可以派员驻在重庆,并指定长江沿岸六个城市准许外国轮船停泊,还对领事裁判权作了更具体的规定等等。

烟台条约在正文之外,附有关于西藏的一个专条。这个专条的内容大致是,英国人为了"探访"印度、西藏间的路程,将派员由北京出发"遍历甘肃、青海一带地方,或由内地四川等处入藏,以抵印度",或"由印度与西藏交界地方派员前往",总理衙门都要发给护照,"妥为照料"③。英印政府早从十九世纪四十年代起就不断阴谋通过北印度进入西藏,所以在订立烟台条约时乘机搞了这个附件。到了光绪十一年(1885 年),印度官员马科雷根据这个条约要求总理衙门发给护照,组织了约三百人的武装队伍,企图由哲孟雄(即锡金)越过边境入藏,遭到藏族人民的坚决反对。次年,英国和清朝政府为缅甸问题订立条约,清朝政府承认英国对缅甸的最高主权,而英国则表示放弃派

---

① 《李文忠公译署函稿》第 3 卷,第 47 页。
② 同上书,第 5 页。
③ 《中外旧约章汇编》第一册,第 346—350 页。

员入藏的行动。虽然如此,英印政府侵入西藏的野心仍不死。光绪十六年(1890 年)在英国方面坚持要求下,清朝政府派驻藏帮办大臣副都统升泰为代表,在加尔各答同印度总督会商,缔结了藏印条约①。继之,双方又派员在光绪十九年(1893 年)续订藏印条款②。这两次条约除了划定西藏和哲孟雄的边界外,给了英国对西藏通商的便利条件,把亚东开放为英商能自由往来和居住的商埠。虽然由于西藏人反对,亚东的开放没有实现,但是英印政府由此打下了进一步侵略西藏的基础。

侵略中国的列强既互相配合、勾结,又互相竞争、排挤。在云南,同英国竞争的是法国,而在西藏,沙皇俄国也同时进行着侵略阴谋。关于法国对中国西南边境包括云南的侵略,将在下文谈到。沙皇政府在七十年代派遣到中国西部进行活动的以陆军上校普烈热瓦尔斯基为首的所谓调查团,曾两次潜入西藏境内,光绪五年(1879 年)他们深入到距拉萨不远的地方,为西藏地方当局阻止,被迫出境。沙皇俄国还从布里亚特人中培养了一个名叫德尔智的奸细,此人精通蒙文、藏文,在八十年代到了西藏,成为尚未成年的达赖十三世的教师,他不但为沙皇政府提供种种情报,而且努力用反华、排英、亲俄的情绪影响达赖十三世和西藏官员。

在那个时期,英国与俄国是亚洲大陆上的两霸。已经占领了印度和克什米尔的英国在六十年代末,又使形式上还是独立国家的阿富汗成了自己的附庸。沙皇俄国势力也深入中亚细亚腹地,一直到达阿富汗的边境。它们在中亚细亚形成了尖锐对立的形势。俄国力求阻止英国势力继续向北扩张,而英国方面则担心北极熊的鼻子甚至有伸进印度来的危险。它们双方对于我国的新疆的侵略活动是它们在中亚细亚的对立和争夺的一个部分。

---

① 《中外旧约章汇编》第一册,第 551—552 页。
② 同上书,第 566—568 页。

当阿古柏的反动政权以南疆的喀什噶尔为中心渐渐地几乎吞并了整个新疆的时候,英国的间谍人员就不断地来到喀什噶尔地区。同治九年(1870年),曾经与俄国政府谈判英俄两国如何在中亚细亚划分势力范围的英印政府的重要官员弗赛斯来到阿古柏的朝廷和他联系。阿古柏既和俄国人订立了条约,又在同治十三年(1874年)同英印政府订立条约,英国得到了在阿古柏的统治地区内通商、驻使、设领事馆的权利。阿古柏想利用这两大国间的抗衡而实现其分裂中国的国土建立一个独立国家的狂妄野心。英印政府除向阿古柏供给武器外,还派出了军事教官、军事工程人员以及其他人员为阿古柏服务。阿古柏愈来愈投入英国的怀抱,使俄国人十分妒嫉。

在清朝政府命令左宗棠进军新疆的时候,英国就以阿古柏的保护人的身份进行活动。英国驻华公使竭力劝说清朝政府不要出兵,而要承认阿古柏在新疆南部的政权。英国侵略者的阴谋是想通过阿古柏政权使新疆南部成为自己的势力范围,并用以阻挡沙皇俄国势力向南发展。至于沙皇俄国,如果遇不到什么阻力,就一定会从它已经占领的伊犁出发,进而占领新疆北部。这样,中国的新疆就会在实际上为英俄两国所瓜分,并成为它们互相争夺的地区。

(三)左宗棠的西征和伊犁条约

当沙皇俄国侵占了伊犁地区,而喀什噶尔的阿古柏的势力扩及南北疆的时候,在伊犁以北的塔尔巴哈台地区,乌鲁木齐以东的古城(奇台)地区,虽然还有一些清朝军队,但数量很少,完全没有什么战斗力。此外,在新疆北部还有一些汉族地主阶级组织的民团,其中最著名的是乌鲁木齐附近的徐学功,他的部队以骑兵为主,最多时达五千人,很能打仗。俄国人从伊犁向东想占领玛纳斯的途中,曾被徐学功拦截,遭到很大损失,因而未能达到目的。但是这些民团毕竟只是分散在各地的地主武装,成不了气候。为了恢复新疆的秩序,清朝当局不能不从关内派出军队。这个任务落到了左宗棠的身上。在左宗棠统帅下,为镇压陕西、甘肃省回民起义,积聚了一支相当强大的武力。同治十二年(1873年),他的军队到达河西走廊。次年,他的一部分军队(由张曜带领)进驻新疆哈密地区,在这里兴办水利,垦荒田二万亩。光绪元年(1875年),朝廷任命左宗棠为钦差大臣督办新疆军务。

左宗棠的军队在新疆进行的战争,形式上是它在陕、甘地区的军事行动的延续,其性质则有了改变。陕、甘的回民起义的领导者虽然几乎都是上层封建主,但是这种起义是下层群众在民族压迫和阶级压迫下对清朝封建统治者的反抗的表现。残酷地进行镇压的左宗棠,是执行了封建统治者的反动的民族政策和阶级政策。在进入新疆后,左宗棠的军队所面临的敌人是对于新疆各族人民实行暴虐的统治和压迫的阿古柏政权。阿古柏本人是从国外来的一个阴谋家,他的政权对内依靠新疆某些民族的上层反动分子,对外又和英国、俄国的殖民主义者、扩张主义者相勾结。左宗棠的西征消灭了反动的阿古柏政权,打乱了英国、俄国侵略中国的西北地区并在这个地区分割中国的领土的阴谋。所以总的来说,这是一次反抗外来侵略的正义战争。

在左宗棠准备出关西征时,封建官僚集团中有很多人提出反对。西征的总兵力约为二百二十个营。虽然在哈密地区实行了屯垦政策,但军队远不能自给。部队每年所需饷银共一千万两以上都须由关内各省分摊。反对者既怀疑出兵能否致胜,又认为不值得为此而花费这样大的财力。这种反对意见还有国际的背景。

李鸿章在同治十三年(1874年)的一个奏疏中从"筹饷"的角度出发反对用兵新疆,他认为新疆这个地区"即无事时,岁需兵费尚三百余万,徒收数千里之旷地而增千百年之漏卮,已为不值",似乎新疆只是个应该及早卸掉的包袱。他还进一步说,阿古柏已经"与俄英两国立约通商,是已与各大邦勾结一气,不独伊犁久踞已也。揆度情形,俄先蚕食,英必分其利,皆不愿中国得志于西方。而论中国目前力量,实不及专顾西域。师老财痡,尤虑别生他变。曾国藩前有暂弃关外,专清关内之议,殆老成谋国之见。"①在这个问题上,特别显出曾国藩和李鸿章这两个洋务专家只能成为卖国的奴才。他们竟公然认为应该整个放弃玉门关外的中国领土! 同他们相反,左宗棠决心从阿古柏手里收复新疆。针对李鸿章放弃新疆的主张,他指出:"若此时而拟停兵节饷,自撤藩篱,则我退守而寇进尺,不独陇右堪虞,即北路科布多、乌里雅苏台等处恐亦未能晏然。"②这是说,甘肃和蒙古西部都将受到威胁。

李鸿章明知当时新疆是处于俄、英两国虎口之下,阿古柏不过是它们运用的一个小卒,但他主张承认阿古柏的政权。他的主张完全适应于英国侵略者的阴谋。光绪二年(1876年),在烟台会议结束时,英国公使威妥玛向李鸿章提出了阿古柏的问题。李鸿章报告总理衙门说:"喀什噶尔回王(指阿古柏——引者)现求印度大臣介绍,转嘱该使(即威妥玛)探询中国之意,能否准喀酋投诚,作为属国,只隶版图,不必朝贡,免致劳师糜饷,兵连祸结。"③这所谓"投诚"显然是要求在实际上承认其为一独立国家,只是在名义上算是"属国"。这时左宗棠的大军已经开入新疆。李鸿章和与他接近的官僚们完全赞成接受英国方面提出的办法。清朝派驻英国的公使郭嵩焘在后一年致函李鸿章还说:"去岁威妥玛代为之请,实机会之不可失者。"④李鸿章对他的看法完全同意,并且讥讽左宗棠的行动说:"左帅新复吐鲁番、托克逊等城,自谓南路折箠可下。朝廷日盼捷书,催协饷如星火,更无以雅各刊(即阿古柏)投诚之说进者。然将来势必旋得旋失,功不覆过"⑤。

由于阿古柏同英国勾结得很紧,所以俄国人对于左宗棠向南疆进兵采取坐山观虎斗的态度。左宗棠的军粮有一部分还是向俄国人买的。而英国人则竭力向清朝政府为阿古柏作说客。李鸿章这个在清朝

---

① 《李文忠公奏稿》第 24 卷,第 19 页。

② 《左文襄公全集·奏稿》第 46 卷,第 36 页。

③ 《李文忠公译署函稿》第 6 卷,第 28 页。

④ 《养知书屋文集》第 11 卷,第 9 页。

⑤ 《李文忠公朋僚函稿》第 17 卷,第 13 页。

外交活动中起着愈来愈大的作用的角色,这时主要是充当着英国的工具,这点在阿古柏问题上是表现得很清楚的。

当时,李鸿章正在把国家财力大量用于经营他的北洋海军,所以他极力强调海防的重要,而视西北边防为可有可无。左宗棠处于在西北地区拥有重兵的地位,使他不能不重视新疆问题。从本质上看,他们之间在新疆问题上的分歧,是要不要捍卫领土完整的问题,是在帝国主义势力压迫面前采取什么态度的问题。左宗棠在这个问题上的言行是符合中华民族的长远利益的爱国主义的表现。

左宗棠的大军以刘锦棠所部为先锋,在光绪二年(1876年)首先向天山北部进兵,同阿古柏手下的白彦虎等人进行了激烈的战斗,夺取了乌鲁木齐及其附近各地。白彦虎原是陕西回民起义的一个头子,起义失败后逃到甘肃,又在同治十二年(1873年)出关到了新疆北部。他率领手下数千兵力,投靠了阿古柏,成为阿古柏的得力打手。他是起义回民的叛徒。刘锦棠所部在光绪二年九月占领玛纳斯后,没有再向西进,这显然为了避免同俄国人直接冲突。第二年开春后,他们转向南路,迅速攻下阿古柏、白彦虎及其他部将据守的吐鲁番、托克逊、达坂等地。阿古柏退到库尔勒,绝望自杀。为争夺继承权,他的儿子伯克胡里杀死他的另一个儿子海古拉。伯克胡里和白彦虎分兵把守天山南路各地。正在这时,英国人和受英国人影响的郭嵩焘又提出了让喀什噶尔独立成国的建议。左宗棠对此尖锐地表示了异议。他说:英国人既然要为"安集延人"立国(阿古柏来自浩罕国的安集延,所以当时称之为安集延人),"则割英地与之,或即割印度与之可也,何乃索我腴地以市恩!"他又指出英国人的阴谋是"为印度增一屏障",却要把自从汉朝以来就属于中国的喀什噶尔分割出去,这有什么道理呢①?光绪三年,左宗棠的各路军队在南疆连续多次击败了白彦虎,先后占领了喀喇沙尔(焉耆)、库尔勒、库车、阿克苏等地。伯克胡里和白彦虎继续在喀什噶尔、

---

① 《左文襄公奏稿》第51卷,第18页。

和阗、叶尔羌、英吉沙一带作最后的顽抗。整个战争在这年十一月间结束，伯克胡里和白彦虎逃到了俄国境内。

左宗棠在新疆的进军能够比较迅速而顺利，主要的原因是在于阿古柏、白彦虎的反动统治极其不得人心，遭到维吾尔族和其他各族人民强烈反对，处于十分孤立的地位。阿古柏自杀，他的儿子们互相残杀，他的部下分崩离析，使左宗棠所部在南疆广大地区内没有在作战中遇到很大困难就取得了完全胜利。但是左宗棠的军队毕竟是支封建的军队，也从来不以纪律严明著称，它在所到之处给居民的扰害是无可讳言的。

俄国人起先没有料到清朝能够出兵新疆而且很快地恢复在这个地区的统治，所以他们在开始占领伊犁时表示，只要清朝能够保证这个地区的安定秩序，就交还伊犁。俄国人把战败逃亡的伯克胡里、白彦虎等人都收容下来，当然是不怀好意的。光绪四、五年间（1878、1879年），阿古柏残留下来的力量曾屡次在俄国人的支持下企图打回喀什噶尔，都失败了。俄国人再没有借口可以霸占伊犁，但仍继续推拖延宕。光绪四年（1878年）底清朝政府为索还伊犁派出的专使到达俄国。

这次派到俄国去的专使是个被认为通洋务的崇厚，但他甚至连伊犁地区的形势也全不了解，一切都听凭俄国人要怎样就怎样。利用了这个谈判对手的颠顶胡涂，俄国人使他在光绪五年（1879年）八月签订了一个条约，按照这个条约，伊犁地区的九城虽然还给了中国，但是在这地区西境霍尔果斯河以西地区和南境特克斯河一带地区仍属于俄国，交还中国的伊犁地区处于西、北、南三方面被俄国占领地区包围的孤立地位。而且，中国方面还要给俄国五百万卢布的"偿金"。条约又把同治三年的议定书中规定的塔城附近和喀什噶尔附近的边界作有利于俄国的修改；还给了俄国以在蒙古和新疆全境进行贸易的权利，并作了使俄国能够通过西北地区到天津和长江流域进行贸易的各项规定。而且新条约还包含了俄国在中国的东北地区的松花江上的某些特权的规定。

崇厚未经请命擅自订立这个丧权辱国的条约,引起了朝廷中多数官员的愤慨。朝廷决定拒绝承认这个条约,并且把崇厚拘捕起来,定为死罪。沙皇政府立即通过驻华公使提出抗议,并且实行武力恫吓,除了在伊犁地区集结军队以外,又调动太平洋舰队向黄海进发。这样,在光绪六年(1880年),中俄间形成了极其紧张的关系。

但这时,俄国并不真是要对中国进行一场战争。俄国已经和正在逐步地征服中亚细亚几个汗国,而且刚取得对土耳其的战争的胜利(1877—1878年),参与了瓜分土耳其的国际会议(1878年)。沙皇俄国需要一个时间来消化它在欧洲和亚洲取得的大量赃物。对俄国说来,不用进行一次战争而能使得自己在中国的地位进一步巩固,是最有利的。而且英俄间的矛盾特别在中亚细亚地区继续尖锐化。俄国在向各方面膨胀其势力中,不得不考虑到不要过分造成同英国的对抗。英国从自己的利益出发,既不愿意俄国一下子得到如此巨大的收获,也不愿意清朝政府在一次同俄国的战争中崩溃,它竭力运用自己的影响使清朝政府妥协让步以解决中俄间的问题。

清朝的官员中虽然有人喊叫不惜对俄一战,但是主要的当权者完全接受了英国方面的斡旋,采取了避免战争、委曲求全的一系列措施。清廷派出了原任驻英公使曾纪泽(曾国藩的儿子)出使俄国,并开释了对崇厚的惩处。左宗棠的军队进入新疆作战时,他自己一直驻在肃州(酒泉),光绪六年(1880年)他把肃州的大营移进到哈密,这虽然是表示对俄国的强硬态度,但不久清朝政府就把左宗棠从新疆召到北京,名义上说是因为"时事孔艰,俄人意在启衅"而要他"来京陛见以备朝廷顾问"①,但这明显的是不准备在西北边疆上战争的一种姿态。

曾纪泽在俄京圣彼得堡同俄国人进行了历时一年的谈判,终于在光绪七年正月(1881年2月)订立新的条约(这叫做《改订条约》和《改订陆路通商章程》,即中俄伊犁新约)以代替崇厚所订的条约。按照新

---

① 《清季外交史料》第22卷,第6页。

的条约①,崇厚原约所割让的特克斯河一带地方要还给中国,原约所给予俄国的那样广泛的贸易权利也做了某些限制,而作为俄国的这种"让步"的交换条件,中国对俄的"偿款"提高到了九百万卢布。曾纪泽之所以能够做到改订条约,主要是英国起了作用。俄国这次"让步",实际上具有同英国妥协的性质。但这所谓"让步",不过是把它本来想贪婪地一口吞下去的东西让出了一小部分罢了。新的条约当然并没有使它有什么损失,而只是使它取得的赃物盖上了合法的印记。后来,根据这个条约的规定,清朝政府又签订了几个勘界议定书。经过伊犁条约和这些勘界议定书,沙皇俄国在中国西北边疆,除了由于塔城议定书而吞并了的四十四万多平方公里以外,又多攫取了七万多平方公里的中国领土。

但是在这方面俄国对中国领土的蚕食还没有停止。光绪十八到二十年(1892—1894年)间,清朝连年派官员同俄国人分段具体勘测边界。利用清朝官员的昏庸胡涂,俄国人又越过已有的条约的规定而多占了不少地方。主要在帕米尔地区,中国又有两万多平方公里的领土被沙皇俄国侵占了。

(四)半殖民地的外交

在发生了同治九年(1870年)的天津教案后,法国人借端讹诈,清朝政府被迫派出专使到法国去"赔礼道歉"。(见第十一章第二节)这是清朝政府第一次正式派出使节到西方国家。派出的大臣是崇厚,他在1871年初到法国时,法国正处在翻天覆地的动荡中。为战争和革命所震撼的法国资产阶级政府无法接待他,他被搁在一个小城市中等了半年。他的主要随员是法国驻华使馆所推荐的两个法国人和另外一个英国军官(他们都做过中国海关的官员)。这些宝贝随员足够使他对

---

① 《中外旧约章汇编》第一册,第381—390页。

于法国当时的局势毫无了解。他向朝廷的报告中把在他到法国后爆发的巴黎公社革命说做是"法国都城散勇内乱,巴里(巴黎)不守"①。他的随员把他带到英国、美国逛了一阵。等到法国资产阶级政府镇压了巴黎公社而站稳了的时候,他才被带回到法国。这时,以血腥地屠杀巴黎工人而著名的梯也尔刚登上法兰西共和国总统的宝座不久,他傲慢地接见了中国皇帝派来"道歉"的使节。

但崇厚还不是常驻国外的使节。他在完成了"道歉"的使命后就回国了。到了光绪三年(1877年),清朝政府开始在西方各国设立若干常驻的使馆,其中的第一个设在伦敦,公使是郭嵩焘,他又是作为一个"道歉"的使者而派出去的。英国人利用马加理案迫使清朝政府派出这样一个使节,由此就有了驻英使馆。

外国公使能够进入北京,是咸丰十年(1860年)英法联军打进了北京的结果。而清朝政府最初到外国的外交代表是在无理的压力下被迫地派出去的。这样的互换使节,显然不是国与国之间的平等的外交关系的正常情况,而是中国已陷入半殖民地的屈辱地位的一种反映。

在崇厚出使的前两年,清朝政府还在外国人的摆布下搞了一场派遣"外交代表"出国的滑稽剧。其所以是滑稽剧,因为这个代表团是以几个外国官员为主而组成的。从咸丰十一年(1861年)起担任美国驻华公使的蒲安臣在同治六年(1867年)准备卸任回国。由于蒲安臣自己的建议,并由于担任总税务司的英国人赫德从旁怂恿,总理衙门决定聘任蒲安臣为"办理中外交涉事务使臣"前往西方各国。因为生怕英、法见怪,又找了一个英国驻华使馆的官员和一个担任过中国海关官员的法国人充当蒲安臣的副手。另有几个中国官员随同而去。总理衙门当时申述派遣这个代表团的理由是:"近来中国之虚实,外国无不洞悉,外国之情伪,中国一概茫然。其中隔阂之由,总因彼有使来,我无使

---

① 《同治夷务》第85卷,第1页。

往"①。但是想依靠这些外国人来了解外国之情伪,解决外交上的问题,只能说是异想天开! 对于清朝政府的这个任命,蒲安臣向美国国务卿报告说:"为着我们的国家和我们的文明的利益,我决定接受"②。

这个由一个美国人为首"代表中国"的奇怪的使团于同治七年(1868 年)出发,首先到了美国。蒲安臣在那里以中国的代表身份向公众发表演说,大放厥辞,说中国"欢迎你们的商人,欢迎你们的传教士。要求你们的传教士把光辉的十字架插到中国的每个山头上和每个山谷中。"③他的演说是按照外国资本主义侵略者的梦想来描画中国的前途,而他竟自称是在向世界介绍中国已经走上了"进步"的途径。蒲安臣在美国还擅自同美国国务卿西华德签订了一个所谓《中美天津条约续增条约》。按照清朝政府聘任蒲安臣时对他的职权的规定,他是无权自行签订条约的。起草这个条约的西华德说:"该约包含了目前美国政府所认为最重要的事项。"④这个条约中的一个主要内容是关于中国人和美国人可以"随时来往,总听其自便,不得禁阻"的规定⑤,这种形式上好像是平等互惠的规定完全是伪善的语言。它丝毫没有改变美国人在中国所享有的种种特权,而只是使中国穷苦人民被用诱骗和贩卖的方法输送到美国去充当"苦力"的事实合法化。美国在开发和建设沿太平洋的西部地区时大量地利用中国的劳动力。1860 年中国人在美国约有三万五千人,到 1870 年增加到六万二千多人。他们都在最恶劣的条件下从事筑路、开矿、垦荒等苦工。六十年代在修建西部铁路的工程中死亡的中国工人的数目之多,使人可以说,从加利福尼亚州往东一千几百公里的大铁路几乎是用中国工人的骨头铺成的。在六十年

---

① 《同治夷务》第 51 卷,第 27 页。

② F. W. Williams: Anson Burlingame and the First Chinese Mission to Foreign Powers, 第 90 页。

③ 同上书,第 139 页。

④ 同上书,第 147 页。

⑤ 《中外旧约章汇编》第一册,第 262 页。

代末,加利福尼亚州等西部各州的资本家仍继续需要吸收廉价的中国劳动力供他们剥削,所以在西华德的条约中才有这样的规定。这种规定并不妨碍美国资本家在不久后感到中国工人为数过多时又煽动起种族主义的排华运动。许多在严酷的劳动中幸存下来的华侨,在七十年代以后美国西部各州的排华运动中遭到了虐杀。这些事实,由于已超过这里所谈的主题,就只能简单地提一下了。

前文已经说过,美国当时主张侵略中国的列强实行合作政策,共同维持清朝政府的统治(见第九章第四节)。这种政策的实质就是使中国成为在列强共管下的半殖民地国家。西华德在1861—1868年间任美国国务卿,他是使美国成为太平洋上的帝国的主张的创始人。为了实现这个主张,美国力求使自己在共管中国的列强中居于领先的地位。蒲安臣争取充当清朝政府的外交代表是适应这个目的的。他在用清朝政府名义签订的条约中大讲什么中国的一切内部事务"总由中国皇帝自主",也是为了达到这个目的。正因此,这个条约受到了英国的嫉视。在英国人看来,"美国这个暴发户,作为主角直接向……英国在东方的优势地位挑战,这样的前景是极难容忍的事情。"①所以,以蒲安臣为首的这个使团到了英国时,英国政府对它采取很冷淡的态度。新上台的自由党的外交大臣克拉兰顿在致蒲安臣的信中表示英国侵略中国的领导地位是决不放弃的。接着,蒲安臣的使团又到欧洲大陆的各国,最后到了俄国。蒲安臣在俄国病死,这才结束了这一幕荒谬的滑稽剧。

在蒲安臣的使团后,清朝政府虽然没有再干类似的傻事,但是清朝政府派出的使节,无不以外国人作为顾问。例如,上述到法国的崇厚就有两个法国人和一个英国人和他同行。第一任驻英国公使郭嵩焘的顾问是英国人马格里,此人曾受李鸿章重用,从光绪三年(1877年)起,他担任清朝政府驻英使馆的顾问几达三十年,在此期间,自郭嵩焘以后的

---

① F. W. Williams: Anson Burlingame and the First Chinese Mission to Foreign Powers, 第163页。

每一任驻英公使都依靠这个英国人办事。在光绪六年（1880 年）到俄国谈判伊犁问题的曾纪泽，是在前一年接替郭嵩焘担任驻英公使之职的。他到圣彼得堡时以马格里和日意格作为自己的顾问。日意格是在太平天国战争期间就和左宗棠勾搭，为他办理各种"洋务"的一个法国人。

不但清朝政府派出国的使节离不开外国顾问，而且它的全部重要的外交活动都有外国人参与。特别是担任海关总税务司的英国人赫德，几乎成了主持对外事务的总理衙门的总顾问。李鸿章在光绪二年同英国人举行烟台会议时，赫德和天津税务司德国人德璀琳成了他所仰仗的帮手。驻藏帮办大臣副都统升泰在光绪十六年（1890 年）同英国的印度总督缔结藏印条约时，赫德派了他的弟弟赫政充任升泰的助手，这样的事，现在看来，几乎是难以置信的。下文我们还将看到，在中法战争期间，赫德及其属员起了多么显著的作用。

在外国的公使入驻清朝的首都后，提出了面见皇帝的要求。这个要求为清朝官员们所竭力拒绝，起先他们说：皇帝尚未亲政，摄政的皇太后不便延见外国公使。但是由于外国人坚决反对这个借口，而且皇帝总有一天要亲政，所以这所谓"觐见"的问题成为总理衙门和其他官员们在好几年间纷纷议论的一个大问题。他们中的绝大多数认为不应当让洋人面见皇帝，更绝对不能容忍洋人在面见皇帝时不行跪拜的礼节。到了同治十二年（1873 年）初，皇帝亲政，外国公使们乘机又把这件事当做迫切的问题提出来。清朝当局无法推诿，经过大臣们又一次进行了广泛的议论后，终于在这年五月实行了一次觐见。参与觐见的有俄国、美国、英国、法国、荷兰的公使或代办及一个德国的翻译官（德国公使那时不在北京）。日本这时有一个特派大使在北京，也同时得到了皇帝的接见。在此次觐见前，总理衙门和外国公使们进行了反复的辩论，最终的决定是按照外国人的办法以鞠躬礼觐见皇帝。

在当时"觐见"成为一个严重的争议，显然不只是形式问题。各国公使是作为战胜者，甚至征服者而进入北京的，他们要求确立自己在半殖民地中国的主人的地位。如果让外国公使不用跪拜礼随时入见皇帝,在清朝官员们看来,就是公开承认以皇帝为首的封建统治者已经屈服在外国侵略者面前的事实。他们虽然无力改变这个事实,但是把这个事实向被统治的广大人民明白地宣布出来,毕竟是足以招致危险的后果的。

虽然同治皇帝不久就死掉,清朝当局又可以用皇太后摄政的理由来拒绝外国公使觐见,但是以慈禧太后为首的封建统治势力已经在各个方面受着外国侵略势力的支配这一事实,却是怎样也掩盖不住的了。光绪二十年(1894年)一个初期的资产阶级改良主义者马建忠概括叙述这种形势说:"其公使傲睨于京师以陵我政府,其领事强梁于口岸以抗我官长,其大小商贾盘踞于租界以剥我工商,其诸色教士散布于腹地以惑我子民"①。这越来越成为谁都看得见的事实了。

担任总税务司的赫德和他所任命的各个海关税务司不但由于掌握了中国的海关,因而控制了中国出入口贸易,控制了清朝政府财政收入的一个主要来源,而且他们所进行的广泛活动使他们实际上对清朝的外交、军事以及地方的用人行政拥有很大的发言权。这种情形使当时的某些官僚和知识分子感到忧虑和愤慨。光绪五年(1879年),总理衙门曾有令赫德总管南北洋海防的主张,薛福成表示反对,他说:"赫德之为人,阴鸷而专利,怙势而自尊,虽食厚禄,受高职,其意仍内西人而外中国。彼既总司江海各关税务,利柄在其掌握,已有尾大不掉之势,若复授为总海防司,则中国兵权饷权皆入赫德一人之手!"②任赫德为总海防司之职的荒谬主张虽未成为事实,但是他的势力继续有增无已。光绪十六年(1890年)左右陈炽所著《庸书》中不指名地提到赫德说:"海关厘税岁入三千万,仰其鼻息以为盈虚。引党类数百人,糜工资二百万。渐而阴持朝议,显缩邦交,偶或侵之,颠蹶立至。……英君主授

① 《适可斋记言》,中华书局1960年版,第89页。
② 薛福成:《庸庵文编》第2卷,第53页。

以男爵,功在彼国,其事可知。……国家旧制,于臣工制驭綦严。乃独于一西人,倚任多年,毫无疑虑,中外大臣,皆尊而信之!"①薛福成和陈炽都是初期的资产阶级改良主义者,他们比较勇敢地指斥清朝政府不该如此信赖这个外国人。但这当然并不是赫德一个人的问题。封建统治者已经甘心让中国陷于半殖民地的地位,他们只能在各方面接受外国帝国主义的支配,在这条件下,他们的统治地位也才得到帝国主义的承认。

帝国主义竭力要清朝政府派出驻外公使,是为了增加一个直接的渠道来把他们的影响渗透到封建统治集团中去。这个目的显然是达到了的。前面已经说过,第一个担任驻英公使的郭嵩焘在阿古柏的问题上就完全接受了英国的主张。郭嵩焘在光绪二年(1876 年)所著的《使西纪程》中说:"近年英、法、俄、美、德诸大国,角立称雄,创为万国公法,以信义相先,尤重邦交之谊,致情尽礼,质有其文,视春秋列国殆远胜之。而俄罗斯……英吉利……足称二霸,……绝不一逞兵纵暴以掠夺为心。其构兵中国,犹展转据理争辩,持重而后发。……处今日之势,惟有倾诚以与各国相接,舍是无能自立者。"②他在这段话中对帝国主义世界的统治秩序是多么心悦诚服!帝国主义者就是要中国人承认,除了老老实实地接受这种世界秩序,以半殖民地的地位与这些"很讲道理的"侵略者"倾诚相接",中国是再没有别的出路的。

另一个早期著名的驻外使节曾纪泽于光绪十三年(1887 年)在英国的《亚洲季刊》上发表了一篇《中国先睡后醒论》,其中说:经过中法战争后,"反而中国与西国人相交,更为亲睦,更出以实心,为从前所未见。其于英国尤为莫逆。诸国有所请于中国,苟能合理,每许虚公妥议,可从则从,从前亦无此舍己从人之美意。近日与诸国交接,中国可谓和谐而无强求,以后当复如是也。愚以中国虽记其前之屡败,决不愿

---

① 陈炽:《庸书外编·税司》上卷,第 14 页。
② 郭嵩焘:《使西纪程》下卷,光绪年间刻本,第 24—25 页。

弃其和好之心,盖中国不似他国,一受灾害始终切齿"①。这种言论可说已经达到了公开地向侵略者献媚的程度。

郭嵩焘和曾纪泽是当时官员士大夫中最了解世界局势的人。有所了解当然胜过蒙然无知。但是有所了解而只能在既成的事实前匍匐屈从和敢于打破旧局面、开创新局面,这二者间的距离是十分遥远的。帝国主义侵略者所企图培养的就是按照它们的需要而认识世界的"外交家"。

---

① 用当时颜咏经、袁竹一的译文,见何启著《新政真诠》第一编的附录。

第 十 三 章

中法战争和中日战争

（一）中法战争之一：在战争爆发之前

中国南方的邻国之一——越南，早在十八世纪末叶，就遭到法国的侵略。到了十九世纪五十年代，拿破仑第三的法国政府按照大银行家和工业资产阶级的需要在远东积极推行殖民政策。在英、法二国共同对中国进行第二次鸦片战争的同时，法国也向越南进行多次武装侵略。1858—1862 年法国进攻南圻（越南南部），迫使越南的封建王朝接受赔款割地的条约。在并吞了南圻诸省以后，法国侵略者在七十年代又开始把它的魔爪伸向北圻。他们的野心不但是要把整个富饶的越南变成他们的殖民地，而且还企图由此打开通向中国西南地区，首先是云南省和广西省的大门。

当时有些在越南活动的法国侵略者明确地供认，侵略中国是他们的一个重要目的。例如西贡总督杜白蕾致法国海军和殖民地部的信中说："我们出现在这块富有的土地上，出现在这块与中国交界，也是中国西南各个富饶省份的天然产品出口的地方，根据我的意见，这是一个关系到我们今后在远东地区争霸的生死问题。"①法国驻海防领事土尔克也向一些传教士申述法国必须占领北圻的理由说:"因为它是一个理想的军事基地,由于有了这个基地,一旦欧洲各强国企图瓜分中国时,我们将是一些最先在中国腹地的人"②。

同治五年到七年(1866—1868年),在越南的法国殖民者作了一次深入中国国境探路的尝试。他们组织了一个探查团从西贡出发,沿湄公河而上,水陆并进,到了中国的云南境内的思茅,又经过云南东北部的会泽而到了四川的宜宾,并由此经长江到上海,然后由海路回到西贡。他们发现湄公河的上游澜沧江不宜于通航,因此转而企图利用下游在越南北部的红河作为进入中国的通道。同治十年(1871年)后,法国商人堵布益几次经过红河运军火到云南给镇压回民起义的马如龙。为了占领越南北部,为了控制红河航行权,法国侵略者在同治十二年(1873年)出兵攻袭河内及其附近各地。他们遇到了顽强有力的抗击,这种抗击一方面来自越南各地奋起斗争的爱国人民,一方面来自当时驻扎在中越边境的中国人刘永福所率领的黑旗军。黑旗军在同治十二年十一月初(1873年12月)在河内城外的一战中使法国军队遭到严重的创伤,法将安邺在战场上被杀死。虽然法军在军事上并不完全得利,但是以顺化为首都的越南阮氏王朝对侵略者采取了违反越南人民意志的妥协投降政策,它在法国侵略者的讹诈下签订了屈辱的条约,承认法国对北圻和中圻的"保护权"。

刘永福(1837—1917),出身广东钦州的贫农家庭。在道光二十四年(1844年)八岁时随父亲流亡到广西南部的上思县。他当过船工。在他二十岁左右的时候,太平天国起义正处于高潮。广西南部到处兴起农民起义的部队,他们大多属于天地会的系统,没有统一的组织,形

①　(越)陈辉燎:《越南人民抗法八十年史》第1卷,中译本,1960年版,第71页。
②　依罗神父:《法国——东京回忆录》。转引自《越南人民抗法八十年史》第1卷,第71页。

成了群雄并起、各踞一地的局面。刘永福投身到农民起义的潮流中,先后依附于几个地方的头头。到了同治四年(1865年),这时太平天国已经覆灭,他率领二百多人到广西西部靠边镜的安德,投奔在这地区称王的吴亚忠,成为他的部下。但在一年之后,当清军大举围攻吴亚忠时,他和吴亚忠闹翻了。他率领自己的队伍进入越南国境。他的队伍打的是七星黑旗,所以被称为黑旗军。这是产生于太平天国农民大革命时期而流散出国的一支农民部队。刘永福善于团结部下,而且机智多谋,勇敢善战。在同治十二年(1873年)战败法军的时候,他的部队已有二千多人。这一战以后,刘永福被阮氏王朝封为三宣副提督,他的部队驻扎在宣光、山西、兴化三省,控制着红河上游,成为法国侵略者通过红河侵入中国的绊脚石。

到了八十年代初,法国的金融资本特别迅速地发展,法国政府在远东的殖民政策也加倍积极起来。以镇压巴黎公社而起家的茹尔·费里在这时候两次担任内阁总理(1880—1881年,1883—1885年),整个越南沦为法国的殖民地和法国对中国的侵略战争就是在这个屠杀法国工人阶级的刽子手执政时期发生的事。清朝政府虽然在光绪十年(1884年)七月才宣布对法战争,但实际上在前一年,法国对中国的侵略战争已经开始进行了。

法国急于要占领越南北部,是有意要入侵中国,这点清朝官方也不是看不到的。光绪七、八年间(1881—1882年),清朝政府派出了一些军队进驻广西、云南省和越南的边境地区,并且通过外交途径向法国政府提出抗议。当时清朝官僚中虽然有些人认为,越南与中国有"唇亡齿寒"的关系,主张不惜对法一战,但是当权的主要势力采取的是妥协苟安的方针。法国政府一方面积极准备侵略战争,一方面要求同清朝当局进行谈判。以慈禧太后为首的清朝当权派唯恐对外战争加深自己内部统治危机,把处理中法之间存在的严重形势的责任完全交给李鸿章。光绪八年(1882年)一贯对外实行投降主义的李鸿章和法国公使宝海在天津进行了谈判。进驻边境地区的清朝官军奉到的命令是"以剿办土匪为名,未可显露助战之迹,致启衅端"①。而且李鸿章在同宝海谈判中还答应撤退这些军队。但是这种态度并不能使侵略者止步。

光绪八、九年(1882—1883年)法军又一次武装侵入北圻,先后占领了河内和南定。越南政府再度要求黑旗军参战。刘永福的黑旗军进攻河内。光绪九年四月十三日(1883年5月19日)两军在河内城西二里的纸桥进行了激烈战斗。黑旗军又一次打败了法国侵略军,击毙法国侵略军的司令李维业中校。法国政府立即任命了新的统帅,加派军队,发动新的进攻。驻在越南北部的中国军队中,仍然只有刘永福的黑旗军进行了英勇顽强的抵抗,它在河内附近的怀德和丹凤使敌人受到挫折。就在邻近率军驻于山西、北宁等地的广西布政使徐延旭和云南布政使唐炯却坐视法军同黑旗军作战,对黑旗军不给任何援助,反而把它的战绩作为自己的功劳上报朝廷,因此他们被升为广西、云南二省的巡抚。法国侵略军先后大举进攻山西、北宁,唐炯、徐延旭率领的清军几乎都是不战而溃退,放弃了他们所防守的各个据点。清朝政府还派了云贵总督岑毓英去指挥战争,这个以屠杀起义回民而发迹的军阀,在外国侵略者面前也望风而逃。到了光绪十年二月(1884年3月)就只是在靠近广西边疆的越南境内还有点清朝官军。刘永福的黑旗军也退到了靠近云南边境的保胜(老街)。唐炯和徐延旭被革职拿问。

清朝政府对于刘永福的黑旗军采取什么态度呢?在官方的文书中,黑旗军甚至曾被称为"匪"。虽然为了利用黑旗军的武力,官方给过它若干枪械接济,但是"前后济刘(永福)洋枪不过五百杆,皆天津解粤之笨枪,弹药多不着火"②。四川总督丁宝桢在一个奏折中说穿了利用黑旗军是一个卑鄙的阴谋,他说,如果"该匪幸而获胜",那么可以使越南感激中国,而由于黑旗军并不是正规的中国军队,又不至于使法国

---

① 《清光绪朝中法交涉史料》第5卷,故宫博物院1932年版,第27页。
② 唐景崧:《请缨日记》。《中国近代史资料丛刊:中法战争》(以后简称《中法战争资料》)第二册,第80页。

得到对中国寻衅的借口；如果黑旗军打不过法国人呢，"设此类竟为法国所歼，亦隐为中国除一大患。驱狼斗虎，似属一举兼得"①。甚至有的清朝官员认为黑旗军得胜是件危险的事，"若刘永福果终于胜法，又必骄悍难制，……各省亦须设防，是又岂浅鲜之害哉！"②在他们看来，让法国人歼灭刘永福这支农民军队，倒是更为有利的。

法国茹尔·费里的政府对于驻华公使宝海同李鸿章成立的协议还不满意，因此，它在向越南北部增强侵略军力的同时，改换了驻华公使，并派驻日公使特利古为专使到中国找李鸿章谈判。光绪九年五月间，特利古同李鸿章在上海谈判，八月又在天津继续谈判。在这期间，法军攻占越南首都顺化，强迫订立法越顺化条约，要越南承认是法国的保护国。越南国王要求中国予以援助。在同李鸿章谈判中，特利古以绝交和开战要挟清朝在越南问题上彻底让步。李鸿章虽然主张妥协，并且承认刘永福是应该清除的土匪，但是谈判没有达成协议。九月（1883年10月）特利古宣布中止谈判，因为这时法国已决心先用武力来把进入越南的中国军队赶走。到了光绪十年三月（1884年4月）法国又通过曾任天津税务司而同李鸿章关系密切的德国人德璀琳提出议和。一个月后，李鸿章同法国的代表福禄诺在天津订立了《简明条款》五款③。其主要内容是中国承认法国有权"保护"越南，并把进驻北圻的各防营调回边界，法国商品可以由越南自由输入中国。至于刘永福的队伍，李鸿章采取听任法国人加以消灭的态度。他在上报简明条款的奏折中说："刘永福黑旗一军，从前乘法兵单寡之时，屡殪法将，法人恨之切齿，必欲报复。上年曾纪泽（驻法使臣——引者）叠与该外部（法国外交部）商论，由中国设法解散约束，而法廷添兵攻取，意不稍回。……此次福禄诺绝未提及，我自不便深论。"④这个简明条款明显地违背了

---

① 《光绪朝中法交涉史料》第 3 卷，第 12 页。
② 《光绪朝中法交涉史料》第 9 卷，第 15 页。
③ 《中外旧约章汇编》第一册，第 455 页。
④ 《李文忠公奏稿》第 49 卷，第 50 页。

中越两国人民的根本利益,并自动向侵略者打开了西南的大门,因而在官僚集团内部也引起了一片反对声浪。但是以慈禧太后为首的朝廷完全同意这个条约,以为这样一来,就避开一次危险的战争了。

(二)中法战争之二:从开战到停战

越是想委曲求全地逃避战争,却越是免不了战争。光绪十年五月,在中法简明条款订定后不久,法国侵略军就向驻在谅山的还未接到撤防命令的清朝军队发动进攻,声称一定要清朝军队立即让出靠近广西边境的谅山等地。这回清军进行了反击,侵略军遭到一些伤亡,被迫后撤。法国政府通过它的驻北京公使向清朝政府提出极端无理的要求,说是中国应该为这次军事行动"赔偿"法国二亿五千万法郎(约合银三千八百万两),并且声称要以海军进攻中国。清朝政府不能不认为这是毫无道理的勒索,但仍派两江总督曾国荃到上海同新到中国的法国公使巴德诺进行谈判,并且寄希望于其他各国来主持公道。总税务司英国人赫德,从这时起一直成为中法间的斡旋和谈的中间人,他实际上是帮同法国人来向清朝政府进行讹诈。六月间,法国兵舰突然向台湾的基隆发动进攻,并登陆占领基隆炮台。督办台湾防务刘铭传的部队进行抵抗,击退了法军。当法军占领炮台时,法国公使声称,这是为了取得赔款的"质押"。曾国荃在上海的谈判没有结果。

从黑旗军刘永福的战绩来看,从谅山一战,基隆一战来看,法国军队并不那么可怕,这些事实使清朝的一部分官员反对求和,主张作战。但是以慈禧太后和李鸿章为代表的主要的当权派不但不采取备战的措施,而且还给敌人创造了进攻的有利条件。一支为进攻中国而来的法国舰队在这年的闰五月底(7月中旬)像进入自己的军港一样地驶入了福建的马尾军港。这时,马尾造船局创办以来已十几年,这个厂陆续造出的一些兵船,加上从外国买来的船只,已经形成一支除北洋海军、南洋海军外在当时说来还算有相当规模的福建海军。这支海军就停泊在马尾军港。福建的地方大员们（他们大多是李鸿章淮系的将领和官僚）居然把敌人引进自己的腹心要地。七月初三日（8 月 23 日）法国驻福州领事通告说，本日开战。马尾港内的法国舰队立即发动攻击，只用一个多小时就击沉了在这里的全部中国船只（包括十一艘兵船和十九艘商船），并且击毁了整个造船厂。福建海军中的部分官兵在毫无准备的情形下进行了英勇的抵抗，只能做到使几艘法国兵船遭到损伤。洋务派所建立起来的这支福建海军就这样地被自己的投降政策所毁灭了。

马尾的海战使得清朝当局无法掩饰战争实际上早已开始的事实，七月初六（1884 年 8 月 26 日）朝廷下诏宣布对法战争，指出法国方面"先启兵端"，"衅自彼开"①。但是封建统治者并不真是动员一切力量来抵抗侵略，而是继续寻求使侵略者同意和解的途径。因此，从宣战起七个半月后，下诏停战。在这七个半月的战争中，法国侵略者并没有取得全胜，而且在陆战中还遭到惨重的失败，但是投降主义的清朝政府却使得侵略者在谈判桌上得到了完全对他有利的和约。

法国用海军在台湾再次占领了基隆炮台，宣布封锁台湾海岸，并占领了澎湖。它的舰队又进攻浙江镇海海口，受到中国方面的炮台轰击，未能得逞。侵略军在陆战中受到了很大的失败。由于黑旗军横梗在从北越通往中国的云南省的路上，所以法国侵略军把主要的进攻方向放在广西方面。在这方面清方的主将，属于李鸿章淮系的广西巡抚潘鼎新，同被撤职的前任徐延旭一样，也继续采取逃跑主义，自动放弃谅山，逃进了镇南关（现改称友谊关）。侵略者乘机侵入广西境内，形成了严重的局势。这时曾任广西提督的七十岁老将冯子材奉命率部来到前线。他收集了溃散的兵勇，以积极进行抵抗的方针激励他的部下，并且在军事上作了反攻的具体部署。光绪十一年二月（1885 年 3 月）在镇南关外，冯子材部同法国侵略军展开了激烈的战斗，使后者遭到了完全

---

① 《中法战争资料》第五册，第 518 页。

没有料到的重大打击。法军被歼灭的有千余人,全军仓惶后撤,连谅山也只得放弃。法军的这次失败的消息传回法国,不但激起了法国人民对于代表金融资本家利益的政府的强烈不满,而且引起了资产阶级统治集团内部的严重争吵。挑起对中国的侵略战争的茹尔·费里的内阁因此而倒台。

但是在前方坚决抗法的官兵取得的胜利,却成了清朝政府用以进行乞和活动的资本。这种乞和活动在正式宣布战争以后事实上没有一天停止过。由于战争正在进行,清朝官员不便直接同法国人谈判,英国人赫德就更加成为不可缺少的中间人了。由赫德派到巴黎的金登干(也是个英国人)取得了代表清朝政府向法国政府进行和谈的全权。李鸿章一贯主张只要多少能保全"面子"就该妥协求和,在他看来,战争进行下去"大局将不可收拾"①,他完全支持赫德进行的活动。英国、美国、德国等国政府也都极力要促成以中国方面的妥协让步为前提的和议,因为他们既不愿意法国得到过多的胜利以致造成清朝统治的严重危机,更不愿意看见中国方面在战争中取得胜利,这种胜利当然会激起中国民族的自立精神,那是对侵略中国的列强都是十分不利的。法国在谅山方面大败以后,不得不稍稍降低议和的条件。清朝的投降主义者们认为,这是成立和议的最好机会。赫德这个代表英国利益,同时又代表侵略中国的列强的共同利益来管制清朝政府对外政策的角色,在这时也加倍地积极活动起来。金登干以清朝政府的名义在巴黎和法国政府签订了停战草约,其内容除停战外,重申在天津订立的简明条款有效,并规定中国从越南撤兵。于是在光绪十一年二月二十二日(1885年4月7日)慈禧太后颁发停战令。四月二十七日(6月9日),李鸿章和法国公使巴德诺在天津订立正式条约,承认越南是法国的保护国,并且给予法国以在广西、云南通商的特殊权益,规定中国以后如在这两省修造铁路,要同法国人商办。投降主义者既不敢抗议法国并

①《李文忠公电稿》第3卷,第60页。

吞越南,又使法国侵略者打开中国西南边境大门的目的如愿以偿。由于侵略者在战场上失利而没有提出"赔款"的要求,并答应从基隆和澎湖撤兵,这使投降主义者感到是在"面子"上已经很过得去了。

在镇南关外击退法军的主将冯子材,在太平天国战争时期是农民起义的大叛徒张国梁的部将。他和其他一些将领虽然对战胜后的屈辱和议表示不满,但都老老实实地接受了退兵停战的命令。剩下来比较使清朝感到棘手的就是刘永福的黑旗军。法国人并没有能消灭黑旗军,就要求清朝负责加以解散,声称如果一天做不到这点,它就一天不交还澎湖。刘永福在中法战争期间同清朝官方已有许多接触,并接受了"记名提督"的官衔。战争结束半年后,光绪十一年八月(1885年9月)他终于按照清朝政府的命令率部撤退,当了广东南澳镇总兵。法国侵略者没有能够用武力排除掉的障碍,清朝当局就这样为他们排除掉了。跟随刘永福撤退的只是他的部下的一部分,留散在越南的余部中有不少人后来参加了安世地区的越南农民领袖黄花探领导下的反抗法国侵略者的武装斗争。刘永福虽然是农民起义风潮中涌起来的人物,但他抵制不了清朝当局官爵的诱惑,也无力改变整个局势。在中法战争以后,他成了个普通的清朝官员。

(三)中日战争之一:被迫应战

在中法战争后十年,发生了中日战争,这次战争在光绪二十年六月(1894年7月)到二十一年二月(1895年3月),历时八个月。光绪二十年是甲午年,所以称为甲午战争。

这次战争在日本方面是蓄谋已久,做了充分准备的。日本这个初兴的资本主义国家带有浓厚的封建性,它从一开始就强烈地要求对外侵略扩张。同治十三年(1874年)日本曾武力侵犯中国的台湾(见第十章第四节)。光绪五年(1879年)日本并吞了琉球国。这时,日本已经积极向朝鲜伸张其侵略势力,并且企图对中国发动侵略战争。光绪六年(1880年)日本参谋本部长山县有朋写呈天皇的一篇《邻邦兵备略》已经明确说明，为了准备对中国战争，扩充军备是当务之急①。从1885年起，日本进行十年扩军计划。这个计划提前两年于1892年完成。光绪十九年(1893年)日本成立战时大本营，作好了武力吞并朝鲜并进而同中国作战的准备。

日本的对外扩张活动，得到了美国和英国的支持。同治十三年日本侵略台湾的军事行动就有美国人做它的后台，这以后，美国一直想利用日本来为它充当侵入朝鲜和中国的助手，所以中日战争中，美国很明显地是站在日本的方面。英国想把日本用做在远东牵制俄国的走卒，对于日本势力向朝鲜和中国的东北部发展采取鼓励的态度。在中日宣战前半个月，日本和英国在伦敦订立了新的条约。英国用这条约在实际上支持了日本对中国进行战争。在此以前，日本和西方各国所订的条约都具有不平等条约的性质，新的英日条约使日本第一次被认为是和西方列强具有平等地位的一员。

朝鲜是具有悠久民族文化历史的独立国家，这时在腐朽的封建王朝的统治下，国内阶级矛盾十分尖锐，同时，统治阶级内部的派系倾轧很厉害。日本侵略势力乘机在政治和经济上日益渗透到朝鲜内部。光绪十一年(1885年)，李鸿章和日本首相伊藤博文在天津订立一个有关朝鲜的条约，规定以后遇有重大事件，两国或一国要派兵，须互相通知。日本后来利用这个条约出兵朝鲜，发动了侵略朝鲜和中国的战争。

光绪二十年(1894年)春，朝鲜南部爆发大规模的农民起义。日本政府认为这是发动侵略战争的时机，它先诱使清朝政府出兵朝鲜，表示"贵政府何不代韩戡乱？……我政府必无他意。"②清朝政府得到日本的这种"保证"，又应朝鲜的请求，于五月初一派直隶提督叶志超和太原镇总兵聂士成率军一千五百人进驻朝鲜京城汉城以南的牙山。这

---

① 井上清等：《日本近代史》，杨辉译，商务印书馆1959年版，第43页。
② 《李文忠公电稿》第15卷，第33页。

时,日本军队突然以"保护"使馆和侨民为名大量进入朝鲜,五月初七(6月10日)占领了朝鲜京城汉城。在战争形势逼在眼前的时候,清朝政府没有丝毫认真作战的准备,却先后央求俄国和英国进行"调停"。英国既然站在支持日本北进的立场上,当然谈不上什么调停。至于沙皇俄国,虽然对于日本势力的扩张采取警惕的态度,但是在它看来,中国和日本间的战争有可能造成对它有利的机会,它宁愿等待这种时机的到来,而不愿采取任何步骤来阻止日本的行动。在清朝当局抱着靠国际调停避免战争的幻想的时候,日本动起手来了。

六月二十三日(7月25日)日本不宣而战,首先在牙山口外的丰岛海上击沉了装载着中国军队的一艘英国商轮,这批中国军队是李鸿章派到牙山去增援的。李鸿章从半殖民地的奴才心理出发,以重价租用英国商轮,以为可以得到英国国旗的保护。随船护航的北洋舰队的几艘兵船,一艘被俘,一艘受重创,其中较强的一艘铁甲船在船长的命令下临阵脱逃。在实行这种海盗行为的同时,日本军队陆上由汉城方面进攻清朝军队,聂士成所部在牙山附近的成欢驿与日军稍一接触,即狼狈败退。驻扎公州为后援的叶志超部队也早已放弃阵地逃跑。聂士成部队赶上后,一起绕道北走,辗转到了平壤。

在海上、陆上遭到日本方面的突然袭击后,七月一日(1894年8月1日),清朝朝廷下诏宣战。同一天,日本也正式宣战。对于这场早已可以预料到的战争,清朝政府处于被迫应付的状态。

八月中旬,日本军队用一万多人分路进攻朝鲜北部的平壤,在这里驻有清朝军队左宝贵、丰升阿、马玉崑、卫汝贵等部和从牙山方面逃来的叶志超的部队。叶志超是李鸿章的亲信,李鸿章曾在奏折中夸奖他说:"叶志超所部,能以绿营抽调之兵熟精泰西操阵之法。"[1]这回他虽然在牙山败逃,但李鸿章却根据他的报告,认为他是一路打败了日本军队而到平壤的,所以任命他为驻平壤各军的统帅。在他指挥下,聚集了

---

① 《李文忠公奏稿》第78卷,第14页。

一万四千多兵力在平壤一城,只是筑垒防守,摆着挨打的架势。当日军进攻时,只有部分军队进行了坚强的抵抗,将领中英勇奋战的是左宝贵,他在阵地上中炮牺牲。有的将领如卫汝贵率营遁逃。统帅叶志超一看到战场形势不利,立刻树起白旗,命令各军一起弃城北走,把积储在平壤的大小炮四十尊,枪万余杆和一应粮饷都留给了敌人。溃退的清军除了被日军堵截杀死的以外,一口气退到了鸭绿江以北,实际上成了把敌军引入国境的向导。日本军队经过了一番准备后,在九月下旬渡鸭绿江攻入中国境内。守江的清朝军队近四万人,都不战溃退,使日军轻易地在几天内占领了沿江的安东(今丹东)、九连城等地,并且进据凤凰城(今凤城)。

与此同时,李鸿章的北洋海军在一次被迫进行的黄海海战中遭到挫折。北洋舰队从大连护航运兵到大东沟,在准备返航时,八月十八日(9月17日)为日本舰队所袭击。北洋海军由丁汝昌统帅,他担任此职已十四年,当时人认为丁汝昌是"畏葸无能,巧滑避敌,难胜统带之任",李鸿章极力为他辩护说:"目前海军将才,尚无出其右者"①。这次海战刚开始时,丁汝昌在旗舰定远号的飞桥上。飞桥年久失修,在定远号发出第一炮时就被震断。丁汝昌自空中坠落,负重伤。右翼总兵兼定远号管带刘步蟾代替丁汝昌负起了指挥作战的任务。这次海战进行了一个下午,北洋海军参战的大小十三艘船中有两艘在战斗激烈时逃走,其中一艘还撞沉了自己的一艘船,有三艘被敌人击沉,其余七艘中,包括旗舰定远号,都遭到轻重不等的创伤。虽然如此,在作战中,有不少官兵很英勇。以邓世昌为舰长的致远号在舰只重伤,弹药用尽的危急时刻,开足马力向日本快舰吉野号撞去,不幸中鱼雷下沉,全舰二百五十多人壮烈牺牲。经远号舰长林永升指挥官兵奋勇作战,在竭尽所能地打击了敌人以后全船沉没。主力舰定远号和镇远号在不利的形势下坚持战斗到底,终于使敌舰队不得不退却。日本共十二艘船的舰

---

① 《李文忠公奏稿》第78卷,第53页。

队并没有得到全胜,它的旗舰松岛号被打得陷于瘫痪,有几艘兵舰受重创,一艘较弱的船被击沉。但是这一战使李鸿章吓破了胆。他命令他的舰队从此全部躲进威海卫港口内,实行他既定的所谓"以保船制敌为要"的方针①。这实际上是保存自己的实力,等待战争结束的方针。他没有料到,就是这个方针导致了他的舰队悲惨地覆灭。

在给予李鸿章的海军最后一击以前,日本军队先袭攻了旅顺港。旅顺港是北洋海军的一个基地,它与山东的威海卫对峙,扼守着渤海的大门。光绪六年(1880年),在这里开始修筑炮台。光绪十一年(1885年)后,在旅顺口内修筑了供海军修船用的大船坞和相应的设备。到了战争发生时,在旅顺口已经修成了一系列的炮台,所用的大炮大多是从德国买来的。日本当时的兵力要从海上正面进攻,并不容易。它以海军运兵在花园口登陆,从后路抄袭。这时北洋海军已经再不出头露面,陆上也没有一兵一卒来阻拦,所以日军能够从容不迫地登上花园口,经由皮子窝而直扑金州。李鸿章在事后奏报说:"查旅顺一岛,孤悬海中,所筑炮台,专为备击洋面敌船而设。若论防守周密,必须于后路金州一带设立重兵。当无事时,莫不以为过计,且实无此财力。此次倭兵于金州东北之皮子窝登岸,本非旅顺海口守台兵将所能远防。贼已袭据金州,则大连湾和旅顺俱成绝地"②。其实,在金州和旅大,当时清军还有相当大的兵力,但是几乎所有的将领都相率放弃阵地,望风逃遁,因此敌军在攻占金州后,只用了两天,就占领了大连。当它在大连休整十天的时候,集中在旅顺的清方部队还有一万三千多人,但将领们仍然毫无主动作战的布置,都在各自图谋如何保全自己的生命和所蓄积的财富。所以日军在重新发动进攻时,只用了四天,就从不战而逃的清军手里拿下了旅顺。这是十月下旬的事情。在整个战役中,只有总兵徐邦道所率的六个营在金州附近和在大连、旅顺间进行了认真的抗

---

① 《李文忠公奏稿》第78卷,第53页。

② 《李文忠公奏稿》第79卷,第34—35页。

击,虽然他的兵力很少,也使敌军受到若干挫折。可见如果所有的部队齐心协力地抵抗,孤军深入的敌军是难以得逞的。

两个月以后,日军以同样的后路抄袭的方法进攻威海卫。它的海军护送了两万多兵力在威海卫以东的成山角登陆。躲在威海卫港内的全部北洋舰队(大小兵舰十五艘和鱼雷艇十三只)守定宗旨,不出来拦阻。登陆的日军十天后就进兵从后路攻占了威海卫港口南北两岸所有的炮台。防守炮台的军官们在敌军压境时纷纷不战自逃,只有部分兵勇自发地进行抵抗。在岸上的所有炮台都落到了敌人手里时,敌人又用海军封锁了东西港口,港内的北洋舰队就成了瓮中之鳖。他们的唯一希望是陆上的反攻,但是清朝当局根本没有反攻的布置。这时,威海卫口外的刘公岛还在清军手里。如果配合上刘公岛上炮台的威力,港内的舰队全力冲击突围,也还不是不可能。但是军官们不敢下这决心。在北洋海军中有不少洋员,他们都主张投降。其中主要的是担任海军副提督的英国人马格禄和担任顾问的美国人浩威,他们和有些清朝军官勾结起来,唆使刘公岛上的兵士们哗变,并且胁迫丁汝昌采取投降的步骤。丁汝昌这时已无力统帅全军,也不敢承担投降的罪名,他在绝望中服毒自杀。其他将领在洋员的指使下向敌人发出了由浩威起草的投降书。于是北洋海军的尚存的十一艘兵船和刘公岛的炮台及一切军资器械都在光绪二十一年正月里(1895年2月)全部完好地成了敌人的战利品。

渡过鸭绿江的日本军队分途向辽阳进军。除聂士成和依克唐阿所部在凤城以北进行了顽强的抗击以外,其余各军几乎都是敌来即逃。只是由于日本在这时要分兵进攻旅大和威海卫,所以它在辽东方面没有迅速展开攻势。中国在辽南的军队数量大于进犯的日军,而且各地人民群众已有自动起来打击敌人的,如果各军在统一指挥下有力地进行反攻,至少能使侵略军陷于困境。但是清朝军队最多只能在敌人进攻时进行消极的防御,而在敌人停下来休整待机的时候,他们也但求暂时无事,坐对敌人无所作为。到了旅大失守以后,日军在辽南先后攻占了海城、盖平,于是不但辽阳、沈阳受到威胁,而且从营口、牛庄直到辽西的锦州都大为震动。

到这时,李鸿章的淮军势力的腐朽无能已暴露无遗,它无论在海上和陆上都每战必败。湘系的势力乘机起来攻击李鸿章,企图取而代之。这时,湘系的最大军阀是两江总督刘坤一。他在光绪二十年十二月被朝廷任为钦差大臣,驻山海关,担任统帅。湖南巡抚吴大澂和四川提督宋庆任他的副职。当日本军队渡过鸭绿江时,宋庆是驻防江边不战而退的各军的统帅。吴大澂则是个进士出身的文官,擅长金石考古,自鸣风雅,还自以为懂得军事。刘坤一、吴大澂从湖南、湖北、安徽调动了不少军队出关,加上原在关外的军队,声势很大,似乎可以扭转形势。

他们的计划是首先收复海城。吴大澂、宋庆都亲自到海城附近。他们用来向海城敌军进攻的有一百余营、六万多人的兵力。但是由于将官指挥无能和部队腐败,并没有能进行有效的攻击,反而在敌人的反扑下全部溃退了。敌人先占领了海城以北的鞍山,然后西向占领牛庄。牛庄由号称能战的一部分湘军据守,但战斗不到一天就失掉了。听到这个消息后,身在牛庄以西九十里的田庄台的吴大澂慌了手脚,立刻率军西逃。带了三万兵力屯驻营口的宋庆也连夜跟着退却,把营口丢给了敌人。宋庆所部退到田庄台时遭到敌人围攻,损失惨重。他的余部会合吴大澂部一起退到了锦州附近的石山。看到这样的几万部队的大溃退,清朝政府惊慌失措,认定锦州到山海关也将是无法防守了。

为什么在战场上每战必败?当时日本的军备,在数量上,其实并不比中国强。以海军说,日本海军所有的舰数与总吨数同李鸿章所掌握的北洋海军大致相当,而且中国除北洋海军外,还有规模较小的南洋海军和福建、广东的海军。可是到了战争临头的时候,李鸿章却极力夸张敌人的力量,而把自己经营多年的海、陆军说成不堪一战。他说,日本的兵舰新,行驰速度比中国的船快得多,日本陆军的枪炮也比中国的"精而且多"。他说:"凡行军制胜,海战惟恃船炮,陆战惟恃枪炮。稍有优绌,则利钝悬殊。"①照李鸿章说来,武器装备的状况注定了中国必败。但是战争进行的实际情形表明,北洋海军的全军覆没并不是由于跑得慢的原因,陆上战争的失败同样也不能归罪于武器。以李鸿章为代表的洋务派官僚一向抱着决定战争胜败的唯一因素是武器的观点,他们的唯武器论的实质就是失败主义和投降主义,这在甲午战争中又一次得到了充分的证明。

(四)中日战争之二:议和与反对议和的舆论

失败主义是和投降主义形影相随的。掌握朝廷大权的慈禧太后和李鸿章其实从战争一开始就不打算使战争继续下去,但他们找不到办法使日本同意停战。在战争进行了两个月的时候,慈禧太后重新起用她在十年前罢免了的恭亲王奕訢主持总理衙门,以代替庆亲王奕劻。当时有些朝廷大臣因为感到奕劻贪庸无能,所以坚决主张起用奕訢。这个富有"洋务"经验的亲王,一上台后,立即同李鸿章一起分别向英国和俄国的驻华公使联络,希望他们出面进行"调停"。英国、俄国各有自己的打算,并不急于使日本停战。英国这时曾向美、俄、法、德提出由各国共同进行调解的建议。这个建议特别受到美国的反对,英国也就罢手了。美国之所以反对这建议,因为它的政策就是让日本得到充分的胜利后,由它来独家经理中日间的和议。

恭亲王看出了美国同日本关系最为密切,在十月初就经过美国驻华公使田贝呼吁美国政府来调停。田贝和美国驻日本公使谭恩根据美国政府训令开始在中日间做了些联系传话的活动。由于急于求和,李鸿章在恭亲王同意下派遣了一个德国人、担任天津税务司的德璀琳作为自己的代表到日本去探商和议的条件。为了使这个德国人有正式的身份,还给了他以头品顶戴。正在日本军队攻下旅顺口的时候,这个德

---

① 《李文忠公奏稿》第78卷,第61页。

国人携带了李鸿章求和的亲笔信来到日本,日本政府拒绝同他谈判,但同时又通过美国人要清朝政府派出"具有正式资格的全权委员"。经过美国人居间进行了一番斡旋后,清朝政府决定派户部左侍郎张荫桓和曾任台湾巡抚的邵友濂为代表到日本去。这两个官员在光绪二十一年正月初六到达日本的广岛,在日本住了十多天,这正是日军攻占威海卫,聚歼北洋海军的时候。日本方面仍拒绝同这两个代表谈判,理由是他们并未由清朝政府授与谈判的全权。张荫桓和邵友濂没有能从日本人那里探听到一点讲和的条件就被实际上驱逐回国。

日本方面又经过美国人向清朝政府说,必须改派"声望甚尊,声名素著的大员,给与十足责任",方可进行谈判,而且还表示,日本将不仅要求赔款,而且要求割地,所以清方的代表必须是有权订立这样的条件的大员才行。日方还透露,他们所中意的大员就是奕䜣或李鸿章。这时,清朝政府已经自认一败涂地,为了求得停战,不惜任何代价,所以决定派李鸿章为全权大臣到日本乞和。李鸿章率领了大批随员在二月间到达日本的马关,随行的人员中有几个美国人,其中主要的一个是科士达,此人曾于1892—1893年任美国国务卿,在张荫桓和邵友濂到日本时已被清政府聘为顾问。这些美国顾问所起的作用就是使李鸿章的代表团老老实实地接受日本方面提出的条件。

以李鸿章为一方,以日本的首相伊藤博文和外相陆奥宗光为另一方的马关议和在二月二十三日开始。日本方面拒绝先停战,再议和约,所以战争状态仍继续存在,虽然事实上日本已经没有力量立即进行新的战役。由于有个日本浪人开枪打伤了李鸿章,谈判日程拖延了些时间。三月初五,双方成立了以二十一天为期的停战条款。接着日方才提出了他们的和约底稿,并且威胁说,和议不成,就要重新进行战争,进攻北京。伊藤博文向李鸿章的儿子李经方(他在李鸿章养伤的时候,被任为钦差全权大臣)说:"若不幸此次谈判破裂,则我命令一下,七十艘运送船,搭载大军,舳舻相接,直往战地。如此,则北京之安危,有不忍言者。再深切言之,谈判破裂,中国全权大臣一去此地,能否再安然出入北京城门,亦属不能保证。"①这种威胁,对于包括李鸿章在内的清朝当权派是很有效果的。在李鸿章伤愈后,同伊藤博文进行议和条款的谈判时,他们间有如下一段谈话②,可以看到一方面是如何咄咄逼人,一方面是如何俯首听命。

> 伊藤:停战多日,期限甚促,和款应从速定夺,我已备有改定条款节略。……中堂(指李)见我此次节略,但有允、不允两句话而已。
>
> 李:难道不准分辩?
>
> 伊藤:只管辩论,但不能减少。
>
> 李:既知我国为难情形,则所求者,必量我力之所可为。
>
> 伊藤:时限既促,故将我所能做到者,直言无隐,以免多方辩论。

这样,到了光绪二十一年三月二十三日(1895 年 4 月 17 日)就完全按照日方提出的条件签订了《马关条约》③。条约的主要内容是,中国要把辽东半岛和台湾全岛及所有附属各岛屿(包括澎湖列岛)割让给日本,"赔偿"日本军费二万万两,添设湖北沙市、四川重庆、江苏苏州、浙江杭州为通商口岸。条约中还规定,日本人在中国通商口岸,任便从事各项工艺制造,并得将各项机器任便装运进口,日本在中国制造的货物享受与进口货物一样优待的权利。这一条当时对日本说来,并不是现实的需要。可以说,这一条是按照支持日本的美国和英国的意愿而订立的,因为根据所谓利益均沾的原则,这种规定,其他国家都能一体享受,而当时的美国和英国就是要求进一步开放中国,使中国成为他们进行工业投资和其他投资的场所。

从中日甲午战争一开始起,在朝廷中,在官僚集团中,在社会上,都

---

① 王芸生:《六十年来中国与日本》第 2 卷,天津大公报馆 1932 年版,第 317 页。

② 王芸生:《六十年来中国与日本》第 2 卷,第 324 页。

③ 当时马关签订的有《马关新约》十一款,《另约》三款,《议订专条》三款,《停战展期专条》二款,一般总称为《马关条约》。见《中外旧约章汇编》第一册,第 614—618 页。

有谴责战争不力、反对乞和的呼声。对于这种呼声,应当加以分析。

光绪皇帝在中日甲午战争时形式上已经执政五年了,但用人、行政大事其实还是由慈禧太后决定。李鸿章是慈禧太后所宠信的。光绪帝所最亲信的大臣翁同龢一向对李鸿章揽权太大不满意,朝鲜问题和中日战争为他和别的某些大臣提供了攻击李鸿章的机会。因此在官僚集团中就似乎出现了受到皇帝支持的主战派和受到太后支持的主和派的对立。但其实这种两派之间的对立并没有超过宫廷和官僚集团内部在通常情况下因争权夺利而引起的互相倾轧。

懦弱的光绪帝丝毫不敢违抗太后的意志。军机大臣中的翁同龢、李鸿藻等也没有提出过什么扭转局势的主张,他们只能满足于在军事失败时给李鸿章以这样那样的处分,但剥夺不了他的权力。在日本方面选定李鸿章作谈判的对手时,他们也就乘机把一切责任都推给李鸿章去负担。翁同龢这时只是主张宁可多赔钱,不能割地。等到马关条约签订时,这些主战派的大臣们都噤声不响,承认了既成的事实。

朝廷中不少较小的官员,包括本来只是空发议论的御史,纷纷上奏主战,在和约订立后也表示反对。他们的大部分议论有一个特点,就是把战败乞和的责任都归罪于李鸿章一个人。有的说:李鸿章"以洋人得功,遂终身以洋人为可师","此次战争实为李鸿章因循怠弛所酿成。"有的说:"李鸿章志存和局,致诸将观望不前。"有的骂李鸿章是"老悖糊涂之人",是"内奸"。有的说日本之所以"明目张胆如此之横者,皆李鸿章与之狼狈为奸也"①。他们这样猛烈地攻击李鸿章,以为似乎只要去掉李鸿章一个人,一切事就好了,这不过是痴人说梦。他们并不是认真反对投降主义,所反对的只是李鸿章的投降主义。

有些所谓主战派官僚提出了极其荒谬的主张。例如礼部右侍郎志锐、翰林院侍读学士文廷式都提出过送给英国几千万银子以"联英伐

---

① 以上见中国史学会主编:《中国近代史资料丛刊:中日战争》(此书以后简称《中日战争资料》)第三册,第61、109、327 页及第四册第33 页等处。

倭"的主张。两江总督张之洞向来慷慨主战,但他又是个极力主张求援于英、俄的人。马关条约订立后,他立即表示反对,他提出的办法仍然是"速向英、俄、德诸国恳切筹商,优与利益,订立密约,恳其实力相助,问其所欲,许以重酬,绝不吝惜"①。这种为了反对这一个强盗而向另一些强盗卖身投靠的主意,同李鸿章的投降主义并没有原则的区别。

用湘系力量来代替李鸿章,事情就好了吗?吴大澂率兵出关时,大言不惭地声称胜利在握,但一到战场上就现出了是个可耻的逃兵。刘坤一没有指挥打过一次仗,当时人说他:"顿兵于关门而毫无振作"②。又有人这样描画他:"刘坤一驻山海关,一日讹言倭兵至,坤一惧而三徙,其悖谬如此"③。这些口头上的主战派当然不能真正反对投降主义。

任何反动统治势力都不会心甘情愿地走下坡路。对于清朝政府说来,被日本这样一个初兴的岛国打得没有还手之力,只能以赔巨款和割重地来苟且偷生,实在是一口难以咽下的苦水。但是封建统治阶级这时已经腐败到了极点,再也产生不出像鸦片战争中林则徐那一类比较认真的主战派了。从他们中发出的破落户的愤懑,"尊王攘夷"的空谈和对于实行投降政策的负责官员的咒骂,其实不过是失败主义、投降主义的孪生子。张之洞等人的上述主张更是表明封建统治者已经有意识地想走半殖民地的道路来保全自己的地位。

腐朽无能的封建统治阶级给中华民族带来了空前严重的危机。初起的软弱的资产阶级面对这种危机,也发出了自己的呼声,形成了反对投降主义的社会舆论。前面已经说过(见第十章第六节),直到甲午战争时,中国民族资本主义虽然有所发展,但是民族资产阶级还没有形成为一个经济上、政治上独立的阶级,他们的发言人多半是地主阶级出身

---

① 王芸生:《六十年来中国与日本》第 2 卷,第 370 页。
② 《中日战争资料》第三册,第 502 页。
③ 《中日战争资料》第五册,第 496 页。

的知识分子,或者是同买办商人有联系的文人。他们发出的呼声在内容上往往同上述官僚分子的议论有相通处,但毕竟还是有自己的特点。这种同没落地主阶级的愤懑和空谈有所区别的资产阶级倾向的反投降主义舆论的出现,是以往几次中国遭到侵略战争时所没有过的现象。

上海成为这种舆论的中心。这时,北京、天津、上海间已通电报,所以京城消息能很快传出来。上海已有的几种报纸,如《申报》、《新闻报》、《沪报》,都是英国、美国人投资创办,有买办商人参加,由中国文人编辑。这种报纸固然不可能以独立的资产阶级立场评论国事,但通过这种报纸,战争与议和的真相比较广泛地为社会人士所了解。执笔的文人在相当大的程度上反映了市民群众的观点。他们主张对日本作战采取积极的方针,虽然他们所提出的办法(例如把哥老会等秘密会社的力量动员起来出兵打到日本去)①不切实际,却也表示了对清朝当局消极挨打的政策的强烈不满。他们愈来愈感到战争失败的根源在于清朝统治的腐败。他们写道:“盖我中国数十年来,凡秉钧衡,都系伴食,其于四方之凭陵侵削,置若罔闻,得失是非,付之不顾……”。“自通商而后,虽同文馆立于京师,方言馆建于上海,武备学堂置于天津,水师学堂立于金陵,各省复设机器、船政、轮船、电报等局,要皆虚应故事,徒糜经费”②。清朝当局的乞和活动受到舆论的强烈谴责。奉命赴日本的张荫桓、邵友濂路过上海,他们奏报说:“迨行抵沪上,匿名揭帖,遍布通衢,肆口訾諆,互相传播”③。以上海为中心的这种群众性的舆论预示着一个资产阶级性的政治运动即将兴起。

正在北京应考的康有为起草了一个反对议和的万言书,邀集各省应考的举人一千多人,准备联合向朝廷呈递。由于马关条约已经签订,这些为求做官而来的人绝大多数是三分钟的慷慨派,也就以为“成事

---

① 　当时报纸上发表的《论防倭不如剿倭》、《论中与日战宜出奇兵以乘之》等文。见阿英编《中日战争文学集》,北新书局 1948 年版,第 25、27 页。

② 　同上书,第 30、56 页。

③ 　《中日战争资料》第三册,第 442—443 页。

不说",纷纷散去。但康有为的这份万言书流传甚广,影响很大。它的主要内容,如他的学生徐勤所说是:"请拒和、迁都、练兵、变法,盖非迁都不能拒和,非变法无以立国也"。清朝当权派认为非和不可的一个主要理由是,日本将打到京城;康有为则主张,为了下决心打下去就要迁都。类似康有为的这种主张,在官僚集团中也有人提出过,但当权派根本不加考虑。康有为的万言书的内容最主要的特点是"变法"。他说,迁都、练兵等等还只是"权宜应敌之谋",而根本的"立国自强之策"则是变法。关于怎样实行变法,康有为提到,要准许民办各种机器工业、民办轮船、铁路的运输事业,要鼓励商会。他说:"商会者何?一人之识未周,不若合众议。一人之力有限,不若合公股。故有大会大公司,国家助之,力量易厚,商务乃可远及四洲"①。康有为总结他的变法主张说:"今若百度更新,以二万里之地,四万万之人,二十六万种之物产,力图自强……何至含诟忍耻,割地款于小夷哉?及今为之,犹可补牢。苟徘徊迟疑,苟且度日,因循守旧,坐失事机,则诸夷环伺,间不容发,迟之期月,事变必来。后欲悔而改作,大势既坏,不可收拾,虽有圣者,无以善其后矣!"②康有为的这番主张,是从和战问题出发,初步地提出了一个按资产阶级要求改变国家面貌的纲领,这同仅仅从维护封建统治政权出发,并把战败乞和的责任归罪于李鸿章一人的主战论是有明显区别的。

(五)中日战争之三:保卫台湾的斗争

康有为的万言书虽然提到了"四万万之人",但如何把这四万万人中的绝大多数动员起来,他是提不出办法来的。

有几个奉天(辽宁省)举人向朝廷奏告说:对于日本侵略者"奉天

①②　中国史学会主编:《中国近代史资料丛刊:戊戌变法》(以后此书简称《戊戌变法资料》)第二册,神州国光社1953年版,第146、153页。

人民无不痛恨,贼(指日本侵略者)虽百计利诱,犹皆私立团防以拒之,若果因势利导,则遍地皆兵,而贼到处掣肘"①。这所谓"私立团防",就是说,不是官办的。在辽东的岫岩东南的桂花岭,"居民皆习淘煤,俗呼为煤黑,连村数十,自练乡团",对于来犯的日本侵略军,"乡团极力堵御,以抬枪毙贼无算。自十月中旬至下旬,相持甚久"②。但这种情形并不多。封建统治者在对外打仗时,不可能真正发动民力。第一,封建剥削和压迫的枷锁使人民动员不起来,特别是封建的军队的扰民行为直接阻碍了战区人民的发动。一个奉天府丞这样说:"兵于贼将至之时,或托言击贼而先逃遁,或扬言贼至而先肆掠,奸人妇女,抢人财物。故人不曰被贼祸,而曰遭兵劫。离散人心,莫甚于此。"③第二,封建统治者利用民力的办法是由官方指定的地主绅士办团练,这种办法只是束缚人民的手脚,而不能真正动员人民群众的力量。所以在中日战争中,辽东和山东的战区,只有个别地方有下层人民群众的自发的斗争。

从马关条约订立后保卫台湾的斗争中,可以明显地看到,在下层广大人民群众中蕴藏着反对侵略者的巨大力量,封建统治者中的投降主义者固然只能出卖人民,他们中宣称主战的人也只是空谈,而资产阶级倾向的爱国者也不能同下层人民群众在一起坚持斗争。

台湾在中法战争结束的那一年(光绪十一年,1885年)成为一个行省,在这以前是属于福建省的一个道。建省后第一任巡抚是刘铭传,他在台湾修建了铁路、电报线,设制了一些军事防务。继任的邵友濂,在中日战争发生后害怕战争波及台湾,设法让朝廷把他调离。于是原任台湾布政司的唐景崧便升任为巡抚。唐景崧在十年前中法战争时,任吏部候补主事,自告奋勇到越南北部同刘永福联系。他主张利用刘永

① 《中日战争资料》第四册,第38页。
② 《中日战争资料》第一册,第113页。
③ 《中日战争资料》第三册,第363页。

福的兵力,实际上是要把黑旗军这支产生于农民起义的部队纳入清朝统治者的轨道。他成功地做到了这一点,由此而在官场上步步上升。刘永福在中日战争开始时,由广东南澳调到台湾,他手下只有两个营,以后在台湾逐渐扩充到八个营。由于他在中法战争中声名很大,这时朝廷里也有人想到他,有过把他调到北方去参加作战的打算,但没有成为事实。唐景崧虽然同他是老相识,但在台湾却极力排挤他,生怕巡抚的位置被他夺去。唐景崧让自己的亲信部队驻守台湾北部比较富庶的地区,而要刘永福以帮办台湾军务的官衔驻守台南。

唐景崧自命懂军事,其实只是个纸上谈兵的书生。他的腐朽的官僚习气不次于清朝的其他封疆大吏。光绪二十一年二月底,当李鸿章已在马关开始进行乞和谈判的时候,日本以海军轻易地攻陷隶属台湾省的澎湖岛。台湾形势大为紧张。台湾要被割让的消息也渐渐传出来。唐景崧电奏朝廷,反对割让台湾。怎样避免割让台湾,他在马关条约订立后向朝廷提出了个"妙计",说是"如全台许各国为租界,各认地段开矿,我收其税,彼利益均沾,全台将益繁盛,而各国有租界,商本萃集,自必互禁侵扰"①。唐景崧的想法显然是,如果台湾为日本独吞,他立刻当不成台湾巡抚了,而如果让列强在台湾"利益均沾",他还可能保留自己的地位。他出的这条荒谬的主意虽然未能实现,但是这条主意实际上就是清朝统治者在一定程度上在全国实行的办法。

台湾省各阶层人民对于马关条约发出了强烈的抗议。唐景崧电告总理衙门说:"城(指台北城)内外已竖旗聚众,台变在俄顷,崧命在旦夕,危不可言"②。又说:"纷传和约已画押,有割台一条,台民汹汹,势将哗变,恐大乱立起"③。在因为被自己的政府所出卖而愤怒的人民群众面前,唐景崧怕得要命,他怕这种愤怒首先落到自己的头上。他是不

---

① 《中日战争资料》第六册,第387页。
② 《中日战争资料》第四册,第95页。
③ 《中日战争资料》第六册,第384页。

敢同台湾省人民一起抗击日本侵略者的,虽然他曾向朝廷吹嘘说:"臣职在守土,倭如攻台,战事死生以之"①。

清廷派出的割让台湾的专员李经方于光绪二十一年五月九日,在靠近基隆的日本兵船中,同日本人签定了交接台湾的字据。在这以前,清政府已经命令唐景崧和在台湾的大小文武官员撤离台湾。但是唐景崧没有立刻就走。先几天因为他还幻想由于国际干涉而可能不割让台湾,后来又因为他被要求抵抗日本侵略者的人民群众所包围,跑不了。

反对割让,反对日本侵略者,在台湾已经成为沸沸腾腾的群众运动。这个运动开始时是由一些地方绅士所领导,其中最著名的是丘逢甲。他是台湾苗栗县人,考中过进士,但没有做官,甲午之战时三十一岁,就其思想说,是带有资产阶级倾向的一个知识分子。战争发生后,他以绅士的资格组织团练,后改称义军。事实虽然使得以丘逢甲为代表的爱国绅士们不能不对清朝政府绝望,但是他们还是想把唐景崧挽留在台湾,做他们的领袖,以为可以依靠他的兵力。

日本侵略军在五月初六由基隆以东的底澳登陆,经由三貂岭、瑞芳而指向基隆和台北。唐景崧不愿依靠熟悉地形的本地人的武力,而他自己从广东招募来的队伍,缺乏训练,没有纪律,多数遇敌溃散,只有少数队伍还能抵抗一下。到了十二日,有一群溃兵进入台北城,纵火劫掠,造成了混乱的形势。唐景崧并不设法安定局面,却化装溜出台北,搭乘英国船逃到厦门去了。

唐景崧的逃跑使日本人唾手而得基隆和台北。这时台湾省各地群众武装组织还在纷纷起来活动,但是同这些武装组织有联系的丘逢甲认为大势已去,在唐景崧逃走后不到两个月,他也和他的全家一起离开台湾,跑到广东去了。

继续抗击侵略者的义军的领袖,最著名的有徐骧,他是苗栗县的一个庠生。他和本县的另一个庠生姜绍祖,本县的一个生员吴汤兴各自

---

① 《中日战争资料》第三册,第488页。

率领了一支义军,在新竹、苗栗一带抗击由基隆、台北南下的侵略军。他们都是比较接近下层群众的年轻知识分子,姜绍祖只有二十二岁,他们所领导的义军主要是由农民群众组成的。他们在战斗中得到了在台南的刘永福的支持。

刘永福这时是留在台湾的清朝最高的官员。在台北失陷后,刘永福发出布告表示要和台湾省人民一起坚持战斗。闰五月初,日本兵舰进攻台南的门户安平口,刘永福亲自率兵防守海口,日本人没有能在此登陆。因此,日军只能在陆上一步步由北向南推进。刘永福派出一部分军力和徐骧等人的义军在台湾中部配合作战。参加作战的还有原来被称为"土匪"的简精华、林义成、黄荣邦的部队。刘永福的黑旗军和群众武装队伍都打得很勇敢顽强。但他们采取的是死守一个个城市的办法,他们只能使敌人每前进一步都不能不付出严重的损伤做代价,却无法阻止一个个城市为敌人所占领。义军领袖吴汤兴、姜绍祖和刘永福的部将杨紫云、吴彭年、杨泗洪等先后英勇地战死。日本军队占领了台中等地并向台南进攻。徐骧也在坚守台南城北面的门户嘉义城时战死。同时,日本海军又在台南以南的打狗登陆,攻陷打狗的炮台。

刘永福并不是真正有在台湾作战到底的决心。看到战场上形势对自己不利的时候,刘永福送信给日本方面,表示"本帮办意欲免使百姓死亡受累,故本帮办亦愿将台让与贵国",并且提出两条要求,即一、要求日本"厚待百姓,不可践辱",二、要求日本用船把刘永福及其所部"载回内地"。尤其可耻的是,刘永福在给日本人的信中竟说:他的部队都驻在台南城内,"决无由我动兵攻击之行动",而台中各地的战事都是"台湾土人"干的①。日本人在回信中傲慢地拒绝了刘永福提出的条件,要刘永福自己到日本军中来乞降。刘永福骨头已经软下来了,再也硬不起来。他在九月初也同唐景崧一样,抛弃了他在台湾的部下和台湾人民,化装逃上一艘英国轮船,用重金贿赂轮船主把他送到了厦

---

① 《中日战争资料》第六册,第495、496页。

门。有人曾向刘永福建议退入内山,坚持战斗,但他不能这样做。刘永福早已为封建官僚集团所同化,正如当时有人评论他所说的,"其富贵功名之愿已遂,室家妻子之恋难忘"①。他是不可能同台湾坚持斗争的人民真正结合在一起的。

日本军队虽然占领了整个台湾,但是从台湾各族人民中兴起的反抗斗争仍然连续不断。领导群众起义的著名人物在最初几年间先后有林大北、陈秋菊、柯铁、简大狮、詹阿瑞等人。日本人的著作中说:"第一次中日战争后,日本政府在台湾面临着汉族的强力反抗,就不得不首先确保自己的军事警察的统治。最初实施军政,凭借军队的力量执行一切政务,同时对反叛军队进行讨伐,但这并没有获得成功"。在1898年后"完成了特殊的警察制度,台湾才告'平定'"。在所谓"特殊的警察制度"下,"和人民直接接触的官吏只有警官",同时还实行"保甲制度"这种"利用居民连坐负责来维持治安的封建办法"②。但实际上,在日本占领台湾的五十年间,台湾广大人民群众反对侵略者的斗争始终没有停止过。

---

① 易顺鼎:《盾墨拾余》。《中日战争资料》第一册,第138页。
② 小山宏健:《日本帝国主义史》第1卷,许国倍译,三联书店1961年版,第106—107页。

《人民文库》编委会

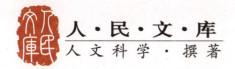

人·民·文·库

人文科学·撰著

从鸦片战争到五四运动

（下）

胡绳 著

人民出版社

第 三 编

戊戌维新和义和团运动

第 十 四 章

中日甲午战争后帝国主义列强对中国的掠夺

（一）沙皇俄国和辽东半岛

中日甲午战争后,中国面临着被世界列强肢解和瓜分的严重危机。

清朝政府在初兴的日本军国主义的打击之下,如此可耻地屈服,使得中国看起来已经是个奄奄一息的巨人。帝国主义列强,一群饿狼一样争先恐后地扑上来,撕裂这个巨人的肢体,吞噬这个巨人的血肉,并且因此而在它们相互间引起了激烈的矛盾和斗争。

在甲午战争后,对中国下手得最快的是沙皇俄国。

马关条约中有割让辽东半岛给日本的一条。这一条使沙皇俄国感到极大的震动。俄国联合了德国和法国,在马关条约签字六天后,向日本政府正式提出,要求日本放弃占有辽东半岛,这是以武力为后盾强迫日本让出已经到了嘴边的肥肉。日本估计到自己在军事上无力对抗以俄国为首的这三国,英、美也不可能为此而给它以实力帮助,所以只好接受了三国的要求。中国必须为此再付出一笔巨额的赎金,也由俄、德、法三国同日本商量好了。然后,日本政府才同清朝政府进行关于这个问题的谈判。清朝政府派出的谈判大臣仍然是李鸿章。谈判的结果是根据三国已经同日本商定的办法由中国付出三千万两银子以换取日本吐出这一份赃物。

沙皇俄国插手干预,当然不是为了中国,而是要把辽东半岛这块肥肉留下给自己享用。

通过1858年5月的《瑷珲条约》和1860年11月的《北京续增条约》这两个不平等条约,俄国强占了在尼布楚条约中规定为中国领土的黑龙江以北、乌苏里江以东一百万平方公里的领土。但沙皇政府的野心不止于此。由于俄国所霸占的太平洋沿岸各港口都在冬天封冻,不能常年通航,从七十年代起俄国的侵略政策中就提出了在远东地区取得不冻港的目标。朝鲜东南部的港口和我国渤海海峡口上的旅顺、大连和威海卫都曾经是它所看中的目标,它最终选择了旅顺和大连。因此,当日本想把辽东半岛攫为己有的时候,沙皇政府认为它必须站出来进行干涉。

在马关条约尚未签订,但日本所提要求的内容已经传播出来的时候,俄国外交大臣罗拔诺夫在上沙皇的奏折中就指出:"日本所提和约条件中最引人注意的无疑是他们完全占领旅顺口所在地的半岛,……由我国利益来看,此种占领是最不惬意的事实。"①沙皇尼古拉第二立即召开大臣特别会议讨论对策。这次会议决定:"必须坚决主张日本放弃占领满洲南部","假使日本坚持拒绝我们的劝告,就对日本政府宣布,我们将保留行动的自由,而我们将依照我们的利益来行动。"②在这次会上,侍从武官长万诺夫斯基说:"占领南满以后日人将逼近我国边界,在我们有必要重划阿穆尔疆界时,将使我们非常困难"。财政大臣维特说:"我们最好现在就积极行动(以阻止日本进占满洲——引

① 《红档杂志有关中国交涉史料选译》,三联书店1957年版,第149页。
② 《红档杂志有关中国交涉史料选译》,第159页。

者），暂时不修正我们阿穆尔的疆界及不占领任何土地"；"如果出乎意料之外，日本对我国外交上的坚持置之不理，则令我国舰队不必占领任何据点，即开始对日本海军作敌对行动，并轰击日本港口，这样我们就成为中国的救星，中国会尊重我们的效劳，因而会同意用和平方式修改我们的国界。"①他们一再提出"修改阿穆尔（即黑龙江）疆界"，就是因为兼并满洲（我国的东北）的政策早在中日甲午战争以前已经确定了。

俄国在1891年开始建筑西伯利亚铁路，其主要战略目的之一，就是为了实现对中国的侵略计划。当中日甲午战争正在进行时，俄国外交大臣罗拔诺夫上沙皇的奏折中说："我们要在太平洋上获得一个不冻港，为便利西伯利亚铁道的建筑起见，我们必须兼并满洲的若干部分。"②1895年，西伯利亚铁路的路基已经修到了赤塔，沙皇政府在迫使日本退还辽东半岛的同时，开始向清朝政府提出了使这条铁路经过中国的满洲地区直达海参崴的要求。财政大臣维特在1896年4月给沙皇的报告说，"从政治和战略方面来看，这条铁路将有这种意义，它使俄国能在任何时间内在最短的路上把自己的军事力量运到海参崴及集中于满洲、黄海海岸及离中国首都的近距离处。相当数目的俄国军队在上述据点的出现，一种可能性是大大增加俄国不仅在中国并在远东的威信和影响，并将促进附属于中国的部族和俄国接近。"③

由于以俄国为首的三国干涉日本还辽，在清朝政府的眼中，俄国简直成了"救星"。为了报答这个"救星"，李鸿章于光绪二十二年（1896年）三月作为祝贺沙皇尼古拉第二加冕典礼的专使，被派到俄国。俄国利用这机会诱使李鸿章签订了一个密约。这个密约的中心内容是同意俄国人修筑铁路经过我国的黑龙江、吉林直达海参崴。密约中规定："平常无事，俄国亦可在此铁路运过境之军粮"；并规定"当开战时，如

---

① 《红档杂志有关中国交涉史料选译》，第155—157页。
② 同上书，第150页。
③ 同上书，第169页。

遇紧要之事,中国所有口岸,均准俄国兵船驶入。"根据这个密约,后来就建筑了由俄国人控制的"东清铁路"。

在中俄密约订立后一年,沙皇政府出兵占领了旅大。俄国强占旅大,又同德国强占胶州湾有关。或者说,俄国是怂恿德国攫取胶州湾,并通过一系列阴谋诡计为自己造成了攘夺旅大的机会。

德国参加了三国干涉日本还辽以后,就向清朝政府索得在天津和汉口的二块租界地作为"报酬"。它还想在中国占领一个港口。在三国共同进行干涉行动时,沙皇尼古拉第二已向德皇威廉第二表示:俄国"赞许地"对待德国"在不使你感到不便的某地"取得"一个港口"①。德国在 1896 年 12 月由它的驻华公使海靖向总理各国事务衙门指名索取山东省的胶州湾,总理衙门以"恐各国援照,事实难行"为理由拒绝了②。但是德国并不把清朝政府的拒绝看成难以排除的障碍,它所担心的倒是俄国人对此的态度。德国知道俄国对于胶州也很感"兴趣",而且已经使清朝政府同意俄国的舰队在胶州湾过冬,因此德国觉得有必要去探询沙皇政府对于它占领胶州湾的态度。1897 年,德皇威廉第二访问彼得堡时,曾同沙皇尼古拉第二当面谈了这个问题。

德国看到,俄国虽不积极支持德国占领胶州湾,却也不会干涉德国的行动。于是德国就在光绪二十三年十月(1897 年 11 月)武装占领了胶州湾,其借口是山东曹州府巨野县有两名德国教士被人杀害。威廉第二正式通知俄国,德国舰队要"进占胶州"。尼古拉第二立即复电说:"我既不能赞成,也不能不赞成你派遣德国舰队到胶州去"③。但同时,俄国又宣布俄国军舰这年仍要进驻胶州湾过冬,并由俄国外交大臣穆拉维夫把这项声明交给德国。因此德国人对俄国十分不满,大骂俄国"表里不一致","有意阻止我们长占胶州湾"④。

---

① 罗曼诺夫:《俄国在满洲》,陶文钊等译,商务印书馆 1980 年版,第 75—76 页。
② 《翁文恭公日记》,光绪二十二年十一月二十二日。
③ 《红档杂志有关中国交涉史料选译》,第 89 页。
④ 《德国外交文件有关中国交涉史料选译》第 1 卷,商务印书馆 1960 年版,第 153 页。

俄国为什么这样干呢？俄国驻北京代办巴甫洛夫在发给俄国外交大臣穆拉维夫的电报中作了部分的说明："根椐阁下11月4日的电报，11月6日我在总理衙门通知消息说，我国舰队的队伍在圣彼得堡得到德国舰队进入胶州的消息以前已接到命令驶至此一海湾。这个消息对所有的中国大臣发生了最强烈的印象。我完全相信，假使在此时肯定地加强他们的信念，相信我们准备给中国政府以积极的援助，并帮助它解决和德国已造成的纠葛，那么我们对中国政府所提出的若干其他问题，如有关教练、松花江上航行及通商、山海关以北的铁路等等，一定可以如我们的意愿十分迅速地作出决定。"①很明显，这是想利用时机为自己夺取在中国的新的权益。

在此以前，担任总理各国事务大臣的李鸿章曾经两次亲自找巴甫洛夫求救，希望俄国干涉德国占领胶州湾。他听说俄国军舰将开进胶州湾后，几乎每天都派员去俄国使馆打听消息。可是所谓俄国军舰进驻胶州湾只是一句空话。实际上俄国军舰并没有到胶州湾，倒是强行占领了大连湾和旅顺口。德国政府在看穿了俄国的目的后通过外交途径通知俄国政府说："它（德国政府）还是随时准备通过对俄国的酬答来平衡德国因此而获得的利益。"②

虽然事实上是俄、德两个强盗互相协作，各自占领中国的一个港口，但是沙皇政府仍然无耻地以帮助中国对付德国作为它占领旅大的理由。俄国驻华代办巴甫洛夫通知总理衙门说：俄国并没有夺取中国领土之意，占领旅大是为了保护中国免受德国的侵略，一俟德国军队撤退，俄军也即撤退。清朝政府竟然表示相信这种鬼话，并允供给俄舰用煤。俄国以沙皇名义正式宣告说："由于德国舰队占领胶州，显然是想无定期地留驻海湾中，皇帝认为必须命令我国太平洋舰队开去暂时驻在旅顺口，此事已得中国政府方面的同意。皇帝陛下完全相信俄国及

---

① 《红档杂志有关中国交涉史料选译》，第112页。
② 《德国外交文件有关中国交涉史料选译》第1卷，第184页。

德国在远东问题上应当及可能互助携手……。"①

既然德国舰队无定期地留驻胶州湾,俄国人似乎也就有了无定期地留驻旅大的理由。光绪二十四年三月初六(1898年3月27日)俄国强制清朝政府签订了《旅大租地条约》。为了促成这个条约的成立,俄国人发出最后通牒进行威胁,说是如果不在规定时间签字,"俄国另有办法。"②同时,俄国对于负责谈判的李鸿章和张荫桓,各送了巨额的贿赂。从俄国方面的文件中可以看到,李鸿章当即收下了送给他的五十万两银子,而张荫桓则因为"对于他的受贿已有无数控告,他宁愿等到闲话平息以后"再收取送给他的五十万两③。

由李鸿章和张荫桓代表清朝政府和俄国驻华代办巴甫洛夫签订的《旅大租地条约》,除了使俄国成了"旅顺口大连湾及附近水面"的主人以外,又使俄国人有权从大连湾修筑一条铁路以连接在光绪二十二年(1896年)所规定的那条横越满洲地区的铁路干线,这就是后来筑成的从哈尔滨到大连的铁路,即所谓"南满铁路"。

这样,不但清朝政府付出三千万两银子赎回来的辽东半岛,而且整个满洲,即中国的东北地区,就在实际上落到了沙皇俄国的控制下。

(二)政治奴役性的贷款

在中日甲午战争以后的几年内,向清朝政府贷款,成为侵略中国列强竞争的焦点之一。列强纷纷主动向清朝政府提出贷款,诱使或强迫它接受。为了争做中国的债主,它们互相排挤。它们的驻北京公使到总理衙门吵架,要流氓手段,也往往用大量的钱财贿赂清朝官员,以达到签订借款合同的目的。

---

① 《红档杂志有关中国交涉史料选译》,第121页。
② 王彦夫编:《清季外交史料》第130卷,第13页。
③ 《红档杂志有关中国交涉史料选译》,第210页。

在中日甲午战争前三十多年间,清朝政府向外国借过二十五次外债,大半是由地方政府出面,借自外国银行(绝大多数是英国的银行),每次款数不大,总额共为四千一百多万两(约合六百六十万英镑)。这些借款都以海关收入为担保,年息一般是百分之六七。在中日甲午战争前,都已还清。中日甲午战争后列强对清朝政府放的债,不但数目之大为在这以前所不能比,而且显著地具有政治奴役的性质。

马关条约规定的"赔款"达二万万两之巨,还规定,在条约批准后半年内要先付五千万两,余下的款项分期付清,还要负担百分之五的年息。后来又加上赎回辽东半岛的三千万两,限在半年内付出。当时,清朝政府的财政收入全年还不到九千万两。为了交付"赔款",清朝政府的唯一办法是举借外债。帝国主义列强也就乘机争着向清朝政府提供带有政治条件的贷款,为此而在俄、法、英、德、美各国间,主要是英、俄二国间,引起了激烈的争夺。

马关条约订立后四年间,清朝政府共举办了七次向外借款,其中三次数额最大,即光绪二十一年(1895 年)的俄法借款,二十二年(1896年)的英德借款和二十四年(1898 年)的英德续借款,每次都是一万万两白银。

英国在马关条约刚订立时,就经过担任中国总税务司的赫德进行活动,要由英国的银行承揽一笔大借款。正在以清朝政府的朋友的姿态干涉辽东半岛问题的俄、法、德三国听到这个消息,都出来阻拦。特别是俄国,立即向清朝政府提出,由于它领先对日本进行干涉,这笔贷款必须由它承担,说是俄国银行可以贷款一万万两。俄国其实并没有足够的财力,所以它向法国联系,要求法国共同投资。法国决定把德国排斥在外而同俄国在这问题上合作。这时,英国固然仍不愿意放弃贷款,德国也很想参与。清朝政府感到与其只向一两个国家借款,不如让各国都参加一份,所以曾向俄国表示,只愿向俄国借五千万两。但是在俄国坚持下,终于在 1895 年 7 月在圣彼得堡签订了由俄国和法国的银行联合贷与清朝政府四万万法郎(合一万万两白银)的合同。

俄法集团在第一次大借款中取得了胜利。被排斥在外的德国转过来同英国合作。在俄法借款合同签字前,清朝当局向英德表示,下次借款,将一定轮到它们。所以到了1896年1月,英德两国驻华公使就主动向总理衙门提出,要由英国汇丰银行和德国德华银行贷款一千六百万英镑(也相当于白银一万万两),并且拿出合同底稿,限期签字。俄法两国不甘退让,俄国财政大臣维特提议由俄、法、德、荷四国共同贷款,由于英国坚决反对,德国也不愿参加,没有成功。于是法国驻华公使施阿兰单独活动。他向总理衙门提出由法商承担,并且说,折扣可以低于英德提出的九五扣①。总理衙门虽然同他进行了谈判,但他终于没有能做成这笔买卖。为英德垄断组织奔走的赫德设法使总理衙门同意把这笔借款交给他办理。

到了光绪二十三年(1897年)下半年,清朝政府为了最后付清中日甲午战争的赔款,又必须进行第三次大借款。李鸿章奉令办理这件事。他本想越过列强政府而在上海直接找外国商人进行借款。美国的一家德伦公司想揽这笔买卖,同李鸿章的代理人盛宣怀接洽,但没有能谈妥。李鸿章又同英国的哈利詹利士公司初步商订了借款合同草案。但英国政府出来阻难,这个草案被废弃了。在英国政府看来,这个公司所订的草案并没有能充分反映英国利用这次借款所要达到的政治目的。这时,帝国主义列强在中国夺取沿海港口,分割势力范围,互争在对中国侵略中的优先地位,已经到了白热化的程度。清朝政府的这次借款仍然不得不卷入以俄法为一方,和以英德为另一方的激烈争夺中。这两方面各自提出条件争着要承担这次借款。各国公使天天在总理衙门进行威胁利诱,英国和俄国也在伦敦和圣彼得堡进行交涉。这场斗争的结果是英德方面取得了胜利。在光绪二十四年(1898年)三月,总理衙门同英国汇丰银行和德国德华银行签订了借款一千六百万英镑的合

---

① 当时的借款在支付时都有折扣,例如名义上是一亿两的借款(按照此数计息还钱),实际上只付九千五百万两,扣除了百分之五,这就是九五扣。

同。这次借款被称为英德续借款。

为什么帝国主义列强如此热烈地争做中国的债主是很容易理解的。

每一笔大借款都增强了贷款国家在中国的政治地位。帝国主义列强争夺贷款权,是同它们侵略中国领土,在中国划分势力范围,为自己争取奴役和宰割中国的优先地位的斗争结合在一起的。例如1895年俄法借款的成立,就为沙俄势力南下满洲,法国势力深入两广、云南诸省开辟了道路。1898年成立以英国为主的英德续借款时,英国迫使总理衙门用照会形式声明:长江沿岸地方,"中国断不让与或租给他国"①。这是清朝政府第一次以正式文件承认长江流域是英国的势力范围。卖国的清朝政府就是这样地在列强的竞争中为得到一次次借款而出卖着中国的国土和主权。

这三次大借款中的一个突出现象是列强争夺中国海关和中国财政的控制权。当时海关税收每年约二千多万两(例如1894年是22,523,605海关两),为清朝政府主要的一项财政收入。控制海关就基本上能够左右中国财政,并保证对中国资本输出的安全。这三次借款都以海关收入作抵押,英德续借款中并加上苏州等七处厘金收入五百万两作抵押。海关的绝大部分税收(约十分之七)都用以偿还借款本息,"它实际上已经成为中国的外国债权人的收款机关"②。更为重要的是,控制海关可以垄断中国进出口贸易,保证帝国主义以低税率输入商品和输出原料,从根本上取消了中国实行关税保护制度的可能性。控制海关的国家就得到了一个排斥其他国家垄断集团的竞争的手段。所以争做中国的债主的列强都想通过贷款以达到控制中国海关,进而控制中国财政的目的。

从六十年代以后,中国海关一直控制在英国人手里。在俄法借款

---

① 《中外旧约章汇编》第一册,第732页。
② 马士:《中华帝国对外关系史》第3卷,第421页。

谈判过程中,法国向俄国提出,作为借款条件,由俄法两国的银行团建立联合组织,对中国的国债实行管理。法国认为,海关掌握在英国人手中,以海关收入作为抵押并不可靠,必须另外建立一个驾临于海关之上的组织,才能监督中国还债。这个方案,实际上就是要垄断中国的包括海关税、地丁、厘金等在内的全部财政收入,排斥英国在华势力。在借款合同签订的第二天,俄国财政大臣维特邀请法国金融资本家共同组成"华俄道胜银行",负责对中国的贷款。这个银行在当年十二月背着清朝政府拟订了一个章程,由沙皇批准。这个章程规定,华俄道胜银行的业务是:在中国境内承包税收;经营有关中国国库的各项业务;在中国政府授权之下,发行货币;偿付中国政府所负的债息;修建中国境内的铁路及安装电线等等。这个章程显然是更发展了法国原提的方案,后来虽然由于各种原因没有全部实现,但这些打算是沙皇俄国始终没有放弃的。

在 1896 年第二次大借款中,法国财政部长要求法国银行垄断组织承揽这次贷款,向它保证,法国人可以在中国海关内占优势。英国的赫德听到这个消息后非常焦急地说:"法使力促总理衙门接受法方借款,条件之一是法国管理海关。……如俄、法控制借款和海关,中国就须听命于他们,而不肯听任何人的话了。"[1]英德终于争得了这次贷款权。章程签字的第二天,赫德发回伦敦的电报中说:"借款签字,海关终获保全。"[2]

第三次大借款中,海关仍然是争夺的主要目标。俄国向李鸿章提出三项借款条件,其中第一项是"中国海关税务司的职位出缺时,应任命一个俄国人充任"。英国人听到了又非常紧张。英国的《环球晚报》说:"这简直荒谬极了,对英国是一种侮辱,英国政府应断然回击。"[3]英

---

① 《中国海关与中日战争》。《帝国主义与中国海关》第七编,科学出版社 1958 年版,第 206、208 页。

② 同上书,第 213 页。

③ 《中国海关与英德续借款》。《帝国主义与中国海关》第八编,第 25 页。

国还经过它的驻华公使,通知总理衙门说:"不论借款与否",英国"政府决定",中国海关"总税务司的职位,必须永远由一个英国人来担任。"①英德续借款合同中特别规定:"此次借款未付还时,中国总理海关事务应照现今办理之法办理"②。按照这个规定,英国人将霸占中国海关至少到 1943 年。

三次贷款的还款年限,头二次为三十六年,第三次为四十五年,而且都明确规定,不许可提早还清。这种规定是中日甲午战争后的新现象。可见这些贷款不是资本主义国家通常的经济贷款,而是垄断组织的资本输出;它不仅仅追求经济利益,更主要是追求政治特权,是要把借款作为勒索和长期霸占中国主权的一个手段。英德在两次贷款中,都规定在全部还清借款以前,中国的海关管理制度不能作任何改变。这就是说,在所规定的长时期内,海关必须由英国垄断。这类规定的另外一个作用是防止中国"借债还债",也就是:甲垄断组织防止乙垄断组织用资本输出的方法来夺取它在中国已经和准备占有的政治特权和经济利益。

国际垄断组织向中国的贷款,除了进行政治上的勒索以外,还获得巨额的垄断利润。研究了这三次大借款的人指出:在这三次大借款中,"俄法借款的利息率形式上是年息 4%,打折扣后实交额的利息率就是4.25%,到 1910 年按所欠银数核计就达年息 5.67%;从 1895 年至1934 年偿清时止,所得的利息合计达库平银 117,940,606.77 两,比所付本金超过 130.2%。英德借款的利息率形式上是年息 5%,实交额的利息率是 5.26%,到 1910 年按所欠银数核计就达 6.88%,从 1895 年到 1932 年偿清时止,所得利息合计达库平银 141,165,832.01 两,比所付本金超过 152.7%。英德续借款利息率是年息 4.5%,实交额的利息率则达 5.4%,到 1910 年按所欠银数核计就达 7.05%,从 1898 年至

---

① 约瑟夫:《列强对华外交》,胡滨译,商务印书馆 1962 年版,第 229 页。
② 《中外旧约章汇编》第一册,第 735 页。

1934 年间所付利息达库平银 133,123,843.06 两,已超过本金 164.8%(照借款合同,本息须至 1943 年始能偿清,尚有九年本息,因缺乏资料未列入)。"①这就是说,仅就利息一项来说,已超过本金一倍以上。此外,还有操纵外汇兑价,在交款时少付银两,收取本息时多收银两所取得的差额利润,再有,发行公债所取得的差额利润,为数也很大。

(三)抢夺中国的铁路

列强在争夺三次大贷款的同时,又在中国进行争夺铁路建筑权的斗争。

清朝政府曾竭力阻止外国人在中国修铁路。光绪二年(1876 年)英国怡和洋行擅自修筑了一条上海到吴淞十五公里长的轻便铁路,一年后,由清朝政府以二十八万五千两的代价收回,但它从极端守旧的观点出发,把这条小铁路拆毁掉了。后来有些洋务派官僚主张办铁路。光绪七年(1881 年),李鸿章办的开平矿务局为了运煤而在英国人帮助下修建了唐山到胥各庄的铁路,以后陆续延展,在光绪十四年(1888 年)西延到天津,在光绪二十年(1894 年)东延到山海关和关外的绥中,这是在中日甲午战争前北方的唯一的一条铁路,全长三百二十多公里。在南方则只有一条台湾的基隆到新竹之间的七十七公里的铁路。中日甲午战争以后,清朝政府在帝国主义列强的铁路争夺战面前束手无策,先是无可奈何,然后是心甘情愿地把一条条铁路权拍卖了出去。

列宁指出:"建筑铁路似乎是一种普通的、自然的、民主的、文化的、传播文明的事业。……实际上,资本主义的线索像千丝万缕的密网,把这种事业同整个生产资料私有制连结在一起,把这种建筑事业变成对 10 亿人(殖民地加半殖民地),即占世界人口半数以上的附属国

---

① 徐义生:《从甲午战争到辛亥革命时期清政府的外债》,《经济研究》1957 年第四期。

人民,以及对'文明'国家资本的雇佣奴隶进行压迫的工具。"①帝国主义把铁路当成剥削和侵略落后国家的战略手段。帝国主义以贷款形式为清朝政府修筑铁路,附有种种条件。修筑某一条铁路就是控制了这条铁路以至控制了沿线地区。由于修筑铁路,帝国主义的势力就从我国沿海港口深入到广大内地。帝国主义从投资修筑铁路本身还可以获得巨大的经济利益。

铁路修建权,有的是用强制手段通过签订不平等条约而取得的,例如俄国修建东清铁路和南满铁路就是这样。而更多的则是采取贷款的形式。

列强对中国的铁路贷款次数很多,数量也很大。在旧中国,从清朝到国民党政府,在1898年到1946年之间,铁路借款契约、垫款共达七十八次,其中仅1898年到1936年的借款总数就达七亿二千三百多万元。我们在这里所要说的1898年至1900年这三年内,有四次铁路借款,总额为一亿三千七百多万元。见下表②:

时间	借款名称	债权国	借款额	年利	折扣
1898	关内外铁路英德俄各银行借款	英、德、俄	3,930,070 元		
1898	卢汉铁路借款	比	46,615,691 元	5 厘	90
1898	关内外铁路借款	英	24,838,007 元	5 厘	90
1900	粤汉铁路借款	美	62,320,000 元	5 厘	90
			总数:137,703,768 元		

在这几年内,俄法垄断集团和英德垄断集团激烈争夺卢汉铁路(从卢沟桥到汉口)和津镇铁路(从天津到镇江)的修建权,英、美间则争夺粤汉铁路的修建权。这三条铁路都穿过中国的心脏地带。

---

① 《帝国主义是资本主义的最高阶段》法文版和德文版序言。《列宁选集》第2卷,第578页。

② 摘自严中平:《中国近代经济统计资料选辑》,科学出版社1955年版,第190页后附表。

修筑卢汉铁路的问题在中日甲午战争的前几年已经提出来了。那时法国人曾向总理衙门闹着要承揽修筑。到了中日甲午战争后,清朝政府先想用官款修这条铁路,但由于国库空虚,官办行不通。光绪二十二年(1896年)三月十二日的上谕主张官督商办:"提款官办,万不能行,唯有商人承办,官为督率,以冀速成","不得有洋商入股为要"①。这个上谕很快又被否定了。张之洞认为:"华商本无远识,求利极奢,可与图成,难与谋始"②。事实上,在已有的官督商办的企业中,腐败透顶,私商无利可图,而且官股利息总是照付,商股都被吃掉了事,所以商人早已望而生畏,不愿上钩。官督商办这条路既行不通,就只剩下由"洋商垫款包办"即借洋款由洋人包建一个办法了。清朝政府最后决定采用这个办法,派大买办盛宣怀来主持。

借款筑路定议以后,列强蜂拥而上。英、美、法、德诸国争相提出条件,"各国洋人纷纷赴京向其公使处,营谋承办铁路,不下数十人"③。英国人送了一个条陈,不但要求贷款造卢汉铁路及这条铁路的各个支线,还要求承担粤汉铁路的修建。美国人甚至一面谈判,一面就擅自派人勘查粤汉路的路线。比利时公使费葛也派人到湖北同张之洞联系。

李鸿章主张向比利时借款。他在1896年去俄国和其他欧洲几国访问时,就同比利时国王谈过借款修建卢汉铁路的事。比利时是一个有殖民地的国家,它当时同俄、法关系密切,比、法两国的财团是联系在一起的。向比国借款,就是把卢汉铁路的建造权交给俄、法集团。这一点李鸿章懂得,张之洞也懂得。这是他们执行亲俄路线,向俄、法两国"进贡"的一项措施。可是他们还自欺欺人地说:"此事断不宜英法诸大国商人包办,恐获利以后,收回或费唇舌。惟小国远国商人,则

---

① 《德宗实录》第387卷,第9页。转引自《中国近代铁路史资料》第一册,第225页。

② 《张文襄公全集》第45卷,第26页。

③ 同上书,第78卷,第21页。

无此患"①,"比系小国,仅于购料催工斤斤较量,……别无他志。"②

比利时在俄、法支持下,大要无赖手段,一再推翻协议和草签的合同,改变和增加借款的条件,以图攫取更多的权利,使得张之洞也觉得"比国反覆可恶,愤闷之至!"③当比国推翻协议,无法签订合同时,法国公使毕盛出面干涉,威胁说:"比款有法国银行工厂所出资本"④,强迫清朝政府接受比国无理要求。俄国的巴甫洛夫也出面质问总理衙门:"比公司承办铁路,何以日久未定?"并要求李鸿章通知盛宣怀:"速与定议,勿再耽延。"李鸿章立即电告盛宣怀:"费(比利时驻华公使费葛——引者)不来说,由俄转商协谋,彼固勾结一气,我当善为因应,宜速图之。"⑤张之洞也告盛宣怀说:"鄙见可即画押,以免反复。"⑥

1898年6月,卢汉铁路的借款合同终于签订。借款总额为四百五十万英镑。原来合同(1897年5月27日签订)规定年息四厘,九扣,续订详细合同(1898年6月26日签订)改为年息五厘,九扣,自1909年起,分二十年偿还。合同第十款规定此项借款以"该条铁路及车辆、料件、行车进款"为担保,如果中国方面不能按照合同付利还本,这条铁路就要由比公司所"照顾"⑦。这样,俄法集团不仅取得了这条铁路的建筑权,而且准备进一步夺取这条铁路。

合同签订以后,法国驻华公使施阿兰说:"法国与比利时、俄国协同一致,从1897年起,在借款形式下获得了(卢汉铁路)这个让与权以及经营中国这第一条铁路干线的权利,……在中国铁路上乃取得了真正突出的地位。这第一次的决定性战役,对我们来说,是以无可争辩的

① 《中国近代铁路史资料》第一册,第201页。
② 《愚斋存稿》第1卷,第35页。
③ 同上书,第31卷,第8页。
④ 《清季外交史料》第133卷,第15页。
⑤ 《愚斋存稿》第32卷,第10页。
⑥ 同上书,第17页。
⑦ 《中外旧约章汇编》第一册,第775页。

胜利而告结束的。"①

在英国看来,俄法集团得到卢汉铁路的修筑权,就是伸了一只脚到它在长江流域的势力范围。当合同尚未经清朝政府批准时,英国政府致电驻华公使窦纳乐说:"这种性质的让与,已不再是工商企业,而变成为一种反对英国在长江流域利益的政治活动了。你应该通知总理衙门:满洲的优先权益已让给俄国,山东的已让给德国,而在长江流域又要对这些或其他强国特别开放或赋予特权,则英国政府不能再在有利于中国的事务中继续抱着友好的态度进行合作。如果中国政府想招集英国资本来开发这些省份,则我们会立刻提出令人满意的建议的。"②窦纳乐到总理衙门恐吓说:"此路名为比商承办,而实系道胜银行之款,与俄商揽办无异,……英国必不甘服。"③

接着,英国的"令人满意的建议"就正式向总理衙门提出来了。这个"建议"一下子就要求修五条铁路:一、天津至镇江的铁路;二、由山西经河南达于长江沿岸的铁路;三、九龙至广州的铁路;四、浦口至信阳的铁路;五、由苏州经杭州到宁波的铁路。筑路条件必须同卢汉铁路完全相同。英国政府通知窦纳乐说:"如果你有任何理由担心他们(指清朝政府——引者)会迟不接受的话,兹授权给你告诉他们:除非他们立即同意,我们就将认为他们关于卢汉铁路事的背信是故意敌视我国的一种行动,而且我们将采取相应的行动。""你在和舰队司令磋商之后,可以发出限定他们(对津镇等五路要求的)答复的日子的通牒。耽搁的时期是不能太长的。"④这份"建议"和"训令"可以看作是帝国主义欺压中华民族的标本文件。它所表现的横蛮无理,无须再作任何说明。

已经习惯于在帝国主义的威逼下投降的清朝政府只好表示,除津

① 施阿兰:《使华记》。转引自《中国近代铁路史资料》第一册,第307页。
② 同上书,第309页。
③ 《清季外交史料》第134卷,第16页。
④ 《中国近代铁路史资料》第二册,第432—433页。

镇铁路"另议"外,几乎全部接受英国的要求和条件①。津镇铁路可以"另议",是因为德国表示,山东已经是德国的势力范围,所以这条通过山东的津镇铁路应该由德国修筑。

但是,有关津镇铁路的"另议",清朝政府却没有资格参加,而由英、德两国在伦敦进行。1898 年 8 月间,英国向德国提出共同分割葡属非洲殖民地,以换取德国同意修筑津镇铁路;德国欣然同意,但要求英、德共同投资修筑这条铁路,英国也同意了。两国在伦敦签署了谈判协定后就向总理衙门提出共同贷款修筑津镇铁路的要求,总理衙门立即同意,并派员同英、德商谈具体的借款条件。1899 年 5 月 18 日,正式签订《津镇铁路借款草合同》。清朝政府只是在英、德两国议好以后,接到一个执行通知。但清朝官员们不但不以为耻,反以为得计,认为"全路两银行合办之,均有牵制。"②

卢汉铁路借款订立以后,湘、鄂、粤三省的绅商上书要求自建粤汉铁路。书中说:"恐他人先我而办铁路,切肤之痛,患在心腹,皆愿合群力兴办,塞绝其觊觎。""三省人士往返亟商,意见均合,亟为和众丰财,克期并举,拟呈请俯赐电奏,并咨明总署,先行立案。"③但是,洋务派既不相信"绅商"有此力量,也不考虑"患在心腹"的问题,他们所关心的只是向那一国拍卖路权较有利。张之洞等上奏主张让美国来承办粤汉铁路。其理由是:"各国铁路,惟美最新,距华最远,尚无利我土地之意。"④对这点,洋务派大官僚们的态度非常坚决。张之洞说:"粤汉自以美款为妥",盛宣怀说:"粤路非美莫属"。张之洞主张:"国事日艰,速定为妙",盛宣怀认为:"鄙见迅速定议为是"⑤。他们快马加鞭,光

① 总理衙门在光绪二十四年七月二十一日致窦纳乐照会,见上书,第435页。
② 《愚斋存稿》第33卷,第20页。
③ 《皇朝蓄艾文编》第36卷。转引自《中国近代铁路史资料》第二册,第494—495页。
④ 《愚斋存稿》第7卷,第17页。
⑤ 同上书,第31卷,第16、17页。

绪二十四年(1898 年)二月初开始同美国谈判,三月二十九日就签订了
借款草合同。他们既然认为美国这样好,似乎事情应该办得顺利一些,
可是在签订草合同以后,美国同比利时一样,又推翻原定协议,提出许
多增加条件,其中主要是不满足于草合同中"准在粤汉路附近采煤"的
规定,而要求把湘、粤两省的煤矿开采权都拿去。这就使得昨天还在为
美国唱赞歌的盛宣怀也觉得"美国骄狠更甚,现议续约,争论数月之
久,辄致翻脸,将来驾驭更难于比。"①张之洞则主张讨价还价:"美公司
欲得矿,似不妨许以粤矿。"②他们去请示李鸿章。李鸿章很干脆:"粤
汉续约,可照伍使所请(伍廷芳转达的美国要求),会我衔办理。"③完
全接受了美国的要求。

　　已经取得了广九铁路的修筑权的英国,也渴望取得粤汉铁路的修
筑权,使香港同它在长江流域的势力范围连结起来。到了 1899 年,它
向美国提议共同修筑粤汉铁路。这时美国才只在广东境内修筑了一小
段。1899 年 2 月 1 日,两国签署协定,规定广九铁路允许美国投资,粤
汉铁路由英、美两国联合投资修筑。以后美国又把粤汉铁路的大量股
票转卖给比利时垄断集团。

　　这条铁路成了各国垄断资本集团做交易的筹码,引起了鄂、湘、粤
三省绅商的愤慨,一致要求收回路权。1905 年 8 月,清朝政府终于废
除了同美国合兴公司签订的合同。为了偿付废约的赔偿费六百七十五
万美元,洋务派决定向英国借款。张之洞向英国声明:"将来粤汉铁路
修造之款,除中国自行筹集外,如须向外洋借款,当先向贵国询商,开价
如与他国所开息扣比较相同,先尽英国银行承办。"④这些洋务派大臣
始终认为,要修铁路就免不了要靠帝国主义。

---

①　《愚斋存稿》第 34 卷,第 25 页。
②　《张文襄公全集》第 159 卷,第 5 页。
③　《李文忠公电稿》第 22 卷,第 40 页。
④　《中国近代铁路史资料》第二册,第 781 页。

（四）中国面临被瓜分的危机

列宁指出,在十九世纪和二十世纪之交,世界是被帝国主义列强分割完毕了。而当"世界上其他地方已经瓜分完毕的时候,争夺这些半独立国的斗争一定会特别尖锐起来"①。所谓半独立国也就是半殖民地,中国当时就是这样的一个国家。

列强瓜分中国的竞争是以俄、英两国为主角展开的。中日甲午战争前的基本形势是俄国企图并吞中国的东北地区并进而控制华北地区,英国则主要控制着长江流域并想从缅甸出发囊括云南、四川,使长江上游地区和下游地区连成一气,全都纳入英国势力范围。它在华南和华北地区,也有相当的势力。俄、法、德三国干涉日本还辽以后,形势发生变化。如上所述,俄国借还辽"有功",企图染指海关管理权,卢汉铁路又使俄国势力侵入华北并有伸入长江流域的可能,因此,俄、英之间发生激烈斗争。在 1895 年至 1897 年这段时间内,俄、英两国的斗争中,俄国占了上风。

作为清朝政府支柱的洋务派官僚集团本来是在英、美势力卵翼下的。在中日甲午战争失败后,洋务派大官僚为保全自身计,并鉴于俄、日之间为争夺我国东北地区而存在矛盾,转而投靠俄国。以李鸿章、张之洞为首,在清朝政府中形成了一条亲俄路线。张之洞虽然常常借端攻击李鸿章,但对于中俄密约却十分赞成。他说:俄国"此次为我索还辽地,虽自为东方大局计,而中国已实受其益。日人凶锋,借此稍挫,较之他国袖手旁观,隐图商利,相去远矣。正宜乘此力加联络,厚其交谊,与之订立密约。……盖俄深忌英独擅东方之利,中俄相结,则英势稍戢,俄必愿从"②。

---

① 《列宁选集》第 2 卷,人民出版社 1960 年版,第 645 页。
② 《清季外交史料》第 116 卷,第 36 页。

英国面对这种形势感到忧虑。赫德说,"俄、德、法三强,特别是俄国,为中国帮了这样大忙,已使中国人的眼睛再也看不到别的,英国人只好远远地退处下风。"但是他接着说:"我们面对风暴(指俄国势力占上风——引者),不免要暂时屈身,相信不久必能重新抬头。"英国驻北京公使欧格纳也说:"王牌都在别人手里,我们只有打长算盘了。"①

法国在这期间,曾加紧在中国南方扩展它的势力。它在参加三国干涉还辽和成立俄法大借款时,已经迫使清朝政府订立了有利于法国进一步侵入云南、广西的补充条款(对于中法战争后订立的有关条约的补充),这使它除进一步取得某些商务特权外,还取得了云南、两广的矿山开采权和把它在越南的铁路延伸到广西境内的权利。下一年即光绪二十二年(1896年),法国人表示可以出钱帮助清朝政府重建福州船政局。重建起来的福州船政局的实权为法国人所揽。光绪二十三年(1897年)二月,清朝政府又因法国方面的要求而宣布了"海南岛决不割让与他国",这是承认了法国在海南岛有特殊权利。光绪二十四年,在德国强占胶州湾,俄国强占旅顺、大连的时候,法国也乘机以"保存均势"为名义向总理衙门提出了四项要求:一、中国不得把云南、广西、广东等省让与他国;二、中国邮政局总管由法国人充任;三、法国修筑自越南至云南昆明间的铁路;四、把中国南部海岸的广州湾(即广东省西南部的湛江)"租借"给法国。总理衙门照例不敢违抗,对这些要求都在原则上承认。关于广州湾租借的具体划界问题则由双方派员到当地进行商量②。光绪二十五年(1899年)十月,在法国的兵舰进入港内进行威胁下,缔结了租借广州湾的条约。

但是俄国、法国的实力终究还不能绝对压倒英国。1895年1月俄国大臣特别会议纪录中说:"顾虑到我们现在并没有充足的资源来有力地压迫日本,为审慎起见,最好与其他国家取得协议,尤其要与英国

① 《中国海关与中日战争》,第173—174页。
② 《清季外交史料》第131卷,第4—6页。

取得协议,因为英国与我国对远东的关系最为密切。"同年3月30日的大臣特别会议纪录中又说:"我们的海军足以对付日本,但不足以对付英国。"①当时西伯利亚铁路尚未修成,俄国调动军队到远东与英、日抗衡有困难;它的财力又不足,无法独占对华贷款,因而不能做到完全控制清朝政府。另一方面,英国在长江流域的势力根深蒂固,对洋务派官僚有实际的控制力(洋务派的经济力量主要在长江流域),财力又比较雄厚。当英国对俄国采取攻势时,俄国不能不有所让步。

同样,法国也不可能在华南完全排斥英国的势力。所以英、法两国于1896年1月在伦敦进行协商,成立英法协议,规定在中国的云南省和四川省的一切权利由两国同样享受。

英国在1896年初拉拢德国取得英德贷款的成功,是它对俄法集团的一个胜利,这也阻止了俄国从它手中夺取中国海关管理权的企图。光绪二十三年(1897年)俄国占领旅大以后,英国决定占领威海卫,在渤海海峡与俄国对峙。在中日甲午战争后,日本曾取得驻军威海卫的权利,当时约定,在清朝政府付清对日本的赔款后,日军从威海卫撤退。英国首相索尔兹伯里在光绪二十四年三月初训令驻华英使窦纳乐说:"渤海湾上的均势由于总理衙门把旅顺口让给俄国而发生了重大变化。因此,必须以你认为最有效和最迅速的方式,获得当日本人一旦撤出威海卫后对威海卫的优先占有权。条件必须和给予俄国对旅顺口的条件一样。英国舰队正由香港驶往渤海湾途中。"②三月初十日窦纳乐到总理衙门提出要求,"要挟谓十二日若不定,水师提督带兵到烟台,事且不消。……千万语不变,所要者威海租地与俄抗衡耳。"③清朝政府居然认为这个要求"尚属实情,并非无端图占。"④过了一天,就爽快答应了。总理衙门的大臣唯一的表示是,只希望英国不要再提出新的

---

①　《红档杂志有关中国交涉史料选译》,第145、157页。

②　约瑟夫:《列强对华外交》,第290页。

③　《翁文恭公日记》,光绪二十四年三月十日。

④　《清季外交史料》第132卷,第7页。

要求。但是窦纳乐却说,取得威海卫只是为在北方对抗俄国,而为了在南方对抗法国,还必须提出新的要求。

光绪二十三年(1897年)初,英国已经以同法国势力相平衡为理由,迫使清朝政府订立有关英国在南方几省的利益的协约,协约规定中国开腾越、思茅(均云南省)、梧州(广西)、三水(广东省)为通商口岸,英国得在这些地方设领事馆,并规定英国在缅甸筑的铁路与云南的铁路相连接等等。到了光绪二十四年在清政府原则上同意把广州湾租借给法国的时候,英国立即提出了"租借"香港对岸的九龙半岛的要求。总理衙门不敢不接受这个要求,但希望以九龙山上不筑炮台为条件。英国的公使却说:"中国租广州湾与法国以危香港,故英租九龙以为抵制,其为军事之设备固不待言。若中国能拒法不租广州湾,英亦不租九龙。"①光绪二十四年四月二十一日(1898年6月9日),由李鸿章经手,完全按照英国的条件成立了关于九龙的以九十九年为期的租借条约②。

这样,英国就在华北占领了威海卫以阻挡俄国势力南下,在华南强租了九龙半岛以抗衡法国势力。同时,针对俄国取得卢汉铁路的控制权,英国又从清朝政府取得津镇铁路(南段)、沪宁铁路、浦汉铁路、苏甬铁路、广九铁路的建筑权,以求巩固香港军事基地和它在长江流域的势力范围。它还取得了山海关到牛庄铁路的建筑权,把势力伸进满洲地区,引起了俄国强烈的反对和极大的恐慌。赫德在1895年5月所说的"相信不久必能重新抬头",在三年后基本上实现了。

同英国有合作对华贷款关系的德国,也在光绪二十四年二月十四日(1898年3月6日),强使总理衙门同意签订了《胶澳租界条约》。根据这个条约,德国不但使它对胶州湾的占领"合法",而且规定,在胶州湾沿岸一百华里以内的地区德国军队可以随时进驻,而中国政府如果

---

① 转引自刘彦:《帝国主义压迫中国史》上册,太平洋书店1928年版,第214页。
② 《中外旧约章汇编》第一册,第769页。

要在这地区内发布行政命令，派驻军队，须事先取得德国的同意。同时，德国取得了在山东境内修筑铁路和开采矿产的特权。一句话，胶州地区成为德国的殖民地，整个山东省划为德国的势力范围。

帝国主义列强以中国为牺牲品你争我夺。在他们的激烈争夺中，有时也可以为各自保持既得的赃物而互相妥协。但是他们的力量的发展总是不平衡的，暂时形成的某种平衡不久又会打破，暂时形成的某种妥协不久又会转为激烈的互相争夺。

如同英、法间曾订立对南方几个省的侵略的协议一样，英、俄间在经过几年的互争优势后也暂时达成了一个妥协。

1898 年（光绪二十四年）初，英国向俄国表示：“我们彼此的目的并没有任何严重的矛盾；另一方面，我们都能够做出许多有害对方的事，如果我们想这么做的话。最好是我们达成一项谅解。如果我们能够认为俄国愿意同我们合作，那么，我们愿为促进俄国对（中国）北部商业目的而作很大让步。”①英、俄之间，一面斗争，一面商谈妥协，谈了八九个月，到 1898 年 9 月，取得使山海关——牛庄铁路“中立化”的协议，到 1899 年 4 月 28 日，终于进一步达到主要内容如下的协定：

“一、两国表示它们决不侵犯中国主权或中国与列强之间的既存条约的意思；

二、俄国保证不在长江流域为它自己或为俄国臣民或为其他国家人民谋取任何铁路让与权，并且不直接或间接阻碍那个地区内英国政府所支持的铁路事业；

三、英国对于长城以北的铁路让与权也负有一种类似的义务。”②

这个协议表面上讲的是划分在中国修建铁路权利的问题，实际上是英、俄两个帝国主义经过反复斗争，从中国掠夺了大量权利以后，暂时确定了势力范围的划分方案。

---

① 约瑟夫：《列强对华外交》，第 231 页。
② 同上书，第 387—388 页。

中日甲午战争后最初几年间,当英、俄、法、德四家这样地宰割中国的时候,日本正在初步消化它所占领的台湾,并且以由战争而得到的巨大赔款来养壮自己。虽然它被迫吐出了辽东半岛,但是仍以贪婪的眼睛望着中国大陆。光绪二十四年(1898年)四月,日本正式向总理衙门提出"不把福建省割让或租借与其他国家"的要求,也就是要把与台湾隔海相望的福建省划做它的势力范围。

至于美帝国主义,同其他帝国主义一样,也利用中日甲午战争趁火打劫。这次战争尚未结束时,大批美国人就涌到中国,"带来建筑铁路、设立银行和开发矿产的建议。"美国驻天津领事说,来中国的美国"冒险家和幸福追寻者之流的人物特别多。"[①]1895年4月,中日甲午战争刚结束,美国驻北京公使田贝就明确地说,中国为了赔偿战费必须出让"从未让与之各项特殊权利","它可以把铁路建筑权卖给一家辛迪加,把采矿权卖给另一家,把开设银行的权利卖给第三家,造成一系列特殊的权利关系",而美国必须获得这些"巨大特权",才能保证美国享有"巨大的威信和优势地位"[②]。但是美国采取的政策不是参与在中国划分势力范围的斗争。如前所述,美国在取得粤汉铁路的借款权后,已经得到清朝政府的同意,将粤汉路的干路和支路沿线划为美国势力范围,但美国对此并不热心,没有积极去"经营"。美国驻华公使康格曾经在1898年11月向美国政府建议占领大沽口,后来美国又考虑过占领三沙湾(在福建省北部沿海),但是都没有实现。其原因并不是清朝政府独独拒绝美国的要求。原来美国比起西欧的老牌资本主义国家来,是个后起的资本主义国家,但是到了十九世纪九十年代,它已经在工业生产上大大超过了英国,跃居世界第一位。正因此,它不愿意同其他列强一样仅仅分割中国的一部分地区作为势力范围,它有更大得多

---

① 福科森:《瓜分中国的斗争和美国的门户开放政策》,杨诗浩译,三联书店1958年版,第35页。
② 福科森:《瓜分中国的斗争和美国的门户开放政策》,第23页。

的野心,它企图通过别的途径实现这种野心。这是我们在不久以后就可以看到的。

中日甲午战争后只过了短短几年,到了光绪二十四年(1898 年)年中,中国沿海重要港湾——旅大、威海卫、胶州湾、九龙、广州湾,都树起了帝国主义列强的旗帜;许多重要的铁路干线的修筑权,为它们所攫夺;中国的几乎全部国土被分划为各帝国主义国家的势力范围。所谓"租借地"、"租界"、"租借港口"实际上已经成了殖民地,它们和所谓"通商口岸"都是列强在中国领土上扩张其势力范围的根据地,所谓"势力范围"实际上是走向独占的殖民地的过渡形式。中国面临着从半独立国——半殖民地沦为殖民地的严重危机。

(五)所谓"以夷制夷"

以洋务派为支柱的清朝政府为了应付帝国主义列强对中国贪得无厌的侵略,实行了他们自称为"以夷制夷"的办法。在中国近代,最早提出这个办法的是林则徐。当他在广东同私运鸦片的英国商人斗争时,朝廷中有的官员主张"封关禁海",停止对一切国家的贸易。林则徐不赞成这样做。他认为,"不分良莠",一概打击,是不妥当的;他说:"此中控驭之法,似可以夷治夷使其相间相睽。"①他的意思是利用矛盾,这本来是不错的。不过他并没有清楚地认识到,如果不能坚强地自立,是谈不到利用矛盾的。到了中国已经落到半殖民地的时候,标榜"以夷制夷"的,是些洋务派官僚。他们的所谓"以夷制夷",根本不是独立自主地利用帝国主义列强之间的矛盾,而是反过来,把自己的生存仰赖于帝国主义列强之间的矛盾。

执行这种所谓"以夷制夷"的办法的代表人物就是李鸿章,他直到中日甲午战争时担任直隶总督兼北洋通商大臣的二十五年间,经手处

---

① 林则徐:《覆奏曾望颜条陈封关禁海事宜折》。《林则徐集·奏稿》,第 795 页。

理了许多对外重大事务。他在光绪二十二年（1896 年）以全权代表的
身份访问了俄国及其他欧洲几国和美国，回国后同恭亲王奕䜣、张荫桓
一起负责总理各国事务衙门，直到光绪二十四年（1898 年）。在长时期
间，李鸿章成为清朝政府外事活动的中心人物。而他的后台，如前所
说，是慈禧太后。在中日甲午战争后的几年里，所谓"以夷制夷"的办
法实行得比过去更加露骨，这种做法的实质及其后果也就显著地表现
出来了。

在中日甲午战争中，李鸿章不是积极地进行抵抗，却总是希望靠
英、俄的力量来制止日本。这个希望虽然没有实现，但是俄、法、德三国
的干涉，居然使日本吐出了辽东半岛，这被认为是"以夷制夷"策略的
一大"成功"。所以在李鸿章出使俄国临行前向人说："联络西洋，牵制
东洋，是此行要策"。这里所说的"西洋"，主要是指俄国。在和德国订
立了《胶澳租界条约》后，他又向人说："二十年无事，总可得也。"①

事实上，哪里有什么"二十年无事"！紧跟着的两三年间，就出现
了帝国主义列强在中国夺取领土，分割势力范围的空前危机。据当时
人记载，在俄国索取旅大时，宫廷中有过这样的场面：光绪皇帝责备作
为总理衙门大臣的恭亲王和李鸿章说："汝等言俄可倚，与订约，许以
大利，今不独不能阻德，乃自渝盟索地，亲善之谓何！"这两个外交大臣
免冠叩首答道："若以旅大与之，密约如故。"②就是说，为了得到俄国的
帮助，还得用旅大去喂它。

本来表示拥护联俄的湖广总督张之洞这时改变了主意。日本的参
谋本部派了神尾光臣、宇都宫太郎等人向他做工作，要他创议联合英、
日。当时为了对抗沙皇俄国，英国已经在东方采取和日本结成联盟的
政策。于是张之洞向总理衙门提出："彼（日本）既愿助我，落得用之。

---

① 黄遵宪记载了这两次谈话，见黄著《人境庐诗草》，文化学社 1930 年版，第 310
页。
② 张伯桢：《南海康先生传》，沧海丛书刊本，第 24 页。

……联倭（日本）者所以联英之枢纽也。倭肯出力劝英与我联，而我可借英之援助矣。"①湖南巡抚陈宝箴表示同意张之洞的意见。他说：虽然"急于联英，必开罪于俄，然英方忌俄德占地，我不联英，英亦必图自占，而分裂之形成矣"②。他似乎认为，与其英国"自占"，不如送个人情，好得到它帮助。总理衙门不赞成他们的意见，答复说："俄焰日炽，各国畏忌，日英尤切，其欲联我，无非借我为屏蔽，无资于我也。既与联则必有密约，……中俄之交绝，德法乘之，其祸不可思议。"③总理衙门的意见是说：英、日固然很愿意中国和他们结盟，但并不是真想帮助中国，如果要同它们联盟，就必须先给他们好处，这一来，不但惹怒了俄国，而且德、法也会乘机要索，所以"其祸不可思议"。这番话固然说得不错，但他们是站在主张继续联俄立场上来反对联英、日，而事实上联俄的结果也同样是得到了"不可思议"的灾祸。

对于以李鸿章为代表的洋务派所说的"以夷制夷"的实际情况，可以这样来说明：他们先把中国的某些领土和主权奉送给甲国，企图依靠它来对付乙国。甲国接受了礼物并不感恩，也从来没有准备同清朝政府结成联盟来反对乙国。当乙国来找清朝政府的麻烦时，甲国往往以调停为名，实际上反而同乙国配合起来，强制清朝政府接受乙国的要求。过去向甲国送礼，这时成了乙国要求"补偿"的根据；又须另外"补偿"一些领土或主权给乙国，才能了事。转过来，甲国又以"调解有功"为理由，再向清朝政府索取更多的权利。由于同时侵略中国的不是两个，而是好几个强盗，因此"以夷制夷"的结果就是所有的强盗互相呼应，轮番勒索。

在中日甲午战争以后的几年间，就是这样的状况。严格说来，这时清朝政府说不上有什么主动的外交政策，它只能按照帝国主义列强的

① 《张文襄公全集》第 79 卷，第 20 页。
② 《清光绪朝中日外交史料》第 51 卷，第 13 页。
③ 《张文襄公全集》第 79 卷，第 26 页。

意愿,以中华民族和中国人民的血肉轮番地填塞一个个饿狼的肚子。在这些饿狼相互间的确存在着矛盾和冲突,所谓"以夷制夷"好像是利用这种矛盾,但事实并不是清朝政府利用它们之间的矛盾,而是它们不断地以中国的领土主权为牺牲品来调节它们之间的相互矛盾。

所谓"以夷制夷"实际上成了引狼入室。这倒并不是违反"以夷制夷"的"外交家"们的意愿而出现的结果。无宁说,把所有的狼都引进内室正是他们所想造成的事实,以为这样可以达到所谓"互相牵制"的目的。

在清朝官僚集团中早已有人认为,让列强"互相牵制"是有好处的。总理衙门的大臣们在咸丰十一年(1861年)就说过:"自英法住京后,臣等屡次于接晤时,窥见各国心志不齐,互相疑贰,是以彼此牵制,未敢逞志。即如俄罗斯侵占吉林等处边界,英法两国,均以为非,盖其意恐俄国日益强大,不独为中国之患,即伊等亦不能不暗为之防。"①同治六年(1867年)有个官员周星誉上奏说:"夫中国为地球第一大国,原隰沃衍,民物蕃阜,西夷之觊觎久矣。……目前得幸而议和者,则以俄、英、法、美四大国,地丑德齐,外睦内猜,互相钳制,莫敢先发耳。"②这说的是第二次鸦片战争英法联军后的形势。李鸿章之流就是根据这种经验而形成了他们的"以夷制夷"的政策。前面曾说过(见第十三章第五节)在中日甲午战争时,唐景崧曾设想把台湾变成各国的公共租界以避免割给日本,这种想法的发明权其实也属于李鸿章。他在同治十三年(1874年)看到包括日本在内的不少国家都对台湾有野心,就曾说:"与其听一国久踞,莫若令各国均沾。"③光绪五年(1879年)李鸿章写信给朝鲜的大臣李裕元,为朝鲜画策说:"为今之计,似宜用以毒攻毒,以敌制敌之策,乘机次第亦与泰西各国立约,借以牵制日本。"④他的所

---

① 《咸丰夷务》第79卷,第16页。
② 《同治夷务》第49卷,第41页。
③ 《李文忠公译署函稿》第2卷,第42页。
④ 《清季外交史料》第16卷,第15页。

谓"与泰西各国立约",其实就是给西方列强一些好处。李鸿章在中国所实行的正是他为朝鲜所画的策。这也就是在中日甲午战争后,李鸿章到俄国及其他西方各国去前所说的"此行要策"。这以后列强在争夺中国越演越剧的局面,正是李鸿章的"联络西洋,牵制东洋"的政策的必然结果。

盛宣怀这个买办官僚是李鸿章的门下士。他在光绪二十四年(1898年)提出了一种"合纵"论,大大丰富了他的老师李鸿章的"学说",也可以说是揭穿了"以夷制夷"论的底。盛宣怀说:"救分裂之弊宜合纵"①,就是要用所谓"合纵"的办法来解救中国被列强分裂的危险。其理由和办法是:"鄙见各国窃保护之名,分占边疆海口,渐入腹地。一国起争,数国效尤。牵制之法,不足破其阴谋;通商之利,不足抵其奢欲。处今日而欲散其瓜分之局,惟有照土耳其请各国公同保护。凡天下险要精华之地,皆为各国通商码头;特立铁路矿务衙门,统招中国及各国股份,聘请总铁路司、总矿务司,职分权力悉如总税务司。"②

"合纵"说来源于战国时期,其意是使潼关以东的齐、楚、燕、赵、韩、魏等国,联合起来,对抗秦王朝。盛宣怀借用"合纵"这个词,主张帝国主义国家联合起来,共同"保护"中国,把中国的铁路、矿务以及一切经济权益都主动全部送出,以免列强互相争夺。这样做有什么好处呢? 据他看来,这样就可以"散其瓜分之局",而得到了"各国公同保护"。保护什么呢? 很明显的,就是说,清朝封建统治政权可以在列强共同保护下继续存在下去。如果中国全部国土分成一个个帝国主义国家的殖民地,那么清朝政府也就没有存在的余地了。使中国保持半独立国,也就是半殖民地的地位,从而使清朝政府作为列强共同需要的代理人存在下去,这就是盛宣怀的这条妙计的实质,这也是洋务派的"以夷制夷"政策的必然趋向。清朝政府事实上就是沿着这条路走的。

---

① 《愚斋存稿》第31卷,第32页。
② 同上书,第30卷,第23页。

以前有些中国近代史作家,企图在读者中造成一种印象,似乎清朝政府及其大臣们是列强侵华活动中的受害者和受骗者,他们在列强的要挟下也感到为难和表示不满;似乎他们主观上是想保卫中国的权利,只是力不从心。事实并不是这样。当然,他们未尝不梦想恢复封建帝国的昔日的威风,但是他们的没落的、腐朽的统治只能使他们不断地去奉送中国的主权。只有这样,列强才给他们保留一个位置,他们才能继续维持对人民的统治权。他们的卖国经验使他们归结到,在列强互相矛盾、争夺的情况下,与其供奉一个强盗,不如把所有的强盗都招来反而对自己"有利"。到了九十年代末,那些"最识时务"的洋务派官僚们已经甘愿受洋人的"保护"来维持自己的统治地位了。

有一段记载说:"鸿章隐窥朝廷之旨,惟在求好,偷安旦夕,遂以此自结于内,而引重于外,养痈遗患,安然不顾。尝于席间对客曰:'苟延之局,何必认真'。客作色谓,'傅相安得为此言'。举酒笑曰:'谬耶?罚酒一钟。'"①这段记载,不仅活活画出李鸿章以国事为儿戏的无赖态度,更重要的是,指出了李鸿章办外交的目的是"引重于外",以"偷安旦夕"。所谓"引重于外",就是借洋人的势力来巩固自己的权位。再说,洋人对于这些卖国的大臣是常常让他们分润到一些好处的。例如,总税务司赫德就让芜湖海关成为"李鸿章家族的专用牧场",也就是让这个海关的收入都归李家所有②。至于每一次卖国条约和借款合同的签订,经手的大臣都能在贿赂和其他形式下得到好处,那是前面已经举过实例的了。

鲁迅曾经深刻指出"以夷制夷"的实质:"至于中国的所谓手段,由我看来,有是也应该说有的,但决非'以夷制夷',倒是想'以夷制华'。然而'夷'又那有这么愚笨呢,却先来一套'以华制华'给你看。"③

---

① 魏元旷:《坚冰志》第1卷,第4—5页。

② 马士:《中华帝国对外关系史》第3卷,第423页注一。

③ 《鲁迅全集》第5卷,人民文学出版社1957年版,第88页。

　　清朝政府决心出卖中国的主权,以换取外国帝国主义的支持,来维持对中国人民的统治,从而也就使自己变成了帝国主义的奴才和帮凶。帝国主义列强在互相争夺中国的权益时,需要保存这个反动腐朽的政权,就是利用它来统治中国人民。清朝政府及其大臣们甘愿充当这个角色,而且唯恐帝国主义列强不需要这个角色。这样,以夷制夷就变成了以华制华。打碎一切枷锁,从帝国主义和卖国的清皇朝的双重统治下解放出来,就成了摆在中国人民面前的任务。

第 十 五 章

第二次革命高潮出现前的国内阶级形势

（一）清朝政府成了外国帝国主义的税吏

在中日甲午战争后中国面临被帝国主义瓜分的危机情势下,出现了中国近代史前期的第二次革命高潮。

同作为中国近代史前期的第一次革命高潮的太平天国革命相比,第二次革命高潮具有如下两个明显的特色:

第一,在第二次革命高潮中,广大人民的革命斗争的锋芒主要是针对着外国帝国主义。

第二,在第二次革命高潮中,已经出现了在经济上和政治上初步成长起来的民族资产阶级。但是这个阶级还担当不了革命的任务,而只能演出了一场失败的政治改良运动。

外国帝国主义势力已经深深地侵入中国;帝国主义和封建统治阶级互相勾结而在它们的互相勾结中又难免还发生某些矛盾;民族资产阶级开始走上政治舞台;被压迫的广大农民和其他劳动者面临着反对帝国主义、反对封建主义的严重任务,他们是革命的主要动力,但仍旧缺乏先进阶级的领导,停留在自发的斗争的水平上。——这些因素互相纠结在一起,形成了比第一次革命高潮复杂得多的阶级矛盾的形势。

清朝政府大借外债,来支付对日本的赔款。为了偿还外债,它向人民敲骨吸髓,大肆搜刮。

在中日甲午战争前的若干年间,清朝政府的财政状况大体上是收支平衡,还有一点节余。例如光绪十一年到二十年(1885—1894年),按户部(即中央政府中的管理财政的部门)的逐年报告,这十年间平均每年有四百万两的盈余。到了中日甲午战争后,这种财政收支平衡的状况再不存在了。从光绪二十二年(1896年)起,每年要偿还外债本息二千万两,光绪二十四年起增为二千五百万两。这几年的国家的正常的财政收入大致是八千几百万到九千万两,这个数目主要是用来供养皇室、庞大的官僚机构和军队。光绪二十二年户部奏报筹还每年应付外债本息的困难时说:"国家财赋,出入皆有常经,欲开源而源不能骤开,欲节流而流不能骤节,其将何以应之?"①户部所说的财政收入,除海关税收(大约占全数的四分之一)以外,主要是地丁、漕粮、盐课、厘金,都是直接对人民的剥削。但这并不是以国家名义取之于民的全部,因为这里并不包括各级地方的财政收入,而且此外还有相当大的部分为各级官吏所中饱,进入了他们的私囊。

弥补财政亏空的办法就是向各省摊派贡纳。各省如何来完成摊派的任务呢?无非是以各种名目增加捐税。举几个例:山西省,从1896年开征烟酒税,到1900年,每年全省人民负担的烟酒两项捐税就达二十余万两②。四川巴县,中日甲午战争后新增的苛捐杂税即所谓"新捐输",每年一万九千两至三万三千两,加上"常捐输"岁派银一万五千两

①　《光绪政要》第22卷,南洋官书局宣统元年版,第16页。
②　范文澜:《中国近代史》上编第一分册,第407页。

至一万七千两,"较正供几近十倍"①。山东巨野县,"甲午战后一、二年,赋税倍增,到 1900 年间,更增加到两倍"②。

光绪二十四年(1898 年)清廷决定用举借内债的办法筹款,发行的债券名曰"昭信股票",其办法是"在京自王公以下,在外自将军督抚以下,无论大小、文武、现任、候补、候选官员等,领票缴银,以为商民之倡。其地方商民愿借者,即将部章程,先行出示,并派员剀切晓谕,不准稍有勒索"③。但是这个反动政府在人民中已经完全失去信用,所谓昭信股票只是为各级官员提供了一个向人民进行广泛勒索的新的机会。"名为劝借,实则勒索,催迫骚扰,贻累闾阎"④。例如在山东安丘县,"计田苛派,按户分日严传,不到者锁拿严押,所派之数,不准稍减分厘。"⑤原定共筹银一万万两的"昭信股票",结果只搜括到一千多万两,在全国人民怨声载道下,不得不停止发行。地方官员如两江总督刘坤一在开始发行股票时,就奏报说,他自己认缴银二万两,加上其他官员共认缴银七十多万两,并说,两淮盐商也认银一百万两⑥。但是到了朝廷宣布停办此事时,他上报说:"各该文武等员,或因交卸赔累,或因事故出缺,力有未逮,已虑解不足数;其盐商认借之款,迄今呈缴无多"⑦。这些官员们即使如数地缴款,他们也必定是把这个负担转嫁到人民身上,那是不用说的。

昭信股票失败后一年,光绪二十五年(1899 年)清廷又实行了一次所谓"整顿"财政。慈禧太后召集的御前会议决定了"裁革陋规,剔除

---

① 《民国巴县志》。转引自《近代史资料》1955 年第四期,第 14 页。

② 《山东近代史资料》第三分册,山东人民出版社 1961 年 12 月版,第 36 页。

③ 《光绪政要》第 24 卷,第 3 页。

④ 光绪二十四年闰三月二十七日上谕。《中国近代史资料丛刊:戊戌变法》(此书以后简称《戊戌变法资料》)第二册,神州国光社 1953 年版,第 16 页。

⑤ 《李忠节公奏议》第十二卷,转引自《义和团运动六十周年纪念论文集》,中华书局 1961 年版,第 90 页。

⑥ 《刘坤一遗集》第三册,中华书局 1959 年版,第 1023 页。

⑦ 同上书,第 1076 页。

中饱,认真整顿,化私为公"的十六字方针。太后的宠臣、协办大学士、军机大臣刚毅奉令南下根据这个方针进行搜括。他首先到江苏,一举括得一百一十万两银子,继又到安徽、浙江、广东,一共搜括到一千万两银子回朝交差。他的方法是要各级官员把他们中饱的钱财上缴归"公",但是这些官员照例总是用人民的血汗来成倍地补偿他们的损失。所以英国人办的《北华捷报》在那时写道:"为这个不幸的帝国增加苦难,刚毅又被派遣到广东省搜括钱财和兵丁,看来这差不多像是慈禧太后急欲把那里经常燃烧着的叛乱星火煽成大火"①。帝国主义者不能不为已经成为他们的走狗的清朝政府的命运担心了。

从昭信股票和刚毅南下这两件事,可以看到当时清朝政府不惜用尽一切方法进行搜括。从朝廷到地方督抚、州县官役组成了一个庞大的剥削网,在它笼罩之下,一切沉重的负担最后都落到了以农民为主体的贫苦人民身上。民族资产者、商人、中小地主也都不能不分担到这种压力。

基层的人民群众,在重重的苛捐杂税以外,还承担封建差徭的压迫。差徭是封建国家强迫人民提供劳役的一种制度。清朝在形式上用征收"地丁"(人口税)代替差徭,但实际上劳动人民仍被强迫从事各种无偿的劳役,而且地方官吏利用拉差对人民进行残酷的敲诈勒索。光绪二十一年(1895年)一个叫曹志清的官员在他的奏折中对直隶省的差徭情形作了一个比较具体的供述:"直隶省差徭之繁重,甲于天下。常年杂差,民力已苦不支;去岁兵差络绎,州县横敛暴征,而民愈不堪命矣!……无如不肖州县,藉差为肥私之计,胥役视差为致富之门,敲骨吸髓,毫无顾忌。勒派之法不一:有按牛马捐者,有按牌户捐者,有按村庄捐者。明以要车为名,其实全行折价,一马一牛,折钱百串及数十串不等,下至一驴,亦折十数串。一牌一户,捐钱数十串及七八串不等,甚

---

① 原载《北华捷报》1899年9月11日。转引自《中华帝国对外关系史》第3卷,第183页。

至无衣无褐之户,亦捐钱一两串。其按村庄捐者,过三百户为大村,捐钱二千串及一千串,三百户以下为小村,捐钱七八百串及五六百串,甚至数十户之村,亦捐钱至二三百串。……差役四出,虎噬狼贪,惨难言状! 少不遂意,立加拘比。……尤可骇者,去秋水灾,哀鸿遍野,……仍向民间苛派,……至转于沟壑,无所控告!"①

封建统治者对人民的搜括是在血腥的刺刀下进行的,残酷的经济剥削伴随着野蛮的政治迫害。除了各地监狱外,从宫廷到地方,大大小小的官府衙门,以至豪绅府宅,都有变相的牢房,还有遍布各地的所谓"待质公所"一类的拘留所。许多无辜的人民被加上"土匪"、"盗贼"、"奸民"、"暴民"的罪名,投进了黑暗的牢房,禁受各种惨无人道的刑罚。在湖南的监狱里,就有所谓"吊半边猪"、"扳臀"、"倒扳臀"、"烟熏火炙"、"踩刺筒"、"鹰衔鸡"、"打地雷"等等酷刑,"惨酷之情,令人耳不忍闻,口不忍道"②。在各地的"待质公所"里,"无罪之拘留,苦更加于监禁","问官不即审结,弥月经年,饥寒交迫,疫疬频生,家人不许通问,差役横加需索,稍不遂意,即加凌虐",其凌虐"皆属不可思议,被押者多至瘐毙"③。在帝国主义卵翼下的清朝政府,把全国变成了一座黑暗的地狱。

在中日甲午战争后几年间,直隶、奉天、山东、河南、江苏、安徽、浙江、江西、湖南、湖北、广东、广西、四川等省先后发生严重的水灾或旱灾。光绪二十二年(1896年),湖北大水灾,灾区极广,宜昌、施南、郧阳三府尤甚,张之洞在"致总署"的电奏中说:灾民"饥寒交迫,……多食草根、树皮、观音土,惨不忍睹,以至饿殍枕藉"④。光绪二十三年,湖南出现数十年未有的大旱,在重灾区"咽糠茹草,至有饿毙及自尽者"⑤。

---

① 《光绪朝东华录》第四册,总第3632页。
② 《湘报》第十七号,中华书局1965年影印本,第66页下。
③ 《光绪朝东华录》第四册,总第3649—3650页。
④ 《张文襄公全集》第79卷,第8页。
⑤ 《湘报》第十五号,第57页下。

同年淮河泛滥,安徽凤、颍、泗一带"陇亩庐舍,一片汪洋"①。黄河"几于无岁不决,无岁不数决,……而河工败坏日甚一日"②。二十四、二十五年间,黄河连续大溃决,直隶、山东沿河两岸多被淹没,死亡人数达十六七万。二十三到二十四年,江苏北部徐、海各属连续两年遭到严重水灾,"饥民数十万,灾区数十县,颠沛流离,死亡枕藉","沿途售儿女者纷纷"③。当时外国人的报纸写道:苏北的灾民"出卖孩童,特别是女孩,以免饿死,其价格每孩从五十文到一千文"④。

帝国主义列强在吞噬中国这块肥肉时,已经不再担心从中国封建统治者方面遭到反抗。光绪二十一年(1895年),英国人赫德在给另一个帝国主义分子的信中说:中国政府的态度是"一旦被要求,就会惠然让与别国"⑤。光绪二十四年(1898年)浙江孝廉陈虬在一篇奏章中说:"外人以虚声恫吓,朝廷未交一兵,未折一矢,甘以祖宗百战经营之土地,拱手让之他人"⑥。帝国主义列强不需要费什么力气就可以从清朝统治者手里得到它们所想得到的一切。

封建统治者从来都是对广大人民实行残酷的剥削与压迫的,但到了这时候,这种剥削与压迫已具有一种特殊意义。封建统治者以横征暴敛的所得来供奉外国帝国主义者,他们成了外国帝国主义的收税吏。他们武力镇压中国人民,以维持外国帝国主义所需要的统治秩序。整个封建统治的国家机器实际上已经成为外国帝国主义的工具。

光绪二十一年(1895年)康有为在上皇帝书中说:"日本索债二万万,是使我臣民上下三岁不食乃能给之。若借洋债,合以利息折扣,百年亦无偿理","吾民精华已竭,膏血俱尽,坐而垂毙,弱者转于沟壑,强

---

① 《光绪朝东华录》第四册,总第3991页。
② 光绪二十二年山东巡抚李秉衡奏。转引自范文澜:《中国近代史》,第409页。
③ 《湘报》第七号,第28页上。
④ 《北华捷报》1899年3月20日。转引自马士:《中华帝国对外关系史》第3卷,第172页。
⑤ 《赫德致杜德维函》。转引自马士:《中华帝国对外关系史》第3卷,第54页。
⑥ 《湘报》第一〇六号,第422页上。

者流为盗贼,即无外患,必有不可言者。"①所谓"必有不可言者",就是说,被剥削到"膏血俱尽"的人民群众有起来造反的征兆。

也就在订立马关条约时,一些翰林院的官员上奏说:"江宁约定而金田匪起,前事非远,可为寒心"②!他们是把南京条约订立后发生太平天国大革命这个事实引为鉴戒。但是封建统治者既然是继续对外步步投降,对内加强压迫剥削,想逃避他们所害怕的革命的到来是不可能的。

(二)暴风雨的前奏

人民群众革命斗争的锋芒直接指向最凶恶的敌人帝国主义列强。

反教会的斗争仍然在这个时期广泛地发生。在中日甲午战争以后的几年间,这种斗争越来越同反对帝国主义瓜分中国的阴谋,挽救祖国危亡的总目标联系了起来。它的意义是不能简单地用杀死教士和焚毁教堂的数目来估量的。

光绪二十一年(1895年)五月,马关条约签字后不久,由四川省城开始爆发的反教会的群众暴动,蔓延到川西、川南许多地方。这次暴动发生前,成都广泛流传这样的消息:"某家有牛忽作人语,言后年外人将攻四川";"外人拐杀小孩榨取油脂"等等③。这类传说成了暴动发生的引火物,足以说明中国人民对帝国主义的反抗斗争已达到一触即发的地步。

成都暴动尚未平静,同年八月,福建古田的秘密会社——斋教又发动了反教会的革命暴动。斋教是白莲教的流派,活动于湖南、江西、福建一带。这时,福建斋教队伍迅速扩大,拥有会员一万二千人。它的基

---

① 《戊戌变法资料》第二册,第140、145—146页。
② 《中日战争资料》第三册,第596页。
③ 王文杰:《中国近世史上的教案》,1947年版,第69页。

本群众是贫农,此外还有苦力、矿工、手工业者、小商贩以及一些从台湾撤退下来的士兵。古田斋教群众在刘祥兴(江西人)等人领导下,号召抗税,定期举行起义,被英、美教士侦知,向古田知县告密。愤怒的人民把斗争锋芒直指帝国主义。领导者号召群众说:"不把洋人消灭干净,人民受苦受难就永无终止之日"①。群众高举红旗,上写"龙爷将要征服外国人的上帝"②。他们手持刀枪,焚烧教堂和洋人住宅。暴动的群众借宗教的语言表达了他们反对帝国主义的革命意志。俄国驻福州领事波波夫向他的外交部报告说:"中国人袭击教士住宅,其目的不是掠夺而是杀人,为了报仇雪恨,而非抢掠财物。"③这个俄国官员清楚地说出了这次暴动的政治性质。

成都、古田暴动相继爆发,英、美、法等帝国主义及其走狗清朝政府异常恐惧。美国政府认为:中国发生的暴动,"目的不仅是反对传教士,而是蔓延全国的排外运动的一部分"。因此它决定增强在亚洲的舰队,宣称"这是由于远东局势可能将比现在变得更加可怕的危险性所决定的"。英国在香港的《孖剌报》惶惶不安地写道:中国人的"排外"情绪"现在已具有全民性的规模",暴动的接踵出现"已如明天出太阳一样无可置疑"④。清朝政府进行了残酷的镇压。在成都,杀了朱瑞亭等六人,还有十七人枷杖充军;在古田,逮捕了二百余人,二十六人被判死刑,十七人被流放。

美国驻华公使田贝给国务院的报告中说:"单是要求赔款和杀戮一些下流社会的匪棍,对整个中国人民来说,还不够发生恐吓的效果",他认为还必须惩办一些高级官吏⑤。在帝国主义压力下,四川总督刘秉璋和川闽地方官员十四人被撤职。帝国主义的目的是要督促清

---

① 福森科:《瓜分中国的斗争和美国的门户开放政策》,第92页。
② 王文杰:《中国近世史上的教案》,第129页。
③ 福森科:《瓜分中国的斗争和美国的门户开放政策》,第93页。
④ 同上书,第89、94、97页等处。
⑤ 卿汝楫著:《美国侵华史》第2卷,第616页。

朝官员们切实负起保护外国侵略者的任务来。果然,各省各地都立即根据总理衙门的咨文作出了有关保护外国教会的命令、通告、章程等等。例如湖广总督命令所属"凡有教堂处所,密派兵役,认真巡查,妥慎保护。""倘有造言惑众,以及匿名揭帖,定当按律拿办,决不姑宽。"①直隶省保定府的布告中说:"西人传教,无非劝善为心,我邦务须一视同仁,切勿轻听浮言,以免别生事故,而再失吾华体统。……倘有奸徒造言惑众,遇事生风,则国法俱在,定当严拿惩办,决不姑宽"②。封建统治机器虽然用全力进行防范,但是光绪二十二年、二十三年(1896、1897 年)间反教的风暴继续席卷湖南、湖北、江西、江苏、贵州、四川、山东等省数十州县。清朝政府在二十四年六月"谕各省大吏实力保护传教西人,不准再有教案。"③七月又通令各省负责官员"实力保护教堂教士。"④官方的一切禁令恰恰好像是火上浇油。一个英国传教士梅殿华哀叹说:"虽迭奉上谕,剀切开导,官府亦屡经出示,严禁滋事,而毁教堂、杀教士之案,几于无年不有,……闹教之祸愈禁而愈不能止。"⑤

在有些地区,已经不只是突发的反教会暴动,而开始形成了持续性的反帝武装斗争。

中日甲午战争中,日本侵略军进入山东时,著名的义和团的前身——义和拳会已经在这里活跃起来了。它组织群众,发展队伍,表现了武装反抗侵略的鲜明立场。同拳会有联系的大刀会也在鲁南的单县一带发展起来,它活动在山东、河南、安徽、江苏交界的地区。光绪二十二年(1896 年)他们在这地区焚毁外国教堂二十余处。两江总督刘坤一和山东巡抚李秉衡奉命派军队"会剿",但没有能加以消灭。在德国

---

① 程宗裕辑:《增订教案汇编》第 3 卷,光绪二十八年刊本,第 2 页。
② 同上书,第 5 页。
③ 《清季外交史料》第 133 卷,第 1 页。
④ 同上书,第 134 卷,第 18 页。
⑤ 《湘报》第一六五号,第 659 页。

强占胶州湾、英国强占威海卫后,山东各地人民的反帝斗争更加频繁地发生。有人统计,胶州湾事件后约一年半间,山东人民为捍卫路矿主权,反对外国教会而进行的反帝斗争,多达一千余次①。在第二次革命高潮中,山东的义和团运动突然爆发不是偶然的。

光绪二十四年(1898 年)夏,广西发生了天地会首领李立亭领导的农民起义,起义军的檄文痛斥帝国主义的侵略,"立誓驱尽洋人,以保卫华民"②。起义的队伍曾发展到十一万人,先后攻占过梧州、郁林、容县、兴业、陆川、博白等地,遭到两广总督谭锺麟的残酷镇压。

同年七月,四川大足县爆发了余栋臣("余蛮子")领导的起义。他曾在光绪十六年(1890 年)发动反帝武装起义失败(见第十一章第三节),失败后他仍坚持斗争。二十四年春,余栋臣被官方逮捕,由他的同党营救出狱。他又宣布起义。他发出的檄文中阐述民族危机的深重:"胶州强立埠,国土欲瓜分。自古夷狄之横,未有甚于今日者"。他也痛斥清朝统治者的倒行逆施,但主张不分官民,一致对外,共同"剪国仇"、"雪国耻",提出以是否反对外国侵略者作为敌友界限。檄文最后号召群众:"脱目前之水火,逐异域之犬羊。"③由于参加起义的地主分子蒋赞臣等人的影响,檄文中特别声明:"但诛洋人,非叛国家";而且,起义过程中还用过"扶清灭洋"这样的口号。七月下旬,起义军在击溃前来"剿办"的官军以后,分路出击,起义的影响波及四川、湖北三十多个州县。面对余栋臣的声势浩大的起义,清朝统治者深感武力镇压的困难。因此一面进剿,一面由四川藩司王之春通过混入起义队伍的地主分子,实行招抚诡计。这个诡计终于获得了成功:招降了余栋臣,瓦解了起义军。这一"胜利",显然使腐朽的统治者学到了一个乖:当群众的革命斗争的锋芒主要是针对外国侵略者时,利用"扶清灭洋"

---

① 李剑农:《中国近百年政治史》上册,商务印书馆 1942 年版,第 198 页。

② 《中外日报》,光绪二十四年七月十六日。

③ 《余栋臣与四川农民反帝运动》。见《近代史资料》1955 年第四期,第 29、30 页。

这类口号来实行招抚是可能的。清朝统治者后来在对付义和团运动中,就是大规模地使用了这种"抚"、"剿"相结合的反革命策略。

生活在各个租界、租借地直接遭受帝国主义殖民统治的人民群众,也以抗捐、抗粮等形式掀起了一次次的反帝斗争。这里要特别说一下广州湾人民的反帝斗争。

法国侵占广州湾后,光绪二十四年(1898 年)六月到十月,遂溪的海头、南柳各村人民(其中有不少三点会,即天地会的分子)自发起来,对法军军营进行了三次英勇的袭击。新任遂溪知县的李锺珏及一部分地主绅士也卷入了人民反侵略的浪潮。次年,李锺珏组织团练四千人。参加团练的和团练以外的群众又结合起来,先后在黄略村和麻章村两次同法国侵略军作战,每次都毙伤敌军官兵数十人。李锺珏表示赞助这种斗争。但是,清政府派往广州湾合勘界务的钦差大臣、广西提督苏元春勾结法军镇压了遂溪人民的反帝斗争。苏元春早在中法战争后在广西同法国人办交涉过程中就被法国人收买。李锺珏描绘这个钦差大臣说,他"所乘者法兵舰,所驻者法兵营","不啻一法国官员"①。

农民群众在这次斗争中表现了不屈不挠的英雄气概。按照李锺珏的叙述,遂溪团练的基本群众"皆田间耕作之农",他们"心志团结,一意扼敌",在遭到敌人残暴镇压时,"无一人肯披发左衽以从"。以李锺珏为首的一部分官绅,本来对人民的反帝斗争是采取"多方约束"的反动立场的。当他们自己面临"家室田庐,势将尽沦异域"的威胁时,"上念祖先,中顾己身,下视子孙,彷徨失所,举无所安",他们这才跑到人民反帝的队伍中来。这个事实说明,中日甲午战争后,由于民族矛盾的突出和尖锐化,地主阶级内部出现了分化,一部分下层官吏和中小地主企图利用人民的反帝斗争来维护自己的切身利益。他们意识到,抓住

---

① 李锺珏:《且顽老人七十岁自序》,见《广西历史资料》1959 年第二期,第 103 页。

民族斗争的旗帜,对他们有利。但这些人在参加斗争时,其态度是消极动摇的。他们"约束练勇,不准穷追逞杀"①,随时都准备同外国强盗妥协。他们采用"团练"这一传统的地主武装形式,也是为了把愤怒的群众纳入他们所容许的轨道上来。由此可见,中日甲午战争后,对外的民族矛盾和内部的阶级矛盾错综在一起,呈现出复杂的发展趋势。

当人民反帝斗争浪潮涌起的时候,反对封建剥削压迫的群众斗争也燃遍了全国各个角落。

光绪二十一年到二十四年(1895—1898 年),直隶、山东、河南、江苏、安徽、浙江、福建、湖南、湖北、广东、广西、四川等十多个省,许多地方都发生过群众性的抗租、抗税、抢米风潮。在有些地方,这种反封建剥削的经济斗争还发展成为武装暴动,遭到清政府的残酷镇压。二十一年(1895 年)夏,广西的来宾、武宣一带爆发了陈沅湘、韦老忠等领导的农民起义。二十一年、二十二年间,甘肃回族人民为反抗清朝的暴虐统治而发动了武装斗争,先后参加的群众达数十万人。二十四年十一月,江苏邳州农民领袖孟继善在呦鹿山率领数千农民起义。十二月,安徽涡阳、亳州一带又爆发了一次农民起义。起义军由二三百人迅速发展到两万人,波及皖北各州县和江苏徐州、河南归德等地。据《国闻报》记载,这一年在广东、福建边境,有四万群众活跃于深山密林之中,"各等旄旗绣以谋叛之词",并且"深山之中,多有制造枪炮局火药局",准备武装暴动。《国闻报》不安地写道:群情"鼓动异常,汹汹若叛,设使时事一变,必成星火燎原"②。

封建统治者用屠杀政策来对付造反的人民,其效果如何,可以从两广总督谭锺麟给皇帝的奏稿中看到。这个总督写道:"土匪四起,到处民心惊惶,各州县风鹤频闻,请兵者纷至沓来",他"抵任未久,日以杀

①　李锺珏:《遂良存稿》,见《广西历史资料》1959 年第二期,第 73—99 页。
②　转引自《湘报》第七十六号,第 304 页上。

人为事"。但是造反的群众"陆捕则入海,水捕则入山,……莫能得其踪迹","聚则为盗,散则为民,此拿彼审,固非一州县之力所能穷究也"①。

上述这些分散在各地的反帝反封建的自发的斗争,是预告一场暴风雨即将来临的雷鸣和电闪。

(三)民族资本主义的初步发展

前面已经说过(见第十三章第四节),在马关条约订立时,康有为曾率领公车上书,提出了资产阶级倾向的变法主张。到了光绪二十三年(1897 年)冬,德国侵占胶州湾事件发生后,康有为又在给皇帝的一个奏文中,以激昂的调子指出局势的危急。他说:"万国报馆,议论沸腾,咸以瓜分中国为言,若箭在弦,省括即发。海内惊惶,乱民蠢动……瓜分豆剖,渐露机牙,恐惧回惶,不知死所。"他直接了当地向皇帝说,照这样下去,你这皇帝怕要当不成了:"恐自尔之后,皇上与诸臣虽欲苟安旦夕,歌舞湖山而不可得矣,且恐皇上与诸臣求为长安布衣而不可得矣。"他更指出下层人民会起来造反,以此警告统治集团:"自台事后(即台湾割让后),天下皆知朝廷之不可恃,人无固志,奸宄生心。……加以贿赂昏行,暴乱于上,胥役官差,蠹乱于下,乱机遍伏,即无强邻之逼,揭杆斩木,已可忧危"②!康有为把局势说得这样岌岌可危,是为了证明变法维新势在必行,万万不可推延。

以康有为为首的维新派在中日甲午战争后的几年间的活动,形成为一个有影响的政治运动。他们举着"救亡图存"的旗帜,要求抵制外来侵略,他们不满于腐朽的封建统治,主张按照资本主义国家的图样实行某些政治上的改革。但是从上引康有为在光绪二十三年向皇帝上书

---

① 《光绪朝东华录》第四册,总第 3680、3681 页。
② 《上清帝第五书》。《戊戌变法资料》第二册,第 189、190、192 页等处。

中的话就可以看到,他们同封建统治者一样,害怕和反对下层人民群众中的反帝反封建的革命斗争。他们希望,封建统治者接受他们的主张,自上而下地实行变法维新;并且通过这种资本主义性质的改革,避免正在兴起的农民革命。

中国民族资本主义在中日甲午战争后有了一个初步的发展,这是以康有为为首的变法维新运动的经济基础。初步发展起来的民族资本主义所具有的特点和弱点决定了这个政治运动的软弱的改良主义性质。

当中日甲午战争还在进行的时候,恩格斯就预言说:"中日战争意味着古老中国的终结,意味着它的整个经济基础全盘的但却是逐渐的革命化,意味着大工业和铁路等等的发展使农业和农村工业之间的旧有联系瓦解","旧有的小农经济的经济制度(在这种制度下,农户自己也制造自己使用的工业品),以及可以容纳比较稠密的人口的整个陈旧的社会制度也都在逐渐瓦解。"[1]中日甲午战争后的事实,证实了恩格斯的预见。

中日甲午战争后,资本输出逐渐成为帝国主义列强掠夺中国人民的主要形式。而帝国主义列强的资本输出又为它们的商品输出开辟道路。同战前相比,洋货的输入数量有了急剧的增长。光绪二十一年到二十四年(1895—1898年)四年间输入超过输出一点三倍,平均每年入超四千七百多万两,总计入超近一亿九千万两。

针对棉花出口,而棉纱、棉布大量进口的事实,一个当时经营纺织业的资本家忧郁地说:"花往纱来,日盛一日。损我之产以资人,人即用资于我之货以售我,无异沥血肥虎,而肉袒继之。利之不保,我民日贫,国于何赖?"[2]帝国主义分子却兴高采烈地说:"今天,随便走进哪一家农户,人们都可以看到,曾经是不可缺少的纺车,都蒙上了尘土,被人

---

① 《马克思恩格斯全集》第39卷,人民出版社1974年版,第288、297页。

② 《张季子九录·实业录》第1卷,中华书局民国二十年印,第7页。

遗忘了。一捆捆机器压的孟买棉纱似乎使人注意到手纺车已经不合时宜了。"①这种情况表明,在中日甲午战争前已经逐渐解体的自然经济,在许多地区是进一步面临崩溃瓦解的境地了。

但是,帝国主义强盗却未曾想到它们的"胜利"会走向它们愿望的反面:既激起了中国人民的反帝浪潮,也为中国民族资本主义的发展创设了条件。农民家庭手工业的倒闭,使农村日用必需品进一步依赖城市,为资本主义的发展扩大了商品市场。农民和手工业者的倾家荡产,逼得他们或辗转死于沟壑,或背井离乡,纷纷流向城市,寻找出卖劳动力的场所。城市人口迅速增加,如上海在光绪二十一年(1895 年)人口为二十九万三千人,二十四年激增到五十八万六千人,三年间增加了一倍。破产农民和手工业者充斥于城市之中,为资本主义的发展提供了劳动力。农产品自给性质的衰退,商品性质的加强,则为资本主义的发展扩大了原料来源。这一切给广大劳动农民带来了无穷的灾难,而中国民族资本主义,则随着自然经济的解体初步发展起来了。

清朝统治者在中日甲午战争中的失败,宣告了洋务派官僚的官办工业的彻底破产。这时,代替李鸿章而成为洋务派前台领袖的是湖广总督张之洞。张之洞本来是一个守旧的封建官僚,但又善于乘潮御浪,随机应变。中法战争后,他一变而为兴办官营企业的洋务派的要角。中日甲午战争后,张之洞又察看风色,感到需要变换腔调,因此他说了不少"保护华商,厚集商力"之类的话,把自己打扮成好像是个民族工业的保护神。实际上张之洞依然是继承着李鸿章的衣钵,想重整官办和官督商办的洋务工业的破烂摊子。但是以清政府的十分拮据的财政状况,是无力创办新企业的,连原有的官办企业也支撑不下去。有的官办企业只能改为商办,有的则乞求外国资本的输液,如张之洞自己创办的汉阳铁厂,从光绪二十四年起也不能不靠日本资本过日子。张之洞

---

① 姚贤镐编:《中国近代对外贸易史资料》第三册,中华书局 1962 年版,第 1367 页。

认为,至少铁路等要害部门不能让商民自办。他说:"铁路为全国利权所关,不甘让利于商,更不肯让权于商","必须官商合办"①。张之洞这种"不甘让利于商"、"不肯让权于商"的叫喊,并不足以说明官方还有垄断新式企业的力量,恰恰是反映官方的指挥棒已经失灵了。

民族企业的投资者及其政治代表人物谴责官府的垄断,要求自由发展工业的呼声,越来越高了。他们揭露"以官侵商"的官督商办、官商合办的黑幕说,"不知官也者,昔日日以胺商为事者也,故富人无肯出巨资以办商务者"②。他们主张:"民间之事,宜听民办,操刀代斲,必至伤手"③。"商人能集资自办者,多多益善,尤当力为保护,毋得以官权侵之"④。他们要求打破官督商办、官商合办的枷锁。张之洞不是高喊招商集股合办铁路吗?结果是"察访商情,意谓官商颇难合办"⑤,"号召华股,迄鲜应者"⑥。张之洞不是宣称"铁路为全国利权所关",只能官商合办吗?民族资本的代表人物驳斥说:不错,铁路固然是"天下之利薮",但是,"以官侵商,固未有不败者也。若民间自为兴办,则闾市相习,无患欺诈,事权自操,无患侵没,大利所在,万众所趋,不召自来,不求自至,踊跃赴利,惟恐后时,患不举事,奚虑不集哉!"⑦

对于这种要求打破官府垄断,自由发展新式工业,挽救民族危机的历史潮流,封建统治势力是无法抗拒到底的。他们为了维护自己的统治,终于不得不表示"提挈工商",在光绪二十四年由总理衙门颁布了《振兴工艺给奖章规》。这表明封建国家通过洋务派官僚垄断新式企

---

① 《张文襄公全集》第42卷,第23、24页。
② 《总理各国事务衙门章京张元济折》。《戊戌变法档案史料》,中华书局1958年版,第49页。
③ 麦孟华:《公司·民义》。《时务报》(光绪二十三年七月初一日)第三十四册,第3页。
④ 《翰林院编修黄绍箕折》。《戊戌变法档案史料》,第130页。
⑤ 《黄遵先等复张之洞电》。《张文襄公全集》第150卷,第23页。
⑥ 《刘坤一遗集》,第1410页。
⑦ 麦孟华文,见《时务报》第三十四册,第3—4页。

业的局面从此结束了。

由于马关条约,帝国主义列强已经取得了在中国设立工厂的权利,不过在最初的几年间,他们还没有较多地利用这种权利。这时他们的资本输出主要采取更方便有利,更多带有政治性质的贷款和修铁路两种形式,这种情形也使中国民族工业有了一个发展起来的机会。

在中日甲午战争后几年间,民族资本的发展在数量上虽然还是很微弱的,但毕竟它是中国社会中从未有过的一种新的生产方式。旧的生产方式,即地主阶级拥有最大部分土地,对劳动农民实行封建剥削的那种经济,仍然占统治地位。同封建经济的汪洋大海相比较,民族资本还只是地壳变动时涌出水面的一些小岛,但它的存在和发展的意义要比它在数量上所占的比重大得多。

据不完全的统计,在中日甲午战争后几年间,即光绪二十一年到二十六年(1895—1900年)间,全国各地新办的私人资本工矿企业,其创办时资金在一万元以上的,共有一百零四个。在这里也包括个别的所谓"官办招商集股"和"官督商办"的,那是直接受官府控制的私人资本企业。这一百零四个企业的资本总额为二千三百多万元。如果不把采矿企业计算在内,私人资本的工厂共为七十九个,其资本总额为一千七百多万元。这个数目是很小的。当时清廷每年偿还外债本息,如前所说有二千万两到二千五百万两,即二千七百多万元到三千四百多万元。这六年间的私人投资工矿企业的总额还抵不上一年偿还外债的数目。但是同中日甲午战争前相比,战后的发展是很明显的。战前的二十多年间,私人资本办的工厂(不包括采矿企业)不到八十家,其资本总额约为七百三十万元。这就是说,中日甲午战争后六年间创办的私人资本工厂,以厂数计,和战前二十多年间差不多,以投资总额计,则为二点三倍。在中日甲午战争后,私人资本的企业的确得到了初步发展,出现了一个兴旺的局面。

在这七十九家工厂中,棉纺工厂有十家,在上海和浙江的杭州、宁波、萧山,江苏的无锡、苏州、南通等地。其创办资本总额约为四百万元,其中最大的是江苏南通的大生纱厂,创业时资本有七十万元。以五十多万元创办的浙江萧山的通惠公纱厂、浙江杭州的通益公纱厂,以四十多万元创办的浙江宁波的通久源纱厂、苏州的苏纶纱厂在当时也都算是规模较大的了。缫丝工厂共有四十六家,大部分集中在上海和广东的顺德。在顺德,厂数虽多,但规模都很小,一般每个厂的资金不过几万元。在上海先后建立了八家缫丝厂,其中较小的创办资本也在十五万元左右,较大的有六十万元左右。在江苏的镇江、苏州、丹徒,浙江的杭州、萧山也有规模较大的缫丝厂。此外,属于食品工业方面的有十二家。在山东烟台由华侨资本家设立的张裕酿酒公司,创办资金有一百万元。在上海则有几家规模稍大的面粉厂、榨油厂、碾米厂。安徽芜湖、江苏南通、湖北汉口也各有规模稍大的面粉厂。其他的日用工业,包括织呢、织麻、轧花、硝皮、火柴等工厂,有十家,它们除设立于上海外,分散于其他各省,其中规模较大的有天津的硝皮厂和织呢厂,湖北汉口和湖南长沙的火柴厂等。

这六年间设立的机器厂,可以查知的有二十二家,它们从事机械的制造和修理,船只的制造和修理,但它们的规模都非常小,资本在一万元以上的只有一家,其余一般地都是几千元的资本,最小的只有一千元。这些小型机器厂几乎全部都在上海。

在这几年间各地创办的采煤和金属采矿企业共有二十五家,其中包括一些官办招商集股和官督商办的矿场。纯属商办的比较重要的矿有:湖北阳新的炭山湾煤矿,福建政和的南太武山煤矿,广东北海口的北海煤矿,江苏南京的青龙山幕府山煤矿,四川冕宁的麻哈金矿,广西贵县的三岔银矿等。这二十五家采矿企业的创办资金合计五百八十多万元,平均每家只有二十三万多元。

应该指出,在这时期私人资本发展是很艰难的。有的工矿开办不久即告倒闭,有的创办后,几经停工停产的波折,才勉强苟延下去;许多厂矿处于只能维持简单再生产,很难进行扩大再生产。为了说明初步发展起来的私人资本主义的弱点和特点,我们还需要进一步作一些分析。

（四）民族资产阶级的上层和下层

在资本主义初步发展中,投资创办工业的究竟是些什么人呢? 主要是下列三种人。

甲、地主、官僚、封建大商人。在封建社会中,社会财富大部分掌握在这些人手里。当他们投资于近代工业时,他们就从封建剥削者转化为资本主义剥削者。但是许多大地主和中小地主,由于仍旧可以靠封建的土地剥削增殖他们的财富,对投资近代工业没有什么兴趣。他们的多余资金主要是用来经营商业、放高利贷,或者宁可窖藏起来。只有极少数人尝试对新办的近代企业搭一点股。封建大商人,主要是由封建国家政权给与特权,垄断鸦片、盐、茶等大宗商品贸易的官商。经营高利贷的票号、银号、钱庄、典当等也大都同封建官僚机构有密切关系。这些封建大商人中,虽有个别的人投资于创办新式工业,但是总的说来,他们还是宁愿保持他们的旧业。封建官僚都是地主和大地主,除了土地剥削外,又由做官时的贪污受贿、营私舞弊而轻易地积累了巨量财富。他们中一些人在不放弃封建土地剥削的同时,把一部分资金用来经营新式企业。他们纵然已经卸了实缺官职,但因为与官场有密切关系,在社会上有特权身份,他们具有办企业的有利条件。早期的资本主义企业的创办情况表明,大地主兼官僚乃是这些企业的主要投资人。

乙、买办、买办商人。狭义的买办,专指外国人办的洋行和银行所雇用的经纪人。有一种商人,形式上独立,但专门为洋行收购土货或推销洋货,他们是与封建商人不同的买办商人。附带说一下,随着民族工业的兴起,当然也就有与民族工业相联系的商人,他们是民族资产阶级的一部分;但是由于民族工业还很薄弱,这种商业资本家也就还很不发达(这里还应指出,封建商人、买办商人、民族资产阶级的商人这三种商人,实际上往往互相结合,而不能严格区别开来)。不少买办和买办商人成为暴发户,他们也是近代工业的主要投资人。

以上甲、乙这两类人的财富,前一类人是通过封建性的剥削,后一类人是依靠帝国主义势力积累起来的。这两类人又往往有密切的联系。不但封建商人和买办商人不能严格分开,而且许多买办、买办商人发了财后,也购置土地,成为地主;他们又往往购买官衔或受官僚机构聘任而跻身于官绅之列。

丙、手工业作坊主、中小商人。在商品经济比较发达的城镇中的手工业作坊,是鸦片战争前中国社会内部成长着的资本主义萌芽的主要代表。鸦片战争后几十年间,手工业作坊大量破产。但是,正像封建势力的压迫不能完全扼杀资本主义的萌芽一样,外国资本主义的侵入也不能完全摧毁手工业作坊。仍在挣扎求存的手工业作坊中,有一些利用时机,逐渐转入机器生产,向着近代工业转化。中小商人是以小商品生产为基础,活动在城镇乡村的坐商、贩运商、包买商,他们本来属于封建商人的范畴。有一部分中小商人的资金这时也有逐渐转向工业资本的趋势,虽然为数还很少。

民族资本主义初步发展的情况表明,它的内部结构,有上层和中下层的区别。上层资本多,力量大;中下层资本少,力量弱。一般说来,从大地主、官僚、大商人、买办转化而来的资本家,构成民族资本的上层;从手工业作坊主、中小商人等转化来的资本家,构成民族资本的中下层。前者是在十九世纪末叶活跃在民族经济舞台上的主要角色,主要力量;后者只能处于前者的附庸和助手地位,远未能在政治上经济上拥有独立的发言权。上一节讲到的十个纺纱厂,可以代表上层民族资本,而二十二个机器工厂,则可以代表中下层民族资本。十个纺纱厂的创办人,能查出身份的有九人,七人是现任官僚或退职官僚(其中有三人是直接以当朝宰相、头号大官僚李鸿章和以曾国藩的女婿、大地主兼官僚聂缉椝作后台老板的),一人是华俄道胜银行的买办,一人是所谓上海“商绅”。显然这些人同帝国主义的“洋场”和封建主义的“官场”有着密切联系。他们的政治地位较高,经济势力相对说来也比较雄厚,各厂的创办资本都在二十万元以上。二十二个机器工厂的创办人中,能查明身份的有二十一人,其中除了买办一人外,有小商人三人,手工业作坊主四人,手工业作坊职员一人,工头三人,工厂领班八人。这些人的社会地位、政治地位低。他们的经济力量也很薄弱,二十二家资本总计才不过五万多元。在中日甲午战争前上海设立的民族机器工厂中,有十家是从手工业作坊发展而来的。发昌机器厂创设最早,它设立于同治五年(1866 年),同治八年开始使用车床生产,由锻铁的手工业作坊发展为近代的机器工厂,到八十年代成为能制造轮船和其他车床的上海最大的一家民族机器工厂①。这是手工业作坊主转化为民族资本家的一个典型。在西欧各国,曾经有两个世纪以上的工场手工业时期,不少工业资本家是由手工业作坊主经过几代的资金积累和生产扩大而变成的。但在中国的历史条件下,手工业作坊主很少有这样的机会。

中小资本不但无力抵抗外国资本和本国封建势力的压迫,而且投资于近代工业的官僚、大地主、大商人、买办凭着他们的政治和经济上优势地位,也排斥中小资本。这都使得由工场手工业转化为近代工业的路途上充满着险阻。正因此,由大地主、官僚、大商人、买办转化而成的资本家就能够居于民族资本主义经济中的主要地位。这些情形都表明了,民族资本主义经济是在遭到帝国主义和封建主义的压迫和摧残的非常艰难的条件下生长起来的。

毛泽东指出:"帝国主义列强侵入中国的目的,决不是要把封建的中国变成资本主义的中国。帝国主义列强的目的和这相反,它们是要把中国变成它们的半殖民地和殖民地。"②帝国主义在侵略中国的时候,一方面破坏了封建自然经济结构,刺激和促进了中国民族资本主义的发生和发展,另一方面又勾结中国的封建势力压迫中国资本主义,严重地阻遏着中国民族资本主义的发展。光绪二十一年(1895 年),上海

---

① 参见《上海民族机器工业》上册,中华书局 1966 年版,第 71—78 页。
② 《毛泽东选集》第 2 卷,人民出版社 1991 年版,第 628 页。

《字林西报》(英帝国主义者的喉舌,1864 年创办的英文报纸。)发表的一个署名"白人"的文章中叫嚷说:"今若以我英向来制造之物,而令人皆能制造,以夺我利,是自作孽也。"①这个"白人"是说出了英国和所有帝国主义国家的垄断寡头们对中国民族资本主义的态度。

帝国主义列强凭借它们在中国攫取的政治经济特权,把它们廉价的商品向中国倾销,控制和垄断了中国的工业品市场。以棉纱市场为例,中日甲午战争以后,中国民族资本的纱厂虽有了初步的发展,可是棉纱市场却几乎全部被帝国主义列强特别是英、日两国所瓜分和垄断。据统计,1899—1900 年,英国统治下的印度的棉纱输出总量中有 88.8% 输入中国,1903 年日本棉纱输出总量中的 90.9% 倾销到中国②。在华东、华南、东北的市场上,民族纱厂出产的棉纱完全没有插足的余地;在华中市场,1894—1898 年,洋纱占棉纱销售总量的 86.4%,而本国纱只占 13.6%;在华北市场,同样的年份中,洋纱占棉纱销售总量的 93.7%,本国纱只占 6.3%③。失去了国内市场的民族资本主义工业怎么能发展起来呢? 帝国主义列强还通过贷款、投资等方式,控制和兼并民族资本的企业。光绪二十一年创办的裕晋纱厂,到二十三年即被外国资本所吞并,换了招牌,就是一个典型的例证。

帝国主义对中国民族资本主义的压迫,连它们的走狗中国封建买办势力也不能不有所供认。买办官僚盛宣怀说:"在上海,华洋商厂,皆聚于杨树浦一隅,互相倾轧,无不亏本",裕晋厂"全厂售归德商;裕源厂亦禀请另召洋商入股;大纯、华新均岌岌自危,不可终日。"④这个买办官僚说得吞吞吐吐,把帝国主义对民族资本的压迫说成是"互相倾轧"。张之洞说得更加明确:"近日洋人太狠","熊、虎、豺、狼,名异

---

① 《英人论机器不宜进中国》。转引自《时务报》第八册,第 14 页。
② 参见严中平编:《中国棉纺织史稿》,科学出版社 1963 年版,第 132 页。
③ 同上书,第 131 页。
④ 《愚斋存稿》第 5 卷,第 41—42 页。

实同,无不噬人"①。"洋商见我工商竞用新法,深中其忌,百计阻抑,勒价停市。上年(光绪二十二年)江、浙、湖北等省缫丝、纺纱各厂,无不亏折,有歇业者,有抵押与洋商者。以后华商有束手之危,洋商成独揽之势"②。

帝国主义在中国办的银行和厂矿,还竭力吸收中国人的资金。一方面,私营企业招股困难,一方面则有许多官僚、商人、地主把他们的资金投靠洋人。光绪二十四年初,一个叫黄思永的官员的奏文中说:"缙绅之私财,寄顿于外国银行,或托名洋商营运者,不知凡几。"③据不完全统计,光绪二十二年至二十五年这几年中,投资于上海鸿源纱厂、耶松船厂等八家外资工厂的中国股东就有三十三人④。

民族资本发展的困难,除了外国帝国主义这个强敌以外,还受到国内封建统治势力的摧残。封建统治势力不但是帝国主义蹂躏中国劳动人民的帮凶,而且也是帝国主义压迫中国民族资本的得力的工具。

一个由官僚绅士而成为资本家的张謇说,清朝当局"但有征商之政,而少护商之法"⑤,"商之视官,政猛如虎"⑥。张謇从光绪二十一年开始筹办南通大生纱厂。由于官府设置重重障碍,这个纱厂几乎死在胎内,直到二十五年才脱险告成。张謇中过状元,虽未做大官,却是地方绅士中的头面人物,同不少封建大员有来往。当他"致力于实业",想当一个资本家的时候,也逃不脱官府的掣肘和阻抑。其他身份较低,没有官场背景的人想要办工业,其所受到的留难和需索,就更不用说了。当时有人说:中国商人要办什么企业,非附于洋人资本不可;"即全系华商股分,而不挂一洋旗,不由一洋商出面,亦成而必败。或督抚

---

① 《愚斋存稿》第 31 卷,第 31 页。
② 《张文襄公全集》第 45 卷,第 18—19 页。
③ 《光绪朝东华录》第四册,总第 4031 页。
④ 汪敬虞编:《中国近代工业史资料》第二辑下册,第 1065 页。
⑤ 《张季子九录·政闻录》第 1 卷,第 19 页。
⑥ 《奏复请讲求商务折》。转引自《戊戌变法资料》第二册,第 399 页。

留难,或州县留难,或某局某委员留难。有衙门需索,有局员需索,更有幕府需索,官亲需索。不遂其欲,则加以谰言,或谓其资本不足,或谓其人品不正,或谓其章程不妥,或谓其与地方情形不合,甚或谓夺小民之利,夺官家之利。路矿则谓碍风水,碍坟墓,又添出绅士之需索矣。内河行轮,则谓碍民船,碍厘金,又添出厘员之需索矣。种种留难,凡待华人莫不如是。"①这些大大小小的封建鬼魅,从四面八方伸出它们的触角,民族企业要能出世实在困难重重。

民族厂矿的产品一进入流通领域,逃不了常关厘卡的枷锁。进口的洋货缴纳 7.5% 的正税和子口税,就可以到处畅行无阻,而国货却要"逢关纳税,遇卡抽厘"。从内地运茧至海口,经各处关卡,平均须纳税 27% 以上②。福建省各地的茶叶,经由福州出口,所纳的各项厘金和出口税高达 35%③。连张之洞也不能不这样说:"此明明力窒华商之生机,而暗畅洋商之销路矣。"④

资产阶级的革命派邹容,对封建势力加于民族资本的政治压迫和经济掠夺作过相当生动的揭露。他说:"外国之富商大贾,皆为议员执政权,而中国则贬之曰末务,卑之曰市井,贱之曰市侩,不得与士大夫伍。乃一旦偿兵费,赔教案,甚至供玩好,养国蠹者,皆莫不取之于商人。若者有捐,若者有税,若者加以洋关而又抽以厘金,若者抽以厘金而又加以洋关,震之以报效国家之名,诱之以虚衔封典之荣,公其词则曰派,美其名则曰劝,实则敲吾同胞之肤,吸吾同胞之髓"⑤。就是说,除了捐税厘金以外,清朝政府还在各种名义下对民族资本实行勒索,使它的生存发展十分困难。

---

① 《中国近代工业史资料》第二辑下册,第 1126 页。
② 《上海经济史话》第二辑,上海人民出版社 1963 年版,第 73 页。
③ 参见《时务报》第一册,第 11 页。
④ 《张文襄公全集》第 45 卷,第 21 页。
⑤ 邹容:《革命军》。见《辛亥革命前十年间时论选集》第 1 卷下册,张枬等编,三联书店 1960 年版,第 659 页。

中国的民族资本主义的生长遭到帝国主义、封建主义的双重压迫。民族资产阶级中的各个阶层对于帝国主义、封建主义的统治,不同程度地表现出不满以至对抗的情绪,原因就在这里。

民族资本一方面受帝国主义、封建主义的压迫,但是另一方面又同它们保持各种各样的联系,对它们这样那样地依赖。这种又对抗又依赖的矛盾状态,就是民族资本的生活轨道。

在通商口岸,有些中国商人办的企业,吸收外国资本参加,挂起洋人的招牌。例如海关的 1892—1901 年的《报告》中说,在牛庄,"1896年一家机器豆油厂开工了。它或许是为了躲避中国官方的监督,用了外国的名义"①。1899 年的海关总务司的《关册》中说:在烟台,"现在只有一个缫丝厂,这个工厂为中国人所有,但租给华、英二商合办。"②托庇于外国资本,就能减免官厅的需索和为难,是造成这种情形的重要原因。尤其是买办和买办商人,他们本来就是分润帝国主义剥削中国人民的血汗,他们转化为民族资本家后,更是同帝国主义保持着千丝万缕的联系。由于存在着这种种联系,民族资产阶级往往对帝国主义抱着不切实际的幻想。光绪二十三年,上海的一批民族资本的纺织厂的厂主们,曾给美国驻华公使田贝送去了一个"请求书","请求"援助中国的民族工业。田贝把这"请求书"转送美国国务院的报告上写道:"我看不出,中国棉织业的发展会对我国有什么好处。"美国国务卿奥尔尼完全同意这个公使的意见,他说:"我们的利益就在于为我国工业品开辟国外市场。"③

民族资本同封建主义的联系更甚于同帝国主义的联系。民族资产阶级的主要成员是从封建统治阶级中分化出来的,因此毫不奇怪,他们在政治、经济、思想各个方面带着浓厚的封建主义痕迹,同封建经济、封

---

①② 汪敬虞编:《中国近代工业史资料》第二辑下册,第 1128 页。
③ 《美国外交文件》1897 年。转引自福科森:《瓜分中国的斗争和美国的门户开放政策》,第 61 页。

建政权保持密切的联系。一方面民族资本主义是新的生产关系,同封建的生产关系和统治秩序相对立,一方面它又要借助旧的生产关系,旧的统治秩序来维持自己的生存和发展。一方面地主、官僚、大商人、买办投资于新式企业,成了新的社会阶级,一方面他们又仍保持原属阶级的社会身份。在政治上,民族资本特别是上层民族资本往往仰赖于封建政权的支持和维护。张之洞形容说:"商民延颈举踵,正以宽恤保护之法,望之朝廷"①。这是符合事实的。前面讲到的张謇,在创办大生纱厂的过程中就曾再三求助于刘坤一、张之洞等封建大官僚。事实上,大生纱厂是在刘坤一的大力帮助下,领借了官机、官款,恃官军护厂,恃官力开辟销路才能办起来的,它还从官方取得"二十年内,百里之内,不得有第二厂"的专利权。张謇自称他是居于"通官商之情","介官商之间,兼官商之任"②的地位,这很能说明上层民族资本家的政治经济地位是同封建政权分不开的。又如商办山东峄县中兴煤矿公司也依靠官方势力而得到了专利权。它的招股章程中说:"本公司虽系商办,全赖官家维持保护。……本公司矿界于光绪二十五年奏明,距矿百里内他人不得再用机器开采煤觔,十里内不许民人用土法取煤。"③

民族企业在资本的周转中,还表现出这样的特点:由封建剥削积累起来的资金转为工业资本,又把由资本主义剥削所得的利润转而进行封建剥削。这种现象在上层民族资本家中间是普遍存在的。以光绪二十二年创办无锡业勤纱厂的杨宗濂、杨宗瀚兄弟为例。他们的当过县官的父亲已置田二百亩,他们都以军功得道员官衔,并任过税务商务官员,他们集股二十四万元创办了业勤纱厂,后以他们的母亲名义"足成千亩庄屋一区"④。又如张謇本是大地主,他创办了大生纱厂后,又办了个通海垦牧公司,从事种植棉花。这个垦牧公司把土地分片租给小

---

① 《张文襄公全集》第45卷,第19页。
② 《张季子九录·实业录》第1卷,第8、15页。
③ 汪敬虞编:《中国近代工业史资料》第二辑下册,第1111页。
④ 同上书,第1020页。

农耕种,实行封建地租剥削。大生纱厂以赢利投资于垦牧公司,垦牧公司除了供应棉花原料外,也在资金上接济大生纱厂。这是很巧妙地把封建剥削与资本主义剥削结合起来的一个典型例子。这种情形足以说明,民族资产阶级反对封建主义的立场极为模糊是有其深刻的经济根源的。

此外,民族资本的企业的管理和对工人的剥削,也带有浓厚的封建色彩。无论是上层还是中下层的民族资本都是无情地剥削工人的。中小资本家由于处境特别困难,往往利用手工业工场的旧传统加强对工人的剥削,把自己的困难转嫁到工人身上。至于上层的资本家更往往利用封建统治势力的协助而把资本主义的"饥饿纪律"和封建主义的"棍棒纪律"结合在一起,实行对工人的剥削和压迫。他们的企业中采用封建性质的把头制、包工制。一些厂矿的招工章程中明文规定工人必须"取具连环保结,填注簿册,方准入厂作工"①,有的甚至规定工人"给穿号衣,均住厂内","日暮收厂,齐到卡房照册点名,逐一检收,然后各归住处"②。体罚也是普遍现象,工头、监军可以任意鞭打工人,有的厂矿内设有刑具,还能"请地方文武营汛随时弹压照料"③。

毛泽东在分析中国民族资产阶级时指出:"民族资产阶级没有地主阶级那样多的封建性,没有买办阶级那样多的买办性。民族资产阶级内部有同外国资本和本国土地关系较多的一部分人,这一部分人是民族资产阶级的右翼"④。从上面的叙述中可以看出,在 19 世纪末,从地主、官僚、大商人、买办转化而来的资产者,是同帝国主义和封建统治势力联系较多的,他们是民族资产阶级的右翼。从手工业作坊主、中小商人转化而来的资产者,一般说来,同帝国主义和封建统治势力没有关

---

① 《申报》1895 年 9 月 25 日。引自《中国近代工业史资料》第二辑下册,第 1220 页。

② 《通化、怀仁两县金矿章程》,光绪二十四年。引自同上书,第 1221 页。

③ 《开办奉天东边矿务章程》,光绪二十三年。引自同上书,第 1220 页。

④ 《毛泽东选集》第 1 卷,人民出版社 1991 年版,第 145 页。

系或关系较少,他们是民族资产阶级的左翼。当时民族资产阶级左翼,还没有形成独立的政治力量。代表整个民族资产阶级对社会的政治、经济、文化生活发生作用和影响的是民族资产阶级上层分子。以康有为为首的资产阶级维新派,主要是被民族资产阶级上层呼唤出场的。民族资产阶级上层的经济地位和政治要求,决定了康有为维新变法运动的方向和内容。

第 十 六 章

资产阶级改良主义的维新运动

（一）维新运动及其领导者康有为

在八十年代后期，虽然已开始出现了一些以资产阶级观点提出"变法"主张的人，他们著书立说，发表个人意见，但他们人数很少，所代表的社会力量很弱，对社会影响很小。而且他们的政治生活、经济生活一般是依附于封建主义的洋务派的。

经过中日甲午战争，这种资产阶级性质的变法主张迅速发展为一个有相当声势的政治运动，这就是康有为所领导的维新运动。维新派用各种方式制造舆论，组织社会政治团体，并且初步形成政党式的组织。康有为和他的门徒、朋友们直接向皇帝提出变法主张，企图通过皇帝的力量来实行他们的纲领。在光绪二十四年（1898 年）四月下旬到八月初的一百天中，维新派似乎达到了成功的顶峰。他们在皇帝的支持下参与了政权，但是立即在一次宫廷政变中遭到惨败。

康有为在"百日维新"以前多次向皇帝的上书，当时都刊印流行，事实上也成了他向公众的宣言。他以外患的危急，瓜分的危机作为立论的根据和要求变法的出发点。他在光绪二十一年(1895年)在北京组织强学会,他所作的《强学会叙》中大声疾呼:"俄北瞰,英西睒,法南瞵,日东眈,处四强邻之中而为中国,岌岌哉!""海水沸腾,耳中梦中,炮声隆隆,凡百君子,岂能无沦胥非类之悲乎!"①光绪二十四年(1898年)三月他在北京的保国会成立大会上发表的演讲中说:"吾中国四万万人,无贵无贱、当今日在覆屋之下,漏舟之中,薪火之上,如笼中之鸟,釜底之鱼,牢中之囚,为奴隶,为牛马,为犬羊,听人驱使,听人宰割,此四千年中二十朝未有之奇变。加以圣教式微,种族沦亡,奇惨大痛,真有不能言者也。"②他以奋起救亡号召会众:"故今日之会,欲救亡无他法,但激励其心力,增长其心力,……果能合四万万人,人人热愤,则无不可为者,奚患于不能救!"③当时,帝国主义瓜分中国的阴谋,道路相传,亡国的大祸使人忧心如焚。维新派打出了救亡的旗帜,唤起了群众的爱国热情,因而使他们所发动的政治改良运动成为一个群众性的爱国主义运动。

维新派是敌视农民革命的。占全国人口中最大多数的农民,是反对帝国主义侵略的主力军;但是,这时农民革命的新的风暴还在酝酿中,没有爆发起来,也没有任何一个比维新派更进步的社会力量能够领导包括农民在内的广大人民的爱国救亡运动。因此,资产阶级维新派就以全体人民的代表自居,而且在一个短时期内,它也成了一切反对帝国主义侵略和反对使中国在帝国主义侵略面前衰败不振的封建主义统治的人民群众的唯一的代言人,虽然是不很称职的代言人。

维新运动是在中华民族和帝国主义的矛盾成为主要矛盾的条件下中国人民大众试图解决这个矛盾的斗争的反映。这次运动以中国民族资产阶级初次走上政治舞台为特征而成为中国资产阶级领导的民主革命的前奏。

---

① 《戊戌变法资料》第四册,第384、385页。
②③ 同上书,第407、412页。

在这次资产阶级政治运动中,站在前列的是上层民族资产阶级,也就是民族资产阶级中同帝国主义、封建主义关系较多的一部分。正因此,康有为这样一个半资本主义、半封建主义的人物能够成为这个政治运动的领袖。

康有为(1858—1927),广东南海县人,出生于官僚地主家庭。康家最显赫的人物是他的叔祖父康国器,此人在左宗棠部下镇压太平天国革命,同治十年(1871年)官至护理广西巡抚。康有为的父亲康达初,是康国器军中的幕僚,曾在江西任知县。他的祖父、伯祖父和二叔也都曾在本省或外省参加过武装镇压农民起义。

康有为青年时期接受了正统的儒家教育。他的祖父康赞修讲程、朱之学,是他最早的教师。他从十九岁起到广州有名的理学大师朱次琦那里学了三年。朱次琦的理学是以程、朱之学为主,而又兼陆、王之学的①。这一派理学家标榜阐发儒家经典的"义理",反对乾、嘉以来的所谓"汉学"。康有为受到这种影响,鄙弃汉学家在故书堆里进行繁琐考据的风气,企图独立地思考问题。康有为后来反对宋、明的理学,以为宋、明理学"仅言孔子修己之学,不明孔子救世之学"②,而他是自命为有"救世"的大志的。康有为一生主张"尊孔"。在他领导变法维新运动的时候,他把资产阶级改良主义的思想掺入到他所宣扬的"孔教"中间;在这以后,他成了反对资产阶级革命的顽固的尊孔派。他的变法维新主张以不破坏君权为限度,就这点说,他从来没有越出传统的儒家学说的樊篱。

康有为在光绪五年(1879年),二十二岁时离开朱次琦,一个人在西樵山白云洞读书。翰林院编修张鼎华游西樵山,遇见了康有为,同他交朋友。张鼎华向他谈论当时京城内外的情形和道光、咸丰、同治三朝的时事。受张鼎华的影响,他读了不少"经世致用"之书,即前代留下

---

① 程、朱,是宋朝的程颢、程颐和朱熹。陆、王,是南宋的陆九渊和明朝的王阳明。
② 梁启超:《康有为传》。见《戊戌变法资料》第四册,第16页。

来的《文献通考》、《读史方舆纪要》、《天下郡国利病书》等等。就在这一年，他到了一次香港。他自己说，此行使他"览西人宫室之瑰丽，道路之整洁，巡捕之严密，乃始知西人治国有法度，不得以古旧之夷狄视之。乃复阅《海国图志》、《瀛环志略》等书，购地球图，渐收西学之书，为讲西学之基矣。"①三年后，他入京投考，经过香港和上海，不但更多地见识了世面，还收集了不少当时出版的外国书的译本，包括讲述世界大势和工艺技术等等方面的书籍。由此而得到的西方资产阶级政治和自然科学的知识，虽然很粗浅，但这些是构成他的资产阶级改良主义思想的一个重要成分。

康有为的思想是封建社会急剧崩溃和民族危机极端严重的现实的反映，是和封建阶级还保持着难解难分的关系的初兴的资产阶级面对这种现象寻求出路的表现，但康有为却把自己的思想的形成描写得非常神秘。他说，他曾"绝学捐书，闭户谢友朋，静坐养心……忽见天地万物皆我一体，大放光明。"又说，他初到西樵山时，"专讲道佛之书，……常夜坐弥月不睡，恣意游思，天上人间，极苦极乐，皆现身试之。始则诸魔杂沓，继则诸梦皆息，神明超胜，欣然自得。习五胜道，见身外有我，又令我入身中，视身如骸，视人如豕"②。虽然他说，不久后，"遂断此学，"但对于这种"内心经验"，是颇为沾沾自喜的。

在这种玄虚的话中，康有为不过是狂妄地把自己想象为"超人"，同天上、人间的诸"魔"战斗，结果取得了胜利，证明了自己"神明超胜"。他把自己和世间的凡人相比，把后者看成不过是一群蠢猪。他说，后来又"专意养心"，这就使他"既念民生艰难，天与我聪明才力拯救之，乃哀物悼世，以经营天下为志"③。他还说，在二十七岁时，也就是中法战争的那一年，"秋冬独居一楼，万缘澄绝，俯读仰思，至十二

---

① 《康南海自编年谱》。见《戊戌变法资料》第四册，第115页。
② 同上书，第114页。
③ 同上书，第115、117、118页。

月,所悟日深。……其来现世,专为救众生而已,故不居天堂而故入地狱,不投净土而故来浊世,不为帝王而故为士人,……故日日以救世为心,刻刻以救世为事。"①

一切剥削阶级总是不承认被剥削、被压迫的群众的力量,而认为自己比群众无限地高明,群众要依靠他们方能得救。他们看不到"民生艰难"是阶级压迫的结果,而认为主要是由于"民智不开",需要他们来启迪引导。康有为以"救众生"思想激励自己,但也正表露了这种剥削阶级的意识。

在中日甲午战争前十年间,康有为大部分时间是在家乡一面讲学,一面建立他的改良主义的思想体系。中法战争的失败使他强烈地感受到民族的危机。他和他的学生们密切地注视时局的发展。光绪十年(1884年)他开始编《人类公理》一书,此书后来改名为《大同书》。在这个著作里,康有为用他所学到的"西学"和对西方资本主义社会政治的知识进行了对封建主义的批判,并且指出了一个"大同世界"的远景。在经过多次补订后,这本书很晚才发表。为了使他的改良主义的政治主张同传统的儒家思想的招牌联结起来,康有为在光绪十五年,受廖平《今古学攷》一书的影响,开始形成孔子托古改制的思想;光绪十七年(1891年),写成《新学伪经考》,并立即刊行。光绪十八年,在他的学生陈千秋、梁启超等人的协助下,编撰《孔子改制考》,这本书在光绪二十四年(1898年)刊行。前一本书,在卫护孔子的名义下把封建主义者历来认为神圣不可侵犯的某些经典宣布为伪造的文献;后一本书把孔子打扮成好像是资产阶级的民权思想、平等观念的倡导者。这两本书虽没有直接议论当前的政治问题,但都在知识界中引起了强烈的震动和反响,为康有为及其门徒发动资产阶级改良主义政治运动提供了思想基础,而被正统的封建主义者斥为异端邪说。

在中法战争后三年,光绪十四年(1888年),康有为又一次到北京

---

① 《康南海自编年谱》。见《戊戌变法资料》第四册,第115、117、118页。

应顺天乡试,没有考取。当年九月,他上皇帝的奏书,因为当政的大臣感到文字"过火",被截留了,这是康有为参加实际政治活动的第一步。这次上书①以大量的篇幅描写了当时"外夷交迫","兵弱财穷"的危急状况,认为当此"非常之变局",不能再保持"祖宗"留下的"旧法",必须改行"新法"。他提出了"变成法,通下情,慎左右"三条纲领性的主张,虽没有作较具体的阐述,但已孕育着后来提出的一系列具体主张。他考试既失败,上书又不达,只好废然回乡。

到了中日甲午之战时,他第三次到北京,组织了"公车上书"(见第十三章第四节),他所起草的准备由一千多个应考举人联名上奏的呈文,被称为康有为的上皇帝的第二书,也没有能到达皇帝面前。

康有为从他已经形成的资产阶级改良主义观点出发,抱着狂热的政治雄心。为了实现这个雄心,他认为唯一可行的办法就是争取皇帝的赞同和官僚集团中的同情,使自己成为大官,从而实际参与政权。在朝廷已经批准马关和约,原来参与联名上书的举人们唯恐惹乱子而妨害自己的功名,纷纷散去的时候,康有为则不顾风险,坚持想达到他的目的。于是他把本来准备联名上奏的呈文修改了一下,再以个人名义呈送皇帝,这是他上皇帝的第三书②。

第三次上书到达了光绪皇帝手中,而且皇帝看了很受感动,下令把它抄送各省督抚,征求意见。这使康有为大为振奋。但发交各省督抚,其实是等于烟消云散。于是康有为接着又作第四次上书。这时他已考中进士,而且有了官职,但只是个小小的工部主事。工部主事无权直接上奏皇帝,必须经由工部堂官(工部的主管官员)转递。工部堂官拒绝为他转递。

光绪皇帝读到的第三书完全是发挥变法的主张。康有为指出局势

---

① 《戊戌变法资料》第二册,第123—131页。
② 同上书,第166—174页。

十分危急:"民心既解,散勇无归,外患内讧,祸在旦夕,而苟借和款,求安目前,亡无日矣,今乃始基耳。"因此必须"大讲变法",实行新政。"若非大讲变法,是坐待自毙也。"他所要求的"新政",有一部分是洋务派所讲惯了的,如铁路、轮船、开矿、练兵等,但他认为这些还不是根本,他把他的根本主张概括为三点:"求人才而擢不次,慎左右而广其选,通下情而合其力"。这是说,现在皇帝左右,多半是庸碌无用的人,所以必须破格任用真正的人才,并且广开言路,使下情能够上达,使皇帝能够得到人民的拥护。在皇帝没有能读到的第四书中,他更具体地说明了他的这些主张。但说来说去,他的变法主张,归根结蒂要靠皇帝一个人下决心。他的第三书中说:"凡上所陈,其行之者仍在皇上自强之一心,畏敬之一念而已。"①第四书中说:"夫中国人主之权,雷霆万钧,惟所转移,无不披靡。"他认为,只要皇帝"引咎罪己",然后对大小官员,严行赏罚,再擢用新进人才,并且下诏"求言",那么立刻"天下雷动,想望太平,外国变色,敛手受约矣。"于是就可以放手实行种种新政,从改革官制直到开矿修路,振兴工农商业,"十年"就可以使中国成为富强的大国了②。

从他的四次上书的内容来看,他的基本方向在于争取皇帝从上而下地实现他的政治主张。这是传统的"圣君贤相"主义。他要光绪皇帝做圣君,他自己就是贤相。他想使皇帝按照资产阶级的方向进行政治改革,他攻击现存的官僚体制,想用新的人才来挤掉旧的官僚,这使守旧的官僚们大起反感。康有为既未能实现其"一步登天"的想望,又不愿在京城里做侍奉上司的小官,于是在这年六月,即在第四书受梗不能上达后,他在北京转入组织强学会的工作。不久离开北京,他和他的门徒们在各地进行制造舆论和组织团体的活动。

------

① 《南海先生四上书记》(时务报馆印本),第32页。(《戊戌变法资料》所载第三书有删节,这几句话被略去了。)

② 《戊戌变法资料》第二册,第185—186页。

（二）维新派的宣传组织活动

康有为这样的政治活动家只是在"上面"碰壁后，才到"下面"去找寻支持力量。但他所要找的并不是广大的被剥削的劳动人民的力量。

康有为后来叙述光绪二十一年（1895 年）他在北京组织强学会的起因说："中国风气，向来散漫，士夫戒于明世社会之禁（明朝禁止士人结社集会——引者），不敢相聚讲求，故转移极难。思开风气，开知识，非合大群不可，且必合大群而后力厚也。合群非开会不可。在外省开会，则一地方官足以制之，非合士夫开之于京师不可。既得登高呼远之势，可令四方响应，而举之于辇毂众著之地，尤可自白嫌疑。故自上书不达之后，日以开会之义，号之于同志"①。这段话里除了说明他是因"上书不达"才去"开会"以外，还说明了：一、他的所谓"大群"，并不包括社会下层的劳动人民，不过是指"士夫"，也就是上层社会的知识分子。二、他认为在京城里集会号召，既可以影响各地，又可以避免造反的嫌疑。事实上，他也的确不是要造反。

在康有为考中进士时，由于几次上皇帝书，加上他的门徒的吹嘘，他在上层社会中已成为知名人士。所以他号召成立强学会，虽然在当时算是空前的事，但得到了某些当政的官僚的支持。翰林院侍读学士文廷式列名为发起人之一，光绪皇帝的老师、军机大臣、户部尚书翁同龢答应每年拨给固定经费。他们都是光绪皇帝的亲信。湖广总督张之洞、两江总督刘坤一捐款资助，并列名于会籍，在小站练兵的新建陆军督办袁世凯也加入了。李鸿章表示要捐二千两银子入会，由于中日甲午战败后李的声名不好，没有被接受。

这时，维新派和洋务派的界限是不分明的。维新派把洋务派看作同志，洋务派则把维新派看作洋务人才中的后起之秀。康有为说："患

---

① 《康南海自编年谱》。《戊戌变法资料》第四册，第 133 页。

贫而理财,而专精农工商矿之学者无人;患弱而练兵,而专精水陆军及制造船炮之学者无人;乃至外国政俗,亦寡有深通其故者,此所关非细故也。顷士大夫创立强学会于京师,以讲中国自强之学"①。由此可见强学会标榜的宗旨同洋务派所说的"自强"是差不多的。但是采取群众集会的形式,这是洋务派没有做过的事。

北京强学会活动的时间只有四个月左右。到光绪二十一年(1895年)冬天,李鸿章的儿女亲家御史杨崇伊上奏,指责成立强学会是"私立会党,将开处士横议之风"。经慈禧太后批准,下令封闭。李鸿章这时倒并不是把维新派看做大敌。他破坏强学会,是中日甲午战争期间官僚集团内部主战、主和两派互相龃龉的一个表现。强学会既把李鸿章拒于门外,翁同龢、文廷式等"主战派"又是强学会的支持者,强学会每三天举行一次例会,"相与讲求中外掌故",免不了要谈到战争失败的教训和李鸿章的责任,这是李鸿章所不能容忍的。

北京强学会成立后,康有为创办《中外纪闻》,由梁启超、麦孟华主编,木刻活字印刷,每月一小册,随《京报》(当时一种专门录印朝廷中的上谕和奏折的官报)分送在京的官员们,不收费。内容多半是转载上海广学会(外国教会的一个组织)办的报刊上的文章,每期有论说一篇。开办时每期印一千份,后增至三千份左右。这份报纸的内容单薄,社会影响不大,但它是维新派所创办的最早的刊物之一。

在北京强学会被封闭以前,康有为已到了南京,同两江总督张之洞联络。在张之洞的支持下,十月,在上海成立强学会。上海强学会的序(宣言)由康有为起草,以张之洞的名义发表,章程是由张的幕僚梁鼎芬和康有为共同拟定的,经费主要由张之洞资助。章程中规定:"入会诸君,原为讲求学问,圣门分科,听性所近。今为分别门类,皆以孔子经学为本","到局之后,倘别存意见,或诞妄挟私及逞奇立异者,恐于局

---

① 《上海强学会序》(康有为撰,以张之洞名义发表)。《戊戌变法资料》第四册,第385—386页。

务有碍,即由提调董事诸友公议辞退。"①这样的规定,显示了张之洞控制上海强学会的痕迹。反对所谓"诞妄挟私及逞奇立异",是为了防止强学会的言论行动超越洋务派所容许的范围。

上海强学会发行《强学报》,这个报纸不用清朝的纪年而以孔子生日纪年。张之洞立即站出来干涉,下令停发会费,并禁止报纸发行。不久,北京强学会被封闭,上海强学会也随之瓦解。但实际上,由于张之洞改而采取反对态度,即使没有北京御史的参劾,上海强学会也已站不住了。

《中外纪闻》和《强学报》停刊后,光绪二十二年(1896 年)七月,维新派在上海创办《时务报》,同年冬,在澳门创办《知新报》,次年夏,在长沙创办《湘学报》,十月,在天津创办《国闻报》。这几份报纸,成为维新派的主要舆论机关。他们大声疾呼,痛切申述国家已处于危亡的状况,旗帜鲜明地表示他们所主张的变法不仅是修铁路、造轮船、开矿、练兵、买新式枪炮,而是要在政治上有一番改革。

《时务报》的主编梁启超(1873—1929),是维新派的一个最著名的宣传家。他是广东新会县人,光绪十五年(1889 年),他十七岁时中举人,次年开始读到《瀛环志略》和翻译的西书,并且遇到了康有为,被康有为的言论所震动。从此成为康有为的弟子,积极参加康有为所领导的活动。他在《时务报》上从第一期起发表《变法通议》长文,以慷慨激昂的语调论述,能否认真实行变法是关乎中国存亡的大问题。他以比较通俗的文字发挥新颖的思想,所写的文章能够适应当时初接触新事物的知识分子的心理,在感情上深深打动读者,因而他的文章非常受人欢迎。

维新派通过报刊把他们的思想诉诸社会,广泛地影响群众,左右舆论。《时务报》发行数量达万余份,这是空前的事。反对维新派的胡思敬说,《时务报》"张目大骂,如人人意欲所云,江淮河汉之间,爱其文字

---

① 《上海强学会章程》。《戊戌变法资料》第四册,第 392、393 页。

奇诡,争传诵之。"①持同样立场的屠仁守也说,《时务报》发行以后,"虽以僻寂荒城,独无分局,而皆辗转丐托,千里递寄,数人得共阅一编,资为程课"②。

维新派明确地把报纸作为政治工具来使用。康有为说:"新报尤足以开拓心思,发越聪明,与铁路开通,实相表里"③。梁启超认为:"觇国之强弱,则于其通塞而已。……去塞求通,厥道非一,而报馆其导端也"④。严复为《国闻报》作的缘起中也说:"阅兹报者,观于一国之事,则足以通上下之情;观于各国之事,则足以通中外之情。……积一人之智力,以为一群之智力,而吾之群强;……取各国之政教,以为一国之政教,而吾之国强"⑤。这三个维新派的名人,一致强调报纸的社会政治作用,把报纸当成救国的手段。中国从同治初年起就有报纸,但没有人认识到这一点。维新派中最激进的谭嗣同还称报纸为"民史"⑥,把它同"官书"对立起来。

光绪二十三年十月(1897年11月),在德国强占胶州湾后,康有为重到北京,他一方面继续用上书皇帝来叩击紫禁城的宫门,一方面和他的门徒积极组织学会,发动他们所能发动的群众。当年十二月以后,先后在北京组织粤学会、蜀学会、闽学会、关学会、保浙会、保滇会、保川会、知耻学会等。这时恰逢会试,应试举人在北京云集,康有为利用这个机会,经过李盛铎、梁启超、康广仁的活动,于光绪二十四年三月间在粤东会馆召开了著名的保国会。第一次到会的约二、三百人,其中包括一些小官员,由康有为登台演讲。他慷慨陈词,号召人们起来挽救国家危亡的局面。他说,在中法之战后,他"曾上书请及时变法自强,而当

① 《戊戌履霜录》第2卷,民国二年刊本,第2页。
② 《翼教丛编》第3卷,光绪二十四年刊本,第26页。
③ 《上清帝第二书》。见《戊戌变法资料》第二册,第149页。
④ 《论报馆有益于国事》。《戊戌变法资料》第四册,第521页。
⑤ 《严几道诗文钞》卷之四,上海国华书局民国十一年版,第17页。
⑥ 《湘报后序下》。《谭嗣同全集》,三联书店1954年版,第139页。

时天下皆以为狂"。经过创巨痛深的甲午之战后,"仍不变法,间有一二,徒为具文"。到了今年胶州湾事件后,形势越来越危急了。"二月以来,失地失权之事已二十见,来日方长,何以卒岁?""故今日当如大败之余,人自为战,救亡之法无他,只有发愤而已"①。几天后,又连续开了两次大会,参加人数都超过百人。

大会发表的宣言《保国会序》,由康有为执笔,内容同样是痛述危急的局势,历数当年丧权辱国之事二十件,指出北京已成为"崇祯甲申之燕市,北宋政和之汴京","筑路用人之权皆失,则是国土夷于属地,君上等于仆隶,岂得为有国者哉!"面对这种局势怎么办呢?"昧昧我思之,惟有合群以救之,惟有激耻以振之,惟有厉愤气以张之。"②

康有为又起草了保国会的章程。章程中第一条指出:"本会以国地日割,国权日削,国民日困,思维持振救之,故开斯会以冀保全,名为保国会"。又具体揭示宗旨:"为保全国家之政权土地,为保人民种类之自立,为保圣教之不失,为讲内治变法之宜,为讲外交之故"③。

列名参加保国会的有一百八十六人。同强学会显然不同的是,洋务派的大官僚均未列名。一些大官的子弟,如翁同龢的从孙翁斌存,曾国藩的孙子曾广钧,张之洞的儿子张权,曾经是强学会的活跃分子,但都未加入保国会。

保国会的召开,是百日维新前维新派政治活动的高潮。它的活动基本上是一次爱国主义运动。康有为在大会上的演说和保国会章程,主要是以救亡相号召,虽然提到变法,也是放在不显著地位。维新派这样做,显然是为了便于动员更多的群众团结到他们的旗帜下。在另外的场合,例如康有为的上皇帝书中,则把救亡和变法的关系说得很清楚。参加和响应保国会的有些人并不完全同意维新派的变法主张,但

---

① 麦孟华记康有为在保国会的讲词。《戊戌变法资料》第四册,第407—410页。
② 《保国会序》。《戊戌变法资料》第四册,第397、398页。
③ 《保国会章程》。同上书,第399页。

是都被维新派提出的救亡口号所打动。维新派的声势因此而大大加强了。

在京城以外,光绪二十二年到二十四年(1896—1898年)间,各种名目的会,如雨后春笋,在全国各地建立,形成了一股立会、办报、办学堂、办书局的潮流。有的学会,如苏学会(光绪二十三年在苏州成立)虽然是在维新派立会潮流的影响下成立的,但其章程中规定:"以中学为主,西学为辅;……中学有失传者,以西学还之;以中学包罗西学,不能以西学凌驾中学,此是立会之宗旨",还规定:"勿议朝政,勿谈官常"①。这显然还是洋务派的调子。不少学校,原来就是洋务派举办的训练洋务人才的场所,有些学校只是将书塾或书院的招牌换个名称,课程内容丝毫没有改变,也不能算做维新派的阵地。但是新建的这类机构,在维新思想支配下的终归是多数。见于记载的比较著名的学会在三十个以上,报刊在五十种以上,学校也在五十所以上。

学会的性质是多样的,有纯属政治性的学会,有兼学西方政治和技术的,有专学西方技术的,有讲求幼童教育的,有提倡改变社会风气的(如不缠足会、戒烟会)等等。虽有这些区别,总的宗旨是向西方学习,而且在不同程度上带有改革旧社会、旧政治的要求。算学会、农学会、地学公会这样的组织,也是以学习西方科学技术的方式来参加政治运动,不能单纯看作是学术团体。但是,这些学会分散在各地,都只有松散的组织,缺乏集中的政治领导和组织领导,各自为政,旋生旋灭。光绪二十三年(1897年)在湖南建立的由谭嗣同、唐才常等领导的南学会,是积极从事政治活动的一个组织。当时湖南的巡抚陈宝箴,是接近张之洞的洋务派官僚,在省内推行有限度的"新政"。长沙赞成维新的人集聚在南学会中,讨论时局,提出建议,发行《湘报》,鼓吹革新,在同地方保守势力的对峙中,占有优势。梁启超甚至把南学会说成是"实

---

① 《戊戌变法资料》第四册,第446页。

兼地方议会之规模"①。

维新派的学会、报刊、学校所组织和影响的基本群众是对政治现状不满，朦胧地要求新的出路的地主阶级知识分子和资产阶级化的地主绅士。维新派接受了西方资产阶级的民主思想，在他们的报刊上，提出了"民权"的口号。西方资产阶级所讲的民权，其实是资产阶级之权。维新派有时明确地说，他们所要的乃是"绅权"。梁启超说："欲兴民权，宜先兴绅权；欲兴绅权，宜以学会为之起点"；"欲用绅士，必先教绅士，教之维何？唯一归之于学会而已"②。他们以为通过学会可以把他们所依靠的这种绅士力量组织起来，并通过学会及其他宣传教育工具而把资产阶级改良主义的变法维新主张灌输到这些绅士中间去。

在立强学会时，维新派并没有把学会当作政党。梁启超后来说："彼时同人固不知各国有所谓政党，但知欲改良国政，不可无此种团体耳。"③但是后二、三年成立的南学会、保国会这样的组织，有了比较明确的政纲，虽然组织还非常松散，可以说已经是近代资产阶级政党的雏形。

保国会活动的时间很短。在它成立一个月后就有御史黄桂鋆上奏弹劾说："近日人心浮动，民主民权之说日益猖獗。若准各省纷纷立会，恐会匪闻风而起，其患不可胜言。且该举人等无权无势，无财无位，赤手空拳，从何保起？抵制外人则不足，盗窃内政则有余。况即如所说，浙人保浙，滇人保滇，川人保川，推而广之，天下皆为人所保，天下不从此分裂乎？名则保其桑梓，实则毁其家邦，此风万不可长"。"如保浙会、保滇会、保川会，皆由保国会党包藏祸心，乘机煽惑，纠合下第举子，逞其簧鼓之言，巧立名目以图耸听，冀博一准办之谕旨，便可以此为揽权生事之计"④。

---

① 梁启超：《戊戌政变记》。《戊戌变法资料》第一册，第 300 页。
② 《上陈宝箴治湖南应办之事》。同上书，第二册，第 553、555 页。
③ 《莅报界欢迎会演说词》。《戊戌变法资料》第四册，第 254 页。
④ 《禁止莠言折》。同上书，第二册，第 465 页。

康有为力求不被误认为造反,但在封建守旧派看来,他的这种组织活动却大有造反的嫌疑。保国会有的发起人从签名簿上删去了自己的名字。还有别的御史也上书弹劾。军机大臣刚毅还准备查究。据康有为说,由于光绪皇帝说了"会为保国,岂不大善"①,才免于查究。但经此挫折,保国会也就涣散了。

在当时的历史条件下,维新派的宣传、组织活动,的确起了重大的作用。虽然是混杂着封建思想的不纯粹的资产阶级改良主义,但比起传统的封建思想来,毕竟是新鲜的和有锐气的。它冲破封建社会腐败沉闷的空气,激发起人们关心国家命运的热情,启发了人们探求救亡之道的积极性。一时社会风气大变。

有一个当时人描写说:"至戊戌春康君入都,变法之事,遂如春雷之启蛰,海上志士,欢声雷动,虽谨厚者亦如饮狂药"②,康有为的学生欧榘甲后来回顾说:"斯时智慧骤开,如万流濆沸,不可遏抑也"③。胡思敬则说:"乙未(光绪二十一年)以后,士习日嚣,无赖者混迹报馆,奋髯抵掌,议评国政。农学、商学、算学、蒙学诸名色,此犹一家言也。津、澳、闽、粤、湘、汉之间,私署地名,大张旗帜,以次流衍,都二十余家,而《时务报》蔓延最广。"④这个维新运动的反对者的愤愤的叙述恰恰反映了这个新思潮的声势。

维新派要求的只是改良而不是革命。但是他们通过学会、学校、报刊,把地主阶级知识分子卷入政治运动之中,使他们在思想上资产阶级化,他们又通过这些工具而使资产阶级分子政治化。他们的宣传组织活动所起的影响,超越了他们自己的意愿,为后来的资产阶级的革命运动作了准备。

---

① 《康南海自编年谱》。《戊戌变法资料》第四册,第143页。
② 罗振玉:《贞松老人遗稿》。《戊戌变法资料》第四册,第249—250页。
③ 《论政变为中国不亡之关系》。同上书,第三册,第156页。
④ 《戊戌履霜录》第1卷,第18页。

(三)维新派和洋务派的论战

中日甲午战争中的失败在实际上宣告洋务派破产,而在政治上、思想上驳倒洋务派则是维新派的功绩。维新派相当全面地批判了洋务派的主张,从批判中阐明了自己的变法维新的资产阶级改良主义路线。

在这场论战中,维新派主动发起进攻,生气勃勃,发表了大批具有鲜明的观点、论辩性极强的文章。在洋务派方面,论战的主角是张之洞。除了以他的名义在光绪二十四年(1898 年)三月发表的《劝学篇》外,他的一些幕僚和追随者也发表了大量攻击维新派的文章。顽固的守旧派当然坚决反对维新,他们也参加论战,成了洋务派的同盟军,但并不能使洋务派增添多少力量。

论战所涉及的问题是多方面的,但中心问题是一个,就是要不要让资产阶级参与政权,实行君主立宪,以代替向来的地主阶级一个阶级专政的君主专制制度。

洋务派也用过"变法"的口号。维新派从事实出发批判洋务派的变法,使自己的主张同洋务派区别开来。光绪二十一年(1895 年),康有为在《上皇帝第四书》中就说:"近者设立海军、使馆、招商局、同文馆、制造局、水师堂、洋操、船厂,而根本不净,百事皆非。故有海军而不知驾驶,有使馆而未储使才,有水师堂、洋操而兵无精卒,有制造局、船厂而器无新制,有总署而不通外国掌故,有商局而不能外国驰驱。若其徇私丛弊,更不必论。故徒糜巨款,无救危败,反为攻者借口,以明更张无益而已。"他把洋务派的变法称作是"积习难忘,仍是补漏缝缺之谋,非再立堂构之规,风雨既至,终必倾坠。"①光绪二十四年(1898 年)他在《应诏统筹全局折》中,把洋务派的变法称为"小变"。"观万国之势,

---

① 《戊戌变法资料》第二册,第 178 页。(据时务报馆印本校正)

能变则全,不变则亡;全变则强,小变仍亡。"①同年,在《敬谢天恩并统筹全局折》中他又说:"今天下之言变者,曰铁路,曰矿务,曰学堂,曰商务,非不然也,然若是者,变事而已,非变法也。"他指斥洋务派的变法仅仅是"变事",认为"变一事者,微特偏端不举,即使能举,亦于救国之大体无成"②。他认为洋务派的变法只能叫做"弥补",而弥补并不是真正的变法。他声称自己所主张的变法是"扫除更张,再立堂构"③。因此是根本的变,不是枝节的变;是"大变",不是"小变"。

洋务派不能否认他们自己的一套已经宣告失败的事实,只能进行狡辩。张之洞称维新派为"苛求之谈士",把他们的批判斥为"局外游谈",他不承认洋务运动本身有弱点,认为失败的原因是由于"国是之不定,用人之不精,责任之不专,经费之不充,讲求之不力"④,这种辩解是很无力的。

维新派主张从"根本"上进行变法,那么究竟什么是"根本"呢?通过论战,维新派对此作了进一步的阐明。

光绪二十二年七月,梁启超在《时务报》上发表《论变法不知本原之害》(《变法通议》中的一节)。他也同他的老师一样指斥洋务派是"补苴罅漏,弥缝蚁穴,漂摇一至,同归死亡,而于去陈用新,改弦更张之道,未始有合也"。他说:"变法之本在育人才,人才之兴在开学校,学校之立在变科举,而一切要其大成,在变官制。"⑤差不多同时,谭嗣同也与人辩论说:轮船、电线、火车、枪炮、水雷以及织布、炼铁机器,都不过是"洋务之枝叶,非其根本",他讥笑洋务派对于西方的"法度政令之美备,曾未梦见"⑥。可见,在他们看来,变法的本原或根本,就是要

---

① 《戊戌变法资料》第二册,第197页。
② 同上书,第216页。
③ 同上书,第179页。
④ 《劝学篇》。《戊戌变法资料》第三册,第229—230页。
⑤ 《时务报》第三册(光绪二十二年七月二十一日)。又见《戊戌变法资料》第三册,第19、21页。
⑥ 《报贝元徵》。《谭嗣同全集》,第397页。

改变"官制",要学西方的"法度政令"。

光绪二十四年初,康有为在答复总理衙门大臣宜如何变法的询问时,声称:"宜变法律,官制为先"①;同一个时候,在《应诏统筹全局折》中又说:"故制度局之设,尤为变法之原也"②,同梁启超讲的是一个意思。他们要求改变官制就是要实行君主立宪制度。

洋务派的主张是"中学为体,西学为用"八个字。什么是"中学为体"呢? 张之洞解释说:"夫所谓道本者,三纲四维也。"③三纲即君为臣纲,父为子纲,夫为妇纲;四维指礼、义、廉、耻。这是封建社会的等级关系和宗法关系的规定,实际上就是指封建地主阶级专政。封建守旧派连"西学为用"也不赞成,但"中学为体"却是洋务派和守旧派一致同意的。维新派的言论家们虽然并不能真正同封建思想彻底决裂,但他们在不同程度上企图把西方资产阶级的政治制度和伦理道德观念输入中国,这就动摇了"中学为体"这个原则。在他们和一切封建主义者之间也就不能不形成尖锐的对立。

早在光绪二十一年(1895 年),严复就在《辟韩》一文中批判了君臣之伦,他以为,工人、农民、商人为便于从事自己的本业,才共同推举了一个君主来保卫他们的生命财产。"故曰君臣之伦,盖出于不得已也,唯其不得已,故不足以为道之原"④。严复不能从阶级观点出发说明统治与被统治的关系,但他用这种说法否定了君臣之伦是"天道",用西方资产阶级民主的观点来驳斥把君臣关系看成主奴关系的封建主义传统思想。这篇文章于光绪二十三年在《时务报》上转载后,为反对"中学为体"的路线提供了理论根据。谭嗣同在《仁学》中对君臣之伦,父子之伦,夫妇之伦都进行了尖锐的批判。他不仅同严复一样,认为"君也者,为民办事者也;臣也者,助办民事者也","君末也,民本也",

---

① 《康南海自编年谱》。《戊戌变法资料》第四册,第 140 页。
② 同上书,第二册,第 200 页。
③ 《劝学篇·变法》。《张文襄公全集》第 203 卷,第 22 页。
④ 《辟韩》。《严几道诗文钞》第 3 卷,第 6 页。

而且提出了"君为独夫民贼"的看法。他否定封建主义的父子关系、夫妇关系。他指出:"独夫民贼,固甚乐三纲之名,一切刑律制度皆依此为率,取便己故也"①。《仁学》虽在他死后才刊行,但这类思想是维新派批判封建主义的武器,并已开始在社会上传布,当无疑问。

为了反驳维新派对三纲五伦的批判,张之洞在《劝学篇》中说:"五伦之要,百行之原,相传数千年,更无异义,圣人所以为圣人,中国所以为中国,实在于此"。"若并此弃之,法未行而大乱作矣;若守此不失,虽孔孟复生,岂有议变法之非者哉?"他认为变法决不能抛弃三纲五常的封建之道,大骂维新派"忘亲"、"忘圣"、"有菲薄名教之心"、"欲尽弃吾教以从之"、"欲举世放恣黩乱而后快"②。

《时务报》转载《辟韩》一文后,张之洞支使屠仁守写了一篇《辩辟韩书》在《时务报》上发表,文中说:"夫君臣之义,与天无极,其实尊卑上下云尔,自有伦纪以来,无所谓不得已之说也",从而骂《辟韩》是"蔑古拂今,干纪狂诞之说"③。一些封建守旧派也跟着大骂。例如有人说:必须遵守"君为臣纲"的原则,所以"民主万不可设,民权万不可重,议院万不可变通,"否则,"不十年而二十三行省变为资贼渊薮矣。"又必须遵守"父为子纲"的原则,否则,"父殴子坐狱三月,子殴父坐狱三月,轻重罕别,伦理灭绝,不十年而四万万之种夷于禽兽矣"④。

这些人维护三纲五常的理由只是:从古如此,今后也必须如此,实际上除了谩骂以外,什么道理也说不出来。

对于张之洞在《劝学篇》中的反驳,维新派用西方资产阶级的"天赋人权"之说加以痛斥:"由于深中陋儒之毒,桎梏于纲常名教之虚文,谬创'君虽不仁,臣不可以不忠;父虽不慈,子不可以不孝'之说,以为上可虐下,下不得违上,而臣子之含冤负屈,草菅于暴君顽父之前者踵

① 《仁学·卷下》。《谭嗣同全集》,第56、66页。
② 《张文襄公全集》第202、203卷,《明纲》、《变法》等篇。
③ 《时务报》第二十九册,第20、22页。
④ 《王干臣吏部实学平议》。《翼教丛编》第3卷,第14页。

相接,以是毁家亡国者,不可胜数也。而不知君君臣臣、父父子子、夫夫妇妇,君得自主,臣亦得自主,父得自主,子亦得自主,夫得自主,妇亦得自主,非君尊而臣卑,父尊而子卑,夫尊而妇卑,可以夺人天赋自由之权也"①。

维新派高唱自由、平等、民权、立宪、议院这一套从西方资产阶级学来的东西,在当时是对于封建主义的上层建筑的猛烈的冲击。洋务派和其他一切封建主义者对此感到非常惊惶。

张之洞说:"方今中华,诚非雄强,然百姓尚能自安其业者,由朝廷之法维系之也。使民权之说一倡,愚民必喜,乱民必作,纪纲不行,大乱四起"②。一些封建守旧派也跟着喊叫说:"人人平等,权权平等,是无尊卑亲疏也。……平则一切倒行逆施","治之下者,大权不可旁落,况下移于民乎?所宜通者,唯上下之情耳。"③"悍然忘君臣父子之义,于是乎忧先起于萧墙,……而隶卒优倡俨然临于簪缨巾卷之上。"④封建统治秩序已经十分腐朽,禁受不住资产阶级新思想、新政治的冲击。这些封建主义者在这种冲击下无限恐惧地预感到颠覆传统的统治秩序的局面将要出现。

封建主义者认为,"大权下移于民"是万万不能做的,可行的只是"通上下之情",这所谓"下"其实只是指地方士绅。维新派也常鼓吹要"通上下之情",不过他们所说的"下",包括新起的资产阶级在内,比封建主义者所指的"下"范围广一些。至于封建主义者害怕提倡民权会引起"下民"造反,"一切倒行逆施"。我们不久以后就会看到,维新派在反对资产阶级革命派时用的是同样的话。但在这时,维新派还以为宣扬"民权",是不会有什么危险的,而且可以起消泯被压迫人民造反

---

① 欧榘甲:《论政变为中国不亡之关系》。《戊戌变法资料》第三册,第159页。
② 《劝学篇·正权》。《张文襄公全集》第202卷,第24页。又见《戊戌变法资料》第三册,第222页。
③ 《翼教丛编》第5卷,第2、3页。
④ 曾廉:《蠹庵集》第12卷,《上杜先生书》。

的作用。

维新派探讨救亡之道，还得出一个结论说，只要"开民智"，国家就不会亡；即使亡了，也没有关系，还可以恢复。所以，他们认为，要保国，必须先保教、保种。他们说的教就是孔教。他们仍然打着封建主义的传统的孔子之道作招牌，这是他们并没有彻底的反封建立场的表现。至于他们所谓保种，其含意至为模糊。按照他们的说法，要保种就必须开民智。立学会、办学校，就是为了开民智，而达到保种、保教的目的。为表达这种观点，梁启超在致康有为的信中甚至这样说："我辈以教为主，国之存亡于教无与。或一切不问，专以讲学授徒为事。俟吾党俱有成就之后，乃始出而传教，是亦一道也"。"我辈宗旨乃传教也，非为政也；乃救地球及无量世界众生也，非救一国也。一国之亡，于我何与焉。"①从这种似乎很奇怪的说法，可以看出，这些自命为懂得新学的知识分子，如何狂妄自负地把自己看成是国家的主体，开民智要靠他们，国家的命运，以至人类的命运也要由他们决定。

这些维新派人物一方面说亡国也没有关系，一方面又提出保国的口号。他们自己解释不清楚这种矛盾的观念。实际上，他们是在模糊地表示，地主阶级专政的国家的存亡已不值得留恋，而应当代之以一个资产阶级的国家，不过他们不能自觉地说出这样的思想，更不可能通过实践来实现这个思想。

正因此，维新派的保国会成立以后，御史文悌上书弹劾说：保国会的宗旨是"保中国不保大清"。张之洞也在《劝学篇》中痛心疾首地攻击维新派的观点说："今日颇有忧时之士，或仅为尊崇孔学为保教计，或仅以合群动众为保种计，而于国、教、种安危与共之义忽焉。传曰：皮之不存，毛将安附。孟子曰：能治其国家，谁敢侮之？此之谓也。"②在他看来，种属于国，教属于国，必须把保国放在第一位。他所说的国即

---

① 《戊戌变法资料》第二册，第544—545页。
② 《张文襄公全集》第202卷，第4页。

现有之国,也就是封建地主阶级的清朝政权。形式上,两派间争论问题好像是保国和保种、保教何者为先,从实质看,两派的分歧在于要保的是不同阶级的国家。

(四)维新派的向西方学习

毛泽东指出:"自从一八四〇年鸦片战争失败那时起,先进的中国人,经过千辛万苦,向西方国家寻找真理。洪秀全、康有为、严复和孙中山,代表了在中国共产党出世以前向西方寻找真理的一派人物。"[1]

康有为、严复都属于戊戌维新时代的人物。

严复(1853—1921),福建侯官县人。他在十四岁时考入左宗棠创办的福州船厂附设的船政学堂,同治九年(1870年)毕业后在军舰上实习了几年,光绪三年(1877年)二十五岁时,被派到英国留学。二年后回国任船政学堂教习。光绪六年(1880年)调任李鸿章主持的北洋水师学堂总教习,这个职务他连续担任了二十年。严复在英国时已读过欧洲著名资产阶级学者亚当·斯密、边沁、卢梭、孟德斯鸠、达尔文、赫胥黎等人的著作。他的西方知识比维新派的其他代表人物多得多。光绪二十一年(1895年)他在天津主办《直报》,两年后又主办《国闻报》,发表过几篇主张变法的有名的论文。他翻译的英国生物学家赫胥黎的《天演论》,虽然在光绪二十四年(1898年)才正式出版,但译稿至迟在光绪二十一年(1895年)已完成。梁启超曾读过译稿,并且把它的内容介绍给康有为。《天演论》的译本在出版前已成为维新派的主要思想养料之一。以后严复又翻译过多种西方资产阶级学者关于政治学、经济学、社会学、逻辑的书,但在戊戌维新运动时期及其以后一个时期中,《天演论》的影响最广。

严复说:"欲开民智,非讲西学不可"。他又竭力鼓吹"痛除八股而

---

[1] 《毛泽东选集》第4卷,人民出版社1991年版,第1469页。

大讲西学"。他认为要使中国像"西洋"一样地富强起来,必须"用西洋之术"①。康有为、严复和其他维新志士都明确地主张,要找到救国的途径,必须向西方学习。他们所说的"西学",就是西方资产阶级的社会学说和自然科学。

维新派拿西方资产阶级的文明做衡量的标准,使他们痛感到中国封建社会的落后和腐朽。他们以"西学"为武器,向封建的君主专制制度和官僚制度挑战,向封建主义的纲常伦理观念挑战。他们强烈地反对八股文的科举考试制度。他们提倡"兴女学",鼓吹废除女子缠足这样的恶习。他们敢于理直气壮地提出这些对于封建主义"离经叛道"的主张,是因为他们学了西方资产阶级之学的原故。

严复到过欧洲,看到了资本主义发达的国家里贫富对立的现象,所以他在文章中写道:"夫自今日中国而视西洋,则西洋诚为强且富,顾谓其至治极盛,则又大谬不然之说也。……二百年来,西洋自测算格物之学大行,制作之精,实为亘古所未有,民生日用之际,殆无往而不用其机。加以电邮、气舟、铁辙三者,其能事足以收六合之大,归之一二人掌握而有余。此虽有益于民生之交通,而亦大有利于奸雄之垄断。垄断既兴,则民贫富贵贱之相悬,滋益远矣"。他还指出,西方国家贫富悬殊的现象比中国更利害,因此在这些国家中也存在着"大乱"的危机②。但是严复所学的西学,不能帮助他懂得资本主义社会的实质。西方国家中为什么会有贫富的差别,为什么社会财富为少数人垄断,他作不出正确的解释(他把垄断的产生说成好像是由于有了铁路、轮船等原故)。他模糊地看到西方国家的社会制度和封建的奴役制度有所不同,但贫富悬殊的问题是无法解决的。所以他说:"尚幸其国政教之施,以平等自由为宗旨,所以强豪虽盛,尚无役使作横之风,而贫富之

---

① 严复著《原强》、《救亡决论》、《论世变之亟》等文。《戊戌变法资料》第三册,第57、63、74 页等处。

② 《原强》。《戊戌变法资料》第三册,第50—51 页。

差,则虽欲平之,而终无术矣。"①

　　当时西方资本主义已经进入帝国主义阶段,无产阶级的社会主义革命运动已经兴起,对于这些,代表中国初起的资产阶级的维新派是完全不能了解的。像严复上述的言论,算是看到了一点资本主义的病态,在维新派中是个别的例外。他们一律地都是以幼稚的学生的态度唱着"西学"的赞美诗,把西方资产阶级的文明,包括其社会政治制度说成是至善尽美。

　　梁启超在光绪二十三年(1897年)的一篇文章中把封建的中国说做"不新之国",而赞扬西方资产阶级的国家为"求新之国。"他说:"求新之国,其君明以仁,其臣忠以毅,其民智以雄,其政通,其事精,其器莹,其气则华郁缤纷,其屋室城池郭邑宫府委巷街衢园囿台沼椽采,皆瑰玮丽飞,朱华高骧,平夷洞达,光焰焰烂。徘徊其乡,则心旷神怡,乐以忘返矣,遑问其国之治否之何若矣。"②他在同一年的另一篇文章又说,二千年来的中国,是"千疮百孔,代甚一代",而"欧洲各国,百年以来,更新庶政,整顿百废。议政之权,逮于氓庶。故其所以立国之本末,每合于公理,而不戾于吾三代圣人平天下之议。其大国得是道也,乃纵横汪洋于大地之中而莫之制,其小国得是道也,亦足以自立而不见吞噬于他族"③。梁启超的这种对资产阶级文明的礼赞在维新派中是有代表性的。谭嗣同也说:"西人之治之盛,几轶三代而上之"④。他们用封建的传统语言颂扬资本主义。在这种语言中,所谓"三代之治"是至高无上的理想政治。

　　严复说:"设议院于京师,而令天下郡县各公举其守宰。是道也,欲民之忠爱必由此,欲教化之兴必由此,欲地利之尽必由此,欲道路之辟、商务之兴必由此,欲民各束身自好而争濯磨于善必由此。呜呼,圣

　　①　《原强》。《戊戌变法资料》第三册,第50页。

　　②　《经世文新编序》。《饮冰室文集》之二,上海中华书局1936年版,第47页。

　　③　《西政丛书序》。《饮冰室文集》之二,第63页。

　　④　《延年会序》。《谭嗣同全集》,第141页。

人复起,不易吾言矣。"①这也是把西方资产阶级所实行的议会制度、选举制度看成是至善尽美的政治。

康有为写过一本《大同书》,论述他的理想社会。这本书的内容极其庞杂,充满了各种互相矛盾的观念。详细地分析这本书不属于我们这里的任务。这里要说的是虽然他在描述他的大同理想时有些语言类似于空想社会主义,但是就其主要内容而言,他所憧憬的理想其实是个资产阶级王国。他说,他的大同世界是"无有阶级"、"人人平等"的,但他所谓"阶级"其实是指封建社会的身份等级制度;他所谓平等,仅仅是"无有臣妾奴隶,无有君主统领"意义上的平等,是资产阶级的平等概念。他所说的大同之世,是有国家、有政府的,所实行的乃是资产阶级的代议制度。他把资产阶级专政的国家极度地美化和理想化。他说:"凡扫尽阶级而人类平等者,人必智而乐,国必盛而治,如美国是也"②。原来资本主义的美国就是他的"大同社会"的标本。

康有为写成《大同书》后,终其身没有全文发表。他的学生张伯桢说:"书成,既而思大同之治,非今日所能骤行,骤行之恐适以酿乱,故秘其稿不肯以示人"③。康有为在维新运动中要皇帝效法俄国的彼得大帝和日本的明治天皇。他所想实行的只是半封建、半资本主义的社会政治制度。他把美国式的资产阶级民主政治,编织进他的"大同世界"的浪漫主义的幻想,那是他所不敢设想能够付之实践的。

维新派又把资本主义的国与国的关系极端地美化和理想化。这从他们对国际公法的赞扬中可以看到。谭嗣同说:"万国公法,为西人仁至义尽之书"④。他们完全不懂得,民族压迫和民族侵略是资本主义制度必然引起的现象,却以为西方资产阶级所制定的国际公法就能够保证每一个国家的独立。既然如此,为什么中国会遭到西方国家的侵略

① 《原强》。《严几道诗文钞》第1卷,第26页。
② 《大同书》,古籍出版社1956年版,第110页。
③ 《南海康先生传》,第66页。
④ 《报贝元徵》。《谭嗣同全集》,第423页。

呢？谭嗣同的解释是："惜中国自己求亡，为外洋所不齿，曾不足列于公法，非法不足恃也"①。维新派用这种说法来论证必须赶紧实行"变法"，使中国走上资本主义的道路。但是他们其实是散布了这样一种幻想，以为中国不需要同帝国主义侵略者认真地进行斗争，只要向西方学习，同西方国家一样实行资本主义，就可以依靠"仁至义尽"的国际公法而得到国家的独立和民族的自由。谭嗣同的说法是："凡利必兴，凡害必除，如此十年，少可自立，不须保护，人自不敢轻视矣。每逢换约之年，渐改订约章中之大有损者，援万国公法，止许海口及边口通商，不得阑入腹地。……但使一国能改约，余皆可议改。如此又十年，始可由富而强，始可名之曰国"②。

所以维新派既在国内政治上采取改良主义的立场，也在如何摆脱帝国主义侵略的问题上抱着改良主义的幻想。这种幻想使他们甚至于提出一套完全是为帝国主义侵略者辩护的说法。梁启超在光绪二十三年作的《南学会序》中说，现在西方国家要来分裂中国实在容易得很，它们之所以没有这样做是因为瓜分中国会造成"沦胥糜烂"的局面，对它们的商务不利。"而无如中国终不自振，终不自保，则其所谓沦胥糜烂者，终不能免，而彼之商务，无论迟速，而必有受牵之一日。故熟思审处，万无得已，而势殆必出于瓜分云尔。然则吾苟确然示之以可以自振，可以自保之机，则其谋可立戢，而其祸可立弭，昭昭然矣。此所以中东之役（即中日甲午战争——引者）以后，而泰西诸国犹徘徊莫肯先动，以待我中国之有此一日。及至三年，一无所闻，而德人之事（指德国强占胶州湾事件——引者）乃复见也"③。按照这种说法，帝国主义并不愿意瓜分中国，倒是希望中国自己振作起来、富强起来的，而且是在耐心地等待的。只要中国自己振作起来，也就是按照这些维新志士

---

①　《报贝元徵》。《谭嗣同全集》，第423页。

②　同上书，第412、413页。

③　《南学会序》。《饮冰室文集》之二，第66页。

们所说的实行变法维新,帝国主义侵略中国的危机就自行消弭了。

这种议论无异于说,帝国主义列强是善意地希望中国独立地发展资本主义的。这是根本违反历史事实的论断。抱着这种幻想,当然不能提出反对帝国主义及其走狗的斗争口号。他们的所谓"自振"显然不是唤起广大人民群众起来同帝国主义及其走狗认真作斗争。

不但如此,维新派甚至幻想中国可以依靠某几个帝国主义国家的力量来实现变法主张而达到富强的目的。光绪二十四年初,日本参谋部派神尾光臣、梶川重太郎、宇都宫太郎三人到中国,游说和拉拢中国各派政治力量。这三个日本人曾同湖广总督张之洞联络,又在汉口同维新派的谭嗣同谈过话。谭嗣同的朋友唐才常在《湘报》上发表《论中国宜与英日联盟》一文中说,这三个日本人向谭嗣同表示极为赞赏湖南的新学运动,而且表示日本愿同中国结成盟好,并说:"如联盟计成,吾当为介于英,而铁轨资焉,国债资焉,兵轮资焉,一切政学资焉"。唐才常在文章中高兴地说:"今日人既愿联盟我,且愿密联中、英相犄角,且愿性命死生相扶持,千载一遇,何幸如之,何快如之"①。这种联合日本和英国的想法是维新派中许多人的共同主张。当时帝国主义各国在东方大致上是俄、德、法为一方,日、英、美为一方,互相抗衡。清朝政府的对外政策在李鸿章主持下主要是投靠俄国,而维新派也就把幻想寄托到后一方面去了。

康有为在光绪二十三年的《上皇帝第五书》中列举他的变法纲领,其中有一条就是:"大借洋款,以举庶政"②。谭嗣同在光绪二十一年的《报贝元徵》书中甚至提出这样荒谬的设想,说是"内外蒙古、新疆、西藏、青海,大而寒瘠,毫无利于中国",不如拿来"分卖"给英、俄二国,他以为这笔卖地得款,除了偿还对日本的战争赔款以外,"所余尚多,可

---

① 《戊戌变法资料》第三册,第104页。
② 《戊戌变法资料》第二册,第194页。

供变法之用矣"①。可见这些维新派人士在当时如果真能取得政权,大行其志,也很难使中国摆脱半殖民地、殖民地的道路。他们是解决不了使中国独立自强的问题的。他们要使中国独立地发展资本主义,也只能是个幻想。

(五)庸俗进化论和政治上的改良主义

维新派要求变法,要求社会上层建筑发生某些有利于资产阶级的改变,所以他们对于封建主义的"天不变,道亦不变"的传统观点提出了异议。康有为说:"盖变者天道也。天不能有昼而无夜,有寒而无暑,天以善变而能久。火山流金,沧海成田,历阳成湖,地以善变而能久。人自童幼而壮老,形体颜色气貌,无不一变,无刻不变。"②"夫物新则壮,旧则老;新则鲜,旧则腐;新则活,旧则板;新则通,旧则滞,物之理也"③。这些议论是虎虎有生气的。

但是维新派是以庸俗进化论作为指导思想,他们所承认和要求的只是渐进的变化。

毛泽东指出:在中国,"近百年来输入了欧洲的机械唯物论和庸俗进化论,则为资产阶级所拥护。"④维新派最先利用了从外国输入的庸俗进化论。

康有为的变法理论著作《新学伪经考》和《孔子改制考》二书,形式上是讲西汉时期公羊学派的三统三世说和孔子托古改制说,但实际上他是把西方的庸俗进化论塞进了公羊学说框子。他用庸俗进化论来解释公羊学说,制造成他的变法理论。

西汉公羊学派三统三世说是适应方兴的封建统治者的需要而制造

---

① 《谭嗣同全集》,第406页。
② 《进呈俄罗斯彼得大帝变政记序》。《戊戌变法资料》第三册,第1页。
③ 《应诏统筹全局折》。同上书,第二册,第198页。
④ 《毛泽东选集》第1卷,人民出版社1991年版,第301页。

出来的。所谓"三统"是说,每一个新的朝代的出现,都各自受命于天,自成为一个"统"。由此证明,刘邦虽然出于亭长的卑微地位,但他所建立的朝代是受命于天的一个新的"统",同上一个朝代没有继承关系而完全有存在的权利。所谓"三世"是说,社会的发展,按先后次序分为"据乱世","升平世","太平世",由乱到治,愈变愈好。公羊家的三统三世说虽然托名于孔子,但其实是同孔子本人的社会历史观对立的。孔子认为,一切典章文物,到周朝已经十全十美了。周代以后,则是每下愈况,所以为治之道,必须向周朝学习,复三代旧制。

公羊学派的学说在东汉以后长期湮没不彰,至晚清时才有人注意到它。在康有为之前,刘逢禄、龚自珍、陈立等人开始以公羊学说为依据议论改革。康有为锐敏地抓住这个学说,把两千年前还在上升期的地主阶级的思想武器,利用来作为他站在新兴资产阶级立场上主张变法维新的理论根据,并且又把西方的庸俗进化论渗入到他的理论中去。

康有为曾说:"人道进化,皆有定位。自族制而为部落,而成国家,由国家而成大统;由独人而渐立酋长,由酋长而渐正君臣,由君主而渐为立宪,由立宪而渐为共和。……盖自据乱进为升平,升平进为太平,进化有渐,因革有由,验之万国,莫不同风"①。这段话中所说的族制、部落、国家的演变,以至君主、立宪、共和的各阶段的发展都是根据严复翻译的斯宾塞的《群学肄言》②,在这段话里反复讲的"渐至"观念是同公羊家的说法不合的。按照公羊的学说,后一朝代与前一朝代,即新统与旧统之间截然无关,因而并不能说是什么渐至。斯宾塞《群学肄言》的严复译本中说:"民之可化至于无穷,唯不可期之以骤",严复在《原强》一文中就特别介绍了斯宾塞的这句话。不承认骤变,而只承认渐变,这正是庸俗进化论的观点。

这种只承认渐进的观点是康有为始终反复强调的。例如他说:

---

① 康有为:《论语注》第 2 卷。《万木草堂丛书》,1917 年刊,第 10—11 页。
② 《严译名著丛书:群学肄言》,商务印书馆版,第 50—51 页。

"进化有渐进,仁民有渐进,爱物亦有渐进,此皆圣人所无可如何,欲骤进而未能者"①。"万无一跃飞越之理。凡君主专制、立宪、民主三法,必当一一循序行之,若紊其序,则必大乱"②。

庸俗进化论只承认事物的量变,否认量变过程的连续性的中断,否认质的飞跃,否认从旧质到新质必须经过骤变,即突变才能实现。这种观点,在政治上,就是只主张点滴的改良,否定革命,主张同旧势力妥协,否定决裂。康有为强调这个观点,用它来为改良主义的政治路线服务。

康有为抬出孔子作变法的祖师,也是由他的改良主义路线决定的。他既然否定革命,否定用暴力推翻现有制度,主张依靠皇帝的意旨,依靠京师士大夫的响应,他就必须打出封建圣人孔子的招牌来证明自己的主张的合法性。他认为从公羊学说中能够发现孔子的微言大义,而这正好作为他的变法主张的依据,因此便竭力加以宣扬,以争取皇帝和士大夫的支持。但是他所讲的并不是当时占正统地位的程、朱、陆、王所解释的孔子学说,所以仍然不能不遭到封建主义者的激烈反对。

《新学伪经考》于光绪十七年(1891年)出版,二十年(1894年)给事中余晋珊就参奏其"惑世诬民,非圣无法,同少正卯,圣世不容"③。光绪皇帝叫李瀚章查办,结果是"饬其自行抽毁"。封建守旧派叶德辉说:"汉之公羊学尊汉,今之公羊学尊夷"④,又说:康有为"欲删定六经而先作伪经考,欲搅乱朝政而又作改制考,其貌则孔也,其心则夷也"⑤。封建主义者认为康有为"尊夷","其心则夷",就是因为他在孔子学说里加进了资产阶级的东西。

---

① 康有为:《论语注》第7卷,第12页。
② 《答南北美洲诸华侨论中国只可行立宪不可行革命书》。见《章太炎政论选集》中之附录,该书上册,第212页。
③ 《康南海自编年谱》。《戊戌变法资料》第四册,第128页。
④ 《叶吏部与石醉六书》。《翼教丛编》第6卷,第15页。
⑤ 《叶吏部与刘先端、黄郁文两生书》。同上书,第17页。

　　康有为和他的门徒们,在一些涉及当时时势的文章(包括康的几次上皇帝书)中,极力描述现存的政治和社会制度已经到了非变不可的程度,通过这种描述,他们实际上对封建制度进行了控诉。虽然他们的控诉集中在封建的君主专制制度和官僚制度上面,但也使人们看到了广大人民遭到残酷的压迫,政治上腐败不堪的封建社会末期的景象。

　　维新派是以批判封建制度和"为民请命"(自称是全体人民的代表)的姿态而登上历史舞台的,但是他们并不了解人民大众。他们对封建制度的批判丝毫没有触及作为封建社会的基础——封建的土地制度。对于封建统治势力已经同外国帝国主义势力相勾结,并成为后者的附庸这一个事实,也丝毫没有触及。因此他们对封建制度的控诉与批判是肤浅的,软弱无力的。而且他们并不是自觉地站在封建制度的对立面去进行批判,相反的,他们对于封建制度的无可挽救的灭亡命运是抱着无限悼惜的心情的。他们不是对封建制度进行无情的批判,而是为它唱着绝望的挽歌。

　　康有为说:"举朝上下,相顾嗟呀,咸识沦亡,不待中智。群居叹息,束手待毙。耆老仰屋而咨嗟,少壮出门而狼顾。并至言路结舌,疆臣低首。不惟大异于甲申(指 1884 年,即中法战争时——引者),亦且迥殊于甲午(指 1894 年,即中日战争时——引者),无有结缨誓骨,慷慨图存者。生机已尽,暮色凄惨,气象如此,可骇可悯,此真自古所无之事。"①的确是"自古所无之事"。中国长期的封建时代经历过好多次的改朝换代,而这时则是封建制度的行将沦亡。康有为虽不懂得这种差别,却是感到这种差别了。封建统治制度是不会自行退出历史舞台的。这些维新志士的谴责和控诉客观上正是革命的暴风雨的前奏,但是他们在主观上却是想用改良主义的变法来为这个"暮色凄惨"的旧制度注入新的"生机"。

　　康有为主张实行"君主立宪",他把君主立宪解释为"君民合治"。

---

① 《上清帝第五书》。《戊戌变法资料》第二册,第 192—193 页。

他所谓君,是封建统治势力的代表,他所谓民,则在实际上主要是指资产阶级,资产阶级这时自命为全体人民的代表。他说:"君民合治"的好处是"君民同体,情谊交孚,中国一家,休戚与共。以之筹饷,何饷不筹? 以之练兵,何兵不练? 合四万万人之心以为心,天下莫强焉。"①他所要建立的国家,不过是地主阶级和资产阶级联合专政的国家,而且在这种联合中还是以地主阶级为主体。

康有为并不是不知道西方有过资产阶级民主革命。康有为在《进呈法国革命记序》中说:"臣读各国史,至法国革命之际,君民争祸之剧,未尝不掩卷而流涕也。流血遍全国,巴黎百日而伏尸百二十九万,变革三次,君主再复,而绵祸八十年。十万之贵族,百万之富翁,千万之中人,暴骨如莽,奔走流离,散逃异国。城市为墟,而革变频仍,迄无安息,旋入洄渊,不知所极"②。他把革命描写得如此悲惨可怖,是由于他从心底害怕革命。他幼年经历过太平天国革命,懂得下层农民起来造反有多么大的威力。他主张自上而下的改良主义的变法,就是因为要避免革命。他不敢设想通过革命来推翻封建统治,实现资产阶级的专政。所以只能希望和要求封建统治阶级自动向资产阶级让一点步,吸收他们参加政权,以共同建立对劳动人民的专政。

所有的维新派人物,包括最激进的谭嗣同和对西方知识最多的严复在内,在政治上都停止在君主立宪上,不敢再前进一步。谭嗣同痛骂君主的残暴,却得出"易君"(换一个皇帝)的结论。严复承认君主是可以废除的,但认为这是遥远将来的事。他们都离不开皇帝,因为他们所代表的资产阶级还离不开封建地主阶级。这就决定了他们只能是软弱的资产阶级改良主义者。

---

① 《上清帝第二书》。《戊戌变法资料》第二册,第153页。
② 《戊戌变法资料》第三册,第7—8页。

第十七章

百日维新及其失败

（一）维新派的上台

前面说过，康有为领导的保国会成立后不久就涣散。这固然是因为遭到某些当权派的攻击的原故，但同时还因为这时康有为已经打通了一步登天的途径，不再需要这种群众性的组织了。他的政治活动的着眼点在于争取皇帝赞成他的主张，利用皇帝的权力来推行他的主张，这点，似乎已经开始可以做到了。

由于都察院的一个官员高燮曾推荐，光绪皇帝准备召见康有为，但是受到了恭亲王奕䜣的阻拦。恭亲王说，按照老例，非四品以上官员，皇帝不能接见。光绪皇帝只好下令要大臣接见康有为问话。二十四年正月初三（1898 年 1 月 24 日）康有为被邀到总理衙门，同李鸿章、翁同龢、荣禄等几个大臣进行了一次关于变法问题的辩论。康有为向他们申述了他的主张，认为在当前形势下决不能一成不变地照行"祖宗成法"，必须酌情改变，实行"新政"。李鸿章、荣禄反对他的主张。只有同光绪皇帝比较亲近的翁同龢采取同情态度，他向皇帝报告了谈话情形。这时皇帝已经读到了前一年十一月康有为的第五次上书。据梁启超说，这个上书中所说的一旦亡国，皇帝将"求为长安布衣而不可得"，甚至可能像明朝末代皇帝那样吊死在煤山上这些话深深地打动了皇帝①。但是光绪皇帝仍然不敢违反老例召见康有为，更不敢破格擢用他，只是下令说，以后康有为如有奏折，即日呈递，不得阻搁，并且要康有为呈送他所著书。

康有为在正月初八向皇帝上了一个《应诏统筹全局折》，这是他的第六次上书。他又把他所撰的《日本明治变政考》、《俄罗斯彼得变政记》送呈皇帝，意思是要皇帝以日本的明治天皇和俄国的彼得大帝为榜样。接着他又上了第七书，其中着重论述彼得大帝是如何敢于向西方学习的。后来康有为在一首诗中说："忧时七上皇帝书"，指的就是他在直接见到光绪皇帝以前，也就是百日维新以前的这七次上书。

四月二十三日(6 月 11 日)，光绪皇帝发布"明定国是"诏，这可以说是一篇政治宣言，在这里，说到了"变法自强"，并有肯定"西学"的话②。五天后，皇帝在颐和园内召见康有为。其所以不在紫禁城内而在郊外行宫内是为了使这次接见带有非正式的性质，以免过于违反"老例"。光绪皇帝虽然表示接受康有为的主张，但只能授康有为以"总理衙门章京上行走"这样一个六品衔的小官，不过，同时又给了他以专折奏事的权力，这样，总算打开了他和皇帝之间的通路。在康有为受到召见后半个月，梁启超也以举人的身份被皇帝召见，他也只得到了六品卿衔，受命办理译书局事务。

在四月二十三日的明定国是诏以前，光绪皇帝已经颁发过若干属于所谓"行新政"的诏书。在这以后，这一类的诏书又陆续不断地大量发出，甚至一日数令，倾泻而下。这些诏书属于政治方面的主要有：广开言路，提倡官民上书言事；准许自由开设报馆，学会；撤除无事可办的

---

① 梁启超：《戊戌政变记》。《戊戌变法资料》第一册，第 250 页。
② 《戊戌变法资料》第二册，第 17 页。

衙门,裁减冗员;废除满人寄生特权,准许自谋生计。属于经济方面的主要有:提倡实业,设立农工商总局和矿务铁路总局,兴办农会(由绅富之有田业者试办)和商会,鼓励商办铁路、矿务,奖励实业方面的各种发明;创办国家银行,编制国家预决算,节省开支。属于军事方面的主要有:裁减绿营,淘汰冗兵,改变武举考试制度,精练陆军;筹办兵工厂;添设海军,培养海军人才。属于文教方面的主要有:开办京师大学堂,并要全国各地设立兼学中学、西学的学校;废除八股,改试策论;选派留学生到日本,设立译书局,编译书籍,奖励著作,等等。但诏书的发布并不等于事实上的执行。任免各省督抚的权力,并不操在光绪皇帝,而操在慈禧太后的手里。各省督抚对于小皇帝要他们办的和要他们提出意见的新政事项,一概都置之不理,或者作些模棱两可的回答。

光绪皇帝通过他颁布的诏书所要实行的新政究竟是什么性质,将在后面去分析。无论如何,这些诏书总是给人以一种印象:传统的封建社会上层建筑不能照旧不变了。维新派的两个巨头康有为和梁启超相继受到皇帝接见,至少使维新主张不再被认为非法。这在全国的官绅和知识界中不能不引起巨大的震动。议论新政,高谈变法,成为一时的时髦的风气。在光绪皇帝广开言路的号召下,呈送给皇帝的条陈纷至沓来。七月二十七日光绪皇帝还下了一道上谕说:"国家振兴庶政,兼采西法,诚以为民立政,中西所同。而西人考究较勤,故可以补我所未及"。这是说要向西方学习。又说:"今将变法之意,布告天下,使百姓咸喻朕心,共知其君之可恃,上下同心,以成新政,以强中国"。这是说一定要变法行新政。又命令各省各州县官员要切实进行宣讲,务必使"四月二十三日以后所有关乎新政之谕旨"做到"家喻户晓"①。这道诏书是谭嗣同起草的,所以维新派的色彩特别浓厚,但这时已经快到百日维新的末日了。

康有为在颐和园进见皇帝时,光绪皇帝说,国事全误于守旧诸臣之

---

① 《戊戌变法资料》第二册,第84、85页。

手,但他无权去之,也势难尽去。康有为替皇帝划的策是:"请皇上勿去旧衙门,而惟增置新衙门,勿黜革旧大臣,而惟渐擢小臣,多召见才俊志士,不必加其官,而惟委以差事,赏以卿衔,许其专折奏事足矣"①。康有为后来把他的这种主张概括为:"吾向来论改官制,但主增新,不主裁旧"②。也就是说:不是革旧更新,而是留旧增新。他所希冀的只是靠皇帝之力让维新派逐渐挤进政权里去,在旧的官僚机构身旁设立一些并行的新机构,逐渐地使实际权力落到新机构的手中。这种方针只是极其懦弱而幼稚的梦想,没有实现,也不可能实现。

在百日维新中,从中央到地方全部原有的官僚机构丝毫未动,而且守旧势力的总头子慈禧太后还俨然驾凌于皇帝之上,在这种情形下,任何一点哪怕是小小的改革,也只能是空谈,而不能真正做到。

像光绪皇帝不断发上谕一样,康有为也不断地上奏折。据他的学生麦仲华说:"戊戌数月间,先生手撰奏折都六十三首"③。在上奏折最勤的期间,几乎每天发出一封。这些奏折绝大多数毫无成效。康有为的弟弟康广仁渐渐地感到不耐烦了。他向哥哥说:"办此琐事无谓","上既无权,必不能举行新政,不如归去。"④

七月二十日,光绪皇帝下令赏给杨锐、刘光第、林旭、谭嗣同四人四品卿衔,任军机章京,参预新政。这算是实行康有为所说的擢用小臣建议的一个重大步骤。这四个人虽然只是以"章京"(办理文书的官员)的名义进入军机处,但毕竟这是处于靠近皇帝的地位。光绪皇帝把各方有关新政的奏折交他们审阅,并由他们草拟诏书。一时这四个人在官场上被视为颇有点权势的人物。不过时间很短,只有十五天,百日维新结束,他们都掉了脑袋。

对于军机四卿的政治面貌,值得说一说。

---

① 《戊戌变法资料》第一册,第251页。
② 《康南海自编年谱》。同上书,第四册,第157页。
③ 麦仲华编印的《南海先生戊戌奏稿》(宣统三年刊本)的《凡例》。
④ 《康南海自编年谱》。《戊戌变法资料》第四册,第152页。

前面已经多次提到过的谭嗣同(1865—1898),湖南浏阳县人,是世家子弟,他的父亲谭继洵官至湖北巡抚。他在十九岁时因父亲做官而到兰州,继又入新疆巡抚刘锦棠的幕府。以后近十年间游历各地,除西北几个省外,到过直隶、河南、湖北、江苏、安徽、浙江、台湾等省,对于国势民情有了很多见闻。中日甲午战争前一年在上海读到了许多翻译的西书。受中日甲午战争的刺激,更加发愤提倡新学,主张变法。他虽不是康有为的学生,但非常佩服康有为。他的政治思想在有些方面比康、梁激进一些,例如,他勇于揭露君权的残暴,敢于说:"彼君之不善,人人得而戮之,初无所谓叛逆也"①。不过他自己并不能做叛逆者。他在思想上是个从资产阶级改良派到资产阶级民主革命派的过渡人物。他协助湖南巡抚陈宝箴办理新政,担任南学会的学长,因而有点声望。他鄙薄科举,他的父亲花钱给他捐了个候补知府的官衔。光绪皇帝在宣布实行新政后就召他到北京。

四卿中最年轻的林旭(1875—1898),福建侯官县人,是有名的洋务派官僚两江总督沈葆桢的孙婿,考中过举人,并入赀得内阁中书的官职。他当过坚决反对维新的守旧大臣荣禄的幕僚。但他对康有为很折服,拜康有为为老师,康有为也想利用他同荣禄拉关系。他在光绪二十四年初在京城倡办闽学会,又为成立保国会奔走甚力。入军机后,他所拟文稿比较激进,与谭嗣同同为顽固守旧的官僚所深恶痛绝。

还有杨锐(1857—1898)和刘光第(1859—1898)二人则是与湖广总督张之洞有密切关系的人,张之洞让湖南巡抚陈宝箴把他们推荐给光绪皇帝。这时张之洞是当权的洋务派领袖人物中最活跃的一个。在康、梁因主张变法维新而声名渐起的时候,张之洞曾拉拢康、梁,想使他们为己所用。前面已经说过,他还插手康、梁在上海办的《时务报》。当他发现维新派的言论已越出洋务派所许可的范围时,他不但领导了反对维新派的论战,而且设法破坏维新派的舆论机关。在上海《时务

---

① 《谭嗣同全集》,第 51 页。

报》馆中掌管财政、人事权力的汪康年在光绪二十三年底挤走了梁启超,改出《昌言报》。汪康年的后台就是张之洞。《昌言报》在汪康年主持下不再刊载维新派的言论。担任湖广总督的张之洞容许湖南巡抚陈宝箴实行大体上还是洋务派所容许的新政,但他认为《湘报》的言论越来越难以容忍了。他通知陈宝箴:"此等文字,远近煽播,必致匪人邪士倡为乱阶"①,《湘报》被迫停止发表议论文章。光绪皇帝在下诏定国是以前,曾经诏令张之洞入京襄助,这是得到慈禧太后同意的。虽然由于官僚集团内部倾轧和其他原因,张之洞没有到北京,仍旧留任湖广总督,但他在百日维新中是插了手的。军机四卿中的杨锐可以说就是他的代表。四川绵竹县人杨锐是张之洞的学生,他在考中举人后任内阁中书。张之洞资助他长驻北京进行活动,通过他随时了解京城的政治情况。甲午战争后,他从忧国救亡的立场出发,先后参加康有为领导的强学会、保国会,但其实并不是个维新派。他入军机处与林旭在一起工作时,往往认为林草拟的文稿过激,强令易稿三四次,而他自己从未上过一折。四川富顺人刘光第在入军机前任刑部主事,虽然也曾参加保国会,但他标榜自己"无新旧畛域",采取调和态度,使"维新守旧,咸得其宜。"②

由此可见,光绪皇帝所起用的军机四卿,虽然可以说是为辅佐皇帝主持新政而组成的一个工作班子,但这其实是洋务派和维新派联合组成的。其中,站在维新派立场上的是谭嗣同、林旭二人,而张之洞的人也有两个。

所以在百日维新中,维新派好像是上台了,但这种上台其实是一种虚假的现象。远不能说,维新派已经真正参与了政权。

(二)百日维新中的光绪皇帝

在百日维新中光绪皇帝究竟执行了什么路线,或者说可能执行什

---

① 《致长沙陈抚台黄桌台》。《戊戌变法资料》第二册,第609页。
② 汤志钧:《戊戌变法人物传稿》上册,第51页。

么路线,这是值得考察一下的问题。

由于光绪皇帝表示了对康、梁、谭一派人的同情,而发动政变扼杀百日维新的慈禧太后在一举粉碎康、梁、谭一派人的同时,把光绪皇帝看做维新派的保护人而加以贬黜,还由于失败后的康、梁竭力把光绪皇帝歌颂为他们的理想的圣主,于是读历史的人往往认为光绪皇帝是一个维新派的皇帝,也就是说,这个皇帝是代表软弱的民族资产阶级利益,企图实行一种民族资产阶级性质的政治路线,只是遭到了惨败。

这种看法是不符合于历史事实的。拿光绪皇帝在百日维新期间的许多实行新政的诏书的内容来看,拿光绪皇帝对于维新派向他提出的具体主张的态度来看,光绪皇帝并不能够真正实行维新派的政治路线。他所采纳的其实是洋务派的政治路线。洋务派与维新派的区别,前面已多次说到。前者基本上是同买办资产阶级相结合的封建大地主的政治路线,后者是软弱的动摇的民族资产阶级的政治路线。光绪皇帝在百日维新中形式上是接受了康有为这一派的主张,实际上他还是在走张之洞这一派的路子。在组织上,他主要也是倚重洋务派,而不是依靠维新派。他在百日维新一开始时就想把张之洞召入京城,他的军机四卿中就有两个张之洞的人,那都不是偶然的。在当时的历史条件下,光绪皇帝很难真正成为一个维新派的皇帝,而倒是可能成为一个洋务派的皇帝。光绪皇帝之所以如此,不是由他个人意志决定的。作为维新派的社会基础的民族资产阶级,既然还处于那样软弱的地位,对封建地主阶级和买办资产阶级有很大的依附关系,不能独立地打开局面,他们就不可能有一个自己的皇帝。维新派只能在幻想中把光绪皇帝打扮成他们自己的圣主,但不能在现实中创造出这样一个皇帝来。

康有为在《公车上书》和《上皇帝第四书》中都提出了召开国会的建议,在《应诏统筹全局折》中又提出了定宪法的要求,并在奏书中多次提出"君民合治"的主张。这些都是维新派的最主要的政治纲领,也是维新派和洋务派争论得最激烈的问题。康有为所说的国会虽然只是一个民选的咨询机构,谈不到为资产阶级争取立法权力,可是,他的这种主张,在百日维新的上谕中没有只字的反映。光绪皇帝允许资产阶级发言的限度,仅仅是"士民有上书言事者,……不准稽压,倘有阻格,即以违旨惩处"①。过去,士民(包括资产阶级)连上书的权利也没有,现在可以有这点权利了。但维新派对这道上谕的意义竭力加以渲染。梁启超说:"即今日全世界之国,号称最为文明者,亦不闻举国士民皆可上书于其君,而惟我皇上有之,以从古最塞之国体,一变而为最进之国体,呜呼!有圣主如此,宜上下读诏书者莫不流涕也"②,"州县递折,本朝已无,至于士民上书由道府代递,……此则中国四千年尧舜禹汤文武所未有者矣。呜呼!非圣主而能如是乎?"③其实,仅仅允许士民上书言事,离"最为文明的""最进之国体",还相差十万八千里。

康有为的另一个重要的政治建议是:"开制度局于宫中,选公卿诸侯大夫及草茅才士二十人,充总裁,议定参预之任,商榷新政,草定宪法,于是谋议详而章程密矣。"④这是《应诏统筹全局折》和《敬谢天恩并统筹全局折》的中心内容。这个"制度局"所要起的作用,在后一个奏折中说得较具体,那就是要对变法的"规模如何而起,条理如何而详,纲领如何而举,节目如何而备,宪法如何而定,章程如何而周,损益古今之宜,斟酌中外之善,若者宜革,若者宜增,若者宜删,若者宜改,全体商榷,重为草定"。制度局下面又设法律局等十二个局来分管各事。很明显,康有为想使制度局成为一个具有立法职能的新政领导机构。康有为还认为:"今欲行新政,但听人言,下之部议,尤重者,或交总署枢臣会议,然大臣皆老耄守旧之人,枢垣总署,皆兼差殷忙之候,求其议政详善,必不可得也"⑤。这就是说,原有的军机处和总理各国事务衙门,都没有用处,因此要添设制度局,由维新派来掌握中央立法、行政权。

---

① 《戊戌变法资料》第二册,第71页。
②③　同上书,第70、91页。
④　同上书,第199页。
⑤　同上书,第216页。

　　康有为关于制度局的第一次奏折于光绪二十四年正月送上去以后，光绪皇帝交给总理衙门大臣"妥议具奏"。拖了两个多月，庆亲王奕劻（他这时是主持总理衙门的大臣）复奏，说些空洞的官话，否定了康有为的建议。皇帝又命军机大臣会同总理衙门大臣重议，"毋得空言搪塞"。但是，仍遭到这些大臣们的坚决抵制。军机大臣礼亲王世铎等于六月十五日复奏，提出了些所谓"变通办法"，把康有为的建议在实际上否定了。他们说："皇帝延见廷臣，于部院卿贰中，如有灼知其才识，深信其忠诚者，宜予随时召对，参酌大政。其翰林院、詹事府、都察院值日之日，应轮流派讲读编检八人，中赞二人，科道四人，随同到班，听候随时召见，……此制度局之变通办法也"①。按这种办法，康有为所说的"草茅才士"是没有份的。对于世铎等的复奏，光绪皇帝表示同意，"奉旨允行"。康有为只好叹息说："与我本意大相反矣"，"此折又皆成为虚文矣"②。

　　光绪皇帝把这件公开斥责"老耄守旧之人"的奏折交给"老耄守旧之人"去会议，把削弱军机处和总理衙门地位的主张交张军机处和总理衙门征求意见，这个做法本身就和康有为的建议精神相反。关于制度局的第二次奏折送上去以后，石沉大海，渺无信息，连下部议的待遇也没有得到。

　　对于康有为的重要奏议，光绪皇帝经常"下诏部议"，议来议去，或则不了了之，或则议出"变通办法"，弄得面目全非，"皆成虚文"。康有为也感觉到这一点，他屡次在奏议中呼吁"臣请皇上断自圣心"、"惟皇上乾纲独揽，速断圣心"，甚至明白地提出"请勿下部议，特发明诏"③。可是，他始终没有觉悟到光绪皇帝对有些事情下明诏，另一些事情下部议，这种选择，一方面，反映了光绪皇帝的处境困难；另一方面也是光绪

① 《戊戌变法档案史料》，第10页。
② 《戊戌变法资料》第四册，第154页。
③ 《敬谢天恩并统筹全局折》、《请废八股式帖楷法试士改用策论折》。《戊戌变法资料》第二册，第216、211页。

皇帝的政治态度的表现。他的处境使他只能采取这种政治态度。

梁启超认为,六月十一日的上谕令各衙门删改则例,另定简明则例,这是光绪皇帝接受康有为的主张的一种苦心。"盖制于西后,未敢开局大修法制,先借是为嚆矢耳"①,实则修改旧衙门的办事细则,同开制度局规定宪法、全面变法,是远不能相提并论的。

在经济方面,康有为所提出的最重要的建议是设通商院(或称为工商总局)和废除厘金制度。这两条都是发展资本主义的措施。

他在《公车上书》中就提出:"似宜特设通商院,派廉洁大臣长于理财者经管其事。令各直省设立商会、商学比较厂,而以商务大臣统之,上下通气,通同商办,庶几振兴。……商会者何? 一人之识未周,不若合众议,一人之力有限,不若合公股,故有大会、大公司,国家助之,力量易厚,商务乃可远及四洲"②。当时所谓商务,是包括工业在内的,康有为要求设商会、股份公司,主张"广纺织以敌洋布,造用物以敌洋货",这些显然是代表了要求独立发展的民族资产阶级的利益。

"振兴商业"的口号是洋务派也赞成的,但他们的办法另是一套。百日维新中,光绪皇帝多次发出"振兴商业"的上谕。四月二十四日的上谕说:"前经该衙门(指总理衙门——引者)议请于各省会设立商务局,公举殷实绅商,派充局董,详定章程,但能实力遵行,自必日有起色。即着各省督抚,督率员绅,认真讲求,妥速筹办"③。六月初七的上谕又说:"着刘坤一、张之洞拣派通达商务明白公正之员绅,试办商务局事宜。"④这两道上谕都说,由地方长官拣派和督率"员绅"来办商务局。"员"就是在职官员;"绅"就是卸任官僚或有科名的地主阶级头面人物。商务局必须由员绅试办而不让普通商人参加,这纯粹是洋务派的

---

①　《敬谢天恩并统筹全局折》、《请废八股式帖楷法试士改用策论折》。《戊戌变法资料》第二册,第46页。

②　同上书,第146页。(据光绪二十一年石印本校)

③　《戊戌变法资料》第二册,第20页。

④　同上书,第43页。

政策,而且是早期的洋务派政策。

百日维新中,康有为专就商务问题上了两次奏折。第一次的奏折原件已佚失,只在《自编年谱》中有记载:"六月一日,乃上商务一折,请令十八省各开商务局,先在上海、广东善堂中,公举通达时务殷实商人试办,限两月内草定章程,呈总署进呈御览,荐上海经元善、严作霖为总办,广西龙泽厚副之。奉旨交各直省督抚议行。广东商务局七十二行,即举何穗田为总办"①。上面提到的光绪皇帝六月初七日的上谕,实际上否定了康有为的这项建议。他指示刘坤一、张之洞拣派员绅试办,而不是"公举通达时务殷实商人试办"。

六月十五日,康有为又上了一道《条陈商务折》。在这次奏折中,他代表商人申诉了得不到政府保护,反而受到官方欺压的痛苦:"商官商律不设,故无以定价值之低昂,治倒帐之控诉,治伙友之倒亏,治滑奸之诓骗。银钱无定价,则受平色之困。行规不与官通,则官可任意遏抑。体制又与商隔,则胥吏可借端欺凌"②。根据这种情况,康有为提出:"窃谓朝廷若不设立商部,乞即以总理衙门领之,令各省皆设立商务局,皆直隶于总理衙门,由商人公举殷实谙练之才数人办理,或仿照广东爱育堂商董轮办章程办理"③。他希望借北京总理衙门的大官的权威来使商人摆脱地方官员的欺压,希望各省商务局完全由商人来办理。但是就在这一天,光绪皇帝的上谕重申,要求"各省督抚"设立商务局,选派员绅开办"④,与康有为所上奏书的调子显然不同。

七月初五,光绪皇帝又发出"训农通商"的上谕⑤。这道上谕虽然说要在北京设立农工商总局,但并不是康有为的由中央直接管理各省商务的主张。当时,商务应由中央机关统管还是由各省份办,是维新派

---

① 《戊戌变法资料》第四册,第151页。
② 同上书,第二册,第246页。
③ 同上书,第249页。
④ 同上书,第48页。
⑤ 同上书,第57页。

和洋务派争论的问题之一。维新派主张由中央机关统管,反映了民族资本要求冲破分割状态下的封建制度给发展工商业所造成的各种障碍。洋务派地方官仍主张分办,目的则在于发展和巩固自己的经济势力。光绪皇帝的这道上谕规定,农工商总局大臣的任务仅仅是"随时考察",并无权指挥各省农工商分局;各省设立的农工商分局则是由督抚选派绅士管理。被任为督理农工商总局的三个官员,不过是赏给三品卿衔的道一级的官员,当然管不了各省督抚。而且这三个官员都是洋务派所信任的人,与维新派毫无瓜葛。所以这道"训农通商"的上谕是完全适合洋务派的需要的。

康有为关于废除厘金的建议,也遭到光绪皇帝的拒绝。对于厘金制度,当时已是怨声载道。这种苛暴的税收勒索,严重阻碍商品流通,窒息工商业的发展。康有为在七月间的《奏请裁撤厘金片》中说:"若夫内地害商之政,莫甚于厘金一事,天下商人久困苦之","卡厂日增,密如织网,吏役日多,托为巢穴,每省厘卡百数,吏役数千,……胥役咆哮恐吓,锁拿逼辱,小民畏累,皆如数而偿,得赃放行,饱其私囊,否则船货充没,锁禁交加,或且鬻卖子女,以偿罚款,如斯之类,殆难悉数"。他认为:"似此弊政,病国害民,岂皇上爱戴元元,通商惠工之意?宜决裁之,以嘉惠商民。"①

七月二十九日,光绪皇帝专门发了一道关于厘金问题的上谕,其中说:"即如厘金一事,起自军兴,为东南各省饷项所从出,经曾国藩、胡林翼厘定章程,法称最善,行之既久,经理不得其人,遂致弊端丛集,利析秋毫,徒滋纷扰。值此帑藏奇绌,需饷浩繁,户部职领度支,当思如何兴利除弊,如何开源节流,统筹全局,力任其难。总之理财之道,取之农不若取之商,用吏役不若用士人,不外从前创办厘金之良法"②。这道上谕实际上是为厘金制度辩护,同康有为的看法南辕北辙。在这个问

_____

① 《戊戌变法资料》第二册,第265、266页。
② 同上书,第93—94页。

题上,光绪皇帝显然不能代表要求自由发展的资产阶级的利益。

在文教方面,康有为最重要的建议是改革科举制度。百日维新开始后,他所上的第一道奏折就是要求废除八股,改试策论。在康有为看来,八股改成策论,不只是个形式问题,而且要在内容上进行根本改革。他要求通过策论的考试,"从此内讲中国文学,以研经义国闻掌故名物,则为有用之才,外求各国科学,以研工艺物理政教法律,则为通方之学"①。这是要把西学引进策论之中。

光绪皇帝于五月初五下令废除了八股。但是,所采取的办法却是废形式而不废内容。上谕中说:"著自下科为始,乡会试及生童岁科各试,向用四书文者,一律改试策论",紧接着马上又说:"至于士子为学,自当以四子六经为根柢,策论与制义,殊流同源,仍不外通经史以达时务,总期体用兼备,人皆勉为通儒,毋得竞逞博辩,复蹈空言,致负朝廷破格求才至意。"②光绪皇帝的这道上谕,彻头彻尾是洋务派的主张。五月十六日张之洞发出了《妥议科举新章折》。所谓"妥议",就是说康有为之议不妥。这封章奏与康有为的建议针锋相对。六月初一,光绪皇帝发出上谕,大事表扬张之洞的奏折,同意了张之洞所提出的乡会试分三场考试、第三场试四书五经的方案③。对两派在改革科举制度上的争论,光绪皇帝的上谕毫不含糊地支持了洋务派。

光绪皇帝并不是完全不采纳维新派的建议。例如广开言路是维新派所竭力主张的,这个建议光绪皇帝采纳了。禁止缠足是维新派大力提倡的,光绪皇帝也发了上谕支持。但这些只是次要的问题。在重大问题上,维新派的建议是没有被采纳的。

有一些上谕的内容,虽然在康有为的奏折中提到过,但并不是维新派独特的主张。例如裁军、练兵、推行保甲制度、开筑铁路、举办邮政、

---

① 《戊戌变法资料》第二册,,第211页。

② 同上书,第24页。

③ 同上书,第41页。

废除漕运、开办学堂等等,都是洋务派一贯主张的,在张之洞、王文韶、荣禄、胡燏芬的奏折中也有详细的论述,而且大都是先于康有为提出的。就这些建议的内容来看,康有为同洋务派也没有多大的差别。

作为百日维新的开端的"下诏定国是"这件事还值得说一下。据各种记载,这件事的直接发动者是翁同龢,他起草了两篇《请定国是》的奏折,先后交御史杨深秀和侍读学士徐致靖,用他们的名义送给皇帝。光绪皇帝在征得慈禧太后的同意后才下了四月二十三日的《明定国是诏》。所以明定国是诏书的发出,虽然从总的形势上说,是康有为领导的维新思潮所促成的,但是直接推动者却是翁同龢和徐致靖这样的老官僚。至于杨深秀前面已说过,虽在政变后被杀,却并不是个维新派。得到慈禧太后同意的"国是",其实并不真是维新派所说的"国是"。

康有为在定国是的奏折中,先是大讲变法的必要性,然后指出:"非大举誓礼,明定国是,昭示圣意,俾万众回首,改视易听,不足以一人心而定步趋也"。至于定什么国是,他只扼要讲了两句话:"采万国之良规,行宪法之公议"①。话虽少,是讲出了要害问题的。但是光绪皇帝的定国是诏书却是说:"用特明白宣示,嗣后中外大小诸臣,自王公以及士庶,各宜努力向上,发愤为雄,以圣贤义理之学,植其根本,又须博采西学之切于时务者,实力讲求,以救空疏迂谬之弊"②。康有为说的"国是",是效法西方,实行宪政;光绪皇帝诏书中所说的"国是",仍然是"中学为体,西学为用",虽也说要"博采西学之切于时务者",但其目的只是"以救空疏迂谬之弊"。

百日维新中光绪皇帝所发上谕虽然有一百多条,但其重点和脉络很清楚,反复强调的主要是练兵和筹饷。筹饷是为了练兵,所以其实是一件事。定国是的诏书中就指出:"试问今日时局如此,国势如此,若

① 《戊戌变法资料》第二册,第207、208页。
② 同上书,第17页。

仍以不练之兵,有限之饷,士无实学,工无良师,强弱相形,贫富悬绝,岂真能制梃以挞坚甲利兵乎?"以后诏书又说:"今日时势,练兵为第一大政,练洋操尤为操兵第一要著"。"裁空粮,节饷需,为方今救弊之要图。……无论水陆各军,一律挑留精壮,勤加训练,俾成劲旅。并着遵照前降谕旨,力行保甲,诘奸禁暴,相辅而行;再能整顿厘金,严杜中饱,富国强兵之计,无有亟于此者"①。这都是明确地把练兵作为"第一大政",重点是很清楚的。这是洋务派的老方针。在光绪皇帝亲政后,洋务派胡燏芬在二十一年(1895年)就曾上奏认为"目前之急,首在筹饷,次在练兵,而筹饷练兵之本源,尤在敦劝工商,广兴学校"②,得到了光绪皇帝的嘉奖。这是早已行过的,而且早已遭到失败的一条方针。

这条方针,同维新派所提出的"变法之本,在育人才;人才之兴,在开学校;学校之立,在变科举,而一切要其大成,在变官制"的主张是有原则区别的。都说兴办工商业,维新派的着眼点在发展资本主义,洋务派的着眼点在筹集军饷;都说兴办学校,维新派的着眼点在开民智,洋务派的着眼点在训练洋务人才;都说选拔人才,维新派的着眼点在"从事科学,讲求政艺"的资产阶级知识分子,洋务派的着眼点在"杜绝滥保",选用"体用兼备"的"通儒";都说向西方学习,维新派的着眼点在效法西方国体,洋务派的着眼点在练洋操洋炮,等等。在这些方面,光绪皇帝都站在洋务派一边,而同维新派是同床异梦的。

光绪皇帝究竟实行什么路线,从他对张之洞的《劝学篇》所采取的态度也可以看得很清楚。张之洞这篇东西是专门攻击维新派的,列举维新派的观点,逐条批驳,破口大骂。光绪皇帝在百日维新中两次发出上谕推广《劝学篇》,大肆表扬张之洞,称之为"持论平正通达,于学术人心大有裨益"③。

① 《戊戌变法资料》第二册,第17、22、39页。
② 同上书,第278页。
③ 同上书,第43页。

光绪皇帝既然并不能采纳维新派的主要政见,为什么又重视康有为、谭嗣同、梁启超等人呢?

光绪皇帝当时不可能区别维新派和洋务派,他是把维新派当做洋务派的后起之秀来使用的。维新派在强学会和保国会中的活动,使他看到这批人有动员社会力量的本领,他企图通过维新派利用这种社会力量,同慈禧太后对抗。

洋务派和维新派相互间也常常是划不清界限的。翁同龢和徐致靖政治上都不是真正的维新派。翁同龢看中了康有为的才能,认为他有"经世之才,救国之方"①,徐致靖在《保荐人才折》中,推崇康有为、谭嗣同、梁启超等人是"湛深实学,博通时务之人",认为康有为"其才略足以肩艰巨,其忠诚可以托重任,并世人才,实罕其比"②。他们引荐维新派,使维新派同他们的关系很密切。康有为也曾引张之洞为知己,光绪二十一年的《公车上书》中很推崇张之洞。梁启超也曾经向张之洞执弟子礼。光绪二十三年时,两派的政见分歧虽然已经明朗化,但维新派的有一部分变法主张,是同洋务派一致的。当时洋务派的内部,也有政见的分歧,联俄派和联英派就吵得不可开交。在这种情况下,光绪皇帝虽然知道张之洞和康有为有分歧,仍然可以把康有为看成是洋务派的同党。他同意维新派和洋务派相一致的意见,而否定维新派所提出的同洋务派有抵触的主张。维新派则从来一厢情愿地把光绪皇帝看作自己的"圣君"。

光绪皇帝之所以起用维新派,按他自己的说法是:"非变法不足以救中国,非去守旧衰谬之大臣,而用通达英勇之士,不能变法"③。康有为也提出破格擢用小臣的要求来为维新派争取政治地位。两人所说,表面上相同,实际的阶级内容并不相同。且不说光绪皇帝还不能区别

---

① 汤志钧:《戊戌变法人物传稿》上册,第121页。
② 《戊戌变法资料》第二册,第336页。
③ 光绪皇帝给康有为的"密诏"。《戊戌变法资料》第二册,第92页。

这两种说法的阶级差别,即使他能区别,由于他企图实现一定程度的"变法",由于维新派衷心地拥戴他,而且他面临着同慈禧太后争权的斗争,他仍然会把维新派引为同志,企图借助他们的力量来实现眼前的目的。这种现象在历史上是屡见不鲜的。

光绪皇帝没有放手地起用维新派人物。卓有声名的康、梁两人虽蒙召见,却都只得到了六品衔的小官。光绪皇帝固然无权任命二品以上的大官,但有权至少给他们以谭嗣同一样的品职,可是他没有这样做。当时的人说:"清朝故事,举人召见,即得赐入翰林,最下亦不失为内阁中书"①,康、梁所受到的待遇不是破格地提高,反而是破格地压低。可见光绪皇帝是不想因信用维新派人物而冒风险的。那么,谭嗣同的思想比康、梁更激进,为什么会较为受到重用呢?这是因为谭嗣同没有康、梁的名声大;足以表现他的思想的《仁学》,秘不示人,还很少有人了解;他又是世家子弟,易为统治集团所接纳的原故。

(三)一场争夺权力的斗争

慈禧太后并不反对洋务派的路线和政策。她历来重用曾国藩、李鸿章、张之洞等洋务派大臣。因此,对于光绪皇帝的四月二十三日的那个内容带有洋务派浓厚色彩的《明定国是诏》,她并不觉得有在原则上反对的必要。

既然如此,为什么慈禧太后又处心积虑地反对百日维新呢?

慈禧太后和百日维新中的光绪皇帝有这样的区别:慈禧既依靠洋务派官僚,也依靠极端守旧派的清室贵族和汉族官僚,这两派之间,前文已说过,虽然有政治主张和实际权益上的对立,但在维持封建统治旧秩序立场上是一致的。慈禧太后按照时势的需要,有时偏重于用洋务派,有时偏重于用守旧派,但总的说来,她是"公平"地对待自己营垒中

---

① 《戊戌变法资料》第二册,第573页。

的这两个派别,而使自己的统治权力建立在这两派势力的互相牵制与平衡之上的。百日维新中的光绪皇帝所企图实行的政策不但打破了这两派势力的平衡,偏到了洋务派一边,而且他还想利用维新派和他们所动员的社会力量。他抓起维新的旗帜,企图从慈禧太后手里夺取国家的最高统治权力,这更是慈禧太后和跟着她的守旧派所不能容忍的。

光绪皇帝在形式上亲政以后,实权仍为慈禧太后所掌握。对这种状况,光绪皇帝和他的父亲奕譞是极为不满的,曾作过多次夺取权力的尝试而未能成功。中日甲午战争中,慈禧和李鸿章等丧权辱国,威信扫地,重新燃起了光绪皇帝争权的欲望。光绪二十四年春天,他对庆亲王奕劻讲:"太后若仍不给我事权,我愿退让此位,不甘作亡国之君",并要奕劻把他的意见转告慈禧。慈禧知道以后发怒说:"他不愿坐此位,我早已不愿他坐之"。经过奕劻竭力劝解,慈禧才表示说:"由他去办,俟办不出模样再说"。奕劻向光绪皇帝复命说:"太后不禁皇上办事"①,光绪皇帝就乘此机会搞起了百日维新。他想实行一定程度的变法,依靠张之洞等洋务派,利用维新派,并企图通过他们取得帝国主义的支持,摆脱太后这个事实上的太上皇帝,使自己真正行使皇帝的权力。

四月二十三日诏定国是的锣鼓一响,北京的政治形势就十分紧张。二十七日,慈禧采取了三项措施:一、命翁同龢"开缺回籍";二、以荣禄为直隶总督;三、命二品以上大臣到太后前谢恩。二十八日,命崇礼署步兵统领;五月初四、初五,又授荣禄为文渊阁大学士,并使他以直隶总督兼北洋大臣;初六,派怀塔布管理圆明园官兵,派刚毅管理健锐营。此时,董福祥的甘军,聂士成的武毅军,袁世凯的新建军,均驻扎京、津周围,由荣禄统帅。

慈禧采取了这些部署,就去掉了光绪皇帝最亲信的重臣(翁同龢);由她的亲信荣禄直接统辖北洋三军,在军事上控制着京畿,把北

---

① 《戊戌变法资料》第一册,第331页。

京城的军队指挥权抓到手中;加强了她周围的警卫工作;亲自察看二品以上大臣的动静,使他们感到权力并不属于皇帝,而仍在她的手中。

当时既无洋人兵临城下,又无内乱威胁京师。慈禧太后采取那样严重的军事部署,担心的是什么呢? 她是防光绪皇帝利用变法把各省实力派争取到自己身边,并拉拢洋人同他进行斗争;她还防北洋三军,特别是在办洋务中崭露头角的袁世凯的一军倒向光绪皇帝一边;她也多少要防维新派在北京发动群众来威胁自己的地位。

慈禧在完成上述部署以后,直到七月中旬,就没有什么大动作了。她仅向光绪皇帝表示:"汝但留祖宗神主不烧,辫发不剪,我便不管"①。她住在颐和园静观。光绪皇帝隔一二天到颐和园一次,向慈禧请示。对光绪皇帝在此期间所发上谕,慈禧没有表示过不同意见。有的上谕,如设商务局,还经过慈禧批示同意。有的上谕是慈禧用光绪的名义发布的。例如,七月二十二日,接连发了两道上谕:"派裕禄在总理各国事务衙门行走。""李鸿章、敬信均著无庸在总理各国事务衙门行走。"②历来有许多著作认为,这两道上谕是光绪皇帝发下的,由此引起了守旧大臣的恐慌,加速了政变的发生。梁启超也认为,光绪皇帝"逐敬信、李鸿章出总署,实有大明黜陟之力"③。事实并非这样。李鸿章被调离总理衙门,是慈禧亲自下的命令。当时在卢汉铁路借款合同草约签字以后,英国出面干涉,英国公使窦纳乐到总理衙门大吵大闹,要索山海关——牛庄等五条铁路的筑路权,以对抗俄、法、比集团控制卢汉铁路。此时,英国调动军舰到大沽口,以示威胁。"太后闻有英师,大惧,即日逐李鸿章出总署,悉许窦纳乐所请,英人始敛兵退"④。在总理衙门接受英国的要求后一天,亲俄的李鸿章被逐出。这与维新运动中的政治斗争并没有关系。

---

① 《戊戌变法资料》第一册,第342页。
② 《光绪朝东华录》第四册,总第4180页。
③ 《戊戌变法资料》第一册,第311页。
④ 胡思敬:《戊戌履霜录》第2卷,第16页。

慈禧采取这种静观的态度,以及她仍把持着任免二品以上大员的权力,皇帝还不得不经常向她请示的事实,在有经验的官僚们看来,当然都不是有利于光绪皇帝的迹象。皇帝的新政的雷声虽然很大,但是跟着来的究竟是什么风雨是很可疑的。正因此,皇帝的新政上谕不能从各省督、抚得到积极的响应,他们都装聋作哑,观察形势,等待政局的分晓。刘坤一在颁发《明定国事诏》后一月(光绪二十四年六月二十三日)有一段话可以代表这种态度:"时事之变幻,议论之新奇,恍兮惚兮,是耶非耶,年老惜乱,不知其然,不暇究其所以然。朝廷行政用人,更非封疆外吏所敢越俎,而其责成各督抚者,可办办之,否则静候参处"①。其实他们是在等待慈禧太后的态度明朗化。张之洞就只对经过慈禧批示的办商务局的上谕起劲筹划,复奏条陈意见,对其他上谕则视若无睹。

在变法维新的口号已经空喊了两个多月的时候,光绪皇帝为了打破困境,在七月中旬大胆地采取了三项措施。一是七月十四日裁撤詹事府、通政司、光禄寺、鸿胪寺、太常寺、太仆寺、大理寺等衙门(这些多半是无所事事的衙门,充满着尸位素餐的官员),并裁撤湖北、广东、云南三省巡抚(因为这三省省城内既有总督,又有巡抚);二是七月十六日下诏把阻挠主事王照上条陈的礼部尚书怀塔布、许应骙等交部议处;三就是前面已提到的任用谭嗣同、杨锐、刘光第、林旭四人为军机章京上行走,参预新政事宜。这是七月二十日的事。

这三项措施都未涉及新政内容本身,只是组织性的措施。但正因为是组织性措施,对慈禧和光绪皇帝来说,是同权力有关的大事。慈禧可以容忍光绪皇帝颁发某些新政上谕,而绝不能容许光绪皇帝排斥她的亲信,更不能容许他在朝廷内组成自己的党羽。

梁启超记载说,光绪皇帝处分怀塔布等的上谕发出后,"守旧者初而震恐,继而切齿,于是怀塔布、立山等率内务府人员数十人环跪于西

---

① 《刘坤一遗集》第五册,第2229页。

后前,痛哭而诉皇上之无道,又相率往天津就谋于荣禄,而废立之议即定于此时矣。"①这是说,在七月二十日左右,慈禧太后和他的亲信荣禄等人决定处分这个行动越轨的皇帝——把他废除。梁启超又说,早在四月二十七日慈禧已决定在九月间带着皇帝到天津阅兵,乘机以兵力废之②。但这种说法不全可信。何必一定要到天津才能废立呢?不过废立的打算可能早已在酝酿,而在七月二十日左右达到山雨欲来之时了。

七月二十九日,光绪皇帝到颐和园见慈禧太后,慈禧明确表示她的态度,对皇帝施加了压力。皇帝从颐和园回宫后,当天就写了一道密谕交给四卿之一的杨锐:"朕惟时局艰难,非变法不足以救中国,非去守旧衰谬之大臣,而用通达英勇之士,不能变法。而皇太后不以为然,朕屡次几谏,太后更怒。今朕位几不保,汝康有为、杨锐、林旭、谭嗣同、刘光第等,可妥速密筹,设法相救。朕十分焦灼,不胜企望之至。特谕"③。从这道上谕也可以看出,斗争的焦点仍在争夺用人权这一点上。

光绪皇帝执行的虽然基本上是洋务派的政策,但是有实力的洋务派大臣们对他态度消极,并不承认皇帝是可靠的中心。所以他到了危急时只能向康有为一派人呼救。不过他也知道这些书生赤手空拳,无权无势,是无能为力的。三天后,八月初二日,他又命林旭带出密诏一封,命康有为迅速出京。诏中说:"其爱惜身体,善自调摄,将来更效驰驱,共建大业,朕有厚望焉"④。

康有为这一些书生倒不是没有采取一些办法来救他们的皇帝,他们的办法是两条:一是借用袁世凯的力量发动推翻慈禧太后的军事政变,二是请求外国帝国主义者出面干涉。

康有为知道维新运动没有武装力量支持是不行的,并且看出京畿

---

① 《戊戌变法资料》第一册,第272页。
② 同上书,第260页。
③ 同上书,第二册,第92页。
④ 同上书,第97页。

的兵力都在慈禧太后的亲信荣禄控制下是很危险的。他设想的办法就是把荣禄部下的北洋军队分化出一部分来。在他看来，北洋三军中的袁世凯与聂士成、董福祥不同，是个通洋务、讲变法的军人，而且听说袁世凯对他康有为很表钦佩，认为是可以拉到维新运动方面来的。他请徐致靖和谭嗣同向光绪皇帝推荐重用袁世凯。光绪皇帝接受了这个意见，令荣禄通知袁世凯到北京见皇帝。这还是在七月二十九日以前的事。袁世凯奉旨入京后，八月初一日见了皇帝，当日上谕宣布，授袁世凯以侍郎官衔。这是想使袁世凯感恩图报，脱离荣禄的控制，效忠于皇帝。

　　在接到皇帝求救的密诏后，维新派的书生们觉得可以依托的救星还是袁世凯。为此，谭嗣同实行了一个自以为直截了当的办法。他在八月初三日深夜，到了袁世凯的住处法华寺，拿出光绪皇帝的密谕，要求袁迅速举兵，先杀荣禄，然后包围慈禧的住处颐和园。并说事成以后，立即升袁为直隶总督（按康有为的说法是，要袁带领敢死队数百人把光绪皇帝拥上午门城楼，下诏杀荣禄，清除旧党）。谭对袁说："你如果不答应我，我就死在你的面前。你的生命在我的手里，我的生命也在你的手里。我们至迟要在今晚决定，决定后我立即进宫请皇上办理。"袁世凯十分狡猾，当面并不拒绝谭嗣同的要求，而且激昂慷慨地说："圣主乃我辈共事之主，仆与足下同受非常之遇，救护之责，非独足下。若有所教，仆固愿闻也"，又说："如皇上在仆营，则诛荣禄如杀一狗耳"。但是，他提出粮、械、子弹准备不足，须等到九月份慈禧和光绪皇帝到天津阅兵时才能执行。谭嗣同再三要求提前，他表示无法做到，欺骗谭嗣同说："今营中枪弹火药皆在荣贼之手，而营哨各官，亦多属旧人。事急矣，既定策，则仆须急归营，更选将官，而设法备贮弹药则可也"。谭嗣同无法，只好同意袁世凯的意见。他以为，这一下已经把袁世凯拉过来了①。两天后，八月初五，袁世凯又见了一次皇帝，就回天津去了。

---

　　①　《戊戌变法资料》第四册，第52页；《戊戌变法资料》第一册，第551页。

    光绪皇帝和维新派的书生们拉拢袁世凯的办法显然是不聪明的。即使袁世凯可靠,那样的做法只能引起慈禧和荣禄的警惕。

    维新派的另一道妙计,求靠外国帝国主义,也是在七月二十九日以前已经想到的了。根据康有为等人的建议,光绪皇帝在七月二十八日"决意欲开懋勤殿,选集通国英才数十人,并延聘东西各国政治专家,共认制度,将一切应兴应革之事,全盘筹算,定一详细规则,然后施行"①。这个办法同康有为原提开制度局的建议相比,多了一点,就是"延聘东西各国政治专家"。维新派显然是认为,有洋人在懋勤殿坐着,支持新政,包括慈禧在内的一切反对者都会瞠目结舌了。但是这个办法没有来得及实行。维新派还曾向光绪皇帝推荐一向为英国侵略利益在华活动的传教士李提摩太担任顾问大臣;当日本的伊藤博文来华活动时,他们又竭力主张光绪皇帝接见伊藤,想以此来震慑慈禧。七月二十九日以后,康有为还请容闳去向美国公使馆求救。康有为又找了李提摩太,由李提摩太同他一起去英国公使馆。接着,他又去拜会刚到北京的伊藤博文,请伊藤向慈禧说情。及至八月初七日(政变后的第二天),梁启超还去找李提摩太,商量营救光绪的办法。由于帝国主义各国并不认为有必要在慈禧太后和光绪皇帝的争权斗争中明确表示支持那一方面,维新派的这些活动都没有得到结果。

    当维新派仓皇地设法营救他们的皇帝的同时,慈禧和荣禄积极行动起来了。

    看到了光绪皇帝是在拉拢袁世凯,荣禄于八月初三日向总理衙门打了个电报,讹称英、俄两国在海参崴开战,各国兵轮游弋大沽口,要求迅速调袁世凯回津布防。同时,荣禄调聂士成的武毅军五千人进驻天津,切断袁世凯的新建军进入北京的通道(袁世凯驻天津东南的小站),又调董福祥的甘军进驻北京。康有为记载这时的情况说:"京师市人皆纷纷传八月京师有大变,米面皆腾贵,并董军纷纷自北门入,居

---

    ① 《戊戌变法资料》第一册,第272页。

民震恐,乃有纷纷迁避者"①。同时,荣禄又支使杨崇伊等言官多次到颐和园请慈禧"训政"。

八月初五日,袁世凯从北京一回到天津,立即向荣禄告密,全盘交待了谭嗣同夜访的情况。当天荣禄就乘专车赶到北京,同怀塔布、许应骙、杨崇伊等面见慈禧,会议至夜半方散。

八月初六日(9月21日),慈禧太后发动政变,百日维新结束。这天黎明,皇帝还到颐和园去请安,慈禧却已由间道入西直门。她带人直达皇帝的住处,把一切文件都搜括拿走,又把皇帝召来训斥说:"我抚养汝二十余年,乃听小人之言谋我乎?"皇帝好久才说出一句话:"我无此意"。慈禧又唾他说:"痴儿,今日无我,明日安有汝乎?"慈禧当即传旨说皇帝生病不能办事,由她"临朝训政"②。

当天,慈禧下令逮捕康有为,查抄康有为的住处南海会馆,只抓到了他的弟弟康广仁。康有为已于前一天离开北京到天津。他由塘沽乘英国轮船"重庆号"到上海,捉拿他的命令已在上海等待他,如果不是英国领事馆帮他脱险而到香港,他大概是免不了殉身在这次改良主义的政治运动中的。梁启超也于八月初七日在日本人的保护下,从天津乘日本兵船逃到日本。

被逮捕的人很多,其中杨深秀、杨锐、林旭、刘光第、谭嗣同、康广仁在八月十三日被杀于菜市口。其余不少有牵连的人,或被流戍,或被监禁,或被罢官。

政变发生以后,谭嗣同本来还有机会逃走,但他决定不走,静待逮捕。在他被捕前的几天内,他还同北京的镖客王五筹划,想把光绪皇帝劫救出来。他的一些日本朋友劝他到日本避难,他说:"各国变法,无不从流血而成。今中国未闻有因变法而流血者,此国之所以不昌也。

---

① 《戊戌变法资料》第四册,第161页。
② 《戊戌变法资料》第一册,第476页。

有之,请自嗣同始"①。临刑时他说:"有心杀贼,无力回天,死得其所,快哉快哉!"②

政变后第五天(八月十一日)慈禧下诏恢复詹事府等衙门;停止"不应奏事人员"上书言事;取消《时务报》;不久又下令恢复考试八股。但对向来实行的洋务"如通商、惠工、重农、育才以及修武备、浚利源、实系有关国计民生者,即当切实次第举行"③。她并没有全部取消光绪皇帝所举办的"新政",只是压制了他想当真皇帝的愿望,扑灭了维新派。

(四)政变中的失败者和胜利者

慈禧太后的扑灭维新派,可以说是轻而易举,没有遇到任何抵抗。维新派志士们除了在政变后被杀的以外,有的流亡到国外,有的退隐到国内各地,有的政治热情已经衰退,悄悄地收起维新派的旗帜,甚至对过去言论的过于"激烈"表示忏悔了。

严复是维新派最早在政治思想上倒退的一个代表。他在戊戌的前一年(光绪二十三年)看到梁启超在《时务报》上鼓吹民权就不以为然了。他对梁启超说:西方各国实行民主是因为远在古希腊、罗马时已有民主"胚胎",中国是个没有"民主胚胎"的"专行君政之国,虽演之亿万年,不能由君而入民"④。在这一年,他发表了《中俄交谊论》一文,大讲中国应当联合沙皇俄国,实际上是为李鸿章的联俄政策进行辩护。当时,维新派一般主张联合英、日,固然也是对帝国主义的幻想,但是李鸿章的联俄政策已被社会舆论公认为卖国政策,严复竟公然给他帮场,这是明显的政治动摇。而且在这篇谈所谓"中俄交谊"的文章中,还硬插入一段反对民权的言论,说是"夫君权之重轻,与民智之浅深为比

---

① 《戊戌变法资料》第四册,第53页。
② 《谭嗣同全集》,第512页。
③ 《戊戌变法资料》第二册,第102页。
④ 《戊戌变法资料》第三册,第30页。

例,论者动言中国宜减君权、兴议院,嗟乎,以今日民智未开之中国,而欲效泰西君民并王之美治,是大乱之道也。"①这是连君主立宪的可能也否定了。严复在光绪二十一年发表的宣扬资产阶级民主的《辟韩》一文,次年为《时务报》转载后,张之洞看到了大怒,除叫人写文反驳外,还准备对严复进行迫害,经别人劝说才未下手。严复在二十三年写的这段反民权的文字是屈服于压力的表现。严复长期在李鸿章手下任水师学堂总教习,郁郁不得志,屡次想谄事李鸿章,以求夤缘上升。这篇文章又是为了这个目的。到二十四年春天,严复在《国闻报》发表《上皇帝万言书》,在这篇洋洋大文中,虽说要为富国强兵而变法,却根本不谈任何政治改革,更不谈民权主张,完全是为现行的君主统治作长治久安打算。百日维新期间,由于严复是个讲新学的言论家,光绪皇帝也曾召见他。皇帝问他有什么得意文章,他说,无甚得意者,有的只是这篇近作的拟上皇帝书。这时,他已讳言三年前写的《原强》、《辟韩》等生气勃勃的文章了。可见,当康、梁积极展开变法维新运动的时候,严复已经从维新思想后退了。在政变的风潮中,他没有受到较深的株连,但在行动上被监视,他主办的《国闻报》被封闭。这使他写出了"燕市天如晦,天南雨又来"这样悲愤的诗句②。不过,此后,他也就洗手敛迹,"安份守己"了。

严复一生同洋务派有密切联系,生活依附于洋务派,所以当洋务派同维新派的分歧逐渐明朗,斗争甫见尖锐时,他就像丢掉一个烫手的烟头一样,丢掉了民主言论。严复在政治上退潮最早,固然有其个人的原因,但整个说来,软弱的资产阶级改良主义者是禁不起阶级斗争的风浪的。动摇、变节、倒退是它的不易逃脱的命运。

康、梁跑到海外后的活动,将在以后去讲。他们所进行的政治活动

---

① 严复:《中俄交谊论》。《晚清文选》,生活书店 1937 年版,第 682 页。

② 严复的《戊戌八月感事》,见梁启超的《饮冰室诗话》。《饮冰室文集》四十五(上),第 2 页。

渐渐变成了主要是反对新兴的资产阶级革命运动,他们也倒退到了弃绝民主、膜拜君权的立场。光绪二十六年(1900 年)维新派的唐才常等还图谋发动武装起义,未遂失败(下文还要讲到),那是维新运动之火的最后一点余烬。

直到戊戌年,维新派思潮是中国社会中最先进的思潮,但毕竟它只是主要在资产阶级化的和企图资产阶级化的地主阶级知识分子中引起了激动。维新派遭到残酷镇压后,随着社会阶级斗争的迅速发展,资产阶级改良主义的旗帜越来越褪色,它再也不能起先进的作用了。维新派是付出了鲜血的,但付出鲜血的结果,并不是谭嗣同所设想的,维新变法运动能由此高涨而直到胜利,恰恰相反,倒是证明了资产阶级改良主义的变法维新是一条走不通的死胡同。

在维新派志士伏尸于菜市口的刑场上的时候,光绪皇帝被幽囚于中南海的瀛台。但光绪皇帝的失败同维新派的失败,二者的性质是不尽相同的。

前面已经说过,光绪皇帝并不真正是维新派的皇帝,他不可能真正实行维新派所主张的资产阶级路线。在中国封建地主阶级已经同帝国主义深相勾结,成为帝国主义的附庸的历史条件下,他不可能超越他的阶级地位而做出维新派所指望他做的"以开创之势治天下",不可能由他来开创一个资本主义的天下。历史不允许他做日本的明治天皇。章太炎曾经从资产阶级革命派的立场上对于百日维新运动斗争作过一个分析。按照他的分析,光绪皇帝所担心的,是太后把他废置。他经过盘算,知道不实行变法,不能取得外国帝国主义的欢心,也就不能排斥太后的权力。他搞百日维新,是为了保自己的权位。如果那时太后死了,他能够独揽大权,他的那些"新政"也只会败坏下去,不但如此,他还可能反过来武力镇压坚持走资产阶级路线的人①。章太炎的这个推断是

---

① 章太炎:《驳康有为论革命书》。《章太炎政论选集》上册,中华书局 1977 年版,第 199 页。

很有见地的。

光绪皇帝的失败是封建统治集团核心中的权位之争的失败。由于光绪皇帝利用维新派,又在争权斗争中被慈禧太后击败,陷入同维新派类似的境地,这就使人们很容易误认为他同维新派是志同道合的同志。

前文又说过,光绪皇帝所执行的其实是洋务派的路线。那么他的失败是否表示洋务派的失败呢? 不是的。事实上,政变以后,百日维新中所提出的带有洋务派性质的新政并未全部取消。

在当时,所谓变法是有两种不同的含义的。一种是洋务派的变法,一种是维新派的变法。就前一种含义讲,慈禧、奕䜣、奕劻、荣禄、李鸿章、张之洞等人并不反对变法,而且是这种变法的主持者。荣禄的党羽陈夔龙说:"光绪戊戌政变,言人人殊,实则孝钦(即慈禧太后——引者)并无仇视新法之意,徒以利害切身,一闻警告,即刻由淀园(即颐和园)还京"①。说慈禧太后不恨新法,那是指洋务派的新法。这个分析是不错的。政变后,监察御史王培佐上奏书作了一番"正名"的工作。他说:"今之乱者,窃变法之说,为作乱之谋,实则其人原不足与变法,其志亦不在变法,特借以谋乱而已。臣恭读屡次诏旨,罪其谋乱,并非罪其变法,使第以变法为罪,则彼转得末减矣。……今皇太后皇上于惩乱之余,取近所举行者,熟权得失,而更正之,一秉大公,断非以乱党曾经言及,遂概从蠲除也"②。这就是说,政变以后,还是要举起变法的旗帜来,不必一概反对百日维新中的新法。这个御史认为康有为之所以不可饶恕,是他假冒变法之名谋乱。他当然不懂得从阶级关系上来识别康有为的变法,但他主张对百日维新中的新法加以"更正",也就是使其严格回到洋务派的轨道上来。

洋务派不但不是戊戌政变中的失败者,而且还是胜利者。这点是特别值得说一说的。

---

① 《戊戌变法资料》第一册,第481页。
② 《戊戌变法档案资料》,第481—482页。

有的近代史著作沿袭康、梁著作用过的说法,把以光绪皇帝为首的"帝党"和以慈禧太后为首的"后党"的对立看成是维新党与守旧党的对立。这种说法是不足以说明当时的斗争形势的。第一,光绪皇帝并不是维新党的头头,而且被认为帝党的人并不都是维新派。第二,这种两党对立的看法中没有洋务派的地位,而洋务派是当时政治斗争中的一个要角。洋务派在阶级立场上基本上是同守旧派一致的,但因为也讲变法,所以又似乎可以同维新派站在一起。洋务派插手于百日维新中,也可以说是参加了"帝党",然而是在"帝党"内部同维新派进行斗争,以后又站在慈禧太后一边参与了扑灭维新派。张之洞就是这样的左右逢源、两面三刀的洋务派的代表人物。

张之洞插手百日维新,已见前文。军机四卿中的杨锐、刘光第就是他的人。光绪皇帝的许多新政诏书是按洋务派的精神写的,当然也和他们有关。湖南巡抚陈宝箴还曾电奏请求把张之洞调到北京。他的电文说:"变法事体重大,必得通识老成重望、更事多而虑患密者,始足参决机要,宏济艰难。窃见湖广总督张之洞忠勤识略,久为圣明所洞见,其于中外古今利病得失,讲求至为精审。似宜特旨迅召入都,赞助新政,与军机总理衙门王大臣及北洋大臣遇事熟筹,期自强之实效"①。陈宝箴与张之洞关系密切,许多事仰承张之洞的意旨。这个建议不可能不经过张之洞同意,或者就是他授意的。张之洞是想利用时机使自己能够进入中央政府,掌握大权。只是北京的政变消息没有立即传到外省,陈宝箴发出这个电奏时已在突发的政变后一天了。

政变发生后,杨锐、刘光第被捕。张之洞曾急电军机大臣王文韶(此人也属于洋务派)营救杨锐,电文说:"杨叔峤锐,端正谨饬,素恶康学,确非康党,平日论议,痛诋康谬者,不一而足,弟所深知。……此次被逮,实系无辜受累。"②但同时,张之洞又电请慈禧太后

---

① 许同莘编:《张文襄公年谱》,商务印书馆 1946 年版,第 122 页。
② 《张文襄公全集》第 156 卷,第 31 页。

重惩维新党人①。这次政变固然有些洋务派的人受到牵连,如陈宝箴受到革职的处分,杨锐、刘光第且被杀,但这些人的后台张之洞不但稳如泰山而且得到慈禧太后的嘉奖。

有人认为,张之洞在戊戌变法时期的表现是一个看风转舵、依违两可的投机政客。康有为后来也对他作出"巧于观望,但求身安"的评价②。如果从张之洞善于应付光绪和慈禧之间争夺权力的斗争来看,可以这样说;如果就他同维新派之间的关系来看,则并不是这样。在整个戊戌变法时期,他在思想和舆论上,在政治和组织上,积极反对维新派,毫不依违两可。他实际上是反对维新派的主角之一。人们往往认为,当时维新派的主要对手只是慈禧太后及其左右的守旧大臣,张之洞一伙洋务派同那些守旧大臣不同,还是赞成维新的,只是抱投机态度而已。这也是由于当时权力斗争和政治路线的斗争交织在一起,人们容易把张之洞在权力斗争中所采取的投机态度误认为他在政治路线的斗争中采取了投机立场。

侵略中国的帝国主义者对这次维新运动和这次政变采取什么态度呢? 康有为在香港同一个从英国派到中国考察的贝斯福爵士谈过话,贝斯福在所著书中记载了这次谈话,表示他对康有为很尊敬,但又说:"我很遗憾,只能得出这样的结论,这些维新者办事没有章法,过分急于求成,因而造成了他们的救国事业的失败"③。这个看法大致可以代表英国官方态度。英国公使窦纳乐于政变发生二十天后给英国外交大臣的信上说:"我认为中国正当的变法,已大大被康有为和他朋友们的不智行为搞坏了。"④上海英国人办的《字林西报》转述北京外交使馆对百日维新的看法是:"维新党的计划是不合实际的。光绪皇帝可能把中国弄得不成样子,太后是宫廷中唯一头脑清晰的人,而她之及时干

① 《戊戌变法资料》第四册,第263页。
② 《戊戌变法资料》第二册,第525页。
③ Beresford: *The Break-up of China.* 1899 年版,第199页。
④ 《戊戌变法资料》第三册,第532页。

涉是有裨于时局的。"①

　　帝国主义者所说的"正当的变法"就是既使中国摆脱不了半殖民地半封建的地位,而又能保持内部的统治秩序稳定的那种变法,也就是洋务派所要的变法。康有为所主张的变法的纲领和步骤,尽管实际上是很温和的,既不是明确地反对封建势力,也不敢反对帝国主义,但是毕竟包含着要求中国独立地发展资本主义的内容,并且在客观上有激化中国国内的阶级斗争的可能,所以在帝国主义者看来,是"过分急于求成",是"不合实际的"。英国在华官员还做出这样的判断:"慈禧太后与光绪皇帝之间的冲突,并未涉及政见的不同"。说"太后敌视变法,是无根据的,或过甚其词的"②。他们认为,这两个人政治上并没有什么不同,所以只要谁能够维持中国内部的半殖民地半封建的统治秩序,他们就支持谁。

　　当时的《字林西报》还表示了这样的看法:"当我们接到皇帝被废和太后重行听政的消息时,我们的第一个感觉就是,这又是窦纳乐爵士和巴甫洛夫侯爵的北京棋局中的另一个新动作"③。这就是说,不久前李鸿章的被黜是英国公使窦纳乐对付俄国的一步棋,而这一次则是俄国的巴甫洛夫作出的一个答复。由于光绪皇帝趋向于接受维新派的"联合英日"的政策,沙皇俄国对于慈禧太后发动的政变当然是十分满意的。但是英国其实也不反对这次政变。因为慈禧太后并不是只能做沙皇俄国的工具,同样也能做英国及其他侵略中国的帝国主义者的工具。在戊戌政变以后,英国带头施加压力,使慈禧太后不敢正式废除光绪皇帝,这就是为了使她不完全倒向沙皇俄国一面去。

　　在戊戌政变中,慈禧太后及其左右的守旧派胜利了,洋务派跟着慈禧一起也胜利了。在中国的这些最反动的势力背后还站着帝国主义

---

① 《戊戌变法资料》第三册,第520页。
② 《戊戌变法资料》第三册,第536、537页。
③ 同上书,第480页。

者,他们也发出胜利的笑声,满意地感到中国的命运似乎已逃不出他们的掌握。

但是所有这些胜利者,在取得胜利的时候,又都是忧心忡忡的。为什么?因为在这一出从维新到政变的历史剧中还有一个没有出场的角色。历史的真正主角其实既不是以康有为为首的维新派,也不是慈禧太后或光绪皇帝,而是成亿的被剥削、被压迫的,为求生存而斗争的贫苦劳动人民,其中主要是农民大众。他们在这出历史剧中并没有出场,然而所有的剧中出场者都不能不看到他们的形象,听到他们的声音,并且因为看到他们的形象,听到他们的声音而心惊胆颤。

(五)没有出场的角色

康有为之所以认定从上到下实行变法维新具有极端的迫切性,一方面是鉴于帝国主义列强侵略和瓜分中国的危机,一方面又是鉴于下层人民群众起来造反的危机。他在光绪二十三年向皇帝上书中明白地说:“即无强敌之逼,揭竿斩木,已可忧危。”①这年年初,康有为在广西时,兴安县农民造反,攻占灌阳县,各地群众纷纷响应。康有为要求大绅士唐景崧(前台湾巡抚)出来领导地主武装,镇压农民起义。唐景崧接受了他的建议,拿出数千两银子招兵。康又去找按察使蔡希绅,请求协助解决武器问题。康有为和门徒是对现存的统治秩序提出了一种抗议,但他们对社会最底层的群众用武装提出的抗议是害怕和反对的。康有为在他为光绪皇帝编撰的《法国革命史》一书的序言中竭力申述革命的可怕,就是为了说明,统治者必须主动地实行他所主张的变法维新,才可以避免可怕的革命。他还有一篇也是献给皇帝的《进呈突厥削弱记序》,其中说:“突厥苏丹,以其黑暗守旧之治法晏然处诸欧洲列强狡启之中,偃然卧国民愤怒革命之上,……岂有不危哉?突厥不亡

---

① 《戊戌变法资料》第二册,第192页。

国,则革命殆不远矣,无可救药矣,岂止削弱而已哉?"他以为"今中国之形与突厥同,中国之病亦与突厥同。"①这也就是说,如不变法,纵然不亡于外国,革命也不远了。

康有为所领导的资产阶级改良主义政治运动,是广大人民群众的反对帝国主义、封建主义的革命运动的高潮呼之欲出的形势下发生的。如果没有革命高涨的形势,也不会有这种资产阶级改良主义政治运动。

以慈禧太后为首的封建统治者虽然拒绝采用康有为开的药方,但是他们对于革命危机的存在也是感觉到的。就在维新运动的时期,光绪二十四年,慈禧太后的心腹、直隶总督荣禄上了一道密奏,奏文中充满着对革命形势的恐惧和仇恨,其中宣称:"现值时事多艰,肃清内匪,固结人心,实为目前切要之事。"②

封建统治集团的当权者们在感到依靠自己的力量不可能解除革命危机的时候,把希望寄托到外国帝国主义者身上。张之洞说:"各省商民惊扰,匪徒乘机遍烧教堂,大局不可为矣。今日急著,……首在迅速兼联英倭"③,他的意思就是主张联合和依靠英、日帝国主义,借他们的洋枪洋炮来镇压人民的革命斗争,维持半殖民地半封建的统治。

帝国主义者面对中国人民革命的锋芒,也同样感到很大的恐慌和忧虑。他们本来以为,既已经使清皇朝成为自己的驯服的工具,就可以无所忌惮地在中国为所欲为。对于中国人民抵抗侵略的潜在力量,他们本来是很少估计到的。用美国资产阶级历史学家施达格的说法是:"西方的政治家看不见中国人民的民族精神,他们以为瓜分一个'东亚病夫'的财产,是不会引起反抗的。"④客观事实粉碎了他们的这种乐观情绪。

---

① 《戊戌变法资料》第三册,第7页。所说的突厥,即土耳其。
② 《戊戌变法档案史料》,第346页。
③ 《张文襄公全集》第79卷,第18页。
④ 施达格(Steiger):《中国与西方:义和团运动的起源和发展》,1927年版。用中国社会科学院近代史研究所资料编译组的译文。

　　这里举一些在光绪二十四年（1898 年）帝国主义列强的官员们的言论和报纸上的评论，由此可以看到他们是多么忧郁地、惊慌失措地看待中国的形势和他们在中国的处境。当然，使他们害怕的不是康有为的维新运动，而是普及于下层广大人民群众中的反对帝国主义的情绪。这种情绪和由这种情绪酿成的行动使美国公使康格写道："整个中华帝国的局面很严重"①。这年 10 月，英国人的《字林西报》估计中国的局势是处在类似太平天国那样的大革命的前夕。它列举了当时广西、四川、西北和长江流域各省发生的"叛乱"和"不安定"的状况，总结说："这一切因素构成了堆聚于各地的可燃之物，只须等待某一角落爆发一点点星星之火，便立即成为烈焰。果然如此，必不免大量的无辜生命与商业利益的牺牲。上面所说的这一事实的可能性是不应低估的，而其可怕的结果也不能忽视"②。也就在这个时候，赫德这样描述了帝国主义在中国的处境："时代是太动荡不安了，甚至在我们自己的园地上也不可冒险，处处都必须小心和谨慎。"③他所说的"我们自己的园地"是指"租界"、"租借地"等等。帝国主义者连在他们已经得到的根据地里也觉得不安全了。

　　在香港同失败后的康有为会晤过的贝斯福是英国前海军大臣、国会议员，他以半官方的姿态在 1898 年到中国考察。在他进行"考察"后写的书中忧虑重重地指出：对中国的商业和投资是处于很不安全的状况中。他认为，这种不安全是由于中国政府的腐朽，由于整个国家内经常发生的叛乱和骚动使中国面临着非常严重的革命危机。他写道："在像整个欧洲那么大的国家中，普及于四万万人口中的一次革命将是一种可怕的景象，要抗御这个灾祸，欧洲文明在沿海的稀薄的一线以及少量军舰是很少或没有效力的"④。贝斯福主张英国政府派遣军舰

---

① 卿汝楫：《美国侵华史》第 2 卷，第 607 页。
② 《戊戌变法资料》第三册，第 490 页。
③ 马士：《中华帝国对外关系史》第 3 卷，第 167 页注①。
④ Beresford: *The Break-up of China*, 第 437 页。

到中国内地去,帮助清朝政府镇压中国人民反帝反封建的革命运动。

总之,无论是中国封建统治者,还是外国帝国主义者,都在这时异常不安地看到,在中国广大人民中正酝酿着一场革命的暴风雨。

所以,我们必须指出,在演出从维新到政变的这一出历史剧的时候,还有一个没有出场的重要角色。他虽然还没有出场,但已经使一切登场人物感觉到他就在舞台的帷幕后面。他立刻就要出场了。他的声音快要从地下冒出来了。他所发出来的使一切大地主、大买办、大官僚和他们的皇太后、皇帝、一切帝国主义者听了发抖的震天动地的声音已经迫在眼前了。

第十八章

义和团的勃起

（一）从拳会到义和团

在光绪二十五年（1899年），一个称为义和团的自发的农民运动像火山突然爆发一样，以山东为中心涌现了出来。这个火山的爆发，按时间说，几乎紧跟着戊戌维新运动的失败以后，它构成中国近代史前期第二次革命高潮的重要组成部分。

义和团这个组织来源于长江以北各省中流传甚久的一种民间秘密结社——白莲教。在嘉庆元年（1796年）起历时九年的白莲教大起义和嘉庆十八年（1813年）的白莲教的支派天理教起义失败以后，几十年间，白莲教的各个支派继续暗暗流传。在直隶、山东、河南、山西等省有八卦教、红阳教、荣华教等名义的秘密结社，都属于白莲教系统，其中八卦教传播最广。清朝官方规定，凡传习八卦教的，不但要查拿禁止，而且为首的要处以极刑。在这种高压政策下，八卦教徒用传习拳术来隐秘自己。中日甲午战争时，山东的有些地区已有义和拳组织的活动，战后几年在鲁南活动的大刀会，也同义和拳组织有联系。这种组织有过

"拳会"、"红拳会"、"义和拳会"等名义。我们在这里把这种义和拳组织一律称为义和团。但必须指出,开始时它并不自称为"团","团"的名义是后来在一种特殊条件下才取得的。

当时,流行在长江以北各省的主要是白莲教系统的各种秘密结社,而流行在长江以南各省的主要是哥老会(天地会,三合会)系统的秘密结社。二者都是在封建社会的历史条件下发展起来的,具有同样的特点和弱点。和哥老会一样,白莲教也没有统一的领导和组织,而是分散在各地的许多平行的小组织。它的成员中有大量的贫苦农民,但江湖游民常常在其中起主要作用。它是江湖游民及各种贫苦劳动人民在政治和经济上的互助团体。它缺乏明确的政治斗争纲领,往往抵制不了别有用心地混进来的地主豪绅的影响,甚至为他们所把持。比起南方的哥老会来,白莲教的宗教迷信色彩还更浓厚一些。

太平天国农民大革命的发动者,在当地原有的天地会组织以外,另行创立了拜上帝会,尽可能排斥了(虽然没有能完全排斥)传统的秘密结社所包含的在政治、思想和组织形式上各种不利于农民革命发展的渣滓。但在太平天国运动失败以后,拜上帝会的组织却没有能流传下来,这主要是因为它所袭用的基督教成为外国帝国主义的侵略工具,愈来愈遭到广大人民唾弃的缘故。

到了八十年代和九十年代,农民革命的敌人不只是封建势力,而且还有外国帝国主义侵略势力,后者甚至已突出为主要的敌人。反动的封建势力既依附于外国帝国主义,而又在有些方面同它有矛盾。这种民族矛盾和阶级矛盾错综复杂的情况是以往的农民革命所没有遇到过的。面对这种复杂情况,从封建时代留下来的像哥老会和白莲教这种现成的组织形式,对于农民革命,更加显出其不足之处。但是直到九十年代末,没有先进的阶级为农民提供更好的组织形式,农民群众自己也没有创造出较好的组织形式。当一场反帝的农民大斗争的各种客观条件已经具备的时候,农民群众和其他劳动人民群众就只能利用现成的组织形式来进行斗争,正如同他们拿起老式的刀和矛,而不是等待有了新式枪械再来战斗一样。

南方的哥老会在八十年代和九十年代初的反对教会的群众斗争中起了显著的作用，但没有能造成全国性的斗争高潮（见第十一章第三节）。把这个斗争推到高潮的任务落到了北方的义和团身上。它的勃起正是在中日甲午战争后中国面临帝国主义瓜分危机的时候，又是在最靠近京畿，也就是最靠近封建统治势力的中枢神经的地区。

山东省东部沿海，在甲午战争中直接受到日本侵略军的蹂躏。继之，德国和英国分别强占胶州湾和威海卫。德国还把整个山东划做它的势力范围，它在1899年开始强行修筑胶济铁路，并着手开发沿线的矿产。外国传教士很早就到山东活动，在九十年代末，外国人办的基督教教堂及其他教会机构在全省星罗棋布，其中，天主教的势力最大。和其他沿海省份一样，在山东省，洋纱、洋布及其他洋货的大量输入，许多农产品的商品化，严重地摧毁农民的手工业，破坏农村的自然经济，使农民和其他劳动者生存更加艰难。郁积在广大人民群众中的反对和仇视外国帝国主义的情绪，就通过义和团的斗争而爆发起来了。

在光绪二十四年到二十五年（1898—1899年）间，山东全省，包括省城附近，几乎到处都有义和团的活动。在山东西北部沿运河的各地，包括寿张、聊城、临清、清平、茌平以至高唐、恩县等，义和团的声势最大。南北运输这时已主要转移到海运，失业船工、搬运夫和运河附近其他生计上受到打击的劳动人民，为义和团提供了骨干分子。这里又是在全省中外国教堂最密集的地区。入教的中国人中既有受蛊惑的贫民，也有不少地主恶霸流氓分子。广大群众同外国教堂和依仗洋教堂势力为非作歹的坏人的矛盾极为尖锐。光绪二十四年山东巡抚张汝梅奏折中说："直隶、山东交界之区，拳民年多一年，往往趁商贾墟市之场，约期聚会，比较拳勇，名曰亮拳。"①这说的就是鲁西一带的情形。

①　国家档案局明清档案馆编：《义和团档案史料》上册，中华书局1959年版，第15页。

所谓"拳民",以练拳为名形成与洋教会为敌,并与官府为敌的组织。这种组织也传入了直隶省境内。在光绪二十五年秋天,在威县、清河、故城、景州、东光、交河、阜城这些邻近山东省的地方都已有义和团的活动。

山东省平原县在光绪二十五年发生了一次义和团与官军的交战。这里有加入基督教会的地主分子,依仗教会的势力,乘连年灾荒之机,高抬粮价,囤积居奇。被压迫的劳动群众很多人组成义和团与教会发生冲突。地方官派兵弹压,逮捕了六个义和团员。为了营救被捕者,这里的义和团就到附近的茌平县求救于朱红灯。朱红灯和本明和尚(原姓杨)是高唐、茌平、长清一带的义和团的首领。朱红灯率领二三百人的武装部队到平原,与当地义和团群众相会合,使平原县县令蒋楷大为恐慌。济南府知府带了包括骑兵在内的部队到平原县。在平原与恩县交界的森罗殿,朱红灯的队伍同官军打了一仗。官军虽然依仗新式的枪械,也没有能取得完全的胜利。朱红灯仍回茌平,继续同本明和尚一起领导当地的义和团进行反对外国教会的活动。不少教堂被他们烧掉。有个意大利教士这时向山东巡抚毓贤控告这里的义和团,说他们揭有"保清灭洋"的大旗。毓贤派了军队到茌平,但并没有交战,却计诱朱红灯和本明和尚,加以拘捕。在官方抄获的数十通信件中,有"明年四月初八日攻打北京"这样的话①。

朱红灯并不像有些史书所说是山东省义和团的领袖。义和团并没有全省统一的领袖。但朱红灯的活动情况可以说明当时各地义和团发展中的一些问题。北方的白莲教,和南方的哥老会一样,历史上都曾以反清复明作为他们造反的口号。但是事实上恢复明朝这样的口号已愈来愈不能起动员广大群众的作用了。朱红灯假托是明朝的后裔,他的

---

① 关于朱红灯和本明的活动和被俘情节,主要据蒋楷撰《平原拳匪记事》。见《中国近代史资料丛刊·义和团》(神州国光社1951年版。以下简称《义和团资料》)第一册,第356—361页。

同伴又以"本明"为号,这虽然表明他们同清朝统治政权敌对的立场,但也说明他们提不出足以动员广大群众的反封建积极性的新的适当口号。"反洋"、"灭洋"的口号反映了帝国主义与中华民族的矛盾已经成为主要矛盾的客观形势,因而能够对于身受帝国主义压迫的广大群众起鼓舞和动员的作用。但是当时以农民为主体的劳动人民,还没有得到先进阶级的领导和先进思想的指导,只能凭狭隘的直接经验煽起对外国侵略势力的仇恨;他们不能明确看出中国的封建统治阶级已成为帝国主义压迫中国的工具的事实,不能解决在帝国主义侵略者成了主要斗争对象时,如何处理反帝斗争和反封建斗争之间的关系问题。从小生产者的立场出发,他们更不能懂得,在反对外国帝国主义的侵略的同时,要承认资本主义生产方式比封建主义生产方式进步的事实。他们反对外国帝国主义的斗争停留在感性认识的低级阶段,表现为笼统的排外主义。他们的主要活动是烧教堂,反对外国传教士和外国人,并且一般地敌视信洋教的人,以至对从外洋来的东西一律采取敌视的态度。实际形势既然使他们把斗争的主要锋芒转向了外国侵略者,"反清复明"的旗帜就更显得不合用了。他们在放下这面陈旧的旗帜的时候,很容易地接受了"保清灭洋"这面旗帜。

义和团的活动中带有文化落后、闭塞的农村中固有的许多迷信,这同白莲教的传统是有关系的。他们用画符、念咒、请神的"法术",自称能练成"神拳",刀枪不能伤身,还能使敌方刀枪失灵。当然,在战场上,这种法术是无用的,他们所依靠的还是同仇敌忾的勇气。他们所请的神五花八门,大多是神话故事和流行小说中的角色,如洪钧老祖、骊山老母、关羽、张飞、黄三太、黄天霸、孙行者、猪八戒等等。这种情形是他们在组织上的分散性的反映;没有统一的组织,也就没有统一的"神"。

面对勃然兴起的义和团运动,当时的清朝地方官员大体上有两种主张。一种主张认为义和团既然是来源于白莲教这种"邪教",那就除了加以扑灭外,不能采取其他办法。平原县令蒋楷就是这种主张的最初代表人之一。还有一个在光绪二十五年任直隶省吴桥县令的劳乃宣当时也竭力宣传这一主张。他认为，义和团仇视洋教"其本心实在惑众以作乱"，"其处心积虑，在乎聚众而抗官，传单一出，千人立聚，兵刃森列，俨同敌国"①。劳乃宣从封建统治者的立场出发认定，义和团尽管打出"扶中朝灭洋教"的旗帜，也不应当容许它存在，甚至假如它真能战胜洋人，也是对封建统治者不利的，"使其果胜西人，则彼亦不可制矣"②。

　　另一种主张是光绪二十四年任山东巡抚的张汝梅提出的"收编"义和拳的主张。他报告朝廷说，他派了专员调查，了解到冠县、南宫、曲周等县都有拳民的活动，"如任其自立私会，官不为理，不但外人有所借口，并恐日久别酿事端"。所以他认为，"改拳勇为民团"，也就是"将拳民列诸乡团之内，听其自卫身家，守望相助"这样的办法是适当的③。次年二月继任巡抚的毓贤也用"抚"的策略来对待义和团。毓贤本是个杀人不眨眼的屠夫。在光绪十四年(1888年)任曹州知府时查拿大刀会，在一年多中残杀二千余人。他只要感到杀的政策有效时，是决不会手软的。清朝地方官员最害怕在自己治下发生大规模造反，闹到不可收拾的地步，以至朝廷的严重惩罚首先落到自己的头上。在靠近京畿的地区，这种惩罚必然加倍严重。因此在火势难以扑灭时，他们宁愿苟且偷安，用安抚政策把火包起来。义和团的斗争锋芒主要针对着外国侵略者，这也是这些官员认为可以采取抚的政策的一种根据。他们为使自己躲过群众斗争的锋芒，装得好像是支持群众反对外国侵略者的斗争。但他们不可能真的反对外国侵略，他们是为了保卫封建主义的旧事物而反对一切与资本主义有关系的新事物。他们用这种封建主义的立场来影响群众的斗争，尽量把它引导到绝对排外主义方面去，并

① 《拳案杂存》。《义和团资料》第四册，第454、456页。
② 同上书，第453、458页。
③ 《义和团档案资料》上册，第15、16页。

使它更多地染上迷信的色彩。他们又竭力煽起群众对一般信奉基督教的中国人的仇恨，加深他们所说的"拳民"和"教民"之间的对立与冲突。

由于山东巡抚从张汝梅到毓贤基本上采取抚的策略，所以义和团在山东获得了至少半合法的地位。向来下层社会中非法秘密结社都是称为"会"的，而只有地主阶级所组织的地方武装才称为"团"。"义和团"这个名称就是由于官方实行这种抚的策略而取得的。各地义和团的组织渐渐地都采用了"保清灭洋"的口号，也是和张汝梅、毓贤实行这种抚的政策有关的。

义和团得到为巡抚所承认的某种合法地位，就引起了两个结果。第一，它的发展更加迅猛了。像平原县令蒋楷这样的小官当然无力阻止，而且他还因为一意主剿而被撤了职。所以他后来愤愤不平地记载说，当时"义和拳徒党"宣称："巡抚为我，知县如我何？"①第二，以为巡抚站在自己这一方面的这种想法，对于自发的群众革命运动，显然是十分有害的毒剂。朱红灯和本明和尚被诱杀就是这种毒剂起了作用。而且由于义和团取得了合法地位，参加进来的人就更加复杂了，其中包括根本不是造反的人。在任何群众性的革命运动中，特别是在它比较顺利地发展的时候，泥沙俱下，鱼龙混杂的情形是在所难免的。在义和团运动中，这种情形尤其严重。

劳乃宣在光绪二十五年的文章中说："各处拳党，尽有衣冠之族，殷实之家，杂乎其中，非尽无业游手也。"②这就是说，虽然多数是"无业游手"（各类贫苦人民），但也有不少地主阶级分子参加了进去。劳乃宣以为这些"衣冠之族，殷实之家"是"受惑"而参加的，其实应该看出，毓贤等官员采取抚的政策，正是为了要让地主阶级分子参加进去，夺取领导权，以求达到加以收编，使它转化为地主阶级武装的目的。

---

① 《平原拳匪记事》。《义和团资料》第一册，第355页。
② 《拳案杂存》。《义和团资料》第四册，第452页。

　　毓贤的这种恶毒的策略所要达到的目的是没有完全实现的。固然地主阶级把"保清"的口号和其他一些恶劣的影响带进了义和团的组织,但是并没有能够根本改变它作为下层人民群众的自发的革命组织的性质。劳乃宣从敌视义和团的立场出发,把义和团同鸦片战争期间的广东三元里的义勇相比,认为二者不可同日而语。他说:"粤之义勇,主持者巨室,谋画者正绅"。而义和团不同,虽然"尽有衣冠之族,殷实之家杂乎其中",但总的说来,他认为还是"主之者莠民,从之者匪类",也就是说,其骨干力量和基本队伍,是地主阶级心目中的"莠民"和"匪类"。他还认为,道光年间的那种义勇,结果是"尾大不掉,渐至仇官,其流弊已不可胜言",而现在的义和团,如果任其发展,那么"广西金田之祸,不过期月间事耳"①。这种观察是大体上符合事实的。把前后这两个时期相比较,我们可以看到,在鸦片战争时期,广东沿海的地主阶级还能在一定程度上成为反侵略斗争的领导者,而到了义和团时期,地主阶级分子对于群众的反帝斗争已只能起败坏的作用。

　　山东的这种局势引起了侵略中国的帝国主义列强的震动。在胶州湾驻有军队的德国,竟然出兵到胶州、高密、日照等地焚毁村庄,劫掠城镇,杀死居民,直接镇压群众的反帝斗争。美国、英国、意大利等国也以在山东省有他们的传教士和工程师为借口,由他们的驻京公使向清政府施加压力,要它坚决取缔义和团的活动。光绪二十五年十月美国公使康格向总理衙门直接了当地提出把毓贤撤职的要求,说是应该派能够和愿意"镇压暴徒"的人去代替毓贤。慈禧太后虽然很赏识毓贤,但是不敢违抗洋人的旨意。上谕申斥毓贤对"红拳会"弹压不力,"固执成见,以为与教民为难者即系良民,不免意存偏袒,似此因循日久,必致滋生事端"②。毓贤被调任山西巡抚。在戊戌政变中起了重要作用的袁世凯接任山东巡抚。

---

① 《拳案杂存》。《义和团资料》第四册,第 458、451 页。
② 同上书,第 8 页。

袁世凯在天津小站练兵，他所统率的"新建陆军"七千人是一支拥有新式武器的军队，后来他在山东把这支军队扩充到二万人。他就任山东巡抚后立即发布"禁止义和拳匪告示"。他绝对否认义和团的合法性，实行武力镇压。毓贤的"抚"和袁世凯的"剿"，虽然办法相反，其实是为达到同一目的而互相为用的。毓贤的抚的策略起了从内部腐蚀和涣散义和团的作用。山东的义和团没有能够以坚固的组织和强大的声势来对抗袁世凯的武力镇压，在很大程度上是由于受了毓贤的愚弄的原故。

袁世凯虽然做到了使他统治下的山东没有大规模的义和团的活动，但是毕竟他不可能完全扑灭已经烧起来的这场大火。到了光绪二十六年（1900 年），义和团的活动的中心渐渐地从山东转移到了直隶省。

（二）义和团进入北京、天津

直隶省境内义和团的活动，起先还只是在与山东省邻近的地区。到了光绪二十六年的三四月间，义和团的组织已经几乎遍及全省所有的州县了。

外国教会，尤其是天主教会，在直隶省的势力更甚于山东省。各地的义和团开始时都是以传习拳棒而组织起来，称为"拳厂"。他们以外国教会和依仗教会势力为非作歹的教徒作为直接的斗争对象。虽然他们提出的号召是"扶清灭洋"，但是他们的基本队伍是受到严重封建压迫的贫苦人民，而且清朝官方总是顺应洋人的要求，保护外国教会的利益，所以义和团不能不在实际上同封建统治势力相对垒。各地的义和团的创立者和传教师，有些是从本省别处来的和从山东省来的人，但是每个地方的义和团组织可以说都是土生土长的，即由本地的群众，主要是贫苦农民和城镇贫民自发地组织起来的。为了对抗外国教会（不少地方的教堂是有武装的）和在教会庇护下的土豪恶霸势力，为了对抗清朝官军的镇压,相近地方的义和团组织互相联系起来,于是分散的各点就渐渐地形成成片的势力。

卢保铁路(从卢沟桥到保定,并已延长到正定)沿线是天主教堂密集的地区,这里成为义和团运动的一个中心地区。定兴县的一个绅士记载当地义和团组织形成的情形说:"吾邑之有义和拳也,自今年(光绪二十六年)正月中旬,由新城之沈各庄传习而来。始因仓巨村天主教民欺凌善良,霸占公产,官不能申理,百姓控诉无门,始习拳以敌。数十余日间,蔓延牛家庄、老李村等村,近又传染东江村、石柱等十数村。涞水亦有之,禁不胜禁。……其教师皆由山东来,隐其姓名,行踪诡秘"①。

正定是个府城,天主教会把这里当做它在直隶省西南部各州县的中心,设有主教。一个天主教徒著的书中叙述正定府各地的义和团组织兴起的情形说,光绪二十五年十月,有一个冀中的饶阳县姓尹的人来到晋州(正定府城以东)的棚头村,"设坛授徒",开始只有二十四人学习拳术,渐渐发展起来,除在本县各村以外,还在相邻的深泽县的一些村子中和正定南的石家庄(属获鹿县)设立"拳厂"。同时又有一个冀中的深州姓曹的人到宁晋(正定东南)的孟家庄教拳,"不数日即传布于邻村……势颇昌盛"。到十二月初,孟家庄发生了义和团同天主教徒的冲突。在教会的督促下,正定府的官兵对义和团进行了"痛剿,枪毙十三人,余众悉散。"晋州、获鹿等地的"拳厂"也被当地的地方官员"捣毁"。但是这里的义和团并没有因此而消灭。"二十六年四月初,拳焰又起。晋州、定州、新乐、宁晋、广宗、获鹿等处,拳场林立,指不胜屈。"②

这两个例子,可以说明,各地的义和团是如何发展起来的。义和团的发展情形,同太平天国那样的农民革命大不相同。好像雨后春笋一

① 艾声:《拳匪纪略》。《义和团资料》第一册,第444页。
② 李杕:《拳祸记》下卷,1905年版,第220—221页。

样,它的组织几乎同时在所有的地方一下子冒出土来。就每一点说,似乎并没有多大的力量,开始时并不显眼,但集合所有的各点在一起,就成了一片燎原的烈火。从山东省跑到直隶省各地教拳的人,对于传播义和团的组织虽然起了一定的作用,但并不是一支有组织的义和团力量从山东进入直隶,如同洪秀全、杨秀清率领的太平军从广西进入湖南等省那样。

直至光绪二十六年二三月间,朝廷和直隶总督裕禄还没有感到形势会发展到十分严重的程度。裕禄一直把在他辖区内发现的义和团,说成是"外省"来的"匪徒"。他在光绪二十五年十一月派了部队到邻近山东省的地区进行"弹压",他又在二十六年二月初根据上谕发出了《严禁义和拳》的告示。这个告示说:"尔等须知招引徒众,私立会名,演习拳棒,均属违禁犯法。""再有设厂练习拳棒,射利惑民情事,即由地方官会营捕拿,从严惩办,决不稍从宽贷。"①但是事实上,恐吓和惩办并不能达到阻遏的目的。负责对外事务的总理衙门对此特别感到忧虑。三月中旬,俄国公使通知总理衙门说,据他所知,涿州、易州等处月前已有义和团在活动,近日又到了卢沟桥。总理衙门把这情况电告直隶总督裕禄,并说:"查拳会渐及近畿,早有所闻,俄使所言,不为无因。此事关系紧要,务须赶紧严密查办,免滋事端。"裕禄答复仍只是说,他已在全省各地"派有营队,分路弹压,并饬地方官严行察禁。"②这时,不顾他的弹压和严禁,义和团的势力已经扩张到了全省,扩张到了京城附近地区。甚至在京城和直隶总督驻地天津,也已经有自称义和团拳师的人沿街练拳,招收徒弟了。四月十一日上谕说:"近闻畿辅一带,义和团拳会尚未解散,渐及京师。"所以在京城里也必须"严密稽查,设法除禁。"③

如何对付在京城附近野草一样蔓延生长的义和团,愈来愈成为统

---

① 《义和团资料》第四册,第 478 页。
②③ 《义和团档案史料》上册,第 79、87 页。

治者心焦的事。朝廷中有个官员说:"拳民丑类甚众,诛之不可胜诛,即令震我兵势,暂就范围,而积恨既深,溃决必速,燎原之势,殊可忧虑。"①从这种考虑出发,朝廷中不少官员认为,用兵讨伐是极为危险的事,不如还是用毓贤在山东用过的"抚"的策略为好。四月初监察御史郑炳麟上奏说:"目击情形,五中焦灼。筹思至再,莫如用因字诀,因其私团而官练之,消患于无形耳"。他主张在直隶、山东都派道府大员当"团练局总办",并且选择绅士做"团总",收编义和团,使"私"办的义和团化为官办的团练②。上谕把这个御史的奏折发交直隶总督裕禄和山东巡抚袁世凯考虑。裕禄和袁世凯覆奏,都反对这种主张,他们认为把非法的"拳会"改编成合法的"团练"是行不通的③。

就在清朝官方感到对付义和团"剿"、"抚"两难的情形下,四月下旬,卢保铁路北段沿线的涞水、定兴、涿州一带发生了使封建统治者大为恐慌的形势。

涞水县高洛村的居民群众因为不堪忍受当地教会的欺凌,在四月初设立了拳厂。邻近的定兴、新城、涿州、易县的义和团组织都派人来协助,同教会势力发生了冲突,焚毁了当地的教堂和其他一些房屋。同时,定兴县的仓巨村也发生类似的斗争。由于驻北京的天主教主教法国人樊国樑向清朝当局施加压力,直隶总督裕禄派遣军队驰往镇压。分统杨福同带领骑兵部队在高洛村诱捕了习拳的群众二十人,并在战斗中杀死群众几十人。杨福同继又带队到定兴县,途中遭到义和团二三千人的伏击,杨福同被打死。在和京城相距咫尺的地方发生了这样的事,这对于封建统治者,是一个极其危险的信号。裕禄又派出了提督聂士成所部的武卫前军前往镇压。聂士成的以洋枪洋炮武装起来的部队,在遍地蜂起的义和团面前无能为力。他的部队同所有的清朝官兵一样,纪律极坏,在所到之处以"剿匪"为名向居民勒索抢掠,反而驱使

①② 《义和团档案史料》上册,第84、85页。
③ 同上书,第90—95页。

更多的群众参加到义和团的队伍里去。为了抵抗官兵的进攻,义和团以"反洋"的名义破坏铁路。他们在四月底五月初相继焚毁了高碑店、涿州、琉璃河、长辛店、卢沟桥的火车站。京津铁路线上的丰台车站和机械制造局也被他们烧毁。这时,卢保铁路北段沿线都成了义和团的天下。义和团群众又蜂拥进入涿州城,实际上占领了涿州城。

聂士成部队的担任左路统领的军官杨慕时在五月初向聂士成报告说:"涿州城不失而失,城门启闭,概由拳匪,办公之人,不得入城,城内文武具文而已。此外松林店(涿州城南二十多里)为大宗,余则无处不有,穿起衣巾则为匪,脱去衣巾则为民,至于不可究诘。论者谓其党二三千,实则倡首二三千,附和者且一二万也。"[1]他说"涿州城不失而失",因为并不是经过战斗,义和团攻下了涿州城,而是大量的义和团群众从农村渗入城内。城内的文武官员虽然没有被戕杀或废弃,但他们只能坐视城内的秩序为义和团所控制。清朝官方把义和团称为拳匪,但是这个负责"剿匪"的军官不能不承认,他所说的"匪",其实就是"民",就是广大的人民群众。他无法说出"民"和"匪"的区别,除了后者穿上了义和团的衣巾以外。

涿州和涿州以北的铁路沿线属于顺天府尹辖区。叛乱的烽火这时是真正烧到朝廷的脚跟前了。虽然直隶总督裕禄认为非实行武力进剿不可,而且派出了北洋军队中的主力部队,但显然看不出有什么效果。老奸巨猾、富有统治经验的慈禧太后深知在京城周围动刀兵是过于危险的事。她在五月初七日向节制北洋各军的军机大臣荣禄叮嘱说:"不得孟浪从事,率行派队剿办,激成变端,是为至要。"[2]她派了协办大学士刚毅和刑部尚书赵舒翘、顺天府尹何乃莹到涿州方向去"宣布朝廷德意",幻想以这样的大员的身份向群众说几句好话就可以使义和团自行解散。刚毅等五月十八日在窦店向朝廷报告他们所看到和了解

① 《义和团资料》第四册,第339页。
② 《荣文忠公集》第3卷,第14页。

到的情况说：自卢沟桥以南，"拳民三五成群，所在皆有"，良乡的"各乡村镇，均设有拳厂"，"琉璃河左近，聚集甚伙"，涿州"麇集尤多"。他们为群集在这一带的义和团的声势所吓倒，并且看出了如果大肆进剿，也未必能堵住他们北进的道路，可能造成更大的危机。他们认为："万一拳民奔北，逼近京畿，殊与大局有碍。"因此他们主张撤去聂士成的军队，而用劝导和晓谕的方法达到解散义和团或加以收编的目的①。

当刚毅等在涿州一带"劝导"、"晓谕"的时候，京城里面的义和团的活动越来越扩大了。五月十二日有个官员报告说："自三四月间，都城即有聚习拳棒之事，犹属闾巷幼童，近则外来拳民，居然结党横行，深可骇异"。"宣武门外炸子桥内有破庙名朝庆庵者，自五月初一日，忽来五六十人，供立神牌，演习符咒，日以砍刀炫惑市人。至初八日不知移住何处。仍有其党数人留住庵内。闻内城大佛寺，亦有此事。则其他旷僻之区，更可知矣。初十日清晨，又有拳会一百余人，分持刀枪棒，直出彰仪门，不知何往。尤可骇者，近时前门外打磨厂等处铁匠铺，日夜工作，铸刀甚多"②。这时，京城内到处出现了以义和团名义张贴的反对洋人的揭帖。朝廷多次下令，一定要"查拿"、"禁止"、"弹压"、"解散"，但是在京城里的义和团越来越多，而且公开地设立"坛棚"。五月十五日，日本使馆的书记生杉山彬在永定门外被董福祥的部下所杀死。董福祥所部甘军当时驻防京畿，其中有一部分士兵附和义和团活动。十七日起，义和团群众连续在右安门内、崇文门内、宣武门内和正阳门（前门）外，烧毁外国人的教会设施，火势蔓延，正阳门外发生了连续三天的大火。十九日上谕说："辇毂之下，扰乱至此，若再不严行惩办，为祸不堪设想"③。但实际上，清朝当局已经渐渐失去了控制北京城内的局面的能力了。

---

① 《义和团档案史料》上册，第137—138页。
② 同上书，第121—122页。
③ 同上书，第140页。

同样的情况也在天津发生。四五月间，天津城内传授拳术设立"拳厂"的情形越来越多。同时，又有义和团群众从天津附近的静海、文安、霸县等地农村陆续拥入天津。五月十八日，义和团群众焚毁天津的一所天主教堂。直隶总督裕禄虽然主张对义和团"严行剿办"，但他无法制止义和团势力在天津日益扩张。从天津到北京的铁路这时也已经因为义和团的活动而不通。沿路各地都树起义和团的旗帜了。

（三）慈禧太后的"宣战"

帝国主义列强在看到清朝政府已控制不了局势，义和团势力渐渐渗入北京、天津的时候，就决定出动兵力，直接出面来镇压中国人民的反帝斗争。

光绪二十六年三月间（1900 年 4 月间）英国已派了兵船三艘，美国、德国、意大利各派兵船一艘，开到了大沽口。四月间，英、美、德、法四国公使先后到总理衙门，要求清朝政府迅速采取有力措施镇压在北京附近和进入北京的义和团。总理衙门四月二十四日（5 月 22 日）关于此事的奏折中说，这些公使"皆有派兵自行保卫之说。"①也就是说，他们表示要派兵入北京。俄国公使这时特别向总理衙门通报说，"各国政府以为中国自己不能管辖其民，势必派兵来京，自行保护"，并说，俄国在中国没有传教活动，"是无利益可图"，而且"念中俄数百年友谊，不忍看各国派兵来京，扰乱中国"，所以在驻京各国公使开会时，俄国公使曾对主张派兵的各国公使"从中开导，极力劝阻"云云②。但实际上，俄国的出兵行动不但和其他各国完全一致，而且还尽力争取带头的地位。

五月初一日（5 月 28 日），驻北京的各国公使举行会议，决定立即以"保护使馆"的名义调兵到北京，并且把这决定通知总理衙门。英国

①② 《义和团档案史料》上册，第98、99 页。

公使向总理衙门的官员说:"任何阻力也不能拦挡各国公使调兵保护使馆的决心。至于兵数的多寡,是调来一支保护使馆的卫队,抑或调来可以镇压有组织的反抗的大军,将视中国政府如何作为而定。"①清朝政府不敢拒绝帝国主义列强这个无理要求,只能采取拖延的办法,要求缓期调兵。英、法、俄、美四国公使,代表要调兵来中国的各国于五月初三日到总理衙门向主管的大臣表示,"不论中国政府的态度如何,各外国公使已决定调兵来北京",他们威胁说:清朝政府"如果坚持反对,那么结果如何就很难预料了"②。清朝当局让步了,经慈禧太后批准,总理衙门同意各国立即调兵入京,只要求数量少一些,并且通知在天津的直隶总督裕禄,为从塘沽登陆经天津入京的外国军队准备火车。五月初四日到初六日间,英、俄、法、美、意、日、德、奥等国的军队,官兵共四百五十余人,由天津先后到达北京。

这时,各国的海军舰艇开到大沽口的已近四十艘,其中且有十艘炮艇驶入大沽口内。登陆驻在天津租界的各国军队有三千多人。五月十四日(6月10日),在英国的倡议下,从这里面抽出了一支包括上述各国的官兵共二千人,由英国海军上将西摩尔统帅,前往北京。裕禄虽然想阻止他们成行,但他们仍然取得了所需要的机车和车厢。但是这时,铁路已经遭到义和团的破坏,这支由西摩尔率领的军队沿路遭到武装的义和团群众的袭击,他们费了五天的时间只走了从天津到北京不到一半的路程。由于伤亡很多,也由于粮食弹药接济困难,这支军队终于只能很狼狈地向天津撤退。

清朝政府在得到西摩尔的军队离开天津往北京来的消息后,认为如果听凭外国军队"纷至沓来,后患何堪设想",命令裕禄加强大沽口和天津附近的防务,"倘再有各国兵队欲乘火车北来,责成裕禄实力禁

① 《窦纳乐1900年6月10日致英国外交大臣信》,见《近代史资料》1954年第二期,第14页。
② 同上书,第15页。

阻"。这是给裕禄出了个难题。裕禄在五月十九日的回奏中委婉地说:"若再有洋兵进京,自当以理阻止。彼如不听,若以兵力拦阻,必即开衅。现在中国兵力、饷力,即一国尚不可与敌,况以中国而敌八国之兵,其势万难与争衡,断无失和之理。"这是说,他无法"实力禁阻"外国军队入京。那么怎么办呢? 裕禄说:"察探各国(驻天津)领事之意,如中国肯于剿办拳匪,诸事尚可和商。……为今之计,如能庙谟早定,明降严旨,特派大员将滋事拳匪,严行剿办,庶各国洋人无词可借,即续派兵进京,既可以理商阻,于大局亦可借资补救。刻下事机危迫,倘再迟疑不定,则内患外侮,相逼而来,实属无从措手。"①他认为,只有对义和团实行"剿办",才能使各国满意,不再出兵,而且即使出兵,"于大局亦可借资补救",这暗含着可以借外国兵来帮助"剿匪"的意思。他把责任推给朝廷,要朝廷早下决心。

到了五月二十四日,裕禄又上奏说:"天津义和团民,近已聚集不下三万人,日以焚教堂、杀洋人为事。值此外患猝来,断难再分兵力剿办拳民,势不得不从权招抚,以为急则治标之计。当将该团头目传集,示以收抚之意。该头目等均称情愿报效朝廷,义形于色。"②同是一个裕禄,只相隔五天,前一奏折中称义和团为"拳匪",认为必须加以"剿办",后一奏折中称为"团民",认为可以"从权招抚"。裕禄这个一百八十度的弯子,是跟着北京以慈禧太后为首的朝廷的风向而转的。

五月二十日起,连续四天,慈禧太后召集大臣,举行御前会议。这时,朝廷大臣中,基本上有两派意见。军机大臣王文韶、户部尚书立山、兵部尚书徐用仪、吏部侍郎许景澄、内阁学士联元、太常寺卿袁昶等人都主张一定要把义和团当作"乱民"镇压下去,这样才能使洋人满意,不再派兵入京,万万不可得罪洋人。这是一派主张。另一派人则以端王载漪、庄王载勋、辅国公载澜、大学士徐桐、协办大学士刚毅等人为代

① 《义和团档案史料》上册,第142—143 页。
② 同上书,第158 页。

表。他们认为,义和团势力已经无法扑灭,如果强行剿办,那就会立刻在京畿一带造成大祸,而且义和团有"法术",可以靠这种法术来战胜洋人,所以他们主张招抚义和团,利用它来一战消灭洋人势力,把洋人赶跑。前一派意见,代表了洋务派官僚的立场,当时有力的封疆大臣两广总督李鸿章、湖广总督张之洞、两江总督刘坤一、山东巡抚袁世凯都是这种主张。已经处于无权地位的光绪皇帝是支持这种主张的。经过御前会议,这一派人失败了,慈禧太后采纳了后一派人的主张。后一派人所代表的是封建主义的极端守旧派的主张。他们既害怕洋人势力,屈服于洋人势力,又幻想有个奇迹出现能使他们恢复没有洋人的封建主义的一统天下。他们也极端害怕人民群众的力量,崛起在京畿的义和团使他们惊惶失措。而义和团的装神弄鬼的迷信色彩和"扶清灭洋"的旗帜,又使他们感到这可能就是他们所盼望的奇迹到来了。

慈禧太后的统治向来平衡地运用洋务派与极端守旧派这两部分官僚。在有关洋人的事务上,她经常是靠洋务派的大臣们来办事的。但在这几天御前会议上她采纳了极端守旧派的主张。这并不是表示她排斥了洋务派官僚,而是她在充分估计了当时形势后所选择的一个对自己比较有利的决策。主张剿灭义和团的一派人的主要发言人,一个官爵较低的官员袁昶在他的日记中记载道:在二十日的会议上,他"力言莫急于先自治乱民",就是说,当前最急的事是用自己的力量消灭义和团,然后才能同外国公使商量,请他们不要再调兵入京。对此,慈禧太后说:"现在民心已变,总以顺民心为最要,汝所奏不合"①。这个富有统治经验的老妇人看出了,对于就在自己脚底下的已经表现为暴烈行动的反对外国侵略者的"民心",如果不至少暂时采取"顺"的策略,打击就会立即落到自己头上。事实上,当时清朝政府没有力量来自行消灭弥漫京城的义和团,更无法保证在皇城脚下用兵不会造成无法收拾的灾难。

---

① 袁昶:《乱中日记残稿》。《义和团资料》第一册,第337页。

就在御前会议期间,帝国主义列强又实行了一个新的严重侵略步骤。五月二十日(6月16日)夜间,在大沽口,由俄、英两国官员代表俄、英、德、法、意、奥、日本七国通知清朝守将罗荣光,说是因为清朝当局"并不实力剿办"义和团,而且在海口安设了水雷,"明系有与各国为难之意",所以各国要求次日清晨二时"让出大沽南北岸炮台营垒,以便屯兵,疏通天津京城道路"①。二十一日,法国驻津总领事把同样的通知交给直隶总督裕禄,但事实上,各国舰队这时已经炮轰大沽口炮台,并且迅速占领了这些炮台。

帝国主义列强本来把清朝政府看成是虽然不很得力,然而驯服可用的工具。他们对它不下决心镇压义和团感到不满。他们以为可以用武力威胁迫使它下决心,并且用武力来帮助它实行镇压。但是事实上,他们的加紧侵略更加激起了中国人民群众中反侵略斗争的情绪,这种斗争情绪还感染了清朝军队中的一部分官兵。因此,帝国主义列强的侵略行动得到的结果与他们所想的相反,清朝统治者更加不敢和不能用自己的力量来镇压义和团。

五月二十三日的北京还不知道大沽口已经失掉,还以为大沽口的守兵正在与侵略军激战。这天的御前会议上,慈禧太后表示决心采取极端守旧派的主张,对侵略中国的各国宣战。二十五日(1900年6月21日)发出了一个诏书,它形式上是个宣战书:"朕今涕泣以告先庙,慷慨以誓师徒,与其苟且图存,贻羞万古,孰若大张挞伐,一决雌雄。连日召见大小臣工,询谋佥同。近畿及山东等省义兵,同日不期而集者不下数十万人,下至五尺童子,亦能执干戈以卫社稷。"②这里所说的"义民"就是指义和团。按这些文字来看,似乎以慈禧太后为首的清朝政府已经同义和团站在一条战线上决心向外国侵略者开战了。

但这道宣战诏书其实是很荒唐的。从这里面看不出究竟是向哪一

---

① 《义和团档案史料》上册,第164页。
② 同上书,第163页。

国或哪几国宣战。这道诏书没有点出任何国家的名字,也从未以任何形式送达给任何外国政府。这道诏书只是向内部发布的。甚至发生了这样奇怪的事,在奉天(沈阳)的盛京将军增祺六月初二日向朝廷请示说:"此次中外开衅,究系何国失和?传闻未得其详。应恳明示,以便相机应敌"①。

其所以不得不对内发布这样的诏书,从前一天发各省总督、巡抚的上谕就知道了。这个上谕说:"近日京城内外拳民仇教,与洋人为敌,教堂教民连日焚杀,蔓延太甚,剿抚两难。洋兵麕聚津沽,中外衅端已成,将来如何收拾,殊难逆料"②。对于义和团,"剿"呢?是剿不了的。"抚"呢?在二十日的御前会议后,有道上谕责成刚毅、董福祥"一面亲自开导,勒令解散,其有年力精壮者,即行招募成军,严加约束"③。但这办法也显然行不通。所谓"宣战",实在是在剿抚两难的情形下不得已采取的办法。

慈禧太后这个决定,同她和皇帝之间争夺权力之争也有关系。经过戊戌政变,已经在实际上剥夺了光绪皇帝的权力,但她还想进一步在形式上也废除他的皇帝地位。光绪二十五年十二月间,慈禧太后决定立端王载漪的儿子溥儁做同治皇帝的继承人,让他入宫,称为"大阿哥",这是为废除光绪皇帝而作的一个步骤。在立大阿哥的时候,各国驻京公使拒绝入贺,表示了他们对光绪皇帝的支持。他们支持光绪皇帝,其实并不就是反对慈禧太后,而是表示他们要求清朝政府实行洋务派的政策以便能成为帝国主义列强的更得力的工具。已经不能不看帝国主义颜色办事的慈禧太后,因此不敢遽然实行她所预谋的废立。在五月二十日御前会议时,慈禧太后得到了其实是不确的情报,说是洋人提出了照会,有四条要求,其中有一条是要太后把权力交还给光绪皇

---

① 《义和团档案史料》上册,第201页。
② 同上书,第156页。
③ 同上书,第145页。

帝。这个情报大大地触怒了慈禧太后。她不能不担心外国军队如果愈来愈多地进入北京，会导致不利于她的地位的后果。但是她终究并不是因此而下决心与帝国主义列强真正决裂。

宗教迷信是封建统治阶级用以在精神上束缚被压迫群众的一种武器。许多封建官僚自己也满脑子装着迷信观念。曾到涿州一带视察义和团状况的协办大学士刚毅就相信，学了"神拳"真是"能避刀避枪"①。在朝廷已宣布承认义和团，并下了宣战诏书后，京城里的许多官员纷纷上书称述各种奇谈怪论。有的说，"洪钧老祖令五龙守大沽，龙背拱夷船，皆立沉"；有的说，"从关壮缪得帛书，书言无畏夷，夷当自灭"；有的说，"山东老团一扫光、金钟罩、九龙灯之属，能役鬼神，烧海中船尽坏，居一室斩首百里外，不以兵"②。他们奉迎朝旨，慷慨激昂地主战，其实是抱着一种愚蠢的希望，以为靠神奇的法术就能轻而易举地把洋人的势力赶跑。有个御史奏摺说："今皇天佑我大清，假以神力，殛彼异类，义民云集，抗刃前驱，不烦一兵，不糜一饷……"③。就表现了这种自欺欺人的愚蠢的希望。慈禧太后对义和团的"法术"虽然并不是完全不相信，但是她毕竟没有愚蠢到以为靠这种法术就能战败洋人势力。在下了宣战诏书后五天，有一道给李鸿章、刘坤一、张之洞等各省长官的上谕说得很明白："尔各督抚度势量力，不欲轻构外衅，诚老成谋国之道。无如此次义和团民之起，数月之间，京城蔓延已遍，其众不下十数万，自兵民以至王公府第，处处皆是，同声与洋教为仇，势不两立。剿之则即刻祸起肘腋，生灵涂炭，只可因而用之，徐图挽救。奏称信其邪术以保国，亦不谅朝廷万不得已之苦衷矣"④。

慈禧太后之所以下五月二十五日的宣战诏书，根本上是为了避免义和团的刀锋落到她的头上，落到以她为代表的统治权力的头上，并且

① 《义和团档案史料》上册，第140页。
② 《义和团资料》第一册，第15页。
③ 《义和团档案史料》上册，第256页。
④ 同上书，第187页。

把义和团群众推到同帝国主义侵略军作战的第一线上,使用帝国主义列强的力量来消灭义和团。这是一个彻头彻尾虚伪的宣战诏书。以后事态的发展完全证明了这一点。

(四)义和团占领了北京吗?

义和团进入了北京,北京城几乎变成了他们的天下,但是义和团毕竟没有真正占领北京。

北京的前三门内外大火,烧掉了几千幢房子以后,义和团的声势笼罩着北京全城。洋教堂、外国使馆固然首先感到紧张,所有的朱门大户也都在蜂起的穷人所造成的恐怖下面发起抖来。从四乡打着义和团旗号拥进城来的群众日以千计,城里的贫民也纷纷地自行组成义和团队伍。他们头上包着红帕,手持刀矛,成群结队地在内外城自由行动。他们进入王公府第,就在里面设"坛"居住。官员们在街上乘轿的,遇到义和团,往往被喝令下轿,骑马的,往往被喝令下马。许多达官贵人的仆人车夫,参加了义和团,主人不敢怠慢他们,反而要请他们保护。满城几乎家家门上都贴上表示信奉义和团的红纸条。义和团的活动甚至进入了紫禁城里,谁也不敢干涉。卫戍紫禁城的是荣禄所统率的武卫中军,这支军队向来以无纪律著名,这时乘机在城内大肆劫掠。许多达官贵人,包括皇亲贵族如贝子溥伦,一品大员如大学士徐桐、孙家鼐,尚书陈学棻等人的家中,被洗劫一空。这些劫掠有些是义和团以搜查的名义进行的,有些则是武卫中军干的。不少官员看到形势不妙,仓皇出都,跑往南方去。六月二十六日光绪皇帝三十岁生日,虽然照例在乾清宫受贺,但是气象萧条,一个记载说:这一天"东华门不启,群臣皆入神武门。冠裳寥落,仅成朝仪。红巾满都市,服饰诡异,持刃汹汹杀人。诸臣入贺者咸有戒心"。① 总之,义和团的活动已经在北京城内造成了

---

① 《义和团资料》第一册,第52页。

为清朝当局所无法控制的局势。

那么义和团为什么毕竟并没有真正占领北京,使自己真正成为北京的主人呢?

拿义和团和以往的封建时代的历次大的农民革命运动,直到太平天国革命运动相比较,可以看到,义和团有一个明显的弱点,就是缺乏政权观念,没有政权组织。"彼可取而代也",历史上的农民战争总是想这样做的,或者就是这样做了的。义和团以前清朝多次的农民战争,都想打到北京城,推翻清朝皇帝的统治,但都没有能做到。现在,义和团竟然一举进入了北京,实际上控制了北京城,在北京城里为所欲为,通行无阻。同时也控制了天津这样的重要城市,控制了京畿一带。而且,义和团的烽火,除了在直隶、山东以外,还在山西、奉天、内蒙古、河南等省区蔓延开来。可是义和团却没有想到用自己的力量来把这个已经腐朽不堪的卖国的清朝政府推翻掉,没有能够建立一个自己的政权来代替这个政权。皇太后、皇帝仍然坐在"龙庭"上,惴惴不安的文武百官也仍然保持着他们的官位。前文所说义和团进入涿州城的情形已经表现了义和团的这种弱点。当时他们并没有赶跑涿州城的清朝官员,虽然他们如果要这样做是完全做得到的。

义和团并不是无缘无故地脱离了农民革命的历史传统的。它发生于历来的农民战争所没有遇到过的新的历史条件中。它把外国帝国主义侵略者作为主要斗争对象,是适应于新的历史条件的,因此它能够在靠近京城的地区这样迅速地发展起来,以至顺利地、不费力地进入了北京。但是它既然解决不了如何把反帝斗争和反封建斗争结合起来的复杂问题,因而被"保清灭洋"这样的含糊的口号所迷惑,它也就在政权问题这个革命的根本问题上陷入混乱。

义和团在组织上一直是分散的,这个弱点,前面已经说过。它在进入北京后,仍然没有统一的组织,没有集中的领导核心。任何人,不管从什么动机出发,都可以自称为义和团。它的声势愈盛,队伍愈广,它的成分就愈庞杂,组织上的散漫性也就愈厉害。它既然始终不能形成统一的组织,当然也就不可能把建立政权的问题提到日程上来。

在进入北京后,至少有一部分义和团提出了反对"一龙二虎"这样的口号,所谓"一龙",指光绪皇帝,"二虎",一个是主持总理衙门的庆亲王奕劻,又一个是李鸿章。他们反对这三个人,并不错误,不过光绪皇帝其实并没有实权。他们把载漪、刚毅这样的封建守旧派误认为自己的朋友和支持者,则是完全错误的。他们不知道,这些封建守旧派只是想利用义和团火中取栗,随时都会对帝国主义者实行彻底的投降。

从这里更可以看到,慈禧太后为什么在紧急关头,感到必须采纳封建守旧派的主张,不惜宣布对外作战来表示自己同义和团站在一个立场上。因为不这样做,她也会立刻变成义和团所要打击的真正的"龙"。

在决定发布对外宣战诏书的同时,慈禧太后命令庄王载勋和协办大学士刚毅"统率"义和团,还拨出了两万担米、十万两银子"赏"给团民。在庄王府中设坛,要义和团来"挂号",领取粮米。载勋和刚毅虽然并不真能把义和团的行动控制起来,但是许多"挂号"过的义和团队,打出了"奉旨义和神团"的旗帜。这一来更加在群众中造成了义和团并不同朝廷对立,而是接受朝廷号令的印象。

慈禧太后的更阴险的一个措施是驱使义和团去攻打在东交民巷的各外国使馆和在西什库的天主教的北堂。驻北京的各外国使馆是帝国主义侵略势力的代表。这时,进入北京的各国士兵,在东交民巷使馆区附近四处巡街,屡屡开枪伤人。群众对于这些武装起来的帝国主义使馆是痛恨在心的。但是,对帝国主义侵略者作战当然不能拿这些使馆开刀。"歼灭"这些使馆,丝毫无助于打退外国侵略者,这个道理,当时的清朝统治者并不是不懂得的。在慈禧太后安排下,除了义和团群众外,荣禄的武卫中军和新调进城里的董福祥的甘军,都参与了对使馆和北堂的围攻。德国公使克林德在围攻使馆区以前的五月二十三日,走出使馆区,在东单牌楼附近被枪杀。开枪的是载漪所统的八旗军的一个士兵,但并不是奉上面的命令办的事。围攻延续了近两个月。董福祥部有万人,荣禄的武卫中军也有八千人,再加上几万义和团群众,竟没有攻下兵力只有四百人的使馆区和兵力只有四十多人的北堂。如果说,这也算是一场战争,那是慈禧太后挑起的用以愚弄和陷害义和团的一场"战争"。

慈禧太后之所以对外宣战,本是为了躲避义和团的锋芒。把在北京城里的义和团群众吸引去攻打使馆和教堂,正是最好地达到了这个目的。义和团虽然有几万群众,但手里有的只是大刀长矛,清朝官方是一支新式枪也没有发给北京的义和团的。在狭窄的、有许多房屋建筑物障碍的战场上打进攻战,他们大量死亡在外国兵的枪口前面。慈禧太后叫荣禄和董福祥的军队参战,既是为了表示真的宣战,以煽起义和团群众参与这场"战争"的狂热,又是为了防止义和团打胜这场"战争"。荣禄的武卫中军驻在东交民巷以东,但他们只是虚张声势,并不真打,更不急攻。董福祥军驻在东交民巷以西和以北,也只有少数兵士受义和团群众的斗争情绪的感染而比较认真地打几下。围攻西什库天主教堂的,是义和团群众和荣禄的武卫中军。当时在北京的外国人也看出来:"荣禄与法教士友谊甚好,暗中维持,命军队不必猛攻,实有一种延缓之政策,与其所施于使馆者同"①。但荣禄这样做,并不只是因为"与法教士的友谊甚好",而是领会和执行了慈禧太后的意图。

荣禄和董福祥都很懂得,太后给他们的真正任务,与其说是攻打使馆,不如说是在义和团的进攻前加以保护。六月二十三日给沿江沿海各省督抚的一道上谕说:"一月以来,除德使被乱民戕害,现在严行查办外,其余各国使臣,朝廷几费经营,苦心保护,均各无恙"②。从上述慈禧太后的这些布置来看,的确可以说是"苦心经营"。六月二十八日的又一道上谕中说:"现幸各国使臣,除克林德外,余均平安无恙,日前

———————

① 《义和团资料》第二册,第293页。
② 《义和团档案史料》上册,第344、365页。

并给各使馆蔬果食物,以示体恤"①。一方面形式上派兵和义和团群众一起围攻外国使馆,一方面又派官员送"蔬果食物"到使馆去表示慰问。显然,这不过是慈禧太后所导演的一场闹剧,为的是把义和团群众的反帝斗争的情绪和精力白白地发泄掉。

(五)在反侵略战争的前线

在天津方面,义和团站在反侵略战争的前线。受反侵略的群众运动的影响,清朝官军中一部分下层官兵积极地同义和团并肩作战。

帝国主义各国在大沽口的舰队五月二十一日(6 月 17 日)凌晨占领了大沽炮台,是经过了六小时的激烈战斗的。清朝当局在大沽口设有相当完备的炮台,但是对这次战争毫无具体准备。守炮台的官兵仓卒地对敌人的挑战作出了反应,开炮轰击,使敌方为占领炮台付出了一定的代价。据当时李鸿章的一个电报中说,他从清朝驻日本使馆得悉,在这次大沽口之战中,"英损一舰,日毙一将,俄死伤较多"②。

这时,由天津出发想到北京的英国海军上将西摩尔统率的二千名由各国海军官兵组成的军队,在五月十九日到达廊坊后,因为义和团群众的阻击无法继续前进,被迫退回,沿途又遭到义和团和清朝军队的袭击、包围。除非得到增援,他们回不到天津租界。而天津外国租界的兵力只有二千四百人,其中主要是一千七百人的俄国陆军。他们被蜂起的义和团群众所包围,无法分兵接应西摩尔的军队。在这种窘迫的情况下,天津租界的外国军队曾决定,如果没有从海上来的援军进到天津,他们就只好放弃天津租界,向大沽口方面撤退。而这种撤退也是很危险的,因为从天津到大沽四十公里的途中,有密集的义和团群众和清

---

① 《义和团档案史料》上册,第 344、365 页。
② 同上书,第 186 页。外国人的材料说:"联军的损失是六十四名阵亡,八十九名受伤。"(见马士:《中华帝国对外关系史》第 3 卷,中译本 1960 年版,第 221 页)

朝军队。在各侵略国夺占了大沽炮台后,大量的军队登陆。五月二十七日(6月23日),有俄、日、英、美、法等国的军队共八千人由大沽一路经过激战到达天津租界。加上原在天津租界的兵力,再加上由于得到接应而在五月三十日退到天津租界的西摩尔的军队,集中在天津城外紫竹林租界的侵略军共达一万二千人,其中俄国兵六千人,日本兵四千人。在大沽还有六千多的兵力。侵略军既然得到加强,他们就想立即实行占领整个天津。这样就在天津发生了历时近一个月(五月二十日左右到六月十七日)的激烈战斗。

在五月里,义和团势力已遍布天津。当时人记载,五月中旬,“在城内三义庙,树义和团旗,设坛聚众,无业游民纷纷往投”。“津城内外设坛数十处,群推三义庙为首,号曰总团。凡会议皆诣三义庙”。“团皆红巾蒙首,余布二尺余,托至脑后,红布围腰,红布裹腿,手执短刀,数十成群招摇过市。……途遇道府县,皆叱令下舆免冠。司道、府县、衙参皆不敢冠带。”①义和团群众焚毁了所有的外国教堂,而且同进行干涉的洋兵发生了初步的冲突。对于这种好像突然从地下冒出来的力量,坐镇天津的直隶总督裕禄毫无办法,只能承认它的存在,而且甚至让义和团派人来保卫他的衙门。

到了大沽口之战后,跟着北京朝廷的风向,裕禄公开实行招抚义和团的政策。天津附近各县的义和团纷纷进入天津。六月初,裕禄报告朝廷说:“各属义和团民先后来津,随同打仗。”他接见了一些义和团的头头,例如“带同所部团民五千人”的“静海县独流镇团总张德成”。裕禄说,除张德成外,“如静海之曹福田、韩以礼,文(文安)、霸(霸州)之王德成,均尚可用”②。这时,在天津的义和团群众已达三万人以上。奉朝廷命令到天津了解情况的官员刘恩溥报告说:“团民虽有大小头

---

① 《义和团资料》第二册,第141、142页。
② 《义和团档案史料》上册,第210页。

目,而肯报名造册,藉便稽核者,不过十之四五"①。可见大部分义和团群众并没有接受招抚。裕禄虽然并不能通过他所认为"可用"的头子来把义和团群众控制起来,但却做到了使他们不能自行联合组织起来,三义庙的所谓"总团"渐渐地也就不存在了。

在天津的清朝官军原有聂士成(任直隶提督)所率的武卫前军,六月初,朝廷又遣马玉崑率领一部分武卫左军到天津。聂士成的部队曾奉令在直隶各地"剿灭"义和团,但在抵抗外国侵略军的天津保卫战中却进行了比较英勇的战斗。聂士成自己于六月十三日在天津城以南的八里台为抵抗侵略军的进攻而战死。他的部队转归马玉崑统帅。马玉崑在作战时要义和团群众作先锋,让官军殿后。在十三日夜里进攻租界的一次战斗中,义和团群众阵亡二千多人,而官兵连受伤的人都很少。当时有人记载说,义和团既遭到洋兵的轰击,又被在他们背后的官兵所枪杀,"故是夕团匪死者如此之多,并非皆洋兵打死。"②朝廷又派了一员大将宋庆到天津任帮办北洋军务大臣,当裕禄的助手。宋庆在受任时为慈禧太后接见。此人是在中日甲午战争中不战而退的将领,他向太后表示:"中东之役,仅与日本开衅,尚不能支,何况今拒八国"③?可见慈禧太后派他来,并不是为了认真打仗。宋庆在十四日到天津,十七日就"下令军中,痛杀"义和团群众④,当时人记载说:"宋军遇团即杀,年十六岁以下,则酌给川资,令其回里。半日间城内外树旗设坛者皆散去。"⑤就在六月十七日(7月13日)这一天,俄、英、美、日、法等国的军队发动了对天津城的进攻,第二天清晨攻入城里。这时,天津城外,清官兵还有七八十个营,并没有受到严重损失,都纷纷向西撤退了。

在城市的复杂条件下,又加以义和团的存在得到了官方的承认,以

---

① 《义和团档案史料》上册,第 279 页。
② 《义和团资料》第二册,第 171 页。
③④ 刘孟扬:《天津拳匪变乱纪事》。同上书,第 35、39 页。
⑤ 《义和团资料》第二册,第 156 页。

义和团名义活动的人中间不可避免地混入更多的动机不纯的分子和流氓分子,他们乘机谋取私利和造作各种荒谬无稽的谣言(例如说用这样那样的"法术"就可以轻易地战败洋人等)。落后的迷信在当时的城市居民和官场中是很有市场的。于是环绕着义和团的神话就越来越盛了。例如参加义和团活动的有不少妇女,她们在天津被称为"红灯照"、"蓝灯照"。社会上传说,她们能够"作法",云游到远处纵火杀人,夜间空中就出现红灯、蓝灯。这种怪诞的神话不能掩盖来自下层社会、较少受封建礼教束缚的妇女群众勇敢地参加战斗的精神。

义和团的基本群众在天津是同帝国主义侵略军作战的主力,他们英勇地战斗在反侵略的前线。他们曾打开官方的军械所,得到了一些枪支。但是他们一般地只有老式的冷兵器。他们在迎击当面的敌人时,又往往遭到从背后来的枪弹的射击。上述的奉旨到天津视察的官员刘恩溥向朝廷的报告中说:"团民大半手持刀矛,以血肉之躯与火药相敌,均属发于义愤,然皆勇而无谋"①。他又说到他所目击的十七日的战斗情形说:"宋军马军后队均退至十八里之北仓。团民虽抵御不退,苦无军火"②。可见在天津失守前一天,真正坚持作战的还是义和团。义和团的爱国群众,没有正确的领导,误信清朝官方真是要和洋人打仗,被驱使在一场城市保卫战中以血肉之躯与洋枪洋炮为敌。清朝官方当然没有资格讥笑他们"勇而无谋"。其实,官方正是利用他们的"无谋",而把他们碾碎在帝国主义侵略者的战争机器里。

监察御史郑炳麟(就是四月初提议收编义和团的那个御史)六月初九日的一个奏摺很能说明问题。他主张,对于京城内使馆区的洋兵,"请饬城内武卫各军剋期迅奏肤功,犁庭扫穴,尽戮之,以灭洋人之口。将来可尽诿之乱兵、乱民所为,非我所能禁御"。这时虽然朝廷已下过宣战诏书,这个御史却预计到,将来要用朝廷控制不了的理由而把杀洋人的责任推给"乱兵"、"乱民"。但是让"乱兵"、"乱民"久处在京城中

---

①② 《义和团档案史料》上册,第279、299页。

是危险的,所以他接着说:"然后,尽移武卫军率义和团均赴津沽,俾当前敌,而以官军鞭笞督饬,使义和团奋勇杀敌"①。也就是,让义和团尽为外国军队杀掉。这样,他以为就可以使京城里"安堵如常"了。虽然事情的发展并不尽如这个御史的设想,但是他的确说出了以慈禧太后为首的朝廷所施行的计谋。

还可以看一下在天津沦陷后不久,清朝政府给东北三省官员的指示,那更是赤裸裸地表现了它的恶毒的可耻的阴谋。那时东北三省也兴起了义和团运动,群众拆毁俄国人修筑的铁路。俄国人有借端大举出兵的态势。六月二十六日朝廷给盛京(即奉天,今辽宁)、吉林、黑龙江三省长官的上谕说:"此次衅端,本由拳民而起,拳民首先拆毁铁路,我仍可作弹压不及之势,以明其衅不自我开。各该省如有战事,仍应令拳民作为前驱,我则不必明张旗帜,方于后来筹办机宜可无窒碍"②。七月九日,俄国军队已经侵入边境,吉林将军得到的上谕说:"该将军当懔遵叠次谕旨,如与俄兵接仗,务令拳民先驱,我军不可明张旗帜。"③

但是在帝国主义列强看来,清朝政府采取了这种策略,毕竟不是一件好事情。如果没有义和团运动,不可能设想无论是慈禧太后、光绪皇帝还是任何当权派会发出五月二十五日那样的宣战诏书。清朝政府本来已经成了帝国主义列强的百依百顺的奴才,现在却突然陷入了义和团反帝运动的俘虏的地位,它正在不择手段地尽力从这种地位里摆脱出来。帝国主义者的出兵,就是要扑灭义和团,镇压中国人民的反帝运动,帮助清朝政府摆脱它所处的困难地位,以便重新建立帝国主义列强统治中国的秩序。

---

① 《义和团档案史料》上册,第245页。
②③ 同上书,第360、429页。

第十九章

八国联军和义和团的失败

（一）八国联军侵占北京

占领了天津的各国侵略军,立刻组织兵力,策划向北京进军。在天津沦陷二十天后,一支共为一万九千多人的侵略军由天津沿着运河两岸向北京出发了。

在这支侵略军中,日本兵为数最多,有八千人。英国当时正陷入南非的殖民地战争中,只能派出三千人的兵力参加对北京的侵略。美国对这次侵略进军虽很积极,但也只能以二千五百人的兵力参加。英国、美国都怂恿和支持日本多出兵,是为了抵制俄国和德国在这场联合的侵略战争中取得优势。沙皇俄国这时除了乘机侵略中国的东北地区外,又积极地参加对北京的侵略进军。在这支侵略联军中,俄国兵有四千八百人,数量仅次于日本。抱着在远东扩张侵略势力的野心的德国皇帝,以德国驻北京公使被杀害为借口,已下令组成七千人的对中国的侵略军。但在这支侵略联军从天津出发时,德国军队还没有赶到。法国人参加这支侵略联军的有八百人。此外,奥匈帝国和意大利在远东都没有什么兵力,各派了五十多人参加这支侵略联军。

这支侵略联军从天津出发后十二天,在光绪二十六年七月二十日(1900 年 8 月 14 日)打到了北京城。这是继四十年前的咸丰十年(1860)英法联军占领北京以后,北京城又一次为外国帝国主义强盗所占领。

这时,清朝政府在京津之间拥有相当大的兵力。从天津撤退下来的裕禄、宋庆、马玉崑等人的部队有两三万人,卫戍北京城的有荣禄、董福祥等人的部队约三万人,还有两万多的八旗兵(满洲兵),再加上这时应清朝政府的征调从外省来到京畿的军队,一共至少有十万人的兵力。在英法联军之役时,清朝政府正以全力与太平天国搏战,根本无意在北方抵抗外国侵略者。而这次,清朝政府已经宣布对外作战。如果它以在京津间的军队认真作战,并且真正发动和依靠义和团群众的力量,那么,不到二万人的侵略联军,这样轻易地侵入北京,是不可能的。

以慈禧太后为首的清朝当局只是在字面上发布了宣战诏书,事实上没有应战的决心,也没有坚决抵抗的部署。一些懦怯的将领所统帅的腐朽的军队,在敌人的进攻面前几乎全部是不战而溃。侵略联军在天津以北十公里的北仓遭到聂士成的一些残部和几千义和团武装群众的袭击,发生了比较激烈的战斗。北洋大臣裕禄和他的副手宋庆的部队,在天津以北三十公里的杨村和侵略军稍一接战,就全部败退。裕禄自杀,宋庆和马玉崑从此就一路逃跑,再不作战了。在侵略军进抵北京前十天,原任巡阅长江水师大臣的李秉衡奉旨进京,慈禧太后派他到通州以南御敌,归他指挥的三十个营,一万多人的部队,大部分在只听见敌人枪声时就四散逃跑了,其他一小部分在进行了一些不像样的战斗后也都溃散。李秉衡上报朝廷说:"就连日目击情形,军队数万充塞道途,闻敌辄溃,实未一战。所过村镇,则焚掠一空"①。李秉衡手下已无一兵一卒,他无法再战,服毒自杀。侵略联军进抵通州。

---

① 《义和团档案史料》上册,第469页。

　　义和团群众虽然在京津之间不断给予侵略军以袭击和骚扰，但是他们不可能实行有力的和有效的抗击。他们不但没有较好的武器，而且没有统一的组织。由于清朝当局的摆弄，义和团成分极为复杂，良莠不齐，有些地方的义和团组织其实是在土豪、恶霸、流氓、地痞操纵之下，这种挂着义和团招牌的组织在侵略军来到的时候也就自行涣散。成分较好的义和团队伍则分散到了铁路线以外的乡村中去了。

　　七月十九日夜间，侵略联军到达北京城外，他们从南面和东面攻城。有一部分义和团群众自发地上城抗御敌人的进攻。清朝官军中董福祥的甘军号称是最能作战的，他以迎战为名率部出城，其实是向敌人来的相反的方向，北京以西撤退了。荣禄统率的武卫军以及载漪统率的称为神机营、虎神营的旗兵一听到敌军压城，全都逃散无踪，荣禄本人带了几个营经西直门逃走了。这样，一夜之间，侵略联军就攻进了北京城。

　　在北京沦陷的时候，慈禧太后携带了光绪皇帝和一些皇族、大臣，仓皇离宫，从北京城西北，出德胜门逃亡出去了。他们经昌平，出居庸关，转入山西省境内。

　　尽管慈禧太后的朝廷五月二十五日下过宣战诏书，但是，在侵略军队步步逼紧的过程中，清朝政府不断地通过各种途径向侵略各国表示朝廷本意并不是要作战，请求各国"谅解"。

　　六月初三，这时，大沽口已经被占，各国侵略军正在进攻天津，朝廷有一道电文通知各驻外使臣，要他们向各国政府"切实声明，达知中国本意。"这道电文一开始就说："此次中外开衅，其间事机纷凑，处处不顺，均非意料所及。"电文中明确地把义和团说成是"乱民"、"乱党"，电文说：在直隶、山东两省的"乱党""熔成一片，不可开交"的时候，"朝廷非不欲将此种乱民下令痛剿，而肘腋之间，操之太蹙，深恐各使保护不及，（深恐保护不了各国驻中国的使馆——引者）激成大祸"。电文更说："中国即不自量，亦何至与各国同时开衅，并何至持乱民以与各国开衅。此意当为各国所深谅。"①

到了六月初七日和二十一日（这时，天津已经沦陷），清朝又以皇帝的名义向俄国、日本、英国、法国、德国、美国分别发出国书。这些国书的基本内容都是要求它们"设法维持"，"挽回时局"，所用的语言大体上是一致的，都是说："近因民教相仇，乱民乘机肆扰，各国致疑朝廷袒民嫉教。……致有攻占大沽炮台之事。于是兵连祸结，时局益形纷扰"②。这些国书，很明显的，是乞怜求和的姿态，是要求各国千万不要误会，以为清朝政府真是同反对外国侵略者的人民站在同一立场上。

侵略各国也确实自始至终没有发生这样的误会。当它们共同以武力夺取大沽炮台，占领天津的时候，它们一致认为，"对中国（也就是对清朝政府——引者）的战争状态并不存在"③。各国司令官共同决定采取的态度是："我等之本国，现与中国政府保持和平，故决非对中国政府进兵"。"此次进兵之目的，在讨伐以义和团之名欲颠覆中国政府之有力叛徒"。"援助中国政府镇压叛徒，若中国政府不讨伐叛徒，则各国自行讨伐。"④日本六月十七日发出对清朝皇帝六月七日的国书的复信，其中说："迩来北方团匪，日益猖獗、妄动乱举，无所不至。现驻北京各国钦差暨各署员等，被其绕围攻击，并闻某国使臣已被击杀，而贵国所派官兵不能救护使臣，又不能弹压匪徒。……自上月以来，各国将大兵派往天津，日本亦不得不调派兵员至该地，此系专为弹压匪类救护使臣起见，并无他意。"⑤日本的这个国书是有代表性的。参加侵略联军的各国虽然各有他们自己的打算，但是在这一点上它们是一致的，它们都表示，进兵北京的用意是在于救护在北京被围困的使馆，并且帮助清朝政府"剿匪"。

---

① 《义和团档案史料》上册，第202—203页。
② 同上书，第228页。
③ 马士：《中华帝国对外关系史》第3卷，第244页。
④ 王芸生：《六十年来中国与日本》第4卷，1932年版，第10—11页。
⑤ 《清光绪朝中日交涉史料》第54卷，第21页。

在四十年前的英法联军之役时,侵略者宣布,他们是以战争的手段来惩戒顽固不化的清朝政府,不与人民相干,想以这种说法来骗取中国的民心。英法联军侵占北京的结果是侵略者与清朝政府携手共同镇压太平天国。但在这一次战争中,侵略者一开始就明确地表明,他们进兵北京是为了镇压以义和团为代表的敢于反抗帝国主义侵略的中国人民,而并不是与清朝政府为敌,恰恰相反,他们倒是要来拯救这个政府,使他不至于在"暴乱"的人民群众的挟持下继续干自己所并不想干的事情。

逃亡出北京的朝廷,在七月二十五日有一道上谕给在上海的已经奉命向侵略各国乞和的李鸿章,其中说:"此次衅起民教互斗,朝廷办理为难情形,已历次备具国书,详告各国。彼方以代民除乱为词,谓于国家并无他意(就是说对清朝政府没有坏意——引者),而似此举动(指攻入北京城之举——引者),殊属不顾邦交,未符原议"①。这段话表现了一点对侵略者的怨恨:本来讲好是为镇压义和团而用兵,怎么闹到使朝廷不得在北京安身,实在是太不给面子了。

(二)"东南互保"和李鸿章议和

义和团运动在北方各省,特别是在京津地区造成这样大的声势,甚至迫使清朝朝廷作出对外作战的姿态,当然不能不在全国引起强烈的震动。

六月份,在四川、湖北、湖南、江西、浙江、福建各省都发生了火烧外国教堂的群众行动。湖南南部的衡阳、衡山、安仁、常宁、耒阳、零陵各地的教堂差不多同时被烧掉,并有充当主教和其他教会职务的洋人被杀死。浙江西部江山、常山的群众反洋教的斗争发展为武装起义;群众占领了江山县城,杀死了西安县(今衢县)的知县。同时,在浙东沿海

① 《义和团资料》第四册,第39页。

许多地方也发生了外国教堂被烧毁或被捣毁的事件。在这些南方省份中虽然没有义和团组织,但是下层群众中的各种类似性质的秘密结社在这时都活跃起来了。有些地方官绅趋向于乘机发泄他们隐藏在心底的对于洋人的仇恨。北京的朝廷承认义和团的合法地位,发布对外作战的诏书(这个诏书是下达到各省督抚的),虽然是个大骗局,然而不可能不在全国造成影响。

北京朝廷已经难以控制整个国家。帝国主义侵略者虽然可以出兵打下天津,打进北京,但显然也不可能直接用兵力来镇压全中国到处沸腾起来的驱逐帝国主义势力的热潮。

在这种情形下,以洋务派官僚为主的南方各省的督抚,成为外国帝国主义者的最有用、最得力的工具。他们在这些省份中,竭力继续保持半殖民地的秩序,从而受到了帝国主义者的高度赞赏。

两广总督李鸿章、湖广总督张之洞、两江总督刘坤一,一开始就坚决主张剿灭义和团。他们对于朝廷听从守旧派官僚的主意,以"抚"字诀对待义和团是一贯反对的。他们以为这样做,只会得罪外国帝国主义而造成不可收拾的局面。刘坤一、张之洞在五月十九日联名电奏朝廷说:"拳匪势甚猖獗,各国纷纷征兵调舰,大局危急。……如再迟疑不自速剿,各国兵队大至,越俎代谋,祸在眉睫。"这个电文还提到,赫德有电给他们说:"大局若无速转机,各国定并力大举,危亡即在旦夕"①。可见代表英国利益的赫德这时正在动员坐镇长江流域的这两个总督,想用他们的力量来影响朝廷的决策。长江流域是英国视为势力范围的。这时英国政府又授权驻上海和驻汉口总领事通知这两个总督:如果他们"采取了维持秩序的方法",他们将受到英"帝国海军的协助"②。张之洞五月二十二日电告刘坤一说,他已向英国人表示:"我与

---

① 《刘坤一遗集》第三册,第1431页。
② 《英国蓝皮书——议会文件》。《义和团资料》第三册,1953年版,第518页。

刘帅皆极愿与英联络"①。张之洞还照会各国驻汉口领事说:在湖南、湖北,对于"洋商洋教士","本部堂力任保护,当不致痞匪滋生事端,即使偶有生事猝防不及者,乌合之众,官兵威力,亦可立时弹压扑灭,断断不能任其滋蔓。长江下游一带,有两江总督部堂刘。昨与电商,亦已严密布置防范,意见相同,力任保护下游"②。可见,张之洞与刘坤一已明确表示,一定要负责保护各帝国主义国家首先是英国在长江中下游各省的利益。

五月二十五日朝廷的宣战诏书下来以后,两广总督李鸿章把它看成是个伪诏,决定不照办。他有一电报给在上海的盛宣怀说:"廿五矫诏,粤断不奉。希将此电,密致岘香二帅"③。"岘香二帅"就是指刘坤一、张之洞。任铁路督办的买办官僚盛宣怀,这时成了串连李鸿章、张之洞、刘坤一共同实行所谓"东南互保"的中心人物。盛宣怀致这几个总督的电文中说:"各省集义团御侮,必同归于尽。欲全东南以保宗社,东南诸大帅须以权宜应之,以定各国之心。"④这个电文的意思是,如果东南各省按照上谕所说,发动义和团这类组织抵御外国侵略,那就会同归于尽,所以必须采取权宜之计来维持各省的现有秩序,使各国放心。

在盛宣怀策划下,由上海道台余联沅加上张之洞、刘坤一委派的官员(盛宣怀本人也列席),组成代表团在上海同以美国总领事古纳为首的各国领事进行会商。双方在五月三十日签订了所谓《东南保护约款》九条,其中规定"上海租界归各国公同保护","长江及苏杭内地各国商民教士产业均归南洋大臣刘,两湖督宪张允认切实保护"⑤(两江总督刘坤一又有南洋大臣的职衔)。对于刘坤一、张之洞和外国人订

---

① 《张文襄公全集》第160卷,《电牍》三十九,1928年刻本,第17页。
② 同上书,第103卷,《公牍》十八,第19页。
③ 《李文忠公电稿》第22卷,1905年刻本,第40页。
④ 《愚斋存稿》第36卷,第6页。
⑤ 《中外旧约章汇编》第一册,第968页。

立的这个章程,李鸿章当然完全赞成。长江上游的四川总督奎俊也立即表示同意和响应。闽浙总督许应骙七月二日电告盛宣怀,他在福州实行的也是同样的办法,因为他已同驻福州英领事建立了类似的联系,所以他同意加入"东南互保"。这个章程使帝国主义各国可以放心地在北方用兵而不必担心南方发生对他们不利的局势。所以当时的美国人说:"所有的南部和中部各省的高级官员,……都已与各国结成联盟"①。英国并有十三艘兵舰驶入长江。七八月间,英国、法国、德国、日本又相继派了一些军队在上海登陆。

和南方各省督抚采取同一立场的,还有陕西巡抚端方和山东巡抚袁世凯。袁世凯所部号称是北洋军队中的劲旅,他的驻地又同天津战区近在咫尺,但他不出一兵一卒援助天津。他在山东实行所谓"保境安民"。在英国人向他征询对于东南互保条约的意见时,他答复说:"我的意见和那几位总督相同"②。

这些督抚自行和帝国主义各国联络,承担保护他们的利益的责任,这在形式上显然同北京朝廷的宣战诏书相抵触。山西巡抚毓贤在六月十一日报告朝廷,他刚收到盛宣怀从上海来电说,"长江、川、东(山东)、苏、浙、闽、粤各省,已与各国议明,中外互相保护,两不相扰,各国已经照会应允。"毓贤表示,他看到这个电报后,"不胜骇异",认为"似此情节支离,显系奸宄捏造"③。这大概是朝廷第一次得到有关此事的报告,但它对此并不采取任何措施。后来还有官员弹劾李鸿章,说他"纠合十余省督抚,保护外洋商务,使敌国无粮饷匮绝之虞,并力抗我"④。也有官员攻击说:"东南各省督抚,谬托保守大局之名,定约九条,实则为苟且偷安之计"⑤。这些官员都不懂得朝廷宣战的本意。朝廷不但不责备东南各省督抚,而且是同意他们这样做的。

---

①② 马士:《中华帝国对外关系史》第3卷,第248页。

③ 《义和团档案史料》上册,第257页。

④⑤ 同上书,第394、573页。

六月二十五日,刘坤一、张之洞和四川总督奎俊以及安徽、浙江、江苏三省巡抚联合奏报,用含糊其词的说法报告了他们同各国"订定章程"这件事①。朝廷在答复他们的上谕中却毫不含糊地表示了同意:"朝廷本意,原不欲轻开边衅。故曾致书各国,并电谕各疆臣,及历次明降谕旨,总以保护使臣及各口岸商民为尽其在我之实,与该督等意见正复相同"②。到了各国侵略联军占领北京后,逃出北京的朝廷在一道上谕上说得更加明白:"前据刘坤一、张之洞等奏,沿海沿江各口商务照常,如约保护。今仍应照议施行,以昭大信。"③

在这些督抚中,李鸿章是个头头。他虽然在光绪二十四年由于英俄矛盾而被排挤出总理衙门,但在官僚集团中,仍然被认为是最善于同洋人打交道的人。他在二十五年底任两广总督,二十六年五月二十二日,他奉旨立即北上入京,那正是大沽口被侵略军夺占的时候。朝廷这时起用李鸿章,当然是为了想靠他来联络各国,和缓局势。李鸿章看到北方局势混沌,他还要观望一下,所以借故留在广州,迟迟不北上。他在广州"五次电奏,均请先清内匪,再退外兵"④。六月五日他致电刘坤一说,"荣庆(指荣禄和庆亲王奕劻——引者)尚不能挽回,鄙人何敢担此危局? 各国兵日内当抵城下,想有一二恶战,乃见分晓"⑤。他是在坐待这场"恶战"的结果,然后再定他的行动方针。

六月十二日,朝廷又授给李鸿章以直隶总督兼北洋大臣这样的有实权的职位。经过朝廷的催促,李鸿章在六月二十日才乘轮船离开广州到了上海。这时天津已经沦陷了。他并没有按照朝廷的要求赶快入京,而是在上海停留下来。七月初一日,刘坤一、张之洞纠合了闽浙总督许应骙、四川总督奎俊、两广总督德寿、陕甘总督魏光焘、山东巡抚袁世凯以及浙江、安徽、江苏、陕西巡抚等共同电奏,要求授李鸿章以"全

①②　《义和团档案史料》上册,第356、365页。
③　同上书,第489页。
④　同上书,第317页。
⑤　《李文忠公电稿》第23卷,第11页。

权"，让他"就近在上海与各国电商,藉探消息,察其意向"①。这个电文表明这些督抚一致主张赶快求和,而且他们一致把李鸿章看做唯一能担当这个任务的人。这时,李鸿章在上海已开始同清朝派驻各国的公使直接联系,让他们探听各国意向。七月初六日,李鸿章在上海同刘坤一联名上奏朝廷,要求朝廷立即下令各省督抚和各统兵大员办几件事,其中主要的就是"按照条约一体认真保护""各国洋商教士",并"认真剿办"一切"土匪"和"乱民散勇"。这时侵略联军尚未从天津出发,这个奏文中说:"目前各国添兵,以救使剿匪为词,声明天津之战非与我国家开衅,尚不致为非常之祸",但延迟下去,再不切实地剿匪和保护外国人的利益,京城就难免受灾了②。这个奏文很明显的,完全是按照侵略各国的意旨说话。

当侵略联军在从天津到北京路上的时候,七月十三日,朝廷授命仍在上海的李鸿章为"全权议和大臣"。于是一方面是各国侵略军攻入北京城,一方面是李鸿章在上海向各国打听在什么条件下才可以停战。到了北京已经沦陷后,七月三十日,正在向山西太原逃亡的朝廷下令,"全权大臣李鸿章,著准其便宜行事,将应办事宜,迅速办理,朕不为遥制。"③

这样,洋务派官僚成了收拾时局的中心力量。向占领首都的侵略者求情乞和的任务落到了洋务派的领袖——李鸿章的身上。

(三)一群明火执仗的强盗

侵略联军侵入京城,朝廷仓皇逃遁,文武百官也纷纷窜逃。没有来得及跑,还在京内的大学士昆冈等几个官员找到了有清朝官衔的英国

---

① 《义和团档案史料》上册,第387页。
② 同上书,第416—417页。
③ 《义和团资料》第四册,第43页。

人赫德,要求"设法斡旋,以救眉急"。赫德表示应该让庆亲王奕劻赶紧进城,与各国"商议和局大事"①。英国人不急于要李鸿章到北京是因为他同俄国关系密切的原故。在流亡途中的朝廷接到昆冈报告后,下令著已经跑到宣化的奕劻立即回到北京,同时催促还在上海的李鸿章北上。奕劻在八月初十日回到北京。英国、日本的军队把他护送进城,他带的卫队则全被解除武装。他进城后,见到了各国公使,但他们却并不同他"商议和局大事"。一个当时在北京的英国记者说:"人言庆王今在日本人掌握之中,如一囚徒,无权开议"②。他自己在向朝廷的奏报中说:虽然由于李鸿章尚未来京,无法同各国开议,但他已经"往拜俄、英、美、法、意、比、日本各公使,备述此次拳教相仇,致使各国动兵,并婉谢各国洋兵保护宗社臣民盛意"③。居然向升堂入室的强盗表示感谢,这个亲王其实不能说是囚徒而是个道地的奴才!

由于俄国人向李鸿章表示愿意承担"保护"他的责任,李鸿章在八月二十五日从上海坐船北上。他向朝廷报告说:"天津进口,须有各国保护接待,乃可畅行无阻"④。他和他的随员到了大沽以后,就在俄国的哥萨克兵的伴同下乘火车到津。这时的天津已成为列强军事管制下的殖民地城市。侵略各国在六月十八日占领天津之后立即成立了所谓"天津市临时政府委员会"(当时,中国人称之为"天津都统衙门"),由参加天津战事行动最多的俄国、英国、日本各派一名代表组成这个委员会。后来由于其他侵略国也坚持要参与,这个委员会增加了代表德、法、美、意、奥的委员。列强共管的临时政府在天津向居民抽税,进行司法审判,用砍头示众的办法对付他们认为是义和团的中国人。李鸿章是有直隶总督的官衔的,当他到了天津后,这个临时政府认为"李鸿章

---

① 《义和团档案史料》上册,第497页。
② 《庚子使馆被围记》,见《义和团资料》第二册,第388页。
③ 《义和团档案史料》上册,第574页。
④ 同上书,第664页。

可作为私人看待,而他的来临并不影响天津临时政府的工作"①。一个在天津负责接待李鸿章的俄国官员说:"李氏实际上是受到礼遇的俘虏"②。

李鸿章在接受俄国人保护的同时,也力求设法讨好其他各侵略国。他把随带的五十万两白银存进了英国的汇丰银行。他在天津住了半个月,闰八月初九日到达北京。庆亲王也被授为议和全权大臣,会同李鸿章办理。但侵略各国仍然不同这两个全权议和大臣开议。直到十一月初,侵略者才正式提出议和的条件。这不仅因为列强之间需要调整相互间的矛盾,经过磋商才能在议和条件上取得一致意见,而且因为它们都不急于议和。它们要乘此时机,大肆进行一番掠夺,同时对敢于反抗的中国人民进行武力镇压。它们之所以需要李鸿章和庆亲王,首先还不是要他们在议和条件上签字,而是要通过他们使流亡的朝廷懂得只有彻底采取同帝国主义合作的态度才能存在下去,并且需要他们约束残留在北方的清朝军队,顺从侵略者的意志,共同镇压义和团势力。

八国联军到处烧杀抢掠,以致京津之间,"沿途房屋未经被毁者极为罕见。大都早已变成瓦砾之场。……从大沽经过天津直到北京之路线上,至少当有五十万人,变成无屋可居"③。当各国侵略联军打进北京城后,就像一群强盗在被他们打开了的宝库前面一样。整个北京城,包括城市中心的皇宫和城外的颐和园,遭到了洗劫。除了军官和士兵外,还有传教士也参加了掠夺。当时的法国报纸有这样的记载:"一个回国的兵士叙述说:从北堂我们开向皇宫。修道士们跟着我们去","我们奉命在城中为所欲为三天,爱杀就杀,爱拿就拿,实际抢了八天。教士们做我们的向导。"④联军统帅瓦德西的笔记中招认:"联军占领北

---

① 马士:《中华帝国对外关系史》第3卷,第320页。
② 科罗斯托维茨:《俄国人在远东》,李金秋等译,商务印书馆1975年版,第140页。
③ 《义和团资料》第三册,第29页。
④ 转引自邵循正的文章,见《义和团运动史论丛》,三联书店1956年版,第127页。

京之后,曾特许军队公开抢劫三日,其后更继以私人抢劫。北京居民所
受之物质损失甚大,但其详细数目,亦复不易调查。现在各国互以抢劫
之事相推诿,但当时各国无不曾经彻底共同抢劫之事实,却始终存
在。"①瓦德西是德国的元帅,德皇威廉第二派他统率侵华德军,并且为
他争取得了联军总司令的地位。德国侵略军是在北京沦陷后赶到北京
的。瓦德西本人则在闰八月初(1900 年 9 月底)才到天津,而于这个月
二十四日(10 月 17 日)到北京。他的笔记生动地描绘了英、日、美、俄、
法各国军队在对北京的劫掠中谁也不甘落人之后。当时在北京的一个
英国记者则记载说,在闰八月间,"仍时有新兵入城,其中以德兵为最
横,天刚黑,他们就从事劫掠,自称德皇训词中命令他们这样做,他们不
过是遵奉命令而已。"②

在北京城内,侵略各国的军队实行分区占领。但对于紫禁城,他们
相约不实行占领。这表示他们仍然承认清朝政府。不过事实上各国的
军官们和兵士们都曾利用各种机会进入紫禁城劫掠财宝。瓦德西在中
南海的仪鸾殿里设立他的司令部。仪鸾殿是慈禧太后住过的地方,珍
宝甚多,在瓦德西迁出时,就被烧毁了。

侵略联军在所到之处屠杀义和团和其他群众。一个当时在北京的
中国文人记载说:"城破之日,洋兵杀人无算。……街上尸骸枕籍,洋
兵驱华人舁而埋之。畚锸既毕,即将舁尸之人尽行击死,亦埋坑中。"③
英国记者辛普生也记载他目击的情形说:"法国步兵之前队路遇中国
人一团,其内拳匪、兵丁、平民相与挽杂,匆遽逃生。法国兵以机关枪向
之,逼至一不通之小巷,机关枪即轰击于陷阱之中,约击十分钟或十五
分钟,直至不留一人而后已"④。

在侵略联军占领了天津和北京后,北京天津附近地区已没有清朝

① 《义和团资料》第三册,第31—32 页。
② 同上书,第二册,第388 页。
③ 同上书,第470—471 页。
④ 《庚子使馆被围记》。同上书,第358 页。

官军,但不少地方还有义和团在活动。侵略联军首先在这个地区内到处进行劫掠焚烧。例如八月间侵略联军到天津西南二十多公里的独流镇,这里是义和团活动的一个中心,侵略军焚毁了这个镇子。侵略军在劫掠北京以东的通州、武清,以南的良乡、涿州和以西的三家店等地的时候,都遭到义和团群众的激烈的抵抗。

侵略各国争先占领从天津到山海关的铁路线。在这条铁路线上,芦台、秦皇岛、山海关等地还有清朝军队。已经到达天津的李鸿章,根据俄国人的要求,下命令给这些地方的军队对于前来占领的侵略军不得进行抵抗。俄国军占领了芦台,接着就乘火车到山海关,但英国军舰抢先一步到了山海关,占领了这里的炮台和车站。为此,英俄间发生了争执。经过瓦德西的调解,强盗间达成妥协;山海关的炮台和车站由各国共同占领,山海关要塞司令由英国人担任,而天津到山海关的铁路由俄国人管理。这条铁路线上的秦皇岛、北塘则已由德国军队占领。

侵略军队又以讨伐义和团的名义进兵冀中地区。一支法国军队到达了献县,这里是直隶省东南部天主教的中心。这支法国军队摧毁了这里的若干被认为积极进行反教会斗争的村庄,接着又向西到保定府。同时,又有德国、法国、英国、意大利联合组成的纵队从北京和天津出发也到了保定府。保定是直隶省的首府,这时在城里的清朝最高官员是在裕禄死后曾代理直隶总督的布政使廷雍,他已奉朝廷的命令用他的军队全力镇压义和团。在北京的庆亲王根据各侵略国的公使们提出的要求,通知廷雍,一定要对顺天府和直隶省境内的义和团"迅速查办解散"①。廷雍向在太原的朝廷报告说:"现查顺直各属,拳匪众多者,共计三十余州县。拟就现有兵力,先就拳匪猖獗之区办起。……总期一律廓清,以仰副朝廷除莠锄奸,绥靖畿疆之至意"②。清朝军队就是这样地为外国侵略军的深入预先扫清了道路。侵略联军总司令瓦德西这

① 《义和团档案史料》上册,第575页。
② 同上书,第599页。

样说:"当联军前进之际,常常发现中国军队与拳队相战之遗迹。各个城镇入口之处,多悬已斩拳队领袖之头,以欢迎联军"①。

闰八月二十日,侵略军到达保定的时候,廷雍及其他在保定的官员开门揖盗,把他们请进城里。李鸿章在闰八月十八日到北京的当天办的第一件事就是派人送急信给廷雍,通知他在联军到达保定时,要"执白旗相迎","务祈严谕将士,勿轻用武挑衅,致启不测之祸"②。侵略联军进入保定后,进行了掠夺和焚杀,而且把主要官员们逮捕起来,说他们曾纵容义和团,并把廷雍和其他几个官员枪毙,枭首示众。这些官员对侵略军"以礼延接"③仍免不了被杀,这是使清朝朝廷大为震惊的。

侵略联军从保定向南到了正定一带。它除了继续分别以小股军队骚扰冀中各地以外,又显示了要进兵山西省的姿态。九月里德、意、奥三国军队经由宣化侵入张家口。差不多同时,德国、法国、英国、意大利军队经由易州占领紫荆关、广昌(今涞源),清朝军队退到了山西省灵邱、平型关。十二月里,德法两国军队由正定向西出兵获鹿,清朝军队退到娘子关。次年的三月初法军又进占了娘子关。

一本天主教会编的书描述当时的形势说:"南至正定,北至张家口,东至山海关(还应该加上西至娘子关——引者),均在联军势力圈内,往来巡逡,足迹殆遍。凡拳匪巢穴,无论官衙民居,遇则焚毁,往往全村遭劫"④。李鸿章向朝廷的报告中也说:"联军"入京后,"迟迟不允开议停战,以致纵兵四出,大肆掳掠,并向地方官绅勒逼银钱"⑤。

上述保定的情形,是清朝官兵对待侵略者的态度的典型。作为北洋大臣、直隶总督的李鸿章描写归他所统率的军队的情形是:"偶与洋

---

① 《义和团资料》第三册,第 30 页。
② 《义和团档案史料》下册,第 702 页。
③ 同上书,第 741 页。
④ 献县天主堂出版:《圣教史略》。转引自范文澜:《中国近代史》,1951 年版,第 471 页。
⑤ 《义和团档案史料》下册,第 775 页。

兵相遇,或勉强应敌,溃败相继,或逡巡避退,仅能全师。"①但事实上,连"勉强应敌"的情形也罕见,有的只是"逡巡避退"。宋庆(他带领军队从天津战场一直退到山西境内)在侵略军西到获鹿时这样说:"正值议和之际,(洋兵)所到各城,官皆出迎、供应,民(其实是绅商——引者)亦力求勿战,免撄其怒,遂使洋兵无所忌惮,且到处要挟,收我军械,前进不已,无所底止"②。应侵略军的要求,在直隶省境内的清军都向西撤退,李鸿章和奕劻甚至向朝廷无耻地奏报说:"查洋人性最好胜,因晋军仍驻井陉县境,营垒相望,势不两立,必开攻战之衅。请饬各防军全数退入晋境,勿在井陉左近与洋军作相持之势,致令借口进兵,是为至要。"③

以慈禧太后为首的清朝朝廷,在闰八月初八日从太原迁到了西安,一心一意地盼望李鸿章和奕劻能在北京早早同侵略各国讲好议和条件。它虽然很怕侵略军继续深入,但竭力制止自己的军队在任何地方对侵略军实行抵抗,以免惹怒了侵略者而妨碍"和局"。朝廷给山西官员们的训令是:"现在将与各国开议和局,万不可决裂。……如洋兵前进,即著先行派员劝阻,固不可鲁莽从事,亦断难听其长驱直入"④。显然,这是个步步退让的方针。甚至对河南省,朝廷也下了类似的命令。由于侵略军南下到正定,而且还一度分兵骚扰直隶省南端的大名、磁州等地,所以河南省也感到非常紧张,惟恐侵略军通过豫北而西叩潼关。朝廷于九月间命令河南巡抚说:"现在正将开议和局,万不可决裂。如果敌兵临境,先行遴派妥员前往劝阻。固不可轻启衅端,亦断难听其直入"⑤。在北京的李鸿章也致电河南巡抚,就说得更明白了:"如洋兵到豫,丰备牛羊诸品,礼貌相迎。"⑥

---

① 《义和团档案史料》下册,第775页。
② 同上书,第787页。
③ 同上书,第1005页。
④ 同上书,第747页。
⑤⑥ 同上书,第751—752、763页。

　　当时,进入京畿和直隶省的八国侵略联军,经过逐步增加,最多的时候一共也只有十万人多一点,而且各国之间互有矛盾,作为统帅的瓦德西并不能实行统一的指挥。侵略军在占领了北京、天津直至山海关一线之后,很难深入内地。它之所以显得那样威风,好像要到哪里就能到哪里,因为它有了一个事实上的同盟军的原故。清朝统治者已经全力从事消灭义和团的工作,并且对外国侵略者绝对地采取逆来顺受的态度,因而已经成为外国侵略军的不可缺少的助手了。

　　义和团虽然在外国侵略者和清朝统治者的合力镇压下失败了,但是千百万仇恨外国侵略者的中国人民还存在着。如果侵略联军分散兵力,深入更多的地方,势必更加激起这种仇恨,重新引起已经在义和团运动中表现出来的那种激烈的反抗。固然清朝统治者只会节节退让,但这一来它作为中国统治者的地位将更加削弱,它作为帝国主义列强的同盟者和工具的作用也将更加削弱,这也是帝国主义列强所要避免的。正因此,列强的联合侵略军把自己的军事活动限制在直隶省境内,而把在其他广大地区内镇压中国人民的工作,让清朝统治者自己去做。为了教训清朝统治者老老实实地接受列强的议和条件,这点军事行动是足够的了。

　　在这里,还要叙述一下沙皇俄国单独对东北三省的军事侵略。

　　沙皇俄国把天津、北京相继被帝国主义列强占领的形势看做是它侵占中国的东北的好机会。前面已经说过,义和团运动在五六月间已经蔓延到东北三省,主要是盛京(辽宁)。英国、法国、美国人办的教堂和俄国人修的铁路成为群众仇恨集中的目标。奉天(沈阳)和其他各地的教堂被焚毁。俄国修的东清铁路(由西伯利亚穿越黑龙江、吉林省境连接海参崴的铁路)已经快要全线修通,它从它强占的旅大地区向北修筑的铁路(南满铁路)也已经修到了开原。俄国人在中国领土上,驱使中国的劳力修筑铁路,早已激起群众中广泛的愤怒。六月十八日盛京将军奏报说:“查俄人假道兴修火车,其意本属叵测”。“自兴工以来,强占民地,虐待土工,无不疾首痛心”。“现在由省北至开原,南至海城,计五百里,所有俄铁路桥房均经百姓拆毁"①。由于朝廷已经下了宣战诏书,这三省的长官虽然再三奏报说,他们的兵力不足以抵御俄国军队的进攻,但又不得不说,他们已遵照朝旨,召集义和团,布置兵力,准备作战。

在天津沦陷后,朝廷给东北三省长官下命令,要他们务必让俄国人了解,拆毁铁路全是"拳民"干的,官方只是"弹压不及",而如有战事,要"令拳民作为前驱",这是前文已经说过的了。这种卑鄙的方针,显然是要三省的官兵在俄国军队前来进攻的时候实行不抵抗主义。三省的军队本来已腐朽不堪,又在这种方针指导下,其结果是可想而知的。

和侵略联军在关内由天津向北京进军的差不多同时,俄国军队全面进犯东北三省。它一方面由北面和东面分路侵入黑龙江、吉林省境内,一方面从旅大地区沿铁路线向北攻击。黑龙江将军寿山在敌军占领瑗珲、墨尔根(嫩江)时,派员求和,表示已自行镇压义和团,这也不能使敌军止步。八月初六,俄军进入省城齐齐哈尔,寿山自杀。吉林将军长顺向来反对对外作战,在三姓(依兰)、宁古塔(宁安)、珲春被敌人占领后,他就让各地官兵持白旗迎接敌人。八月二十九日,吉林省城也为俄军所占。在南路,继熊岳、盖平、营口、海城相继失守以后,俄军于闰八月初八日不战而进入了奉天省城。盛京将军增祺已经率残部事先逃走了。只用了两个多月的时间,俄国军队占领了几乎东北三省的所有主要城市。在占领过程中,俄军到处残酷地杀戮中国的平民。六月下旬,俄军在进攻瑗珲时,把黑龙江北岸的海兰泡(布拉戈维申斯克)的中国居民五千多人驱逐过江,迫使他们几乎全部溺死在江中。接着俄国军队又在江东六十四屯屠杀和驱赶中国居民,造成二千多人死亡。这是在帝国主义侵略中国史上罕见的惨剧。

俄国为什么要"保护"李鸿章入京,并且向他表示要在议和中给以协助?为的就是要换取李鸿章的效劳,使清朝政府容忍它在东北自由

---

① 《义和团档案史料》上册,第307页。

行动。在侵略联军进入北京后十多天,八月初四,俄国突然照会其他列
强,建议侵略联军退出北京城。虽然其他列强一致反对,但俄军自行把
它在北京的大部分军队撤退到了天津。其用意也是为了向清朝政府表
示"友好",以达到它对东北的欲望得到满足的目的。

　　虽然沙皇政府长期来抱着的独占中国东北的野心似乎已经可以如
愿以偿,但它认为不宜于实行公开的兼并。这是因为它看出来由俄国
人直接统治中国这样大的地区是很危险的事。当时占领旅大地区的俄
国军事长官阿列克塞也夫就认为"在关东省(俄国人把所占领的旅大
地区称为关东省——引者)以俄治华的试行中,已充分暴露出条件还
未成熟。在这样大的范围内(即在整个东北三省——引者)再犯同样
的错误,实在是冒险"①。这就是说,还是要实行以华治华。再则,如果
俄国公开兼并中国东北,那就势必引起列强的强烈反对,并可能造成列
强纷纷兼并中国的各个地区的形势,这种形势是并不仅仅满足于吞并
东北的俄国所不愿意看到的。因此俄国当局决定在形式上恢复清朝在
东北的行政机构。盛京将军增祺逃出奉天后,躲在新民厅。俄国的关
东区军事长官阿列克塞也夫叫人去找到了他,让他派遣代表到旅顺进
行谈判。所谓谈判就是要在一个所谓"交还奉天"的临时协定上签字,
按照这个协定,形式上清朝的盛京将军仍然回到奉天,恢复其地位,实
际上全省仍然在俄军控制下,而盛京将军则成了对俄国的关东区长官
负责的属吏。作为盛京将军增祺的代表的几个官员起初不敢在这样的
条约上签字,说是如果这样做了,他们"有被视为卖国而被贬和受审的
危险"②。在俄国方面的威胁下,终于不但这几个代表,而且增祺本人
也签了字。这样,到了十月初,增祺就回到了省城奉天。吉林、黑龙江
也是同样的情况。沙皇政府自己制定了一个"俄国政府监理满洲原
则",按照这个原则,东北三省实际上成了俄国军事占领的殖民地,只

_____

① 科罗斯托维茨:《俄国在远东》,第152页。
② 同上书,第155页。

是在名义上的行政管辖权算是属于中国。

李鸿章当时通知增祺等人说:"东三省各城,俄廷已允交还,惟保路之兵,一时尚不允全撤。"①但这种交还,显然不过是个骗局。由于日本、英国、美国等帝国主义国家的反对,俄国占领东北的问题还没有就此了结,下文还将继续谈到。

(四)帝国主义列强的"门户开放"政策和辛丑条约

李鸿章和庆亲王奕劻虽然作为议和大臣呆在帝国主义列强占领的北京城里,但是实际上在他们和各侵略国家的代表之间,并没有进行什么"议和"。有的只是在各侵略国家之间的"议"。它们为如何对待中国,如何对待清朝政府,以及提出什么条件,相互间商议和争执了几乎一整年。李鸿章和庆亲王,在议和这方面做的事,不过是把各侵略国家"议"的结果传话给在西安的朝廷,直到最后的签字罢了。

要不要瓜分中国,这是帝国主义列强所考虑的首要问题。当时在中国势力最大的英俄两霸,实际上都作了瓜分中国的准备。英国曾想策动张之洞在两湖"独立",并且加强它在长江中下游的军力,同时又想策动李鸿章在两广"独立"。俄国则如前说,已把整个东北置于自己的武力控制之下,又野心勃勃地还想囊括蒙古和新疆。它们都准备好了如果发生必须瓜分中国的形势时,为自己取得尽可能多的一份。但另一方面它们又表示瓜分中国是它们所不赞成的。在天津刚沦陷时,英国驻上海的总领事通知两江总督刘坤一说:"顷奉本国政府电,谕令转达贵大臣,现在保全中国,准视各疆臣之能守靖地方与否,本国非特决无瓜分之意,并未闻别国有此举动"②。在侵略联军刚从天津出发

① 《义和团档案史料》下册,第890页。
② 同上书,上册,第315页。

时,英国的外交大臣向议会说明英国对华政策,他说,一定要使长江一带无风火之警,如果长江各省督抚兵力不足,英国要给以帮助,同时他又说,英国要"确守保全中国,不使瓜分之策。"①俄国的沙皇政府在准备出兵中国的东北时,由它的外交大臣声明说,它"反对中国现状的任何变更和瓜分中国的任何企图",并说,它的对华政策是以协助清朝政府维持其国内秩序为前提②。它们不赞成瓜分,也不是假话,如果真的实行瓜分,它们势必要为应付帝国主义列强间必然发生的激烈争夺而付出很大的力量,它们在中国的既得的巨大权益也不能保证不会遭受损害,以至有丧失的危险。

英国、俄国以外,在中国已经分划到一定的"势力范围"的德国、日本、法国,这时也同样一方面准备瓜分,一方面又反对瓜分。

义和团的经验,特别使得帝国主义列强感到瓜分中国是很危险的事。因为它们不能不看到,如果实行瓜分,会更加激起中国广大人民群众中的反抗情绪,使帝国主义列强直接面对无穷无尽的像义和团这样的斗争。侵略联军的统帅瓦德西曾在给德皇的奏议中讨论"瓜分中国"的问题,他除了认为各国在如何瓜分的问题上不可能成立妥协以外,又根据他在中国的经验指出,中国的皇室和官吏以至上流阶级虽然很腐败无知,但是中国还有四万万人,"吾人对于中国群众,不能视为已成衰弱或已失德性之人,彼等在实际上,尚含有无限蓬勃生气,……至于中国所有好战精神,尚未完全丧失,可于此次拳民运动中见之。在山东直隶两省之内,至少当有十万人数加入此项运动;彼等之败,只是由于武装不良之故,其中大部分,甚至于并火器则无之。"③所以瓦德西又说:"无论欧美日本各国,皆无此脑力与兵力可以统治此天下生灵四分之一","故瓜分一事,实为下策。"④英国人赫德在那时写了篇《中国

---

① 《义和团资料》第四册,第249页。
② 陈复光:《有清一代之中俄关系》,云南大学1947年版,第301页。
③ 《义和团资料》第三册,第86页。
④ 转引自范文澜:《中国近代史》上编,第502页。

实测论》，文中认为瓜分中国虽然是难免的，但现在还不能马上这样做。他从义和团运动中看出，现在中国人"大梦将觉，渐有'中国者中国人之中国也'之思想。……自今以往，此种精神必更深入人心，弥漫全国"。在他看来，马上实行瓜分，只会加速激起这种精神，所以最好的方法还是保持中国现状，由列强扶植清朝政府来使中国人没有亡国的感觉，渐渐消磨掉在义和团运动中表现出来的这种精神①。

美国当时是反对对中国实行瓜分，主张照旧维持原有的中国政府的一个主要国家。它把它对中国的政策称为"门户开放"政策。早在义和团运动发生前，光绪二十五年八月（1899年9月）美国政府已分别向英、俄、德、日、意、法各国提出关于在中国实行"门户开放"政策的照会。在中日甲午战争后的几年内，美国之所以不积极参与在中国划分势力范围的斗争，是因为它抱着比仅仅取得一个地区的势力范围更大得多的野心。美国在1898年战败了西班牙，夺取了关岛与菲律宾之后，把扩张的野心伸展到太平洋此岸来，谋取最终达到称霸于中国的目的。它虽然无法反对列强在中国划分势力范围的既成事实，但它以"门户开放"的名义要求任何一国的势力范围都不能向它关闭。"门户开放"政策要求列强都承认现在的中国政府，维持中国的完整，而共同享受在中国的一切权益，实行所谓"利益均沾"。美国提出这个政策，既利于自己依靠优势的经济势力逐步地加强在中国的地位，又可以赢得惟恐列强实行直接瓜分的清朝政府的感激。同时，这个政策也是侵略中国的各主要帝国主义国家所可以同意的。它们在答复美国照会时都表示赞成或至少不反对，因为在谁也无力独吞中国的情形下，每一个侵略国都觉得，由列强共管中国，使自己在中国的势力没有被排斥的危险，而有利用各种机会发展的可能，是很有利的事。

---

① 据梁启超在《灭国新法论》一文中对赫德文章内容的概述。见《饮冰室文集》之六，第44页。《黄祸论历史资料选辑》（中国社会科学出版社1979年版）收有赫德的全文。

　　虽然英国提出门户开放政策比美国还早，但是以正式的文件向各国提出这个政策的是美国。在义和团运动勃起前夕，帝国主义者中比较有观察能力的人已经感到，锋芒朝向帝国主义的革命危机，迟早会在中国土地上爆发。正在这时，美国提出门户开放政策，又具有呼吁列强联合起来应付这种危机的意义。利益均沾，这是减少列强相互间冲突的一种方法。扶助清朝政府而保持在这个政府统治下的中国的完整，这是无损于列强在华的权益，而有助于麻痹中国人民斗争的做法。美国当时竭力号召实行门户开放政策，是想使列强组成一个反对中国人民反帝斗争的"神圣同盟"，并为自己争取得侵略中国的领导地位。

　　到了光绪二十六年六月（1900 年 7 月），也就是侵略战争的火焰已经在天津烧起来的时候，美国又向各国发出了关于门户开放问题的第二次照会。其中宣布美国的政策是要"保持中国领土和行政的实体，维持一切以条约和国际法所保证的友好国家的权利"等等。这就是要求帝国主义列强继续共同保证清朝政府在全国的统治，使它老老实实遵奉一切已订立的不平等条约和帝国主义世界秩序，从而使各国在中国的权利得到保障。美国的前一次照会主要说的还只是各国在中国的租界地和势力范围"开放"的问题，这次照会更扩大到全中国的"开放"。

　　在美国的第二次门户开放照会后一个多月，列强军队占领了北京。在各国争论议和方针时，光绪二十六年闰八月（1990 年 10 月），英国和德国成立了一个对中国政策的协约。其中说，为"保持在中国的利益和现行条约上的权利"要遵守这样的原则："中国的内河和沿海的港口，对一切国家的贸易及其他各种经济活动，都应无差别地自由开放，以谋各国共同永久的利益。凡英德两国势力所及的中国领土，相约遵守此主义"，"英德两国政府不利用现在事变为本国谋取中国的领土利益，应维持中国的领土不变更政策"。这就是所谓"利益均等"，"保全中国"的原则。所谓"保全中国"就是为帝国主义列强的利益而保全中国的意思。英德两国政府把这个协约送交其他列强，希望它们也承认这些原则。美国表示，这些原则同它的两次关于门户开放政策的声明是完全一致的。日本一向不愿意看到西方列强瓜分中国，而愿意让中国这块肥肉完整地留在自己近旁，所以它表示完全赞成美国的门户开放政策，也完全赞成英德协约。法国虽然在这时很想乘机吞并云南省，但它也表示，它向来主张"为全世界的经济活动而开放中国"，而且认为"保全中国的原则是列强合力圆满解决目前危机的基本原则。"当英德成立协约时，俄国正在吞噬东北三省。但是俄国认为它无须乎反对英德协约中提出的原则，它说，中国的自由开放是"以不变更基于现存条约的现状为基础"的，至于保全中国的原则，那本来是"俄国对中国的根本原则"。

这样，美国创导的门户开放的政策就成为列强公认的原则，并且成为这时列强联合向清朝政府提出的条件的基础。列强终于互相约定，这一次谁也不提出割地的要求。

美国、俄国、法国都主张，既然要扶植清朝政府，那就还是要让慈禧太后做这个政府的头子。英国、德国、日本虽然有过要慈禧太后交权给光绪皇帝的想法，但在议和过程中放弃了这种想法。列强终于决定继续共同维持这个闯了祸而"悔过"的皇太后（清朝朝廷签署同意的议和大纲中就有"表明悔过"这样的话）。在议和还没有开始的时候，各国提出要惩处祸首的问题，德国对这一点尤其坚持。这就是要惩办那些曾表示支持义和团的清朝大员。经过反复讨论后，各国提出了要求处以死刑的十一个朝廷大员的名单，其中身份最高的是端王载漪（他的儿子本已定为皇位继承人）。下过宣战诏书的慈禧太后最担心的是列强把罪责加到她身上。在她看清楚列强追究到端王就可以满足，而她仍然是列强所需要的人的时候，她就心甘情愿地接受对方提出的任何要求了。

光绪二十六年十一月初，列强提出了它们商定的和议大纲十二条。流亡在西安的朝廷，在签字承认了这个大纲后，发出一道上谕，说是："今兹议约，不侵我主权，不割我土地，念列邦之见谅，疾愚暴之无知。

事后追思,惭愤交集"①。列强没有提出割地的要求,尤其是照旧承认以慈禧太后为首的朝廷在中国的统治(这就叫做"不侵我主权"),这是使这个朝廷感激涕零的。但是和议还只有大纲,细目还待商定。这道上谕说,朝廷的态度是"量中华之物力,结与国之欢心"②。这就是说它一定要把"中华之物力"有多少就拿出多少来,巴结这些武装占领了首都的"与国",使它们感到这个朝廷确是值得"保全"的。

在议定大纲的细目的过程中,最大的一个问题是"赔款"的数目。帝国主义列强认为,中国必须为他们这次出兵费用和他们所遭受的其他"损失"而付出一笔巨额的"赔款",其数目最后确定为四亿五千万两白银,在四十年内分年付清,还要加上利息,本利共达九亿八千二百多万两。此外,再加上各省的地方赔款,总数在十亿两以上。这个数目相当于至少十二年的清朝政府的财政总收入。这样空前巨大数量的"赔款"(习惯上被称为庚子赔款),实际上是要清朝政府负责对全体中国人民进行最大限度的勒索,用来奉献给帝国主义列强,以赎取自己在中国的统治地位,换得帝国主义列强对这种统治地位的保障。

根据十二条大纲而由列强提出的条约(习惯上称为辛丑条约)在光绪二十七年七月二十五日(1901年9月7日)签订。条约中规定,上述数量的赔款,以海关税、盐税和常关税(内地关税)为保证。但是只靠这些税收还远不够数,因为还有旧的外债要偿付。清朝政府又叫各省每年摊派二千万两,以应付庚子赔款的需要。

除了赔款问题外,辛丑条约还规定清朝政府要切实负责严厉镇压人民群众中一切反对外国帝国主义的行动与组织,而对于在这方面做得不好的大小官员都要加以惩办。在辛丑条约签字前,清朝政府已经按照列强的要求,颁发了这方面的谕旨。辛丑条约规定,除了继续实行这种惩办以外,要把有关谕旨在中国的一切府厅州县张贴出来。

---

① 《义和团档案史料》下册,第946页。
② 同上书,第945页。

　　辛丑条约规定,在北京东交民巷一带划出一个外国使馆区,并使这个使馆区实际上成为国中之国,帝国主义各国都有权用他们的军队来"保护"其使馆。根据这个条约,清朝政府还必须拆除大沽炮台和从大沽到北京沿线的全部炮台,并且不能在天津周围二十里内驻扎中国军队,而帝国主义列强则有权驻军各处以保证从北京到沿海的通道。条约使清朝政府承认了列强军队驻扎在从北京到天津到山海关沿铁路的十二个地方的既成事实。这样,北京到沿海的道路就敞开在帝国主义军队前面,北京城内也有外国军队,清朝政府完全处于列强刺刀监护之下。

　　这些就是辛丑条约的主要内容。签字在这个条约上的有八个出兵的国家:德国、俄国、日本、美国、法国、英国、意大利、奥地利;此外还有比利时、西班牙和荷兰这三个国家。代表清朝签字的是庆亲王奕劻和李鸿章。李鸿章在签署了这个条约后两个月病死,结束了他为侵略中国的帝国主义者作帮凶和走狗的一生,他的前半生主要是为英国效力,后半生主要是为沙皇俄国效力。

　　辛丑条约的订立使清朝朝廷以全国的统治者的身份回到北京,中国在形式上仍然是个独立的、统一的国家。但是,如同当时一个美国人所说,中国"已经达到了一个国家地位非常低落的阶段,低到只是保持了独立主权国家的极少的属性的地步"①。帝国主义列强使清朝朝廷在辛丑条约中承认了中国不过是个在列强共管下的半殖民地国家。美国倡导,列强公认的门户开放政策所要"保全"的中国,也就是这样的一个中国。

　　辛丑条约虽然没有割让土地的条款,但是在列强军事占领天津期间,俄国在天津强行攫取了一块租界,跟着,意大利、比利时和奥地利也各取得了一块租界。在这以前,天津本已有英国、法国、美国、德国、日本的租界(美国的租界后与英国的合并)。列强对天津的军事统治一

―――――――――――

　　① 马士:《中华帝国对外关系史》第3卷,第383页。

直保持到光绪二十八年(1902 年),交还给中国的天津已是一个有九个国家租界的城市。

在辛丑条约订立前,清朝朝廷以其驻莫斯科的公使杨儒为代表,同俄国方面进行关于东北三省的问题的谈判。前一节已经说过,沙皇政府根据它自己片面规定的"俄国政府监理满洲原则"和它强迫盛京将军增祺订立的《奉天交地暂且章程》,对东北三省实行军事控制。但是地方官员本来无权订立这样的协定。由于英、日、美各国强烈反对,清朝朝廷也表示不能承认。沙皇政府感到必须从清朝朝廷取得一个正式的协定来使自己对满洲的独占得到"合法"的根据,而堵住反对它的英、日、美各国的嘴。因此,正当列强在北京提出议和大纲的同时,俄国要求清朝朝廷委派代表在莫斯科进行谈判。俄国方面向杨儒提出的条件草案,虽说是要把满洲交还中国,"吏治一切照旧",但是以保护铁路的名义,规定俄国仍不撤兵,而在铁路竣工前,中国方面不得设置军队,以后要派军队,须先同俄国商定数目。这个条约草案还规定,整个蒙古和新疆的塔尔巴哈台、伊犁、喀什噶尔、叶尔羌、和田、于田等处的矿山铁路及其他利益,非经俄国许可、不得让与他国,而且非经俄国许可,中国不得自行筑路。条约草案还要中国允许俄国由东北三省铁路干线或支线修一条朝向北京的铁路,直到长城。沙皇俄国提出这些要求,显然是要利用这个机会使清朝政府承认它不仅在整个东北,而且在中国的蒙古、新疆地区也拥有独占的权益。

沙皇政府秘密提出的这些要求泄漏出来以后,帝国主义列强,首先是英国、日本、美国纷纷表示反对。它们警告清朝朝廷,如果同俄国成立这样的协定,那就要造成瓜分中国的局面。在这种情况下,清朝朝廷不敢接受俄国的要求。杨儒在莫斯科的谈判没有得到任何结果。到了辛丑条约签字以后,俄国军队仍然驻在东北三省境内,拒不撤退。

后来到光绪二十八年三月(1902 年 4 月)在北京成立了一个中俄《交收东三省条约》,根据这个条约,俄国承认要从东三省撤兵,但既是分期逐步进行,又附有其他条件,而且中国在东北的军权和其他主权仍

· 从鸦片战争到五四运动 ·

受到种种限制,实际上还是把东北当成俄国独占的区域。

俄国以外的其他列强在门户开放政策的名义下反对俄国独占中国的东北。其实每个帝国主义国家都是力谋在共管中国中为自己争取得优先的地位。后来,到了1904年,为争夺中国的东北三省,日本和俄国间发生了一场战争。

(五)义和团的历史功勋和资产阶级
对义和团的态度

天津、北京相继被侵略军占领后,立即形成了清朝统治者同帝国主义侵略者全面地携手合作,共同镇压中国人民反帝斗争的局面。清朝统治者昨天曾在朝廷文书中称义和团为"义民",今天又称之为必须"痛加剿灭"的"匪徒"了。他们之所以愚弄义和团就是为了出卖他们。义和团没有能识破并正确地对付这种愚弄,结果就在内外反动派的屠刀下完全处于被动的地位。

分散到了直隶省农村中的义和团武装,虽然还继续进行了些斗争,但已不再能重新积聚起他们的力量来。在这个省份和北方其他地区的轰轰烈烈的义和团运动是失败了。但是,在广大农村中,农民在重重压迫下的反抗的火焰并没有熄灭。北方的义和团运动中的许多活动分子在失败后奔走到南方各处。有些人到了四川同当地原来有斗争传统的民间秘密结社结合起来,重新举起义和团的旗帜。光绪二十七年(1901年)四月,川东一带的义和团在揭贴中提出"灭清、剿洋、兴汉"的口号,号召人民起义。次年,从资阳县开始,川东各地,以至川北、川南的一些地方爆发了抗拒官兵,焚毁教堂的群众斗争。同时,在直隶省南部的广宗、巨鹿也发生了以景廷宾为领袖的农民群众的武装起义,这次起义扩展到山东、河南两省边境的一些县份。在这些地方潜伏下来的义和团群众参加了这次起义。起义群众打出"扫清灭洋"的口号。发生在川东和直南的这两次起义虽然维持不久,都在官方血腥的镇压

— 570 —

下失败了,但值得注意的是他们所提出的新的口号。血的教训使"扶清灭洋"这样的口号从此再也听不见了。川东和直南这两次斗争虽然可以说是义和团运动的余波,然而它们又是把反对帝国主义的斗争同反对已经完全成为外国帝国主义工具的清朝统治者的斗争相结合起来的先声。

义和团运动表明,在半殖民地半封建的中国,广大农民不但是同封建势力斗争的强大力量,而且是同帝国主义斗争的强大力量。义和团运动虽然没有处理好这两方面斗争的关系的问题,但是当它的力量以汹涌澎湃之势从地下冒出来时,竟迫使清朝朝廷作出它本来想都不敢想的事情——对外宣战。帝国主义列强已经把中国这个巨人看做是可以任意操刀宰割的对象,义和团运动使它们恐怖地看到中国社会的底层蕴藏着如此巨大的反抗力量。义和团运动虽然失败了,但它在当时起了阻止帝国主义列强直接瓜分中国的作用,它又成为在此以后中国人民的一浪高过一浪,直到完全胜利的反帝国主义、反封建主义斗争的先驱。

义和团运动是一个没有先进阶级领导的以贫苦农民为主的自发的群众运动。就这点说,它是中国长期的封建社会中反复发生的农民革命、农民战争的继续。它是这种农民革命、农民战争的最后一次。中国已不再是孤立于世界之外的封建主义的中国。世界已经进入了帝国主义时代,中国已经成为半殖民地半封建的中国。义和团运动突出了反帝国主义的斗争任务,但是没有能把这个任务同反对封建主义,争取民族的进步的任务结合起来,而且严重地沾染上了封建主义落后性和排外主义的毒素。义和团的失败证明,这种单纯的自发的农民革命、农民战争不再能适应时代的需要。从此以后,占据历史的中心地位的已再不可能是像太平天国运动、义和团运动这样的旧式的农民运动了。

在半殖民地半封建的中国,农民中的反对帝国主义、反对封建主义的无穷无尽的力量,只有在历史上最先进的阶级的领导下才能够充分地发挥出来。中国无产阶级,通过共产党,能够动员和团结起最广大的农民群众,把农民运动提高到太平天国和义和团那样的自发的运动所远不能企及的高度水平,因此中国无产阶级能够成为中国的民族民主革命的领导者,能够把这个革命一直发展到彻底胜利。

十九世纪末年,中国无产阶级还没有成为一个自觉的阶级,还没有走上政治舞台。在那时候,开始走上政治舞台的资产阶级,虽然就其所代表的生产方式来说,就它的政治思想的某些方面来说,是比农民先进的一个阶级。但是这个阶级,由于它所具有的种种弱点,不能成为农民革命的领导者。

在义和团运动的时候,中国资产阶级的政治代表人物,总是指摘义和团的弱点,几乎没有一个人能够看出义和团的伟大的革命作用。

在戊戌政变后逃走出国的康有为、梁启超组织保皇党,以保卫光绪皇帝为宗旨。在北方义和团运动勃起的时候,他们认为是在国内进行活动的好时机。唐才常作为这一派的代表从日本回国。光绪二十六年六月,他在上海,以值此事变,人民须自行"保种救国"为理由邀请了数百人举行会议,号称"国会"。与会的人大部分是上流的资产阶级倾向的人物。他们推中国最早的一个美国留学生容闳为会长(我们在太平天国时期已经谈到容闳此人了,见第八章第四节。他后来先后供职于曾国藩、张之洞、刘坤一门下,并曾任清朝官费留美学生的监督,这时在上海是个社会名流),推严复为副会长(严复是我们在戊戌维新运动中谈到过的人)。唐才常自己担任总干事,他为"国会"订的三条宗旨是:"一、保全中国自立之权,创造新自立国;二、决定不认满清政府有统治清国之权;三、请光绪帝复辟"①。既说不承认清朝政府,而又不过是要光绪皇帝夺慈禧太后的权,这显然是自相矛盾。

唐才常除召开公开的"国会"之外,又秘密建立了称为自立会的组织,联络长江中下游各地的哥老会,准备用自立军的名义发动起义。他携有从华侨募得的相当大的款项,靠财力使不少哥老会的头头愿意跟

① 汤志钧:《戊戌变法人物传稿》上册,第192页。

着他干,又收买了一些清朝军队中的官兵。因此,自立军很迅速地在形式上有了很大的力量。唐才常决定在当年七月里同时在湖北、湖南、安徽、江西发动起义,而以武汉为中心。他自己在武汉。在预定的起义还没有开始的时候,安徽大通的自立军组织首先被清朝当局破获。接着,武汉一些被唐才常所收买的清军军官出首告密。湖广总督张之洞下令破获自立军的总机关,抓住了唐才常和其他二十多人,立即把他们处死,又在湖北其他各处捕杀了参与自立军的哥老会头头多人。湖南、安徽也为此而捕杀了不少人。康、梁一派所策划的唯一的一次武装起义就此失败了。

当时康有为向华侨募捐的信中,吹嘘他有胜利的把握,并要人相信他能够得到外国的支持。他说:"新党已于上海设立国会,预开新政府,为南方立国基础。将来迎上(迎光绪皇帝——引者)南迁,先布告各国,保护西人洋行、教堂等事。"又说:"我南方勤王义军已分布数路,不日将起,既成方面,可与外国订约,行西律西法。一面分兵北上勤王,助外人攻团匪以救上(救光绪皇帝)。英既相助,则我可立不败之地"①。由此可见,他的方针,是根本不反帝的。他不但力求使他的运动区别于义和团,而且还预约他的军队将北上帮助外国侵略军攻打义和团。自立军在准备起义时,请容闳起草了一个英文对外宣言,那里面也是既表示反对义和团,又表示,由于建立新的政治制度之事"须与各国联络",所以"凡租界、教堂……等,均须力为保护"②。康、梁一派素来主张联合英日,唐才常曾竭力鼓吹这一点,他的《自立会章程》中明确规定欢迎日本人参加。事实上,也确是有日本的浪人参加他的起义活动。唐才常在准备起义前,还曾经过日本人去同张之洞联络,表示自立军可以拥戴张之洞据两湖而宣布独立。张之洞没有马上答复他,他扬言说:"倘张之洞奉清廷之命以排外,吾必先杀之,以自任保护外人

---

① 冯自由:《中华民国开国前革命史》上编,1928年版,第81页。
② 同上书,第75页。

之事。"①以上种种情形都表明,康有为这一派所要建立的"自主国",不但只是百日维新时所设想的君主立宪国,而且也决不是向帝国主义宣布独立自主的国家。

张之洞直接同英帝国主义有密切联系,东南互保章程已经成立。他不需要借助于唐才常。在军官告密以前,其实他已经知道自立军的谋划,因此他很容易地把这场起义扑灭掉。他立即把唐才常等人处死,显然是杀人灭口。唐才常事先曾同他联系,而他没有立即采取镇压行动,是可以成为他的一条罪状的。

唐才常的起义是在保皇维新的旗帜下,而不是在革命的旗帜下进行的。但经过这次失败后,本来接受康有为的主张的爱国知识分子开始发生了分化,有些人转向了反对清朝统治的革命。唐才常企图依靠会党力量来发动起义,这一点也成了以后一系列的革命党人的行动的先声。

梁启超在义和团运动时写的一篇文章中说,中国之所以积弱,原因之一是"愚昧"。他说:"夫今日拳匪之祸,论者皆知为一群愚昧之人召之也。然试问全国之民庶,其不与拳匪一般见识者几何人"②。这完全是用贵族老爷的态度来看待人民群众。尤其奇怪的是在同一篇文章中,他又痛斥中国人有一大病是"无动",就是说"全国之人如木偶、如枯骨,入于隤然不动之域"。他把中国人描写得如此麻木不仁:"污吏压制之也而不动,虐政残害之也而不动,外人侵慢之也而不动,万国富强之成效灿然陈于目前也而不动。列强瓜分之奇辱咄然迫于眉睫也而不动"③,这真是奇怪的论调。以义和团为代表的中国底层的人民大众正在对帝国主义的侵略压迫作出强烈的反应,进行着虽然具有很大弱点,虽然遭到失败,但具有伟大历史功勋的斗争,而在梁启超这样的资

①　冯自由:《中华民国开国前革命史》上编,1928年版,第76页。
②　《中国积弱溯源论》。《饮冰室文集》之五,中华书局1932年版,第22页。
③　同上书,第26页。

产阶级言论家看来,进行这种斗争的人乃是愚蠢的匪徒。由于广大人民起来斗争,中国正在发生,并将连续发生什么力量也遏制不住的激烈的震动,而梁启超所看到的却是"无动"!

康、梁一派这时所代表的是与帝国主义和封建势力联系较多的上层民族资产阶级。他们在政治上是资产阶级改良派。民族资产阶级中另一派,即以孙中山为首的资产阶级革命派,这时已冒出头来。孙中山早在中日甲午战争的时候,在檀香山华侨中建立了名为"兴中会"的组织,开始他的政治活动。但是早期以孙中山为首的资产阶级革命派的活动在国内影响还不大,而且他们和资产阶级改良派的政治界限也还不很清楚。孙中山一派人当时对于义和团运动的反帝国主义的革命性质也是不了解的。光绪二十六年八月到闰八月间(1900 年 9、10 月间),在孙中山的策划下,发动了广东惠阳的武装起义,这次起义主要是依靠当地的三合会、哥老会的力量。在广东巡抚德寿(他在李鸿章北上后,兼署两广总督)的武力镇压下,这次起义失败了。起义发动前,李鸿章尚在两广总督任上时,孙中山曾在香港进行联络李鸿章的活动,这个活动实际上是英国方面的一种策划。香港政府的议员何启(此人早在八十年代用中文发表了一些主张中国按照资产阶级民主制度实行政治改良的文章)同孙中山一派在香港的人员有联系。他主张孙中山一派人同李鸿章合作,实行两广独立。这时李鸿章尚未离开广州北上。在何启怂恿下,由孙中山领衔写了一封信给香港总督。这封信向来被认为是孙中山的手笔,其实就其内容说,完全是何启的思想。这封信说:"满政府庸懦失政,既害本国,延及友邦",信中历数清朝政府的罪状,把没有剿平义和团看做是一条罪状。这封信表示希望在英国的帮助下"改造中国"[①]。李鸿章经过英国人而知道这个"两广独立"的计划后,正同张之洞一样,不是没有考虑过的。李鸿章在六月二十日离开广州,到上海以前经过香港,还同香港总督会面。这时英国官

---

① 《孙中山全集》第 1 卷,中华书局 1981 年版,第 191—192 页。

方已经放弃搞"两广独立"的计划了。孙中山一派人当时只是坚持要推翻清朝的统治,不但没有反对外国帝国主义的明确认识,而且也同康有为一派人一样寄希望于英国和日本的支持。日本浪人就插手了惠州起义。惠州起义时,孙中山本人是在日本占领下的台湾。日本官方还表示要支持他。但不久,日本政府也同英国及其他列强一样,确定了"保全"在清朝政府统治下的中国的政策,孙中山所预期得到的支持当然也就谈不到了。

二十多年后,孙中山对义和团作了公允的评论。他认为,在义和团的排外主义中表现了"对于欧美的新文化之反动",同时高度赞扬义和团反抗侵略者的战斗精神:"其勇锐之气殊不可当,真是令人惊奇佩服。所以经过那次血战之后,外国人才知道,中国还有民族精神,这种民族是不可消灭的。"[1]但是在义和团运动的当时,代表资产阶级倾向的舆论界一般地都是把义和团看做是受清朝统治者支持的落后的、祸国的运动。

当时,只有个别的爱国知识分子对义和团作出了与众不同的评价。光绪二十七年(1901年),中国留学生在日本横滨出版的杂志《开智录》发表了一篇题为《义和团有功于中国说》的文章[2]。文章说:"世界上最令人可惊、可惑、可憎、可恶者,莫如今日之所谓文明国",义和团是这些"文明国"压迫中国之反响。"压之愈力,则起之愈骤,自然之理。故北部山东、直隶之人民,日唱外人之侮我,上天亦代为不平,当联络民气,共竭腕力,顺天之命,尽人之责,幸则杜绝列强,不幸亦振起国民排外之思想,此义和团之所由作也"。文章驳斥当时流行的认为义和团是闯了大祸的匪徒的观点:"义和团虽一败涂地,为人不齿,而亦为中国种无算之强根,播国民独立之种子,我中国人其亦知之否耶?"

---

[1] 《孙中山选集》,人民出版社1981年版,第758—759页。

[2] 张枏等:《辛亥革命前十年时论选集》第1卷,三联书店1960年版,第58—62页。

文章认为,义和团的斗争之勇使得企图瓜分中国的列强不能不有所顾虑:"今虽败师逐北,溅血横尸,然其'勇'之一字,未尝不轰全球人之耳,电全球人之目也。外人于此,则平日唱兵力瓜分、和平瓜分之议,或涂红圈绿线于支那(中国)地图谓某地为某国势力范围之企图,亦未胆敢如前之猖獗耳。"这篇文章虽然仍包含着对义和团的一些错误看法,没有能对义和团的弱点作出具体的分析,但是它不把义和团看做有罪,而看做"有功于中国",是在当时言论界中极为罕见的①。

---

① 这篇文章的作者在《开智录》上未署名,1903年出版的《黄帝魂》这个论文集中收入此篇,亦未署名,据章士钊说,《黄帝魂》一书的编者是黄藻,他也是这篇文章的作者。(见章士钊的《疏黄帝魂》,刊于中华书局1961年出版的《辛亥革命回忆录》第一册,第238—239页。)

第 四 编

资产阶级领导的辛亥革命

第 二 十 章

第三次革命高潮的酝酿

（一）日俄战争和帝国主义对中国的经济侵略

帝国主义列强，在订立辛丑条约中，暂时表现了它们为侵略中国的共同利益而形成的一致性。但这种一致性很快就为互相倾轧和冲突所代替。

在辛丑条约订立后四年发生了日俄战争（1904—1905）。这是争夺在中国东北地区的权利的一次帝国主义战争。在这次战争中，站在日本背后，支持它的是英国、美国。英国和日本在 1902 年 1 月订立了英日同盟条约。这个条约中说，订立这个条约是为了"维持清帝国的独立和完整，并保证一切国家获得在清帝国中的商业和工业的机会均等。"这就是前面说过的门户开放主义。也就是要保证中国成为一个对一切帝国主义国家大开门户的半殖民地国家。这个英日同盟的锋芒是针对俄国的，因为俄国当时对东北三省实际上实行了独占。在日俄战争进行中，美国方面也向列强发出一个通牒，重申门户开放主义，表示保持中国的完整是各国得到商业上机会均等的必要手段。

　　沙皇俄国武装占领中国的东北,清朝政府采取逆来顺受的态度,只能依靠其他列强的反对来和俄国情商,希望它逐步撤兵。光绪二十八年三月(1902年4月)俄国同清朝政府成立了一个撤兵协约,俄国答应从签字时起,分三次,每次相隔六个月撤退在东北全境的军队。虽然这年九月,俄国依约撤走了盛京(辽宁)西南部的军队,但到了光绪二十九年三月(1903年4月)第二次撤兵期届满时,俄国不但不遵约撤退在盛京的其他各地和吉林的军队,而且提出七点要求,作为撤兵的先决条件,这些要求实际上是要清朝政府承认不但东三省,而且蒙古都是俄国的独占势力范围。沙皇俄国的这种侵略野心,引起了日俄间的战争。英国和美国企图用日本的力量来打破俄国对中国东北的独占,并且削弱俄国在远东的势力。日本是想取代俄国在东北的地位,它在向俄国宣战时还唱着"保全中国的主权土地"和"各国在中国工商业机会均等"的调子。

　　在日俄战争发生前,清朝有些官员主张联合日本,对俄作战。但清朝政府既没有对外作战的力量和决心,日本也不愿意中国参战。战争甫经爆发,日本政府就以"清朝财政现状,到底不许与外国战争;不宁惟是,倘中国人民于战争中,对一般外国人开始排外运动,殊有遗祸日本之虞"为借口,劝告清廷,在东北三省以外地区严守中立,而以全力维持国内安宁①。这也就是说,要清朝政府让出东北做战场,坐视日俄在中国境内厮杀。

　　日俄战争从1904年2月(光绪二十九年十二月)开始。清朝政府竟然宣布把辽河以东划为交战区,而自称是处于"局外中立"的地位。直隶总督、北洋大臣袁世凯这时的一个奏折表明了当时清朝政府的窘态。他指出,在这两强交兵之际,要"谨守局外",也必须有重兵设防,而"详查形势,扼要设防,至少亦须有六万人,以万人拱卫京师,以五万

---

① 牧野义智:《中国外交史》。转引自陈复光:《有清一代之中俄关系》,1947年云南大学出版,第350页。

人分布边要,庶可资以屏蔽"。但是他手头只有二万兵力,饷源也无着落,因此他说:"甲午之役……关内外各军不下二十万,仍每以兵单为忧。况现在俄日交阅,人之兵力倍蓰畴昔,而驽下如臣,处此财力极窘之秋,提此二万余众之卒,布置防守,实有不能不为鳃鳃过虑者也。"①

俄国在海陆战场上都遭到失败,而日本也打得精疲力尽。在美国的调停下,双方进行和议,战争以 1905 年 9 月订立朴茨茅斯条约而结束。朴茨茅斯条约规定,辽东半岛南端俄占旅顺口、大连及其附近水面和从长春到旅顺口的铁路都转让给日本。日本曾向清朝政府表示,"日本政府于战事结局,毫无占领大清国土地之意"②,这不过是一句假话。清朝政府在日俄议和时也曾发出照会说:"在议和条款内,倘有牵涉中国事件,凡此次未经与中国商定者,一概不能承认。"③但是,日俄和议订立后,日本政府派代表到北京进行谈判,使清朝政府承认了俄国在满洲南部的特殊地位完全由日本继承。清朝方面由庆亲王奕劻、外务部尚书瞿鸿禨和北洋大臣袁世凯为代表,在光绪三十一年十一月(1905 年 12 月)按照日本的意愿,签订了《中日会议东三省事宜正约》三款,附约十二条。清朝政府不但表示"概行允诺"朴茨茅斯条约中的有关规定,而且还同意额外给予日本以某些权益。

在日俄战争时,英帝国主义发动了对中国西藏的武装侵略。英国侵略军一千多人在光绪二十九年十月(1903 年 12 月)强行越过印度和西藏的边界,在次年二月(1904 年 4 月)攻陷江孜,又在六月(8 月)进踞拉萨。侵略者以武力威胁西藏的一部分宗教领袖订立了《拉萨条约》。由于这个条约是撇开清朝政府而订立的,其内容又是旨在使西藏完全沦为英国支配下,清朝政府不能不表示反对,它命令在拉萨的驻藏大臣有泰拒绝签字。以后,在光绪三十一年(1905 年)、三十二年

① 袁世凯:《养寿园奏议辑要》第 26 卷,项城袁氏宗祠藏版,第 2、3 页。
② 《清季外交史料》第 181 卷,1932 年刊印,第 27 页。
③ 《清光绪朝中日交涉史料》第 69 卷,故宫博物院 1932 年编印,第 14 页。

(1906年)清朝政府派官员同英国代表在印度和北京先后两次谈判,结果仍没有能完全废除拉萨条约所规定的内容,但英国分裂西藏的阴谋没有得逞。英国侵入西藏的军队到光绪三十三年(1907年)底才完全撤出。

英国的这次入侵西藏又具有同俄国抗衡的作用。俄国早在十九世纪八十年代已开始扩张势力到西藏,特别到了1900年,俄国勾结西藏的宗教领袖达赖十三世企图独占西藏。在英国出兵时,沙皇政府向英国提出抗议,说是"对于英国此举,认为有碍大局,或须设法以保护在西藏的俄国权利。"①由于在日俄战争中失败,俄国只能放弃了它对西藏的野心。

虽然发生了日俄两国以中国领土为战场进行的火并,发生了英国对西藏的武装侵略,但是总的说来,在辛丑条约以后的一段时期内,帝国主义列强对中国主要不是用战争的手段,而是用和平的、比较隐蔽的手段进行压迫和侵略。这是因为,第一,通过义和团运动,它们感到用武力征服中国并不是轻而易举的;第二,它们已经使得清朝统治者重新成为它们的驯服的工具。

辛丑条约第十一款里说,"大清国国家允定,将通商行船条约内,诸国视为应行商改之处,及有关通商各地事宜,均行议商,以期妥善简易。"这就是说,要完全按照帝国主义各国的需要来修改关于"通商行船"(其实是关于中外经济关系)的已有的条约规定。在辛丑条约订定后两年间,清朝政府先后同英国、美国、日本订定了新的所谓《通商行船续约》。这些条约牺牲中国主权为外国轮船航行于中国长江上游和其他内河,为外国资本到中国内地设厂开矿,为外国商品在中国内地倾销,设立了充分有利的条件。在对外贸易中,拿1901年到1903年这三年来说,平均每年进口额四亿七千三百万元,出口额三亿一千一百万元,入超达一亿六千二百万元。与十年前,即中日甲午战争前三年

---

① 王勤堉:《西藏问题》,商务印书馆1929年版,第33页。

(1891—1893年)相比,进口额增加了一倍以上,出口额只增加百分之八十六,入超增加了二倍多一点。

中国的沿海和内河轮船航运业,几乎完全为外国公司所操纵。在光绪三年(1877年)进出于各通商口岸的轮船,以吨位累计,外国轮船占百分之六十二点七(六百七十二万吨),中国轮船占百分之三十七点三(四百万吨);到了光绪三十三年(1907年),外国轮船所占份额达百分之八十四点九(六千二百多万吨),而本国轮船只占百分之十五点一(一千一百多万吨)。中国的大轮船公司仍只有一个招商局。虽然在1900年前后许多地方办起了不少轮船公司(它们多数是地方绅士和商人办的,也有官办的),但它们的规模很小,发展困难,往往只办了几个月或几年就倒闭了。

外国的轮船公司,最主要的还是英商的太古公司和怡和洋行。中日甲午战争后,日本、德国、法国、美国、荷兰等国的轮船公司也都来经营在中国的航运。长江沿岸各口的对外贸易几乎占全国的一半,所以在长江上(由上海经汉口到宜昌)展开了许多外国轮船公司的激烈竞争。在义和团运动时,从事长江航运的除太古、怡和二家外,还有英国的两家较小的公司,日本的大阪商船公司,德国的汉堡公司和北德意志公司,四年后,又增加了个日本邮船公司。日本还设立湖南轮船公司经营汉口与湖南之间的航运。接着法国的东方轮船公司也加入长江航路。为了有利于竞争,日本把它的几个公司合并成为日清轮船公司。英国太古、怡和两家和日本的日清公司成为这场竞争中的胜利者。中国自办的招商局虽然一直进行着长江航运,但它和外国轮船公司相比,越来越处于劣势。1903年,航运长江的轮船以吨位计,英国的太古、怡和和日本的大阪公司共为二万多吨,招商局是七千多吨(为前者的三分之一强),到了1911年,英国的二家公司和日本的日清公司已达近五万吨,而招商局却只有八千多吨(为前者的六分之一强),所以长江实际上成为外国轮船的天下。

前面(第十四章第三节)讲过在1900年以前列强争夺在中国的铁

路修筑权的情形。许多铁路的实际修筑则是在 1900 年以后。1900 年
前开始兴筑的有些铁路也是在 1900 年后才完成。直到清皇朝覆灭的
1911 年,中国土地上有了九千六百多公里铁路。其中,东北的东清铁
路、南满铁路分别由俄国和日本直接经营,山东的胶济铁路是德国直接
经营的,云南的滇越铁路是法国直接经营的。这几条具有殖民地性质
的铁路共长三千七百多公里,为全部铁路总长的百分之三十九。这时,
北京到奉天(沈阳)、北京到汉口、石家庄到太原、上海到南京、开封到
洛阳、天津到浦口等线已修成铁路,这些铁路由于借款而受到外国势力
控制。这一类在外国势力控制下的铁路共约五千二百公里,为全部铁
路总长的百分之五十四。以上两部分共占百分之九十三。只有百分之
七,即六百六十多公里的铁路是中国自主的,其中包括清朝官方出资并
用本国工程师筑成的北京到张家口之间的铁路和民间集资修筑的若干
短距离的铁路,如潮州到汕头的铁路,以及有一些已经出卖给外国又花
钱赎回的铁路。

　　帝国主义列强在 1900 年后的几年间变本加厉地在中国攫夺开矿
权。首先就是李鸿章创办的颇能赢利的开平煤矿落到了外国资本支配
下。在八国联军进兵京津时,开平矿务局的总办张翼在英军的威胁下,
把矿务局全部资产卖给了英国商人。这笔买卖其实完全是个骗局。英
商为经营这个煤矿设立了个"开平有限公司",资金定为一百万英镑。
它以三十七万五千镑的股票分给中国的老股东,作为购买全部产业的
代价。其余的属于英商的六十二万五千镑的股票绝大部分都是所谓
"虚股",也就是根本没有缴纳股金。这样,英国商人几乎没有花一点
资金就把中国当时最大的一个煤矿拿去了①。

　　帝国主义以多种形式霸占了中国各地的矿权。有的援德国在山东

---

　　① 光绪三十三年(1907 年)在开平附近成立了滦州煤矿公司,这是在直隶总督袁
世凯支持下的一个官督商办的企业。其初意是同开平竞争,并达到收回开平的目的。
但结果,官僚主持的"滦州"竞争不过帝国主义的"开平",1911 年"滦州"并入"开平",
成为英国资本支配下的开滦公司。

的先例,取得铁路附近的矿权,例如日本南满铁路公司取得奉天省的抚顺、烟台煤矿,俄国的东清铁路公司取得满洲里、扎赉诺尔煤矿。有的与清朝官方协议合办,实际上取得了支配权,例如安徽巡抚与英国签约合办歙县、铜陵、大通、宁国、广德、潜山六处煤铁矿,袁世凯手下的官员与比利时签约合办直隶临城的煤矿,又与德国签约合办直隶井陉的煤矿。有些中国商人经营的矿,因资金不足而出租给外国商人,或向外国商人借款,因而落到了外国商人手里。例如直隶宛平、河南焦作的煤矿就是这样地为英国资本所控制。帝国主义列强还胁迫清朝政府,出让某个矿区或某个地区的开矿权,例如清朝政府曾把四川江北厅的煤矿出让给英国的布仕公司,把山西的东部、南部的许多州县的开矿权让给英国的福公司,把云南东部七个府(几乎占全省面积的一半)各种有色金属的开采权让给了英法合资的隆兴公司。在清朝末年,全国煤产量,除土法开采的近四百万吨外,用机器开采的约五百万吨,其中属于帝国主义控制下的煤矿占百分之九十以上。

除了航运、铁路、矿业外,帝国主义各国在中国的工业投资也迅速地增加。以棉纺织业来说,在光绪二十六年(1900 年)前,英国、美国、德国、日本的资本先后在上海开办了八个大厂,1900 年以后的十年内,又先后出现了日本资本的三个大厂。在清朝末年,外国资本在上海纺织业中居于绝对优势,在全国也几乎占了一半。以造船业来说,英国资本的耶松船厂在 1900 年合并了祥生、和丰两个厂,大肆扩充,垄断了当时上海的造船工业。以烟草工业来说,1902 年成立的英美烟公司,在十年中,工厂由一个增加到四个,工人由百余人增加到近万名,资本由十万零五千元增加到一千一百万元,超过当时中国所有烟厂资本的七倍。

从 1901 年起到清朝末一年(1911 年),外国在中国开办工矿企业的资金大约在七千万元以上。但应该指出,这些资本很大部分并不是从它们国内带来的。不少身无一文的外国流氓来到中国,凭借帝国主义在华特权进行其"冒险家"的活动,若干年内就成了拥资百万的资本家,他们的资财是在中国国土上巧取豪夺,剥削得来的。正因此,帝国主义的少量投资能够发展为巨大的势力,一位近代经济史研究者指出:"在二十世纪初年占了中国发电业一半天下的上海电力公司,我们能相信,从帝国主义者口袋中拿出来的资本,只有区区五万两之数么? 可是这是事实。英国的老公茂纱厂老板就拿他的纱厂情形给我们作证,证明这并不是上电一家所独有的现象。他在 1914 年就这样对股东们透露过:纱厂现共有纱锭四万另九十六枚, 这个数目是在没有要求增加资本的情况下, 从 1900 年起由一个三万纱锭的纱厂添置起来的"①。

帝国主义采取"和平"的经济侵略的方式,清朝统治者是满意的,但是帝国主义以为这种侵略方式不至于激起中国人民的反抗,那就大错特错了。以下我们将看到,一方面清朝统治者努力适应帝国主义的要求以维持自己的统治地位,一方面,随着中国民族资本主义在这时期的进一步发展,中国人民以不同于义和团的形式进行新的斗争。

(二)慈禧太后的"变法"

在戊戌政变中,慈禧太后剥夺了光绪皇帝的一切权力,打掉了他举起来的变法维新的旗帜。但是,经过义和团运动和八国联军侵占北京这一系列事变以后,慈禧太后也想把自己打扮成主张"变法",实行"新政"的旗手了。

慈禧太后本来已经准备用端王载漪的儿子溥儁代替光绪做皇帝。由于订立辛丑条约的列强的要求,端王载漪定了斩监候(不立即执行的死罪),充军到边地永远监禁。他的儿子也就失去了候补皇帝的资格。光绪的皇位算是保住了,但他在朝廷中没有发言权。一切实权仍操在慈禧太后手上。

---

① 汪敬虞编:《中国近代工业史资料》第二辑《序言》,第 11 页。

当朝廷还在西安的时候,慈禧太后已经开始唱起变法的调子。光绪二十六年十二月初十日(1901 年 1 月 29 日)发布的上谕表示,皇太后和皇帝同心一致地要实行变法。上谕中说:"法积则敝,法敝则更,要归于强国利民而已"。"取外国之长,乃可补中国之短;惩前事之失,乃可作后事之师","事穷则变,安危强弱全系于斯"①。这道上谕还限期要求朝廷百官,驻外使臣,各省督抚各抒己见。二十七年三月初下令成立以庆亲王奕劻、大学士李鸿章等人组成的"督办政务处"。说是为了实行"变通政治,力图自强",所以要设立这样一个机关进行统筹考虑。七月里,下令从明年开始,在科举考试中,不再用八股文。八月初,又下令整顿京师大学堂(百日维新中创设的京师大学堂在政变后继续存在),并把各地原有的书院改成学堂,要求各省城设大学堂,各府设中学堂,各县设小学堂。接着又命令各省选派学生,用官费送到外国留学,学成后,将分别赏给进士、举人的头衔。百日维新中光绪皇帝曾明令废除八股文而代之以所谓策论,把旧式书院改为新式学堂,这两件事在政变后立即被慈禧太后否定,而现在正式加以肯定了。要各省派遣留学生,这是在百日维新中还没有正式提出过的办法。

朝廷在离开西安的前四天,光绪二十七年(1901 年)八月二十日,以慈禧太后的名义发布一道文告中说:"变法一事,关系甚重。……朝廷立意坚定,志在必行"。又说:"尔中外臣工,须知国势至此,断非苟且补苴所能挽回厄运,惟有变法自强,为国家安危之命脉,亦即中国民生之转机。予与皇帝为宗庙计,为臣民计,舍此更无他策。"②这简直是发誓赌咒要实行变法了。

以慈禧太后为首的朝廷,所以要在这样的时刻高喊变法,首先是为了讨好帝国主义列强,博取列强的信任。在看到了二十六年十二月初十日的变法上谕后,买办官僚盛宣怀这样说:"今两宫一心,已饬议行

---

① 《义和团档案史料》下册,第 914—916 页。
② 同上书,第 1327—1328 页。

新政,将来中外(指清朝朝廷和帝国主义列强——引者)必能益加修睦,悉泯前嫌"①。盛宣怀为朝廷草拟致列强政府的信稿中写道:"敝国现议实行新法,正期图报各大国之惠于后日"。在正式发出的国书中"实行新法"四个字改成了"力行实政"②。这些话明白地点出了所谓"变法自强"的新政的实质。

由于帝国主义列强的要求,在二十七年六月间,原来的总理各国事务衙门改成外务部。这不仅是名称的改变,为此事而发出的上谕说:"从来设官分职,惟在因时制宜。现当重定和约之时,首以邦交为重,一切讲信修睦,尤赖得人而理。"③这就是说,从此以后要一心一意以同帝国主义列强和好为最高宗旨了。十一月下旬,朝廷回到北京,它在快要返抵北京的时候,发布上谕说,一到北京后,"各国驻京公使亟应早行觐见,以笃邦交而重使事",除了由皇帝接见各国公使外,还要由皇太后接见各国公使夫人④。是否接受"觐见",过去是长期引起争论的问题。

总之,慈禧太后之所以要宣布实行新政,主要就是为了要在回到京城时以一种新的姿态出现于帝国主义列强前面,向他们表明:她的政权决不是一个顽固守旧的,而是一个能够顺应帝国主义需要的政权。

曾经作出对外宣战诏书的慈禧太后,现在说是要"变法自强",为什么不但不使帝国主义担忧,反而使他们放心呢?这是因为所谓变法自强不过是洋务派封建官僚的老调子。我们已经说过,慈禧太后虽然由于争夺权力的原故而打断百日维新,但她对洋务派的主张是并不反对的。在义和团运动期间,洋务派的封疆大吏显示出他们最能得到帝国主义列强的宠信。洋务派的纲领也就成为从西安回到北京的慈禧太后所遵循的纲领了。

---

① ② 《义和团档案史料》下册,第924、931、933页。
③ ④ 同上书,第1256、1342页。

二十六年十二月初十日的宣布要变法的上谕重申了康有为一派的"罪行":"康逆之谈新法,乃乱法也,非变法也"①。表示同康有为的变法划清界限。这个上谕中说:"世有万古不易之常经,无一成不变之治法。……不易者三纲五常,昭然如日星之照世。而可变者令甲令乙,不妨如琴瑟之改弦"②。这是说,封建主义的根本原则是不可能变的,能变的只是某些方法。显然,这完全是洋务派的"中学为体,西学为用"的说法。

响应朝廷的号召,刘坤一和张之洞这两个在长江流域首创"中外互保"的总督,在二十七年五、六月间联名发出三个奏折,当时被称为"江楚会奏变法三折"③。他们认为,变法的第一步要从"育材兴学"做起,其办法就是开设"文武学堂",废除八股考试制度和旧式的武科考试制度,奖励到外国留学。他们又提出了"整顿中法"和"采用西法"的各项措施。他们所说的"采用西法",无非是用洋法练兵,用开展览会等方法来鼓励工艺,以至铸用银元,行印花税票等。他们也声明,他们提出的办法和康有为的主张"判然不同",而且"大率皆三十年来已经奉旨陆续举办者"。慈禧太后对他们的奏折表示欣赏,说要"按照所陈,随时设法,择要举办"④。

在李鸿章死后,袁世凯继任直隶总督兼北洋大臣。刘坤一也在光绪二十八年(1902年)死去。于是袁世凯与张之洞成为各省督抚中的主要人物。他们两人在光绪三十一年(1905年)联名上奏,主张停止科举,推广学校。他们说:"近数年来,各国盼我维新,劝我变法,每疑我拘牵旧习,讥我首鼠两端,群怀不信之心,未改轻侮之意。""科举夙为外人诟病,学堂最为新政大端。一旦毅然决然,舍其旧而新是谋,则风声所树,观听一倾,群且刮目相看,推诚相与"⑤。可见他们之所以主张

①② 《义和团档案史料》下册,第915、914页。

③ 《张文襄公全集》第52卷,1928年刻本,第9—29页。

④ 《义和团档案史料》下册,第1328页。

⑤ 《养寿园奏议辑要》第35卷,第2—3页。

废除科举考试,着眼点还是在于使封建主义的统治政权披上"维新"的外衣而求得帝国主义的信任。

在八国联军之役以前,慈禧太后是平衡地使用封建守旧派的官僚集团和更多带有买办性的洋务派官僚集团。自经此役以后,可以说,慈禧太后已经使朝廷成为洋务派的朝廷。从此,守旧派与洋务派这两个官僚集团的区别也就不再存在了。

慈禧太后之所以高唱变法,又是为了应付国内的危机。辛丑条约的订立虽然使她逃避了从外国来的危机,但是国内的危机却显然是更加严重了。不但在被压迫被剥削的下层广大群众中到处埋伏着待燃的火种,而且属于上层社会的一些阶级、阶层,包括各地的士绅、中小地主、商人、新兴的资产阶级,对于清朝政权的不信任感也空前地增长了。为了使这些阶级、阶层感到这个政权还是有希望的,慈禧太后也不得不重新弹起三年前光绪皇帝弹过的调子。

慈禧太后的朝廷在回到北京后最初三年间所实行的"新政",比较突出的有三件事:

第一是提倡和奖励私人资本办工业。光绪二十九年八月(1903年9月)朝廷成立了商部,由前一年曾被派往英国、法国、比利时、美国和日本考察的皇亲贵族载振任尚书,工矿业和铁路都归这个部管理(三年后这个部改称农工商部)。商部成立后就着手制定商律,并提出了《奖励公司章程》。章程中说:"向来官场出资经商者颇不乏人,惟狃于积习,往往耻言贸易,或改换姓名,或寄托他人经理,以致官商终多隔阂。现在朝廷重视商政,亟宜破除成见,使官商不分畛域,合力讲求,庶可广开风气。"①允许私人资本自由发展,原是维新派的主张。直至中日甲午战争时,清朝一直实行的是把新式工业紧紧地控制在官方手里的政策。到了外国资本已经深深地侵入中国工矿各部门,官方已经无力控制时,清朝才来鼓励私人资本,这虽然是对资产阶级的一种让步,

---

① 汪敬虞编:《中国近代工业史资料》第二辑上册,第641页。

但显然已为时太晚。而且它的奖励办法不过是对于投资设公司的商人按照投资数量的多寡给以不同的官衔。实际上保护私人资本的措施是一点也没有的。

第二是废除科举考试制度,设立学堂,提倡出国留学。光绪二十八年(1902年)朝廷又一次通令各省选派学生到西洋各国讲求专门学业。二十九年(1903年)颁布了学生章程。这时,已经实行了对各级学堂毕业的人授与贡生、举人、进士等名衔的办法,而且规定按照科举考试制度通过会试的人还必须入京师大学堂分门肄业。三十一年(1905年)根据袁世凯、张之洞的建议废除了科举考试制度。为形势所迫,封建统治者终于不得不给与资产阶级的西学以合法的地位,如同给与私人资本主义经济以合法地位一样。

第三是改革军制,这就是逐渐裁撤旧式的绿营、防勇,组成新式的军队。清朝末年的各省"新军"就在这时开始形成。光绪二十九年(1903年)北京成立练兵处,主管官员名义上是光绪皇帝的叔父奕劻,实际上是袁世凯。在袁世凯统率下的北洋六镇是最先成立的新军。为了培养新军的官兵,清廷令各省设武备学堂,并且从三十年(1904年)起,每年派百人左右到日本学习军事。

这些新政既没有起到加强清朝统治的效果,也远不足以使社会各阶级、阶层感到国家已有了新的气象。如果说光绪皇帝依靠康有为一派人造成的维新运动的声势而弹出的调子在社会上层各阶级、阶层中曾经引起了强烈的反响,那么到了这时候,以辛丑条约的巨大屈辱和沉重赔款为背景,这些调子已经没有什么激动人心的作用了。

封建官僚政治的腐朽黑暗一切照旧。为了年年支付巨额的庚子赔款,全国各省,原有的赋税加码征收,新创的苛捐杂税,名目繁多,层出不穷。各省长官除贪污中饱外,又以筹款办理新政的名义自行增加捐税。光绪三十年(1904年)官方文书中承认:"近年以来,民力已极凋敝,加以各省摊派赔款,益复不支,剜肉补疮,生计日蹙。……各省督抚因举办地方要政,又复多方筹款,几同竭泽而渔。其中官吏之抑勒,差役之骚扰,劣绅讼棍之播弄,皆在所不免。"①这样的事实,当然不是一些不痛不痒的"新政"所能掩盖得了的。

清朝统治者已经屈服于帝国主义的压力,甘心依靠帝国主义的支持以维持自己的存在,这更是掩盖不了的事实。一个资产阶级革命派的宣传家陈天华在1903年这样说:清朝政府"及到庚子年闹出了弥天大祸,才晓得一味守旧万万不可,稍稍行了些皮毛新政。其实何曾行过? 不过借此掩饰掩饰国民的耳目,讨讨洋人的喜欢罢了;不但没有放了一线光明,那黑暗反倒加了几倍。"②

到了光绪三十一年(1905年)慈禧太后居然同意一些官员的建议而考虑立宪问题,并在第二年宣布预备立宪。这看起来,好像比百日维新的光绪皇帝还走得远一些。所谓预备立宪的真象如何,将在下文去讲,这里要说的是,清朝的朝廷,在度过了义和团和八国联军的难关之后,依靠帝国主义者的支持,才得以重新回到北京,它面临着严重的国内危机。这时,不但被剥削被压迫的下层群众感到不能照旧生活下去,而且统治者和剥削者也感到不能照旧统治下去了。慈禧太后从表示决心变法到开始预备立宪,既是为了向帝国主义讨好,又是统治者已经感到不能照旧统治下去的形势的反映。

(三)孙中山的早期活动

第三次革命高潮紧跟着第二次革命高潮到来了。1905年同盟会的成立是第三次革命高潮开始的标志,它和义和团运动在国内外反动势力联合镇压下失败,相隔只有五年。

经过戊戌维新运动和义和团运动,中国的内外矛盾不但没有得到

---

① 《光绪朝东华录》第五册,中华书局1958年版,总第5251页。
② 《警世钟》,见《中国近代史资料丛刊:辛亥革命》(此书以后简称《辛亥革命资料》)第二册,上海人民出版社1957年版,第113页。

解决,而且加倍激化起来了。这些矛盾主要的就是中国人民同外国帝国主义的矛盾,同封建主义统治势力的矛盾。由于清朝统治者已经完全成为在帝国主义面前唯唯诺诺的奴才,已经完全成为帝国主义侵略和统治中国的工具,中国人民同帝国主义、封建主义的矛盾,也就集中表现于反对清朝统治者的斗争。

前文已经说过,在第二次革命高潮中,走上政治舞台的是民族资产阶级的上层,他们在政治上的代表是资产阶级改良主义者。八国联军,辛丑条约及其以后的社会政治形势,迅速地把民族资产阶级的中下层推进到爱国运动和社会政治运动中。他们在政治上的代表是资产阶级革命派。资产阶级革命派,带来了在第一次革命高潮和第二次革命高潮中所没有的资产阶级民主主义的革命纲领、革命理想和革命组织。它成为革命的领导力量。这是第三次革命高潮的根本特点。

资产阶级革命派的主要代表人是孙中山(1866—1925)。

孙中山,原名孙文,出生于广东省香山县(现称中山县)翠亨村的一个贫穷的农民家庭。他的父亲租种别人的几亩田地,还兼充更夫。童年的孙中山参加家庭的农业劳动。比他大十二岁的哥哥孙眉(孙德彰)曾不得不到地主家里当长工,并在同治十年(1871年)出国到檀香山去谋生。孙中山在光绪四年(1878年),十三岁时也到檀香山,在这以前,他只在家乡的旧式书塾读过几年书。

檀香山(火奴鲁鲁)是太平洋上的夏威夷群岛的首府。美国殖民主义者,以传教士为先锋,在十九世纪初叶开始侵入这个岛国。当地原有的居民在残酷的剥削下大量死亡,人口不断减少(十九世纪初叶有二十万人,1850年左右就降到十万人,1893年仅余五万八千人左右)。由于缺少劳动力,从1865年起开始从中国输入"苦力"。也有些中国人去经商。孙眉到了那里先是做农业工人,积了一点钱后独立开荒,经营农场,在七十年代末到八十年代间渐渐发展为一个农牧业资本家。那时夏威夷虽然名义上还是独立国,但已在美国势力支配下。后来,在1898年,美国帝国主义终于并吞了夏威夷。

　　孙中山在夏威夷五年,依靠哥哥的资助,先后攻读于英国教会和美国教会办的两个中学校。他在学校里信奉了基督教,遭到他的哥哥极端反对。因此他只能辍学回国。这时他的家庭的经济状况已经由于孙眉的原故而发生根本变化。他的父亲不再当更夫,有了土地,而且雇工帮助耕种。孙中山也就能继续求学。光绪十年到十一年(1884—1885年)中法战争期间,他在香港英国人办的拔萃书院和域多利书院攻读。这以后,他开始学医,先是在外国教会办的广州博济医院附设的医校,继又转入香港的雅丽医学院,这个医学院是前面已经提到过的英籍华人何启办的。

　　由此可见,孙中山在青少年期间,受封建传统教育的影响很少。他所受的是西方国家培养殖民地知识分子的教育,但由此他接受了与封建思想相对立的资产阶级的社会政治思想和自然科学知识。他对于资本主义社会的实际经验比同时期的康有为多得多。他的出身也同来自官僚家庭的康有为不同。

　　孙中山青年时期对他的前辈广东人洪秀全的事业表示敬仰。他在广州和香港学医时常同一些同学和朋友议论时事和政治。孙中山在广州的一个同学郑士良(他在离开博济医院附设学校后到惠州开办了一个药房)同洪门中人交往很多。孙中山在广州时还结识了在广州舆图局任测绘生的尤烈,他也同洪门有联系。洪门是天地会、三合会系统的江湖秘密结社,洪门中传统的反清思想对孙中山是有影响的。在香港和孙中山交往密切的有陈少白(美国人在广州办的格致学院第一期毕业生,又转入雅丽医学院学习)、尤烈(这时到了香港华民政务司署任书记)、杨鹤龄(澳门的一个大商人的儿子)等人。这四个年轻人被他们的亲友称为"四大寇",是因为他们敢于讲些反对清朝腐朽统治的议论的原故。

　　光绪十八年(1892年),二十七岁的孙中山从雅丽医学院毕业后,先在澳门,然后在广州行医。二十年夏,他和他的一个在少年时就意气相投的同乡陆皓东一起到北方游历。他们由广州过上海而到天津。在上海,孙中山会见了郑观应和王韬,这都是当时著书立说,鼓吹资产阶级倾向的政治改良的著名人物。王韬给孙中山介绍了直隶总督、北洋大臣李鸿章门下的一个幕僚。孙中山到天津后,经过这个幕僚送给李鸿章一封他在出行前已经准备好的长信。

国民党的历来的一些历史撰述者力图论证孙中山的革命思想从幼年时就已经确立,以后一直不变地保持下来,这种看法是不符合事实的。孙中山在 1894 年的《上李鸿章书》可以证明,直到这时,他的基本思想并不是革命。他在这封上书中的基本主张是"窃尝深维欧洲富强之本,不尽在于船坚炮利,垒固兵强,而在于人能尽其才,地能尽其利,物能尽其用,货能畅其流。此四事者,富强之大经,治国之大本也。我国家欲恢扩宏图,勤求远略,仿行西法,以筹自强,而不急于此四者,徒惟坚船利炮之是务,是舍本而图末也。"①这样的主张比封建官僚的洋务论虽然进了一步,但并没有超过同时期的康有为的上皇帝书的水平。

国民党右派吴稚晖为孙中山写的别传中说:"中日交战前,先生(指孙中山)由湖南出扬子江口,由海路入北京,深夜冒险晤李鸿章于私邸,陈说大计,劝李革命。李以年老辞"。这是荒诞的神话。李鸿章既没有接见孙中山,孙中山的上书也显然决不是为了革命,而是如同从来的读书人一样——求知于当道。他的信中说:"推中堂(指李鸿章——引者)育才爱士之心,揆国家时势当务之急,如文者亦当在陶冶而收用之列"②。信中又说明他个人的计划是想致力于农业,拟先赴法国及其他各国考察,然后回国,"游历内地、新疆、关外等处,察看情形,何处宜耕,何处宜牧,何处宜蚕,详明利益,尽仿西法,招民开垦,集商举办"。"深望我中堂有以玉成其志"③。

孙中山是个伟大的资产阶级革命家,但他的思想有一个发展的过

---

① 《孙中山全集》第 1 卷,中华书局 1981 年版,第 8 页。
② 同上书,第 16 页。
③ 同上书,第 18 页。

程。他经历了从资产阶级改良主义到资产阶级革命民主主义的发展过
程。直到中日甲午战争时,他基本上还没有跳出改良主义的范围,在这
以后,才有民主主义革命思想的萌芽。

孙中山向李鸿章上书时是中日甲午战争前夕。他的书信没有从李
鸿章那里得到什么反映。他和陆皓东游历了北京后经武汉回到南方。
甲午战争爆发时,孙中山重到檀香山,在那里成立了名为"兴中会"的
组织,这是在光绪二十年十月(1894 年 11 月)。

参加檀香山兴中会的有当地华侨工商界人士二十多人,其中包括
孙眉(孙中山的哥哥;这时已成为相当大的资本家)、邓荫南(一个在檀
香山发迹的农业资本家,参加三合会)、何宽(当地一家银行的经理)等
人。檀香山兴中会以救国为宗旨,章程中对中国处境表示深切的忧虑,
不指名地斥责清朝统治者的误国。其中说:"夫以四百兆苍生之众,数
万里土地之饶,固可发奋为雄,无敌于天下;乃以庸奴误国,荼毒苍生,
一蹶不兴,如斯之极。"又说明立会的宗旨:"是会之设,专为振兴中华、
维持国体起见。盖我中华受外国欺凌,已非一日,皆由内外隔绝,上下
之情罔通,国体抑损而不知,子民受制而无告。苦厄日深,为害何极!
兹特联络中外华人,创兴是会,以申民志而扶国宗。"①但是这个在侨民
中的小组织对于如何才能救国,并没有提出明确的方针。在这个小组
织成立后,孙中山随即回到香港,光绪二十一年正月(1895 年 2 月)又
在香港成立了兴中会。

参加香港兴中会的除了孙中山和他在香港的旧友陈少白、陆皓东
等人外,还有属于辅仁文社这个组织的一些人员。辅仁文社成立于光
绪十六年(1890 年),其中主要人物有杨衢云(新沙宣洋行船务副经
理)、谢缵泰(一个在澳大利亚的著名侨商的儿子)、刘燕宾(炳记船务
公司的经理)等人。杨衢云被选为香港兴中会的会长。

香港的兴中会一成立,立即准备在广州发动起义。孙中山到广州

---

① 《孙中山全集》第 1 卷,中华书局 1981 年版,第 19 页。

以行医为名进行军事准备,他还设立了农学会的组织作为掩护。杨衢云在香港负责接应。香港的兴中会的章程中也没有明确地宣布革命,但入会的人须一律宣誓,誓词是:"驱除鞑虏,恢复中国,创立合众政府,倘有二心,神明鉴察"①。这是把三合会的反清复明的老口号,改造成了资产阶级语言。孙中山的有些朋友本来就和洪门有联系,辅仁文社的杨衢云等人的这种联系更多。杨衢云等人又同香港的英国势力有较深的关系。在兴中会的活动中有在香港政府中供职的何启和两个英国记者插手,他们参与了讨论在广州发动武装起义的会议,并且表示可以运动英国政府承认起义后成立的新政府②。这时是在中国遭到中日甲午战争失败,订立了马关条约之后。英国人之所以对于兴中会的广州起义发生兴趣,是因为他们认为,如果出现中国全面崩溃,列强瓜分中国的形势,这是他们可以利用的一着棋子。日本在港领事在知道了这事的时候,也曾派人向兴中会表示,如果发动起义,日本政府可以暗中帮助③。

兴中会在广州的起义,预定在这年九月初九日发动。但事先,广东官方发觉了。官方破获了起义的机关,查到了从香港偷运到广州的枪械。孙中山的老友陆皓东和参加起义的会党头头丘四、朱贵全等人被捕,都遭残杀。孙中山幸能逃脱。

这次起义力量基本上是靠三合会。杨衢云预定从香港召集会党三千人到广州,此外还联络了广州附近各地的会党组织。关于三合会这类的秘密结社的性质和弱点,前面已经多次谈到过。这种秘密结社在国外侨民中散布很广,成为他们在国外艰苦生活条件下的互助组织。兴中会所号召起来的会党群众,主要是城市贫民,而且带有花钱雇佣的性质。所以一下子就好像能集合相当大的力量,但一受挫折,也就立刻

---

① 邹鲁:《中国国民党史稿》第一篇,中华书局 1960 年版,第 14 页。
② 冯自由:《中华民国开国前革命史》上编,革命史编辑社 1928 年版,第 12 页。
③ 《中华民国开国前革命史》上编,第 13 页。

涣散了。

清朝官方悬赏缉拿这次起义的为首人物。孙中山的名字在通缉文书中写作"孙汶",表示这是洪水猛兽一般的人。光绪二十二年(1896年)官方侦察到孙中山在英国伦敦。孙中山自广州失败后,即由香港赴日本,再经檀香山而到美国,又转到了英国。清朝驻伦敦的使馆设计把孙中山诱骗入使馆,准备把他偷偷押运回国。由于他的英国朋友的营救,他才得以释出。经此事件,孙中山在国际间开始作为中国的革命家而驰名。

孙中山是在中日甲午战争之后,从资产阶级改良主义的立场转变到主张革命这点,他自己曾谈到过。1896年他用英文写的《伦敦被难记》中说,他本来赞助那种"有见于中国之政体不合于时势之所需,故欲以和平之手段,渐进之方法请愿于朝廷,俾倡行新政"的政治运动①,这显然是指康有为领导的政治运动。这种政治运动"偏重于请愿上书等方法,冀万乘之尊或一垂听,政府之或可奋起",只是在看到请愿上书方法不可能生效的时候,"吾党于是怃然长叹,知和平方法,无可复施。然望治之心愈坚,要求之念愈切,积渐而知和平之手段不得不稍易以强迫。"②

孙中山在海外流亡各地时,仍以兴中会的名义在华侨中进行组织和宣传工作,但收效很小,光绪二十四年(1898年)他又到了日本。这时在日本还很少留学生,在华侨万余人中,赞助他的人不过百余人而已。在国内的知识界中,这时正是康有为的全盛时期。戊戌政变后,康有为、梁启超都流亡到日本。孙中山、陈少白还想同康有为商谈合作,为康有为所拒绝。兴中会的杨衢云在1895年广州起义失败后曾到南非等地,这时也在日本,与梁启超会谈过一次,也没有谈成。但孙中山和梁启超在1899年过往甚密,梁启超甚至同意双方合并起来建立一个

---

① 《孙中山全集》第1卷,中华书局1981年版,第50页。
② 同上书,第52页。

统一的组织。由于康有为和他的其他学生徐勤等人的坚决反对，没有成为事实。

孙中山在香港的同志继续进行联络会党的工作。到了义和团运动的时候，孙中山又到香港图谋同李鸿章合作实行广东独立，并在惠州举行了依靠会党力量的武装起义。这两个活动都没有成功，这是第十九章第五节已经说过的了。领导惠州的军事行动的是孙中山的老同学郑士良。

惠州之役后，孙中山继续他在国外的流亡生活。他在日本住了两年，又到过越南，并经檀香山而到美国。这时期，他从留学生和华侨中得到了较多的同情者。后来孙中山说："当初次之失败也（这是指 1895 年广州起义的失败——引者），举国舆论莫不目予辈为乱臣贼子、大逆不道，咒诅谩骂之声，不绝于耳。吾人足迹所到，凡认识者几视为毒蛇猛兽，而莫敢与吾人交游也。惟庚子失败（这是指 1900 年惠州起义的失败——引者）之后，则鲜闻一般人之恶声相加。而有识之士，且多为吾人扼腕叹惜，恨其事之不成矣。"[①]1904 年，他在美国报纸上发表《中国问题之真解决》一文，这篇文章说，只有推翻清朝政府的统治，"以一个新的、开明的、进步的政府来代替旧政府"，"把过时的满清君主政体改变为'中华民国'"才能真正解决中国问题。文章中说："中国现今正处在一次伟大的民族运动的前夕，只要星星之火就能在政治上造成燎原之势，将满洲鞑子从我们的国土上驱逐出去。我们的任务确实是巨大的，但并不是无法实现"。这篇文章"向文明世界的人民、特别是向美国的人民"发出呼吁："要求你们在道义上与物质上给以同情和支援，因为你们是西方文明在日本的开拓者，因为你们是基督教的民族，因为我们要仿照你们的政府而缔造我们的新政府，尤其因为你们是自由与民主的战士。"[②]孙中山在这里实际上是向西方的资产阶级呼吁。

---

① 《建国方略·心理建设》第八章。见《孙中山选集》，第 199 页。
② 《孙中山全集》第 1 卷，中华书局 1981 年版，第 254、255 页。

西方的资产阶级已经腐朽没落，不能成为东方民族求独立求进步的事业的支持者，这点是孙中山当时不了解的。但是，孙中山作为资产阶级的民主革命派的立场是已经确定了。

孙中山作为资产阶级民主主义革命活动家的社会影响，在1900年后迅速地扩大，是由于当时国内资产阶级、小资产阶级的爱国政治运动正在涌起，资产阶级、小资产阶级的许多先进分子已经不满足于改良主义的思想而趋向于革命的缘故。

（四）资产阶级的爱国运动

在义和团运动和八国联军之役后，民族资本主义经济表现出继续发展的趋势。拿全国各地逐年创设的资本在一万元以上的工矿企业来说，中日甲午战争后六年间（1895—1900年）共有一百零四家，资本总额二千三百多万元，每年平均投资三百八十万元多一点。这以后，从1901年到辛亥革命前一年的1910年十年间，共有三百七十家，资本总额八千六百二十万元，每年平均八百六十二万元。特别是1906、1907、1908这三年，新设的工矿企业及其资本总额分别为六十八家，二千三百万元；五十八家，一千四百万元；五十二家，一千六百万元。这可以说是出现了个发展的高潮。

这些民族资本的企业，大多数都是规模不大的。各地还有不少资本不足一万元的工厂，没有包括在上述统计之内，这些小工厂多数其实只是手工业工场。在上述三百七十家企业中，资本在一万到五万元的有一百五十三家，五万元到十万元的有五十九家，十万元到五十万元的有一百一十六家，五十万元以上的有四十二家，其中超过一百万元的有十五家①。

---

① 这些统计数字根据汪敬虞编《中国近代工业史资料》第二辑上册，第399—401页。

有些大企业家在这时期发展得很快。突出的例子是张謇，他创办的南通大生纱厂在 1899 年投产，该厂资本当时是七十万元，到了 1908 年，已增加为二百八十万元。十余年间他陆续创办和参加投资的企业有二十多个，这些企业的资本共有九百多万元。能够发展得快的大企业家同封建官场有较多的联系，或者同帝国主义有较多的联系，或者这两方面的联系都较多。至于众多的中小企业家，既受到帝国主义在华资本的压力，又无法抗拒封建主义的摧残，其处境一般都是很困难的。

新式企业为数诚然还是很少的，但是它们集中在若干城市中，所起的社会影响是很大的。许多人认为，振兴实业是救国的重要方法，而为了振兴实业，就不能不反对和取消帝国主义在中国的特权。

这时，开始发生了不同于义和团的新形式的爱国群众运动，那就是以资产阶级、小资产阶级为主的爱国运动。康有为一派人当初成立保国会等组织，虽然已经是属于资产阶级性质的爱国运动，但斗争的锋芒没有针对帝国主义，它所吸引的主要的只是地主阶级中倾向于资产阶级化的一部分人，尤其是这种知识分子。到了 1900 年后的几年间，中下层民族资产阶级、商人、学生成群地参加了反对帝国主义的爱国运动，而且这种爱国运动开始和资产阶级的民主主义革命运动发生了联系。这些是前所未有的现象。

为反对帝国主义攫夺我国的矿山和铁路，在各有关省份里，展开了收回权利的运动。民族资产阶级的工商界在这个运动中很活跃，他们要求收回清朝政府已经出让给帝国主义的矿权和路权，创立商办的公司，准备用自己的资本来开矿修路。

山西在光绪三十一年（1905 年）发起了反对英国福公司霸占晋东、晋南各地的开矿权的运动，结果是"赎回"了开矿权，还新成立了一个商办的保晋矿务公司。但任这个公司经理的渠本翘原是一个经营"票号"（封建性的金融机构）的商人，1902 年曾和人合资经营双福火柴公司。由于英国福公司已经在河南北部修武采矿，留日河南同乡会发表了《告河南同乡速办矿务书》。除了主张招股成立办矿公司以外，这个宣言书中说:"今先在有矿的地方立一个保矿会,凡附近人民都得入会,立一誓约,永远不准把矿地卖给洋人;如敢故违,加以重罚。其有奸猾巧诈小人,贪小利忘大害,不入本会,想卖洋人地者,一经本会稽查出来,加以倍罚,处以死刑。……地方官吏,督抚、司道有敢谄媚洋人强迫百姓卖地,一面河南京官奏参,一面河南绅商学生控告。那些赃官污吏,汉奸民贼,虽想苟图富贵,偷卖民矿,谅他也是不敢的。"①这个宣言书使用通俗易晓的文字,显然是想用爱国保乡的情绪感染和鼓动广大群众。在光绪三十一年(1905年)左右,收回矿权的运动也发生于安徽、山东、云南、四川、吉林、黑龙江等省。

收回粤汉铁路的修筑权的运动,在有关各省中形成了蓬勃的热潮。光绪二十九年(1903年),广东、湖南、湖北三省都有绅商成立组织,主张废除清政府同美国的合兴公司订立的合同,把铁路收回商办。留日本的学生组织了鄂、湘、粤三省铁路联合会,支援这个运动。经过两年的斗争,终于迫使清朝官方向合兴公司交涉,付出一笔赎款,把已修成的广州到三水的一小段铁路和合兴公司所享有的各种特权收回。在已经由清政府出卖给帝国主义的京汉、津镇、道清、沪杭甬、川汉等铁路预定通过的各省,也纷纷发生收回路权的运动。

各省进行的这种运动,带有在帝国主义侵略面前保卫家乡的性质。因此,参加这种运动的除了资产阶级的中下层以外,还有资产阶级的上层人物以至一些地主绅士和地方官员,下层广大群众也为这个运动所激动。这种运动采取向清朝当局提出要求,并且通过清朝当局向有关的帝国主义国家交涉的方式,所以它本身并不是一种造反或革命的行动。官方有时还不能不表示支持这种运动,例如张之洞在收回粤汉铁路的问题上自命为"三省绅民代表"办理向合兴公司交涉事宜②。由于各地民族资产阶级没有雄厚的实力,经过这种运动而成立的矿务公司、

---

① 汪敬虞编:《中国近代工业史资料》第二辑下册,第748页。
② 《张文襄公全集》第85卷,第34页。

铁路公司一般的都没有什么成效。赎回粤汉路权的款项甚至是由张之洞向英国借的。但是这种运动在当时所起的政治作用还是很显著的。它使广大群众感到了反对帝国主义侵略的迫切性,并加深了对清朝政府的卖国政策的憎恨。

光绪二十九年(1903年)还发生了拒法拒俄的运动。

在这年春天,广西发生了以王和顺、陆亚发等人为首的会党起义,他们的力量发展得很快,已控制了广西的西部十余州县,且有波及湖南之势。清朝军队镇压无效。广西巡抚王之春打算向法国借款借兵来"平乱"。这个消息从在日本的留学生传到了上海。在上海的张园①举行了有四五百人参加的会议,决定通电反对王之春。参加这次会议的人一般并不赞成会党的起义行动,但他们的拒法反王的运动在客观上具有同广西起义相配合的意义。王之春这个洋务派官僚乞求法国帮助的阴谋被揭露,没有能成为事实。两年后,清朝以广西、湖南、湖北三省的兵力把广西会党的起义镇压了下去。

由于抗议俄国在东北拒绝撤兵,光绪二十九年四月,在张园又举行会议,通过了致北京外务部电说:"闻俄人立约数款,迫我签允。此约如允,内失主权,外召大衅,我全国人民万难承认。"又向各国外交部通电说:"闻俄人强敝国立满洲退兵新约数款,逼我签允。现我国全国人民为之震愤。即使政府承允,我全国国民万不承认。倘从此民心激变,遍国之中,无论何地再见仇洋之事,皆系俄国所致,与我国无涉。"②同时,北京的京师大学堂的学生也举行会议,向俄国抗议。东京的留学生还组织了拒俄义勇队,表示要回国充当抗击俄国侵略者的先锋。

上海的拒法拒俄运动的主要推动者是中国教育会和爱国学社这两个组织。资产阶级革命倾向的社会活动家、教育家蔡元培(蔡孑民

---

① 张园是当时上海租界上的一个娱乐场所,有可供开会的场所给人租用。

② 冯自由:《中华民国开国前革命史》上编,第129页。

〔1868—1940〕)和他的同志们在光绪二十八年(1902年)在上海成立了中国教育会,准备编辑教科书,出版书报,并打算自办学校。官立的南洋公学(即交通大学的前身)中有一部分学生因反对学校当局的专制统治而退学,蔡元培(他是南洋公学的教员)和他们一起引退。中国教育会就以这些学生为基础,成立了爱国学社。爱国学社既是个学校,又有爱国团体的性质。据一个当时在爱国学社担任教员的人说:"学社既由退学风潮而产生,故学生极端自由。内部组织分全部学生为若干联,每联约二三十人,听学生自行加入某联,公举一联长,凡有兴革,多由学联开会议决,交主持者执行。"当时,各省官立学堂常常发生退学风潮,"学社中遇此事,必发电以贺之"。而且每礼拜,学社社员还在张园,"开会演说,昌言革命"①。从这里,可以看到当时的资产阶级、小资产阶级知识分子的自由主义的新风气。

虽然说爱国学社的集会是"昌言革命",其实,教育学会和爱国学社的参加者后来渐渐分成了两部分人,一部分人成为资产阶级革命派,另一部分人则倾向于向清朝当局请愿立宪。在参加拒法拒俄会议的人群中基本上也是这两部分人。但在当时这种区别还不明显。在清朝官方眼中,凡是敢于自行集会,同官方唱反调的人都是作乱造反的人。所以商约大臣吕海寰在要求江苏巡抚将为首集会的人"密拿严办"的信中说:"上海租界有所谓热心少年者,在张园聚众议事,名为拒法拒俄,实则希图作乱。"②

爱国学社还同一个报纸《苏报》有关系。《苏报》本是一个平庸的报纸,在光绪二十九年(1903年)初开始由爱国学社的师生撰稿,成为鼓吹爱国运动和反清革命运动的舆论机关。这年闰五月,清朝政府勾结上海租界当局查禁《苏报》。爱国学社就在这时解散了。中国教育

---

① 蒋维乔:《中国教育会之回忆》。见《上海研究资料续集》,中华书局1939年版,第87—88页。

② 冯自由:《中华民国开国前革命史》上编,第134页。

会还继续存在。二十九年冬,教育会的蔡元培还组织"拒俄同志会",发行《俄事警闻》一种报纸,进行反对俄帝国主义的宣传,直到日俄战争爆发的时候。

光绪三十一年(1905 年)又发生了几乎遍及于全国各城市的反对美帝国主义的运动,这次运动以商人抵制美国货为主要形式,这是过去未有过的新的形式。

十九世纪中叶,美国大量输入中国的苦力,这是前面(见第十二章第四节)说过的。在 1877 年美国的经济危机中,加利福尼亚州首先发生排斥中国人的运动。美国资产阶级把资本主义经济危机归罪于中国工人太多,煽起了排华运动。当初在需要中国劳力的时候,同治七年(1868 年)美国人蒲安臣擅自以中国政府代表的名义同美国订立条约,表示鼓励中国人去美国。到了光绪六年(1880 年)起,美国一方面多次要清朝政府和它订立限制中国人入境的条约,一方面又在国内颁布种种对中国人的禁例。在美国的中国工人、商人不但受到苛待,而且在许多城市里,成百的中国人死于种族主义的排华暴行中。光绪二十年(1894 年)美国和清政府订立了一个载明"两国政府愿合力办理,禁止来美华工"的条约,这个条约规定以十年为期。在美国,对中国侨民的暴行继续在各处发生。这种情形使得一个美国传教士这样写道:"比起中国最糟糕的义和团的残暴程度来,在基督教的美国城乡中对中国人的暴行,有过之无不及。但是对前者的报复是浩大的军事讨伐和巨额的赔款,而后者则几乎没有一件事受到过惩处。"[①]光绪三十年(1904年),美国方面要求继续保持禁止华工的条约。美国的旧金山和其他各地的华侨组织首先发出了主张废约的呼声。他们的呼声得到国内各地的响应,迅速地形成了一个控诉美国的排华罪行、反对美帝国主义的经济侵略的空前大运动。

在美华侨以广东人居多,所以这个运动首先在广州掀起。不久后,

---

① A. H. Smith: *China and America To-day*, 1907 年版,第 165 页。

资产阶级力量较强的上海成为运动的中心。光绪三十一年六月间,上海商务总会召集会议,作出了不用美国货、不定购美国货的决定。铁业、机器业、洋布业、火油业、面粉业等方面的商界头面人物签名承认执行这个决定。北京、天津和其他外地商界派了代表到上海参加这次会议。上海商务总会还发出致全国二十多个城市的商会的通告,动员参加这个运动。有些团体在社会上散发了许多传单,张贴了许多揭帖,号召商界不卖美国货,消费者不购用美国货。报纸和出版物造成了支持这个运动的强烈舆论。

这个运动迅速扩大到全国许多地方。上海、南京、北京、天津、保定以及其他各地学生纷纷集会响应,大大增加了运动的声势。上海的有些美国教会办的学校学生罢课,许多地方的工人和手工业者也以集会和其他方式表示他们对这个运动的支持。营口的码头工人曾拒绝为美国商轮起卸载运来的煤油。

在抵制美货运动中,许多人提出"振兴工艺",用自产的商品来代替进口货的主张。据当时的《时报》载,"自抵制美约之风潮起,花旗(即美国)面粉大为滞销",汉口就有巨商集资创办面粉公司。《时报》又说:上海的各织布厂,"连年亏折",而在光绪三十一年"生意之佳,为往年所未有,实因各处相戒不用美货,是以本布销场,顿形畅旺"①。这样的运动对于民族资产阶级显然是有利的。

在中国,突然发生了这样规模巨大的新形式的爱国运动,不但使首当其冲的美帝国主义大为震动,而且其他国家也感到不安。美国在中国的外交人员和教会人士向领导这个运动的资产阶级分子作软化和分化的工作,还向清朝政府威胁说:"中国如不能照约保护美国利权,中国政府担其责任。"②英国公使也以在华英国商人的名义向清政府表示,"华人禁止美货一事,非但美商受损,凡各国商务均有危险之虑"③。

---

① 上引均见《中国近代工业史资料》第二辑下册,第736、737页。
②③ 《1905年反美爱国运动》。《近代史资料》1956年第一期,第47、51页。

根据帝国主义的意旨,清政府下令各省督抚禁止抵制美约运动,说是"倘有无知之徒从中煽惑,滋生事端,即行从严查究,以弭隐患"①。直隶总督袁世凯、两江总督周馥、两广总督岑春煊等地方大员都采取步骤限制和阻止这个运动。

这个以民族资产阶级为主体的爱国运动在发展中不久就发生了分化。民族资产阶级上层的一些代表人物,如张謇、汤寿潜、汪康年等人散布种种破坏和诋毁这个运动的言论,并且提出了实际上使这个运动涣散的措施。还有些买办商人迫于形势,签名参加运动,却仍偷偷地照常贩运美国招牌的煤油、棉布等。上海商务总会会长曾铸是在运动开始时起了积极的领导作用的人,他在七月里就宣布不再过问这个运动,发表了《留别天下同胞书》,但认为运动还应进行下去,他说:"抵制办法,仍以人人不用美货为宗旨,千万不可暴动。"②

只是由于民族资产阶级的中下层和学生群众的支持,这个运动维持了将近一年的时间。的确,这个运动并没有发展为"暴动"。参加运动的一些资产阶级团体坚持使用所谓"文明的方法"。上海的一个自称为"文明拒约社"的代表说:"文明办法朝廷自不致压制,野蛮举动朝廷自应禁止"③。但是事实使得许多人看到依靠朝廷是没有出路的。在运动中,上海的《时报》发表一篇文章说:"我政府之不足为吾民可恃也久矣,衮衮诸公类具奴隶性质,而无爱国思想,拥虚位食厚禄,日以苟且图存为事"。这篇文章作者寄希望于"商民","禁用美货专在商民,务使与政府不着一丝牵挂"。《广东日报》也有一篇文章说:要达到废除美约的目的,"勿依赖清政府,而专恃民气是也"④。抵制美货并没有能够达到预期的结果,这使一部分激进的爱国者不能不考虑,应当把"民气"引导到什么方向去。

---

① 《1905年反美爱国运动》。《近代史资料》1956年第一期,第47页。
② 同上书,第71页。
③ 同上书,第67页。
④ 同上书,第18、19页。

（五）知识界中的革命思潮

在光绪二十九年（1903 年）左右，知识界中的革命潮流开始涌现。一些年轻的知识界人士通过书报制造革命舆论，有些人还组织秘密的革命团体。他们主要是在日本的中国留学生。

早在 1900 年以前，已有一些留学日本的青年出版杂志，翻译十八世纪的卢梭、孟德斯鸠等人的对于法国资产阶级革命起了推动作用的著作。但直到 1900 年，在日本的留学生不到百人，他们中的一部分人所宣传的资产阶级革命思想对国内还没有什么影响。

从 1901 年起，赴日本留学的人数骤增，1904 年已达三千多人。这种情形虽然同前述清朝政府提倡出洋留学有关，但是官费派遣的不过十分之二三，多数是靠自己筹款。由于到日本的费用较少（当时的人说，每年约需三百两银子），所以去欧美的留学生增加得不多，大量的是到日本。能够获得官费和自行筹款的，绝大多数是地主、富农家庭出身的青年。这时，许多中小地主和富农在经济上陷于破落的危机。由科举考试而做官的路子眼看就要断绝。从这些家庭出身的青年为寻求出路，拥入国内办的新式学校，有办法的就出洋留学。当时有人说："日本留学为终南捷径"①。虽然留学生中多数是为了做官的目的，但其中有一部分人由于接触到资产阶级的新学，由于感受到国家危亡的严重状况，觉悟到要救国不能靠清朝统治政权，也不能靠康梁的改良主义。他们感到封建旧社会已面临绝境而想探求新的出路。他们成为资产阶级革命思想的拥护者和宣传者。

1903 年，在日本的留学生陈天华写了两本通俗小册子，《猛回头》和《警世钟》②。这两本小册子在国内散播很广，影响很大。陈天华

---

① 《劝同乡父老遣子弟航洋游学书》，见张枬等编：《辛亥革命前十年间时论选集》第 1 卷上册，第 391 页。

② 《猛回头》和《警世钟》全文见《中国近代史资料丛刊：辛亥革命》（以后此书简称《辛亥革命资料》）第二册，第 112—170 页。

（1875—1905），湖南新化县人，由新化实业中学堂资送出国留学。这两本小册子的中心内容是指明中国在帝国主义侵略下的危亡局势，唤起人们为改变这种局势而斗争①。他说：列强"把我们十八省都画在那各国的势力范围内，丝毫也不准我们自由。中国的官府好像他的奴隶一般，中国的百姓好像他的牛马一样。……我中国虽未曾瓜分，也就比瓜分差不多了。"他认为，列强之所以没有实行瓜分中国是"因为国数多了，一时难得均分，并且中国地方宽得很，各国势力也有不及的地方，不如留住这满洲政府代他管领，他再管领满洲政府，岂不比瓜分便宜得多吗？"因此他提醒读者说："列位，你道现在的朝廷仍是满洲的吗？ 多久是洋人的了！列位若还不信，请看近来朝廷所做的事，那一件不是奉洋人的号令？ ……我们倘不把这个道理想清，事事依朝廷的，恐怕口虽说不甘做洋人的百姓，多久做了，尚不知信。朝廷固然是不可违抗，难道这洋人的朝廷也不该违抗么？"这样，陈天华实际上得出了为反抗帝国主义的侵略，必须反对清朝统治的结论。

陈天华号召全国人民一致起来，"必须死死苦战，才能救得中国"。但他认为，绝不能像义和团那样地搞排外主义，那样地排斥"洋务"。他说："须知要拒外人，须要先学外人的长处。""若有心肯学，也很容易的。越恨他，越要学他；越学他，越能报他。不学断不能报"。这虽然好像是重复了六十年前魏源说的"师夷长技以制夷"的话，但是这时候的先进知识界对于要从外国学习什么的认识已经到达高得多的水平了。在这两本小册子中，陈天华还没有明确地提出要实行民主政治，但他说："国家譬如一只船。皇帝是一个舵工，官府是船上的水手，百姓

① "帝国主义"是当时的报刊上已经使用的名词，例如1901年在日本横滨出版的《开智录》中有《论帝国主义之发达及二十世纪世界之前途》一文（见《辛亥革命前十年间时论选集》第1卷上册，第53页）。陈天华的《猛回头》中说："你道于今灭国，仍是从前一样吗？ 从前灭国，不过是把那国的帝王换了坐位，于民间仍是无损。于今就大大的不相同了，灭国的名词叫做民族帝国主义。"这实际上是说，帝国主义使被压迫国家沦为殖民地。

是出资本的东家。……倘若舵工水手不能办事,东家一定要把这些舵工水手换了,另用一班人,才是道理。"两年后,陈天华发表了《论中国宜改行民主政体》的文章。

在1903年已经喊出民主革命口号的代表作品是邹容所著的《革命军》这个小册子①。邹容(1885—1905)的父亲是个重庆的商人。邹容幼年时候受康梁维新运动的影响,关心国事,不愿在传统的经籍和八股文中讨生活,学了英文、日文,求得了些新的知识。1901年他到成都应官费留学日本的考试,虽然先被录取,但官方发觉他平日有越出封建主义常规的言论,除了他的名。于是他以自费到日本。他在日本只住了一年多,就因为反对清朝政府派在日本监督留学生的一个官员(他把这个名叫姚文甫的官员的辫子剪下来,挂在留学生会馆"示众")而于1903年被迫回国。他到上海,与章太炎和爱国学社的一些活动分子相结识,参加了拒俄的运动。就在这时,他写了《革命军》。

这个十八岁的青年在这本两万字的小册子中充满热情地高唱革命的赞歌,主张用革命来推翻清朝的统治,求得中国在世界上的独立地位。他写道:"我中国今日欲脱满洲人之羁缚,不可不革命。我中国欲独立,不可不革命。我中国欲与世界列强并雄,不可不革命。我中国欲长存于二十世纪新世界上,不可不革命。我中国欲为地球上名国,地球上主人翁,不可不革命。……吾今大声疾呼,以宣布革命之旨于天下。"他赞美西方资产阶级革命的成就,鼓吹资产阶级自由平等观念。他把革命分为"野蛮之革命"与"文明之革命",他所说的"文明之革命"其实就是资产阶级领导的革命。他尽情地暴露了清朝政府是个腐朽、落后、卖国的政府,主张在推倒这个政府以后按照西方资产阶级的宪法建立一个中华共和国。他说,"中华共和国为自由独立之国",他以高喊"中华共和国万岁","中华共和国四万万同胞的自由万岁"的口号来结束他的文章。

---

① 《革命军》全文见《辛亥革命前十年间时论选集》第1卷下册,第649—677页。

　　邹容的《革命军》由章炳麟(章太炎)作序在光绪二十九年五月在上海出版。差不多同时,章太炎还发表了一篇《驳康有为书》。章太炎(1869—1936)那时已是著名的学者和著作家。他在戊戌维新时是梁启超的朋友,但由于有反对清朝统治的思想,逐渐在政治主张上同康梁一派分道扬镳。张之洞曾慕名聘他为幕僚,终因为有人攻击他"心术不正","时有欺君犯上之词"而把他辞退。1899年他在日本同孙中山相识。1902年,他同一些日本留学生在东京发起举行"支那亡国二百四十二年纪念会",他为这个纪念会撰写的宣言书强烈地表现了反对清朝统治的宗旨。1903年他在上海参与中国教育会和爱国学社。康有为这时发表了一篇《与南北美洲诸华商书》,认为"中国只可立宪,不可革命"。章太炎针锋相对写了《驳康有为书》。他主要以反对满族的统治来论证革命的必要,同时也认为革命的结果必然要实行民主。康有为说,"中国今日之人心,公理未明,旧俗俱在",所以他断定革命一定会造成混乱,不会有好结果。为驳斥这种论点,章太炎的文章说:"人心之智慧,自竞争而后发生,今日之民智,不必恃它事以开之,而但恃革命以开之。"他认为,现在提倡革命,必然要提倡"合众共和","以合众共和结人心者,事成之后,必为民主。民主之兴,实由时势迫之,而亦由竞争以生此智慧者也。"他把革命看做是促成"民智"和"人心之智慧"(也就是人们的思想、觉悟)发展进步的动力。从这点出发,他以和邹容同样的激情歌颂革命说:"公理之未明,即以革命明之,旧俗之俱在,即以革命去之。革命非天雄大黄之猛剂,而实补泻兼备之良药矣。"①

　　章太炎的文章在《苏报》上发表,《苏报》上还刊载了书评,介绍和赞扬邹容著的《革命军》说:"若能以此书普及四万万人之脑海,中国当兴也勃焉"②。此外,《苏报》上还发表了一些别的鼓吹革命,反对清朝

---

① 《辛亥革命前十年时论选集》第1卷下册,第760页。
② 《上海研究资料》续编,第78页。

统治的评论文章。《苏报》就是因此而被查封。邹容、章太炎和其他几个有关的人被英帝国主义租界当局拘捕。邹容这个年轻的革命家死在租界的牢狱里。章太炎坐了三年牢,在1906年出狱。

1903年起,在国内(主要是在上海)和在日本的留学生中,革命的出版物急剧增加。上述陈天华、邹容、章太炎的著作可以代表这时知识界中兴起的革命思潮。

在戊戌维新运动时期的舆论界中起过显著作用的梁启超,到了日本后,在横滨主办《清议报》(旬刊),这个刊物出到1901年底,次年他又创办《新民丛报》(月刊)。梁启超和他的老师康有为在国外以"保皇会"的名义进行活动,所谓"保皇"的含意是保光绪皇帝而反对慈禧太后,其宗旨是恢复"百日维新"的新政,实行君主立宪。他们反对用革命的方法推翻清朝统治。梁启超的刊物遭到清廷的严禁,但仍能在国内的知识界和留学生中广泛发行,受到欢迎。梁启超写了大量文章,以流畅浅显的文字介绍西方资产阶级的哲学、社会政治学说、经济学说,歌颂西方资产阶级的民族运动和革命运动中的历史人物,鼓吹种种同中国的封建传统相违背的社会思想和道德观念。他在这方面所作的宣传工作,在数量与质量上都超过了同时期的资产阶级革命分子。读他的文章的人,固然有受他的影响而赞成君主立宪的人,但也有不少人是经过梁启超而迅速地趋向于当时正在兴起的革命潮流。应该承认,梁启超在戊戌政变后到1903年是做了富有成效的思想启蒙工作,帮助许多原来只知道四书、五经、孔、孟、老、庄的人们(特别是青年)打开了眼界,并且从封建文化和资产阶级文化的对比中,更感到自己民族的落后,更强烈地燃烧起救国和革命的热情。梁启超在这时期的政论尖锐地指出列强"保全中国"正表明中国处于被列强支配宰割的严重状况中,他还淋漓尽致地揭露清朝官僚政治的腐朽堕落,抨击慈禧太后的徒有虚名的"变法",这些也正是革命派所要说的话。对于中国究竟应该进行怎样的改革,梁启超的文章,特别在1902年到1903年间表现了一种矛盾。他一方面对于推翻清朝,实行民主的革命表示怀疑和反对,另

一方面又说,要救中国,不经过一次大变革,即革命是不行的①。他用
"报馆"的宣传"宜以极端之议论出之,虽稍偏激焉而不为病"作为理由
来解释他的这种矛盾。他说:"欲导民以变法也,则不可不骇之以民
权,欲导民以民权也,则不可不骇之以革命。""吾所欲实行者在此,则
其所昌言者不可不在彼。"②因此,一方面,资产阶级革命派对他的君主
立宪、"保皇"的主张很不满意;另一方面,他的老师康有为和他的坚持
改良主义立场的朋友们则感到他的言论走得太远,不能不给以劝告以
至警告。

梁启超所表现的这种矛盾,是资产阶级革命思想正在取代资产阶
级改良主义思想而成为先进知识界中的主导思想的反映。

(六)知识界中革命组织的产生

孙中山的兴中会在檀香山和香港成立时,它的成员中大多数是侨
民中的商人、农场主,也有一些侨民中的工人。它在 1895 年策划广州
起义和在 1900 年发动惠州起义,所依靠的都是会党的力量。关于从
1895 年到 1905 年这十一年中参加过兴中会活动的人员,有这样的材
料:总数是 279 人,其中侨居国外和在香港经商、做工和从事其他职业
的人有 219 人,在广州等地的 60 人中多数是会党分子。国内的知识界
和留学生参加孙中山的组织的人是很少的。

在 1902 年,参加兴中会的资产阶级分子企图在广州发动一次以秘
密会党为主力的起义。洪全福(原名洪春魁),是洪秀全的侄儿,年轻

---

① 例如梁启超在《释革》一文(《新民丛报》第二十二期,1902 年 12 月)中说:"夫
我既受数千年之积痼,一切事物,无大无小,无上无下,而无不与时势相反。于此而欲易
其不适者底于适,非从根柢处掀而翻之,廓清而辞辟之,乌乎可哉!乌乎可哉!此所以
Revolution 之事业——即日人所谓革命,今我所谓变革——为今日救中国独一无二之法
门。"见《饮冰室文集》之九,第 41—42 页。

② 梁启超:《敬告我同业诸君》(1902 年 10 月)。《饮冰室文集》之十一,第 38—39
页。

时参加过太平天国战争。他在太平天国失败后逃到香港,当了海船上
的厨师,经过三十多年海上的劳动生活后,住在香港。他在三合会中交
游甚广,有一定的号召力。他有个老朋友,澳洲经商的谢日昌,即香港
的兴中会创立者之一谢缵泰的父亲。谢缵泰在兴中会中是同杨衢云相
接近的。在1901年初,杨衢云在香港被清朝官方暗杀。谢缵泰想利用
洪全福在秘密社会中的号召力再发动一次起义。这时又有一个香港富
商的儿子李纪堂(他也参加了兴中会)愿意投资帮助。他们成功后的
国号将叫做"大明顺天国",预拟的檄文强调反满,并说,要行"欧洲君
民共主之政体"①。这是会党的色彩很浓,而民主革命的气味较少的一
次起义。对这次起义,孙中山没有与闻。前面说过,杨衢云、谢缵泰这
一派人同英国人联系较多,所以这次起义还有香港的英国人支持。提
倡新学资格最老的容闳(他在基本上不是个革命派)这时也在香港,同
意在胜利后担任临时政府大总统,不过他在行动未开始时就到美国去
了。在洪全福、谢缵泰、李纪堂的经营下,为这次起义做了相当充分的
准备。他们在香港和广州设立了机关,还购置枪械,设法运入广州,约
定了广州附近各路的英雄好汉,准备在光绪二十七年除夕(1902年2
月)放火为号,一举占领广州各衙署,宣布成立新的政府。但是由于内
部有人向清朝官方告密,预定起义的那天却成了他们在广州的机关全
部被清朝官方破获的日子。这次起义在摇篮里被扼杀了。洪全福改名
跑到了新加坡,几年后病死。谢缵泰后来同英国人一起在香港办英文
的《南华早报》,不再过问兴中会的事了。

随着知识界中革命思潮的发展,出现了以知识分子为主体的革命
团体。

1903年,在留日学生的拒俄运动(反对沙皇俄国军队霸占东北的
运动)中,有一部分学生组织拒俄义勇队,并由此产生了个军国民教育
会的组织,用意是要在学生中进行军事训练,学会搞军事。但军国民教

---

① 冯自由:《革命逸史》第四集,商务印书馆1936年版,第110—111页。

育会只是个松散的群众组织,没有存在多久。其中有些人回国作进一步的活动。1904年在回国的留学生推动下,分别成立了华兴会和光复会这两个革命团体。

华兴会由湖南的留学生黄兴、刘揆一、杨毓麟、陈天华等人发起,成立会在光绪二十九年除夕(1904年2月15日)在长沙明德学堂的一个校董的家中举行,到会的有从本省各地和从外省来的,共百余人,大多是学界中人。他们推黄兴为会长,宋教仁、刘揆一为副会长。黄兴(1874—1916),是湖南善化(今长沙县)人,县学生员出身,肄业武昌的两湖书院。1901年官费到日本留学,进师范学校,但还学了点军事。

光复会在光绪三十年十月(1904年11月)成立于上海。参加的人是江苏、浙江、安徽三省的学界人士。在狱中的章太炎也参加了。刚从日本回国的龚宝铨是推动成立这个组织的主要的一个人。主持中国教育会的蔡元培被推为会长。在这个组织成立后一直起主要作用的中心人物则是陶成章。陶成章(1878—1912),浙江绍兴人,年轻时当过塾师,在1900年前不久开始读新书而有仇视清朝统治的思想。1902年官费到日本留学,想进成城学校学军事,受到清朝官方的阻挠。1903年回国活动。

华兴会和光复会都有资产阶级革命政党的性质。它们的发起人和参加者抱着推翻清朝的目的,他们的最高理想是建立资产阶级民主共和国。黄兴在华兴会的成立会上发言,谈到发动革命的地点和方法问题。他援引十七、十八世纪的英国、法国的革命经验,但认为中国革命的情况不同,不能从首都开始,而要"采取雄据一省与各省纷起之法"。他认为湖南的"军学界革命思想,日见发达,市民亦潜濡默化,"而且还有"洪会党人"(也就是江湖秘密结社)也抱有"排满宗旨",一旦发动起义,"不难取湘省为根据地。"①

在严重的封建专制主义统治下面,抱着资产阶级革命思想的知识

---

① 刘揆一:《黄兴传记》。见《辛亥革命资料》第四册,第277页。

分子接受了农民革命的武装斗争传统。上述邹容的书主张"文明之革命",但并不是不要武装斗争,他的书名就叫《革命军》。邹容认为"野蛮之革命"是不可取的,所指的是义和团那样的自发的斗争。这些初起的资产阶级革命分子认为,下层人民群众的力量,必须在他们的引导下才能走上"文明之革命"的轨道。1903 年留日学生的一个杂志上说,中国历史上从汉朝的赤眉、铜马、黄巾到明朝的张献忠、李自成等都是"云兴鼎沸,糜烂生民,不可收拾","其责不在其民族之好言革命也,在其民族无善言革命之教育也。"这个作者实际上是认为,只有资产阶级出了世才能够有"善言革命之教育",只有资产阶级能够教育农民和其他下层人民群众去进行"有意识之破坏","有价值之破坏"。所以这个作者认为:"下等社会者,革命事业之中坚也,中等社会者,革命事业之前列也。"①有个主张革命的湖南人杨笃生(杨毓麟),在 1902 年写了本《新湖南》小册子,他声明他的书是写给"湖南中等社会"的。书中说:"诸君在于湖南之位置,实下等社会之所托命而上等社会之替人也。提絜下等社会以矫正上等社会者,惟诸君之责;破坏上等社会以卵翼下等社会者,亦为诸君之责。"②这都是说,中等社会要靠下等社会干革命,并站在下等社会前面引导他们。

作为资产阶级革命家而出现的青年知识分子们懂得,要造反,要革命,没有群众的力量是不行的。他们自以为能领导下层社会,但其实他们并不理解下层社会。他们没有也无意于到农民和工人中去做艰苦的动员和组织工作。他们今天组织革命团体,就想明天发动起义,后天获得成功。他们需要立即可以利用的力量。哥老会、三合会之类的现成的组织就成为他们所看中的力量。杨笃生《新湖南》中说:"近二十年来,下等社会劳动之生殖益穷,而秘密社会之势益盛。"③以贫困失业、

---

① 《游学译编》第十期上的一篇无署名的文章,《民族主义的教育》。见《辛亥革命前十年间时论选集》第 1 卷上册,第 407、409 页。

② 同上书,下册,第 615 页。

③ 同上书,第 621 页。

流浪江湖的游民为主体的秘密会党确是日盛一日,他们在别无生路时就占山为王,沿路打劫。杨笃生描写说,出长沙十里"多为盗薮",而"由湘入粤行宝庆一路,由湘入黔行辰州一路,由湘至江岸行澧州一路",都往往要遇到土匪劫掠。湖南如此,其他许多省份也是如此。当时,知识分子的革命家们在说到革命所可以运用的"下等社会"的力量时,所指的首先就是这种秘密会党。

华兴会打算在成立的九个月以后就在长沙发动起义。光绪三十年十月初十日(1904 年 11 月 16 日)是慈禧太后七十生辰,他们的计划是,趁省里文武官员在这天会集行礼时,爆炸起预置的炸弹,由省城内的武备学堂的学生发动起义,而哥老会在省城外各地响应,并分路进军长沙。华兴会的副会长刘揆一,也是从日本回来的留学生,原来同湖南哥老会的一个大头目马福益相识,他积极主张运用哥老会的力量。为此,黄兴和刘揆一约会马福益商谈合作办法。

三十年(1904 年)春,黄兴、刘揆一同马福益在湘潭第一次会晤。刘揆一描述这次会晤情形说,为了避免官方耳目,他们二人短衣钉鞋,头戴斗笠,从湘潭城冒雪行走三十里路与马福益相会于茶园铺矿山岩洞中。哥老会徒众防守在矿山各处。事先还在山际雪地掘了一个土坑,准备了几只雄鸡。夜深时,他们三人用柴火烤鸡,边谈边吃,直到天明。他们议定了有关起义的各事,并商定由黄兴为起义的主帅,刘揆一和马福益分任正副总指挥。在他们心目中,经过这一晚的会议,起义的成功就完全在握了。因此黄兴在归途兴奋地作诗道:"结义凭杯酒,驱胡等割鸡"[①]。到了这年八月,黄兴、刘揆一和其他几个华兴会的活动分子又到浏阳,趁浏阳河边的普迹市举行牛马交易大会时同马福益和他属下的主要头目会面。黄兴送给马福益长枪二十支,手枪四十支,马四十匹。这时,华兴会已派人在上海收买枪械,打算在大批枪械运到时提前发动起义。但是普迹市的这次会晤立即由混在华兴会中的一个内

---

① 刘揆一:《黄兴传记》。《辛亥革命资料》第四册,第 277—278 页。

奸报告给了清朝官方。这个内奸是马福益的部下,但早已依附长沙的著名豪绅王先谦,并受湖南官方收买,充当耳目。官方立即下手逮捕有关人士。会党的几个小头目被捕。黄兴靠基督教会里的朋友的帮助逃出长沙,到上海去了。刘揆一等也都逃脱。为这次失败的起义,黄兴、刘揆一等人破家筹措了四五万元的经费。

马福益遭到官方通缉,逃亡到广西。但在光绪三十一年(1905年)年初他又回到湖南,准备重新发动起义,并派人到上海和黄兴联系。但不久他在湘乡被官方捕获,三天之后被杀。马福益身受酷刑,至死不屈。留日学生为他举行了追悼会。

光复会成立后同华兴会有联系,准备在长江下游发动起义以响应湖南的华兴会。华兴会的起义既然流产,光复会的配合行动也就中止了。光复会也进行了联络会党的工作。浙江省南部丽水一带的一个会党头头、拳师出身的王金宝,和华兴会约定,号召他所能影响的会党力量,打算袭取遂昌做根据地。清朝官方发觉了这事。王金宝被捕,光绪三十年(1904年)十月被杀。

光复会里做联系会党工作的主要是陶成章。光复会的发起人龚宝铨和另一个留日学生魏兰等人也积极参加活动。他们在1904年遍历浙西浙东许多地方,和许多会党组织联系。陶成章根据他接触秘密会社得到的了解,著有《教会源流考》一文,是有系统地论述这方面的情形的最早的著作。

从马福益、王金宝这些人身上,可以看到作为游民无产者的代表的会党人物是有革命性的。由于资产阶级、小资产阶级革命家有文化、有较高水平的思想,社会上的身份地位也比较高,而且有财力,所以他们能够把要求革命的会党分子吸引到自己方面来。但是他们满足于同几个会党头头建立联系,只是一时地利用会党分子的拚命精神,而并不去做艰苦的群众工作。所以他们并不能由于做会党工作而使他们的革命活动真正在下层群众中打下牢固的基础。

除了华兴会、光复会以外,同时在武汉知识界中也有革命组织。那里知识界中的一些革命青年注重在当地军队中做工作,联络士兵和下级军官。他们在光绪三十年(1904 年)四月成立了"科学补习所"这样名称不显眼的组织。由于他们同华兴会有联系,在华兴会的起义计划暴露时,他们也受到牵连,科学补习所解散。它的成员后来又以"日知会"等名义组织起来。他们的组织对于推翻清朝统治的辛亥革命首先从武汉爆发是有关系的。以后我们还将有机会谈到这些组织。

　　以上这些情形都表明,在 1903 年到 1904 年间,已经可以从知识界的革命潮流中看到,一个由资产阶级、小资产阶级领导的革命新时期是迅速地酝酿成熟了。

第二十一章

同盟会初期

（一）同盟会的成立和它的纲领

光绪三十年（1904 年），孙中山在美国，次年他到了欧洲的几个国家，然后又一次到了日本。他在美国的华侨商人中有比较广泛的联系。在比利时、德国、英国和法国，有一些中国留学生表示同情革命事业，愿意参加他所领导的革命组织，但人数很少。这时中国留学生在日本已很多，他们给孙中山以热烈的欢迎。在有近千人参加的欢迎会上，孙中山发表演讲说："鄙人往年提倡民族主义，应而和之者特会党耳，至于中流社会以上之人，实为寥寥。乃曾几何时，思想进步，民族主义大有一日千里之势，充布于各种社会之中，殆无不认革命为必要者。"在这个演说中，孙中山表示有充分信心能够推翻清朝的专制统治，建立一个民主共和国，而使中国迅速地进步起来。他指出，那种以为中国"只可为君主立宪，不能躐等而为共和"的说法是谬误的。他说："中国土地人口，为各国所不及。吾侪生在中国实为幸福。各国贤豪欲得如中国之舞台者利用之而不可得。吾侪既据此大舞台，而反谓无所藉手，蹉跎岁月,寸功不展,使此绝好山河仍为异族所据(这是指清朝统治——引者),至今无有能光复之,而建一大共和国以表白于世界者,岂非可羞之极者乎?"①

当时,已经存在的各个革命小团体分散活动,不能适应革命发展的需要,客观的形势要求汇集各革命团体的力量,在政治上、思想上提出一个明确的革命纲领。孙中山这次到日本后,首先同华兴会的成员黄兴等人商量联合起来共同建立这样的革命组织。光绪三十一年六月二十八日(1905 年 7 月 30 日),在日本东京召开筹备组党的会议。这次会有七十多人参加,会上孙中山提议建立革命同盟会,经过一番争论后,定名为中国同盟会,并决定以"驱除鞑虏,恢复中华,创立民国,平均地权"十六个字为宗旨。七月二十日(8 月 20 日)同盟会举行正式成立大会,参加的有几百人,除甘肃一省那时没有留学生外,全国各省籍贯的人都有。这次会议通过由黄兴等人起草的会章,选举孙中山为"总理",还确定执行会务的其他人员。

同盟会把原有的兴中会、华兴会、光复会等带有地方性的小团体联合起来,成为一个全国性的组织。在同盟会筹备会时,到会的人除宣誓参加外,由孙中山口授所谓"秘密口号",例如"问何处人,答为汉人,问何物,答为中国物,问何事,答为天下事等"②。这是沿袭江湖秘密结社的传统办法,这办法以后并没有继续用下去。同盟会的性质毕竟已完全不同于旧式的秘密会党。它的组织形式,它的组成人员的成分,它的纲领都说明了它是一个资产阶级革命政党。

在同盟会成立时,其领导机构除总理外,还选举产生了二十八个议员,组成议事部(也称评议部)。会章规定,"议事部有议本会规则之权"。又设立了一个也是选举产生的司法部,其作用似乎是为了执行会内的组织纪律。还设立了一个执行部,执行部的人选则由总理指定。

---

① 《孙中山全集》第 1 卷,中华书局 1981 年版,第 282 页。
② 邹鲁:《中国国民党史稿》第一篇,第 47 页。

这种组织形式,很明显的,是根据西方资产阶级国家的"三权鼎立"的原则。评议部是议会的性质。西方资产阶级的议会制度是同盟会的革命家们所憧憬的目标,同盟会的组织形式也反映了这一点。不过事实上,所谓评议部、司法部并没有起什么作用。同盟会设总部于日本东京,国内有东、南、西、北、中五个支部,国外华侨中有南洋、欧洲、美洲、檀香山四个支部。国内支部下按省设立分会,推定了在各省负责的人选。

同盟会成立一年后,列名参加的有一万多人,以留学生和国内知识界人士占很大比例。这就使它同国内社会的联系,比在侨民中建立起来的兴中会大大地增加了。参加同盟会的成员,就他们的政治思想的总的倾向来说,一般地是民族资产阶级的中下层的代表,他们是资产阶级、小资产阶级的革命派。但是他们中许多人出身于地主家庭,他们对于革命的目的,革命所应采取的方法等等问题,事实上抱着不同的观点。在革命高潮开始掀起的时候,他们结合到了一起,暂时地承认了一个统一的资产阶级民主革命的纲领。同盟会这个名称也表示了它是具有不同色彩、不同程度的革命倾向的人们的一个同盟。

孙中山之所以能够成为同盟会的领袖,不但因为他闹革命资格老,有声望,而且因为他是当时最激进的资产阶级民主革命纲领的倡导者。在同盟会筹备会上讨论这个组织的名称时,有人建议叫"对满同盟会",孙中山用"革命宗旨,不专在对满,其最终目的,尤在废除专制,创造共和"的理由否定了这个建议①。虽然也有人对孙中山提出的"平均地权"的主张表示怀疑,但这一点仍然列入了同盟会的纲领中。孙中山在同盟会的机关刊《民报》的发刊词(1905年10月)中第一次提出了"三民主义",就是民族主义、民权主义和民生主义。当时孙中山把民族主义解释为"驱除鞑虏,恢复中华",民权主义是指"建立民国",至于民生主义的内容就是"平均地权"。孙中山自己和他的一些同志又

---

① 邹鲁:《中国国民党史稿》第一篇,第 47 页。

把"平均地权"和"土地国有"等同起来。《民报》的每一期都刊有《本社简章》,宣布"本杂志的主义"共六条,其中关于国内的有三条,就是一、"颠覆现今之恶劣政府",二、"建设共和政体",三、"土地国有"。

用革命的暴力推翻清朝统治,是同盟会的基本主张。同盟会刚成立时,就确定了组织国民军的规划,预拟了军政府的宣言。虽然在实践中,同盟会会员们对于如何进行武装斗争渐渐地有了不同的看法,但是,总的说来,当时凡属于资产阶级革命派的人都一致认为:要使中国摆脱受帝国主义列强宰割瓜分的命运,独立强盛起来,就必须推翻清朝政府,而要推翻清朝统治,只有实行武装斗争,没有别的道路可走。

同盟会在民族主义的旗帜下鼓吹反对清朝统治。清朝的统治在实质上并不是满族的统治,而是代表大地主阶级的封建专制主义的统治。对这一点,资产阶级的革命家并不是充分认识到的。他们根据皇室是满族的爱新觉罗氏,满洲贵族有较多机会担任重要官职,而且在社会上满族人也居于特殊地位,许多满族人一生下来就取得国家的一份俸银,可以终身过不劳而获的生活等等事实,强调革命的性质首先就是反满的民族革命。他们中有些人所宣传的民族主义变成狭隘的排满主义,甚至发散着大汉族主义的臭味。《民报》的主要撰稿人之一的汪精卫,在他的文章中这样写道:"他日我民族崛起奋飞,举彼贱胡,悉莫能逃吾斧锧",而对于残余的满人,应待之以"特别法律",要像白种人对待美洲的"红夷"(指印第安人)那样对待他们①。孙中山在这个问题上则采取比较正确的态度,他在 1906 年《民报》创刊周年庆祝大会的演讲中说:"民族主义,并非是遇着不同种族的人,便要排斥他。……兄弟曾经听见人说,民族革命是要尽灭满洲民族,这话大错"②。

---

① 《民族的国民》,《民报》第一期。见《辛亥革命前十年间时论选集》第 2 卷上册,第 95 页。

② 《孙中山全集》第 1 卷,中华书局 1981 年版,第 324、325 页。

孙中山强调指出，他所主张的"民权主义"是"政治革命的根本"。他说："将来民族革命实行以后，现在恶劣政治，固然可以一扫而去，却是还有那恶劣政治的根本，不可不去。中国数千年来，都是君主专制政体，这种政体，不是平等自由的国民所堪受的。要去这政体，不是专靠民族革命可以成功。"因此，他认为"政治革命"要同"民族革命"同时进行："我们推倒满洲政府，从驱除满人那一面说，是民族革命，从颠覆君主政体那一面说，是政治革命，并不是把来分作两次去做。讲到那政治革命的结果，是建立民主立宪政体。照现在这样的政治论起来，就算汉人为君主，也不能不革命。"①他所说的政治革命，实际上也就是要建立资产阶级的共和国。不过，究竟怎样才能扫除"恶劣政治的根本"，孙中山没有能作出完满的答复。在孙中山看来，要解决的困难只在于如何处理革命过程中"兵权与民权相抵触"的问题，他所担心是在革命战争中，军政府倚仗"兵权"而压抑"民权"。他以为在革命军起后，由军政府"督率国民，扫除旧污"，并且要制定军政府必须遵守的"约法"来保障民主制度的推进②。

革命不能限于"排满"，而应当从此结束中国几千年来的"君主专制政体"，这虽然是同盟会公认的纲领，但是事实上，有些同盟会员并不真正坚持这一点，例如章太炎在1903年的驳康有为的文章中固然说过这样的意思，但四年后他在《定复仇之是非》一文中却又说："今之种族革命，若人人期于颠覆清廷而止，其后利害存亡，悉所不论，吾则顶礼膜拜于斯人矣。"他还说，他之所以也谈民主共和，是因为"不能不随俗而言"罢了③。较多的同盟会员把"政治革命"看成是很容易做到的

---

① 《孙中山全集》第1卷，中华书局1981年版，第325页。
② 《民报》中一些作者的文章转述了孙中山的这种看法。见《辛亥革命前十年间时论选集》第2卷上册，第113、377页；参看同盟会预拟的"军政府宣言"，见《辛亥革命资料》第二册，第15页。
③ 《民报》第十六期。转引自《辛亥革命前十年间时论选集》第2卷下册，第770页。

事,是随着"排满"的"民族革命"的胜利而自然达到的结果。这是因为他们对于中国社会的历史和当前中国社会都缺乏一个比较正确的认识的原故。例如《民报》的撰稿人胡汉民这样说:"吾国之贵族阶级,自秦汉而来,久已绝灭,此诚政治史上一大特色。(其元胡满清,以异种为制,行贵族阶级者,不足算)今惟扑满,而一切之阶级无不平。(美国犹有经济的阶级,而中国亦无之)"①。根据这种错误的看法,就自然得出了在推翻清朝政府后,实行民主立宪政治不会遇到什么社会阻力的结论。汪精卫也说:"驱除异族,民族主义之目的也,颠覆专制,国民主义之目的也,民族主义之目的达,则国民主义之目的亦必达"②。朱执信是在资产阶级革命派中采取激进立场的一个人,但他当时也说:"以去满人为第一目的,以去暴政为第二目的,而二者固相连属。第一目的既达,第二目的自达。何则? 其难既已去也。"③

包括孙中山在内的同盟会的成员们都不懂得,"几千年来的君主专制政体",实质上是地主阶级的统治,是建立在地主阶级对农民的封建剥削制度的基础上的。不触动这个基础,是不能保证资产阶级革命的胜利的。

"平均地权"或"土地国有"的主张,虽然是接触到了反对封建主义的土地制度的问题,但是孙中山和其他一些同盟会员却认为这是"政治革命"以外的另一种革命,是社会主义的革命。按照他们的说法,民生主义就是社会主义。(他们认为,西方的 Socialism,可以译作社会主义,也可以译为民生主义。见《民报》第四期朱执信和冯自由的文章)究竟什么是社会主义,在他们的心目中是极为混乱的。《民报》上虽然有人提到马克思,片段地介绍了《共产党宣言》的内容,但他们并不了解马克思主义。他们至多把马克思主义看做可以并存的各种社会主义

① 汉民:《〈民报〉之六大主义》。同上书,上册,第376页。
② 《民族的国民》。同上书,第97页。
③ 《论满洲虽欲立宪而不能》。《辛亥革命前十年间时论选集》第2卷上册,第119页。

学说中的一种。他们把无政府主义,把社会改良主义,把西方资产阶级政府实行的社会改良政策,甚至把帝国主义在殖民地实行的某些土地政策都看作是社会主义。

中国的资产阶级革命派从西方资产阶级国家的经验中已经看到,资本主义社会并不是那么美妙绝伦的。由于资本主义的发展,必然发生尖锐的阶级斗争,引起许多社会问题,以致引起新的革命。这个事实反映到同盟会的会员中,得出了两种相反的观点。一种观点可以章太炎为代表,他在1907年写的《讨满洲檄》中说:他很担心"新学诸彦,震于泰西文明之名,劝工兴商,汗漫无制,乃使豪强兼并,细民无食,以成他日之社会革命。"①他的意见是说,为了避免将来的革命,最好不要步西方的后尘,发展工商业,发展资本主义。章太炎在同盟会时期的革命思想是徘徊于民族资产阶级的观点与农民小生产者、小业主的观点之间的,当他单纯强调排满而认为革命的结果是否实行民主政治并不重要,以至认为最好不发展或少发展资本主义的时候,他就更多地反映了小生产者、小业主的观点。

以孙中山为代表的多数同盟会员提出了另一种观点。他们以提倡社会主义或民生主义的名义来表达他们要在中国发展资本主义的理想,并且以为,只要及早实行他们的所谓社会主义,就可以预防资本主义发展的祸害,也就可以避免下一次的革命。1905年孙中山在《民报》发刊词中说,在欧美各国,民族主义、民权主义是已经解决的问题,现在到了"民生主义跃跃然动"的时代,"二十世纪不得不为民生主义之擅场时代也"。他以为中国"睹其祸害于未萌,诚可举政治革命、社会革命毕其功于一役"②。一年以后,孙中山在《民报》创刊周年庆祝大会上说:"凡有识见的人,皆知道社会革命,欧美是决不能免的。这真是

---

① 《民报增刊·天讨》。《辛亥革命前十年间时论选集》第2卷下册,第712—713页。

② 《孙中山全集》第1卷,中华书局1981年版,第288、289页。

前车可鉴"。他认为,"中国今日,如果实行民生主义,总较欧美易得许多。因为社会问题,是文明进步所致,文明程度不高,那社会问题也就不大"。他所谓"文明进步",其实就是指资本主义的发展。孙中山表示不赞成"文明不利于贫民,不如复古"这种说法,而认为"文明进步是自然所致,不能逃避的"。他说:"文明有善果,也有恶果,须要取那善果,避那恶果。欧美各国,善果被富人享尽,贫民反食恶果,总由少数人把持文明幸福,故成此不平等的世界。我们这回革命,不但要做国民的国家,而且要做社会的国家,这决是欧美所不能及的。"①

孙中山其实并不了解资本主义制度下的社会革命是什么内容,却以为"社会革命"就是他所谓平均地权。同盟会的《军政府宣言》说明平均地权的办法是"核定天下地价,其现有之地价,仍属原主所有,其革命后社会改良进步之增价,则归于国家,为国民所共享。"②孙中山曾给以具体解释说:"比方地主有地价值一千元,可定价为一千,或多至二千;就算那地将来因交通发达,价涨至一万,地主应得二千,已属有益无损;赢利八千,当归国有,这于国计民生,皆有大益。"③这实际上是意图在地价上涨时,国家按较低的价格把私人所有的土地收买下来,使国家成为全国土地的主人,由国家收取地租,因此,这也就是实行土地国有。孙中山以天真的态度宣传他的这种主张,力图表明,按照他的办法,在实行"民族革命"、"政治革命"的同时或在这以后,实行"社会革命",就永远不会发生"少数富人专制"的现象。

列宁评论过孙中山的这种主张。他指出:"孙中山的纲领的字里行间都充满了战斗的、真诚的民主主义","是真正伟大的人民的真正伟大的思想"。他又指出,孙中山的战斗的民主主义思想体系带有民粹主义的特色,因为它"首先是同社会主义空想、同使中国避免走资本

---

① 《孙中山全集》第1卷,中华书局1981年版,第327—328页。
② 同上书,第297页。
③ 同上书,第329页。

主义道路即防止资本主义的愿望结合在一起的,其次是同宣传和实行激进的土地改革的计划结合在一起的。"认为在中国可以"防止"资本主义,认为中国既然落后,就比较容易实行"社会革命"等等,是小资产阶级空想,列宁称这种空想是"反动的",即违反历史的发展潮流的。但同时列宁又指出了孙中山的这种带有小资产阶级反动空想的政治纲领和土地纲领中的"革命民主主义内核",因为这个纲领实际上是反对压迫群众和剥削群众的封建制度的纲领,是要打碎封建主义的枷锁而为资本主义的发展创造条件的纲领。由资产阶级实行土地国有,并不是什么社会主义,而恰恰是为资本主义的迅速发展开辟道路。列宁是在 1912 年读到译载在外国报刊上的孙中山一篇文章时写下这些评论的①。这些评论也适用于同盟会初期孙中山及其同志们发表的包含着类似内容的文章。

孙中山及其同志们不能明确地认识以封建剥削制度为基础的中国社会的实质,但他们提出了实际上是以发展资本主义为目的的反封建的民主主义的纲领。他们看到了西方无产阶级革命运动兴起的事实,于是他们把自己的民主主义的纲领加上社会主义幻想的外衣,自命为能够造福于全体被剥削的劳动人民,因而认为可以理直气壮地在中国发展资本主义。这种情形是中国资产阶级还处于初兴的阶段的表现。但是中国资产阶级又是极其软弱的阶级。虽然资产阶级最激进的民主革命派感到,要实现彻底的反封建的纲领,必须把农民大众这个最强大的反封建力量动员起来,但他们对于早已存在于中国广大农民中的平分土地的革命要求(这种要求曾在太平天国的土地纲领中得到鲜明的反映)视而不见,却从外国搬来亨利·乔治这类资产阶级学者的以推行什么单一税来实行土地国有的说法。他们虽然提出了平均地权和土

---

① 列宁所读到的孙中山的文章题为《中国革命的社会主义》,那其实是孙中山在 1912 年 4 月《在南京同盟会员饯别会的演说》的节录。见《孙中山选集》,人民出版社 1981 年版,第 93—99 页。列宁的评论文章是《中国的民主主义和民粹主义》。见《列宁选集》第 2 卷,人民出版社 1960 年版,第 423—428 页。

地国有的纲领,但他们没有能力实现这个纲领。

在当时的历史条件下,集中力量推翻清朝统治,也正是打击站在它背后的外国帝国主义。同盟会的成员们都对中国已陷入半殖民地的地位的事实感到愤慨,热烈地企望革命能使得中国获得独立。有些同盟会员明确指出,清朝政府已经成为帝国主义的工具。称清朝为"洋人的朝廷"的陈天华是同盟会发起人之一。又例如在《民报》上撰文的汪东认为,"及今之世,而欲求免瓜分之祸,舍革命其末由"①。这是说,用革命推翻清朝政府是避免中国被列强瓜分的唯一办法。他又说,"外人所以乐存此旧政府,以其为桃梗土偶,便于窃盗"②。这是说,清朝政府已成了外国帝国主义所利用的傀儡。这种看法当然是正确的。

但是同盟会并没有明确地提出反对帝国主义的纲领。《民报》所宣布的"本杂志的主义"六条中,有三条是对国外而言的,这三条是:一、"维持世界之真正之平和",二、"主张中国日本两国之国民的连合",三、"要求世界列国赞成中国之革新事业"。这三条的含意至少是含糊不清的。《民报》上发表的解释这六条"主义"的文章(它的作者是胡汉民)力求使"各国"相信,用不着担心因为清朝政府的颠覆而丧失掉它们在中国的既得权益,文章说:"于国际法,旧政府虽倾复,而其外交所订之条约,则当承认于新政府而不失其效力,新政府当继续其债务及一切之义务。……吾人革命军起,必恪守国际法而行,其遂逐满政府,则新立政府必承认其条约,即分割数省,而宣告独立,于各国之债权,亦断许其无损失也。"③在同盟会成立时预拟的《国民军》的《对外宣言》中虽然有"外人有加助清政府以妨害国民军政府者,概以敌视"这样的条款,但同时又有如下的条款:"所有中国前此与各国缔结之条

---

① 《论支那立宪必先以革命》。《辛亥革命前十年间时论选集》第2卷上册,第130页。

② 《革命今势论》。同上书,下册,第798页。

③ 《民报之六大主义》。同上书,上册,第383页。

约,皆继续有效","偿还外债,照旧担任,仍由各省洋关,如数摊还";
"所有外人之既得权利,一体保护"①。既然资产阶级革命派如此明确
地向帝国主义者表示可以承认他们加与中国的一切枷锁以换取他们的
"赞成",当然不能指望资产阶级革命派会在反帝方面有一个坚决的彻
底的纲领。

革命靠什么力量?——对这个问题的答复,在同盟会的成员中至
少有两种说法。孙中山说:"我们定要由平民革命,建国民政府,这不
止是我们革命之目的,并且是我们革命的时候所万不可少的。"②《民
报》的一个署名"扑满"的作者说:"中国之革命军则与欧洲殊(指与十
七、十八世纪英国、法国的资产阶级革命——引者),非市民的革命,乃
一般人民的革命也。"③这是一种说法。《民报》上还有另一种说法。
汪东说:"革命之主动,皆中等社会而无乱民也"。汪东把封建社会中
的农民起义看成是"乱民"。他以为法国十八世纪的资产阶级革命造
成了过多的混乱,而中国的革命将能够完全"有秩序地进行"。他说:
"中国异是(即与法国资产阶级革命不同——引者),半出于诗书大族,
痛心沦亡,思驱东胡杂种,是以枕戈待旦,皆抱刘琨之志,请缨击敌,或
当终军之年,精诚交孚,合谋大举,或有悖德之行,则与众弃之。法之乱
也,自下而上,今乃反之,则秩序可保"④。由此可见,汪东虽然也主张
要发动革命军,但他认为,革命的"主动"一定要由"中等社会"掌握,而
他所企望的"中等社会",主要是反满的"诗书大族",这种观点明显地
表现着对于下层群众的革命行动的恐惧,这是资产阶级革命派中的右
翼的观点。上述前一种说法中所谓"平民革命"、"一般人民的革命",
虽然是很模糊的概念,但这是属于激进的资产阶级革命派的观点。抱

---

① 《辛亥革命资料》第二册,第33页。
② 《孙中山全集》第1卷,中华书局1981年版,第326页。
③ 《发难篇》。《辛亥革命前十年间时论选集》第2卷上册,第384页。据汪东的
回忆录,"扑满"是汪精卫的笔名。
④ 《正明夷〈法国革命史论〉》。见上书,下册,第645页。

这种观点的人企图由资产阶级、小资产阶级的革命派来掌握革命领导权,但他们至少在主观上要求发动下层人民群众的力量,而自居于全体"平民"和"一般人民"的代表者的地位。

同盟会成立之后,立即在革命的宣传和革命的实际行动上展开了一系列的工作。同盟会的纲领,虽然有这样那样的弱点,但是从当时的历史条件来说,是一个比较完备的民主主义的革命纲领。它体现了资产阶级和小资产阶级在政治经济上的要求,体现了中国人民要求民族独立和民主权利的共同愿望以及中国社会在其发展道路上的迫切要求。根据这个纲领而进行的一切工作,带来了中国历史上前所未有的新鲜气息。在思想上战胜了不久前还居于先进地位的以康有为、梁启超为代表的资产阶级改良主义,是同盟会的重大业绩。这个胜利为推翻清朝统治的革命斗争奠定了思想的基础。但在叙述这个以前,我们必须先来看一下清朝的所谓预备立宪和康梁一派在这时的表现。

(二)清朝的预备立宪和资产阶级立宪派

光绪三十一年(1905年)六七月间,清朝朝廷决定派出大臣到外国去"考察政治",说是"为将来实行立宪之准备"。这时,有一些派驻外国的公使和朝廷中的官员,还有一些地方上的督抚,其中包括最有实力的直隶总督袁世凯,向朝廷提出了"变更政体"的请求。他们所谓"变更政体",就是由清朝朝廷颁布宪法,实行君主立宪的政体。他们企图用这个办法来消除革命危机,而维持大地主、大买办阶级统治的国体。慈禧太后迟迟疑疑地表示接受了这种请求。从光绪二十七年(1901年)起,空喊了几年"变法""维新",没有起到什么效果,其势不得不再耍一点新的花招。但是如果实行立宪,是否会妨害清朝皇室和满洲贵族的权力,慈禧太后还拿不准。当时的一个革命刊物记载她向一个大臣这样说:"立宪一事,可使我满洲朝基础,永久确固,而在外革命党,亦可因此消灭。候调查结局后,若果无妨害,则必决意实行。"①派大臣出国考察,就是为了查明这一点。

被派出国的五个大臣,在八月二十六日北京火车站上遭到吴樾的炸弹的袭击。这一袭击只炸毁了车壁,吴樾自己却被炸死了。吴樾是保定高等学堂学生,受革命书刊的影响,决定以暗杀手段来反对清朝政府。他和同盟会的个别会员有联系。他的遗书中说,决不能相信满洲政府的立宪,"满洲政府,实中国富强第一大障碍,欲救亡而思扶满,直飏汤止沸,抱薪救火。"②

由于这次炸弹事件,五大臣出国延期到十一月方成行。这五个大臣中有两个满洲贵族,三个汉族官员。他们在一批官员随从下先到日本,然后分两路到美国和英、法、德、俄等国。第二年六月,他们回国以后,向朝廷提出了立即"宣布立宪",但把实行立宪的时期推到十五年或二十年以后的主张。这种主张是迎合慈禧太后的意志而提出的,当然立即被接受。光绪三十二年(1906 年)七月十三日,由皇太后和皇帝发布了"预备仿行宪政"的谕旨。这个谕旨中说:"时处今日,惟有及时详晰甄核,仿行宪政。大权统于朝廷,庶政公诸舆论,以立国家万年有道之基"。但谕旨中说,"目前规制未备,民智未开",所以什么时候实行立宪,现在还不能定,现在先从釐定官制着手,然后制定法律、广兴教育、清理财务、整饬武备、设制巡警,作为立宪的准备,"俟数年后规模粗具,查看情形,参用各国成法,妥议立宪实行期限,再行宣布天下。"③这年九月里,实行中央官制的改变,使用了度支部、法部、邮传部、民政部、农工商部等新名目。各部堂官规定设尚书一员(相当于部长),侍郎二员(相当于副部长),并规定满汉不分。但实际上派任军机大臣和各部尚书的十三个官员中,汉人只有四个。

---

① 1905 年 9 月出版的《醒狮》第一期。《辛亥革命前十年间时论选集》第 2 卷上册,第 70 页。

② 《辛亥革命资料》第二册,第 433 页。

③ 《光绪朝东华录》第五册,总第 5563—5564 页。

清朝朝廷宣布预备立宪,主要的目的是为了抵制革命。出国考察的五大臣中为首的满洲贵族载泽的奏折中把"内乱可弭"看作立宪的"大利"之一,他说:"海滨洋界,会党纵横,甚者倡为革命之说,顾其所以煽惑人心者,则曰政体专务压制,官皆民贼,吏尽贪人,民为鱼肉,无以聊生,故从之者众。今改行宪政,则世界所称公平之正理,文明之极轨,彼虽欲造言,而无词可借,欲倡乱,而人不肯从,无事缉捕搜拿,自然冰消瓦解"①。另一个满洲贵族端方在奏折中极力申述他在国外"明访暗查"了解到革命党影响之大,"孙文演说,环听辄以数千。革命党报发行购阅,数逾数万。……所至欢迎,争先恐后,人心之变,至是而极"。他又说:"近访闻逆党方结一秘密会(这就是同盟会——引者),遍布支部于各省,到处游说运动,且刊印鼓吹革命之小册子。……入会之人,日以百计,踪迹诡秘,防不胜防。"由此他得出结论说:"窃以为今日中国,大患直在腹心"。他认为,只靠严峻的镇压将无济于事,"逆说横流,如疫传染,从逆愈众,肃清愈难"。因此他主张用另一种办法来消除革命的危机。在他看来,宣布实行立宪,就可以"于政治上导以新希望",也就可以达到"解散乱党"的目的了。端方还主张取消在中央各部中满洲族和汉族的官员并行的老制度(例如,每一个部中设二尚书,满汉族各一人),并且撤销在各省省会旗兵驻防的制度。他认为,这样就可以消除满汉间的隔阂,使革命党失去排满革命的理由了②。

清朝作出要实行立宪的姿态,在开始时,倒也在一部分革命党人中引起了震动,甚至惊慌。他们担心,清朝政府将由于实行立宪政体而能长久维持其统治,推翻清朝统治的革命也就没有可能了。但是事实上,清朝政府宣布仿行立宪不过是个空洞的诺言,作为预备工作的改革官制又那样地连骗人的作用都没有,而且以后几年中没有采取什么引人注意的步骤,直到光绪三十四年(1908年)又宣布了要用九年的时间来

① 《奏请宣布立宪密折》。《辛亥革命资料》第四册,第29页。
② 《请平满汉畛域密折》。《辛亥革命资料》第四册,第41—44页。

完成筹备工作。因此,清朝政府用立宪的武器来使革命的火焰不再蔓延开来的希望是完全落空了。

对于康有为、梁启超那一派保皇党人,清朝的立宪的诺言,确是起了"于政治上导以新希望"的作用。

康有为、梁启超从光绪二十五年(1899年)起在海外华侨中以"保皇会"的名义进行活动。他们把光绪皇帝说成是受慈禧太后残害的最贤明的圣君,而他们自己则是受到光绪皇帝特殊知遇,并且是受皇帝的秘密委托来到海外活动的。康、梁很巧妙地利用了华侨商人中还存在着的迷信皇权的习惯势力和他们对于慈禧太后的倒行逆施的愤慨,曾经把相当多的华侨商人吸引到了保皇会的旗帜下来。甚至在孙中山最早建立兴中会的檀香山,梁启超也曾奉康有为之命跑去活动,使那里的许多商人,包括孙中山的哥哥孙眉都参加了保皇会。康有为周游日本、南洋各地和欧美各国,所到之处,都自居于皇帝的师傅的身份,招摇撞骗。《民报》的《天讨》特刊(章太炎编)揭露说:"康有为在南洋时,商人欲与一见,须行三跪九叩首礼;若拜盟称弟子者,出二百元为贽见,便可免礼"。康有为还让各地华侨商人出钱给他做活动费,他的说法是:"皇帝至圣至仁,虽大彼得、华盛顿不能望其项背。振兴中国,非光绪皇帝不可。尔等纳捐最多者,他日复辟(指光绪皇帝重新取得权力——引者)以后,或为尚书,或为侍郎,或为总督,或为巡抚,皆可由我指名题请。"①康、梁的保皇会除了竭力在华侨中散布其影响外,在国内也有和他们气味相投的社会力量,这点将在后面讲到。

康、梁的政治立场显然是同以孙中山为首的资产阶级革命派根本对立的。他们的保皇会,按本来宣布的宗旨,是拥戴光绪皇帝而反对慈禧太后,随着资产阶级革命派的力量愈来愈壮大,他们愈来愈公开地表示出他们坚决反对革命的立场。

---

① 1906年以中华国民军政府名义写的《谕保皇会檄》,原有注:"保皇会即新改之国民宪政会"。见《辛亥革命资料》第二册,第360页。

对于清廷在光绪三十二年七月十三日发布的预备仿行立宪的诏书,在美国的康有为立即表示热烈的响应。他向各地保皇会员发出"布告",要把保皇会改名为"国民宪政会"①。康有为把清廷这次宣布预备仿行立宪说成是他多年来进行运动所达到的结果。他的布告中说:"顷七月十三日明谕,有预备行宪政之大号,以扫除中国四千年之秕政焉。薄海闻之,欢腾喜蹈。民权既得,兆众一心,君民同治,中国从兹不亡矣。"他还说,据他所得到的情报,慈禧太后对于戊戌那一年破坏维新运动很是懊悔,近来同光绪皇帝"相得甚欢",皇帝现已"日渐有权"。所以保皇的目的已经达到,不需要再用保皇会的名义了。这种说法实际上就是向慈禧太后屈膝求降。他还说,他的国民宪政会要"禀呈"御前大臣和两江总督、两广总督"存案",以求得合法地位,而在内地各省各府各县设立分会。在宣布更改会名时,康有为对革命党的主张大肆攻讦。他说他向来"以为中国只可行君主立宪,不能行共和革命",如果实行革命,只能造成内讧纷争和被外国瓜分的局面。他自夸凡他所曾主张的,无不一一实现,因此他所反对的革命,是必然归于失败的。康有为也不忘记利用立宪的名义来向华侨敛钱。他说,国民宪政会就是国民宪政党,是"中国最先最大之政党",而"各宪政国,不论君主民主,其通行之例,一国大致俱归政党执权,……政党之权利大而且专,实为可骇",所以现在对他的党投资愈多的人,将来所得的权利就愈大。明年起入会费要增加,但在本年内入会的人"暂从宽大,不增入会之费"。这简直像是江湖上摆地摊、卖假药的骗子,无怪乎同盟会的《民报》痛骂康有为的布告,说他是"无耻极矣"。不久后,康有为又把国民宪政会改称帝国宪政会。他是如此迫切地向清朝统治者表明"忠义",企待着从清朝的立宪中找寻政治出路。

由于清朝的立宪不过是空谈,康有为成立国民宪政会的这套做法,

---

① 布告原载光绪三十二年十月二十四日在纽约出版的保皇会机关报《中国维新报》。《民报》第十三期全文转载,并加以评论。

连他的在日本的大徒弟梁启超也觉得不便加以响应。康有为的直接影响只是在美洲一部分华侨商人中,而且这种影响没有因此而扩大,反而逐渐缩小了。

梁启超采取的说法和做法和他的师傅有所不同。他对于清朝的预备仿行立宪的诏书不像康有为那样立即欢呼颂扬,也不在他所主编的《新民丛报》上转载康有为的上述布告,虽然康有为声称这个布告要在包括《新民丛报》在内的属于保皇会系统的所有刊物上发表。梁启超知道,在革命派声势很大的留学生界中,这样的布告只能遭到讥笑和唾弃。梁启超还在他的刊物上攻击清朝的预备立宪并不能真正做到革新政治。他写道:"号称预备立宪、改革官制,一若发愤以刷新前此之腐败。夷考其实,无一如其所言,而徒为权位之争夺、势力之倾轧,借权限之说以为挤排异己之具,借新缺之立以为位置私人之途。贿赂公行,朋党各树,而庶政不举,对外之不竞,视前此且更甚焉。"①他这篇文章说,革命党之所以产生,是由于现政府之腐败,像这样的在立宪的空名下行腐败的政治,只能为革命党提供借口。所以,他的意思很明显,如果清朝政府认真地实行立宪,那才能达到使革命党不再能存在的目的。

怎样能使清政府真正实行立宪呢?梁启超说,这要靠"人民",他说:"无论政府之言预备立宪,未必出于诚,而实行未知在何日也。即使其出于诚矣,旦暮而实行之矣,然立宪之动机起自政府而不起自人民,则其结果必无可观者,此不可不熟察也。"②他的意思是说,从来专制政府不会自动实行立宪,而必须人民去积极地"求"它。人民如果不是诚心诚意地去求,也就不会有真正的立宪。这样,他就在重视"人民"的名义下把清朝的假立宪归罪于人民要求不力。本着这个精神,光绪三十三年(1907年)下半年在日本成立了一个叫做"政闻社"的团

---

① 《现政府与革命党》,原载《新民丛报》第89期,亦见《饮冰室文集》之十九,第48页。

② 《政治与人民》。《饮冰室文集》之二十,第17页。

体,这个团体自称是要致力于提高"国民"的程度,来推动立宪政治的实行。梁启超没有列名为这个团体的领导成员,但他是这个团体的灵魂。政闻社的"宣言书"是由他执笔的①。宣言书表明,政闻社希望能使自己发展为一政党,并能在国内各地进行活动。为了担心会遭到清政府的禁止,梁启超在宣言书中特别声明:"政闻社所执之方法,常以秩序的行动,为正当之要求。其对于皇室,绝无干犯尊严之心;其对于国家,绝无扰紊治安之举"。这种跪在专制统治者面前乞求立宪的丑态,足以说明梁启超同样是迫切企待从清朝的立宪中找寻政治出路。

在国内,清廷的宣布预备立宪在许多地方的地主、绅士、资本家中得到了相当热烈的反响。首先是在上海,张謇、郑孝胥、汤寿潜、曾铸等人组织成立了"预备立宪公会"。张謇是中过状元的纺织业资本家,这是前面(第十五章第四节)已经说过的。他与官场有密切关系,他在光绪三十年(1904年)就曾为湖广总督张之洞和两江总督魏光焘代作《拟请立宪奏稿》。郑孝胥举人出身,曾充清廷驻日本长崎的领事,又在广西、广东、湖南当过边防督办、按察使等官职,这时他在上海是从事实业的绅士中的头面人物。据《民报》当时记载,郑孝胥曾说:"要中国文明,除非把中国一切地方尽行开放,同外国人杂居"②。可见他有强烈的买办意识(此人后来是以清朝遗老而成为公开投降日本帝国主义的汉奸)。汤寿潜就是汤震,是个老维新派,在1890年就写过《危言》一书,主张变法,曾任安徽青阳知县,辞官后,成为浙江省的有名绅士,浙江绅商准备集资修铁路,推他为总办。曾铸则是前面说过的一度领导抵制美货运动的上海总商会会长。继上海的预备立宪公会后,湖北成立以汤化龙为首的宪政筹备会,湖南成立以谭延闿为首的宪政公会。汤化龙,中过进士,又官费留学日本,回国后成为汉口银行公会、湖北商团联合会中的头面人物。谭延闿是曾任湖广总督的谭钟麟的儿子,也

---

① 《辛亥革命资料》第四册,第105页。并见《饮冰室文集》之二十,第19页。
② 《论立宪党》。《辛亥革命资料》第二册,第366页。

中过进士,他在湖南办学堂,并与本省的矿业资本家关系密切。此外,在广东还有在中日甲午战争时从台湾跑回来的绅士丘逢甲等人组成的自治会。这些组织的性质与宗旨都同政闻社类似。其主要成员属于资产阶级化的地主阶级分子。他们虽无当权的重要官职,但是以绅士实业家的身份而同官场有联系。他们都从清朝的宣布立宪中看到了他们走上政治舞台的新希望。他们是既不满清朝统治的现状,要求有所改革,又反对革命的立宪派。他们是康梁一派在国内的社会基础。

政闻社在光绪三十四年(1908年)初在上海出版刊物,设立办事处,进行和各地立宪团体的联系。但是这年七月里就被清廷查禁。上谕竟如此说:"近闻沿江沿海暨南北各省设有政闻社名目,内多悖逆要犯,广敛资财,纠结党类,托名研究时务,阴图煽乱,扰害治安,若不严行查禁,恐将败坏大局。"①于是政闻社的活动不能不收场。官方不愿意让康梁一派成为立宪运动的中心,所以对政闻社采取如此严厉的措施,但对于各地立宪派资产阶级的上述各个组织,则没有加以制止,它们仍能继续进行活动。

(三)革命派和立宪派的论战

孙中山虽然曾经想同逃亡到国外的康梁一派合作,但在看出合作不可能的时候,光绪三十年(1904年)孙中山断然指出:"革命、保皇二事,决分两途,如黑白之不能混淆,如东西之不能易位",并且说,在他和梁启超之间,"一谈政事,则俨然敌国"②。

另一方面,梁启超在光绪二十九年(1903年)到了一趟美国,回到日本后,标榜自己"宗旨顿改,标明保皇,力辟革命,且声言当与异己者

---

① 《光绪朝东华录》第五册,总第5967页。
② 《孙中山全集》第1卷,中华书局1981年版,第232页。

宣战"①。他明确宣布以反对革命为自己的任务。

到了1905年,同盟会成立,在日本出版机关刊物《民报》,比较有系统地宣传革命的主张。康、梁的保皇党则随着清朝朝廷宣布"预备仿行立宪"而起劲地鼓吹君主立宪的好处。这样,在1906年到1907年间,一方面以《民报》为主,一方面以梁启超主编的《新民丛报》为主,展开了一场革命派和立宪派之间针锋相对的辩论②。当时在香港和在国外各地如新加坡、檀香山和美国的旧金山,也都有保皇派的报刊和革命派的报刊相互论争。在国内,主张立宪的报刊能够公开出版发行,而革命派只能秘密传布他们的出版物。

在戊戌维新运动中,也有过一场辩论。维新派以新生的锐气在思想上压倒了封建主义的洋务派和守旧派。时间只过了不到十年,当年的维新派,也就是此时的立宪派,实际上成了封建主义的同盟军。资产阶级革命派的思想和主张虽然有许多弱点,但是总的说来,他们是要把中国按照历史发展的轨道推向前进,他们在同立宪派的辩论中取得了巨大的胜利。这个胜利表明,资产阶级革命派已成为思想和实践上最先进的一个政治派别。

这场论战的中心问题是要不要用暴力革命推翻清朝政府,建立一个民主共和的国家。这在实质上涉及到所谓"国体"和"政体"的问题。毛泽东在1940年的《新民主主义论》中说:"这个国体问题,从前清末年起,闹了几十年还没有闹清楚。其实,它只是指的一个问题,就是社会各阶级在国家中的地位。""至于还有所谓'政体'问题,那是指的政权构成的形式问题,指的一定的社会阶级取何种形式去组织那反对敌人保护自己的政权机关。"③当年的革命派当然不能像马克思主义者这样明确地解释国体和政体的意义,但他们所争的确不仅是政体,而且是

① 《答和事人》。《饮冰室文集》之十一,第45页。
② 光绪三十二年五月,署名壁上客的一个人收集《民报》和《新民丛报》的主要论战文章,编辑出版了一本《立宪论与革命论之激战》。
③ 《毛泽东选集》第2卷,人民出版社1991年版,第676、677页。

国体。

梁启超主编的《新民丛报》中说:"吾人之目的,将以改造现政府,而不欲动摇国家之根本。……革命党则因现政府之腐败,并欲变更国家之根本组织。"①这所谓"国家之根本",实际上就是国体。在1907年初,在日本东京有一些中国学生出版了一种名为《中国新报》的杂志。杨度撰的发刊词宣称,按照中国的事实来看,中国只能实行君主立宪,不能实行民主立宪,由此杨度断言说:"吾人之所问者,不在国体而在政体,不争乎主而争乎宪"②。杨度的主张遭到《民报》的攻击,而梁启超是加以赞扬,引为同调的。杨度把国体问题说成是君主还是民主的问题,不是没有道理的,因为在当时,保持清朝皇帝的君主制度,就是保持大地主、大买办阶级在国家中的统治地位,而把君主改为民主,就是要动摇"国家之根本",改由民族资产阶级做统治阶级。杨度和其他立宪派分子不企望国体的改变,而只要求政体有所改变,就是要求继续保持以清朝皇帝为代表的大地主、大买办阶级的统治,而只把它的政权组织形式改变一下,颁布宪法,召开议会,建立所谓责任政府,这样来让上层民族资产阶级多少能够参与政权。——这就是当时立宪派的共同主张。

立宪派使自己站到了维护清朝统治的立场上,这理所当然地引起了革命派的猛烈的攻击。清朝政府已经极端腐朽,并且已经成为外国帝国主义的工具,已经成为中国前进中必须扫除的障碍。资产阶级革命派根据无可辩驳的事实,声讨清朝统治者的罪状,也就充分暴露了立宪派的立场的反动性。

资产阶级革命派主要是在民族主义口号下反对清朝统治,这是他们立论中的一个弱点。梁启超抓住这个弱点,指责革命派是狭隘的

---

① 与之:《论中国现在之党派及将来之政党》。《辛亥革命前十年间时论选集》第2卷下册,第613页。

② 杨度:《〈中国新报〉叙》。同上书,第872页。

"排满复仇主义"。但是梁启超在向革命派提出这种指责时,丝毫不去指责清朝统治者一贯竭力保持满洲贵族的特权。他还说,现在重要的并不是汉族与满族间冲突的问题,而是汉族、满族和国内其他各族一起来对付外国侵略者的问题,他的这种说法虽然言之有理,但是他在这样说的时候,丝毫也不提到清朝统治者正在天天乞求外国帝国主义保护的事实。因此,立宪派没有能靠这些言论来打乱革命派的阵脚,而只是遭到革命派的加倍的反击。何况激进的资产阶级革命派表示得很明白,他们不仅是要推翻清朝统治,而且要从此结束两千年来的君主政治。他们虽然不能说得很明确,但他们是要求通过推翻清朝统治而实行改变国体的革命,这就使他们在这一场论战中居于立宪派所无法抗御的优势地位。

以梁启超为代表的立宪派,为了摆脱给清朝统治辩护的不利地位,又从另一方面来向革命派进攻。他们说,要推翻清朝统治,实现共和,就必须进行暴力的革命(梁启超称为暴动革命),但是这样的革命是行不通的,是很危险的;因为现在的"国民"并没有实行共和的能力,因为革命只能造成"内乱",而且还会引起外国的干涉,造成中国被瓜分的局面。立宪派企图证明,革命不能救国,只会亡国。

梁启超在同《民报》辩论中明白揭示出他的一个主要论点是:"今日之中国万不能行共和立宪制;而所以下此断案者,曰,未有共和国民之资格"①。革命派的观点同这种议论相反,他们说:认为中国国民能力差,因而"欧美可以言民权,中国不可以言民权,欧美可以行民主,中国不可以行民主",这是对于中国国民的侮辱。中国人的能力并不逊于世界上别的民族,只是"被压制于历来之暴君污吏,稍稍失其本来,然其潜势力固在也。此亦如水之伏行地中也。遽从外观之,而即下断语曰:中国之民族,贱民族也,只能受压制,不能与以自由,……一若吾

---

① 梁启超:《答某报第四号对于本报之驳论》。《辛亥革命前十年间时论选集》第2卷上册,第240页。

民族万古不能有能力,惟宜永世为牛为马为奴为隶者,何其厚诬吾民族也!"①革命派又指出,梁启超一方面轻视国民之能力,一方面却认为清朝政府可以实行开明专制,并进而实行立宪政治,这显然是"以为政府之能力优于国民"。但事实上,"所谓皇帝,以世袭得之,不辨菽麦","所谓大臣,以蝇营狗苟得之,非廉耻丧尽,安得有今日?"他们其实是"一国之中至不才至无耻者,何足与言能力"?梁启超的《新民丛报》寄希望于"今日之皇帝"和"今日之大臣","而谓全国之人,非顽固之老辈,即一知半解之新进,不足言共和,只宜受专制,何重政府而轻视国民,至于如此也!"②革命派指出这两点:中国人民决不比欧美各国人民低劣,应当把希望寄托于人民,而不能寄托于没落腐朽的统治者。他们说得理直气壮,梁启超及其一派人对此无法作出像样的反驳。

但梁启超所说的"今日中国国民",其实并不包括广大劳动人民。他根据什么来论证中国"国民"没有当共和国民的资格呢? 他说,第一,中国不可能实行健全的"议院政治",这是指资产阶级的议会政治;第二,也不会"有发达完备之政党",这是指资产阶级政党③。所以,从实质上看,梁启超是在说,中国的民族资产阶级没有能力实行以自己为主体的民主政治。在这一意义上,他是说对了的。但是梁启超并不能因此而在辩论中占优势。这是因为,他从民族资产阶级力量还很薄弱的事实出发,得出了宁可保持半殖民地半封建的国体的反动结论,而资产阶级革命派,以初生之犊的目光向前眺望,自以为能够打破这种旧的国体而代之以资产阶级民主共和国体,这虽是他们所不能做到的,但是他们为此而进行革命斗争,是符合于历史前进的轨道的。

立宪派认为革命只能造成国内巨大的混乱,而不能有什么好结果,

---

① 陈天华:《论中国宜改创民主政体》。同上书,第 121、124 页。

② 汪精卫:《再驳〈新民丛报〉之政治革命论》。《辛亥革命前十年间时论选集》第 2 卷上册,第 472 页。

③ 梁启超:《开明专制论》。《辛亥革命前十年间时论选集》第 2 卷上册,第 180 页。

在根本上是因为他们最害怕的是革命会把"下等社会"的力量呼唤出来。康有为论述法国十八世纪的资产阶级革命的历史得出一个结论说:"革命之举,必假借于暴民乱人之力,天下岂有与暴人乱民共事,而能完成者乎,终亦必亡,不过举身家国而同毙耳。"①梁启超论述中国历史上的革命,以为中国历史上有"下等社会之革命"而没有"中等社会之革命"。他说,"起事者为善良之市民,命之曰中等;其为盗贼,命之曰下等"。他认为,从历史中得到的教训是,只有"用最善良之市民",而不是靠"下等社会"这些"盗贼",才能有好的革命。所以他说,他对于革命主义感到无限的恐惧,就因为要搞革命"必赖多数人",而"吾见夫所欲用之以起革命之多数下等社会,其血管内皆含黄巾闯献之遗传性也"②。正是从这样的观点出发,他攻击资产阶级革命派是把"居民中最大多数"的"无恒业无学识之人"煽动起来,"非煽动人民之好乱性,举现在秩序而一切破坏之,则不能达其欲至之目的。"③可以看到,这些立宪派老爷们是多么仇恨,多么害怕农民革命,而农民正是中国民主革命中的主要力量。如果资产阶级要把民主革命彻底进行下去,就势必把农民大众的力量发动起来,这正是立宪派老爷们所最反对的。

立宪派在这样地咒骂革命的时候,又是以熟知世故的前辈的身份在向一般是比较年轻幼稚的资产阶级革命派提出警告,其意思是说,你们的用意尽管很好,但你们不知天高地厚地把革命闹下去,就会得到你们所不想得到的结果,会造成你们自己控制不了的局势。梁启超引用一句西方的谚语说:"改革之业,如转巨石于危崖,非达其目的地则不止"④。立宪派抱着无可奈何的心情看到中国社会的"改革之业",如

---

①　康有为:《法国革命史论》。《辛亥革命前十年间时论选集》第 2 卷上册,第 308 页。

②　梁启超:《中国历史上革命之研究》。同上书,第 1 卷下册,第 805、811 页。

③　梁启超:《新出现之两杂志》,刊于《新民丛报》第八十八期。

④　梁启超:《敬告当道者》,刊于《新民丛报》第十八期,见《辛亥革命前十年间时论选集》第 1 卷上册,第 225 页。康有为早在 1898 年的《进呈法国革命记序》中说:"天下民性可静而不可动也,一动之后,如转石于悬崖,不至于地不止也。"

同在危崖上转动的巨石一样,将无法阻止地继续转动下去。但他们总想使它转得慢一点,不要转动到过于超越自己的阶级所可以容忍的程度。因此他们觉得不能不向基本上属于他们同一阶级的资产阶级革命派劝告,使他们也懂得这一点,不要毛手毛脚地去加速推动这块巨石。

立宪派提出来这些说法,没有把革命派吓倒。革命派用朴素的逻辑,根据驳不倒的事实回答了这些说法。"内乱"难道是革命造成而不是清朝的统治造成的吗?难道不正是腐朽而恶劣的清政府造成了到处民不聊生,民变蜂起的情势吗?革命派说,革命固然难免"杀人流血之惨",但是当权者不能进行"推诚布公之改革","则其改革之权,势不得不操之于在下者之手",而且"时机相迫,非行疾雷不及掩耳之革命,而势殆有所不及也"。在这种情形下,如果害怕流血惨祸而不敢革命,那"何异见将溃之疽而戒毋施刀圭"①。革命派还指出,爱革命与爱和平其实是一致的;"革命者,救人世之圣药也。终古无革命,则终古成长夜矣。""吾因爱平和而愈爱革命。何也!革命平和,两相对待,无革命则亦无平和。腐败而已!苦痛而已!"②

立宪派还提出外国帝国主义会实行军事干涉来恐吓革命派。在梁启超看来,由于革命将不可能在"中等社会"的控制下面进行,必然弄到"自然的暴动陆续起","秩序一破,不可回复",这样,外国的军事干涉就必然发生,所以他说,"革命军有自取干涉之道"③。立宪派认为,革命即便一时得到成功,但在外国的军事干涉下,也必然失败,或者是旧政府复辟,或者是中国被瓜分。因此,还是不革命的好。

为反驳这种说法,革命派指出,是清朝的统治使得列强已经成为中国的主人,造成了中国被瓜分的危机。只有革命才能创立新的社会秩

---

① 寄生(汪东):《论支那立宪必先以革命》。《辛亥革命前十年间时论选集》第2卷上册,第127、129页。

② 思黄(陈天华):《中国革命史论》。《民报》第一期,第53页。

③ 梁启超:《暴动与外国干涉》。《辛亥革命前十年间时论选集》第2卷上册,第284、290页。

序,使中国避免亡国之祸。《民报》的一个作者说:"及今之世,而欲求免瓜分之祸,舍革命末由。……外人之所以敢觊觎中国者,以中国之政府之敝败也。颠覆政府,当以兵力,去其敝败,而瓜分之途塞。"①

革命派没有能力进一步说清楚在革命中的各社会阶级的关系问题,也说不清楚中国革命和帝国主义列强的关系问题。他们只是简单地从"泰西革命之所以成功者,在有中等社会主持其事",②推论到中国革命在"中等社会"主持下也就一定能够成功,而且革命将是所谓文明的、有秩序的、建设性的,因而同历来的农民革命不同,他们并没有想到真正发动广大农民群众的力量。他们以为,由于帝国主义各国相互牵制,而且由于他们所进行的革命不是义和团式的"排外"运动,因此不会发生列强的武装干涉。虽然他们的有些文章敢于说,即便来了武装干涉,中国也将能够依靠人多地广而进行坚决的抵抗,但他们毕竟把主要的希望摆在列强不来干涉上。而且他们看不到,除了武装干涉外,帝国主义列强还会通过其他途径来破坏中国革命。——所有这些,都是资产阶级革命派的弱点的表现。但是无论如何,比起那种因为害怕群众、害怕帝国主义而要他们放弃革命的立宪派,他们的主张革命的立论是光采得多的。

梁启超在同革命派辩论中又说,他只反对暴力革命,并不反对革命,而且认定"政治革命为救国之唯一手段",也只有他,才懂得用什么方法来进行政治革命。他说:"要求必能达政治革命之目的,且非要求万不能达政治革命之目的,是要求者,实政治革命之唯一手段也。"③梁启超还特别说明,向清朝政府提出的要求"必须为彼所能行",那才是正当的要求。他想使人相信,通过"正当的要求",就能达到立宪的目的,他把这称为政治革命。前文已经说过,一九〇七年梁启

---

① 寄生(汪东):《革命今势论》。《民报》第十七期,第45页。
② 陈天华:《中国革命史论》。《民报》第一期,第52页。
③ 梁启超:《申论种族革命与政治革命之得失》。《辛亥革命前十年间时论选集》第2卷上册,第237页。

超为"政闻社"写的宣言书中就是这样说的:"以秩序之行动为正当之要求"。

梁启超这种跪着"革命",要求君主立宪的主张,当然遭到革命派的嘲骂和驳斥。《民报》的汪精卫指出,向清朝政府要求,是达不到人民的目的的。"彼政府之所以能专擅者,以其权力足以束缚人民也。人民苟不能脱其束缚,则其发言悬于政府之听否,无丝毫自主之权也。不汲汲养成民力,而惟望其要求,各国政治革命之成例恐无此儿戏也。"①但是汪精卫不是从清朝政府的阶级性质来说明革命的必要性,而是说,因为这是个"满洲政府",所以采取劝告要求的方法是无益而有害的。他又说:"使今日之政府,非异族政府,则劝告要求,亦未始非一种之方法。"② 这里又表现了汪精卫这样的革命党人的动摇性。

这场论战还涉及要不要改变封建土地制度的问题。立宪派特别仇恨革命派提出的社会革命和平均地权的主张。梁启超说,革命派以为土地国有就是实行社会主义,这是"未识社会主义之为何物也",因为"必举一切之生产机关而悉为国有,然后可称为圆满之社会革命。"他认为,中国现在还要"奖励资本家",所以谈不到社会主义③。当梁启超发这样的议论的时候,虽然好像他对社会主义的知识还比革命派准确一些,但是他并不能因此而在这问题的辩论中占上风。资产阶级革命派并不真是要实行社会主义,而梁启超其实是在反对社会革命的旗帜下为维护封建土地制度而斗争,是害怕反封建的斗争会把农民群众动员起来。梁启超指斥革命派讲平均地权是"利用此以博一般下等社会之同情",而且他以特别加重的语气说:"虽以匕首揕吾胸,吾犹必大声

---

① 汪精卫:《驳〈新民丛报〉最近之非革命论》,《辛亥革命前十年间论选集》第2卷上册,第417页。

② 汪精卫:《再驳〈新民丛报〉之政治革命论》。《辛亥革命前十年间时论选集》第2卷上册,第469页。

③ 梁启超:《社会革命果为今日中国所必要乎?》。同上书,第340—342页。

疾呼曰:敢有言以社会革命(即土地国有制),与他种革命同时并行者,其人即黄帝之逆子、中国之罪人也,虽与四万万人共诛之可也。"①和他相反,资产阶级革命派按照自己的理解,论述了社会革命与平均地权之必要性。有的说:"土地者,一国之所共有也,一国之地当散之一国之民。今同为一国之民,乃所得之田有多寡之殊,兼有无田有田之别,是为地权之失平。"②有的说:"社会革命宜与政治革命并行","今后革命,固不纯恃会党,顾其力亦必不出于豪右,而出于细民,可预言者也"。他所说的细民是指包括农民在内的劳动者③。立宪派虽然对封建主义的政治制度,封建主义的思想进行过战斗,但从来不敢触动封建主义的经济基础,这是他们听到讲社会革命就害怕的原故。在这点上,资产阶级革命派的言论,显然是站在更先进的地位。

对于这场在革命派与立宪派进行的论战,究竟谁胜谁败,立宪派的《新民丛报》在1907年自己做了结论:"数年以来,革命论盛行于国中,今则得法理论、政治论以为之羽翼,其旗帜益鲜明,其壁垒益森严,其势力益磅礴而郁积,下至贩夫走卒,莫不口谈革命,而身行破坏。""革命党指政府为集权,詈立宪为卖国,而人士之怀疑不决者,不敢党于立宪。遂致革命党者,公然为事实上之进行。立宪党者,不过为名义上之鼓吹。气为所慑,而口为所箝。……"④

革命派之所以有如此压倒之声势,并不在于他们的法理论、政治论多么高深。立宪派方面像梁启超这样的人,比起革命派来,还更善于谈资产阶级的政法理论。阶级斗争的实际形势越来越紧张,用资产阶级思想来论证革命的必要性,虽然流露出许多弱点,但却能对广大群众具

---

① 梁启超:《开明专制论》。《辛亥革命前十年间时论选集》第2卷上册,第189页。

② 韦裔(刘师培):《悲佃篇》。同上书,下册,第752页。

③ 悬解(朱执信):《论社会革命当与政治革命并行》。《辛亥革命前十年间时论选集》第2卷上册,第440—442页。

④ 与之:《论中国现在之党派及将来之政党》。原载《新民丛报》第九十二期,同上书,下册,第607—608页。

有强大的吸引力,这是必然的。

(四)1906 年湘赣边界的起义

同盟会成立后的最初三年间,在同立宪派进行论战的同时,发动了多次武装起义。首先是光绪三十一年(1906 年)在湖南的醴陵、浏阳和江西的萍乡的起义。这次起义的力量主要是当地的旧式会党(哥老会组织),但有同盟会会员在里面起了领导作用。

在这个地区活动的哥老会的有些头目原是已死的马福益的部下,马福益曾与黄兴、刘揆一的华兴会合作而被官方捕杀(第二十章第六节)。光绪三十二年(1906 年)暑期,留学日本的同盟会会员刘道一(刘揆一的弟弟)和蔡绍南回到湖南。他们经过长沙明德学堂的学生魏宗铨而同醴陵、浏阳、萍乡一带的哥老会组织建立了联系。魏宗铨家在江西萍乡的上栗市(在萍乡县城以北九十里,靠近湖南浏阳境),他是个富商的儿子,曾与当地哥老会交结,在明德学堂受到同盟会革命思想的影响。刘道一和蔡绍南让他回家乡开设"全胜纸笔店",作为联络哥老会的机关。他们把这一带的哥老会头目一百多人组织了起来,用旧式会党开山堂的方式成立了洪江会。

洪江会推龚春台为"大哥"。农民出身的龚春台,当过炮竹工人,当过兵,不识字,是当地哥老会的一个头头。蔡绍南和魏宗铨留在上栗市帮助龚春台主持会务。刘道一则在长沙从事对外联络的工作。洪江会的组织完全按照哥老会的传统,分设各路"码头官"。入会的人饮雄鸡血酒宣誓,誓词是:"誓遵中华民国宗旨,服从大哥命令,同心同德,灭满兴汉,如渝此盟,人神共殛"。入会的人还要宣读口号:"六龙得水遇中华,合兴仁义四亿家,金相九阵王业地,乌牛白马扫奸邪。"又规定内口号是"同德",外口号是"擒王"。对入会的人发给布票一张,票面横书"还我河山",左边写"忠孝仁义堂",右边写"第几路第几号",中间写上本人的姓名。票底还有四句话是:"一寸三来二寸三,六龙得水遇奇奸,四五连一承汉业,全凭忠孝定江山。"①这一套全是哥老会的语言,但是加上了中华民国这个概念。

依靠哥老会原有的底子,又吸收了许多贫苦农民参加,洪江会的组织发展得很快,几个月内,除醴陵、浏阳、萍乡外,其势力还发展到萍乡以东的宜春、万载、分宜。萍乡的安源有大煤矿,那里很早就有人土法采煤,从光绪二十四年(1898年)起,张之洞和盛宣怀向德国人借钱,进行洋法开采,还聘请了德国技师。安源煤矿的工人这时约有五千人。在工人群众中除了秘密的会党组织外,没有别的组织。有个矿工领班肖克昌是哥老会的一个头头,也是洪江会成立时的成员。在安源煤矿中有半数以上的工人渐次加入了洪江会。

洪江会的领导人认为自己已有雄厚的基础,决定在当年阴历年底发动武装起义。但是由于他们缺乏严密的组织性,洪江会要造反的消息早已在社会上流传。在浏阳的麻石镇(这里正当浏、醴、萍三县交界,是洪江会的中心活动点之一),洪江会第三路码头官李金奇遭官兵追捕时跳水溺毙。重阳节,洪江会众一千人在上栗市为李金奇设醮超度,官兵又来查拿,捉去了一个头目。那时,为运输安源的煤,已经修筑了从萍乡到株洲的铁路。在铁路线所过的醴陵县,群众加紧铸造刀矛等武器的情形引起了官方的注意。十月中旬,醴陵县署派兵进行搜捕,发现了一个收藏大批武器的地窖,捕杀了洪江会众多人。洪江会在醴陵的领头人李香阁,感到形势紧迫,不能不赶紧动手。十月十九日,李香阁率领所部杀了一名俘获的县署侦探"祭旗",仓卒地发动起义。醴陵先期发动,使总机关非常慌乱。龚春台、蔡绍南、魏宗铨立即在浏阳高家台深山召集各路码头官会商对策。许多洪江会分子闻风而来,形成了一个群众大会。蔡绍南、魏宗铨因为同长沙的刘道一联系断绝,无法得到军械的供应,对于是否立即发动起义,还在踌躇不决。码头官们认为,洪江会能号召的群众为数已很多,再把当地哥老会系统的其他组

---

① 《中国国民党史稿》第四篇,第1277页。

织发动起来,是可以打开局面的。会议通宵进行,得不到一致决定。这时,有个洪江会头目廖叔保,集合了二三千人,举起"大汉"白旗,到麻石镇宣布造反,麻石镇农民踊跃参加。在这种情形下,洪江会的领导者不能不向全体会众发出起义的号召。

起义群众迅速地在十月二十一日占领了上栗市。成立了军事领导机构,龚春台称为中华国民军南军先锋队都督,蔡绍南和魏宗铨为左右卫统领。他们以都督的名义发布檄文,自称奉"中华民国政府命",继承太平天国的事业。檄文历数清朝统治的"十大罪恶",并且说:"本督师只为同胞谋幸福起见,毫无帝王思想存于其间;非中国历朝来之草昧英雄,以国家为一己之私产者所比。本督师于将来之建设,不但驱逐鞑虏,不使少数之异族专其权利,且必破除数千年之专制政体,不使君主一人独享特权于上。必建立共和民国与四万万同胞享平等之利益,获自由之幸福。而社会问题,尤当研究新法,使地权与民平均,不至富者愈富,成不平等之社会。此等幸福,不但在鞑虏宇下所未梦见,即欧美现在人民,亦未能完全享受。"①这个檄文用的完全是孙中山的语言,使这次基本上依靠旧式会党的起义,取得了新的面貌。

这时,浏阳有一个会党头子姜守旦没有参加洪江会,自号洪福会。他率领所部响应龚春台的起义,但他另以"新中华大帝国南部起义恢复军"的名义发布檄文。檄文中表示,目的只在于推翻清朝满族统治,"勿狃于立宪专制共和之成说,但得我汉族为天子,即稍形专制",也是大家所拥护的②,这就完全是旧式会党的口吻了。

在湘赣边界几个县中,一时纷纷攘攘起来参加起义的群众,约有三万多人。他们从地方团防局抢得了二三千条枪,此外只有大刀长矛。虽然他们只占领了几个县的农村地区和若干集镇,但是所造成的声势

---

① 陈春生:《丙午萍醴起义记》。《辛亥革命资料》第二册,第477页。当时起义时是否确有这个檄文是可疑的。有的史料研究者认为它是同盟会会员事后写的。

② 同上书,第479页。

使得这两个省的省会感到震动。洪江会的军事行动的计划是怎样的，没有直接的材料可考。据清朝官方文书说，他们预定在十二月起事后"军分三股，一踞浏阳以进窥长沙，一踞萍乡之安源矿路，以为根据之地，一由万载东窜瑞州南昌诸郡，援应长江"①。这可能就是他们预定的计划。但是行动的时间在仓促中提前了，领导力量又很薄弱，这样的计划当然不能实现。对于姜守旦那种另立旗号的部队，洪江会固然指挥不了，就是在洪江会旗帜下的力量，也因为是以组织散漫的哥老会为基础，并不能在统一指挥下拧成一股绳子，而是在各地分股活动。这种情形是这次起义没有能得到较大成就的根本原因。事先，清朝官方非常担心安源煤矿发生动乱，所以这里防范甚严。起义发生后不多天，官方就诱捕了洪江会在安源的领袖人物肖克昌，把他杀害。虽然有一部分矿工跑出去参加起义，但是整个煤矿并没有能发动起来，否则，起义的声势还会更大一些。

江西巡抚吴重熹和湖南巡抚岑春蓂立即出动兵力，分别进攻萍乡、浏阳各处的起义部队。起义部队时聚时散，伺机反击，官军不能取得全胜，反而屡受挫折。于是湖广总督张之洞从湖北，两江总督端方从江苏，又派出一部分兵力，会同作战。在官方优势兵力的围剿之下，这次起义在十月底就被镇压了下去。

在这次起义中，死于官军屠杀下的群众至少有千余人。起义的领袖人物，蔡绍南在战争中被敌人捕去，魏宗铨在部队打散后，躲在萍乡亲戚家中，也被官军搜获。他们先后都被杀。龚春台则在危急时逃出了部队，此人以后流浪江湖，在辛亥革命时又出现于一支起义部队中。参加起义的哥老会的许多头目，如上面提到过的醴陵的李香阁，浏阳的廖叔宝，都死在敌人的屠刀下。另立旗号的姜守旦，也死于此次起义中，他的部队攻打浏阳县城，没有成功，反而被敌人包围击败。

起义初发生时，湖南巡抚报告朝廷说，起义的"会匪"有"革命先锋

---

① 两江总督、江西巡抚的奏折，同上书，第 492 页。

军"的名目①。江西巡抚也根据萍乡的情况奏报："逆匪所过地方只索军械,令供粮食白布,所抢劫焚杀者皆向办警察保甲绅士人家为多。到处出有伪示安民,收买人心。"②这些情形使官方明显地看出,这次起义不是单纯的"会匪"行动。在起义地区以外,官方又拿获了不少同盟会会员,知道这次起义与孙中山领导的同盟会有关,更感到事情的严重。两江总督和江西巡抚在总结事变经过的奏折中说:"此次匪乱……虽尚无深固巢穴,快利枪械,惟军以革命为名,意图煽惑响应","系由逆匪孙汶(指孙中山——引者)暗中勾结,倘或日久未平,潜济精械,后患何堪设想"③!

在长沙的刘道一本想与东京的同盟会总部取得联系,但用密语写的电报都被扣发,他随即被官方捕获杀死。在湖南被杀的还有个有名的同盟会员禹之谟。他曾留学日本,回国后在湖南办过毛巾织造厂和学校,由于积极参加1905年的抵制美货和争回铁路权的爱国运动而成为学界和商界知名人士。他在这次起义前四个月已被官方借故加以逮捕,判处十年徒刑,监禁在靖州。官方怀疑他是这次起义的策动者,加以种种酷刑,终于把他绞死。

东京的同盟会本部是从报纸上才知道这次起义的。孙中山和黄兴立即派出一些会员回国,分赴湖南、湖北、江苏、安徽、江西各省,企图组织力量,响应此次起义。但这些回国的人几乎都在各地被官方查出来了。他们被捕后,有叛变投降的,如在同盟会本部任干事的孙毓筠,他是大学士孙家鼐的侄孙,他在南京被捕后立即向两江总督端方摇尾乞怜,招供了同盟会的一切组织情形。多数英勇牺牲,如杨卓林,他是小贩出身,又当过兵,在日本留学时加入同盟会,这次回国后想联络江苏、浙江的会党,却在上海结识了两个由端方派出的冒充会党头目的密探,他被骗到扬州遭捕后,表示宁死也不放弃革命立场,因而被杀。

---

① ② 《辛亥革命资料》第二册,第 500、508 页。

③ 同上书,第 496 页。

这次短命的起义,是在同盟会成立后,由同盟会会员领导,或至少是与他们有联系的第一次起义。在这次失败的起义中,一些资产阶级、小资产阶级的革命家虽然表现得很英勇,而且努力从下层群众中寻找可靠的革命力量,但是他们不是艰苦地做发动和组织群众的工作,因而仍然只能依靠现成的旧式会党组织,在这点上,这次起义在以后同盟会所领导的多次起义中是有代表性的。

(五)1907—1908 年孙中山领导的六次武装起义

1907 年到 1908 年间,在孙中山的策动和直接领导下,同盟会在广东、广西和云南进行了六次武装起义。孙中山说,他在辛亥革命前经历过"十次革命之失败",也就是十次武装起义的失败。这十次中不包括上一节所说的 1906 年在湘赣边界的起义。在他领导下的第一次和第二次失败,指 1895 年和 1900 年的那两次,第三次到第八次就是同盟会成立后 1907 年到 1908 年的这六次。

光绪三十三年四月(1907 年 5、6 月间),孙中山在广东的黄岗和惠州的七女湖发动的两次起义,完全是依靠当地旧式会党三合会、天地会的力量。

有个广东潮安人许雪秋是新加坡侨民中的商人,他的父亲因商致富,留下遗产很多。他受到革命思潮影响,在 1904 年就回国联络潮汕一带的会党头目,企图发动起义,而未成事实。他重到南洋,在 1906 年见到孙中山,参加了同盟会。孙中山看到他有很多会党的关系,能够发动他们的力量,就授他以中华国民军东军都督的名义。他又到汕头活动,在他认为事机成熟时,孙中山派了一些同盟会员去协助他。这是在光绪三十三年初的事。按照孙中山的设想,潮汕的起义应当等到惠阳和广东西部的钦州、廉州等地起义准备也成熟时一起发动,互相配合,但是许雪秋控制不了他已经号召起来的会党力量。四月十一日,黄岗的以余丑等人为首的会党自行行动,占领了这个小城。黄岗属于潮州府的饶平县,地当广东、福建间的孔道。在会党占领黄岗后,清朝地方当局派兵来争,十四日双方在黄岗以西进行了一次激战,互有杀伤。会党力量退回到黄岗后,认为自己方面"械劣弹乏,粮食不足,久守无益",也并不作打出去的打算,就自行宣布"解散"了。在汕头的许雪秋等人得到这个消息,也就停止了在附近各地组织响应的工作。许雪秋在这里经营了几年的联络会党力量组织起义的工作就这样结束了。接着,孙中山又命曾在香港、新加坡营旅馆业的商人邓子瑜在惠州依靠当地会党力量组织起义。起义部队从四月二十二日开始,在归善(今惠阳县境)和博罗二县之间,同惠州官方的巡防营交战了十天后自行解散。据说这是因为同盟会接济的军械未能按计划运到,而清方用来进攻黄岗的军队正在转移到惠州这边来的原故。——这就是孙中山所说的他的第三、第四次武装起义的失败。有一个记载说:许雪秋失败后向孙中山说:"土炮不敌洋枪,为黄岗一役失败之主因"①。对于资产阶级革命家说来,要总结失败的经验,得出正确的结论,并不是很容易的事。

同年(光绪三十三年)的七月(1907 年 8、9 月间),孙中山在广东西部的钦州、廉州地区(现在属于广西壮族自治区)进行了一次武装起义。在这次起义中,孙中山给王和顺以"中华国民军南军都督"的头衔。王和顺是 1903 年到 1905 年的广西的会党起义的领导人之一。那是一次单纯的会党起义,另一个领导人陆亚发已死,王和顺则于失败后流亡到香港和越南的西贡。孙中山在 1907 年初到越南,吸收他参加同盟会,并委以军事行动的责任,想利用他在会党中的号召力量。这年夏天,钦州、廉州的农民群众自发地起来反抗苛征糖捐并反对在灾荒时高抬粮价。钦州的那黎、那彭、那思这三墟农民以刘思裕为首组织了一个万人会。两广总督派统领郭人漳和标统赵声率兵前来,会同地方部队对农民实行了血腥的镇压。郭、赵二人都和同盟会有联系,孙中山派人

---

① 冯自由:《革命逸史》第二集,商务印书馆 1945 年版,第 202 页。

到他们的军中,说服他们打起革命的旗帜。他们表示在革命军起来后,可以响应。但是等到王和顺率部发动后,他们却借故推诿,不采取任何行动。王和顺在七月下旬率所部二百余人袭取了钦州的防城县。这一行动虽然得到当地农民群众的支持,但他并没有把自发起来进行反抗斗争的农民,包括刘思裕的万人会组织起来,而只是一心企望郭人漳和赵声的"反正"。这种企望既然落空,王和顺孤军奋战,进攻钦州以北的灵山,没有成功。八月十日左右他解散了他的部队,自己跑入越南境内。这是孙中山所说的他的第五次失败。

在钦州、廉州方面遭到失败后,孙中山又向广西边界的镇南关(今称友谊关)进行活动。受孙中山的指派,曾在清朝军队中混过的黄明堂、关仁甫等人通过会党关系,买通了镇南关的一些守兵。十月二十七日(12月2日),他们一举占领了镇南关的三座炮台。孙中山、黄兴等同盟会的领袖曾到过炮台上面。他们回到越南境内正在张罗筹款购买枪械,以便加强兵力,从镇南关向北进攻的时候,炮台失守的消息已经到来了。这是第六次的失败。

镇南关之役后,清朝官方向法国交涉,不让孙中山再留在越南。孙中山离开越南时,又布置了在广东钦州和云南河口的两次行动,这就是光绪三十四年(1908年)第七次、第八次的失败。

第七次军事行动由黄兴领头。他从参加前一年的防城之役和镇南关之役的会党分子和越南的华侨中集合二百余人,用孙中山派人设法买来的枪械武装了起来。二月二十六日(3月28日)这支部队越过中越边界,向钦州方面出发。一路上遭遇到清朝的一些零星的地方部队,打赢了几仗。这时,郭人漳的部队仍驻钦州,他前一年曾在王和顺起事时约定"反正"而悔约,那时黄兴是作为同盟会的代表到郭人漳那里去联系的人。这回,郭人漳又和黄兴事前讲好,要接济他弹药并相机反正。但是等到黄兴的队伍进入钦州后,郭人漳又一次违背诺言,而且凭他的优势兵力围攻黄兴的部队。黄兴的部队在四十天里转战数十乡镇,打不开局面,也就自行宣布解散了。黄兴自己重入越南,其部下则多数散入十万大山。

第八次军事行动的执行者是原来的会党头头,黄明堂、王和顺、关仁甫,他们也是上述第五次、第六次军事行动中的主要角色。他们这次行动是在云南的河口,这里和越南老街相邻。三月二十九日(4月29日)他们率部百余人偷袭河口,因为事先已买通清方守军中的一些官兵内应,所以一举占领了河口城。清军仍驻守着当地的四个炮台,也被起义的部队战胜。由于招收了一些投降的兵士,起义部队数目大增,但组织性和作战能力很差。他们虽然分兵沿铁路向蒙自方向和经新街、蛮耗向个旧方向进攻,但都在中途停止下来,没有多少进展。清方除由云南总督锡良派出军队外,还从广西方面调兵来围攻。在四月下旬,清军各路军队都开到,起义队伍中有些降兵又反水过去,余众退集河口。他们曾想向东转移入广西,没有成功,都退入了越南。法国人缴了他们的械,并把他们遣送出境。此役先后历时一个月。同盟会方面认为此役的失败,第一个原因是在于没有能干的军事领导者。黄兴在同盟会中是被认为最擅长军事的人,他曾到河口企图指挥起义军队迅速实行进攻。由于几个会党头头领导的部队都不听从他的指挥,他返回越南境内,另组部队。但是他没有重到河口,却跑到新加坡去了。第二个原因是经费没有筹足。胡汉民这时在越南担任河口方面的支援工作。他给孙中山写信报告占领河口后的情形,极力申说,由于有哥老会的力量可用,又有许多投降官兵,云南的形势十分乐观,但是一定要有大笔款项以保证供应粮饷和补充弹药,否则军心不能维持①。他所认为必需的款项没有能够筹足。

1908年这两次起义,在钦州寄希望于早已靠不住的清朝将领,在河口靠花钱来收买会党和清朝投降官兵,这都是由于缺乏群众基础而带有单纯军事冒险性质的行动。

---

① 冯自由:《中华民国开国前革命史》中编,第217—218页。

（六）1907—1908 年光复会发动的起义

1904 年成立的光复会（见第二十章第六节）的多数会员虽然参加了同盟会，但他们实际上仍自行独立地进行活动。1907 年光复会会员策动了一次起义，这次起义的主要人物是浙江的秋瑾和安徽的徐锡麟。

著名女革命家秋瑾（1875—1907），出身于地主家庭，因父母之命而同一个富绅家的纨袴子弟结婚。在她的丈夫花钱买得个小京官的职务后，她虽随他入京住了几年，终于因为意气不相投，和丈夫决裂。她看到清朝政府的腐败和帝国主义侵略中国的暴行，于是下决心献身于救国事业。她后来给友人的书信中说："吾自庚子（1900 年）以来，已置吾生命于不顾，即不获成功而死，亦吾所不悔也"[1]。1904 年，她冲破封建家庭的束缚自筹旅费到日本留学，这在当时是惊世骇俗的非常行动。她先后加入光复会和同盟会，并被推为同盟会浙江省主盟人，成为在日本留学生界中的活跃分子。她还参加了洪门组织。1906 年初回国，先在上海和一些光复会会员一起活动，参加办学校，并创办《中国女报》杂志。她在这个杂志的发刊词中，热情洋溢地写道："吾今欲结二万万大团体于一致，通全国女界声息于朝夕，为女界之总机关，使我女子生机活泼，精神奋飞，绝尘而奔，以速进于大光明世界"[2]。她在《敬告姊妹们》一文中，揭露中国妇女在封建礼教压迫下，是"沉沦在十八层地狱"，成为"一世的囚徒，半生的牛马"。她写道："难道我诸姊妹，真个安于牛马奴隶的生涯，不思自拔么？"[3]

由于光复会的陶成章等人的介绍，秋瑾和浙江各地的会党建立了不少联系。在湘赣边界的起义发生后，在上海的光复会会员们集议如

---

[1] 《致王时泽书》。《秋瑾集》，上海古籍出版社 1979 年版，第 47 页。
[2] 《秋瑾集》，第 13 页。
[3] 同上书，第 14—15 页。

何起兵响应。秋瑾回到她的故乡浙江绍兴,企图以浙江为据点发动军事行动。在绍兴有个大通学堂,是陶成章、徐锡麟等人在1905年创办的,他们利用这个学校交结浙江各地的会党,还在学校里暗藏了一些枪支弹药。秋瑾这时成为大通学堂的主持人。由于湘赣边界的起义已经失败,她决定独立地发动起义。她奔走浙西各地使许多会党组织答应参加起义,并接受她的指挥。秋瑾规定了"光复军"的组织系统。光复军的统领由那时还在安庆的徐锡麟担任,她自己任副统领。其军事行动计划是首先在金华发难,并以绍兴方面的会党配合,袭攻杭州。如果杭州打不下来,就把浙江的各路军队集合起来,由浙西打出去到江西、安徽。秋瑾最初是想在光绪三十三年(1907年)四月间起兵,因为准备不及,改为五月初,再改为五月二十六日。但是许多地方的会党跃跃欲试,放出了就要发动的空气。五月中旬,绍兴府的嵊县已有一部分会党部队集合起来,树起了革命军旗帜,遭到清朝官兵的进攻。五月二十六日起兵的命令下来时,武义、金华等地社会上谣风更甚,愈加引起官方警惕,在这些地方都有预定参加光复军的会党分子被捕杀,这种情形使起义很难如期举行。秋瑾派人去安庆把这种情形通知徐锡麟。

徐锡麟(1873—1907),少年时由自学而精通数学,曾任绍兴府学校算术讲师。1904年去了一次日本,受到革命思想的影响,1905年参加了光复会,仍在绍兴活动。光复会的陶成章等人曾集议花钱买官职,以求深入清朝官场,掌握军权,从官场内部闹革命。徐锡麟实行了这个计划,筹款捐了个道员的官衔,并经过他的姻亲、原任湖南巡抚俞廉三的关系进行活动,竟得到了安徽巡抚恩铭的信任,在安庆成了巡警学校的主持人,继又被任为警察会办。他在巡警学校中虽然受到许多学生爱戴,但并没有组织起足以发动起义的力量。1907年得到秋瑾的消息后,他决定实行一个冒险的计划。五月二十六日巡警学校有一班学生毕业。巡抚恩铭和其他省里的官员照例要到学校来进行检阅。徐锡麟在靠近恩铭案前作报告时,拔出手枪打倒了恩铭。和他合作的只有二十六岁的陈伯平和二十四岁的马宗汉二人,他们是在秋瑾和徐锡麟之间来往联络的人。他们这时也持枪在现场,和徐锡麟一起动手。除恩铭外,还有几个官员被打死。其他在厅堂内的官员们都逃散了。集队在厅堂外的学生们还不知道发生了什么事。徐锡麟号召他们随他一起革命,但跟从他的只有三十多个学生。徐锡麟原来设想,在杀死所有主要官员后,他就能掌握安徽政权。这个设想没有能实现。徐锡麟、陈伯平、马宗汉率领少数学生到军械局,虽然加以占领,但并没有得到多少可用的枪支弹药。他们凭借军械局的房子同进攻的巡防营官兵,抗击了几小时,终于被攻破。陈伯平战死,徐锡麟、马宗汉被捕,他们都被处极刑。

清朝官方从徐锡麟住处搜出了光复军告示,知道这次行动有一个庞大的组织做背景,并很快就发现了秋瑾与徐锡麟的关系。秋瑾这时仍在绍兴大通学校,知道了安庆的事件后,她还在学校中与前来联系的会党分子相约重订起义日期,改在六月十日发动。四日省里派到绍兴的军队已来包围大通学校,有少数学生开枪抗拒。和秋瑾一起被捕的有教员和学生六人。在敌人刑讯前,秋瑾坚定地拒绝答复任何问题;第二天就被处斩。这里要提一下的是,在杭州的有名绅士汤寿潜当时曾怂恿清朝官方杀死秋瑾。汤寿潜是预备立宪公会的成员(见本章第二节),浙江巡抚向他征询如何对待秋瑾时,他说:“这等人,不杀何待?”①在这个立宪派绅士看来,这个出身官宦人家的妇人,居然昌言革命,同江湖上的强盗来往,是理应杀死的。

牵连到这次光复军起义计划而被官方杀死的革命党人和会党分子有百余人。在秋瑾死后的几个月内,在绍兴、丽水、金华等地有些预定参加光复军起义的会党分子,自发地零星地发动暴乱,但都只是闪烁的火花了。

徐锡麟和秋瑾被害后的第二年(1908年),受他们的影响,熊成基又在安庆发动了一次起义。

熊成基(1887—1910),江苏甘泉(今邗江)人。十九岁参加新军

---

① 陶成章:《浙案纪略》。《辛亥革命资料》第三册,第41页。

（当时清朝编练的新式军队），在安徽的武备学堂和南京的南洋炮兵学堂学习。毕业后担任江南炮兵排长，不久调任安徽炮营队官（连长）。他在新军中，接受革命思想，立志要推翻清朝政府，改革腐败的政治。徐锡麟在安庆牺牲后，他不胜悲愤，决心继承徐锡麟的事业。光绪三十四年十月（1908 年 11 月），他乘光绪皇帝和慈禧太后相继死去，人心惶惶的时机，率马炮营新军一千多人起义，进攻安庆。革命军同清军激战一昼夜未能得手，不得不向集贤关退却，改变战略，拟取庐州为根据地。在清军追击下，熊成基率部抵抗，但部队到庐州时，已不满百人，其中还有通敌企图谋害熊成基的。年轻的熊成基（这时只有二十一岁）缺乏经验，掌握不了局势，只身逃走，起义失败。参加这次起义的军士学生被官方拿获杀害的不下三百人。1910 年，熊成基在哈尔滨被捕遇害。

徐锡麟、秋瑾的光复军起义，主要靠会党力量。熊成基所依靠的却是新军中的士兵。当时的革命派渐渐感到以旧式的会党作革命的主力是不可靠的，于是转而从新军中寻找革命力量。熊成基是第一个依靠新军士兵来发动起义的人。

（七）个人暗杀行动

从孙中山、黄兴到秋瑾、徐锡麟，这些资产阶级、小资产阶级革命家，都把革命看做是和武装斗争不可分的。他们蔑视清朝的所谓立宪，也绝不相信那种认为"政治革命"可以用劝告、请求的方法来进行的说法。他们继承了中国农民革命的优良传统。但是究竟怎样才能有效地组织和进行武装斗争，这问题是他们所没有解决的。

孙中山说："由黄岗至河口等役，乃同盟会干部由予直接发动，先后六次失败。经此六次之失败，精卫颇为失望，遂约合同志数人入北京，与虏酋拚命。"[①]军事起义的多次失败至少在一部分同盟会会员中

---

① 《孙中山选集》，人民出版社 1981 年版，第 205 页。

造成了悲观绝望的情绪。以在《民报》上写政论而著名的汪精卫就是抱着这种情绪转而采取个人的暗杀手段。他到北京意图进行暗杀，被官方抓住后可耻地投降了。——那是 1910 年的事。

当时的小资产阶级革命家很有些人以为暗杀是最好的手段。1905年在北京前门车站炸出洋考察五大臣的吴樾，就留下一篇题为《暗杀时代》的文章，文中说："夫排满之道有二，一曰暗杀，一曰革命。暗杀为因，革命为果。暗杀虽个人而可为，革命非群力即不效。今日之时代，非革命之时代，实暗杀之时代也。"①这是以为还没有足以发动革命的群众力量，所以只能使用个人暗杀手段，并且以为可以靠暗杀引导出革命来。《民报》有一个作者在 1907 年说："若乃事之简易可行而恒能操胜者，今世惟爆裂之弹而已。"这个作者以为，无须劳师动众，只要准备几颗炸弹，就能成功，所以是最简易可行的②。

1900 年，二十岁的青年知识分子，兴中会会员史坚如(他是广州格致书院学生)，在广州暗设炸弹炸毁巡抚衙门，企图杀死巡抚兼署总督德寿，他被捕就义。他是想用这一行动来配合孙中山、郑士良在惠州发动的起义。以后在 1904 年，上海有万福华枪击舆论指斥为卖国贼的前广西巡抚王之春，又有王汉在河南彰德车站枪击朝廷派出的专员、户部侍郎铁良。他们都没有成功，万福华被捕，王汉自杀。虽然万福华是黄兴、刘揆一的朋友，王汉同武汉的革命分子有联系，但他们的暗杀行动都是独立地自发地进行的。这几次暗杀行动都在同盟会成立以前。当时最著名的暗杀者吴樾也是个独立行动的人，他的炸弹是在同盟会刚成立时响起来的。

同盟会成立后，会员刘师复 1907 年在广州计划施放炸弹暗杀水师提督李准。这个计划得到同盟会组织的支持。当时正在准备发动潮州、惠州的起义，他们以为杀死李准可以有助于起义的成功。但刘师复

---

① 《辛亥革命前十年间时论选集》第 2 卷下册，第 715 页。
② 运璧(黄侃)：《专一之驱满主义》。《民报》第十七期，第 22 页。

的计划没有实现。他在寓所装配炸弹时发生爆炸,他自己受伤,并因而被捕。两年后,他的朋友把他营救出狱。他到香港,约集了若干人成立了个支那暗杀团。这时,他的思想已沉溺在无政府主义中。这个暗杀团成为同盟会以外的一个小组织,在它存在的两年期间,参加者先后一共只有十二人,他们策划过几次暗杀的行动。

可以看到,进行暗杀的,主要是这两种人:一种是游离于革命团体以外的人,刘师复的暗杀团其实也是属于这种情形;另一种是经受不住革命的失败,铤而走险的人,汪精卫是个代表。总之,对个人暗杀手段的崇拜是小资产阶级革命分子找不到和不相信群众力量的表现。

崇拜个人暗杀的人对于俄国在十九世纪七十年代末产生的民意党很感兴趣。以暗杀沙皇为宗旨的民意党人的活动,在中国一些资产阶级、小资产阶级革命派的出版物中受到歌颂。例如《民报》第二期刊载了《虚无党女杰苏菲亚肖像》。苏菲亚·皮罗夫斯卡雅是民意党的创始人之一,她在1881年指挥炸死了沙皇亚历山大第二。她成了辛亥革命前许多革命青年所膜拜的偶像。他们不知道,民意党人的活动对俄国革命的发展并不能起什么积极的作用。

同盟会,作为一个革命组织,是不把个人暗杀作为主要手段的。在中国资产阶级革命中也没有产生像民意党这样的组织。这是同中国长期的农民革命的传统有关系的。在农民群众中,暗杀从来只用于个人报仇,例如在同治九年(1870年)张文祥用一把短刀刺死两江总督马新贻,这是当时轰动社会的案件。张文祥是个江湖好汉,他因为某种原因而和马新贻有深仇大恨,所以才蓄谋暗杀。当农民群众起来夺天下时,却从来不指望靠个人暗杀手段,而总是聚众结盟,揭竿而起的。

第二十二章

辛亥革命的前夕

（一）农民群众的自发斗争撼动了
清朝统治的基石

光绪三十三年（1907年）九月，皇帝的上谕说："现值时势多艰，人心浮动"，"近年各省时有匪徒啸聚，……事起一隅，动关全局"①。十月的一个上谕又说："现在人心不靖，乱党滋多"②。这里说的"乱党"、"匪徒"，除了革命党的活动以外，还包括到处蜂起的群众的自发性的反抗斗争。高高在上的朝廷也感到"人心浮动"，"人心不靖"，可见的确是一种"山雨欲来风满楼"的形势了。

义和团式的反对外国人的教会的斗争仍然继续发生。三十三年八月的一个上谕说："近年来各省焚毁教堂，戕害教士，仍复在所不免"。③例如1905年广东廉州（今广西合浦）有美国人办的教堂被焚毁，教士

---

① ② 《光绪朝东华录》第五册，总第5748、5770页。
③ 同上书，总第5743页。

五人被杀。同年西藏人民在巴塘(今属四川甘孜藏族自治州)焚毁法国人的教堂。1906年和1907年在江西的南昌、饶州(鄱阳)、南康,河南的西平,福建的漳浦,四川的开县等地都发生了教案,有的且带有群众起义的性质。饶州的群众倡立"洪莲会"的名义,进行仇视洋教的活动,并越出江西,进入安徽的徽州(今歙县)境内活动。河南西平的群众,树起反对洋教的旗帜,进入嵖岈山,受到河南、湖北两省的官军围攻,被杀死了几百人。

资产阶级革命派把处于自发阶段的、低级形式的反帝斗争称为"野蛮的排外",例如,陈天华的很有影响的宣传小册子《警世钟》中说:"野蛮排外的办法,全没有规矩宗旨,忽然聚集数千百人,焚毁几座教堂,杀几个教士教民,以及游历的洋员,通商的洋商,就算能事尽了。"陈天华主张向西方学习,"学习外人的长处",但必须保卫国家的主权,也并不排斥必要时的战争,他说:"在两军阵前,有进无退,巴不得把他杀尽。洋兵以外的洋人,一概不伤他。洋兵若是降了擒了,也不杀害。"①陈天华称自己的主张为"文明排外",这虽然不是个准确的概念,但表现了资产阶级革命派想把反帝国主义斗争提到较高的水平上。当时国家的统治权掌握在卖国的清朝政府手里,革命派认为,首先应该集中力量反对清朝统治,不要采取"野蛮排外"的手段,是有理由的。

立宪派资产阶级对这问题抱另一种态度。严复在光绪三十二年(1906年)撰文说,当年发生的南昌教案和前一年发生的廉州教案,虽然有外国教士被杀,教会房屋被毁,但因官方事先"保护甚力",事后处理得当,没有酿成大乱,由此他看出了"黑暗中渐露光明之意"。他承认这些教案的发生,"教中人皆有激变自取之道",但仍认为主要是"吾国小民之失教而愚顽"。因此,他要求"今日聚众昌言爱国之演说家","且置文明排外之谈,而亟图教育之普及,则吾国

---

① 《辛亥革命资料》第二册,第134页。

庶有豸乎"①。在严复看来,资产阶级革命派的所谓"文明排外"也是谈不得的。

就全国来说,1907年以后,单纯的打击外国人的教会的斗争是大大减少了。在各地群众的自发斗争中,有两种斗争居于突出地位:一是饥饿的群众起来抢米抗漕;另一种是群众起来反抗清朝官方的所谓"新政"。这些斗争的锋芒都是针对着清朝统治者。有些地方的群众在进行这些斗争的同时,也打击洋人的势力。客观形势的发展使群众以低级的、自发的形式把反封建的斗争和反帝的斗争结合了起来。

饥饿的农民聚众抗租抗赋,抗纳漕粮,向地主大户抢米,以至进城抢米的风潮,连年不断地在许多地方发生。这是最显著地表明,群众的生活已陷于绝境,不得不为最低的生存条件而斗争。例如宣统元年(1909年),杭嘉湖地区农民因灾荒要求免征漕粮,官方拒绝,因而引起了群众的暴动。浙江巡抚奏报十一月间乌程、归安二县(今吴兴县)和德清、桐乡等县的情形说:农民们"胆敢鸣锣聚众抗漕,入城毁仓闹署,焚船夺械,拒伤官兵,实属形同倡乱"②。宣统二年(1910年),在湖北、安徽、江苏、奉天等省的许多地方发生抢米抗漕暴动,风潮闹得最大的是湖南长沙。

湖南各地在宣统元年已闹灾荒,洞庭湖滨各县水灾尤其严重,当时人描写说:"每日饿殍死亡相继,卧病呻吟,几于比比皆是"。湖南的粮食本来还运销外省,这时,湖南巡抚岑春蓂不顾灾荒缺粮的情况,接受了英、美、日本商人的贿赂,允许他们继续运粮出省,还和在长沙的一些洋行订立了经北京外务部批准的合同。有些买办商人给外国洋行深入产米地区进行搜购。大量粮食经过湘江公开地和偷偷地络绎运走。长沙一带粮价由常时每升二三十文飞涨到七十文以上。长沙四乡农民

---

① 《论南昌教案》,载《外交报》第137期。《辛亥革命前十年间时论选集》第2卷上册,第163页。

② 《辛亥革命资料》第三册,第442页。

"吃排家饭"（也就是吃地主大户）的一天天增多,饥饿的群众不断地涌入长沙城里。到了宣统二年三月初,粮价涨到八十文一升。岑春蓂派官员分赴城郊弹压群众,反而被愤怒的群众包围斥责。四乡进城的农民、城里的手工业工人("泥木工人")和其他贫民拥到巡抚衙门前面。泥木工人带头捣毁了衙门前的辕门、照壁,并且冲向内堂。岑春蓂下令巡防营开枪,当场打死百姓十四人,打伤四十多人,但也不能吓倒群众。这是三月初四日的事。当晚,城厢内外的碓坊、堆栈中的粮食,都被饥民抢劫一空。第二天,群众放火烧毁了巡抚衙门,官兵又开枪打死打伤二十多人。群众的愤怒迅速地转移到了外国帝国主义身上,因为他们知道洋商勾结清朝官方运米是这次米荒的主要原因,而且看到了停泊在湘江的外国兵舰的炮口对准城内威胁群众。群众分散到城郊各处焚烧捣毁了英商的怡和洋行、太古洋行,美商的美孚洋行,德商的瑞记洋行,日商的三井、东信等洋行的办事机构和码头、趸船、堆栈等设施及法、英、美等国的教会房屋。这场乱子使岑春蓂不得不下台,由原任布政使的庄赓良继任巡抚。他上任后,整顿了本省军队,并得到从湖北调来的两营巡防营的支援,在长沙城内实行严厉的镇压,并派出兵勇分赴各乡,对"吃排家饭"的饥民"格杀勿论"和"就地正法"。在这次长沙事变中,有英国兵舰两艘,美国兵舰一艘,日本兵舰四艘开到湘江中,和清朝官方相配合①。

长沙的群众暴动还影响到省内其他各县,如宁乡有群众三百余人焚毁了警察局和英、美教堂各一所,平江的教堂也被群众焚毁。益阳的农民进城,捣毁官钱分局,并把一家大地主所设米店抢掠一空。

湖南虽然有同盟会组织,但并没有参与这次群众性的自发斗争。新军四十九标管带陈强和排长陈作新是同盟会会员,他们的部队在巡抚衙门被群众围攻时,奉命开到长沙警戒。陈作新主张乘机起义,陈强

---

① 关于这次长沙抢米风潮详情,参阅《辛亥革命资料》第三册,第501—516页;《辛亥革命前湖南史事》(杨世骥著,湖南人民出版社1958年版),第130—148页。

不但不敢有所作为,反而借故把陈作新撤职。

现在再说一下群众起来反对清朝官方的所谓"新政"的斗争。

清朝从光绪二十八年(1902年)起宣布实行"新政",本意是粉饰门面,欺骗群众,但是每办一件"新政",就要筹经费,就要加捐派税,也就不能不激起群众的反对。光绪三十二年(1906年)八月,出使意大利回国的许珏有个奏折说:"近年因创办学堂巡警诸新政,官吏之急于自见者,但求上司之称扬,不顾百姓之憔悴,甚或假公苛派,激变地方之事时有所闻。……中国仿行宪法,本属不易,若再以多欲之吏,驭无告之民,又值财殚力匮之时,习闻革命自由之说,后患何堪设想!"①光绪三十三年十一月给事中王金镕也有一个奏折,说到直隶省的情形:"自举行新政就地筹款以来,若烟酒、若盐斤,加价之大宗无论矣。其余捐项,有由地方官劝办者,有由委员经理者。旧有之捐增其额数,新设之捐极力扩充。而不肖之土人(这就是土豪劣绅——引者),见官家之志在筹款也,每假地方办公之名,以济其渔肉乡里之私。于是争赴本处及上宪各衙门呈请创设某项捐税而包办之,每年交款若干。现在民间之物,向之无捐者,官家从而添设之;官家未及议及者,土人出而包办之。彼捐米豆则此捐菜果,彼捐鱼虾则此捐猪羊,彼捐木石则此捐柴草,彼捐房屋则此捐车马。不但无物不捐,且多捐上加捐……"。这个奏折还指出,这样苛重的捐税不可能不惹出事端:"观近来各处抗捐滋事之案,亦可以鉴矣。"②

当时在各地办的"新政",包括办学堂、办警察、修铁路,以至查户口、钉门牌等等。所有这些"新政"都引起了群众的怀疑和反抗,因为群众所看到的是横征暴敛的加强,他们根据经验也绝不相信这个只知卖国的政府会做出对人民有利的好事来。

光绪三十二年到三十三年间(1906—1907年),陕西扶风的群众因

---

① 许珏:《复庵遗集》1922年刊本,奏议第3卷,第3页。
② 《光绪朝东华录》第五册,总第5804页。

反对铁路亩捐(亩捐就是在向例的田赋以外,为实行"新政",这里是为修铁路,按亩加征的捐项)起来抗争。他们包围了扶风城,遭到官兵的屠杀。他们中有些人跑到西安以东,沿途群众纷纷参加。根据陕西巡抚奏报说:群众"指学堂为洋教,指电线为洋人所设,指统税为洋税"。这实际上是说,官方办的一切事都是为了外国帝国主义的利益。群众在华阴打毁了学堂和税局,又进入同州府(大荔),打毁了两座教堂和官钱局、官盐局。

以查户口一事而言,这是光绪三十四年八月间朝廷下令要办的事。这件事在全国许多地方都遭到了激烈的反抗。例如,广东的潮州、廉州发生了农民武装起来抗钉门牌的事件,廉州的群众为此还焚毁了一些地主绅士的房屋和美国的教会房屋。云南昭通府因调查户口,编钉门牌要抽果捐来充经费,农民集众数千人把创议收捐的几个地主绅士的房屋拆毁。据当时的《东方杂志》记载,仅在宣统二年(1910年)三月份,"江苏调查户口之风潮,层见迭出,……计八府三直隶州,以滋事闻者几居其半"①。

办"地方自治"也算一种"新政"。所谓地方自治不过是各地成立由地主绅士把持的"自治局",官绅结合,更多地向群众勒索。例如,《东方杂志》载河南叶县在宣统二年的情形说:"叶县因新政无款,自治亟宜兴办,初时议定由各乡集款,绅士赴乡劝导,并演说自治之利益。愚民不知,群起反对。"群众中有人宣称:"自治乃害百姓之举。从前不办新政,百姓尚可安身。今办自治、巡警、学堂,无一不在百姓身上设法。从前牛马差使,连正项每亩钱百三十文,今则每亩加至三百二十文。现在又要百姓花钱。花钱事小,将来自治办好,国家洋债,无一不在百姓身上归还,此事万不可答应。官绅串通来迫民反"②。这就是被认为"愚民"的群众对所谓"新政"、"自治"的一针见血的看法。叶县

① 《辛亥革命资料》第三册,第395页。
② 同上书,第435页。

集合了二万人,倡言造反,以至省里派兵前往弹压。这年在直隶省的易州也发生了类似的情形。《东方杂志》记载说:"直隶易州近年来办理学堂、警务、自治等事,加捐筹款,民情久已愤恨"。"该州自治局开办后,局绅张某、祖某,竟将义仓积谷,尽行出售,共得金钱三万余吊,又陆续勒捐二万余吊,借口措充自治经费,实则分饱私囊。五月初旬,局绅张某等又借调查户口为名,按户敛钱"。这时正值春旱,愤怒的农民群众,冲进城内,"蜂拥至自治局哄闹,局绅均闻风逃窜。乡民怒不可遏,遂焚烧自治局并该州中学堂等"。应州官的要求,省里连忙派兵下去。恰好这时下了透雨,进城的农民纷纷回乡抢季节种地,官方才松下一口气来。朝廷还为此下令直隶总督说:"着即随时妥为防范,毋令再生事端。此次滋闹,有无莠民创首,并着查明,酌量惩办"①。同年五六月间,山东莱阳的县官以办理调查户口,筹办"地方自治研究所"和实行其他"新政"的名义,勒收亩捐、房捐、人口捐等,激起了农民群众的暴动。群众夺得了下乡骚扰的官员的枪械,加上土枪土炮,集合数万人与省里派去的军队搏斗。由于领导者并不是有志于造反的人,这次自发的暴动以群众的大量死伤而告终。

还值得一说的是自发地起来抗争的群众对待学堂的态度。办学堂算是清朝的一个重要的维新措施。但是各地的学堂多半是在地主绅士的控制下,并不真讲"新学",即使讲些"新学",也与贫苦群众无关。在群众眼中,学堂也不过是官绅敛钱的一种手段。所以许多地方如上述的陕西华阴、直隶易州都发生群众打毁学堂的事件。据记载,浙江这方面的情形比较突出。光绪三十三年(1907年),浙江巡抚向上报告说:"海宁、海盐、桐乡等处"都有群众"滋事情形甚重,并毁教堂、学堂"②。到了宣统二年(1910年),绍兴、严州(建德)、处州(丽水)等府的许多州县的学堂都曾为农民群众打毁,一起被打毁的还有自治事务所、巡警

① 《辛亥革命资料》第三册,第527—529页。
② 《光绪朝东华录》第五册,总第5814页。

局等。

总之，所谓新政激起的群众反抗斗争，最足以说明，清朝统治者已经不可能用任何办法来改变自己的腐朽的、卖国的、只能带给人民以灾难的形象。

史料工作者曾经根据《东方杂志》上的《中国大事记》和故宫档案，汇编清朝的末日快要来到的几年间各地群众的自发斗争的材料①。从这些不完全的材料中可以看到，无论是抗粮抢米的斗争还是反抗各种新政的斗争，在宣统二年（1910 年）发生的次数最多，地区也最普遍。这是辛亥革命爆发的前一年。

资产阶级革命派不能从这种斗争中看出群众的力量。孙中山在1907 年发动钦州防城的起义时，对于当地农民反抗糖捐的自发斗争置之不顾，就是一个显著的例证。事实上，这种到处蜂起的、自发的群众斗争，主要是农民群众的斗争，使清朝统治的基础发生严重的动摇，使清朝统治者惶惶不可终日。客观上说来，资产阶级革命派正是依靠这种力量才能够在1911 年的辛亥革命中一举而推翻清朝统治。他们不能自觉地组织和动员这种力量，又是他们虽然推翻清朝统治但并不能取得民主革命的胜利的根本原因。

（二）咨议局、资政院和袁世凯

清朝在光绪三十二年（1906 年）宣布"预备仿行立宪"后，为了想把资产阶级拉到自己这一边来，作出了奖励资本家的进一步的规定。三十三年六月的上谕说："凡有能办农工商矿，或独立经营，或集合公司，其确有成效者，即各从优奖励。果有一厂一局，所用资本数逾千万，

---

① 《辛亥革命资料》第三册中的《人民反清斗争资料》，参看《中华民国史档案资料汇编》第一辑，中国第二历史档案馆编，江苏人民出版社 1979 年版。

所用工人至数千名者,尤当破格优奖,即爵赏亦所不惜。"①根据这个精神,农工商部提出了十条章程,其中具体规定了按照"个人资本之大小,所用工人之多寡",给予商人以不同等级的"爵赏",例如:资本二千万元以上的,"特赏一等子爵",资本七百万元的,"特赏三品卿"等等,最低的是资本十万元以上不足三十万元的,"奏奖五品衔"②。在颁布这个章程后,由于还没有照顾到资本较小的人,农工商部又补充规定,"凡商人出资营业,自一万元以至八万元以上"的,分别发给七品至九品的"奖牌顶戴"③。与此同时,又把光绪二十九年(1903年)制定的《奖励公司章程》修订颁布,那是对于集资开办公司的人的奖励。这次修订放宽了奖励的标准,例如原定集股五千万元以上的授予商部"头等顾问官,加头品顶戴",改为二千万元以上;原定"集股三百万元以上"(不到五百万元)的,授予商部的"头等议员,加五品衔"改为集股"一百万元以上"(不到二百万元)④。

这类所谓爵赏和顾问官之类的头衔,虽然提高了资本家的政治地位,使他们有权与相当的官员平起平坐,但是,对于私人资本的发展的种种妨害,包括捐税繁重,关卡林立,以至外国商品倾销,外国资本在中国享有特权等等,一切依然如故。

作为对资产阶级的一种让步,清朝当局又宣布要建立资政院和各省的咨议局。资产阶级不是主张设立议院么？光绪三十三年(1907年)八月上谕说:"中国上下议院,一时未能成立,亟宜设资政院,以立议院基础"⑤。一个月后,又下令各省督抚在省会设咨议局,并筹划在各府州县设立议事会⑥。后一年六月,宣布了咨议局的章程,规定各省

① 《光绪朝东华录》第五册,总第5709页。
② 《中国近代工业史资料》第二辑上册,第645—646页。
③ 《光绪朝东华录》第五册,总第5738页。
④ 见《中国近代工业史资料》第二辑上册,第640—644页。
⑤ 《光绪朝东华录》第五册,总第5736页。
⑥ 同上书,总第5749页。

都要在一年内把咨议局成立起来。为了表示正式成立议会之期不会因为资政院和咨议局之设立而无限地拖延下去,八月里又宣布要在九年内完成立宪的筹备工作。上谕如此说:"自本年起,务在第九年内将各项筹备事宜一律办齐。届时即行颁布钦定宪法,并颁布召集议员之诏。"①

1908年十月,慈禧太后病死了。这个妇人统治中国几乎达半个世纪之久。在这期间,中国的主权大量丧失,日益加深地变成了帝国主义控制下的半殖民地国家。她以宫廷政变起家,用尽狡诈的阴谋手段保持着自己在统治集团中的最高地位。为了维护大地主阶级的统治利益,她尽力保持中国社会的落后性,同时使中国在外国帝国主义侵略下蒙受极端可耻的屈辱。她为中国做尽了一切坏事。在一生的最后一段时期内,她为应付革命的危机,还安排好了一套虚伪的维新和立宪的把戏。大地主阶级已经是一个如此没落和腐朽的阶级,以至它只能把慈禧太后这样的人作为自己的最适当的代表者。

就在慈禧病死的前一天,光绪皇帝也突然死去。两天前,慈禧把光绪的侄子溥仪接入宫内,作为皇帝的继承者,并以溥仪的父亲载沣为摄政王。于是这个年仅三岁的溥仪就成了清朝的末代皇帝,他的年号是宣统。实际上执政的是载沣。

按照慈禧生前的安排,在宣统元年(1909年)九月,各省的咨议局成立。而北京的资政院则是在宣统二年(1910年)九月成立。资政院和咨议局虽然被说成是为议会奠基础,但它们只是咨询机关的性质,当然说不上是实行了资产阶级民主制度。不过这种机构毕竟是传统的封建主义政体中从未有过的东西,而且在不久后的辛亥革命中,各省的咨议局是起了特殊作用的。

各省咨议局的议员的数目多少不等。最多的是顺直(包括顺天府和直隶省),有一百四十人。最少的如吉林、黑龙江、新疆,只有三十

① 《光绪朝东华录》第五册,总第5984页。

人。议员算是选举产生的。谁有选举权和被选举权呢？按规定是"凡本省籍贯之男子,年满二十五岁,曾在本省办理学务及公益满三年以上著有成绩者,或曾在中学或同等以上之学堂毕业者,或有举贡生员之出身者,或曾任实缺职官文七品武五品以上未被参革者,或在本省有五千元以上之营业资本及不动产者",以及"非本省籍贯之男子,年满二十五岁,寄居本省满十年以上,在寄居地方有一万元以上之营业资本或不动产者。"①由此可见,妇女是全部排斥在外的,农民(贫农、中农以及至少一大部分富农)、工人、手工业者、店员,直至小商贩,小业主也是全部排斥在外的。只有地主、绅士、大商人、学界的头面人物,才有成为议员的资格。

官方控制下的这次选举出现了种种舞弊行贿的现象。老式的地主阶级富于保守性,他们中多数习惯于按照向来的规矩去谋求进入仕途或在本乡当豪绅,他们还看不惯咨议局这种新东西。属于立宪派资产阶级这种政治倾向的绅士们在这次选举中特别活跃;在大多数省分的咨议局中,他们占据了多数席位。拿各省的咨议局的议长来看,江苏省的张謇、湖北省的汤化龙,湖南省的谭延闿,都是前面提到过的积极进行立宪派政治活动的人物。此外,如四川省的蒲殿俊、山东省的丁世峄、浙江省的陈黼宸、陕西省的郭希仁等也都是这一类人物。他们都是当地著名的新派绅士,也就是资产阶级立宪派倾向的绅士。

各省咨议局虽然并不是有实际权力的机构,但是使资产阶级立宪派有了合法地进行政治活动的据点。他们先是利用这据点向清朝当局争立宪,但随后当旧政权被革命浪潮冲倒的时候,他们就凭仗这据点去夺取革命的果实。

在各省咨议局成立以前,资产阶级立宪派多次进行过向朝廷请愿的运动。这完全符合于梁启超所说的政治运动只能以向上要求的方法来进行的主张。光绪三十四年(1908年)七月,张謇等人在上海组织的

①《辛亥革命资料》第四册,第69页。

预备立宪公会,联络了湖南、湖北、广东及其他省份的类似团体,各派代表齐集北京,向清朝政府提出早日召开议会的要求。清朝政府之所以在这时规定九年的预备期限是同这次请愿有关系的。到了宣统元年(1909年)十一月,以张謇为首的江苏咨议局发起,十六省的议员代表在上海集会,大家认为九年的筹备时间太长,主张在两年内就应该召集国会。这年十二月,十六省代表一起到了北京,向朝廷提出这个要求,遭到拒绝。第二年四月和九月,各省咨议局加上各地的一些商会和其他团体的代表,共同组成"国会请愿代表团",又在北京进行了两次请愿。在九月的请愿时,资政院已经成立。

资政院是由二百个"议员"组成的一个机构。这二百人中有一半是"钦定议员",也就是由皇帝指定的,另一半是"互选议员",也就是由各省咨议局议员中推选出来,并经督抚核定的。钦定议员中包括"宗室王公世爵"四十八人,"各部院衙门官"三十二人,其余是所谓"硕学通儒及纳税多额者",这是指学界和商界中的重要人物。资政院设总裁、副总裁,由朝廷指派王公大臣担任。资政院规定在每年九月起开会。宣统二年(1910年)开第一次会。到下一年开会时,辛亥革命已经爆发了。

在宣统二年,由于各省咨议局的发起,要求早开国会的呼声很高,资政院也同意这种主张。于是清廷宣布把原定九年的预备期缩短为三年,改在"宣统五年"实行开设议会,并且答应立即成立新的内阁,同时令民政部将各省进京请愿的代表即日解散。

所谓新的内阁在宣统三年(1911年)三月果然成立了。原来的军机大臣、协办大学士、各部尚书的名义改称内阁总理大臣、协理大臣和各部大臣。组成新内阁的十三个大臣中有八个是满族人,其中五个是皇族。内阁总理大臣是庆亲王奕劻,他是在位的小皇帝的叔祖父,他曾多年主持总理各国事务衙门,和李鸿章一起进行辛丑和约的谈判,是个办理卖国外交的老手,又以收敛贿赂、卖官鬻爵而著名。这个内阁当时被人们称为"皇族内阁"。

这个内阁显然没有任何欺骗作用,甚至不能使资产阶级立宪派感到是向他们所企求的政治方向前进一步。为什么成立这个内阁？其原因主要的是要从统治集团内部的权力倾轧中去看。

反动统治阵营内部的各种势力,在他们共同乘坐的船面临覆没的危机时,一方面要协力挽救危机,一方面他们之间为争夺权力而形成的倾轧和争夺免不了更加激化。以满族皇室为中心的中央统治势力,在为革命的风潮闹得惶惶不安的时候,又感到必须提防统治阵营内部发生动乱。他们担心各省督抚在危机到来时另打主义,另立门户。最使他们忌恨的是实力雄厚,而又野心勃勃的袁世凯。

袁世凯在戊戌变法时不受光绪皇帝的拉拢,出卖了维新派,因而赢得了慈禧太后的宠信。他在庚子事变中同刘坤一、张之洞站在一边,完全按照帝国主义者的利益行事,因而又为帝国主义者所中意。李鸿章在光绪二十七年死后,他继任直隶总督兼北洋大臣。他所训练和指挥的北洋军队六镇(一镇约有一万三千人,相当于师),是当时最强的兵力,分驻在山海关、天津、北京、保定以至东北的锦州和山东济南至潍县一带。他除本职外还有许多兼差,包括会办练兵、督办电政、督办关内外铁路,督办津镇铁路、督办京汉铁路、和外国会议商约等等。他的衙门设在天津,俨然成为举足轻重的势力。光绪三十二年七月朝廷宣布预备立宪之后,第一个步骤就是所谓厘定官制。削减地方督抚的权力,把权力,首先是军权集中到中央来是厘定官制所要达到的重要目的之一。袁世凯在这种压力下,只好奏请免掉他的各项兼差,并把北洋六镇中的四镇交给新成立的陆军部(满族官员铁良任尚书),而只保留驻在山海关和天津附近的两镇仍归自己指挥。差不多同时,湖广总督张之洞也把他所辖的军队交给了陆军部。张之洞是当时另一个重要的地方实力人物。到了光绪三十三年七月,袁世凯被调任外务部尚书兼军机大臣,这就使他离开了直隶总督兼北洋大臣这个实力地位。与此同时,张之洞也被解除湖广总督职,调入军机,他在宣统元年(1909 年)八月病死于北京。

　　袁世凯虽然在形式上被剥夺了军权,但是北洋六镇中除第一镇以外的军官都是忠于他的僚属,和他保持着密切的关系。例如驻北京的第六镇的统制段祺瑞就是他一手提拔起来的。袁世凯被侵略中国的各主要帝国主义国家认为是可以信赖的人。他曾依靠日本顾问来训练他的军队,他同英国驻华公使朱尔典建立了密切的联系。他在直隶总督任内最后几年中已使自己成为提倡新政的积极带头人。前面说过,废除科举是他和湖广总督张之洞联名提出的。他单独或和别的督抚联名几次奏请实行立宪,他编印《立宪纲要》这样的书,分发各地。他还说是为了试行"地方自治",在天津县成立了"议事会",并要以天津为模范推行到全省各地。这个参与戊戌政变,手上沾着谭嗣同等维新志士鲜血的军阀,现在正在改变其面貌,以便时机到来的时候,攫取更大的权力。

　　慈禧太后在安排后事时,把段祺瑞的第六镇调出北京,而以陆军部尚书铁良指挥得动的第一镇进驻北京。可见她对袁世凯是不放心的。慈禧死后,朝廷权贵更感到必须防范袁世凯。据说,摄政王载沣曾设计把他杀掉。这种打算虽未实行,但在新皇帝上台后两个月,袁世凯的一切职务都被免掉了。

　　被赶出朝廷的袁世凯住在河南彰德的洹上村,名曰退隐,其实是在窥测时机,准备卷土重来。北洋军的将领经常悄悄地前来同他商量,而且四方奔走的官绅往往到洹上去拜访他。例如张謇在宣统二年(1910年)五月到北京去见摄政王,路过彰德,就特意看望了袁世凯。张謇当时记下了对于他在二十八年前会晤过的袁世凯的印象说:"觉其意度视二十八年前大进,远在碌碌诸公之上"[1]。张謇曾和汤寿潜等人联合写信给摄政王,信中"引咸同间故事,当重用汉大臣之有学问阅历者"[2],也就是要求像当年一样,重用曾国藩这样的人物。他们所属望

---

① 张孝若:《南通张季直先生传记》,中华书局1931年版,第146页。
② 同上书,第145页。

的是什么人，是明显的。

所以，在朝廷中掌权的亲贵们的心目中，如何对付由各省咨议局掀起的请愿风潮，并不只是如何对付立宪派绅士们的问题。他们担心，在这些绅士后面有地方督抚的支持，而在这些督抚后面，又隐藏着他们仍然需要提防的袁世凯的影子。宣统二年，以云贵总督李经羲为首，十八个督抚两次联名打电报给朝廷，主张内阁与国会同时设立。这些督抚的电报是同咨议局的绅士们的呼声相配合的。急急忙忙地成立那个"皇族内阁"，就是朝廷亲贵们为了防止以袁世凯为代表的地方势力乘立宪的机会起来夺权的一个措施。

（三）帝国主义列强的所谓"机会均等"、"利益均沾"

侵略中国的帝国主义列强之间的相互关系，在日俄战争（1904—1905年）以后的几年间，发生了相当大的变化。

从上一世纪九十年代开始，德国资本主义迅速地发展，它的工业发展的速度，超过了已经拥有大量殖民地的英国和法国。德国资本家渴望得到更多的殖民地，为此，德皇威廉第二和他的大臣们极力扩张陆军和海军，准备一场重新瓜分世界的战争，其锋芒主要是针对英帝国主义。在日俄战争结束时，欧洲已经笼罩着以英国同德国的对立为主的一场帝国主义战争的危机。由此引起的帝国主义列强间的重新组合，当然不能不影响到它们在远东的相互关系。

沙皇俄国在被日本打败后，虽然仍不失为在世界范围内参与帝国主义互相争夺的强国之一，但是至少在远东，它已经暂时不再是同英国争霸的对手。为了准备与德国的战争，英国已经同与俄国有同盟关系的法国靠拢，并且也需要把俄国拉到自己这方面来。在日俄战争的和约尚未订立时，1905年8月，英国和日本又一次订立了同盟条约。这是因为，英国仍然需要日本作为它在远东利益的看门狗，而在日本方

— 679 —

面,继续保持英日同盟,就可以在英国和俄国接近时,不必担心俄国会
对自己发动报复战争。

1907年6月,日本和法国订立了一个协定。在这个协定中,日本
和法国互相承认它们在中国和在亚洲的既得利益。接着,在同年7月,
日本又和俄国订立了一个协定,这个协定主要内容是划分两国在中国
的满洲(即中国的东北三省)的势力范围,日本承认满洲北部是俄国的
势力范围,而俄国承认满洲南部是日本的势力范围。继这两个协定之
后,同年8月,英国和俄国也订立了一个在东方划分帝国主义势力范围
的条约,条约的内容既涉及中国,也涉及波斯(伊朗)、阿富汗。在短短
三个月中成立的这三个协定,把原来对立的英、日和俄、法这两个同盟
结合了起来。这样,英、俄、日、法四个帝国主义国家就形成了携手合
作,共同宰割中国的形势。七年以后爆发的欧洲战争(即第一次世界
大战)中,英、法、俄三国联盟也就在这时开始形成。

对于英、俄、日、法四国协作共同支配中国的形势,美帝国主义是不
甘心的。美国当初创议"门户开放政策",并在订立"辛丑和约"的过程
中争取领导地位,目的是扩大它在中国的势力。它支持日本打败俄国,
是为了使自己能够进入原来被俄国独霸的满洲。日俄战争结束以后,
美国大资本家、号称铁路大王的哈里曼,立即进行活动,企图收买日本
刚从俄国得到的南满铁路,包括沿线的各项有关企业和矿业公司。日
本政府虽然先是同意了,并已签定了初步的协议书,但随即反悔,取消
了协议书。美国资本家还想从俄国手中收买中东铁路,也没有成功。

沙皇俄国虽然退出了满洲南部,但仍牢牢地控制着东清铁路,占有
"铁路用地"十三万余垧,相当于铁路实际用地的三倍。它把铁路沿线
看成直接统治的殖民地,并且把黑龙江省的全部和吉林省的一大半作
为自己的势力范围。俄国还把当时属于中国的外蒙古也看做是它拥有
特殊利益的地区,这点也反映在1907年的日俄协定中。日本取代俄国
而成为旅顺、大连和南满铁路的主人以后,1906年成立了南满洲铁路
株式会社和关东都督府。前者名义上是个股份公司,实际上是日本政

府直接管理下的一个经济侵略机构。关东都督府不但对所谓关东州
(指旅顺大连地区)实行殖民统治,而且以"保护南满洲铁路"的名义用
它所统辖的关东军控制了被视为日本的势力范围的满洲南部各地。从
此,一个关东军、一个满铁,就成为日本帝国主义从军事、政治、经济全
面地侵略和支配中国的东北三省的武器,一直到经过第二次世界大战
日本帝国主义崩溃为止。日本和沙皇俄国的势力分据满洲的南北部,
一方面仍不能不互相防范,一方面又共同排斥对满洲有野心的第三国,
在当时主要是美国。1907 年日、俄间成立协定,也就因为它们间有这
种共同利害关系的原故。

清朝向来把东三省看作它的"发祥之地",定为特别地区,禁止汉
族人民自由移住,因而从关内各地,主要是从山东,历来有许多贫苦农
民迫于生计"下关东",都只能是偷偷地违反禁例而去的。但是清朝政
府无法制止它的"发祥之地"为帝国主义铁骑所践踏。光绪三十三年
(1907 年)初,清朝政府决定把东三省改成和关内各省同样的体制,设
制总督和巡抚。这样做,实际上是为了便于把东三省开放给日、俄以外
的其他帝国主义国家。在清朝当局看来,把其他帝国主义势力也引进
来,是抵制日、俄两国势力的唯一办法。第一任东三省总督徐世昌和奉
天省巡抚唐绍仪都是属于袁世凯系统的人,唐绍仪又是最早的美国留
学生之一。美国驻奉天的总领事斯屈拉特立即利用机会向徐世昌、唐
绍仪提出了由美国资本修筑一条由新民到法库的铁路,按照计划这条
铁路将来还要延长到辽源(今双辽县)、齐齐哈尔,直到黑龙江北境瑗
珲。斯屈拉特的后台仍是那个铁路大王哈里曼。但由于当时美国正发
生一次金融风潮,哈里曼无力承担,于是修筑这条铁路的权利落到了英
国资本家手里。这时,日本政府出来提出异议,它表示不能忍受这样一
条同南满铁路平行的铁路。英国不愿意得罪日本,这个计划也就作罢。

由于日本已成为美国扩张它在远东的势力的最大的阻力,美国和
日本这两个帝国主义者的矛盾迅速地激化起来。从此,在环绕着半殖
民地中国的各帝国主义国家的相互争夺中,日美矛盾成为一个中心的

环节。1907 年左右,在太平洋上甚至浮起了日、美间可能发生战争的阴云。在 1908 年 11 月,以美国国务卿罗特和日本驻美大使高平小太郎以换文形式成立了一个关于中国问题的协定(即罗特—高平协定)。这个协定虽然暂时使两国间的矛盾有所缓和,但是实际上,它们之间的争夺仍然继续进行。

美国不放弃在中国的东北修筑一条铁路,同日本、俄国控制下的铁路竞争的想法。1909 年,还是那个斯屈拉特,作为美国几家大公司合组的银行团的代表,同东三省总督锡良、奉天省巡抚程德全协议,由美国资本,加上英国资本的参与,修筑由锦州经齐齐哈尔到瑷珲的铁路。这时,美国国务卿诺克斯又向列强提出一个所谓"满洲铁路中立"的计划。这个计划的主要点是由包括日、俄在内的列强各国共同贷款给中国政府,赎回日、俄两国分别经营的铁路,使这些铁路归投资各国共同经营,而"以中国为地主"。设想中的锦瑷铁路也将由列强共同投资。这是一个打破日、俄两国垄断而由美国领头,列强共管的计划。这个计划遭到日、俄的反对,已同日、俄建立合作关系的英、法也不积极响应。美国的诺克斯计划没有实现,连同锦瑷铁路也流产了。为了共同排斥美国,日本同俄国又在 1910 年 7 月签订第二次日俄协定。

在全国其他地区,各帝国主义国家也继续为保持和扩大自己的势力范围而互相争夺。英国向来把长江流域视为自己的势力范围,但也不能完全制止强盗伙伴们染指。1905 年,英国和法国资本联合组成所谓华中铁路公司,主要是企图获得修筑从湖北到四川的铁路的权利,而这条铁路如果建成,将使他们的势力能够更深地侵入四川这个大省。1909 年,德国银行团也参加了进去。三国银行团协议共同贷款给清朝政府,作为修筑湖广铁路之用;所谓湖广铁路,包括川汉铁路和粤汉铁路的北段。日本和俄国也想参加,但未能成功。粤汉铁路的修筑权曾为美国取得,但于 1905 年由清政府备款赎回(见第十四章第三节)。美国资本家认为,他们不应该被排斥在湖广铁路之外。美国政府支持这种主张,并极力加以促成。由于美国的资本家的参加而在 1910 年形成了美英法德四国银行团,这个银行团在宣统三年四月(1911 年 5 月)间和清朝政府签订了湖广铁路借款合同。

美国还想利用这个四国银行团,在财政上全面地控制清朝政府,并且重新实行其进入东北三省的计划。在美国的策动下,宣统三年三月(1911 年 4 月),四国银行团同清朝政府订定了一个"改革币制和振兴东三省实业"的贷款合同,合同规定清政府向四国银行团借款一千万镑,并给四国银行团以东三省投资的优先权。成立这个合同是美国对于日本、俄国的一大胜利。但是这时已是辛亥革命爆发前夕。由于中国国内形势发生变化,四国银行团的一千万镑的贷款没有能实现,而它的铁路贷款则成为引起革命的一个导火线。

1911 年 7 月,英国与日本缔结第三次同盟条约。中国问题是先后三次英日同盟条约中的主要内容之一。这一次同盟条约和 1905 年的第二次英日同盟条约一样,写上了这样的条款:"保证清帝国的独立与领土完整,并保证列强在华商工业机会均等的原则,以维持列强在华的共同利益"。

事实上,在上述几年中,帝国主义列强间订立的其他各有关中国的协定,也都有类似的条文。例如 1907 年的日法协定,说的是:"……尊重中国之独立与完整,及各国在华的商业与臣民同等待遇的原则"。日法协定在公开的协定外以秘密的换文互相承认在中国的势力范围,法国是广东、广西、云南三省,日本是福建和东北。同年的日俄协定,关于两国瓜分在东北三省的势力范围也是规定在秘密的条文中,在其公开的协定中则说:"两缔约国承认中国之独立与领土完整,及各国在华商工业机会均等主义,并相约各用其所有之和平方法,以扶助及防护现状之存续及对上述主义之尊重"。1908 年日美间的罗特—高平协定所用的语言也大致相同,那是说:"两国政府决意,依其权限内之一切和平手段,维持中国之独立及领土完整,及该国内列强商工业之机会均等主义,以保列国在该国之共同利益"。

这些帝国主义的协约,很明显的,无非是相约在形式上保持中国的独立与完整,而在实际上使中国成为受列强共同宰割和控制的半殖民地。梁启超主办的《新民丛报》在日法协定成立后发表评论说:列强推行"机会均等"、"划分势力范围"的政策,其结果必将导致"中国之一草一木无非在各国同盟协约势力之下,然则所谓保全中国者,亦不过瓜分之一变相而已"。这篇文章结论说:"各国所标榜之主义,曰领土保全,曰机会均等,其实可一言以蔽之曰,维持东亚之现状而已。各国在东亚之地位势力,其既确定者日谋保存,其未确定者,使之巩固,则汲汲于维持现状亦无足怪。独是各国维持现状之主义,利用中国之黑暗以遂其蚕食鲸吞之野心,诚各国之利矣。若中国而亦以现状自安,长此不已,日复一日,宁能免于亡乎"。这个立宪派评论者要求"吾国民慎勿乐于居保全之空名而遂以自逸"①。但其实因为帝国主义列强采取这种政策感到高兴和满意的并不是"国民",而是清朝统治者,他们之所以高兴和满意并不是没有理由的。帝国主义列强既然并不公开地采取瓜分中国的步骤,那就势必要"保全"这个腐朽而卖国的统治政权。

在清朝官员中也有人在知道了日法协约、日俄协约的内容后感到愤慨的。江苏道监察御史史履晋奏陈其见解说:"夫中国之自主、土地之完全,谁不知之,岂待日本之保护者"? "以中国之疆域,竟成为各国互相赠遗之物,岂真谓秦无人耶? 倘竟默而不言,我将自居于何等乎"②?! 但这只是品级较低的官员的看法,大官僚张之洞就不这样看,他说,列强协议在中国划分势力范围不过是"恃强得意,逞笔妄谈,无足深求",因此不必为此"过于张皇纷扰"③。清朝的外务部虽然向日、法两国发出照会,表示"中国领土内和平与安全之维持,乃中国之事,与他国无干"④,但这不过是个装门面、走过场的抗议而已。对于其后

---

① 与之:《论日法协约与中国之关系》。《新民丛报》第九十四号(1907 年 6 月),第 2、14—15 页。

② 《清光绪朝中日交涉史料》第 71 卷,第 2—3 页。

③ 《张文襄公全集》第 200 卷,《电牍》七九,第 13—14 页。

④ 王芸生:《六十年来中国与日本》第 5 卷,第 70 页。

几个类似的协定,就连这样的抗议也没有了。

　　清朝当权派早已经不但不以列强相约保证中国领土完整,实行门户开放、利益均等的原则为可耻,而且倒是十分欢迎列强这样做的(见第十四章第五节)。在外事方面颇有发言权的张之洞在光绪二十七年(1901 年)根据日本人的提议,向朝廷奏请把东三省主动向一切国家"开放"①。那时东北三省为俄国势力一家所支配,到了光绪三十一年(1905 年),张之洞又向朝廷提出,在东北的"善后之法"是"遍地开放",并且实行"变法",把"东西洋人"都请来当"顾问官"②。前面已经说过,在东北三省为日、俄两国势力盘踞的时候,清朝当局认为可以采取的唯一对付办法就是把美国和其他帝国主义势力也引进来。宣统三年(1910 年)朝廷谕告东三省总督锡良和奉天巡抚程德全说,在东三省的方针是"广辟商埠,俾外人麇集,隐杜垄断之谋,厚集洋债,俾外款内输,阴作牵制之计"③。正因此,美国提出的锦瑷铁路计划和诺克斯计划得到了清朝当局的欢迎。当时,清朝外务部对于美国主张把"利益均沾门户开放主义"实行于东三省,表示完全同意。外务部在把诺克斯计划提交邮传、度支二部征求意见的信上说:"美国倡议联合各国,共办东省铁路,此事果底于成,不特中国行政权不致再有障碍,且各国利益既平,则日、俄固无从争雄,英、美亦不致垄断。以现在东省情形而论,计亦无有逾于此者。"④美国的计划虽然由于日、俄的阻力而未能实现,但是清朝这种方针是不仅想用于东北,而且在实际上是用于全国一切地方的。

　　帝国主义各国基本上是不愿意看到中国发生资产阶级民主革命的。同盟会中不少人有这样的想法,以为自己所要走的是西方资产阶级所走过的路,因此可以得到西方资产阶级国家的同情。他们天真地

---

　　①　《张文襄公全集》第 55 卷,《奏议》五五,第 3 页。
　　②　同上书,第 85 卷,《电奏》十三,第 21—22 页。
　　③　《清宣统朝外交史料》第 9 卷,第 33 页。
　　④　同上书,第 12 卷,第 20 页。

希望,帝国主义各国会抛弃腐朽黑暗的清朝政权而来赞助和支持中国革命。其实,帝国主义国家有时作出一些同情中国的革命运动的表示,其实质却不过是以为这也是它在侵略中国中所可以利用的一着棋子。

日本的黑龙会是成立于1900年的一个军国主义的组织,它以侵略中国和朝鲜为宗旨,广泛地进行间谍活动。与黑龙会性质相似并与它相联系的,还有一个玄洋社,其成立时间更早。这两个组织的头子平冈浩太郎、头山满、内田良平都在同盟会成立前就同孙中山相结识,同盟会的领导者们也把他们看做是朋友和支持者。黑龙会供给同盟会以举行会议的场所,内田良平参与了同盟会的成立会。在同盟会的历次起义中,他们的徒众帮助购置和运输军械。日本政府在公开的场合扶持清朝政府,而在暗地里让这些浪人组织插手到同盟会的革命运动中来。1907年3月初,日本政府接受清朝官方的请求不准孙中山再留住在日本;后一年九月,又禁止《民报》出版。但是那些浪人组织仍不放弃和同盟会保持一定的关系。

法国官方也曾对孙中山的革命活动表示兴趣。孙中山这样叙述发生于1905年冬天的事:"予从南洋往日本,船泊吴淞,有法国武官布加卑者,奉其陆军大臣之命来见,传达彼政府有赞助中国革命事业之好意,叩予革命之势力如何。予略告以实情。又叩以'各省军队之联络如何?若已成熟,则吾国政府立可相助'。予答以未有把握,遂请彼派员相助,以办调查联络之事。彼乃于驻天津之参谋部派定武官七人,归予调遣"。这些法国武官中有一人到了武汉,参加了当地的革命分子组织的会议,被清朝官方所察知。"清廷得报,乃大与法使交涉。法使本不知情也,乃请命法政府何以处分布加卑等,政府饬彼勿问,清廷亦无如之何。未几,法国政府变更,而新内阁不赞成是举,遂将布加卑等撤退回国"[①]。孙中山在1907年能够身居越南而发动在中国境内的起义,是法国殖民当局所默许的。镇南关之役中,还有法国的"退伍军

---

① 《孙中山选集》,人民出版社1981年版,第202页。

官"参加。经此役后,法国人也接受了清朝政府的请求而把孙中山逐出越南,不过仍允许同盟会的其他干部留在越南进行活动。

从1902年以后,香港的英政府不再允许孙中山到香港。孙中山虽然有一些英国朋友和美国朋友,但他的革命活动较少得到同英国、美国官方接近的人的赞助。这是因为英国政府和美国政府觉得,保持在清朝统治下的统一中国的外貌,是对它们最有利的,也就最不愿意看到这种统治秩序为革命所打乱。

总之,在重分世界的帝国主义战争日益迫近的时候,各帝国主义国家对中国的基本政策是维持清朝政府,暂时保持各国在中国的均势。帝国主义者所需要的是一个半殖民地的中国,决不是独立的、民主的中国。帝国主义者有时对革命运动表示同情和赞助,只是增加了资产阶级和小资产阶级革命派对帝国主义的不切实际的幻想。

(四)争路权的爱国运动

第二十章第四节已说到,为反对帝国主义攫夺我国铁路和矿山,在各有关省分里展开了收回利权的运动。这多半是以民族资产阶级的上层分子为首的一个运动。在清朝覆灭前最后几年间,争路权的运动在有的省份发展到了高潮,成为促进清朝统治崩溃的一个重要因素。

光绪三十一年到三十二年间(1905—1906年),浙江省和江苏省的绅商分别集股成立了商办铁路公司,准备各自开工兴筑在江苏境内从上海到嘉兴和在浙江境内从嘉兴经杭州到宁波的铁路。英帝国主义出来干涉。它以1898年清朝的督办铁路大臣盛宣怀曾与英商怡和洋行议订过一个苏杭甬铁路的草合同为根据,认为这条铁路的权利已经让给了英国,因此要求制止商办公司修筑这条铁路。虽然盛宣怀所订的草合同内容极为含糊,而且事隔七八年,早已说不上有什么合法的效力,但是英国公使坚持要照这个草合同办,清朝当局不敢说个不字。以庆亲王奕劻为首的外务部大臣们在和英国公使朱尔典商谈这个问题时说："现在百姓多半醒悟,时势不同,今非昔比,如何能概用压力? 只有遇事设法劝导,总期人和平一路,若操之过促,设或激成变故,亦岂各国之益?"①清朝大臣们用这种婉转陈词来使英国同意把办法稍稍改变一下,就是由英国资本家借款给邮传部,而由邮传部转借给江、浙两省的铁路公司。这样,"商办"的名义还算保持,英国资本却能通过清朝政府而操纵这条铁路。光绪三十三年九月为此事发出的上谕说:只有这样做,才能"以昭大信而全邦交",上谕还说,已经同英国公司商量好,"仍许江浙绅商分购股票,用示体恤。"②这就分明是说,以英国资本为主,而"江浙绅商"只是被允许搭股而已。

清朝政府轻易地屈服于英国的压力,激起了江、浙两省的铁路公司和商界、学界的强烈的抗议。他们纷纷集会,宣言反对。浙江省还成立国民拒款公会,召开全省联合大会,号召群众踊跃投资,坚持商办铁路。浙江的铁路公司经理汤寿潜致电军机处,斥责盛宣怀,要求罢他的官。朝廷反而下令,"汤寿潜着即行革职,不准干预路事"。浙江铁路公司以"全体股东"的名义宣称,汤寿潜的话不是他个人的意思,而是代表了全体股东的,并且说:公司经理是由全体股东推举出来的,朝廷无权把他革职③。可见路权问题造成了资产阶级和代表封建买办势力的清朝当权派之间的尖锐的对立。

清朝政府这时已很懂得铁路的重要性,它不愿意看到在它控制以外的"商办"的铁路,因为这将使资产阶级的势力和地方势力有所增长。帝国主义者也愿意通过清朝政府来掌握中国的经济命脉。在这点上,他们的态度是一致的。所以当时的《民报》有个作者说:修铁路、开矿,"民间要求自办,政府则有驳无准,即千百中而允其一,亦未开办而先定制限,既开办而多方留难,深恐民间得其利益。若外人一要求,则

① 宓汝成:《中国近代铁路史资料》第二册,第848页。
② 同上书,第856页。
③ 同上书,第844—846、885、886页等处。

写条约、盖御印,直顷刻间事耳,一切利害,皆不甚顾。"①沪杭甬铁路的上述情形,就是一个例证。

但是民族资产阶级并没有雄厚的经济力量,他们要集合足够的资金来办铁路这样的事业是很困难的,而且上层资产阶级和封建的社会关系有密切的联系,他们所主持的铁路公司也摆脱不了腐朽的衙门习气,免不了浮支浪费、贪污中饱种种现象。从督抚以下层层地方官员也总是要插手到这些商办的公司中来,更使这些公司难以实行资本主义的经营。江、浙的铁路公司虽然经过斗争,在一个时期内坚持了商办的性质,但铁路却迟迟不能建成。其他有些省份的商办铁路公司也多半是这种情形。因此清朝政府觉得有理由认为商办不如官办。光绪三十四年五月的一道上谕说:"近年各省官办铁路,皆能克期竣工,成效昭著;而绅商集股请设各公司,奏办有年,多无起色,坐失大利,尤碍交通"②。一方面,清朝官方以商办公司不得力为借口要加以吞并,一方面,资产阶级则有力地回击说,所谓官办,其实是靠借外债,是出卖主权给洋人。这样,在铁路问题上的斗争就愈演愈剧烈。

如果仅仅是资产阶级上层分子争权,在清朝当局看来,还是不难对付的。在上述江浙争路风潮高涨时,朝廷通知两江总督端方和江浙两省巡抚说:"现在人心不靖,乱党滋多,近因苏杭甬铁路一案,各处绅民纷争不已,难保无该党匪徒布散谣言,从中煽惑,阳借争路为名,实则阴怀叵测"③。而端方等人也向朝廷报告说:"苏浙路事起后,两省人心嚣然不靖。苏、松、嘉、湖,枭匪方炽,设若附和,深为可虑。上海宁波帮人最多,工商劳役皆有,向称强悍。屡在路事决裂,全体罢工之谣,尤属堪虞。"④在革命危机严重的时候,以资产阶级上层分子为首的争路权的运动,很可能激起广大下层群众的骚动,那是清朝统治者所最害怕的。

---

① 《民报》第十八期,第103—104页。
② 《光绪朝东华录》第五册,总第5930页。
③ 《中国近代铁路史资料》第二册,第874页。
④ 同上书,第877页。

这种情形在江浙两省争路风潮中虽没有严重地出现,但稍晚一点在四川是发生了。

宣统元年(1909年)湖南、湖北也发生争路权的运动。湖南早在光绪三十二年(1906年)成立了一个商办的铁路公司,集股准备修筑粤汉铁路在湖南省境内的一段。清朝当局不愿意把铁路交给商人办,坚持实行"官督商办"。依靠全省征集到的股款,在宣统元年到二年(1909到1910年)筑成了长沙到株洲间的一百一十里的铁路。湖北省也在光绪三十二年为修筑本省境内的粤汉路和川汉路,在湖广总督张之洞主持下进行过招股。当时的张之洞表示赞成由各省的绅商投资办铁路。到了宣统元年,张之洞已调任军机大臣,并受任为督办粤汉铁路兼鄂境川汉铁路大臣,他认为这些铁路的修筑非靠外国力量不可。正在他同英、法等国酝酿借款成熟的时候,湖北、湖南两省绅商学界起来反对。他们主张拒绝借外债,要求"商办及自营自办"。在湖南,除主持铁路公司的绅商外,新产生的咨议局的议员谭延闿等也积极参与这运动。在湖北,咨议局的议员、教育会、宪政筹备会,武昌和汉口的总商会等机构的代表,还加上留日学生为此事派回的代表,一起开会,组织了一个铁路协会,"专以拒借外债,集股自办为目的"。他们又设立粤汉川汉铁路公司,进行招股。当时有人说:"湖北人之拒债,虽在湖南人之后,然其慷慨激昂,则百倍加于湖南人"①。这时革命党人詹大悲(1888—1927)在汉口办《大江报》,在报上著论反对铁路国有,并且认为中国和平改革已不可能;他发表了以《大乱者,救中国之药石也》为题目的文章,号召革命。湖广总督瑞澂查封报纸,逮捕詹大悲和协助他办报的何海鸣,激起了各界人士集会抗议。各界推出的代表到北京请愿,还进行绝食斗争,但是没有结果。招股办铁路的成效也很少。所以,虽有湖南、湖北两省的绅商反对,清朝政府在宣统三年(1911年)四月仍按照美英法德四国银行团的意愿签订了关于借款筑路的合同。

---

① 《辛亥革命资料》第四册,第547页。

就在这个合同订立的前十天，宣统三年四月十一日，朝廷发布了一道上谕，宣布确定铁路国有政策。这道上谕指责广东、四川、湖南、湖北的商办铁路这几年来毫无成效，因此"用特明白晓谕，昭示天下，干路均归国有，定为政策。所有宣统三年以前各省分设公司集股商办之干路，延误已久，应即由国家收回，赶紧兴筑"①。这显然是直接为四国银行团控制粤汉、川汉铁路扫清道路。广东、湖南、湖北、四川绅商学界中都立即有人表示反对，而特别在四川形成了巨大的风潮。

四川这个大省虽然直到1949年中华人民共和国成立时一寸铁路都没有，但是早在光绪二十九年（1903年）已经有了个铁路公司。这个公司由当时的四川总督锡良发起，开始是官办，光绪三十三年（1907年）改成了商办的公司。公司的计划是要修建东起宜昌，经万县、重庆而西达成都的铁路，但从官办时期到商办时期，始终只是纸上的计划。公司的资金先后募集到大约一千六百多万元。它的资金主要来自所谓"抽租之股"，就是"凡业田之家，……收租在十石以上者，均按该年实收之数，百分抽三"②。这种强制性质的募股，当然不靠官方势力是做不到的。公司成为商办时仍然沿袭这办法。反对这办法的人认为这无异增加田赋，公司的主持人则说这不是捐税，因为是给股票的。由于采用这样的集股方法，所以四川全省的大小地主形式上都成了公司的股东，但把持着公司的则只是少数与官方有联系的绅士。

按照宣统三年的所谓铁路国有的政策，四川的铁路公司必须清理结束。护理四川总督王人文向北京政府报告说，公司现存的款子只有六百三十多万元，历年支出约一千万元，收支情况一时无法算清。他说："公司开办八年，账卷山积"，现在要全部结算，"愈理愈棼，不特精密难得，即约数亦猝不易举"③。这实际上是说，公司的收支是一笔算

---

① 《愚斋存稿》第17卷，《奏疏》十七，第4页。
② 《川汉铁路总公司集股章程》（光绪三十年十二月）。见戴执礼编《四川保路运动史料》，科学出版社1959年版，第35页。
③ 《四川保路运动史料》，第171页。

不清的糊涂账。王人文的态度是偏向于公司的,但是清朝政府坚持一定要执行铁路国有的政策。这就同把持着铁路公司的绅士们发生了严重的利害冲突。这些绅士们不甘心失去公司这个财源,并且害怕因清理账目而暴露出公司财政中的一切弊端。清朝政府的所谓国有其实是把铁路主权出卖给帝国主义国家,这就使他们有了号召群众起来反对的充分理由。

在铁路国有政策宣布后一个多月,五月二十一日,四川省城里铁路公司举行股东会议,实际上是有关的绅、商、学界头面人物的一个会议。在这个会议上决定成立"保路同志会"。咨议局的议长蒲殿俊和副议长罗纶被推为保路同志会的会长和副会长。保路同志会利用铁路局的经费进行了广泛的宣传活动:出版报刊,散发印刷品,向全省各地派出讲演员,还派人到外省和进京进行联络请愿。

保路同志会发出宣言说:"政府铁路借款合同,实葬送人民死地之合同也。六百万镑湖广铁路借款合同,共二十五款,实将三省三千六百里路政全权,完全授与外人,四十年内,购一铁钉,用一厮役,亦不许国人置喙"①。它宣布"以保路、废约为宗旨",就是说,要求废除和四国订立的合同,使铁路不致落到外国人手里。所以保路会又特别申明:"川人之极端反对者,不在借款,而在借此丧失国权之款;不在路归国有,而在名则国有,实则为外国所有。"②这样,他们就赋予这个运动以强烈的反对卖国、维护国家主权的爱国主义色彩。

发起和领导这个运动的是蒲殿俊、罗纶这些立宪派的绅士和上层资产阶级分子,他们一开始就竭力想使这个运动限制在合法的范围内,因而再三要求参加这个运动的人,"坚守破约保路之主旨,不必涉及其他问题"③。他们把"卖国贼盛宣怀"(这时任清政府邮传大臣)当作集

---

① 《四川保路运动史料》,第 184 页。
② 同上书,第 221 页。
③ 同上书,第 187 页。

中攻击的靶子,以示他们并不是反对整个清朝统治。他们抬出了已死的光绪皇帝做护符,大量印发写着光绪皇帝"神位"的长条黄纸,并且从光绪的上谕中摘下了"庶政公诸舆论"、"铁路准归商办"二句话,写在黄纸条的左右两侧。郭沫若在他的回忆录中描写当时的成都的情形说:"每家每家的人,都把这种黄纸条来贴在自己门口,一早一晚都焚香点烛地礼拜。"而且"每条街道都要扎札'圣位台',便是在街心扎札一个临时的过街台子,同样供着光绪皇的牌位"①。

保路同志会号召在全省举行讲演,对于讲演会应召集什么人参加,和在什么场所举行都作了很具体的规定。按照规定,"会所须觅宏厂公所,切不可在空阔坝子"。因为"若在空坝演讲,则无识者杂厕其中,不免生意外之事",而在公所内开会,并且要求入场者都登记姓名、住址,这样虽然"不能十分拒绝"不被邀请而硬要参加的人入场,但是"有此限制,则无识者之入场必少。而被招请者又大半身任地方公事,于生命财产观念甚重,即演讲语涉激烈,不过同生感泣,而急欲得一挽救之力,万不至有暴动"。其所以要有这些清规戒律,同志会的文件中说得很明白:"本会所最重者,一在防暴动,二在有秩序……"②。

一方面想发动群众的力量来造成声势以对抗清朝政府的压力,一方面又想把群众运动限制在不"犯上作乱"的范围内,这是立宪派资产阶级所陷入的矛盾。

七月初一日,成都全城罢市、罢课。省城外各地也都已纷纷成立起保路会来。迫于群众的高昂情绪,以颜楷为会长、张澜为副会长的川汉铁路股东会在七月初九日发出通告说:"自本日起,即实行不纳正粮,不纳捐输。已解者不上兑,未解者不必解"③。绅士们仍然并不是要造反。他们提出的最高口号叫做"川人自保"。七月十三日他们散发的

---

① 《反正前后》。《沫若文集》第六卷,人民文学出版社 1958 年 5 月版,第 229、230 页。

② 《四川保路运动史料》,第 185—186 页。

③ 《四川保路运动史料》,第 294 页。

《川人自保商榷书》中主张立即一律开市、开课、开工，并且要对"乱民"实行"弹压"，但同时主张"由保路同志会会同咨议局"来"维持治安"①。这却有点像是要由咨议局和保路同志会来做地方政权的中心了。所以朝廷根据新上任不久的四川总督赵尔丰的报告说："川人抗粮抗捐等情，已属目无法纪，兹复倡言自保，意在独立，尤属罪无可逭。"②

七月十五日清晨，赵尔丰突然把蒲殿俊、罗纶、颜楷、张澜等九个他认为是"祸首"的绅士拘捕起来，这是这些绅士们没有料到的。赵尔丰原想强制这些绅士把运动平息下去，他也没料到，这一来，反而使矛盾大大激化了。就在当天中午，几千群众拥到总督衙门，要求释放这些被拘捕的人，赵尔丰下令向群众开枪，杀死了三十多人。从此，在四川各地的保路运动越出了温和的绅士领导者们所制定的轨道。

当时，同盟会会员虽然有些人在四川活动，但他们没有比较坚强的组织。从1906年以来，四川的同盟会会员曾多次在川北的江油、川南的叙州（今宜宾）、泸州、川东的广安、川东南的黔江图谋发动起义，所依靠的力量主要是会党，都没有得到什么成效。在四川的城市和乡镇中，会党势力相当大，他们被称为"袍哥"。他们的成分，特别是他们中的头头们的成分极为复杂。参加各地的保路同志会的，很多是会党分子。在赵尔丰制造出成都惨案后，省城附近各县的同志会就以会党分子为主力武装起来，号称同志军，有些同盟会员参加在内。同盟会员龙鸣剑是在成都的保路会初期就参加活动的。这时他到荣县，联合会党力量，组成一支同志军。赵尔丰用武力镇压各地向成都进军的同志军，虽然一时做到使成都没有被同志军攻入，但无法平息全省各处的骚动。龙鸣剑领导的那支同志军也没有能够到达成都，他们和赵尔丰的部队在仁寿、成都之间作战失利，转向嘉定（今乐山）方面。龙鸣剑病死，余

① 《四川保路运动史料》，第305页。
② 同上书，第308页。

部由另一个同盟会员王天杰率领回荣县。从日本回来不久的吴玉章是同盟会派来主持四川同盟会工作的,他和王天杰等人一起夺取荣县的政权,宣布独立。这是在武昌起义前半个月。

四川以立宪派资产阶级为首的争路权的运动,实际上已经在七月十五日总督衙门前的枪声中结束,转为全省蜂起的武装斗争。到了武昌起义以后,四川省内的各派政治力量的斗争又展开了新的局面。这是要留到后面去讲的了。

(五)同盟会内部的涣散和它在广州的两次起义

总的说来,资产阶级、小资产阶级革命家的思想和行动,是同革命形势的发展不相适应的。当革命条件愈益成熟的时候,他们中的许多人却因为没有能立刻看到预期的胜利而感到焦躁和失望。同盟会本来是由若干小团体联合而成,原有的小团体观念并没有完全消失。在它内部日益出现了意见分歧和派别倾轧,甚至发生了组织的分裂。

以章太炎为首的光复会首先和同盟会分裂。章太炎于光绪三十二年五月(1906 年 6 月)在上海出狱,到了日本,受到同盟会会员和学生界的热烈欢迎。同盟会的机关刊《民报》改由章太炎主编。当时,除孙中山外,黄兴、章太炎也是在同盟会中有声望的领导人物,章太炎作为"有学问的革命家"①在知识界中有很高的威望。1907 年,在孙中山和黄兴相继离开日本后,章太炎和陶成章在东京鼓动了一些同盟会会员,主张召开大会,罢免孙中山的总理职务,另举黄兴继任。这时,在东京主持同盟会会务的是同黄兴接近的刘揆一,却不赞成这种做法。孙中山在叙述他的革命历史经过时说,正在他进行钦州、廉州的起义时,

---

①　《鲁迅全集》第 6 卷,人民文学出版社 1959 年版,第 443 页。

"东京本部之党员忽起风潮",①就是指这件事。这个风潮虽然暂时平息了,但从此孙中山和章太炎之间再也不能合作。

1908年陶成章和光复会的一些人到新加坡和荷属东印度(印度尼西亚)各地进行活动,他们重新恢复了光复会的组织,表示反对同盟会的领导,而以仍在日本的章太炎为他们名义上的领袖。有的原来不属于光复会的人,如曾接受孙中山的指挥在潮州发动起义的许雪秋也参加对孙中山的攻击。孙中山派遣到荷属东印度各地华侨中筹款的人,和光复会一派人互相排斥。章太炎、陶成章作为革命活动家而言,较多地代表小生产者的倾向,他们同孙中山的分裂,既有一些人事纠纷,又是保守的小生产者拒绝接受资产阶级革命派的领导的表现。

还有一部分长江流域各省的同盟会员,对于孙中山致力于在华南发动起义不满,1907年秋天,他们在日本成立了"共进会"。共进会的会员虽然并不算是脱离同盟会,但它实际上成为和同盟会并行的组织。它的章程中以"驱除鞑虏、恢复中华、建立民国、平均人权"四句话为宗旨,把同盟会所说的"平均地权"改成了"平均人权"这样的更难以索解的话。共进会发表了一个白话文的和一个文言文的宣言,前者说:"若是守我们的本会正大宗旨去驱逐满人,世界上就称我们为革命的英雄"。后者说:"共进会者,合各派共进于革命之途,以推翻满清政权、光复旧物为目的,其事甚光荣,其功甚伟大,其责任甚艰巨也。"②两篇宣言没有提到民主的问题。共进会的组织形式沿袭旧式会党的"开堂、烧香、结盟、入伙"的办法。它的一些会员虽然在不久后爆发的辛亥革命中起了不小的作用,但这个组织,总的说来低于同盟会已达到的水平。

还有一些同盟会会员自称为无政府主义者。在日本有刘师培(刘

---

① 《建国方略》。《孙中山选集》,第203页。
② 《辛亥革命回忆录》第一集,中国人民政治协商会议全国委员会文史资料研究委员会编,共六集,中华书局1961—1963年版,第499、501页。

申叔)、何震夫妇,他们在 1907 年办了个名为《天义报》的杂志,刘师培还和曾主编《民报》的张继一起以"社会主义讲习所"的名义宣讲他们的无政府主义。刘师培在刊物上大唱高调,以为讲民族主义,讲民主政治都只能增加人民的痛苦,必须"政府既无,人民共产,无统治被治之分"那才是最好的制度。但在他的高论中已经露出反动的尾巴,他以为中国向来的专制政府其实是种"放任政治",还比资本主义制度高明,因此在中国实行无政府主义,将是很容易的,而且他竟然说,"若于政府尚存之日,则维新不如守旧,立宪不如专制"①。刘师培夫妇讲无政府主义是在 1907 年,第二年他们就由一个姻亲介绍而把自己出卖给了两江总督端方,甘愿充当清朝官方的暗探。他们回到上海,仍然和革命党人来往,探听消息,报告官方。有人就因刘师培的告发而被捕。张继后来则成为国民党中的反共极右派。也在 1907 年,在法国出现了个讲无政府主义的《新世纪》杂志,一直出到 1910 年。其主要撰稿人后来多数成为国民党的反共极右派,如吴稚晖。出钱办《新世纪》的张静江,曾在清朝驻法国公使馆中任随员,继在巴黎上海间做中国古董生意,发了财。他既自称为无政府主义者,又加入同盟会,并不吝投资供应孙中山。他的这种投资果然后来使他在蒋介石国民党中成为一个有地位的"元老"。

清朝官方开始对革命党内部实行收买政策。两江总督端方专门派人到日本在留学生中进行这种活动。担任民政部尚书的肃亲王善耆还把参加过同盟会的程家柽收为幕僚,派他带了一万元到东京,意图和同盟会联络。汪精卫就是经过善耆而变节投降的。前面说过,汪精卫在几次起义失败后,抱着绝望的情绪去从事暗杀行动。宣统二年(1910年)他和黄复生等几个人,潜入北京,准备了炸弹,计划炸死摄政王载沣,事未成被官方发觉。汪精卫和黄复生被捕,善耆亲自处理这个案件,没有按例杀掉这两个革命党人,而在监禁的名义下给以优待。一年

---

① 《辛亥革命前十年间时论选集》第 2 卷下册,第 974、969 页。

后辛亥革命爆发,汪精卫被释放时成为一个变节投降的两面派。

革命党人在遇到挫折时的沮丧情绪,他们中的思想分歧和组织涣散,使他们不能以强大的统一阵营去迎接即将到来的清王朝覆灭的大变局。

孙中山在宣统元年(1909 年)又到西欧和美国,设法从华侨中筹集经费。他后来叙述当时的情况说:"予自连遭失败之后,安南、日本、香港等地与中国密迩者皆不能自由居处,则予对于中国之活动地盘已完全失却矣。于是将国内一切计划委托于黄克强(黄兴)、胡汉民二人,而予乃再作漫游,专任筹款,以接济革命之进行"①。

黄兴、胡汉民在香港设立同盟会南方支部,主要做广州的新军中的工作,企图运用新军的力量发动起义。继袁世凯的北洋六镇后,各省也相继成立新军。清朝曾有全国编练三十六镇新军的计划,但实际上直至清朝末年编成的新军有十四镇,二十协(清朝新军的编制:镇相当于师,协相当于旅,一镇含二协)。与新军并存的半新式的军队,称为巡防营。至于旧式的绿营,只剩下很少数了。新军中的士兵和基层军官,有些是从巡防营中选拔出来的,有些是从各省新办的陆军中、小学堂中出来的,较高的军官多半在国内或到外国受过新式的军事教育。由于新军的官兵中有一些知识分子,他们比较容易接受资产阶级革命派的思想,所以同盟会在各地渐渐较多地注意做新军工作。广州的新军有三个标(标的编制相当于团),曾经在两江总督端方手下当过炮兵军官而加入同盟会的倪映典,受同盟会南方支部之命,在广州设立机关,吸引新军中的官兵参加革命。预定的计划是在宣统二年正月间发动起义,以广州郊区的新军为主力,还有东、西江和潮、汕方面的会党力量的配合。但是在起义日期还未最后确定时,风声已经泄漏。有一部分新军在阴历新年时因细事和巡警发生冲突,自动鼓噪起来。倪映典不得不率领这部分大约一千多人的新军仓卒地宣布起义。他们进攻省城,

① 《孙中山选集》,人民出版社 1981 年版,第 205 页。

对抗两广总督袁树勋调集起来的十倍于他们的兵力。有的已报名参加同盟会的军官却站到了清朝方面。经过两天的孤军作战，倪映典战死，参加起义的士兵死伤和被捕的共三百余人，其余的溃散，有些逃散到了香港。这就是孙中山所说的"吾党第九次之失败"。

这时，孙中山在美国的旧金山，他听到失败的消息后，就横渡太平洋，经檀香山而回到东亚。在马来亚的槟榔屿，他和黄兴等人相会。孙中山描述当时大家的情绪说："举目前途，众有忧色；询及将来计划，莫不唏嘘叹息，相视无言"①。在孙中山的鼓舞下，大家决定重振旗鼓，再在广州发动一次起义。为了使这次起义不致再遭失败，他们以为，最关紧要的问题就是筹足经费。鉴于过去依靠会党力量和最近一次依靠新军力量都不行，所以这次起义准备集合各地同盟会会员中最坚决的分子五百人——后又增加到八百人——作为"选锋"，也就是做起义的基本队伍。

孙中山又到美国向华侨募款，结果从南洋各地和美国的华侨中为此次起义共募集了近二十万元的经费。黄兴等人在香港组织了一个"统筹部"，作为组织这次起义的领导机构。黄兴被推为统筹部部长，赵声为副。赵声（赵伯先）考中过秀才，又学过点军事，曾先后在江苏新军和广东新军中当过标统（团长），与同盟会有联系。前面说过1907年郭人漳同他都奉命率部到钦州、廉州压制当地的民变。孙中山在那时发动起义，曾指望他们响应，他们都没有遵守约言。在那一事件中，郭人漳固然是玩弄两面派手段，赵声的态度也不是坚决的。后来，由于受到郭人漳的排斥，赵声不能继续在广东军队中立足，离职流亡到香港。由于他懂军事，并且他还有一些旧部下听从他指挥，所以他在1910到1911年间成为同盟会南方支部组织的起义中的主要领导人之一。

他们的起义计划是由那八百名"选锋"在广州城内首先发动，占领

① 《孙中山选集》，人民出版社1981年版，第206页。

两广总督署、水师行台等重要衙门，取得城内的枪械，然后打开城门，引进驻扎城郊的新军。他们还设想，在占领了广州后，将由黄兴统率一军出湖南趋湖北，由赵声统率一军出江西趋南京。虽然为准备这次起义，也进行了在新军和巡防营中的联络工作，进行了广州外围各地的会党力量的联络工作，以至还派人到长江中下游各省，要那里的同盟会会员们准备接应，但是被视为成败关键的是那八百个"选锋"。黄兴、赵声和其他几个预定在行动中分别担任各路指挥的人，各自召集自己认为最可靠、最勇敢的人充当"选锋"，把他们临时从广东各地和从福建、广西、江苏、浙江、湖南、四川、云南等省，从南洋各地召唤到香港。为了使他们能进入广州城内立足，事先在城内以商店和住户的名义设立了许多机关。起义的经费，主要的是用来在国外各处购置枪械偷运来武装这八百个选锋。

以一群外地来的人想一举而占领广州，这本来已是军事冒险的性质，而事实上在宣统三年三月二十九日(1911年4月27日)实行了起义计划的又只是八百"选锋"中的一部分人。整个起义工作没有统一的坚强的领导，发难的时间既一再改变，临时担任各路指挥的有些人又主张延期，已经到了广州的几百个"选锋"中大部分退回香港。黄兴这时在广州城内，他认为在这紧要关头，敌方已经有所发觉，戒备越来越严，如再延期，无异解散，又重新决定仍在三月二十九日发动。香港方面的人接到消息，再赶到广州已经来不及了。这样，在这天下午五时半，就只有黄兴率领的一百六十多人突然发动，臂缠白巾，手执枪械炸弹，袭攻两广总督署。

起义部队攻进了只有少数卫队防守的督署，但没有抓到任何一个较高级的官员。总督张鸣岐已经逃出了衙门，转入水师行台。他和水师提督李准一起部署兵力，围攻这些起义的英雄。黄兴把他的部下分成三路，企图冲出城外，与新军和巡防营中预定参加起义的力量相会合。他们在城内各处遭到敌人的阻击，被打散，成为人自为战的局面。有的战死，有的被俘，有的看到形势无望，化装逃走。黄兴本人就是当天晚上受了伤后躲藏起来,逃出广州的。有少数人,在起义的第二天还分别地和敌人进行巷战。

另外有几支"选锋",如陈炯明、姚雨平所率领的队伍,虽然已经到了广州,却袖手旁观,从黄兴事后所作的报告书来看,显然不仅是因为指挥联络不灵,而是因为这几个指挥者怯懦动摇的缘故①。赵声所部有一百五十人,起义时绝大部分还在香港,赵声在三十日才到广州,这时黄兴的起义已以失败而告终了。

参加起义行动的绝大部分人都表现得很英勇。被俘的人,如留日学生林觉民、喻培伦等,从清朝官方留下的审讯材料来看,是坚贞不屈的,他们都被杀害了。事后有人将死于此役的七十二人的尸体,合葬在黄花岗。但实际上,牺牲的人不止此数。

这次起义是孙中山所说的"吾党第十次之失败"。由于这次的组织者主观上是动员了自己所能动员的最大财力与人力,和敌人作决死的一战,所以他们因失败而遭到的心理打击是极为严重的。黄兴等的报告书中说:"此番以党之全力举事,中外周知,而事机坐误,不能有成。粤省一失,各处都不能发"②。他们以为,这次广州起义失败,全国各处都没有指望了。

(六)从日知会到文学社

在国内的有些地方,革命派进行着比较深入的群众工作。武汉的情形就是这样。

前面(见第二十章第五节)提到,武汉在光绪三十年(1904 年)有过用科学补习所名义的革命组织,这个组织因受黄兴的华兴会在湖南没有发动起来的起义的牵连而停止活动。科学补习所的主要成员是当

---

① 参见邹鲁编著《中国国民党史稿》第三篇,第 850 页。
② 同上书,第 852 页。

地新军中的士兵,也有一些学界的人参加。湖广总督张之洞这时在湖北省编成了新军第八镇(张彪为统制)和第二十一混成协(黎元洪为统领),并且还在武汉设立了陆军小学堂和陆军中学堂。有些有革命要求的知识青年投入新军,如张难先、胡瑛当了第八镇的工兵营士兵,刘静庵到黎元洪部下当文书。他们在新军士兵中宣传革命思想,征集革命同志。

科学补习所的一些成员后来又在日知会的名义下进行活动。日知会本来是当地基督教会所办的供教徒阅读报纸的机构。已经离开军队的刘静庵(1875—1911)在1905年当了这个机构的主持人。他和他的一些革命同志利用这个公开合法的机构传布革命书报,开会讲演。他们的秘密组织也用日知会的名义。他们仍特别注意在新军中做工作。1906年孙中山派了几个同盟会会员和一个法国军官到武汉,日知会会员们集合欢迎,因此引起了官方的警觉。这年秋天,湘赣边境萍乡、浏阳的起义发生后,同盟会派到湖北策划响应的人同日知会联系。因此刘静庵被捕,死于狱中。还有几个日知会的骨干分子也同时被捕。日知会的活动就此中止了,但它在新军中散播的革命种子仍在暗暗地发芽成长。

到了1908年夏天,一些有革命要求的兵士发起组织"军队同盟会",虽然开了会,但没有正式成立。这年十月,光绪皇帝和慈禧太后死去,整个局势发生动荡。新军中的革命士兵就在这时成立了一个名为群治学社的组织。1910年,这个组织又改组称为振武学社。这两个组织的章程只写以"研究学问"、"提倡自治"、"讲求武学"为宗旨,但实际上是起了传播革命思想,组织和积蓄革命力量的作用。

从群治学社、振武学社历时两年的活动中,可以看到两个特点:第一,他们在新军中的工作比较深入。同盟会在别的地方,例如在广东虽然也抓新军的力量,但一般只满足于把几个军官吸收到革命组织中来,以为一旦发动起义,只要军官领头,就能把士兵们带起来了。而群治学社、振武学社却是直接组织兵士。有些革命知识青年当了兵,在士兵中起了骨干作用。被推为振武学社社长的杨王鹏就是一个为革命目的而投入军队的知识青年。他是湖南人,先在湖南当兵,因为宣传反对清朝统治而被军队革除,1908 年到了武汉,又在黎元洪所属的第四十一标中当兵。群治学社成立时特别做了一条规定:"本社同志介绍新同志入社时,不得介绍官佐,以防不虞"①。杨王鹏由士兵升任一营左队司书生,因而和队官潘康时接近,潘康时成为破例吸收入社的军官,而他不过是个排长。第二,他们接受了科学补习所和日知会都因湖南方面轻易发动起义而受牵累的教训,因而对待起义行动采取比较慎重的态度。他们处于军队的环境中,更使他们懂得要注意组织严密。所以当时有人说:"湖北党人,自成风气,类皆埋头苦干,不以外观相夸耀者也"②。群治学社在 1910 年曾作过发动起义的部署,这是因为当时长沙发生抢米风潮,这个消息在湖北被误传为革命军已经占领了长沙的原故。当他们发觉消息不确时,立即停止行动计划。虽然有几个领导人仍因此在部队中站不住脚,但整个组织没有受到什么损害。在改组为振武学社后,他们更加强了组织的严密性。振武学社的主要人员是在黎元洪的第二十一混成协中。黎元洪渐渐有所察觉。杨王鹏在1910 年冬天被革除出军队,他离开了武汉。但整个组织也仍能保存着。第二年阴历的新年,这个组织又改用文学社的名义重新活动起来。

文学社以蒋翊武为社长,王宪章为副社长。蒋翊武(1885—1913年)是湖南人,曾在常德师范学校和上海的中国公学读书,这都是在同盟会革命思想影响下的学校。他在 1909 年同他的同志刘尧澂一起到湖北,与群治学社建立了联系,并一起投入黎元洪所属的第四十一标当兵,参加了振武学社的工作。王宪章(1885—1914 年)是贵州人,初时曾想花钱捐个县官,以为有了权就可以为国家办好事,后来在革命思潮的影响下,觉得这个办法不对,听说武汉新军中颇有些志士,便投入张

① 张难先:《湖北革命知之录》中的《群治学社之始末》,第 147 页。
② 同上书中的《胡瑛传》,第 63 页。

彪所属的第三十标当兵。文学社继承群治学社和振武学社的传统，在军队中积极而慎重地发展社员。张彪的第八镇和黎元洪的第二十一混成协所属各标、各营几乎都有了它的成员。参加文学社的也有军队以外的人，当时在武汉主办《大江报》的詹大悲是文学社的发起人和主持人之一。他在争路风潮中被捕没有影响到文学社，在武昌起义后他才得到自由。

文学社及其前身的几个组织都接受同盟会的思想影响，它们的个别成员参加过同盟会，但它们的活动与同盟会没有直接联系。由一部分同盟会会员组成的共进会，在1908年派人到湖北省活动，在武汉设立了秘密机关。他们虽然同群治学社有过联系，但开始并不注意做新军工作，他们主要是联络会党，企图立即发动起义。由于会党力量不受约束，起义计划不能实现，共进会在湖北的活动停顿了下来。到了1910年下半年，共进会在武汉重新活动起来。这时，它除了吸收学界的人参加并在各地同会党联系外，也在新军中做工作。它把有些参加过日知会、群治学社、振武学社，以至现在还参加文学社的人拉到自己的组织里来。文学社和共进会都在新军各标营中发展自己的组织，为此它们之间虽然互通声气，但也发生了些磨擦和争吵。由于文学社在新军中有比较雄厚的力量，共进会觉得，要发动起义，还是需要同文学社合作。

1911年初，同盟会在准备发动广州的起义时，派人到长江流域各省策动响应。武汉的共进会和文学社也跃跃欲试。在广州起义失败后，在上海的同盟会会员宋教仁等成立同盟会中部总会，企图策动长江流域各省起义。它派人到武汉，既同那里的共进会联系，也同文学社联系。但这个同盟会中部总会只是提出一般号召，并没有比较深入地开展群众工作。

1911年的武昌起义是在文学社和共进会合作下发动起来的。文学社的成员们在比较长的时间内在新军中打下的基础，对于起义的成功起了决定性的作用。

第二十三章

武昌起义和起义后的武昌政权

（一）革命的士兵一夜间的胜利

1911 年 10 月 10 日，武昌的革命士兵们一夜间取得了起义的胜利，为清朝统治敲响了丧钟。

武汉的共进会和文学社为了发动起义而商谈合作，进行得并不很顺利。他们"首先比力量，争领导"①，很难谈得拢。共进会方面，打着从日本回来的革命党人的招牌，又有较多的经费，实际上是以合作为名想吃掉文学社。文学社方面，对此显然有许多顾虑，社长蒋翊武曾向同社的人说："合作固好，但是他们出了洋的人是不好惹的，我们一定会上他们的当"②。

经过几个月的协商，这两个组织在宣统三年七月里（1911 年 8 月）

① 李春萱：《辛亥首义纪事本末》。见《辛亥首义回忆录》第二辑，中国人民政治协商会议湖北省委员会编，湖北人民出版社 1957 年版，第 126 页。
② 陈孝芬：《辛亥武昌首义回忆》。同上书，第一辑，第 71 页。

决定合并起来。八月初三日(9月24日)的一次联合会议上有双方负责人和各标、营的代表六十余人参加,他们讨论和决定了发动起义的计划,并且确定了军事上和政治上的负责干部人选。蒋翊武被推为革命军总指挥(一说其名义是临时总司令),孙武被推为参谋长。在政治方面,刘公被推为"总理"。刘公和孙武是共进会在武汉的主要领导人。在共进会单独准备起义时,曾预定刘公担任湖北省都督。他是日本明治大学毕业生,家庭富有,共进会在武汉的活动经费就是靠他提供的五千两银子。孙武,湖北省武备学堂出身,当过军官,参加过1900年唐才常的起义,又到过日本。他原名葆仁,在湖北从事活动后,改名为武。

实际的起义并没有按照预定的计划,也不是在预定的领导机构率领下进行的。

起义的日期最初定在八月十五日(10月6日)。因为准备不及,延期到八月二十日(10月11日),但是起义的风声已经泄漏出去。官方加强了戒备。在上海的同盟会中部总会认为武汉一地发动靠不住,必须等待南京、上海同时发动。黄兴也有十一省同时发动才能取得成功的说法。这些说法传到武汉,更使武汉的一些领导人犹豫不决。

八月十八日(10月9日),孙武在位于汉口俄国租界内的机关里制造炸弹,不慎起火。俄国巡捕闻声来搜查,炸伤的孙武和其他在场的人逃走了,机关内的文件都被巡捕搜去。同这个机关相邻的刘公住的房子也连带遭到搜查,刘公自己逃掉,他的妻子、弟弟和其他若干人被捕。俄租界捕房立即把搜查到的东西和被捕者送交清朝官方。在武昌的机关里的蒋翊武和其他几个负责军事的人当天知道了这个情形,十分紧张。他们感到如果不赶快动手,就将坐以待毙,于是派人分头通知各标、各营的同志,在当天夜里十二时听到中和门外炮声时发动起义。但是给中和门外炮队的命令没有传达到。炮声未响,起义也就没有能实现。就在这个夜里,蒋翊武所在的机关遭到军警的袭击。蒋翊武和其他若干人逃脱,但又有多人被捕。

在被捕者中间,刘尧澂(和蒋翊武一起投军的一个知识分子,是振武学社和文学社的骨干,在这以前,他曾到日本参加过同盟会)、彭楚藩(也是知识青年,进过宪兵学校,因而当了宪兵,他先后参加日知会、群治学社、振武学社和文学社,并为共进会吸收为会员)、杨宏胜(出身农民家庭,由绿营兵士而进入新军第三十标,是文学社社员)这三个人当夜受到审讯,坚贞不屈,在十九日早晨被杀。但另外有些人在受审中立即叛变,招供了所知道的一切。官方从搜获的文件和变节者的口供中知道了革命组织的全部情况。湖广总督瑞澂宣布戒严,调集比较可靠的巡防营、守卫队、教练队分途搜捕。革命党人在武昌、汉口的所有机关都被破获,先后被捕的有三十多人。由于从查获的名册中看到有大量的新军兵士,所以瑞澂下令封锁新军营门,不准兵士出入,把兵士手中的子弹一律收缴,要各标、营的军官负责巡查。瑞澂在十九日向朝廷报告这次事件,说是"所幸发觉在先,得以即时扑灭"①。他没有敢报告新军中的情况,他以为起义的行动及其领导机关已经粉碎,新军中的兵士们的问题不难逐步解决。

清朝官方没有料到,就在八月十九日(10 月 10 日)夜里,武昌城内外的失去了领导的革命兵士们自己发动起来了。

张彪统率的第八镇和黎元洪统率的第二十一混成协,共有一万八千多人。这时已有一部分兵力被调到四川(为镇压四川的保路军起义,清廷派端方入川,第八镇所属的第十六协大半为端方带走),又有一部分兵力分驻在湖北省外县和汉口、汉阳等地。在武昌的兵力有十四个营,分驻城内外,约七千人。其中参加文学社等组织的约有三分之一;有的营,如第八镇所属的第三十标的两个营,多半是满洲兵,革命力量很小。十九日白天,各营中纷纷传说,瑞澂要派巡防营到新军各营中按名册捉拿革命党人,形势十分紧张。就是未参加革命组织的士兵们也感到有牵连受祸的危险。

到了这天晚上,驻在中和门内的第八镇所属工程兵第八营营房内

① 《辛亥革命资料》第五册,第290页。

首先发生士兵哗变。这个营中参加革命组织的士兵较多,他们以熊秉坤为首,把士兵群众发动了起来。有几个军官被士兵打死,其他军官不敢拦阻。士兵们夺取了营房中的弹药,一哄而出,到了附近的楚望台,这里设有储藏枪炮子弹的军械库。驻防楚望台的本营左队士兵起而响应,反对革命的军官逃走了,因此军械库轻易地为起义士兵所占领。起义的士兵有三百多人,其中多数本未参加革命组织,在占领楚望台后,他们议论纷纷,秩序很乱。熊秉坤虽然在革命组织中有营代表的名义,但是掌握不了局面。有人把事变发生时躲避起来的左队队官(相当于连长)吴兆麟找了出来。兵士们,特别是临时参加的兵士们要求吴兆麟当总指挥。吴兆麟曾经是日知会的干事,但以后没有参加过任何革命组织。熊秉坤等人只得顺应多数兵士要求有一个军官来指挥的情绪。这样,吴兆麟就成了起义军的指挥。他命令一部分兵力警戒附近驻扎的与革命为敌的部队,同时派人去同其他有革命力量的部队联系。这时,在城外的属于第二十一混成协的工程兵营和辎重兵营中也有一部分兵士发动起来,他们有七十多人设法进了城来到楚望台。接着,属于第八镇的城外的三个炮兵营的几乎全体兵士和城里的第二十九标、第三十标各一百多个士兵,还有陆军测绘学堂的学生近百人,知道了起义的消息也起而响应,他们都集中到了楚望台。特别是炮兵营的兵士们拖了三门大炮进城,参加起义,更使军心大振①。

当天午夜,集中起来的起义军向湖广总督署发起进攻。在楚望台的炮声响起来后,武昌新军各标、营中更多的士兵参加起义了。新军的营级以上的绝大部分军官都感到自己部队内部不稳,为保全性命,各自离营躲避。第二十一混成协统领黎元洪开始时还企图组织镇压,并且亲手杀死了一个进行联系的革命士兵。到了楚望台炮声响起来时,他看到自己在武昌的部队有的已经起义,其余他也控制不了,就躲到一个

———————
① 关于工程兵第八营起义的具体情节有各种不同的说法,这里主要根据熊秉坤的《辛亥首义工程营发难概述》一文,见《辛亥首义回忆录》第一辑。

参谋的家里去了。但并不是所有的新军部队都参加了起义,有一部分仍在反动军官控制下,有一部分采取中立观望的态度。直到天明时,参加起义的部队为数共约二千人。湖广总督瑞澂,新军第八镇统制兼巡防营提督张彪,督办公所总办铁忠等官员听到兵变后,立即命令所属各部队长官制止内部响应,并且组织可靠的兵力保卫督署,会剿造反的士兵。

起义军队由于缺乏坚强的统一的指挥(吴兆麟实际上只能指挥工程兵第八营),进攻督署开始时遇到挫折。他们在督署附近放火,以火光为标志,开炮击中督署。吓破了胆的瑞澂和铁忠等官员携带家小细软,打破督署后墙,出城逃上了长江上的一只兵舰。张彪仍然在他的司令部里继续顽抗(第八镇司令部与督署相邻)。起义士兵经过三次反复进攻,终于在天明前攻占督署和第八镇司令部。张彪退出武昌,渡江逃到了汉口。藩台的衙门也差不多同时被士兵占领。

这样,经过一夜,到了八月二十日(10月11日)早晨,武昌已经在起义的士兵们掌握中了。

但是,这些取得了胜利的士兵们没有坚强的领导者。同盟会的领袖们或在国外,或在上海、香港等地。发动这次起义的文学社和共进会的一些带头的人都不在现场。被推为革命军总指挥的蒋翊武在十八日脱险后离开武昌往西向京山、天门方面跑走了,"参谋长"孙武负伤后在汉口的一家日本医院里。还有刘公,这个预定担任都督、总理的人也躲藏在汉口。蒋翊武是在武昌起义的士兵们取得胜利后的第五天回到武昌,刘公和孙武甚至更晚一点才出头露面。

没有多年间全国各地革命党人的宣传、组织工作和前赴后继的斗争,不会有10月10日①的武昌起义;但这一夜间的胜利是武昌的革命士兵们发挥主动性和积极性而取得的。他们独立地取得了胜利。为了保持这个胜利,他们面临着更严重的考验。

_____

①　这以后记月日,都以阳历为主。

（二）"谋略处"的领导及其演变

在当时的革命士兵们的心目中,有一点是很清楚的:革命就是要以一个新的政权来代替清朝统治。既然已经夺得了湖北的省会武昌,就应当建立一个向清朝宣布"独立"的湖北省的政权,以促进其他各省的响应,而达到全部推翻清朝统治建立中华民国的目的。摆在他们面前的问题是如何来建立这个政权。

躲在一个参谋家里的第二十一混成协统领黎元洪,在 11 日早晨被起义的兵士们发觉了。兵士们强迫他到楚望台。在楚望台担任指挥的吴兆麟以对待长官的礼仪迎接他。当天下午,革命士兵中的骨干分子们发起在咨议局召开会议,来解决建立新政府的问题。黎元洪在士兵们的枪口的威胁下来到了会场。革命士兵们所以选择咨议局做会场,是因为他们把咨议局看做是一个能代表"民意"的"新"的机关。咨议局的绅士们这时还不敢出头,在士兵们几次催请下,咨议局议长汤化龙,副议长张国溶、夏寿康,秘书长石山俨和其他几个议员才不得不到会。汤化龙被推为会议的主席。这个反对革命的立宪派绅士面对着刚从战场下来的兵士们,不能不表示赞成革命,但他说,清廷一定会继续用兵,他不是军人,不知用兵,关于军事,请大家筹划,他是一定尽力帮忙的。在这次会议上,吴兆麟提议,由黎元洪担任湖北军政府都督。他的建议得到了咨议局的绅士们的赞成,也得到了到场的士兵们的赞成。

黎元洪(1864—1928),湖北黄陂人,北洋水师学堂毕业,早年在李鸿章的北洋海军中供职。北洋海军在中日甲午之战中覆灭后,他成了张之洞的部下。张之洞很赏识他,曾派他到日本学习,逐步把他提拔起来,在 1905 年成立第二十一混成协时任他为协统。他是一个和革命毫无关系,而且从来敌视革命的旧军人。

当时参加起义的一个革命者的回忆录中说,在参加起义的部队中,"非革命分子而临时同情革命的占多数","在咨议局开会推举都督的时候,新参加的人数超过革命党人"①,这的确是给了黎元洪上台的机会。多数的兵士们,由于习惯势力,总认为要成立政府,就要有黎元洪这样地位高的人来带头才像个样子。就是革命党人也没有能摆脱这种习惯势力,他们想依靠黎元洪、汤化龙的"声望"来号召群众,因此至少并不反对。而且共进会和文学社虽说是合并了,但门户之见仍然存在,他们并没有公认的领袖人物。原来商定的军事和政治上的主要负责人蒋翊武、孙武、刘公都没有在起义的过程中露面,他们中任何一个即使被提名,也不可能得到一致赞成。

在产生了都督的后一天,10 月 12 日,又在咨议局举行了一次会议,决定军政府下所属四个部的人选,汤化龙被邀请担任民政部长。

那末,是不是在武昌起义胜利后,政权立即就落到了反革命的手里呢? 事情却也不是这样简单。这是因为,至少在武昌起义后最初几天里,黎元洪和汤化龙还不相信革命真能胜利,他们还不敢马上来享受奉送给他们的政权。

据汤化龙后来说,他最初有过出任都督的打算,但其他立宪派绅士认为,"与革命党素无密切关系,又其时成败尚未可知",所以劝阻了他②。在起义者给了他民政部长的名义后,他没有推辞,但也不就任。他和他的朋友们还要观望一下。

如果汤化龙可以暂时采取超然态度的话,黎元洪在被安上都督头衔的时候,感到处于十分为难的境地。他实际上是被士兵们软禁在咨议局里,——当时,都督府就设在咨议局。他担心他的脑袋可能搬家:或者由于附和造反的罪名而被清朝政府砍掉,或者被认为不顺从革命而被士兵们砍掉。他在咨议局里采取不言不语的办法,既不敢拒绝担任都督,但也不出任何主意,对于用他的名义发表的文告不发表任何意见。

---

① 李春萱:《辛亥首义纪事本末》。《辛亥革命首义回忆录》第二辑,第 159 页。
② 李廉方编:《辛亥武昌首义记》,湖北通志馆 1947 年出版,第 103 页。

在把黎元洪推举为都督的那一天，还成立了谋略处。谋略处共十五人①，为首的是蔡济民（1887—1919），新军中的一个排长，是日知会、文学社的成员。在 10 月 10 日夜里的起义中，他是二十九标中的革命士兵的带头人。其余我们所知道的人，除几个排长外，都是士兵。他们是文学社或共进会的成员，并且大多是在第一夜起义中的骨干分子。在最初几天里军政府的一切大事都由谋略处决定。虽然军政府还成立了四个部，但都有名无实。谋略处实际上是军政府的核心。可以说，政权实际上是掌握在谋略处手里。革命幼苗刚刚出土，它是否真能成长起来，不但以黎元洪为代表的旧官僚、旧军官，以汤化龙为代表的立宪派绅士，甚至连革命派中的那些原来的领袖人物都还觉得没有把握。在这时候，扶育幼苗的工作落到了代表革命士兵的这些年轻人手里。组成谋略处的十几个人都是没有政治经验的二十多岁的小伙子，他们不自觉地掌握着革命的政权。他们在最困难的阶段把革命幼苗扶育起来，完全没有想到革命的果实立刻就会为反革命和假革命所吞噬。

武昌虽然说是光复了，许多在起义的夜里没有参与行动的新军兵士们也来参加革命了，但是长江上还泊着三艘清朝的兵舰（逃走了的湖广总督瑞澂就在兵舰上面），汉口方面还有张彪及其残部，武昌城内外也还有潜伏的反革命兵力。就在 11 日下午，逃匿蛇山上的原第三十标的百余满洲兵，在反对革命的军官率领下，突然偷袭咨议局，虽然他们立即被革命士兵所歼灭，但足见武昌的局势并不稳定。第二天，盛传清军即将大举反攻的谣言，满城风雨，军政府内有些办事人员悄悄地跑开了。在这种情势下，谋略处这个核心的存在，显然起了很重要的作用。他们对分散在武昌的反革命武装力量实行了镇压，并且在 13 日布置炮兵阵地，对长江上的三艘清朝兵船进行了炮战。革命的炮兵打得

---

① 当时人的记载和回忆录中所记谋略处的组成人名单大体相同，惟有一二人有出入。综合各种较可靠记载，共得十二人，即蔡济民、张廷辅、吴醒汉、高尚志、蔡大辅、徐达明、王文锦、陈宏诰、谢石钦、邓玉麟、王宪章、牟鸿勋。好几种记载说，一共是十五人，但都未提供完全的名单。

很好,清朝兵船受了伤,不得不远远撤退。这时,汉口和汉阳,由于驻扎在那里的新军中的革命士兵发动起义,也光复了。汉阳由刚从监狱里出来的李亚东担任知府,李亚东是日知会会员,1906 年被捕,已经坐了五年牢了。汉口在光复后成立了一个军政分府,由詹大悲和何海鸣分任正副主任,他们两人也是刚从监狱中出来的。张彪手里只剩下两个营,退到汉口郊区的刘家庙。

武汉以外,湖北各地也动起来了。10 月 13 日共进会的刘英等人在鄂中的京山、天门间起兵,占领了这一带地方。刘英是共进会预定做湖北省副都督的,他所依靠的是会党的力量。同一天,群众武装占领汉川,推举从汉川狱中出来的日知会会员梁锺汉为总司令。16 日,黄州、蕲春一带也由革命党人宣布光复。到了 18 日,驻宜昌的新军中的革命士兵起义,迅速地获得了胜利,属于文学社的年轻的士兵唐牺支被推为司令官。这样,武汉的两翼,长江的上下游都有了保障。

谋略处决定扩充军队,成立四个协。武汉城乡群众报名参军的人极为踊跃,五天就已足额。新军的兵士们分别担任新成立的四个协的各级军官。四个协统是吴兆麟、杜锡钧(原三十标的一个营长,是起义胜利后投诚的)、林翼支(原四十二标的一个兵士,文学社社员)、张廷辅(原三十标的一个排长,文学社社员)。在这四个协成立后,接着又成立了第五协,协统由发动武昌起义的工程兵第八营的革命士兵代表熊秉坤担任。

旧的衙门打倒了,群众是高兴的。新产生的政府和军队一开始确也有些新的气象。宣布了废除苛捐杂税。军官和军政府办事人员一律每月"仅支车马费二十元",兵士的待遇则有些提高,"兵士每月支十元,头目十二元"①。军队的纪律很好,兵士们意识到自己应当和旧军队有所不同。社会上有了讲平等的空气,不许唤"老爷"、"大人",不许坐轿。汉阳兵工厂正常地开工,工人们积极地生产枪械,供应民军。商

---

① 《辛亥革命资料》第五册,第 157 页。

会为军政府代筹经费。

军政府没有能在军事上采取积极主动的方针。他们本来可以占领汉口往北直到武胜关的铁路线,把武汉北方的大门守起来,但是没有这样做。清朝政府派出的讨伐造反者的部队的前锋,在武昌起义后一个星期开到汉口附近。谋略处部署民军阻击。新编成的军队虽然缺乏训练,但是他们一般地打得很勇猛,并且得到了农民和铁路工人的支持。10月19日把敌人逐退到离汉口四十里的滠口以北。初战的胜利,大大地鼓舞了武汉的军民。

看到武汉的军政府有可能站住,有些原来新军中的比较高级的军官出来投效革命了。由于民军中缺乏军官,他们受到录用。其中有的人不但是投机,而且起破坏作用。还有些和黎元洪有关系的官僚政客也跑出来了,他们包围着黎元洪,给他出坏主意。

革命党方面的一些头面人物也出来了,但他们一般地没有起好作用。蒋翊武从逃亡途中回到武汉后,据当时和他接触的张难先回忆说,他所担心的不是黎元洪当都督,而是黎元洪不肯承担这个职务①。从上海来了居正,他是同盟会会员,又是共进会的领袖人物,还来了同盟会会员谭人凤,他们都是革命党中的知名人士。他们一到武汉,就和汤化龙一流人相结合。刘公、孙武也相继到了武昌。所有这些人都认为黎元洪当都督是适当的,并且无一例外地都把黎元洪是否真正愿意当都督看成似乎是成败的关键。

黎元洪逐渐变得"积极"起来了。在居正等人推动下,10月16日演出了由黎元洪登坛祭告黄帝并誓师阅兵的仪式。经过这个仪式,革命人物开始放下心来,黎元洪到底真正当起都督来了。这时,居正和汤化龙一起编制了一个《湖北军政府内部组织条例》②。根据这个条例在17日产生了各部部长,算是正式成立了湖北军政府。

---

① 张难先:《湖北革命知之录》,商务印书馆1946年版,第274页。
② 郭孝成:《中国革命纪事本末》,第10—14页。

　　根据组织条例成立的军政府称为都督府。都督是军政府的首长，被赋予了很大的权力。都督府设四个部，司令部总长由都督兼任。另外三个部是军务部、参谋部、政务部。被任为军务部长的是孙武，副部长是蒋翊武和张振武（共进会的一个会员）。参谋部长是杨开甲（原新军第三十标标统），副部长是吴兆麟、杨玺章（新军中的一个营长，起义胜利后投效的）。政务部部长是汤化龙，政务部下设外交、内务、财政、司法、交通、文书、编制七个局，都由原咨议局的议员们主持。由此可见，这个新政府的政务部完全归立宪派的地方绅士控制，参谋部交给了旧军官，只有军务部是在革命党人手里。

　　立宪派绅士们也积极起来了，一切混入革命的旧势力都积极起来了。由革命士兵的代表组成的谋略处从 10 月 17 日起不再存在了，由谋略处实际上当政的短暂的时日（一个星期）过去了。组成谋略处的成员们一般地不再在武昌军政府中起什么重要作用。他们中有些仍在军界活动的人，在民国初年先后直接或间接地被袁世凯、黎元洪杀死。

　　湖北省军政府到了 10 月 26 日又作了一次改组。根据这一天颁布的《军政府改订暂行条例》①，司令部改称军令部，原来的政务部下所属七个局，除文书局外，都改成部（内务、外交、财政、司法、交通、编制），再加上原有的军务、参谋二部，共为九个部。由政务部分化出来的六个部仍由立宪派绅士们把持。军令部部长杜锡钧是黎元洪所亲信的原新军的一个营长。参谋部也仍由旧军官担任。这样，革命党人所掌握的仍只是军务部一个部。这个条例中还有一点值得注意，那就是规定了军政府的都督的"僚属"中有秘书、顾问和稽查员这三种人，并且规定：秘书和顾问"由都督自行任用"，而"稽查员由起义人公推，请都督任命"。就在这个稽查员制度的基础上不久又成立了一个总监察处。总监察处设总监察一人，下分稽查、参议二部。总监察处的暂行简章②中

---

　　①　胡祖舜：《武昌开国实录》上册，1948 年刊本，第 46 页。
　　②　同上书，第 74—76 页。

规定:"总监察由开始组织起义机关诸人共同推选,呈请大总统亲任。稽查、参议二部人员,亦由开始组织起义机关诸人共同推举,会同总监察呈请大总统加扎委任"。这个总监察处是干什么的呢?"本处系奉全国大总统之令,监察鄂军政府各部用人行政而设";"本处有监察军政府全体之责,虽都督有负职等事,亦得禀请大总统核办"。这里提到的大总统,是指全国的大总统,但当时还没有全国的政权,简章中的这种规定,显然是为了表明,总监察处的地位很高,它不由都督任命而是有权干涉都督的。简章还规定,湖北军政府的各部正副部长都要由监察处"公议推举",然后"商请都督委任。"

其所以在《军政府改订暂行条例》中规定了稽查员的制度,并且进一步成立了总监察处,看来是因为革命党人发觉作为都督的黎元洪的权力太大的原故。他们想以"开始组织起义机关诸人"的资格而取得对都督和以都督为首的军政府实行监察的地位。总监察处是成立起来了,共进会的领袖之一的刘公担任总监察。但是总监察处显然并没有能起它的简章所规定的作用。这只要看参与当时军政府的人的回忆录极少提到这个机关就可知道了。不少人把它的名称误为总监察部,以为它是同军政府各部相并列的。事实上,总监察处不过是个徒有其名的机关,丝毫不能扭转政权、军权逐步完全落到以黎元洪为首的旧势力的手上的趋势。

(三)袁世凯成了内外一切反革命 势力的中心人物

在武昌起义胜利的十二天后,10月22日(九月初一日),湖南、陕西两省省会发生起义,宣告对清朝政府独立。起义的潮流不可遏制地泛滥开来,在一个月内,又有江西、山西、云南、贵州、浙江、江苏、安徽、广西、福建、广东这些省份以及上海这个有特殊地位的城市,稍晚一点还有四川,树起了独立的旗帜。在此期间,清朝的集中在长江中下游的

海军舰艇,在一些中下级军官的发动下,全部参加到革命方面。各省起
义和独立的情况极为复杂(这些复杂情况将在下一章内叙述),但总的
说来,它们都不再承认清朝统治的合法存在了。

　　为了应付武昌起义所造成的局势,北京的朝廷紧急地采取了一个
又一个的措施,发出一道又一道的谕令,后一个措施往往否定了前一个
措施,后一道谕令往往同前一道谕令相矛盾。这种情形充分表明面临
末日的清皇朝处于十分被动的局面。

　　10 月 12 日(八月二十一日),朝廷下令抽出北洋六镇中的两镇,由
陆军大臣荫昌统率经河南南下,"赴鄂剿办"①。只隔了两天,即 14 日,
又有一道上谕:"湖广总督著袁世凯补授,并督办剿抚事宜"②。

　　武昌新军在一夜之间几乎全部叛变对于清朝说来是一个危险信
号,表明在各省的新军都有可能出现同样情形。京畿附近的北洋六镇
是它最可以指靠的兵力,但是在这六镇的官兵中袁世凯的潜势力很大。
而且袁世凯在各省的督抚和立宪派绅士中也很有影响。因此在朝廷中
立刻就出现了起用袁世凯的呼声。摄政王载沣在两年前把野心勃勃的
袁世凯赶出朝廷,是不甘心看到他东山再起的。但是皇族内阁的总理
奕劻,多年来已为袁世凯用贿赂买通,竭力为袁世凯说话。奕劻还有一
条重要论据:"东交民巷(当时北京的外国使馆区——引者)亦盛传非
袁不能收拾"③。这就是说,只有袁世凯,才是帝国主义信得过的人。

　　"隐居"在河南彰德的袁世凯以"足疾"尚未痊愈为理由拒绝出任
湖广总督。这时荫昌带领南下的军队以第四镇和第五镇为主力编成两
个军,由荫昌自己兼任第一军统领,而由冯国璋任第二军统领。冯国璋
是袁世凯一手提拔起来的亲信,他根据袁世凯暗中的指示有意放慢军
事行动。袁世凯的计划是要让清朝朝廷更多地受到革命火焰的熬煎以
至不得不向他交出更多的权力。朝廷在 10 月 20 日(八月二十九日)

---

　　①②　《辛亥革命资料》第八册,第 293、294 页。
　　③　张国淦:《辛亥革命史料》,龙门联合书店 1958 年出版,第 108 页。

派出袁世凯的老朋友、内阁协理大臣徐世昌到彰德敦促袁世凯出山。袁世凯提出了六个条件,这就是:一、明年召开国会,二、组织责任内阁,三、开放党禁,四、宽容武汉起事的人员,五、授以指挥前方军事全权,六、保证饷糈的充分供给。这六个条件的基本内容是要清皇朝向他交出军事和政治上的全部权力。从这六条中,又可看出,袁世凯是想用武力以外的办法来对付革命势力。

清朝朝廷不得不逐步地接受袁世凯的这些条件。袁世凯在北洋军中的另一个亲信大将,这时担任江北提督的段祺瑞奉令到湖北,冯国璋改任第一军统领,段祺瑞任第二军统领。接着在 10 月 27 日(九月初六日)清廷下令召回荫昌而任袁世凯为钦差大臣,由他统率水陆各军。

袁世凯这时仍然留在彰德不出来。但是按照他的指示,冯国璋的第一军向汉口发动了猛烈的攻势。民军方面错误地任用了一个旧军官,原第二十九标标统张景良为前敌总指挥。由于这个总指挥怯战通敌,冯国璋在 10 月 28 日迅速占领了汉口大智门火车站。汉口军政分府的詹大悲即时处决了张景良。黄兴于 29 日到了武昌,担任起总司令的职务,但是他也没有能够挽回民军失利的形势。11 月 1 日(九月十一日)北洋军完全占领了汉口,民军退到了汉阳。袁世凯之所以发动进攻,既是为了向清政府证明只有依靠他才能收拾局面,也是为了向革命阵营显示一下他的力量。

北京朝廷想以立即实行宪政来逃脱革命危机。10 月 30 日(九月初九日),以六岁的小皇帝的名义发出了一道罪己诏。这道诏书责备自己说:"用人无方,施治寡术。政府多用亲贵,则显戾宪章;路事蒙于金壬①,则动拂舆论;促行新治,而官绅或借为网利之图;更改旧制,而权豪或只为自便之计。民财之取已多,而未办一利民之事;司法之诏屡下,而实无一守法之人。""兹特布告天下,誓与我国军民,维新更始,实

---

① "路事蒙于金壬"是说在铁路政策问题上受了奸佞的人蒙蔽。这里是指盛宣怀,九月初五日清廷革除盛宣怀邮传大臣的职。

行宪政。凡法制之损益,利病之兴革,皆博采舆论,定其从违。以前旧政旧法,有不合于宪法者,悉皆除罢。"①同一天,又根据资政院提出的"速开党禁,以示宽大而固人心"的请求,宣布"所有戊戌以来,因政变获咎,与先后因犯政治革命构疑惧罪逃匿,以及此次乱事被胁自拔来归者,悉皆赦其既往"。要求他们"抒发忠爱,同观宪政之成,以示朝廷咸与维新之至意"②。这是向包括康有为、梁启超在内的一切君主立宪派人士,以及一切看到清皇朝的船即将沉没而转上了革命的船的黎元洪之类的人所发出的求助的呼吁。资政院按规定于阴历九月初开会,它奉命急忙制定一个君主立宪的宪法。但是等不到宪法条文制定出来,11月1日(九月十一日),朝廷宣布以庆亲王奕劻为首的内阁免职,授袁世凯为内阁总理大臣,并命令他"即行来京,组织完全内阁,迅即筹划改良政治一切事宜",但湖北前方的军队仍归袁世凯节制③。

袁世凯提出的六个条件实际上完全实行了。他在10月31日从彰德到信阳督师,然后又到了汉口。但他并不急于按照朝廷的要求立即回京,而且对总理大臣的任命表示"谦辞"。他要先向革命阵营进行一些试探。像黎元洪在武昌的革命政府中当权并受到革命派拥戴这样的事实,当然是袁世凯满意的,这使他相信既可以利用革命来迫使清政府向他交权,又可以从革命阵营中找到他自己的人,从而由他来摆布革命。他向朝廷奏请停止用兵,同时派人和黎元洪联系。他的幕僚刘承恩,代表他写信给黎元洪,建议"和平了结",并且要求革命方面承认君主立宪。黎元洪11月11日在武昌接待了袁世凯派来的代表。由于黎元洪周围有着认为革命必须推翻清朝统治,实行民主共和的力量,由于革命已经得到各省的响应,声势愈来愈大,黎元洪表示不能同意保持清朝皇帝的君主立宪。但是黎元洪又表示希望袁世凯来赞助共和,要他

---

① 《辛亥革命资料》第八册,第336页。
② 同上书,第338页。
③ 同上书,第339。

相信这样做比继续支持清皇朝是对他更为有利的。在黎元洪以他自己和"同志人等"的名义写给袁世凯的信中说:"将来民国总统选举时,第一任之中华共和大总统,公固不难从容猎取也。"①另一信中还推崇袁世凯是"我汉族中之最有声望、最有能力之人。"②同时,革命派的领袖人物黄兴也致书袁世凯,竭力颂扬他的才能,并且说,只要他参加起义,推翻清朝,那么,"非但湘、鄂人民戴明公为拿破仑、华盛顿,即南北各省当亦无有不拱手听命者。"③

黄兴之所以这样推崇袁世凯,是和汪精卫有关系的。已经为清朝的肃王善耆所收买的汪精卫在武昌起义时仍在狱中受着优待。不久他被释放。袁世凯的儿子袁克定在北京活动,很懂得这个有名的"革命家"的用处,立即为他的父亲加以收买。这时,汪精卫写信到武昌,说袁世凯不是效忠清朝的人,如南方革命党肯举他为第一任共和国总统,他是愿意同革命党一致行动的。从此,汪精卫成为袁世凯手下得力的工具。袁世凯在到了北京后和他直接联系。由于资产阶级革命派几乎毫无对于内奸的警惕,汪精卫放肆地在京津间的秘密革命组织中活动,并且竭力把推戴袁世凯的思想输送到南方去,以后他又带着这种思想到上海、南京活动④。

袁世凯对武昌政府的和平试探虽然没有立即收到成效,但是他开始摸清楚了革命阵营中的政治脉搏。

根据资政院的奏请,朝廷在 11 月 3 日(九月十三日)发布了《宪法

---

① 这封信的日期不详,见张国淦编著《辛亥革命史料》,第 281 页。

② 这封信的日期是九月二十二日,即阳历 11 月 12 日。《近代史资料》1954 年第一期,第 72 页,载有据原件的文本。该刊编者说,"经几位老先生按笔迹判断",原件是汤化龙手书。

③ 《黄兴致袁世凯书》(九月十九日即阳历 11 月 9 日)。见《近代史资料》1954 年第一期,第 71 页。

④ 李书城的《辛亥前后黄克强先生的革命活动》说到汪精卫这时期的活动,见《辛亥革命回忆录》第一册,第 200 页。参看胡鄂公:《辛亥革命北方实录》,中华书局 1948 年版,第 82、87 页等处。

信条十九条》。当时资政院的奏文中说："伏查革命举动,业已四方响应,逐渐蔓延四川、广东、湖南、江西、陕西、山西、湖北等省。全国糜烂,时势日非。欲济时艰而平国乱,只有改良立宪之一法"。但是因为时间匆促,所以只能先提出一个宪法的纲要,这就是所谓《宪法信条十九条》。按照这个"十九条",国号称为"大清帝国","皇统万世不易","皇帝神圣不可侵犯",但"皇帝之权,以宪法所规定者为限"。《十九条》中规定,成立国会,"总理大臣由国会公举,皇帝任命;其他国务大臣,由总理大臣推举,皇帝任命。皇族不得为总理大臣及其他国务大臣并各省长官"①。这样的立宪当然不足以消弭主张民主共和的革命潮流,但是对袁世凯却是有利的,因为这使他出任全权的总理大臣,组成以自己为首的内阁,有了合法的根据。"十九条"中还规定在国会没有成立以前,它的职权由资政院代行。资政院在11月9日举行了个选举袁世凯为总理大臣的手续。袁世凯不再推辞了,他在11月13日（九月二十三日）由汉口到达北京。三天后他组成了一个内阁,其中除了他所亲信的旧官僚以外,还有一些著名的君主立宪派的绅士和名流,张謇被任为农工商大臣,梁启超被任为法部副大臣,不过他们并没有到任。

这时,清皇朝已经把袁世凯看做唯一能够指靠的救星。袁世凯利用革命的形势而使清皇朝逐步地把权力移交给他的目的开始达到。

袁世凯之所以迅速地上升到权力的中心,帝国主义列强的支持起了重要的作用。

10月12日,武昌起义胜利后新建立的政权,以"中华民国军政府鄂军统帅"的名义向各国驻汉口的领事发出一个照会,这个照会声明:"所有清国前此与各国缔结之条约,皆继续有效","所有各国之既得权利,亦一体承认保护","应付之赔款或外债,仍由各省按期如数摊还"。这个照会同时也声明:"各国如有接济清政府以可为战事用之物品者,

---

① 《辛亥革命资料》第八册,第340—341页。

一概没收","各国如有助清政府以妨害军政府者,概以敌人视之","于此次照会之后,清政府如与各国立有条约,无论何种,军政府概不承认"①。这个照会的内容,大体上就是同盟会预拟的"对外宣言"(见第二十一章第一节)。革命派本来以为由革命军政府发出这样的宣言,就可以争取各国来同情革命以至"承认"革命政府。武昌起义后最初的日子里的事实就已证明这不过是个幻想。

俄国人是最早知道革命派的这种对外政策的,因为武昌起义前在汉口俄国租界破获的革命派机关的文件中就有这个照会的底稿。俄国驻北京公使立即通知在汉口的领事:"如果革命者有任何正式宣言,拒绝答复"②。英国驻北京公使在接到驻汉口的领事的有关报告后,也立即通知"该总领事一概不准与革党首领公文往来"③。在 10 月 18 日,驻汉口的英、俄、法、德、日五国领事(这五国当时在汉口都有"租界")发出一个布告,其中说:"本领事等自严守中立,并照租界规则,不准携带军械之武装人在租界内发现,及在租界内储匿各式军械及炸药等事"④。这个布告使革命阵营方面的人非常高兴,他们把所谓"严守中立"解释为列强已"承认"他们是与清政府有对等地位的"交战团"。其实这完全是误解。英国公使朱尔典 11 月 8 日在致英国外交部的报告中就说明,革命军方面"自谓各领事已认彼军为交战团,据本大臣所闻,则实无其事"⑤。原来列强把它们在中国领土上设立的所谓"租界"当成是"国中之国",它们的所谓"中立",实际上不过是指租界的地位而言。

在武昌起义后六天,英国、美国、法国、德国、日本的兵舰相继驶入长江,停泊到已为革命军占领的武汉江面上的有十三艘,四天后又增加

① 《辛亥革命资料》第八册,第308—309 页。
② 《红档杂志有关中国交涉史料选译》,第329 页。
③ 《辛亥革命资料》第八册,第265 页。
④ 曹亚伯:《武昌革命真史》正编,中华书局 1930 年版,第 110 页。
⑤ 《辛亥革命资料》第八册,第342 页。

到十六艘,其中有一艘还开往举起了革命旗帜的宜昌。京汉铁路上的法国工程师"命令将所有的机车及车厢预先调到北方",不让它们"落入革命军之手"①。帝国主义列强都不愿意看到, 也不相信正在中国发生的革命会取得胜利。虽然革命阵营方面竭力表示他们并不打算得罪外国, 并无"排外"的意思, 但是帝国主义列强不无理由地担心, 打在他们的走狗清朝政府头上的革命大棒有可能直接打到他们的头上来。在武昌起义后八天, 俄国驻北京公使向自己的政府报告说:"主要的危险在于叛乱可能延长, 或具有敌视外国人的性质",他甚至认为清朝政府在无法平定"叛乱"的情形下"可能试图把反清朝的运动转成反外国人的运动, 正如 1900 年时它所做的一样"②。稍晚一点,日本驻华盛顿的代办也向美国政府表示,"如任此种情形(指中国国内的革命形势——引者)继续发展,不仅影响商务,恐将爆发类似拳乱之排外运动"③。

清皇朝这艘船在革命的风浪中迅速地沉没下去,这对于帝国主义列强是出于意料之外的。他们担心局势的发展会损害到他们的既得的权益,同时,他们又从中国国内的动荡局面中竭力寻求对他们有利的机会。沙皇俄国认为这是它在东三省北部和蒙古、新疆加强自己地位的时机,它和日本约定,如果满洲发生革命,两国共同出兵干涉,它还乘机派兵到库伦(今乌兰巴托),勾结那里的王公活佛,制造了外蒙古的独立。日本也曾考虑对中国局势实行武装干涉,它向列强探询,可否由它就近出兵中国,以"保护各国在中国的权益"。英、美等国反对这种做法,它们认为,如果必须进行武装干涉,就应当由列强协商一致,共同行动。

在太平天国战争中,侵略中国的主要资本主义国家在"中立"的烟

---

① 《红档杂志有关中国交涉史料选译》,第 335 页。
② 同上书,第 341—342 页。
③ 《辛亥革命资料》第八册,第 489 页。

幕下武装协助清皇朝把革命镇压下去,1900 年,八国联军公开侵入中国,镇压义和团革命。但是现在的形势既同太平天国革命时期大不相同,也同义和团运动时期大不相同,帝国主义列强不可能沿用老的办法来解决他们所忧虑的问题了。

这时,帝国主义列强已经深深地卷进了第一次世界大战以前的相互冲突中间,它们很难在中国实行共同的军事行动。而且如果对中国进行武装干涉,最靠近中国的日本和俄国必然处于最有利的地位,这是西方列强所不甘心的。这些固然是帝国主义列强没有对辛亥革命武装干涉的原因,但更重要的原因还在中国国内形势方面。从武昌起义以后,革命的火焰迅速烧遍全国。清皇朝的统治已经在人民中普遍地失去信任。尽管这个革命有许多弱点,但它的基础是在卖国腐朽的清朝统治下活不下去了的几亿人民。许多本来与革命毫无因缘的官僚、政客、军官、绅士纷纷跑到革命旗帜下来投机,这固然造成了革命队伍中鱼龙混杂的情形,但也是革命已成为不可阻挡的潮流的一个表现。用少数的外国军队来扑灭这场革命火焰,不但不可能,而且还有促使这场革命发展为远比义和团运动广泛得多的"反对外国人的运动",也就是反帝国主义运动的危险。

正是在这种情形下,袁世凯的出场受到了帝国主义列强的欢迎。帝国主义列强,尤其是英国、美国推动清皇朝起用袁世凯起了很大的作用。英国驻北京公使朱尔典是袁世凯的好朋友。他在袁世凯前往汉口途中时报告他的政府说:"袁此行形式上虽系军务,其实乃调和此事。以彼之声望,或能设一通融之法以拯朝廷而令乱民之要求满意。此次革命蔓延如是之广,如仍欲以武力镇压,袁之识见,或知其不能有大效。且欲选一调和汉人者,除袁外,无更相宜而又为人信从者。"①英国和其他帝国主义列强欢迎袁世凯,就因为他们企望,他能够起拯救清皇朝而使革命软化的作用。在袁世凯已经受任为内阁总理大臣时,英国外交

---

① 《辛亥革命资料》第八册,第318 页。

大臣致电朱尔典说:"吾等对于袁世凯深加敬爱,愿此次革命之效果得有完全巩固之政府,与各外国公平交际,并保全内地治安及美满情形,使在中国之商务进步。此种政府,吾等将于外交上竭力相助。"①可见帝国主义列强已经在袁世凯身上看到了一个完全可以信赖的"新"政权。依靠袁世凯来收拾革命造成的危险形势,甚至为此在必要时可以完全抛开清皇朝那匹老马,这已经成为帝国主义列强的主导的政策。

一个美国作者在 1912 年写的关于中国革命的书中说,当袁世凯到了北京时,"他立即成为这个帝国的事实上的独裁者。对于他重新当政,外国人公开地表示欣慰。"②这样,袁世凯就成了一切内外反革命势力,包括侵略中国的外国帝国主义者,面临末日的清皇朝以及混在革命阵营中的黎元洪这类的人,共同寄以希望的中心人物。

(四)武昌的政权落到了反革命的手里

以黎元洪为首的反革命势力在内部篡夺武昌政权,袁世凯则从外面来和他配合,给他协助。

当时汉口有一个军政分府,以刚从狱中出来的詹大悲和何海鸣为主任和副主任,其余的负责人也多半是文学社和共进会的成员。他们之所以称为"军政分府",表现了他们对于以黎元洪为都督的武昌军政府的不信任。③ 面对着袁世凯的北洋军的进攻,汉口军政分府首当其冲,它支援前方战争,守卫汉口,起了很大作用。黎元洪出于忌恨,曾想取消这个军政分府,而只给以"驻汉鄂军支部"这样一个不伦不类的名

---

① 《辛亥革命资料》第八册,第 314 页。
② A. J. Brown: *The Chinese Revolution*, 第 173 页。
③ 张难先的《湖北革命知之录》说:"各同志见都督(指黎元洪)态度不明,议组汉口军政分府"。见该书,第 272 页。

义①。在北洋军攻入汉口时,自己手里没有军队的詹大悲、何海鸣离开汉口,逃到九江方面去了。据汉口军政分府的成员之一的温楚珩说:黎元洪与詹大悲矛盾很深,詹如不走,必被杀②。北洋军的攻占汉口,起了帮助黎元洪消灭对他不利的汉口军政分府的作用。

在北洋军攻入汉口时来到武昌的黄兴是革命党中的著名人物,在湖南湖北尤其有很高的声望。武昌起义后,曾有人提议请黄兴来当都督。他到了武昌,立即过江到汉口,指挥仍坚守市中心区的民军,组织反攻。民军进行了英勇的巷战,但没有能突破具有优势兵力的北洋军的包围。北洋军的统领冯国璋下令放火焚烧汉口街市,使残余的民军无法立足。这样,汉口终于完全被北洋军占领。但是汉阳仍为民军所防守。黄兴作为总司令继续在汉阳同北洋军作战。

革命派中有人主张,黄兴的名义应该是"南方民军总司令",对湖北省都督黎元洪没有隶属关系。这种削弱黎元洪的地位的主张为立宪派绅士汤化龙等极力反对。他们说,为了团结一致,黄兴只能是黎元洪委任的"民军战时总司令"。加上"战时"二字,带有暂时的含意。已经和立宪派一鼻孔出气的有些革命党人如居正,完全赞成这种主张。居正在他的日记中写道:"同志有不以委任为然者。余曰:军政府须有体系,非委任不可。但当慎重其事,请都督登台拜将。"③于是11月3日在武昌阅马场,搭起了"拜将台",举行由都督黎元洪任命黄兴为总司令的仪式,据说这是仿照汉刘邦拜韩信为将的故事。这种可笑的仪式好像是推崇黄兴,其实是为了抬高黎元洪的地位。

黄兴率领下的民军,其中包括从湖南开来援助的两个协的军队,在汉阳同北洋军隔河对峙。黄兴的计划是以全力渡过襄河(即汉水)收复汉口。11月17日,汉阳的民军按照黄兴的命令发动进攻,但因各路

---

① 胡祖舜:《武昌开国实录》,第53页。
② 温楚珩:《辛亥革命实践记》。引自《辛亥首义回忆录》第一辑,第63页。
③ 居正:《梅川日记》。转引自《辛亥首义回忆录》第二辑,第225页。

部队不能很好地互相配合,没有得到预期的战果,在敌军的反攻下全线溃退。这时袁世凯已经在北京就任内阁总理大臣。为了迫使南方的革命势力屈服,汉口的北洋军从 11 月 21 日起向民军发动猛烈的攻势。黄兴率领全军死守汉阳,经过七天的激战,汉阳终于被北洋军占领。11月 27 日,民军残部和总司令黄兴本人都过江到了武昌。

退到武昌的黄兴在军政府集议时宣布战败的原因有三条:第一是官兵不用命,第二是军队未经训练,第三是缺乏机关枪和野炮。他主张放弃武昌,到长江下游去攻打南京(那时江苏、浙江等省都已经独立,但南京仍为清军防守),以后再来收复武汉。他的主张遭到多数人的反对。黄兴就离开武汉到上海去了。

有些亲身参与当时的汉口和汉阳战役的人所写的回忆录中指出:武昌军政府方面本应以必要的兵力沿京汉铁路线和汉水上游扰乱敌军的后方,这样至少可以使敌军不能全力进攻汉口和汉阳,但是他们没有这样做。而且在武汉外围,还有不少自发组织起来参加革命的武装力量,武昌军政府方面也没有很好地领导和组织这些力量来从各方面扰乱和打击敌军。北洋军是久经训练的兵士所组成,装备有机关枪和野战炮,也比民军强。包括黄兴在内的军政府方面的指挥员,眼中只看到武汉三镇,只知道在狭窄的地区内用阵地战来抗御优势的敌人,这种错误的指导方针是他们战败的重要原因。这些回忆录的作者还指出,军政府内部有许多矛盾,当黄兴担任总司令时,不但黎元洪不给以支持,而且军政府内以孙武为首的军务部和由旧军官组成的参谋部也同黄兴有矛盾。这些矛盾使民军方面不能有真正统一的指挥。这些写于中华人民共和国成立以后的回忆录的作者,已经看到了中国共产党领导的人民革命战争的胜利的经验,所以他们还指出,当年的革命党人战败的根本原因在于没有发动广大人民群众的力量,他们说,"武汉人民拥护和支援革命的事情,我们是熟视无睹的。既看不见群众的力量,就不能依靠群众发掘他们的潜力。"群众在战争中只能从旁呐喊助威,而"革命党人……不知进一步组织民众从多方面来支持战争,以致使人民拥护革命军、反对清朝的热情无从变为强大的力量。"①他们对于战争失败的原因的分析,显然比黄兴当日的看法要深刻得多。

北洋军打败了黄兴,使他灰心失望地离开了武汉,这实际上是又一次帮了黎元洪的忙。

由于汉口和汉阳失陷,武昌城里谣言纷起,好像北洋军就要打过江来。11月30日(即在黄兴撤出汉阳的第四天),北洋军从汉阳的龟山炮轰武昌城,进行威胁。军政府各机关中的投机分子大多逃散。12月1日,龟山打来的炮弹落到了作为都督府的咨议局里。黎元洪这时已看清楚大势,是一定要"革命"的了。但是为了躲避风险,保全性命,他仓皇地带领少数亲信,溜出武昌城,跑到武昌下游九十里的葛店。立宪派绅士的头子汤化龙则已在汉阳失守时跑到上海去了。

在这种情况下,支持局面的是革命党人。原来的文学社社长蒋翊武继黄兴之后,出任护理总司令(代总司令)。他们又以总监察刘公的名义出安民布告,宣布由刘公代行都督职权。在危难中,他们的表现同混进了革命队伍的人还是有所区别的。

袁世凯不想损害黎元洪在武昌的地位。一个以黎元洪为首的武昌政府是对他有利的。北洋军虽然隔江炮轰武昌,但并没有发动过江进占武昌的攻势。11月26日,即汉阳为北洋军攻占的时候,袁世凯在北京和英国公使朱尔典会晤,表示愿意同武昌方面在双方满意的条件下求得停战,并要求英国人把这意思设法转达黎元洪。朱尔典立即电告英国驻汉口的领事葛福②。葛福在同冯国璋商议后,派了个英国商人带了停战条件在12月1日晚上来到武昌,黎元洪已经不在武昌。刘公、孙武、蒋翊武等人认为停战条件是可以接受的,他们就按照英国人的要求,也就是袁世凯方面的要求,用都督黎元洪的名义在停战条约上

---

① 李作栋和辜仁发的回忆录。见《辛亥首义回忆录》第二辑,第185页;第一辑,第192页。

② 参见《辛亥革命资料》第八册,第328页。

面盖章。这个条约规定停战三天,在这三天内双方一律按兵不动,而且规定在此期间,民军方面的兵船"不得行驶,并将机关卸交驻汉英水师官收存",北洋军方面的火车,"不得往来作军事上之运动,由驻汉英水师官监视"①。

黎元洪对于这个停战的协议,是十分满意的。英国人和袁世凯方面都认定他是成立和议的对手,这就大大加强了他不仅在武昌政府中,而且在整个革命阵营中的地位。武昌的革命派中虽然有人认为黎元洪在紧急时擅离职守,应加以谴责,但是这种意见被否决了。革命党人没有勇气不要黎元洪,因为失掉黎元洪就意味着必须和袁世凯继续作战。他们重新把黎元洪请进了武昌城。由于不少立宪派人士跑掉了,军政府人员作了一次改组。内务部长、财政部长等换上了革命党人在起义前预定的人选。但是这并不表明革命派在武昌政权中地位加强。

三天的停战期满后,仍在英国人的斡旋下,又继续停战三天,接着又停战十五天。停战十五天的协议包括全国各省。袁世凯承认黎元洪有权代表所有起义各省成立这样的协议,是进一步提高了黎元洪的地位。事实上,从此,在武汉和武汉外围再没有战争了。随着黎元洪的地位的巩固和革命派内部的涣散,在武昌政权中,革命派的力量当然不能有所增强,而且他们只能毫无抵抗地被黎元洪逐一地收拾掉。

这里应该指出,在当时的革命派的心目中,文学社、共进会以至同盟会这些革命组织的作用只是为了发动起义,在起义胜利后,它们就失去了存在的理由。从武昌起义后的第一天起,事实上不存在任何革命的政党。虽然如前所述,从总监察处的暂行简章可以看到,革命派想以"开始组织起义机关诸人"的名义把自己结合起来,在政权中发挥某种特殊的作用。他们有时也以这种名义集会,共商大计,但是他们之间没有明确的共同政纲,没有一定的组织形式,相反的,他们中不少人在开始感到胜利在握的时候就各自争夺个人的权利和地位,因而同旧势力

---

① 张难先:《湖北革命知之录》,第386—387页。

沆瀣一气,并且在自己内部互相倾轧,互相排挤。当战事实际上已经停止的时候,旧官僚、旧军人以及君主立宪派的绅士们,以黎元洪为中心加倍地积极起来了,而革命派内部的争权夺利也更紧张起来了。这样就决定了革命派的涣散瓦解。

　　武昌军政府中一直由革命派掌握的机关是军务部。军务部的三个部长,就是原来的共进会的孙武、张振武和原来的文学社的蒋翊武,当时人们称他们为三武。三武之间互争雄长,各不相下,"如委一军官,三人都要委派,平均势力。"①共进的刘公主持下的总监察处和三武之间也是有矛盾的。蒋翊武在汉口、汉阳失守的情形下担任总司令,对稳定局势起过一定作用,但在和局已定时,刘公的总监察处召集会议,决定蒋翊武不应再任此职。黎元洪当然接受这个意见。从此蒋翊武连军务部副部长的职务也失去了。后来在1913年,由于参与反袁世凯的斗争,蒋翊武在广西被杀。另一个军务部副部长张振武,也因和孙武相互倾轧而不能立足,由黎元洪以购置军火的名义派到上海去了,到了1912年8月,黎元洪在北京借端把他杀死。军务部部长孙武则同黎元洪的亲信相勾结,巴结黎元洪而擅权跋扈,引起了革命派中许多人对他的愤恨,1912年2月,一些军官,其中主要是原来的文学社社员,为反对孙武发动了一次武装政变,当时人们甚至称之为湖北的"第二次革命"。但是这其实说不上是革命,不过是一部分新的当权者中的内部冲突。利用这次政变,黎元洪杀死和赶走了在军队中的一些文学社社员,同时也解除了孙武的职务。孙武此人,一往不返地堕落下去,后来,袁世凯在准备做皇帝时,他接受了袁世凯所授予的"义勇侯"的封号。至于刘公,1912年初黎元洪任他为驻襄阳的北伐左翼军总司令官,这样就把这个似乎很有权力的总监察赶出了武昌。当时所谓"北伐"不过是空谈,在这左翼军总司令官麾下,"兵不满千,官多械少"②。刘公

①　曹亚伯:《武昌革命真史》正编,第287页。
②　《武昌开国实录》下册,第58页。

虽然还想在襄阳招兵买马，但是不久，黎元洪就以他并不是"军事专门人员"而是"政法专家"的理由要他交出了军队。他被遣送到北京成了袁世凯门下的"高等顾问"①。

革命派的人们虽然拥戴黎元洪，至少不反对他，但是这些人以革命首义有功的资格在他座位前指手画脚，仍是他所厌恶的。革命派在武昌政权中的地位终于在起义后不到半年间就彻底地消失了。他们有的被杀害，有的跑开，剩下的也同反动势力同化了。革命派没有能力保持住经过他们的奋斗而夺得的政权，只能听凭由他们自己扶上宝座的黎元洪来摆布他们的命运。

这时，黎元洪反过来摆出了民国栋梁的功架，利用革命派的弱点而大肆攻讦说："不意专制政治尚未尽除，而假共和以遂私图之事，迭次传闻。或假之以谋私利，或假之以报私怨，或假之以蹂躏商贾，或假之以侵损人权。种种怪状，人道何在？是又岂起义时我同志始愿之所及哉！革命军起，革命党消，此固有识者之言。某等敢进言曰，共和国立，革命军消。盖以破坏易而建设难。不如此，不足以收尽全国之俊杰，而共救时艰"②。照黎元洪的说法，第一步应当是"革命党消"，第二步应当是"革命军消"。他提出这样的说法是不足怪的，因为只有这样，才能使革命的果实落到他所代表的反革命势力手里。但是应当看到，当时的资产阶级、小资产阶级革命派正是按照这样的逻辑办事的。

---

① 《武昌开国实录》下册，第59页。
② 《致中央及各省消除私念》电，见《黎副总统书牍汇编》第1卷，上海广益书局1914年版，第35页。

第二十四章

革命浪潮中的各省风云

（一）资产阶级革命派的短命政权

现在我们要来看一下除湖北以外其他各省起义和独立的情况。

由于各地方的群众革命力量和资产阶级革命派的力量发展不平衡，由于革命力量以外的各个社会势力（主要是封建地主阶级势力和立宪派资产阶级势力）采取不同的方法来对付革命，所以在各个省份中出现了各种不同的情况。一般说来，一个省的省会的情况可以代表、或起影响于全省各地，但实际上，许多省在省会以外的各地出现了各不相同的复杂情况。这里，主要根据各省在革命浪潮中省政权的演变情形，把它们分成几种类型。

湖南和贵州是一种类型。在这里，资产阶级、小资产阶级革命派发动了群众性的起义，推倒了旧政权，建立了以自己为主的政权。但是他们的政权不能保持下去，不久就被资产阶级立宪派领导的反革命政变所篡夺。资产阶级立宪派在起义胜利声中表示和革命派合作，但随即就充当了扼杀革命派的凶手。

先说湖南。长沙起义的领导者是焦达峰（1887—1911）。他是湖南浏阳人，出身地主家庭，十八岁加入哥老会，并在长沙高等普通学堂读书，接受了革命思想。1906 年去日本留学，参加同盟会，并且是共进会的组织者之一。共进会原来指望湖南、湖北同时发动。宣统元年（1909 年）七月，焦达峰开始在长沙建立机关，主要从事联络会党，也做学界和军界中的工作。

湖南的争路权的运动，像四川一样，立宪派的绅士们起了领导的作用。以谭延闿为议长的省咨议局成为争路权的中心机关。宣统三年（1911 年）春，湖南的绅、商、学界组成"湘路协赞会"，坚持粤汉铁路商办的主张，反对清朝断送主权借外债筑路。这年四、五月间，为了抗议清朝的所谓铁路干线国有的政策，长沙举行了万余人的集会，修筑长沙到株洲段铁路的工人停工进城，参与到巡抚衙门的请愿，各学校的学生也纷纷罢课。由于清政府坚持卖国政策，立宪派中的有些人和在立宪派影响下的群众趋向于同革命派合作，接受革命的主张。

武昌起义的消息传到长沙时，革命派立即策划响应。这时，驻长沙的新军第二十五协中，已有不少士兵参加革命。协助焦达峰做军队工作的，主要是曾在湖南新军中任排长，因有革命倾向而被开革的陈作新。革命派的焦达峰、陈作新等人同省咨议局的议员董锳、左学谦等立宪派人士举行会议，讨论共同发难的办法。这些立宪派人士赞成发动新军起义，但认为一定不要"扰乱秩序"，反对运用会党力量，而且主张以巡防营统领黄忠浩为起义后的都督。这种主张是焦达峰等人所反对的①。湖南巡抚余诚格感到新军内部不稳，把黄忠浩的巡防营看作可以依靠的力量，他决定把全部新军限期撤离省城。这使得革命派不能不在浏阳、醴陵一带的会党力量尚未应召赶到长沙来的时候，马上发动起义。

九月初一日（10 月 22 日），即在武昌起义后十二天，焦达峰、陈作

_____

① 《湖南省志》第一卷，湖南人民出版社 1959 年版，第 288 页。

新领导长沙城外的新军几个营的士兵武装进城,占领了巡抚衙门。守城的巡防营士兵不听长官的指挥,不发一枪阻拦。因此,起义迅速地取得胜利。黄忠浩和其他几个坚持反对革命的官员被起义兵士杀死,巡抚余诚格逃走。立即成立了"中华民国军政府湖南都督府",焦达峰任都督,陈作新任副都督。

这些年轻的小资产阶级革命家有很高的革命热情,他们在能够取得胜利的时候是敢于取得胜利的。在取得辉煌胜利的时候,他们当然不应当拒绝本来主张君主立宪的绅士们来参加革命;但是他们不懂得如何在同这些并不真正主张民主革命的人们合作中保持革命果实。

咨议局议长谭延闿宣称:"文明革命与草窃异,当与巨家世族、军界长官同心努力而后可"①。在革命派的都督府旁边成立了一个以谭延闿为院长的参议院。这个参议院的规章中说:"参议院规划军民全局行政用人一切事宜。"②根据这个规章,凡是都督府的命令必须先经参议院决定,然后都督盖印,由参议院发交各部执行;如果遇到都督和参议院意见不一致的问题,只要参议院坚持自己的意见,都督就必须让步。这个参议院实际上就是原来的咨议局,规章中并没有"议员"如何产生的规定,却写上了一条:"参议院须增加议员时必经本院之认可",这显然是为了防止"巨家世族"以外的人参加进来。焦达峰等人承认谭延闿的参议院自己规定的章程,也丝毫没有想到改变参议院的组成。由武汉到达长沙的谭人凤叙述当时长沙的情形说:"都督府组织一参事会,总揽全权,都督欲拍一电,亦必经该会盖戳,始得发行。为会长者,即谭延闿也。参谋部亦与该会联,不归都督节制。焦达峰特一笼中之鸟而已"③。

这是很有意味的事。辛亥革命时期的革命党都把建立资产阶级议

---

① 《辛亥革命资料》第六册,第 148 页。

② 郭孝成:《中国革命纪事本末》第二编,商务印书馆 1912 年 5 月版,第 8—9 页。

③ 谭人凤:《石叟牌词叙录》。见《近代史资料》1956 年第三期,第 53 页。

会制度当理想,他们以为只要建立一个有权的议会,使行政机关向议会负责,那么不论黎元洪或袁世凯当政都不要紧。本着这种想法,同盟会的著名活动家之一宋教仁曾到起义后的武昌,写了一部《鄂州约法》,这可以说是中国的第一部资产阶级民主的宪法(但只是一个省的)。这部《鄂州约法》并没有施行,不过是一纸空文。资产阶级的议会民主制度在辛亥革命时期并未见于实际。只是在湖南,出现过一个有权有势的议会。但是这个议会并不是保障资产阶级民主革命的成果,而倒是反对这个革命的!

焦达峰、陈作新虽然没有物色一个湖南的黎元洪来当都督,但是不敢反对谭延闿的参议院,为了取得有名望的绅士们来和自己合作,甚至宁愿削弱自己的领导权,结果使自己成了"笼中之鸟"。到底还是谭延闿这样的角色厉害,他们在焦达峰当都督的时候,利用议会来控制革命派,到了焦达峰被杀掉而由谭延闿任都督的时候,就把参议院取消掉了。有位历史学家在1935年所著的书中评论这段历史事实时认为从这里可以看到"民治"精神。他说:"湖南初奉焦达峰为都督,咨议局以其举措乖谬,谋削其权,公举谭延闿为军政部长(开始时谭有过军政部长的名义——引者),继设参议院,凡募兵给饷,任免官吏,概须经其议决,方得施行,而焦达峰无如之何。此种精神惜未充分发展,政府后亦不肯奖进,以致今日人民尚无切实参政之机会,惜哉?"①这种看法完全背离了事情的实质,把反革命的湖南参议院当成了"民治"的模范。

焦达峰、陈作新的政权只维持了十天。谭延闿勾结了新军第五十标的一个营长梅馨在11月1日发动兵变,杀死焦达峰和陈作新。谭延闿立即出任湖南都督。他采用两面派的手法,一面把焦陈被杀归罪于"乱兵",下令厚葬死者,亲往灵前致哀,一面又出布告说:"照得焦陈都督,实为土匪巨魁。误入该贼圈套,湘省大事几危。业经就地正法,并择妥人挽回。所有都督事务,谭绅组安施为(谭延闿,字组安——引

---

① 陈恭禄:《中国近代史》下册,商务印书馆1941年版,第617—618页。

者）。居民毋得惊恐,照常公共图维"①。在这次兵变以前,绅士们已经散布流言说,焦达峰是个土匪头子,并不是革命党;甚至说,留学生焦达峰早已死了,现在的焦达峰是光绪三十一年参加萍乡、醴陵暴动的会党头子姜守旦冒充的。

焦达峰、陈作新之所以失败固然由于他们幼稚、缺乏经验,看不透谭延闿这类人的阴谋,而最根本上的原因还是在于他们并没有坚实的群众基础。他们虽然依靠一部分新军发动起义,并在起义胜利后立即以原有的新军为基础招募新兵,扩编军队,但他们并没有真正掌握住军队。他们所有的最大的群众力量是旧式的会党组织。湖南各地的会党组织在知道与他们有联系的焦达峰作都督后,以为哥老会已经当权,他们纷纷攘攘地拥进长沙,跑到都督府里来。当时人描写说:"其都督署中漫无规则,有呼之为焦大哥者。"②革命派得到会党力量的支持,这使立宪派资产阶级不能不有所顾忌,但旧式会党毕竟是落后的靠不住的力量。在看到焦达峰、陈作新被杀后,许多会党分子跑出长沙城,散归各地。各地虽然还有些不服谭延闿的会党力量,但他们或者被谭延闿以武力压服,或者只是在当地按照他们向来的做法进行些无关大局的活动。

湖北的汤化龙听到谭延闿就任湖南省都督,打电给他说:"闻公出,钦喜无量"③。谭延闿和汤化龙一样,本来是站在同资产阶级革命派对立的立场上的,他的手上还染着革命党人的血。以后,他在蒋介石国民党中被尊为"元老"。

在贵州,革命派同立宪派间发生了更加复杂的斗争。

辛亥革命前已经有贵州自治学社和贵州宪政预备会这两个带有政党性质的社会团体,它们在教育界、新闻界,并在各种社会政治活动中

---

① 郭孝成:《中国革命纪事本末》第二编,第6页。
② 同上书第二编,第5页。
③ 《辛亥革命资料》第六册,第154页。

互相对立,互相攻击。自治学社成立于 1907 年,带有资产阶级革命倾向的知识分子是它的骨干,也有一些官员、地主绅士、资本家参加在内,主要领袖是张百麟。它同贵州各地的哥老会组织有广泛的联系,但它本身是一个公开合法的组织。宪政预备会则是由地方上有声势的与官场互通声气的绅士们组成的,它的主要人物任可澄、戴戡出于梁启超门下,有不少会员曾在日本参加过以梁启超为灵魂的政闻社。一个回忆录的作者说:“两派成员,自治学社中寒士和青年学生居多,而宪政预备会则是官绅居多”①。两派的政治倾向,一派接近孙中山的同盟会,一派属于康、梁的君主立宪派。不过自治学社的领导者们只是与同盟会有联系,并不是明确地抱着革命目的进行学社的活动。他们参加了贵州省咨议局,并且经过竞争,在咨议局中取得了比宪政预备会更多的席位。用革命手段推翻旧政权,建立新政权不是他们预期的步骤。上引回忆录的作者指出:“细按贵州辛亥革命的真实动力,与其说是领导者的发纵指使,无宁说是群众推动领导,还符合事实些”②。

　　贵州省城的起义,发生在 11 月 3 日,上距武昌起义二十四天。这其间,已有几省宣告独立,尤其是邻省湖南(10 月 22 日)和云南(10 月 30 日)的独立,震动了贵州。自治学社本来没有武装起义的准备,这时加紧在官方的军队(新军、巡防营、陆军小学堂等)中进行联络工作。宪政预备会的绅士们向贵州巡抚沈瑜庆密报可能发生事变,主张捕杀自治学社的领袖们。沈瑜庆不敢立即这样办。下层群众情绪激昂,官方可能采取镇压措施,这种情势迫使自治学社的领袖们不能不采取行动。正在他们议论何时和如何发动起义的时候,陆军小学堂学生自动宣布起义。这些学生都是十八岁左右的青年,一共有二百多人。新军第一标是当地最强的兵力,兵士们表示支持陆军小学堂的学生的行动。甚至巡抚衙门的卫队也受到革命潮流的影响,拒绝把枪口朝向起义者。

---

① 《辛亥革命回忆录》第三集,第 444 页。
② 同上书,第 445 页。

巡抚沈瑜庆发觉自己手里没有任何可靠的兵力,只好宣布把军政大权交给咨议局。这样,在一个夜里,起义就轻易地取得了胜利。

11月4日,自治学社的领袖者召集各方人士在咨议局讨论成立新的政府。他们提出了建立"联立内阁"的原则,由各党派团体,包括立宪派在内,推代表参加政府。正副都督由杨荩诚和赵德全担任。杨荩诚原是新军第一标的副标统(副团长)。原标统(团长)一直坚持与革命对立的态度。这个副标统虽然事先也和革命没有关系,但在起义开始后表示站到革命方面来。赵德全是新军中的一个队官(连长),和自治学社的关系较深。军队归正副都督统领,而另设枢密院总揽政务。由自治学社的领袖张百麟担任枢密院院长,而以立宪派领袖任可澄为副院长。自治学社的另一领袖黄泽霖任巡防总统。在起义成功后,全省各地和自治学社有联系的哥老会组织纷纷武装起来,他们编成巡防军,所谓巡防总统就是统率这些队伍的。原来的咨议局改称为立法院,议员和议长都是原班人马,在这中间,自治学社是占有优势的。这样,在贵州,就出现了在自治学社领导下,也就是在资产阶级革命派领导下的新的政权。

但是革命派领导的政权是不巩固的。第一,在起义前夕,自治学社在全省拥有社员一万四千人之多,但是在起义胜利后,它和群众的联系不但没有扩大,反而缩小了。当权的领导者没有执行什么有利于广大群众的政治措施,他们实际上成为一个谋取私利的宗派集团。第二,自治学社的领导人根据当时流行于革命派中的所谓"军民分治"的想法,把军队交给旧军官去统领,自己放弃了军权。虽然他们以哥老会组织为底子组成巡防军,企图以此作为自己的基本武力,但是哥老会组织不经过真正的改组,是不能成为可靠的革命武力的。许多哥老会分子利用革命给他们的合法地位进行扰乱社会秩序的活动,更加败坏了革命派的信誉。而且立宪派绅士们也大肆联络哥老会,公开提倡成立"公口"(当时贵州的哥老会的组织称为"公",如"皇汉公"、"斌汉公"等),一时造成了在省城和外县"公口林立"的现象。立宪派这样做是为了搞乱自治学社领导的政权。这种情形更证明哥老会这种落后组织是可以为反革命所利用的。第三,如何对待立宪派,在自治学社里开始时有两种主张:有人主张排斥立宪派,有人主张合作,张百麟支持后一主张。但是所谓合作,实际上成了纵容反革命势力的发展。在起义以前,清朝巡抚曾根据立宪派的建议,为镇压革命而组织了一个保安营,又从兴义调来地方豪绅刘显世所率领的民团。由于起义迅速发动,保安营和刚开到贵阳的刘显世的队伍都还来不及武装起来。自治学社的领导人竟容许刘显世和保安营的组织者郭重光都参加到新政府中来,而且以充分的枪械发给这两支队伍。郭重光是个退职的官僚,他纠合一些大地主、大商人成立了一个名为"耆老会"的组织,表面上酒食征逐,实际上进行政治阴谋活动。革命派也有人主张取缔耆老会,而张百麟却说:"民主国家有集会结社之自由,区区一会,即怀异志,亦何足患"①。郭重光为立宪派出谋画策,鼓动他们起来推翻自治学社的政权,耆老会实际上成为反革命势力的核心。

自治学社领导的政权维持了三个月。根据郭重光的主意,立宪派花钱收买了黄泽霖所统巡防军中的一些官兵,他们在1912年2月2日袭击张百麟和黄泽霖的住宅,黄被惨杀,张侥幸逃脱。这时都督杨荩诚已带兵出省,代行都督职权的副都督赵德全却和立宪派相勾结。于是张百麟只好只身逃离贵州。自治学社的主要领袖一死一逃,自治学社的政权就开始瓦解。

也是根据郭重光出的主意,立宪派派人到云南求援兵。云南独立后,当权的是立宪派。在杀死黄泽霖的事变的一个月后,唐继尧率领的云南军队以假道入川进行北伐的名义开进了贵阳,并且立即实行了一场大规模的军事政变,把所有还在贵州军政府中求苟安的自治学社的人以及接近自治学社的人都赶下台来,连已经背叛自治学社的赵德全,

---

① 黄济舟:《辛亥贵州革命纪略》。见《云南贵州辛亥革命资料》,科学出版社1959年版,第165页。

不但也失去了代行都督的地位,而且还被捕杀。在贵阳成立了以唐继尧为都督的政府。耆老会的郭重光、宪政预备会的任何澄等人都担任要职。和自治学社有关系的军队全部相继被解散,属于自治学社的人,许多逃亡出省。在省城和各县,当局按名册逮捕自治学社社员,许多人被杀害。

贵州自治学社在取得政权以前,是虎虎有生气的一个组织,但是掌握政权三个月后却一败涂地,在反革命势力的进攻前面毫无一点招架之功,这里充分表现了资产阶级、小资产阶级革命派的弱点。

资产阶级、小资产阶级革命派在起义期间,用建立民主共和国的口号引起了广大群众的同情,因此他们显出巨大的声势,但是到了民主共和在形式已经产生的时候,他们就再没有什么足以引起群众热情的口号和行动,这时,君主立宪派也表示可以承认民主共和的形式。所以,究竟是革命派当权还是立宪派当权,群众对这样的问题已经漠然置之了。

资产阶级立宪派从革命派手里夺取了权力以后,是否由自己独占呢?并不是的。资产阶级立宪派后面站着封建地主阶级。实际上是封建地主阶级利用立宪派来篡夺革命派的政权。贵州的耆老会和立宪派的关系就是一个显著的例证。湖南的谭延闿以立宪派的身份混入革命,在他以狡诈的手段登上都督的宝座以后,他就成了封建地主阶级和买办阶级的代表人物。资产阶级立宪派本身并没有多大的力量,它在同资产阶级革命派决裂时,就只能依靠封建地主阶级和买办阶级这些最反动的势力。关于这一点,在后面还将进一步谈到。

(二)资产阶级立宪派也不能保持自己的政权

云南、浙江、四川有资产阶级立宪派的力量,也有资产阶级革命派的力量。二者间没有像湖南、贵州那样发生流血的冲突,而是合作地进行了起义和独立运动。因为立宪派愿意参加推翻清朝的统治,所以革命派和立宪派的合作是有基础的。但是革命派没有能在这种合作中掌握领导权。虽然在省内局部地区建立了以革命派为主的政权，但就全省来说，居于领导地位的是立宪派，革命中产生的政权也就直接落到了立宪派的手里；而且由于立宪派也没有能力保持自己的政权，一些代表旧势力的实力派迅速地利用局势，取代立宪派而成为当权者。这是第二种类型。

在云南，西部的腾越（今腾冲）先发生了革命。革命的领袖张文光是当地的巨富，曾在缅甸经商，1908 年参加同盟会。武昌起义后，他联合当地驻军中营以下的一些低级军官，在 10 月 21 日举行武装起义，杀死了清朝的腾越镇总兵等官员。起义胜利后正式建立政权，张文光称为滇西军都督。这是一个以资产阶级革命派为主的政权，但不是全省的政权。三天后，10 月 30 日在云南省城里也响起了起义的枪声。

昆明的起义是由新军中的军官们发动的。云南有新军第十九镇，下辖第三十七协驻昆明，第三十八协驻大理、腾越一带。第三十七协协统是梁启超的著名学生蔡锷（1882—1916）。他领导了这次起义。他是一个有初步民主思想的爱国者，他的基本政治倾向是同他的老师一致的。和他合作组织起义的有一群团营级的军官和云南陆军讲武堂的教官。有一些从日本回来的同盟会会员在云南新军中进行活动。云南陆军讲武堂的学生五百多人中，早已秘密传阅同盟会的宣传革命的书刊，并有同盟会的秘密组织。要求革命的风气也感染到新军的士兵群众中。当时人的回忆录中说：在武昌起义两个月前，有个新军中当排长的同盟会会员向蔡锷"直说革命情形，望蔡锷同情"，蔡锷表示，"时机不到干不得，时机一到绝对同情"。这个回忆录的作者认为，"由此可见，蔡锷当时对同盟会员进行的革命活动，内心虽然拥护，但仍留有余地"①。到了武昌起义后，蔡锷认为时机已到的时候，同盟会组织支持蔡锷的领导。

_____

① 《辛亥革命回忆录》第三册，第432页。

讲武堂的教官和新军的军官有不少是从日本陆军士官学校出来的,蔡锷是日本陆军士官学校的第三期士官生。1905 年后,在学军事的留学生中,参加革命组织成为风气,第四期以后各期士官生有很多人随大流地加入同盟会组织。但是他们并不都是真具有资产阶级民主革命的思想和立场,在回国后一般地与同盟会脱离关系。他们中有些在革命后掌握军权的人,成了代表反动势力的军阀。由于他们曾和革命党有过关系,因此他们懂得在革命浪潮起来时要抓住时机。在云南参加起义的军官多半就是这样的人。例如上述率军到贵州镇压了自治学社的唐继尧就是在日本参加过同盟会的第六期士官生,他在云南起义前是蔡锷的新军第三十七协中的一个营长。

昆明新军的起义很顺利地取得了胜利。第十九镇镇统(师长)锺麟同抵抗失败,被杀。云贵总督李经羲被俘,后来被礼送出境。成立了云南军政府,蔡锷任都督。这时,腾越的政权和昆明的政权形成对立的局面,双方在大理附近发生了军事冲突。经过协商,张文光承认昆明的省政权,由昆明方面委派张文光为腾越地区的军政长官。

在日本的梁启超曾寄很大希望于他的学生蔡锷,以为他既夺得云南,就有可能开辟一个立宪派的天下来,他授意蔡锷"运用滇军,兼并川鄂,雄踞长江上游,以观天下之变"①。蔡锷的军政府虽然在省内并吞了革命派的滇西军政府,在省外还派兵到贵州消灭了那里的革命派势力,又派兵到四川,在川西南扫荡下层群众的"同志军"的力量,但是梁启超的希望没有能实现。蔡锷渐渐控制不了部下的各抱野心的军人。贵州的唐继尧固然已不受他节制,他在云南也受到部下的两个师长的挟持。所以人们说:"蔡锷形同傀儡,而当权者为李鸿祥、谢汝翼"②。李、谢二人都在日本士官学校毕业,参加辛亥革命起义时是营

① 《辛亥革命回忆录》第六集,第 271 页。
② 新加坡《国民日报》,《记云南张君文光死事》。转引自《云南贵州辛亥革命资料》,第 126 页。

长,起义后迅速升任为师长。滇西的张文光因为李、谢二人的排挤,不安于位,在 1913 年 5 月自请解职,在他快要离开腾越时,唐继尧、谢汝翼派人把他杀死在澡塘里。这年冬天,蔡锷也被迫离开云南,他只当了两年云南都督,一些新起的封建军阀代替了他的位置。

浙江省也是由革命产生了以立宪派为都督的新政府。革命派的光复会在浙江影响较大,但自经 1907 年秋瑾、徐锡麟的失败后消沉下来了。1909 年后,有些老光复会员又在浙江活动起来,他们除了像过去一样联络会党分子外,又加强了同军界的联系。新军第二十一镇所属第四十一协驻在杭州,在辛亥革命前夕,它的团、营级军官都表示赞成革命。11 月 4 日,即在武昌起义后二十多天,这些军官领导全协士兵发动了起义。浙江巡抚增韫被俘,镇统、协统逃跑。这次起义并不是光复会有组织地准备的,参加起义的军官们也只是看到大势所趋,想从革命中找个人的出路。起义的第二天,就由地方士绅们把当时在上海的汤寿潜请来,当了都督,宣告革命的胜利和军政府的成立。

汤寿潜原来是浙江省咨议局的议长,又是正在修建的沪杭甬铁路的总理。他是请愿立宪运动中的一个知名人士。在一些光复会会员和参加起义的军官们的会议上讨论都督人选时,和秋瑾合作过的会党头子认为汤寿潜曾赞同杀害秋瑾,不应当推他当都督。一个在起义前夕参加光复会的知识分子坚持推汤寿潜,他说:“湖南焦都督就职三日(其实是十天——引者)即被推倒,舆论颇多批评,浙省若再演倒督恶剧,国人将视光复义举为争夺权利,有碍革命进行”①。这是说,如果浙江由类似焦达峰的人当都督,将难免“再演倒督恶剧”;也就是说,从湖南的立宪派人篡夺革命果实的悲剧所取得的教训,是本来应当把政权交给立宪党人。但是手里没有军权的汤寿潜上台后两个多月就自动辞职了。都督的位置辗转落到了朱瑞的手里。此人在起义前是新军第四十一协的一个标统(团长),他利用参加起义而使自己上升为实力

_____

① 《辛亥革命资料》第七册,第 156 页。

人物。

在浙江省省城起义后,全省十一个府相继成立军政分府。把持各军政分府的,有的是旧军官,如宁波是原第四十一协的协统(旅长),有的是当地的地主绅士,也有原来和光复会有关系的会党头头。鲁迅那时正在绍兴,他描写绍兴光复时的情形说:"我们便到街上去走了一通,满眼是白旗。然而貌虽如此,内骨子是依旧的,因为还是几个旧乡绅所组织的军政府,什么铁路股东是行政司长,钱店掌柜是军械司长……这军政府也到底不长久,几个少年一嚷,王金发带兵从杭州进来了,但即使不嚷或者也会来。他进来以后,也就被许多闲汉和新进的革命党所包围,大做王都督。在衙门里的人物,穿布衣来的,不上十天也大概换上皮袍子了,天气还并不冷。"①绍兴先是本地士绅成立军政府,然后从省里来了王金发的军队。王金发是和光复会有关系的一个会党头子,所以鲁迅文章中说他是"绿林大学出身"。他当上了"王都督"以后,完全溶化在旧势力中间,说不上是革命派了。但他仍不容于省里的当权势力,不久后他被朱瑞所杀死。

在四川,情形复杂得多。

前面说过(见第二十二章第四节),在武昌起义前,四川已发生资产阶级立宪派领导的争路权的运动,这是进步的爱国群众运动。四川总督赵尔丰拘捕了为首的九个绅士,并在省城内造成了屠杀群众的惨案,这样就激起了全省各地的"袍哥"为主力的群众性骚动。资产阶级革命派也乘机进行活动。

分散在省城和各地的同盟会会员虽然不少,但他们并没有形成有组织的力量。成都的新军第十七镇有一个排长叫夏之时,在日本留学时加入过同盟会,回国后仍和同盟会有联系。11月5日,他在成都东南约五十里的龙泉驿鼓动了几个排的士兵宣布革命,夏之时被推为革命总指挥。他们往东经简阳、乐至、安岳、潼南而奔向重庆。有一些参

---

① 《鲁迅全集》第2卷,人民文学出版社1956年版,第282页。

加同盟会的知识分子在重庆城里活动，里应外合，把夏之时的部队迎入城里。这样就在 11 月 22 日光复了川东的这个重要城市。在这里成立了中华民国蜀军政府，军政府都督是同盟会会员，原任中学堂监学的张培爵，副都督是夏之时。蜀军政府的宣言文告完全是用同盟会的主张。这个军政府虽然渐次把统治权扩展到了附近若干州县，但还不是一个全省的政权。

在重庆蜀军政府成立后五天，省城里也出现了政权的更替，但这里一点也没有革命气息。四川总督赵尔丰在 10 月 30 日已把扣押起来的立宪派绅士们释放出来。这些绅士们得到自由后立即发表《告全川人民请停止战斗》宣言，他们说，由于政治局面已发生很大变动，向外国借款筑路的合同当然作废，所以保路同志会的预定目的已经达到，"现在惟应力返和平，以谋将来之幸福而已。若犹冒进不止，必至使祸毒日延日广，大局日坏日甚，川人身家之灾，愈久亦愈惨，则岂当初之宗旨哉！"①在群众的斗争已经远远越出"保路"的范围的时候，立宪派绅士想以这种呼吁来熄灭革命的火焰，当然没有任何效果。各路保路军继续紧紧围困着成都城。赵尔丰看到自己已经没有任何方法控制四川的局面，就和立宪派绅士们进行谈判，在有利于自己的条件下把政权转让给这些绅士们。11 月 27 日，赵尔丰发出文告，说是"特与将军、都统、提督军门、司、道以下各官，绅商学界诸人，协商一致，以四川全省事务，暂交四川咨议局议长蒲殿俊，设法自治。"②就在这一天，成立了"大汉四川独立军政府"，这个军政府的文告中说："基于世界之公理，人道之主义，组织共和宪法，以巩固我大汉联邦之帝国"③。既说是"共和"，又说是"帝国"，这是最明显的君主立宪派的口吻。军政府的都督由蒲殿俊担任，而副都督是赵尔丰的亲信，新军第十七镇统制朱庆澜。这实

---

① 《四川保路运动史料》，第 489—490 页。
② 同上书，第 509 页。
③ 同上书，第 511—512 页。

际上是立宪派绅士和封建势力的联合政府。为了使赵尔丰愿意出让政权，蒲殿俊等绅士还同意赵尔丰带兵到川西打箭炉（今康定）去"办理边务事宜"，并承担给以兵饷和行政经费。不但如此，他们还同意，在宣布四川独立后，赵尔丰可暂不离开成都，"以便（新政府）遇事商求援助指导"①。赵尔丰的这一着是很狡猾的，他把烫手的栗子交给立宪派绅士，而使自己处于超然地位，还可以根据局势发展，在可能时重新取回出让的政权。他的这一着又有对付奉朝廷之命率军入川的端方的作用。端方的军队这时已到达重庆、成都之间的资州（今资中），朝廷默许他到达成都时接替赵尔丰的职位。不过在成都宣告独立的后一天，资州发生兵变，端方的脑袋被士兵们砍掉了。

蒲殿俊只当了十天都督。12月8日蒲殿俊检阅巡防军，在赵尔丰唆使下，士兵当场哗变，散到全城各处抢劫。当时在成都的郭沫若在他的回忆录中描写说："在兵变后的几天，成都城完全是无政府状态。"②驻扎在城外凤凰山的新军，有一部分被调进城弹压，但他们一进城也跟着一起抢劫。城里"各街的江湖，各街的流氓"组织成了所谓"自卫团"，既参与抢劫，又自称"保卫街邻"，捉拿满身载着赃物分散的士兵。接着各县的"保路同志军"也成群结队地拥入成都。

郭沫若这样描写"同志军"的军容："所谓同志军，有一部分是平时的土匪，有一部分是各地的乡团。大部分的鸟枪、梭标、牛角叉、铁锤、铜锤、铁铜、铜铜，虽然陈腐一点，但总还是军器，但有的却拿着锄头、挡耙、扁担、镰刀，"以至"把一把菜刀绑在竹竿头上"③。这些同志军本来是由于立宪派绅士们倡导保路运动而唤起来的，但它起了远远超过绅士们预期的作用。郭沫若指出：同志军手里的可笑的武器事实上是"推倒了赵尔丰的原动力，杀死了端方的原动力，乃至葬送了清廷的原

---

① 《四川保路运动史料》，第504页。
② 《反正前后》。《沫若文集》第6卷，人民文学出版社1958年版，第251页。
③ 同上书，第252页。

动力"①。但是这时没有人能够领导这种自发的力量。立宪派的绅士固然不能,在四川活动的资产阶级革命派也领导不了,不能赋予这种自发的力量以明确的斗争目标。自发的群众无秩序地拥进成都城里,自己也不知道究竟要干什么。

在这种无政府的状态下,蒲殿俊的政权垮了台,朱庆澜因为指挥不动新军,跑掉了。赵尔丰虽想乘机复辟,也做不到。

成都有一些知识界中的同盟会员,在蒲殿俊的政权成立时就开会发宣言反对,现在是他们上台的好机会来了。问题是他们依靠什么力量。立宪派的失败的经验使他们看到必须有实力,但也使他们不敢号召群众力量。他们投身到了一个拥有实力的叫做尹昌衡的当权者的身旁。此人是日本陆军士官学校的第六期毕业生,在日本时参加过同盟会,因此算是同革命有点因缘,但正如郭沫若所说:"他不是立宪派,也不是革命党,他只是有兵权在手里的实力派","他那时在任陆军小学校的校长,陆军学生们便成为他的爪牙,同时因为他又是陆军的先辈,所以四川的军界大都愿意受他的指挥。"②尹昌衡乘此时机攫取了都督的宝座,而以立宪派绅士的领袖人物之一,原咨议局的副议长罗纶为副都督。同盟会会员董脩武、杨莘友等人在他的政府中担任要职。这个政府形式上好像是实力派军人和立宪派、革命派的联合政府,但它其实是从革命风潮中产生的反革命政权。在这个政府中的立宪派已不成其为立宪派,革命派也不成其为革命派,他们一致拥戴尹昌衡这个实力人物,因为只有他有能力稳定秩序,镇压那些使地主、资产阶级如此恐惶不安的自发的群众力量。尹昌衡的政府成立后一方面杀掉了赵尔丰,一方面发出了"坚决镇压破坏分子"的文告③。它用镇压和收编的双重方法把在成都和省内各地的同志军平息了下去。

---

① 《沫若文集》第 6 卷,人民文学出版社 1958 年版,第 253 页。
② 同上书,第 256 页。
③ 《四川保路运动史料》,第 513 页。

剩下来的问题是如何对待重庆军政府。当时在四川也像其他有些省一样,群雄蜂起,同时并列着许多都督,但在省城外最重要的是重庆的军政府。成都方面用军事威胁和政治谈判终于使重庆方面让步。1912年3月,重庆的蜀军政府取消,都督张培爵到成都取得了个副都督的名义,副都督夏之时卸任出洋。于是四川在一场资产阶级革命运动的风潮后终于统一到了代表封建地主、买办的军人尹昌衡的手里。不久后,尹昌衡为另一军人胡景伊所排挤,那是实力派互斗,同辛亥革命无关了。

在最早换旗号的湖北和湖南这两个省份中,革命派的起义胜利后,立宪派都被邀参加政权,这个事实大大地鼓舞了各省的资产阶级立宪派。他们本来以为,向清朝朝廷请愿、要求,是进入政权的方便道路,现在他们发现,在新的形势下,完全可以利用革命而进入政权。有个历史学家在评论辛亥革命时写道:"还有一件大可注意的事,就是各省的响应独立,虽由革命党人运动发难,而各省咨议局的立宪党人,无不加入革命动作。除了他们的言论指导者梁启超,尚在海外发'虚君共和制'的议论以外,国内立宪派的人物,或任革命政府的民政长(如汤化龙),或任革命政府的都督(如谭延闿),或任其他职务,竟没有一省的立宪党人与革命党作敌对行动的。"[1]现象确是如此,但只说出这种现象,并没有表明立宪派在革命中所起的真正作用。

中国的地主阶级具有丰富的政治经验,在长期的封建时代中,他们不但积累了许多镇压农民革命的经验,也积累了许多篡夺农民革命果实的经验。资产阶级立宪派同地主阶级联系密切,他们很多人是从地主阶级脱胎而来的,他们继承了地主阶级的政治经验,并且把这些经验和从西方资产阶级学来的一些东西结合起来。他们在辛亥革命中处于一种很有利的地位,一方面他们没有当权,很容易把自己说成是赞成革命;一方面他们又不是那种"初出茅庐"的年轻的资产阶级、小资产阶

---

[1]　李剑农:《最近三十年中国政治史》,太平洋书店1933年版,第188—189页。

级革命家,很容易得到一切旧社会势力的信任。他们就是利用这些条件而成为辛亥革命中的重要角色。在上一节所说的湖南和贵州,立宪派充当杀戮革命派的刽子手;在这一节所说的云南、浙江、四川,立宪派抢先使革命的果实落到自己手里,甚至抢先充当革命的领导者。

但是资产阶级立宪派毕竟不能成为一个独立的政治力量。实际上是封建地主阶级和买办阶级利用立宪派来欺骗革命派,并且利用他们的手来攫取革命的果实。看到革命浪潮汹涌难挡,封建地主阶级和买办阶级就后退一步,让资产阶级立宪派暂时站到第一线去起抵制革命的作用。某些拿到了一省政权的资产阶级立宪派人士虽然野心很大,但他们的政权并不能较久地保持,就因为地主阶级和买办阶级在革命中并没有受到任何损伤,他们卷土重来,需要更强有力的工具,资产阶级立宪派的政权也就被他们抛开了。云南的蔡锷虽然有军权,但也免不了这种命运,浙江的汤寿潜,四川的蒲殿俊就更不用说了。

四川的情形最足以表明资产阶级立宪派在革命中所起的作用。他们开始是因为同封建统治势力有利害冲突而想利用群众的力量,但他们所唤起来的群众运动却使他们吓破了胆。他们被封建统治势力利用来作为结束革命的工具。他们所主持的政权只能是短促的、过渡性的,过渡为一个半殖民地半封建社会中反动的、合乎地主阶级和买办阶级需要的军阀政府。

(三)套上革命外衣的军阀和流氓政客

在陕西和山西,革命后的政权直接落到类似于前面所说的从云南到贵州的唐继尧、浙江的朱瑞和四川的尹昌衡那样的军人手里。在革命前他们在军队中有一定的地位,他们沾过革命党的边,靠革命而起家,成为割据一省的当权者。

陕西的新军第三十九协的下级军官和士兵于 10 月 22 日在西安起义(和长沙起义同一天),协统手下的一个参谋官张凤翙成了大统领

（以后和别省一样，改称都督）。他是日本士官学校第六期毕业生，虽加入过同盟会，但随即脱离，并没有参与革命活动。在就任都督后，他以原咨议局副议长郭希仁作为谋士。在陕西，有些知识界的同盟会会员进行活动，领袖人物是井勿幕，他们对新军的起义，起了推动的作用。但在新成立的省政权中，他们没有什么地位。陕西还有一个特点，就是哥老会的势力很大。张奚若有个回忆录写了当时的情形。张奚若是陕西同盟会会员，在起义胜利后从外省回到西安，他写道："到了西安之后，最感到意外的是除了张凤翙之外，所有要位都在不识字的哥老会人手中，……张凤翙没有实权，财政和兵权都在哥老会手中。"①井勿幕等人原来和哥老会有许多联系，但这时当权了的哥老会头子已不把革命派放在眼里。张奚若说，他在西安待了两三个月，很失望，"同同盟会的人谈，大家都认为革命失败了。"这些同盟会分子曾利用哥老会群众所具有的革命性，但没有能力领导这些群众，克服由于胜利和当权而在他们身上滋长起来的弱点。井勿幕等人寄希望于黎元洪和黄兴，想"请他们派一支革命军来陕西驱除哥老会势力"，当然这只是幻想。张凤翙既利用了哥老会的势力，以后又伺机杀死了几个不听他话的哥老会头子，逐渐把哥老会的力量改编成为七个旅又一个独立团，这样他就成了控制陕西的实力派。

陕西省独立后，山西巡抚陆锺琦害怕波及山西，命令新军第八十五标从太原出发，去防守河东。这个标的第二营官兵多有受同盟会革命思想影响的。他们领到子弹后，在 10 月 28 日夜里首先发动起义，占领巡抚衙门，枪杀了陆锺琦和协统谭振德。城里还驻有新军第八十六标，标统阎锡山采观望态度，没有让他的部队参与起义。起义胜利后，军界人士和绅士们在咨议局召开会议，讨论成立新政府。由于立宪派人士、省咨议局议长梁善济的提议，阎锡山被推为都督。他是张凤翙同期的日本士官生，也曾在同盟会里挂过名。当时人记载说："晋省自光复

---

① 《辛亥革命回忆录》第一集，第 154 页。

后,军政府一切计画及筹款事宜,阎都督必先商之梁君善济,斟酌再三,然后开议"①。十月下旬,清朝官军攻入娘子关,占领太原后,梁善济又倒到清朝官方那面去了。阎锡山向进攻的清军求和不成,采取了逃避战斗,保全实力的政策,放弃太原,带领部队仓皇逃往晋北。清朝虽然夺回了山西省会,但是山西各处仍有群众性的自发的起义行动,有些同盟会会员也坚持进行了斗争。依靠这种革命形势,阎锡山终于使袁世凯承认他为山西都督,在1912年4月回到太原。此后他成为从北洋军阀时期直到蒋介石国民党时期长期统治山西的土皇帝。

资产阶级革命派中的人物是很复杂的。有些城市中的流氓头子也混入了革命队伍。在上海、福州、广州,地主阶级和买办阶级利用这种挂着革命招牌的流氓政客做他们的代理人,乘着革命的浪潮,攫夺了权力。

在上海这个敏感的城市,革命的消息引起了强烈的反响。没有一家报纸敢违反群众的情绪而刊载革命失利的消息,如果刊出这样的消息,报馆立刻就受到群众的包围和责难。在帝国主义势力直接控制下的"租界"以外,清朝在上海的驻军只有淞沪巡防营等少数部队。这些部队的统领看到大势所趋,也不敢公开采取反对革命的立场。但是革命派向来只是把上海作为向全国其他地方进行活动的一个据点,并没有在这里做过群众组织工作。11月3日,带有自发性的以帮会力量为主体的群众起义攻占了江南制造局,由此上海就宣布了光复。同盟会会员陈其美(即陈英士)是上海帮会集团(所谓"青帮")的一个头子,他又得到商界的领袖李平书(即李锺珏)等人的支持,一跃而成为上海军政府都督。陈其美还对江、浙两省抱有野心,但他并不去同已经在革命风潮中控制了这两省的旧势力作斗争,却把光复会著名领袖陶成章看做眼中钉。陶成章虽然有缺点,然而不失为一个忠诚的资产阶级革命家,12月,他在上海遭到暗杀。暗杀的主使人是陈其美,执行人是蒋

---

① 郭孝成:《中国革命纪事本末》第二编,第204页。

介石。当时蒋介石是陈其美的部下,又是租界捕房的包探头目、著名流氓黄金荣的门徒。

在福建,革命的果实也落到了有同盟会会籍的流氓政客手里。福州在光复时,当地的新军和旗兵(满洲军队)进行了激烈的战斗,满洲人将军朴寿战死,闽浙总督松寿自杀。12月5日成立的新政权表面上看来完全是由同盟会掌握的。都督府大纲规定:"都督府以都督一人、参事员十人组织之,概由中华同盟会推举"①。担任都督的孙道仁是驻福建的新军第十镇统制(师长),他在起义前三天参加了当地的同盟会组织。担任参事员的十个同盟会员中为首的是彭寿松,其人本是缉捕局局长。他既是同盟会福建支部的主持人之一,又另组了一个名为福建军警同盟会组织,这是旧式的帮会组织。彭寿松原来就是个帮会头子,他把城市中的流氓势力组织在自己周围。手里有军队的孙道仁在夺取政权前匆忙地加入同盟会,就是为了要使自己有一点革命的色彩,并取得彭寿松的流氓势力的合作。光复后不久,同盟会福建支部和福建军警同盟会宣布合并,由彭寿松担任会长。政权机关的参事会改组为政务院,政务院的总长仍是彭寿松。以孙道仁和彭寿松为首的政府,除了改变旗帜以外,并没有什么新气味。所以,这个政府刚成立不久,就觉得有必要发布这样的通告:"照得本军政府在闽起义,历经宣布树立共和政体宗旨,想尔等人民均所周知,现在假定设立省政府,(意为设立临时的省政府——引者)一切办理进行方针,仍以蕲达共和目的为准。查有少数之人,妄滋疑虑,散布谬言,甚至胆敢指本军政府办理方针与所宣布树立共和宗旨不合。……此等造谣生事,自示之后,悉应息绝,否则自干咎戾,本军政府决不姑恕。"②

广州的独立是广州的绅商们在12月9日宣布的。在这天以前,省城以外各地打着革命旗号的军队(当时通称为民军)纷纷起来,都有奔

---

① 郑祖荫:《福建辛亥光复史料》,福建建国出版社1942年版,第62页。
② 《福建辛亥光复史料》,第89—90页。

向省城来夺权的趋势。广州的绅商们十分惊惶,他们在咨议局开会,决定"宣布共和独立",并且请求两广总督张鸣岐担任都督。张鸣岐拒绝,他和其他一些主要官员都逃跑了。于是绅商们又决定请在香港的同盟会的名人胡汉民来当都督。半年前,同盟会曾经用武力夺取这个城市,遭到惨败,现在却由绅商们打开城门向革命派举起欢迎的旗帜了。胡汉民在 10 日到广州就任都督。绅商们本来以为有个革命党名人当都督,可以使各路民军安定下来,但他们立刻发现,胡汉民不过是个没有实力的空头革命家。各路民军的头子抱着个人野心,带领所部,纷纷进入广州,他们完全不受胡汉民的控制。其中最强的是陈炯明。他曾是广东省咨议局的议员,加入同盟会后,参与黄花岗起义之役,临阵脱逃。以后他到惠州一带联络帮会组织,自成一军。在广州,他和其他民军头子组成军团协会,他当会长。广州绅商看到陈炯明是个实力派,就把他推举为广东省的副都督。胡汉民在都督位置上只坐了一个多月,就辞职跑了。陈炯明继任都督。他利用军团协会的力量排挤胡汉民,而在他当了都督后立即解散了军团协会,并运用各种权术使各路民军的头子互相猜忌,逐一地解散了这些民军。陈炯明固然算是列名同盟会内的革命派,但实际上他的政权不过是广东绅商利用来结束革命形势,稳定原有的社会秩序的工具。

以上这几个省都是套上革命派外衣的军阀和流氓政客在革命的浪潮中上升为当权派,这是各省风云中的第三种类型。

(四)旧巡抚穿上了新都督的外衣

还有第四种类型,那就是原来的当权者,即清朝的地方的军政长官,在当地的地主绅士的拥戴下,摇身一变,变成了新政权的首脑。

在武昌起义的影响下,江西九江的新军中的一些下级军官和兵士企图响应起义,但他们没有领袖,就请五十三标标统(团长)本来同革命毫无关系的马毓宝当领袖。有了湖北的黎元洪的先例,马毓宝同意

了。于是他就成了宣布独立的九江军政府的都督。这是在 10 月 23
日,武昌起义后十三天。江西省城南昌的绅士们看到形势紧张,为了防
止发生革命,劝告清朝巡抚冯汝骙宣布独立,但他不敢做这样的"大逆
不道"的事。10 月 31 日驻南昌的新军兵士和陆军小学、测绘学堂的学
生们宣布起义。于是绅商兵学各界代表人士开会集议,推举新军第二
十七协协统(旅长),也和革命党毫无关系的军人吴介璋为大都督,成
立江西军政府。他们把原巡抚冯汝骙恭恭敬敬地送出了南昌。军政府
通令全省说:"各道府厅州县所属各官,仍著照旧视事。……所有民
事、刑事暨习艺所、监狱、学堂,一切地方行政,均著照常办理。"①也就
是说,行政制度、官员、社会秩序一切照旧。

在这个军政府成立十天之后,由于军界内部的倾轧,吴介璋的都督
位置坐不稳了。测绘学堂教员彭程万当了都督。拥戴他的人声称是黄
兴在武昌委派他当江西都督的。但他没有军队,所以他只在都督宝座
上坐了九天。九江的马毓宝率兵到省城,受到绅商的欢迎,彭程万只好
辞职,马毓宝成了全省的都督。

属于这一类型最有代表性的是江苏和广西两省,这两省都是由清
朝的巡抚,本省最高的军政长官宣布光复。

在苏州的江苏巡抚程德全 10 月 26 日报告北京清朝政府说:"自武
昌失陷,苏省人心惶惶,谣言四起,既虑革党之构煽,又防伏莽之窃
发"②。他接受当地绅商领袖的要求,11 月 5 日在巡抚衙门前挂上一
块"民国军政府江苏都督府"的招牌。巡抚改称都督,革命算是完成。
既然巡抚已经革了命,就不准别人革命了,所以这个新都督第一批发出
的告示中说:"照得私藏军火,军法应干斩决;苏省独立告成,防范尤宜
严密"③。程德全是个善于投机的官僚。1900 年义和团战争时,他以

---

① 郭孝成:《中国革命纪事本末》第二编,第 21 页。
② 《辛亥革命江苏地区史料》,江苏人民出版社 1961 年版,第 49 页。
③ 《辛亥革命江苏地区史料》,江苏人民出版社 1961 年版,第 63 页。

候补知县的身份在黑龙江,对于占领齐齐哈尔的俄国侵略军殷勤接待,侵略军对他很满意并表示信任。他在官场上由此发迹,一步步升到江苏省的巡抚。在辛亥革命中他摇身一变又成了民国创立时的一个要人。

广西各地会党力量很多,在革命风潮中,他们纷纷起来进行武装活动。巡抚沈秉坤同其他官员和咨议局的绅士们商议,决定抢先宣告独立。11 月 6 日夜里,他们在桂林城里竖起几百面黄旗,上写"大汉广西全省国民军恭请沈都督宣布独立,广西前途万岁"二十四字,第二天,这个清朝的巡抚就成了咨议局公推的都督,他宣布:"改巡抚衙门为军政府,改咨议局为议院"①。但沈秉坤没有掌握军权,三天之后都督职位被广西提督陆荣廷夺去,陆是一个地方实力派。

安徽和山东也属于这一类型,但局势的发展有一些曲折。

在安徽的省城安庆,11 月 8 日,由咨议局的绅士们宣告独立。安徽巡抚朱家宝当都督,咨议局议长窦以珏当民政部长。安庆的军界和知识界中有些同盟会的革命分子,他们不承认这个军政府,推出了留日士官学生王天培当都督。朱家宝表面上退让,但迅速地组织力量赶走了王天培。革命派在安庆没有实力,就去江西请求援助。从九江来的军队和本地的军队在安庆互争雄长,造成了混乱的局面。朱家宝的都督也做不成了。绅士们一时甚至找不出一个可以当都督的人来,他们组织了一个"皖省维持统一机关处"作为临时行政机关。终于他们找到了一个可以当都督的人,那就是在上海的孙毓筠。此人是安徽人,清朝大学士孙家鼐的侄孙,在日本留学时参加同盟会,1906 年回国在南京被端方逮捕,态度立刻软化,投靠官方。虽然如此,革命派仍然承认他是老资格的同盟会员。这样的"革命家"当然是地主绅士们所可以接受的。12 月下旬孙毓筠到安庆,以他为首的政权其实还是旧军人和地主绅士的政权。当时安徽省城以外各地已成立了好几个军政分府和

_____

① 郭孝成:《中国革命纪事本末》第二编,第 185 页。

类似的机关,它们都拥有武力,以革命的名义各自割据一方。它们的头领有真革命党,也有假革命党。为了发号施令,造成统一局面,在省城里有一个以假革命党为首的政权对于旧官绅来说,自然是有利的。

济南绅商学各界人士,11 月 5 日在咨议局开会,讨论"预备独立"。山东虽然有些同盟会员在活动,但并没有形成有组织的势力。他们也有人参加咨议局的这次会议。会议的决定是请求巡抚孙宝琦宣布独立。孙宝琦向北京政府报告说:"闻咨议局集会时,激烈党已形暴动,昌言即日宣布独立。经和平党劝解,改为劝告政府,以冀转圜。"①所谓"和平党"就是指上层的立宪派绅士。孙宝琦决定接受"和平党"的请求,11 月 13 日宣布:"山东全省人民,自今对于清朝,断绝一切之关系","以山东全省加入中华民国军政府"②。他在同一天电告北京朝廷诉述他的苦衷:他已被推为"总统","坚辞不获,且恐别滋事端,权宜俯允,冀保一时治安。世受国恩,形同叛逆,万死奚辞,惟有静候朝廷处置"③。袁世凯当时已控制北京政权,正竭力保持他在北京的势力,所以除了直隶、河南二省仍在他直接控制之下以外,又出兵山西占领太原,对于山东的即使形式上的独立也是不甘心的。他派了官员去协助孙宝琦,11 月 24 日,孙宝琦宣布取消独立。因此,山东又回到了清朝的旗帜下。

(五)"不准革命"

广大的贫苦农民群众和城市贫民群众在辛亥革命中是重要的角色。他们的革命力量虽然没有能充分发挥出来,但如果不存在这种力量,各省的"光复"不会这样迅速地实现。同时,因为这种力量并没有

---

① 《孙宝琦九月十六日致清内阁电》。见《近代史资料》1956 年第一期,第 125 页。

② 郭孝成:《中国革命纪事本末》第二编,第 231 页。

③ 《孙宝琦九月二十三日致清内阁电》。《近代史资料》1956 年第一期,第 128 页。

能充分发挥出来,所以各省在宣布共和胜利声中,革命的果实都落到善于随机应变的旧势力的手中。

资产阶级革命派所散布的革命思想,他们所发起的革命斗争,不能不在社会最基层的被压迫群众中引起强烈反响。革命动乱的时间越是延长,在广大基层群众中郁积着的反帝国主义和反封建主义的积极性就会愈加迸发出来,以至完全搞乱现存的社会秩序,这是各地方的地主绅商所最害怕的。许多地方的起义的枪声一响,甚至起义的枪声还没有打响,原来的君主立宪派绅士们就表示赞成革命,地主阶级、买办阶级的代表人物和清朝的军政官员也摇身一变主张民主共和,其根本原因就在于他们懂得,为了制止下层群众的真刀真枪的革命,不这样做是不行的。鲁迅在以辛亥革命为背景而写的《阿 Q 正传》这部小说中,特别写了"不准革命"一章,深刻地反映了历史真实。赵太爷、赵秀才、假洋鬼子等等,都不准下层群众革命,并为此迅速地设法弄了一个表示革命的"银桃子"挂在自己身上。

为了发动革命斗争,资产阶级革命派需要从下层群众中找力量,但是在他们感到已经取得胜利的时候,就不再理会这种力量,甚至也加入了不准下层群众革命的行列。

从河南省的情形可以看到,资产阶级革命派虽然在一定程度上诱发了下层群众的革命热情,但并不能深入地、持久地进行组织和动员的工作。

开封、洛阳等地的知识界中有不少同盟会会员,他们主要通过办学校来传播革命思想,发展革命组织。在武昌起义后,他们也曾想依托新军军官的力量举行起义,但没有成功。当时的一个同盟会会员在他的回忆录中说,河南的同盟会组织在辛亥年前本已在新军中建立了一些联系,但是在袁世凯重揽大权后,"倾向革命的带兵官多踌躇不前",这是因为他们以为袁世凯当权就是汉族人当权,而且"袁世凯又是河南人,在军政界中不免沾亲带故,封建观念也就从中作祟"的原故。由于新军军官们不愿参加起义,同盟会组织"不得不转而依靠绿林力量和地主武装"①。

11 月下旬,同盟会河南组织计划发动一次进攻洛阳的行动,主要想依靠在嵩县的羊山占山为王的绿林的力量,他们为首的叫王天纵。嵩县的一个小学堂堂长石言是同盟会会员,他在豫西绿林中颇有声望,经过他的关系,同盟会组织派了在河南府中学堂当教员的刘春仁上羊山。刘春仁向王天纵和他的弟兄们宣说孙中山的革命主张,武昌起义的情形,以及这次攻取洛阳的计划。和刘春仁一起上羊山的吴沧洲回忆说:"听了刘的讲话。他们都欢天喜地谈开了。有人说:'先杀洛阳知府,再杀河南巡抚,赶走北京皇帝,孙文坐了天下,我们都要当官,没有人敢说我们是土匪啦!'有人说:'六哥(指王天纵)当了都督,我们就可以出头啦!'"②他们从这种认识出发,同意和同盟会合作进攻洛阳。由于清朝官方已经增兵防范,这次军事行动没有发动起来。

在洛阳地区有一个名为"在园"的农民组织③。建立这个组织的是住在洛阳东关下园的南大定,他是个菜农,并以染布为副业。他的住处同河南府中学堂相近,这个中学堂的教员和学生中有不少同盟会会员。他因此受到了革命思想的熏染。他在下园创立的这个组织渐渐扩展开去,不但在洛阳城四关,而且在洛阳以外,直到伊川、孟津等县境内都有了这个组织。它的基本群众是农民,下园农民参加的达百分之七十以上。有些知识界中的同盟会会员也参加了它的活动。在小资产阶级革命分子的影响下,南大定领导的这个农民组织确定以推翻清朝为奋斗目标。但是这个组织的性质基本上仍是一个旧式的江湖会党,所以它也叫大刀会或小刀会。接受新成员时采取"摆堂"的仪式,饮血酒宣誓入盟。首领是"大哥",以下依次排下去,直到"老十"。各地组织,每月逢三、六、九或二、五、八等日集会,练习武功。"在园"组织的声势越来

---

① 《辛亥革命回忆录》第五集,第 369 页。
② 同上书,第 363 页。
③ 杨依平:《略谈"在园"活动》。同上书,第 375—381 页。

越大,引起了清朝官方警觉。1911 年洛阳知府察知"在园"组织有在洛阳发动起义的苗头时,立刻向省里告急。从开封派来了军队实行镇压。南大定被捕,英勇不屈地就义。许多参加"在园"活动的积极分子或者被捕,或者逃亡,组织受到了严重的摧残。这事发生在武昌起义的前夕。

同盟会组织在 11 月下旬约定王天纵的部队进攻洛阳时,也同时发动了参加过"在园"组织的农民群众。但是没有任何同盟会员继承南大定把这里的农民运动坚持下去。这次进攻洛阳的计划流产以后,"在园"这个农民组织消失了,这里的农民和资产阶级革命派的联系也断绝了。

至于王天纵的那支部队,它以后活动在豫西一带,曾同陕西军政府所派一度打出潼关的张钫部队合作。在全国政权被袁世凯篡夺以后,羊山下来的大部分力量被编入分驻豫西各地的地方武装,称为镇嵩军。原来在河南的一个同盟会会员刘镇华任豫西观察使兼镇嵩军统领,他利用这些武力作为资本,投靠和效忠袁世凯,成了一个封建军阀。王天纵的几个大弟兄当了这个军阀的爪牙。王天纵本人被召到北京,当了袁世凯手下的官员。这种情况表明,资产阶级、小资产阶级革命派虽然用革命呼声唤起了由破产的游民而变成的绿林好汉们,却不可能引导他们在革命的道路上继续前进。

河南是在袁世凯控制下一直没有宣告独立的一个省。至于那些宣告独立的各省,在革命胜利的欢呼声中,下层群众所遇到的也是"不准革命"的禁令,这种禁令甚至是伴以武力镇压的。

在动乱程度最大、历时较久的四川,下层群众的革命力量所起的作用最明显,遭到革命后的新当权者的镇压也最厉害。在其他各省,都在革命过程中出现了农民群众和城市贫民的不同形式的革命骚动。对于这些大量出现的、分散的、小规模的革命骚动,要一一加以叙述是不可能的。这里举几个典型事例也就足够说明问题了。

江苏省城是和平光复的。但江苏各地却并不那么和平。

在扬州发生了以孙天生为首的城市贫民和兵士的武装起义①。孙天生本是扬州的手工业工匠,失业后流亡到上海,接触到革命党。他在革命潮流高涨的时候回到扬州,利用江湖会党关系,把驻防当地的旧式绿营军中的一些士兵鼓动了起来。在 11 月 7 日(苏州光复后两天)他率领城外的士兵们,杀官起义,鼓噪入城。许多城市贫民和游民聚集到他的周围。几个小时内,起义者摧毁了城内的全部统治机构。他们打开盐运使的库房和大清银行,让群众来分取银钱,又打开监狱放出了狱囚。第二天,孙天生以扬州军政府都督的名义发布告示,宣布三年不完粮,诸捐杂税全免,还禁止商人抬高米价肉价。没有知识界的人参加他领导的革命,为他写告示的是个做古董买卖的小商人。新都督孙天生身缠白绸,骑马巡街,并且传见巨商富户。

封建性的盐商在扬州势力很大。恶霸、豪绅多半同盐商相勾结。他们本已准备像苏州一样地实行和平光复,孙天生的行动打乱了他们的部署。他们一面假意同孙天生商谈合作,一面散布孙天生是"冒充革命党"的流言。同时,由商会会长周树年出面邀请在镇江的徐宝山带兵来扬州。徐宝山本是盐枭头目,受清朝招安为缉私营营长。由于他凶狠残暴,绰号"徐老虎"。这时镇江已经光复,原新军第十八协的一个营长当了镇江的都督。徐宝山的部队原封不动地保存着,但已算参加了革命。他很想乘革命之机捞个地盘称雄一方,周树年的邀请正合他的意。扬州有些地主和商人不信任他,责问周树年说:"孙天生是假革命,徐宝山是否真革命?"但是周树年和其他巨绅豪富觉得孙天生比徐老虎更可怕一些,宁愿承认后者是"真革命"。徐宝山的军队进入扬州后,杀死起义军民七十余人,孙天生也被捕杀。徐宝山成为扬州军政分府的都督,周树年等人筹饷供养他。

①　扬州师范学院历史系编的《辛亥革命江苏地区史料》(江苏人民出版社 1962 年版)中有《孙天生起义调查记》一篇,这篇调查是访问了五十余位当年亲历扬州光复的老人后写成的,执笔者是祁龙威。同一书中还有其他几篇有关的记载。

　　苏南的无锡、常熟、江阴三县的边界地区在 1911 年发生"千人会"的农民起义①。这年七月里这个地区大雨成灾,被剥削的饥饿农民起来夺取地主绅商囤积的粮食。在抢米风潮中产生了千人会这个秘密组织。武昌起义的风声传来,农民中间传说:"皇帝已经没有了,租米可以不交了",千人会渐渐公开活动。三县交界处方圆二十里范围内的贫苦农民纷纷参加这个组织,他们宰猪喝血酒结盟,盟辞的主要内容是:"同心抗租,临阵退缩者当众处罚"。在江苏省城和平光复后,这三县也迅速成立了由地主、资本家、旧官员组成的新政府,无锡军政分府的首脑是一个官僚地主家庭出身的同盟会会员。这些新政府都采取保护地主阶级、反对造反的农民的立场,它们催迫农民照常交租。12 月间,常熟的军警下乡到王庄逮捕了千人会领袖人物周天宝。千人会以锣声号召群众集中到王庄,捣毁了王庄的几个恶霸地主的住屋和他们所开设的商铺,并且在王庄城隍庙里成立司令部,张贴出都督孙二、孙三和军师樊文涛的布告。孙二、孙三都是兼做裁缝的贫苦农民,樊文涛是穷苦塾师。

　　这时,江苏省境内自称都督的到处都有,但千人会产生的贫苦农民的都督是不被承认的。无锡、江阴、常熟三县的新政权,在苏州和上海的军政府的支持下派兵围剿千人会。手中只有锄头、钉耙、鱼叉、鸟枪的农民群众遭到了惨酷的镇压。千人会失败了。在群众的掩护下,孙二、孙三、樊文涛始终没有被捕,但是他们的声音再也听不到了。

　　还可以拿山西省东南部的长治、高平的干草会为例②。干草会是当地农民自发的组织。"群众手持木棒,随带干草,黑夜行路,手持火把",因此称为干草会。武昌起义、太原起义的消息传来后,两县的各乡干草会"用鸡毛传信,沿村传送",号召会众,集合起来,要求免粮免

---

　　① 《辛亥革命江苏地区史料》有《千人会调查记》一文及其他几篇有关资料。这篇调查记是 1960 年扬州师范学院中国近代史乡土资料调查队进行调查后写的,执笔者是祁龙威。
　　② 据 1962 年出版的《山西文史资料》第四辑中的《长治、高平的干草会》。

税,并且放火烧毁了许多大地主的家。这时两县还是清朝的旧县官。不久,民国的新县官上任,地主们向县里、省里控告干草会。官方根据他们的控告进行镇压。各乡被认为是干草会头头的人,很多被捕,受到酷刑,被判罚款,有的还被杀头。

(六)交战与议和

前面已经说过(见第二十三章第四节),在袁世凯的军队占领汉口和汉阳以后,武昌军政府接受了袁世凯的停战建议,先是两个三天的武汉地区停战(12月3日晨到9日晨),接着是包括全国各省的十五天的停战(12月9日到24日)。

除武汉以外,发生战争的地区,主要是北方的山西、陕西,南方的皖北和南京。

清朝的两江总督驻南京。在江西、江苏、安徽三省都已宣告对清朝独立后,两江总督张人骏只剩下南京一个城。这时南京城里有江防营、缉私营、巡防营共四十多个营的兵力,其中主要的是江南提督张勋所统的江防兵二十营。由于张勋坚决主张效忠清朝,张人骏不敢接受南京绅士们提出的宣告独立的请求。南京本来还驻有以徐绍桢为统制的新军第九镇,张人骏担心新军中官兵有革命倾向,在武昌起义后,把第九镇全部调离南京城。第九镇的司令部移驻到南京城以南四十多里的秣陵关。徐绍桢本不是个主张革命的人,但看到大势所趋,决定站到革命方面来。11月8日他指挥所部进攻南京,失败了。他的部队退集镇江一带。驻镇江的第九镇第三十五标的兵士们已先一日(11月7日)宣布起义,成立了军政府,营长林述庆当了镇江都督。徐绍桢到上海和各方面联系,决定成立江浙联军,再次攻打南京。

江浙联军的总司令由徐绍桢担任。参加联军的除徐绍桢的部队外,有镇江的林述庆的部队、苏州程德全派出的刘之洁统带的部队、从浙江来的朱瑞统带的部队,还有从上海吴淞来的黎天才的数量很少的部队。他们参加作战各有自己的打算。清朝朝廷曾指派当过两广总督的岑春煊以宣抚使名义到四川去,岑春煊从广东把黎天才部调到上海准备做随他入川的卫队。武昌起义发生,岑春煊放弃了入川的打算,这支部队在上海无所依归。黎天才参加进军南京不过是想乘机捞一把,找个出路。江浙两省派出的军队也都是为了扩充势力。各个部队在作战中并不能很好地协同合作。就是原来属于第九镇的军官林述庆,现在也自立门户,不愿受徐绍桢的节制。但是南京已是一座孤城,进攻的联军兵力大于守军,优势是在联军这方面。从 11 月 22 日起经过十天的战争,联军分路占领了南京城外各个据点。张勋无力抵抗,南京的美国领事为他出面求和。在议和的条件尚未商定时,张勋率所部逃出了南京城,渡江到浦口往北走了。两江总督张人骏和城内其他主要官员也都逃走。这一天 12 月 2 日,是武昌宣布停火的前一天。

在皖北有一支由一些同盟会的革命分子领导的淮上军。在安徽省城宣布独立后几天,淮河南岸的寿州(今寿县)发生了起义,为首的是同盟会会员,曾经留学日本的张汇滔和省咨议局议员王庆云。在占领寿州后,他们以原来组织的民团和一些会党力量,再加上收编了当地的部分清朝官军,组成淮上军,分路进兵皖北各地。张勋逃出南京北走的途中,遭到占领了凤阳、蚌埠等地的淮上军的截击。淮上军企图消灭张勋的部队,没有成功。张勋到达徐州,在袁世凯的支援下扩编队伍,盘踞在那里。由张汇滔率领的一支淮上军向皖西北地区推进,先后占领了颍上(阜阳)、太和、蒙城、涡阳、亳县等地,他们还准备乘胜进军河南省,由豫东的沈丘、淮阳等地攻向京汉铁路中段地区,以扰乱湖北清军的后路。袁世凯看到这种情形,就命令河南布政使兼武卫军左翼长倪嗣冲进攻皖西北。12 月 10 日倪嗣冲夺占太和。虽然武汉方面已和袁世凯商定从 12 月 9 日起全国停战十五天,但倪嗣冲仍继续进兵阜阳,这里是颍州府城。淮上军据城坚守,经过三天激战,敌军攻进城内,张汇滔率军突围。淮上军死于此役的有五百多人,被俘三百人。倪嗣冲除把这三百被俘人员枪杀外,还把阜阳城内所有不是本地口音的人一律当"乱党"杀死。倪嗣冲自己是阜阳人。在攻占阜阳后,倪嗣冲接着又从淮上军手里夺取了皖北其他许多地方。在1912年以后,倪嗣冲成为统治安徽的军阀。淮上军领袖张汇滔在上海被人暗杀,暗杀的指使者就是倪嗣冲。

北方的陕西省和山西省,在宣布全国停战以前和以后都有战争。袁世凯在提出全国停战时表示,陕西和山西是不算在内的。

陕西省的军政府组织了东路军,由张钫统率,在11月中旬夺占潼关,进入豫西地区。袁世凯派赵倜率领名为毅军的部队在豫、陕边境同张钫部反复交战。张钫还得到了豫西的王天纵的部队配合。12月中旬,全国已经停战的消息传来,张钫派代表到敌营去议和,代表们都被杀。战争仍然继续进行。终于在1912年1月20日,赵倜的毅军占领了潼关。张钫的陕西军队被击溃,因而西安以东的通道完全向敌人敞开了。同时,西安还受到从西面来的威胁。在陕西宣告独立后,清朝朝廷任命在甘肃平凉的满洲官员升允为陕西巡抚,驻兰州的陕甘总督长庚拨给他一部分精兵,并且派陕甘提督张行志率兵和他配合,分路攻入陕西境内。不顾外边的停战协议,升允攻到乾州,张行志攻到凤翔。陕西军政府在作战中主要靠哥老会的力量。由于哥老会的弟兄们死守硬拼,使敌人没有能占领乾州和凤翔。但是在1912年2月上旬敌人占领了礼泉,并进逼咸阳。在东西两面形势危急的情况下,以张凤翙为首的陕西军政府有过放弃西安,退到陕南的打算。最后,由于全国政权已经落到袁世凯手里,张凤翙在陕西的地位为袁世凯所承认,升允和张行志的部队才退出了陕西。

太原在10月30日成立了军政府后,清朝朝廷派新军第六镇的统制吴禄贞率部由石家庄向西攻打太原。吴禄贞是日本士官学校第一期中国学生。他虽没有参加同盟会,但有资产阶级革命的倾向。由于他花钱贿通了庆亲王奕劻,所以能够挤进为袁世凯的亲信所把持的北洋六镇。但是第六镇的军官们几乎都是袁世凯系统的人,吴禄贞并没有能真正掌握他的部队。第六镇下辖两个协,第十一协在武昌起义后拨给了荫昌,随着他南下。吴禄贞带到石家庄的只有第十二协。他派人同山西军政府暗中联系,11 月 4 日他同阎锡山在娘子关秘密会晤,商定合作,共组燕晋联军。吴禄贞还同驻冀东滦州的第二十镇统制张绍曾一向互通声气,他的计划是以燕晋联军和冀东的军队一起进兵北京。袁世凯对吴禄贞早已抱有戒心,把他看做是必须铲除的异己分子。为此,他派人以重金贿买了吴禄贞所亲信的卫队长。11 月 6 日的夜间,吴禄贞被这个卫队长杀死。接着,滦州的张绍曾也被清廷调离军职。

吴禄贞死后,袁世凯改派北洋新军第三镇统制曹锟及所属第五协协统卢永祥进攻山西。12 月中旬,曹锟、卢永祥的军队攻陷娘子关,并且进占太原。与此同时,晋北的大同也发生战争。在大同的同盟会支部领导下,11 月 30 日发动起义,成立了大同军政府。清廷从直隶派出部队围攻大同。以续桐溪为首的革命派分子坚守大同四十多天,弹尽援绝,放弃了大同。清军占领太原和大同,都是在全国停战的协议成立以后。曹锟、卢永祥的军队在占领太原后,还北到忻县,南到临汾,以"剿匪"名义镇压各地的革命力量。

从以上所说的情形可以看到,袁世凯提议停战议和,是为了麻痹对方、束缚对方的手脚,但并不妨碍他自己在需要的时候动用武力。当时,在南方已经宣告独立、主张共和的十二个省内反对议和,要求北伐的呼声很高,有的省还出动了北伐的军队。虽然有些呼声不过是空喊,有些所谓北伐军并不真是打算北伐(例如云南唐继尧就是以北伐军的名义进入贵州,霸占贵州的),但是如果战争的状态继续保持,从南方各省总会有些军队由各种不同动机出发而侵入到仍在袁世凯控制下的北方几个省来。用停战议和的空气冲淡北伐的呼声,这对于袁世凯是极为有利的。

在独立的各省中当权的,除了虽不能彻底进行民主革命但坚持实行民主共和政体的革命派以外,是些穿起革命外衣的君主立宪派绅士、旧官僚、旧军阀、流氓政客。他们都已经把宝押在民主共和上,因此他们也坚持清王朝必须下台,国家必须得到民主共和的形式,只有这样,他们才能作为建立民国的功臣和元勋而保证他们的权力和地位。但是对于他们说来,革命和战争状态愈早结束愈好。如果能不经过战争,而在谈判桌上得到一个民主共和国,那是再好也没有的了。所以袁世凯抛出来的停战议和的诱饵对他们是十分可口的。

11月9日,湖北的黎元洪通电各省,要求派代表到武汉来举行会议组织临时中央政府。同时江苏、浙江、上海三个都督也在11月11日共同发出号召,要各省代表到上海集会。结果,有几个省的代表到了武汉,多数省的代表集中在上海。在上海的代表们成立了一个"各省都督府代表联合会"。由于湖北军政府方面以首义的资格力争以武汉为中心,上海的联合会在11月23日决定搬到武汉。11月30日,代表们在武汉开始集会。这时,冯国璋的军队已经占领汉口和汉阳,正在炮轰武昌,所以会议躲到了汉口英租界,在一家洋行里举行。会议虽然通过了一个《中华民国临时政府组织大纲》,但并没有根据这个组织大纲产生临时大总统,组成临时政府。会议只是重申了在上海已经作出的决定,说是各省"公认湖北军政府为中央军政府",要黎元洪"以大都督名义,执行中央政务。"①这样的决定实际上是适应于袁世凯的要求而作出的。在袁世凯通过汉口英国领事向湖北军政府提出停战三天的同时,也提出了长期停战的问题。英领事把这个信息传达到在汉口英租界内的各省都督府代表会议,并且说,黎元洪须能代表各省,方能议及长期停战。因此,使黎元洪具有"执行中央政务"的身份,正是为进行和议创设前提。

各省代表会议在汉口开到12月7日。会议决定接受袁世凯所提出的在第二个三天停战后,继续在全国范围内停战十五天的建议,并同意袁世凯派唐绍仪为代表同黎元洪或者他的代表"讨论大局"。他们还确定了和平解决的四个条件,这就是:"一、推倒满洲政府;二、主张

---

① 刘星楠:《辛亥各省代表会议日志》。《辛亥革命回忆录》第六集,第244页。

共和政体;三、礼遇旧皇室;四、以人道主义待满人。"①有的记载说,会议还有这样的决定:"如袁世凯反正,当公举为临时大总统"②。根据其他记载,会议虽然没有明确地作出这样的决定,但是与会的代表们对这点是有默契的③。正因为已经有了这样的决定或默契,当然就更不急于成立临时政府了。

而且在成立全国政府的问题上,在长江下游三都督和湖北军政府之间还有矛盾。江苏、浙江、上海三个都督,一个是旧巡抚(江苏程德全),一个是立宪派(浙江汤寿潜),一个是流氓政客(上海陈其美),他们虽然同黎元洪没有什么原则问题上的对立,但是他们主张在上海开各省代表会议,是有他们的野心的。会议虽然从上海移到了汉口,但每省仍留下一两个代表在上海。正在汉口会议举行期间,12月2日,江浙联军攻占了南京,这就大大提高了这三个都督的发言权。4日,他们唆使留在上海的各省代表开会,程德全、汤寿潜、陈其美这三个都督也参与会议。这次会议决定以南京为临时中央政府所在地,并且推举黄兴为大元帅,黎元洪为副元帅。他们把黄兴当作一张牌打出来,是利用他作为革命党领袖的声望来压倒具有"首义"资格的黎元洪。事实上,黄兴在汉阳战败以后到了上海,手中没有一兵一卒,所以他表示推辞。

由于武昌处于对方的炮口之下,黎元洪无法反对以南京做临时政府所在地。同时,黎元洪还遭到另外一个失败。袁世凯派的议和代表虽然到了武汉,但是和议却没有能在武汉举行。黎元洪所指定、各省一致同意的议和代表是伍廷芳。伍廷芳在上海,表示不愿意离开。特别是为这次议和拉线的英国人也主张在上海租界里举行和议。对此,黎元洪也无法反对。但是对于以黄兴为大元帅,他提出了抗议,表示不能承认。

① 刘星楠:《辛亥各省代表会议日志》.《辛亥革命回忆录》第六集,第246页。
② 张难先:《湖北革命知之录》,第391页。
③ 张国淦:《辛亥革命史料》,第282页。

在汉口和在上海的各省代表,12 月 11 日都到了南京。江苏、浙江、上海三个都督在最初召集这些代表时,是要求各省的都督府各派代表一人,各省的旧咨议局也各推代表一人。因此,出席会议的各省代表,多半是立宪派的人物和投革命之机的政客。这些代表中也有同盟会会员,但他们在成立中央政府的问题上并没有独立的主张。例如在汉口开会时担任议长的是老同盟会会员谭人凤,他坚持主张要成立临时政府只能以黎元洪为首脑。

12 月 14 日,各省都督府会议在南京开始举行。会议决定根据在汉口通过的临时政府组织大纲选举临时大总统。但这时从武昌传来消息,说是袁世凯的代表唐绍仪在武昌向黎元洪表示,袁世凯也主张共和,而且唐绍仪即可到上海同伍廷芳开议,于是会议又决定,暂缓选举临时大总统,由大元帅暂时担任大总统的职权。黎元洪一派的人反对把黄兴摆在黎元洪之上,而黄兴自己也力辞,于是 12 月 17 日,会议又把这两张牌颠倒了一下,让黎元洪当大元帅,黄兴当副元帅。但是所谓大元帅、副元帅都不过是个名义。各省的代表实际上是在等待唐绍仪和伍廷芳在上海会议的结果,把大总统的职位空下来留给袁世凯。

12 月 25 日,孙中山从国外回到上海,局势发生新的变化。

第二十五章

以孙中山为首的南京政府

（一）孙中山就任临时大总统

宣统三年（1911 年）三月的广州起义（即黄花岗之役）遭到失败后，孙中山仍继续在美国各地华侨中宣传革命。闰六月十七日（8 月11 日）他在一封信中说："现时各省民心切望革命军起，以救彼等脱离清朝之苛政者，已若大旱之望云霓；而十八省之新军，亦多倒戈相助。……吾党无论由何省入手，一得立足之地，则各省望风归向矣。"①但他没有料到两个月后，他所想望的胜利就在湖北省会开始了。他在美国中部科罗拉多州的旅途中，从报纸上看到了"武昌为革命党占领"的消息。

孙中山后来在他的回忆革命经过的文章中说，当时他如果经太平洋回国，二十多天就可以到上海，但是他认为，他应该"先从外交方面

---

① 《孙中山全集》第 1 卷，中华书局 1981 年版，第 533 页。

致力,俟此问题解决而后回国。"①他又认为,外交方面的关键是在英国。因此他从美国到了英国。这时外国报纸上已经有中国革命胜利后,共和国的首任总统将由孙中山担任的说法。他在英国为阻止四国银行团对清朝政府的巨额贷款进行交涉,并且想同银行团商谈革命政府借款的问题。英国方面表示,不再贷款给清朝政府,至于革命政府,那要等正式成立后才能开议借款问题。孙中山又从英国到法国,然后登轮回国。12 月 25 日他到达上海,已经是武昌起义后两个半月了。

孙中山是第一个提倡在中国通过革命实行资产阶级理想的人,他为此已经坚持不懈地斗争了十多年。从 1895 年起,他被清朝政府通缉,从此他不可能回到国内活动。虽然他没有直接参加,但是人们都不能不承认,武昌起义的胜利和各省的迅速响应是以孙中山为首的革命党人多年间的革命宣传和革命斗争所结出的果实。孙中山是作为公认的革命领袖而回到国内的。

孙中山回国受到了热烈的欢迎。但是就在革命党人中也有人不赞成他回国,例如坚持主张黎元洪担任临时大总统的同盟会会员谭人凤就以为孙中山最好还是在国外活动。谭人凤的自传说,他当时的主张是"黎既冒首义功,自应俾之过渡"。这实在是一种奇怪的逻辑。他又认为,"中山不悉国内情形,临时政府初起事艰,决难胜任,不如以全权大使历聘列强,备为异日正式选任。"②

革命势力由于孙中山的回国而有了一个有力的中心人物,这使反对革命的方面感到震惊。袁世凯派到上海进行和议的代表唐绍仪在 12 月 27 日电告北京的内阁说:"默察东南各地民情,主张共和,已成一往莫遏之势"。"孙文来沪,挈带巨资,……声势愈大。正议组织临时政府,为巩固根本之计。且闻中国(指清政府——引者)商借外款,皆

---

① 《孙中山选集》,人民出版社 1981 年版,第 209 页。

② 谭人凤:《石叟牌词叙录》。见《近代史资料》1956 年第三期,第 59 页。

为孙文说止各国,以致阻抑不成"①。

当孙中山快要到达上海的时候,许多报纸说,他带来了"巨资",支助革命军。孙中山在他自传中这样说:"予甫抵上海之日,同志之望我者以此,中外各报馆访员之所问者亦以此。予答之曰:予不名一钱也,所带回者,革命之精神耳!革命之目的不达,无和议之可言也!"②

但是和议已经在 12 月 28 日在上海开始。

袁世凯派出议和的全权代表唐绍仪,是上一世纪七十年代的留美学生,在袁世凯手下任职多年,1900 年后在清朝先后任外务部、邮传部的侍郎、奉天巡抚、邮传部尚书。他既是袁世凯所信任的官员,又是个老留学生,因此被派为代表。袁世凯还派了各省籍的官员和名流多人随同唐绍仪南下。唐绍仪谈判的对手伍廷芳,也在上一世纪七十年代留学英国,曾在香港充律师,又做过清朝的修订法律大臣、会办商务大臣、外务部和刑部的侍郎,并且担任过两任驻美国使臣。他第二次出任驻美公使,1910 年初回国后,住在上海,和立宪派的张謇等人接近。武昌起义后他宣布赞成共和。伍廷芳有几个参赞,汪精卫是其中的一个。前面已经说过(见第二十三章第三节),汪精卫在北京出狱后已为袁世凯所雇佣,他是随着以唐绍仪为首的代表团一起到上海的,但是到了上海以后,却又一变而成了南方代表伍廷芳的参赞。由于他既同袁世凯关系密切,又被认为是同盟会的革命家,所以他在议和进行中起了重要的作用。

代表袁世凯的唐绍仪急于要求南方,也就是革命方面承认停战状态继续保持下去,虽然事实上在安徽、陕西、山西等地主要由于清朝军队发动进攻,还有战事。南方认为,既要停战,就不应有例外的地区。唐绍仪接受了伍廷芳的建议,双方通知交战地区的军队一律停战。伍廷芳接受了唐绍仪的主张,在预定的停战期满后继续停战七天(1911

---

① 郭孝成:《中国革命纪事本末》第三编,第 7 页。
② 《孙中山选集》,人民出版社 1981 年版,第 211 页。

年 12 月 24 日到 31 日）。

唐伍间的上海会议所讨论的并不只是和战问题。袁世凯在会议开始时通电各省说："此次派唐绍仪赴上海议和，实为商谈改革政治问题。本大臣向来坚持君主立宪政体，即英、德、法、俄、日本，亦均赞成君主而反对共和。故此次上海会议之结果，可预料其决无改为民主之理。"①维持清朝皇室而实行君主立宪，这是袁世凯公开表示的政治主张。但是实际上他并不想维持清朝，而是要取而代之。他的代表唐绍仪显然摸透了袁世凯的用心，在会议上表示，不但他自己不反对共和立宪，而且似乎袁世凯也并不反对，只要袁世凯能够当上总统。唐绍仪还表示，现在的问题只在于"宜筹一善法，使和平解决，免致清廷横生阻力"，"使清廷易于下台，使袁氏易于转移"②。

12 月 20 日的会议上，唐绍仪提议，由南北各省，加上内外蒙古、西藏，各推代表，举行"国民大会"，来决定君主或民主的问题。这就是他所说的"和平解决"善法。伍廷芳表示同意。这两个官员，尽管各自作为一方的代表，但是他们本来气味相投，当然很容易得到一致的意见。清朝朝廷，经过御前会议讨论后，12 月 28 日发布谕旨，同意上海会议上两个代表的协议。

但是对于上海会议达成的这个协议，在已经宣布共和的各省的当权派以及集合在南京的各省都督府代表们中间，引起了疑虑和反感。这是因为：第一，袁世凯虽然再三要求停战，却乘机派兵侵入山西、陕西，这使人们认为他是实行"南和北战"的策略，在和平烟幕下争取时间，加强他在北方的地位，以便进一步用武力对付南方。如果再要推举代表召开新的会议，那就使他得到更多的时间。第二，袁世凯公开主张维持清朝皇室、实行君主立宪，这就使那些愿意袁世凯来担任民国总统的人们怀疑他是否有此决心。第三，如果还要举行一个新的会议来决

---

① 《中国革命记》第十三册《记事》栏，时事新报馆 1912 年 1 月版，第 4 页。
② 《辛亥革命资料》，第八册，第 77、79 页。

定君主或民主的问题，那就是否定了已经在南京召开的各省代表会议的地位。

孙中山正在这时候回国。在他到达上海后四天，12月29日，南京的各省代表会议进行临时总统的选举。与会的有十七省代表，每一省投一票。孙中山以十六票当选，只有浙江省代表没有投他的票。12月31日，孙中山率领一些随员从上海到南京。次日，孙中山就任临时总统，宣告中华民国成立。——这一天就是1912年1月1日（阴历辛亥年十一月十三日）。

前面说过，在孙中山回国以前，各省都督和各省代表会议已经酝酿成立临时的中央政府。但是他们找不出一个公认的有威望的领袖人物，而且他们在企待袁世凯来担任总统，因此，他们只是推举了黎元洪和黄兴做为大元帅、副元帅，暂代临时总统的职权，而这两个人又都没有就职。只是因为袁世凯迟迟不作出最后决定，他们才感到有必要迅速把中央政府成立起来。已经宣布共和的各省各自为政的局面不能长久保持下去，这固然是他们要成立中央政府的一个原因，但是这还不是主要的原因。主要的原因有两点：第一，他们认为，成立了中央政府，才有可能得到外国的"承认"。当时参加革命的所有人，包括真正的革命派，更不用说投机分子了，都把帝国主义列强的"承认"看做是首要的事。第二，他们又用成立中央政府来向袁世凯示威，但并不是同袁世凯决裂，而是企图迫使他早下决心抛弃清皇朝。因此，他们只愿意把新政府称为"临时政府"，孙中山只是临时大总统。孙中山虽然反对用"临时"的名义，但他的主张没有被接受。

孙中山是一个伟大的资产阶级革命家。他不回避他出任大总统所可能遇到的风险，毅然地到南京就职。他在就职宣言中说："临时政府，革命时代之政府也。"[1]但是他不能不受到涊漫在革命队伍里的那种并不想彻底进行革命，要把总统的职位让给袁世凯的思潮的影响。

---

[1] 《总理全集》，近芬书屋1944年版，宣言第4页。

他的就任大总统誓词中说:"至专制政府既倒,国内无变乱,民国卓立于世界,为列邦所公认,斯时文当解临时大总统之职。"①他又致电北京的袁世凯,表示自己只是"暂时担任"组织临时政府,并且说,"文虽暂时承乏,而虚位以待之心,终可大白于将来。望早定大计,以慰四万万人之渴望。"②

这种情形决定了以孙中山为首的南京临时政府的命运。它只能是一个过渡性的政府,它所担当的任务不是把革命进行到底,而是用妥协的方法来结束革命。

(二)袁世凯在南北议和中的阴谋

袁世凯在 1911 年 11 月 16 日组成以他为首的内阁以后,迅速地把清朝的全部政权、军权掌握在自己手里。摄政王载沣(皇帝溥仪的生父)已不起任何作用,12 月 6 日自请退位。载沣的弟弟载涛是军咨府大臣,又是禁卫军训练大臣,也接着请求解除军职。袁世凯立即以他的亲信徐世昌任军咨府大臣,并且以另一亲信冯国璋来统率禁卫军。残余在皇族手里最后一点军权由此而全部丧失。皇族中有些人如庆亲王奕劻早已同袁世凯相勾结,有些人虽然对袁世凯不满和猜忌,但也只能坐看大权为他所独揽。从皇太后(光绪皇帝的妻子,称为隆裕太后)到所有亲贵,都已只能把希望寄托在袁世凯身上,依仗他来挽救清朝命运。在北京城里的官员们,有些看到形势不妙,弃职离去,留下来的都依附于袁世凯的周围。

袁世凯虽然拥有当时最有训练、最强的北洋军队,但是在全国几乎三分之二的省份已经宣布对清朝独立的情况下,他显然不可能靠兵力来扑灭革命的火焰。当以孙中山为首的南京政府成立时,全国除内蒙

① 《辛亥革命资料》第八册,第 8 页。
② 《孙中山全集》第 1 卷,中华书局 1981 年版,第 576 页。

古、外蒙古和西藏以外,二十二个省中只有直隶、河南、山东、甘肃、东三省和新疆还没有改换清朝的旗帜。但在这些省份里也存在着动乱的因素。

山东在清朝巡抚孙宝琦取消了独立(见第二十四章第四节)以后,袁世凯派去的官员对革命实行严厉的镇压。济南城里凡剪了辫子的男子都有被拘留的危险。但是山东巡抚已不能完整地统治全省。革命党人在胶东发动起义,占领了烟台、登州(蓬莱)、荣成、文登等地,并在烟台成立了军政府。在胶济铁路东段沿线地区,也有人组织革命军,先后占领即墨、高密、安丘、诸城等地。清军在即墨和诸城实行了残酷的杀戮。

袁世凯以重兵控制的河南省也总是不太平。同盟会组织在 11 月下旬进攻洛阳的计划流产(见第二十四章第五节)后,省城开封学界中的一些同盟会会员又联络了城里的陆军学校学生等力量,准备发动起义。但因为这时正是黎元洪和袁世凯协议停战十五天的期间,他们没有即时发动(由此可见停战协议是起了麻痹革命的作用的)。由于延期,起义计划被官方察觉。在 12 月 23 日这个预定起义日前夕,同盟会会员张锺端等十一人被捕杀,他们大多数是留日学生。死于此役的还有不少不知名的劳动群众。河南的清军在西面同陕西的革命军作战,在南面要保障在汉口方面的清军后路,并防御可能从几个方面来的北伐的革命军。陕西的革命军在得到各地民间的武装力量的配合下一度攻入豫西。豫南南阳、邓州一带也有许多民间武装力量,等待时机,跃跃欲试。从鄂西北出发的北伐军在 1912 年 1 月间攻入河南,占领了新野、邓州、南阳等地。因此如果战事延长,袁世凯对河南的控制是并没有把握的。

统治甘肃的是效忠于清室的陕甘总督长庚,他只能起牵制陕西的革命军的作用。新疆巡抚袁大化仍站在清朝方面。1912 年 1 月 7 日同盟会会员冯特民等人在伊犁地区联络了当地的新军发动起义,成立了都督府。已卸任的伊犁将军广福(蒙古族)被推为都督。因而在新疆形成了两个政权对立和交战的形势。

革命的潮流也激荡到东北三省。早在武昌起义后一个多月,为了给人以独立的假象,奉天(今辽宁)、吉林、黑龙江三省都由清朝原来的军政长官主持成立了所谓保安会。这三个省,特别是奉天省的不少地方,革命党人联合当地的绿林力量举行起义,都迅速失败了;只有在辽东半岛的庄河、复县一带,起义队伍站住了脚跟,维持了几个月,为首的是在北洋军中担任过协统的蓝天蔚,他号称关外大都督,但他的势力没有能发展到较大地区。虽然如此,关外清军也穷于应付了。

就在北京近畿和直隶省,也埋伏着危机。一些革命派的知识分子为响应武昌起义,在天津秘密成立了北方革命协会。1912年1月2日,在冀东的滦州,新军第七十九标以营长王金铭、冯玉祥等为首的下级军官和兵士们宣告起义,并向天津进兵。袁世凯派出较强的兵力阻击围攻,起义军遭到歼灭性的失败。北方革命协会还在通州、天津等地图谋发动起义,但没有实现。这些情形都表明袁世凯的脚底下是很不安定的。

拿革命方面全部力量来和袁世凯相比,优势是在革命方面。就全国人心向背来说,更是如此。如果已经宣告站在共和方面的十四个省的武装力量,在统一的部署下,目标一致地进行战争,那么,还在清朝统治下的地区内部必然发生更大的动乱,清皇朝连同袁世凯的覆灭可以说是指日可待的。

正因此,袁世凯必须用议和来使革命力量踏步不前,以至向他屈服。

袁世凯的后台帝国主义者极力要阻止革命战争的延长,促成有利于袁世凯的议和。上海的议和会议是在英国人的牵线下开始的。英国驻北京公使朱尔典是实际上的导演。英国在上海的一个商人李德立出面做交战双方的调停者。李德立以传教士身份在中国活动多年,又是英商卜内门公司的代理人,他向来同官场结交,袁世凯的代表唐绍仪到上海就住在他的家里。他还出席唐绍仪和伍廷芳的议和会议。李德立在致黎元洪的电报中说:"战延不和,中国前途,不堪设想。"①在会议刚开始时,英、美、德、法、日、俄六国驻上海领事一起到唐绍仪和伍廷芳两人住处,代表他们的政府提出了意见书,意见书中表示:"中国如果继续战争,不特有危于本国,并有危于外人之利益安宁",因此,"愿两议和使设法将战争早日消灭"②。袁世凯之所以能在劣势下取得他所需要的停战,帝国主义列强的支持是一个重要的因素。

有位回忆录作者说:"辛亥武昌起义之后,袁世凯显然抱着这样的态度:一、不赞成革命,二、同意推翻清廷。"③。这个观察是符合事实的。这就是说,袁世凯要的是推倒清朝由自己取而代之,但决不使它成为资产阶级民主革命的胜利。

当时,袁世凯向人说:他是有"良心"的人,"虽时势至此,岂忍负孤儿寡妇乎"④。(孤儿寡妇指小皇帝和皇太后)但谁也不相信他真是要维护清皇朝。他之所以不像革命阵营方面的人所希望的那样,立即把清皇朝搞掉,是因为他不愿因此而在北方造成内部冲突,这种冲突将使他在同南方的力量对比中更处于劣势。他宁愿利用革命形势造成清皇朝不得不自动让位的局面,同时又利用清皇朝的存亡问题作为他同革命阵营讨价还价的筹码。革命阵营方面不认为自己有力量推倒清朝,迟迟不成立自己的中央政府而把大总统的宝座留给袁世凯,这显然是极大地鼓舞了袁世凯及其党羽们,使他们相信,再等待一下,革命阵营因为要仰赖袁世凯推倒清皇朝而承认他当皇帝,也不是不可能的。正因此,袁世凯并不急于把大总统的宝座作为南方的礼物接受下来,而要停战议和,争取一段时间,进行各方面的安排,以实现自己的阴谋。

孙中山被选为临时大总统在南京成立政府,对于袁世凯是一个打

---

① 曹亚伯:《武昌革命真史》正编,第411页。

② 《中国革命记》第十四册,《记事》栏,第4页。

③ 汪彭年:《武昌起义后袁世凯操纵时局的几点见闻》。《辛亥革命回忆录》第六集,第429页。

④ 《辛亥革命资料》第八册,第131页。

击。袁世凯对此立即作出了一系列的反应。

袁世凯打断了唐绍仪和伍廷芳在上海进行的会议。这时他们已经在具体商量如何召开所谓国民会议的问题。袁世凯宣称,唐绍仪超越了自己的职权,达成了他所不能承认的协议。按照袁世凯的旨意,唐绍仪在孙中山就任临时大总统的同一天,即1912年1月1日,辞去代表之职。

1月3日,袁世凯的党羽,冯国璋、段祺瑞等四十八个将领联名电告伍廷芳,声称他们坚决反对共和,拥护君主立宪。所谓反对共和,当然就是反对以孙中山为大总统的南京政府。这是袁世凯发动他的部属对南京政府的一次示威。

1月5日,面对武昌前线的清朝军队从汉阳撤退,接着又从汉口撤退。袁世凯在攻占汉口、汉阳后,已同武昌的黎元洪心照不宣,和平共处。现在在南京的中央政府成立后,他又把军队撤退到离汉口约一百里的孝感,并经过英国人通知武昌方面不得进占汉口、汉阳,黎元洪表示照办。黎元洪虽然口口声声讲北伐,但实际上是越来越被拉拢到袁世凯方面去了。袁世凯加紧在革命阵营中做分化工作,以求孤立孙中山的南京政府。汉阳、汉口的撤兵是这方面的一个明显的行动。

袁世凯还指使在徐州的张勋的部队向南发动进攻以威胁南京。但张勋的进攻不但没有收效,而且在对方的反攻之下,他被迫放弃徐州,退到了济南。张勋的部队不属于正牌的北洋军,战斗力比较差。但他的迅速败退也可证明,用战争解决问题是对革命阵营有利的。

因此,袁世凯仍然主要采用战场以外的方法来对付南京政府成立后的局势。虽然他使唐绍仪和伍廷芳的会议停止下来,但他并不放弃停战议和的旗帜。他自己出面同伍廷芳通过电报继续进行谈判。首先就达成了从1912年1月1日起继续停战的协议。袁世凯和伍廷芳的来往的公开电报中虽然还在谈召开国民会议的问题,但这不过是迷惑人心的烟幕,其实这时谁都不准备召开这样的会议了。实质性的谈判,他们是经过密电来进行的。继续留在上海的唐绍仪也和伍廷芳秘密联系。他们之间谈判的实质问题就是:在什么条件下结束清皇朝,同时取消南京政府,使一切权力都归于袁世凯。同这种谈判相配合,袁世凯的后台帝国主义和他在革命阵营中的朋友们一致动员了起来,从各方面造成南京政府的困难,迫使它只能走到袁世凯所设计的圈套里去。

当袁世凯确实弄清楚了南京政府不可能独立地有所作为的时候,他就反过来对清朝施加压力。1 月 16 日,他以内阁总理的名义提出奏折,竭力申说以现有兵力财力,无法作战,"常此牵延,必有内溃之一日",而且"彼众若狂,醉心民主……人心涣散,如决江河,莫之能御"。他说,作为总理大臣,他无权决定"帝位去留"的问题,只能要求"皇太后皇上召集皇族,密开果决会议,速定方策,以息兵祸而顺民心"①。在提出这个奏折的前三天,他让手下的将领们致书朝廷的亲贵们威胁说:"查亲贵王大臣财货寄顿外国银行者数千百万,若不尽买公债以抒危难,非但财不能保,杀身之祸且在目前。"②

从 1 月 16 日起,袁世凯托称生病,不再自己上朝,而由他的内阁中其他成员代表他和朝廷联系。

皇太后召集王公贵族,开了几次御前会议。他们不愿意立即作出使自己退出统治地位的决定。皇族载泽、溥伟等人慷慨激昂地反对袁世凯,斥骂他是"私通革命的奸细"。虽然他们有的只是慷慨激昂的空谈,但毕竟使问题成为僵局。

1 月 26 日,贵族中的少壮派领袖人物良弼在上朝回家时,被人用炸弹杀死。这次暗杀是在京津的同盟会会员组织的,由革命青年彭家珍执行。彭家珍因此英勇牺牲。良弼是禁卫军中的协统。禁卫军虽已由冯国璋任总统,但军官和士兵中很多是满族人,良弼在这里面还有相当的影响。袁世凯和良弼之间是有矛盾的。良弼的命运使那些养尊处优、贪生怕死的王公贵族更不敢出头坚持维持帝制,反对袁世凯。袁世

---

① 尚秉和编纂《辛壬春秋》第二十六,《清室禅政记》,第 17—18 页。
② 同上书,第 15 页。

凯利用革命分子的力量除掉良弼,既是清除了一个心腹之患,又是借以恐吓那些王公贵族。对于这些养尊处优、贪生怕死的寄生虫,这一着是起了一定效力的。

也就在1月26日,跟着袁世凯的指挥棒转的将领们联名奏请,吁请皇帝立即退位,确定共和政体。列名在这道奏文中的是二十三天前通电反对共和的原班人马,只除了冯国璋一人,因为他统率禁卫军,不便参与这样的吁请。

到这时,袁世凯的态度是很明确了。清皇朝既已经把袁世凯当做唯一的支柱,除了退位,没有任何别的路可走了。

孙中山在就任临时大总统时,虽然已经承认以袁世凯使清皇朝下台为条件,推他为大总统,但是袁世凯并不打算来当南京政府的大总统。他要求清皇朝和南京政府一起取消,而由他来组织统一南北的全国政府。早在1月16日,他向朝廷提出"帝位去留"问题的时候,他也经过伍廷芳向南京政府提出,在清皇朝退位的时候,南京政府应该立即解散。1月26日袁世凯的将领们的奏文中提出的主张是:"明降谕旨,宣示中外,立定共和政府,以现在内阁及国务大臣等暂时代表政府,担任条约国债及交涉未完各事项,再行召集国会,组织共和政府。"①这就是说,在清朝皇帝退位后,袁世凯的内阁还存在,它将是清皇朝合法的继承人,在这样的安排下,南京政府是没有任何地位的。这也就是说,与清皇朝退位同时,南京政府也应该消灭。袁世凯暂时放弃了他当皇帝的想望(他将在三年以后重新谋求实现这个想望),但他要以清皇朝的继承人的身份,而不是靠南方的推戴,取得国家的最高权力。

对此,南京政府表示愤慨。1月27日,孙中山电致各国公使说:"本总统甚愿让位于袁,而袁已允照办,岂知袁忽欲令南京临时政府立即解散,此则为民国所万难照办者。盖民国之愿让步,为共和,非为袁氏也。……袁氏之意实欲使北京政府、民国政府并行解散,俾得以一人

---

① 《辛亥革命资料》第八册,第174页。

而独揽大权也。"①

（三）南京政府的腰杆不硬

各省都督府代表会议在汉口开会时制定了一个《中华民国临时政府组织大纲》，南京政府的成立，就是依据这个组织大纲。这个组织大纲中只规定有大总统，没有副总统。孙中山就任临时大总统后三天，各省都督府代表会议又作出了添设临时副总统的决定，把在武昌的黎元洪选做临时副总统。

按照这个组织大纲，临时政府在大总统之下只有外交、内务、财政、军务、交通五个部，其人选都由大总统提出。孙中山在组织政府时，为了使各派势力都得到满足，扩大为九部。九个总长中只有两个是资产阶级革命派，他们是陆军总长黄兴，教育总长蔡元培。担任外交总长的王宠惠是美国耶鲁大学1905年的毕业生，他在欧洲时虽曾同孙中山接近，参加了同盟会，但他的政治倾向是属于温和的立宪派的。此外的六个总长都是立宪派和旧官僚。江苏的立宪派大资本家张謇被任为实业总长，浙江的立宪派绅士汤寿潜被任为交通总长。孙中山原来想让同盟会的宋教仁当内务总长，遭到人们反对，结果由旧官僚程德全担任。财政总长陈锦涛、海军总长黄锺瑛、司法总长伍廷芳也都是原来清朝的官僚。这些总长，还有次长的名单都在1月3日确定了下来。

黎元洪欣然接受了副总统的职位，但并不离开湖北的地盘而到南京来。那些担任总长的社会名流和旧官僚也一概不来上任。南京临时政府处在风雨飘摇之中，他们是不愿来分担艰巨的。孙中山的主要助手是陆军总长黄兴，他还兼任参谋总长。参加南京政府工作的各部次长和其他职员，固然有些是猎取官职的投机政客，但多数是具有不同程度的资产阶级民主主义倾向的年轻人。

---

① 白蕉：《袁世凯与中华民国》，人文月刊社1936年版，第19—20页。

临时政府组织大纲还规定设立参议院作为立法机关。参议院由各省都督府所派的参议员组成。这样的参议院在 1 月 28 日成立。这样，这个临时政府的机构就都齐备了。

在 1912 年初到南京在总统府的秘书处担任工作的吴玉章,在他的回忆录中指出:"这个临时政府,既有立宪党人,也有官僚军阀;但革命党人还是占主要地位。它是一个以资产阶级为主体的政权。"①就这个政府的领导者和参加工作的多数人员来说,这个判断是正确的。这里还需要补充说,在这个政府的指导思想和行动纲领中,资产阶级革命派的色彩并不多。

在革命爆发前,资产阶级已经在政治上分为立宪派和革命派两个部分。革命一爆发,立宪派纷纷放弃他们的君主立宪的旗号而主张共和,表示参加革命。但是立宪派还是立宪派,他们的主张是绝对避免用革命的方法,而要用改良主义的方法,用向地主买办阶级妥协迁就的方法来实现共和。立宪派的这种主张在以为革命的胜利已经取得,或至少已经在望的资产阶级、小资产阶级革命派中得到了同情的响应。立宪派和革命派的区别好像已经不再存在,许多革命派分子已经不认为自己同立宪派有什么原则的区别了。形式上是立宪派顺应了革命潮流,实际上却是革命派在思想与政治上在很大程度上为立宪派所同化。南京临时政府这个以资产阶级为主体的政权,可以说是资产阶级革命派和资产阶级立宪派的联合政权,在这种联合中,占优势的思想却是资产阶级立宪派的思想。

这时的同盟会,已经不能作为资产阶级革命派的组织起领导作用。吴玉章指出:"同盟会自广州起义失败以后,即已趋于涣散,而至武昌起义以后,几乎陷于瓦解状态。章太炎说:'革命军起,革命党消',这两句话虽是极端错误的,但用来形容当时的情况,倒很合乎事实。"②

---

① 吴玉章:《辛亥革命》,人民出版社 1961 年版,第 146 页。
② 同上书,第 145 页。

有些同盟会会员跟在立宪派后面,在同样的乐器上奏同一曲调。例如1911年冬在上海,以伍廷芳、张謇为首发表了一个《共和统一会意见书》①,列名为发起人的有些是当时有名的同盟会会员(其中包括已在暗中投降了袁世凯的汪精卫)。这个意见书虽然表示主张"共和政体",而且主张"即速北伐",但是表示十分担心民主自由空气盛行,将难以"恢复秩序",意见书说:"一紊不复,或久乱不治,纷扰相寻,必致陷于无政府之状态,是共和改造时代之殷忧巨患也。"意见书又认为战争延长,必然招致列强干涉,"夫欲免列强之干涉,莫利于速期革命之成功。"在革命不过刚刚开始的时候,就惟恐革命过头,认为革命如不速胜必有大祸的说法,不过是上层资产阶级害怕革命,谋求早日结束革命的思想的表现。

有些原来的同盟会会员另组政党。章太炎在1912年初以一部分光复会会员为骨干成立了"中华民国联合会",不久,这个组织同立宪派的名流张謇、汤寿潜、汤化龙等人和旧官僚程德全等人联合成立"统一党"。湖北的一些同盟会会员孙武、张振武等人则拥戴黎元洪成立了具有政党性质的"民社"。章太炎是首先提出"革命军起,革命党消"的说法的人,黎元洪非常赞成这个说法,还发展这个说法而提出"共和国立,革命军消"(见第二十三章第四节)。他们所组织的当然不是以革命为宗旨的党。他们的党是主张同袁世凯妥协的党。

陷于瓦解状态的同盟会,在孙中山回国以前,只是以同盟会本部的名义在上海发表过一篇宣言②。这篇宣言虽然说,还要"长驱河朔,犁庭扫穴,以复我旧邦,建立民国,期得竟其始志",但在它的一大堆华而不实的文词中,对于武昌起义后的形势和同盟会到底要起什么作用,没有作出任何具体论述。当时各种旧势力在社会上制造舆论说,革命党无非是为了做官当权。这篇宣言只是作了这样的辩白:"(革命党人)

① 参见《中国革命纪事本末》第三编,第76—82页。
② 邹鲁:《中国国民党史稿》第二篇,第491—493页。

功成事遂，则散处朝市，或悠悠林野，各得其所"，决不会"傲睨群伦，大执政权，而家天下"。

孙中山回国后，在上海召集党员开会，又发布了一个宣言①，这个宣言比前一篇宣言，内容实在一些。它指出，在党员中存在着"意见不相统属，议论歧为万途"，"良恶无从而辨，薰莸同于一器"的状况。它认为，现在"胜败之数，未能逆料，设一旦军心瓦解，民气销沉，当此千钧一发之时，则冒锋镝，捐肝脑为前驱，以争其最后者，舍吾党其谁属"。所以"必先自结合，以成坚固不拔之群"，才能"结纳"、"罗致"各方面的力量。对于"革命军起，革命党消"的说法，这篇宣言进行了驳斥，并且认为"吾党之责任，盖不卒于民族主义，而实卒于民权、民生主义"。这篇宣言虽然提出了要"改造"同盟会，但实际上并没有能做到。南京政府成立后，1912年2月间，同盟会在南京召开会议，通过新的会章，进行选举。孙中山任总理，而被推为协理的二人，一个是黄兴，另一个却是自己根本没有表示要参加而且已另外组党的黎元洪。当时存在着南京和武汉对立的形势，所以同盟会觉得不但要给黎元洪以副总统的地位，还要把他拉到党内来，似乎更好一些。这次改组并没有使同盟会的组织比较健全和坚强一点，就是它的领导机构——同盟会本部也没有真正建立起来。邹鲁的《中国国民党史稿》中说："是时吾党革命已初步成功。一经公开为政党，一班官僚政客及投机分子纷来入党，而从前同志，有因成功放弃责任者，有因不满所期另组他党者。"②但是也应该指出，当时在还处于清朝统治下的各省，在南京和已脱离清朝统治的各省，都有不少参加了或未参加同盟会的有志之士，他们怀抱着建立一个独立的民主的新中国的善良愿望，进行着斗争和工作，甚至不惜流血牺牲。对于这些积极力量，同盟会本部却并不能领导和组织起来。他们眼看着现实和愿望不相符合，或者逐渐消沉下去，或者终于为旧社

① 邹鲁:《中国国民党史稿》第二篇，第一册，第79—81页。
② 《中国国民党史稿》第一篇，第84页。

会势力所同化。至于在劳动人民群众,主要是农民群众中蕴藏着的巨大革命力量,如何发动和组织起来的问题,同盟会在它的宣言和章程中更是丝毫也没有考虑到的。

以孙中山为首的南京政府,没有能力解决它面临的许多困难,处于极其软弱的地位。

孙中山回国之初,虽然宣称:"革命之目的不达,无议和之可言",但是他在就任大总统时只能承认议和的事实。1月2日他致电袁世凯说:"文不忍南北战争,生灵涂炭,故于议和之事,并不反对"①。在袁世凯让唐绍仪辞职后,南京政府仍承认伍廷芳为议和全权代表。袁世凯和伍廷芳通过电报商定继续停战,南京政府也表示承认。

南京政府之所以不能不承认停战议和,是因为它没有作战的能力。各省的军队都在各省的当权派手里。虽然有江西、浙江、广东、广西等省的部分军队由于本省内部矛盾而跑出省来,以北伐的名义来到南京一带,但是,他们只是伸手向南京政府索要粮饷,并不听从南京政府的指挥。作为陆军总长兼参谋总长的黄兴基本上是一个空头司令。南京政府提出了一个六路进军的计划:"以鄂湘为第一军,由京汉铁道前进;宁皖为第二军,向河南前进,与第一军会合于开封、郑州之间;淮扬为第三军,烟台为第四军,向山东前进,会于济南;秦皇岛会合关外之军为第五军,山陕为第六军,向北京前进。一、二、三、四军既达第一目的之后,复与第五、六军会合、共破虏巢"②。议和局面既然始终没有破裂,这个看起来很宏伟的计划也就只不过是纸上谈兵。如果和议破裂,能否实行这个计划呢? 在南京临时政府陆军部任职的李书城的回忆录中说:"黎元洪认为袁世凯对他有意维护,对袁感激不尽。其他各省都督如谭延闿、程德全、庄蕴宽、汤寿潜、陆荣廷、孙道仁等,各省统兵大将如沈秉坤、王芝祥等,本系清朝大官僚和地方大绅士,在他们看来,拥戴

---

① 《总理全集》,文电,第26页。
② 《南京临时政府公报》第二号。见《近代史资料》总第25号,第12页。

气味相投的袁世凯,自然比拥戴那些素不相识的革命党人要好一些。当时如和议破裂,要他们听革命党人的命令对袁世凯作战,他们很可能是反戈相向的。"①

但是湖北的黎元洪、湖南的谭延闿、福建的孙道仁、广西的陆荣廷、沈秉坤以及其他拥有军队的地方当权派,却又慷慨激昂地致电南京政府,表示他们坚决反对继续停战,坚决主张立即出师北伐。他们以空谈代替行动,而又把议和怯战和由此而来的对袁世凯屈服的责任全部加在南京临时政府的身上。

南京政府一经成立,就不得不呼吁说:"中央财政匮乏已极"②。它不可能从各省得到财政上的任何支援。当时海关是由外国人管理的。海关税收中用以偿还外债以后的剩余,是清朝政府的重要财政收入。南方各口岸的海关洋税务司,用维护各国债权为借口,把收入的全部税金控制了起来。南京政府不能由此得到一文钱。南京政府想用发行公债的方法来筹款,也失败了③。在别无出路的时候,就只好向外国借债。但外国的银行并不认为南京政府有借债的资格。为了供应军队的粮饷(这是南京政府的主要支出),陆军总长黄兴"只是求助于上海的资本家张謇等暂时应付急需"④。经过上海的资本家,南京政府才向日本大仓洋行借到了二百五十万元。到了 1912 年 2 月底(这时清朝皇帝已经退位,南京政府即将结束),袁世凯从英、美、德、法四国银行团得到了五百万两的借款,而将其中的二百万两交给南京政府,作为维持费用。南京政府为解决它的财政问题,只能求救于张謇等人,甚至弄到只好分润袁世凯从外国借来的钱这种地步,这样,它的腰杆当然硬不起来。

南京政府存在的三个月期间,发布命令,禁止刑讯、体罚;禁止买卖

---

① 《辛亥革命回忆录》第一册,第 201 页。
② 《南京临时政府公报》第二号。见《近代史资料》总第 25 号,第 12 页。
③ 南京政府在一月八日发行一万万元的"军需公债",所得无几。
④ 《辛亥革命回忆录》第一册,第 198 页。

人口,革除清朝官厅称呼,还宣布学校中一律废除《大清会典》、《大清律例》、《皇朝掌故》、《国朝事实》及"其他有碍民国精神"的科目,小学中废除"读经科",又发出了一些有关"振兴实业,改良商货"的通告。禁止买卖人口的命令中说:"其从前所结买卖契约悉予解除,视为雇主雇人之关系,并不得再有主奴名分"①。承认雇佣关系而废除主奴关系,这是资产阶级的要求。另一通告有关"人权"的命令中说:"自专制者设为种种无理之法制,以凌跞斯民,而张其毒焰,若闽粤之蛋户,浙之惰民,豫之丐户,及所谓发功臣暨披甲家奴,即俗所称义民者,又若薙发者及优倡隶卒等,均有特别限制,使不得与平民齿。一人蒙垢,辱及子孙,蹂躏人权,莫此为甚。"②解放这几种人,承认他们享有"对于国家社会之一切权利",当然是种进步,但以为这样就算实现了资产阶级的平等理想,这不过表现了这些文件的起草者对于在中国社会中大量存在着的封建主义的社会关系视而不见罢了。南京临时政府发布命令中有关农村的只有一条:"所有中华民国元年以前应完地丁、正杂钱粮、漕粮,实欠在民者,皆予除免"③。这道命令,如同其他有些命令一样,并没有能实行,但即使实行,也并不能触动农村中的封建关系。

孙中山在南京的总统府设在原来的两江总督衙门,也就是太平天国的天王府旧址。从太平天国到孙中山的南京政府,相距半个世纪。从单纯的农民革命发展到资产阶级民主革命,中国历史大大地跨前了一步。但是对于孙中山的南京政府说来,没有能把千百万农民的反封建斗争积极性发动起来是它的一个致命的弱点,而这件事是太平天国在有限的程度内做到了的。

---

① 《南京临时政府公报》第二十七号。见《近代史资料》总第 25 号,第 216 页。
② 《南京临时政府公报》第四十一号,同上书,第 302 页。
③ 同上书,第 308 页。

（四）清皇朝的覆灭和南京政府的结束

1912 年 2 月 12 日,清朝皇帝宣布退位。由此不但结束了清皇朝二百六十多年的统治,而且结束了二千多年来的皇帝专制制度。这是这场资产阶级民主革命取得的巨大胜利。

在这个胜利中包含着失败。固然,没有革命浪潮的冲击,清皇朝不可能下台,但是,革命阵营并没有表现出能够用自己的力量把它推翻。操纵着整个局势的袁世凯,在革命方面作出重大妥协让步的条件下,迫使清皇朝自动宣布退位。

各省都督府代表会议早在汉口开会的时候,已经提出了"推倒满洲政府"而"礼遇旧皇室"的原则。以后在伍廷芳和唐绍仪的谈判中,具体谈到了在清朝退位后如何"礼遇"皇室的问题。南京政府成立以后,袁世凯又就这问题同伍廷芳进行洽商。终于,南京的参议院根据袁世凯提出的方案决定了"关于清帝逊位后优待之条件",其内容主要是,清帝仍旧保留皇帝的尊号,并仍住在宫廷内;民国政府待以外国君主之礼,而且每年供给四百万元的费用;宫内各项执事人员照常留用,民国对皇帝原有的私产特别加以保护。此外,还规定了对皇族的待遇,他们的王公世爵照旧保留,他们的私产一律得到保护。

由于这种荒谬的条件,清朝的统治虽然结束了,但在紫禁城里,仍然合法地存在着一个小朝廷,溥仪仍然住在紫禁城里以皇帝的名义封官授爵,受着一小撮怀抱着复辟清朝的愿望的旧官僚的拥戴。后来,在 1924 年冯玉祥的军队把这小朝廷赶出紫禁城后,这个小朝廷还继续存在于天津日本租界内。长期间,它成为外国帝国主义和国内野心家制造中国变乱的一个工具。1932 年,日本帝国主义把溥仪搬到了长春,建立了所谓"满洲国"。

袁世凯所依靠的是外国帝国主义、是本国的大地主和大买办阶级,他必须使他们相信,虽然他表示赞成共和,但他是清皇朝的继承者,而并不是资产阶级革命的同路人。所以他要如此"好心"地为清朝皇帝和皇族争取到这种优待条件。南方的革命阵营既然不认为自己有力量推翻清皇朝而要借助于袁世凯,他们就不能不接受袁世凯的条件。

混在革命队伍中的伍廷芳、黎元洪之流都极力拥戴袁世凯,他们完全赞成优待清室的条件。黎元洪为此致电伍廷芳说:"优待清室条件,于共和主义,毫无妨碍,敝处极表同情。即令各省反对,亦不过外交之后劲,非与公为难也"①。由于这种优待条件明显地同革命宗旨相违背,当时有不少反对的呼声。在黎元洪看来,这些呼声并不是真反对,不过是虚张声势而已。对于各省的当权派所发出的反对呼声,确是可以这样看的。

革命阵营的妥协、让步,还不只是对清室的优待。更大的妥协、让步,是按照袁世凯的意愿在取消清皇朝以后也取消了南京政府。

前面说过,袁世凯在开始胁迫清皇朝退位的时候,已经通过伍廷芳向南京政府提出了在清帝退位后,立即解散的要求。对于这种要求,只有孙中山进行了抗拒。在弥漫着妥协空气的革命阵营中,孙中山处于孤立的地位,因而他的抗拒极为软弱无力。南京政府毕竟还是解散了,不过总算不是像袁世凯所要求的那样立即解散。它在清帝退位后还维持了五十多天。

孙中山在1月18日到20日间,连续有几个电报给伍廷芳,要他向袁世凯方面提出如下三点:"一、清帝退位,政权同时消灭,不得私授其臣民;二、在北京不得更立临时政府;三、各国承认中华民国之后,临时总统辞职,请参议院公举袁为大总统。"②在这以前,孙中山表示过,在袁世凯使清帝退位后,他立即辞职,那么为什么这时又提出这三条呢?他向伍廷芳解释说:"前电言清帝退位,临时大总统即日辞职,意以袁能与满洲政府断绝一切关系,变为民国国民,故许以即日举袁。嗣后就

① 张国淦:《辛亥革命史料》,龙门联合书局1958年版,第314页。
② 孙中山1912年1月20日致伍廷芳电。见《总理全集》,文电,第10页。

历来各电观之,袁意不独欲去满政府,并须同时取消民国政府,自在北京另组织一临时政府。则此种临时政府将为君主立宪政府乎,抑民主政府乎,人谁知之!纵彼自谓为民主政府,又谁为之保证?故文昨电谓须俟各国承认后,始行解职,无非欲巩固民国之基础,并非前后意见有所冲突也。"①

孙中山的三条是针对袁世凯而设的防线,但他的防线多么不中用!既然革命阵营是要依靠袁世凯的力量来结束清皇朝,那么,怎么能指望袁世凯不从清皇朝手里取得政权呢?又有什么办法使袁世凯不在北方成立与南京相对立的政权呢?孙中山为了保证南京政府成为统一全国的政权,所能设想的一着棋,就是依靠帝国主义列强的承认。他重申推举袁世凯为大总统的诺言,但他把自己解除临时大总统职位的时候推迟到"各国承认"民国政府之后。他以为,一旦帝国主义列强承认南京政府是统一全国的政权,袁世凯就只好老老实实地来当民国的大总统而不能再有什么别的打算了。

袁世凯和北方、南方一切拥护他的人们,都没有把孙中山的三条放在眼里。

以清朝皇太后、皇帝名义发布的退位诏书,是袁世凯委托在上海的张謇起草的。这个文件中说:"袁世凯前经资政院选举为总理大臣,当兹新旧代谢之际,宜有南北统一之方,即由袁世凯以全权组织临时共和政府,与民军协商统一办法"②。袁世凯立即以这个退位诏书为根据宣布自己是"全权组织临时共和政府"首领,将他的原内阁中的各部大臣,改称为各部首脑。他发出布告说:"窃念政府机关不容有一日之间断,现值组织临时政府,所有旧日政务目下仍当继续进行……凡现有内外大小文武各项官署人员,均应照旧供职。"③

---

① 孙中山 1912 年 1 月 22 日致伍廷芳电。见《总理全集》,文电,第 11 页。
② 尚秉和纂辑《辛壬春秋》第一上,《辛壬政纪》,第 16 页。又见《中国革命记》第二十七册。
③ 《辛亥革命资料》第八册,第 187—188 页。

　　这显然完全违反了孙中山提出上述三条的前二个条件。恰恰是清帝退位时把政权"私授"给袁世凯,恰恰是在北京出现了一个继承清政府并且企图吞并南京政府的"临时政府"。孙中山只好委婉地向袁世凯提出异议:"共和政府不能由清帝委任组织,若果行之,恐生莫大枝节。执事明于理势,当必知此。"①袁世凯答辩说,他在北方"维持秩序",并不是因为清帝的委托,"现在北方各省军队暨全蒙代表,皆以函电推举为临时大总统。清帝委任,无足再论"②。这是说,如果接受清帝的委托不算合法,那么还有北方各省军队的推戴,我袁世凯当大总统并不一定要靠南京的选举。

　　在革命阵营中的袁世凯的朋友们响起了一片歌颂袁世凯的噪音,似乎靠了这个清朝的内阁总理大臣,革命才终于取得了胜利。他们所制造出来的空气迫使孙中山实践立即辞职让位的诺言。汪精卫是伍廷芳进行和议的一个主要助手。他对孙中山说:"你不赞成和议,是舍不得总统吗?"他邀约了一些同盟会会员发表宣言提出所谓"五不"主义,"五不"的第一条就是"不做官",借以攻击孙中山:如果孙中山不立即辞职,那就是贪恋做官③!

　　2月14日,孙中山为形势所迫向参议院提出辞职。15日,参议院选举袁世凯为临时大总统。黎元洪又被推为副总统。参议院通告袁世凯的电文中称他为"世界之第二华盛顿,中华民国之第一华盛顿"④。

　　南京政府成立以后,两次呼吁帝国主义列强予以"承认",列强都置之不理。孙中山不得不放弃了他曾提出过的要等各国承认南京政府以后才辞职的主张,但他在2月14日辞职时申明了三条办法:"一、临时政府地点设于南京,为各省代表所议定,不能更改;二、辞职后,俟参

---

　　① 《总理全集》,文电,第28页。
　　② 袁世凯2月15日致南京政府及各省电。《中国革命纪事本末》第三编,第292页。
　　③ 参见《辛亥革命回忆录》第一集,第118、200页。
　　④ 《辛壬春秋》第一下,第3页。

议院举定新总统亲到南京受任之时,大总统及国务各员乃行解职;三、临时政府约法为参议院所制定,新总统必须遵守颁布之一切法制章程"①。按照这三条办法,孙中山把他的"辞职"和"解职"分成两件事。虽然他辞职了,但是并没有"解职",在新选出的临时大总统袁世凯还没有到南京就职以前,以他为首的南京临时政府还是存在着。

袁世凯在南京的参议院选举他为临时大总统后,立即在对内对外文告中自称"新举临时大总统",并在北京成立了临时政府筹备处。南京政府虽然宣布举行南北统一的庆祝,但是事实上,南京和北京各自存在着一个临时政府,南京政府并没有统一全国。而且就实际情形说,在已经宣布共和的各省中,南京政府也不能统一行使政权。孙中山虽然还没有"解职",却已是辞了职的临时大总统,他的政府在等待着袁世凯来接受。袁世凯一方面接受了清皇朝的政权,北方各省的军队在他控制之下,一方面又为革命阵营推戴为临时大总统。全部优势到了袁世凯手里。

按照孙中山辞职时的三个附带条件,民国的首都应该设在南京,袁世凯必须到南京来就临时大总统之职。孙中山以为调虎离山,使袁世凯脱离北方的实力根据地,就不至于为害于民国了。他显然过高估计了选择首都所在地的意义。当革命力量不断地向以袁世凯为代表的封建买办势力妥协的时候,中央政府无论设在哪里,其实都改变不了形势。但是这样的条件,袁世凯也不接受。他拒绝到南京来做临时大总统。

南京专派蔡元培、宋教仁、汪精卫等八人组成代表团到北京。他们又让了一大步,不谈首都问题,而只是要求袁世凯南下就职。袁世凯一面盛大地欢迎专使,"恳谈"南下问题,一面密令他的亲信曹锟的部队在北京哗变,劫掠商民,造成混乱,借以证明非由他坐镇北京不足以稳定北方局势。天津、保定也接着发生兵变。外国帝国主义者立刻配合

① 《南京临时政府公报》第十七号。见《近代史资料》总二十五号,第132页。

行动,京津一带列强驻军纷纷出动,日本军队且在秦皇岛登陆,形势好像只要袁世凯一离开北京,"内忧外患"马上会接踵到来。

革命阵营中的袁世凯的朋友们齐声为袁世凯帮腔。黎元洪在清朝皇帝还没有退位时曾主张南京政府和袁世凯"各派代表到鄂,公同组织正式共和政府"①,这实际上是主张南京政府和清皇朝同时消灭,并乘机抬高他自己的地位。他的这种意见既未得到南京方面的同意,也不为袁世凯所欣赏。孙中山辞职后,他不再想以武昌做中心,而完全唱袁世凯要他唱的调子了。他在首都应设在什么地方的问题上通电说:"舍南京不至乱,舍北京必至亡。纵金陵形势胜于燕京,犹当度时审势,量为迁就,况利便之势相判天渊乎?"②这就是说,如果在首都问题上南京政府不迁就袁世凯的主张,中国一定会亡国!

南京政府再一次让步,承认袁世凯在北京就任临时大总统。3月6日,南京方面提出的办法是,袁世凯致电南京参议院宣誓就职,并且把拟派的国务总理和国务员的名单电告参议院征求同意,然后由国务总理在南京接收临时政府,这时孙中山就解职。对于这种办法,袁世凯当然不反对。

袁世凯身上穿的大总统的礼服,应该由南京政府授予,而不应该由退位的清朝皇帝赐给他。——南京政府所争取到的不过是这一点。

2月14日孙中山辞职时所说三条办法中第三条提到"临时政府约法",说得很含糊,因为那时约法尚未制定。到了3月11日,孙中山以临时大总统的名义公布了由参议院通过的《中华民国临时约法》。如同毛泽东所说:"民国元年的《中华民国临时约法》,在那个时期是一个比较好的东西;当然,是不完全的,有缺点的,是资产阶级性的,但它带有革命性、民主性。这个约法很简单,据说起草时也很仓卒,从起草到

---

① 《黎副总统致伍廷芳电》,见《中国革命记》第二十七册《记事》栏,第 14 页。
② 《黎副总统书牍汇编》第 1 卷,广益书局 1914 年版,第 8 页。

通过只有一个月。"①这个约法被认为是在正式宪法制定以前的临时性的宪法。孙中山以为有了这一纸约法,就能控制住袁世凯,保证成立资产阶级民主共和国。这又是一个空想。

3 月 10 日,袁世凯在北京宣布就任临时大总统。临时约法规定实行责任内阁制,大总统任命国务总理和各部总长须得到作为立法机关的参议院的同意。3 月 13 日袁世凯任命他的老朋友唐绍仪为国务总理。在唐绍仪到南京提出了各部总长后,4 月 1 日,孙中山宣布解除大总统之职。

从革命中产生的南京临时政府结束了它的三个月的短促生命。在这三个月中,始终存在着南北两个政府的对立。4 月 2 日,参议院按照袁世凯的意愿决定迁往北京。这就最后在形式上也表明了取得完全胜利的是袁世凯。

(五)对帝国主义的幻想的破灭

在南京的临时政府解散,孙中山解职,让位给袁世凯的时候,辛亥革命就宣告结束了。帝制的中国换上了民国的招牌,但是,就建立一个资产阶级民主共和国的目的来说,革命是以失败而告终了。十二年后,1924 年孙中山在《中国国民党第一次全国代表大会宣言》中回顾辛亥革命的教训说:"曾几何时,已为情势所迫,不得已而与反革命的专制阶级谋妥协。此种妥协,实间接与帝国主义相调和。遂为革命第一次失败之根源。夫当时代表反革命的专制阶级者实为袁世凯。其所挟持之势力初非甚强,而革命党人乃不能胜之者,则为当时欲竭力避免国内战争之延长,且尚未能获一有组织、有纪律、能了解本身之职任与目的之政党故也。……夫袁世凯者,北洋军阀之首领,时与列强相勾结,一切反革命的专制阶级如武人官僚辈,皆依附之以求生存;而革命党人乃

---

① 《毛泽东著作选读》下册,人民出版社 1986 年版,第 708 页。

以政权让渡于彼,其致失败,又何待言!"①

站在袁世凯背后的是帝国主义。向袁世凯谋妥协也就是向帝国主义谋妥协,这个结论是正确的。

南京临时政府刚成立时,1月5日以临时大总统孙中山的名义发布了一个对外的文告,其中说:"恐世界各邦或昧于吾民睦邻之真旨,故将下列各条,披沥陈于各友邦之前。我各友邦,尚垂鉴之。"这以下历举了八条,前三条是:"(一)凡革命以前,所有满政府与各国缔结之条约,民国均认为有效,至于条约期满而止。其缔结于革命起事以后则否。(二)革命之前,满政府所借之外债及所承认之赔款,民国亦承认偿还之责,不变更其条件。其在革命军兴以后者则否,其前经订借事后过付者,亦否认。(三)凡革命以前满清政府所让与各国国家或各国个人种种之权利,民国政府亦照旧尊重之。其在革命军兴以后者则否。"这个文告最后说:"民国与世界各国政府人民之交际,此后必益求辑睦。深望各国既表同意于先,更笃友谊于后,提携亲爱,视前有加。当民国改建一切未备之时,务守镇静之态,以俟其成,且协助吾人,俾种种大计终得底定,盖此改建之大业,固诸友邦当日所劝告吾民而满政府未之能用者也。"②

这个文件表现了资产阶级革命派对于帝国主义的不切实际的幻想。他们主观上是想使中国独立,能和世界各国平等相处,他们的革命是要推翻帝国主义的走狗清朝政府,但是他们却无条件地把帝国主义者同清朝政府签订的一切不平等条约和卖身契一律承认了下来。对于刚成立的革命政府说来,立即做到废除这一切固然是不现实的,但是他们以为,既然他们保证不损害帝国主义在中国的一切既得权益,帝国主义列强就会来支持他们把中国改造成为一个资产阶级民主国家,这是个幻想。这种幻想迅速地在事实面前破灭了。南京政府不但没有从帝

---

① 《孙中山选集》,人民出版社1981年版,第587页。
② 《总理全集》,文电,第18—19页。亦见《辛亥革命资料》第八册,第22—23页。

国主义列强得到他们所企望得到的承认,而且经常感受到列强武装干涉的阴影。

害怕帝国主义国家的武装干涉是南京政府向袁世凯妥协的一个重要因素。在南北和谈过程中,袁世凯系统的各地军阀官僚,左一个电报、右一个宣言,都说国事危急,外国干涉的危险迫在眼前,以此来胁迫南方让步。革命阵营中的许多人也竭力渲染这种恐怖。例如由伍廷芳、张謇等和一些同盟会员组成的共和统一会发表的意见书说:"今日列国之对于(革命)军兴,尚未干涉也,固也。今不干涉之果否可恃,可否持久,智者能测而知之。……彼今之尚未实行干涉者,一则战祸之为日浅也,久乱不治,斯干涉继之矣。……一旦干涉提出,而军国之步调乱矣。"①南京政府派到北京请袁世凯南下的以蔡元培为首的代表团,受到了袁世凯和帝国主义的恐吓,电告南京政府说:"北京兵变,外人极为激昂。日本已派多兵入京。设使再有此等事发生,外人自由行动,恐将不可免。培等睹此情形,集议以为速建统一政府,为今日最要问题,余尽可迁就,以定大局。"②这就是说:如果一定坚持要袁世凯南下,就难免遭帝国主义列强的武装干涉,因此只能向袁世凯妥协。

南京政府不是靠自己在国内站稳脚跟来使得外国不能不承认,而是想靠帝国主义列强的承认来提高自己在同北方政府谈判中的地位。凭这种姿态,它不可能得到它所渴望得到的承认。在武昌起义后,列强虽然一般地停止了对清朝政府的贷款,但仍应清朝政府的要求而给以少量的贷款。同时,南京政府想要向外国借款来解决它的财政困难,却遭到了各国的拒绝。南京政府不能依靠广大人民自力更生,结果帝国主义就能够用不承认的政策来把它扼杀。

在清皇朝宣布退位,袁世凯接收了北京政府以后,英、法、德、美四国银行团开始同北京政府进行数额巨大的借款谈判,并且在总的协议

---

① 郭孝成:《中国革命纪事本末》第三编,第78页。
② 李剑农:《最近三十年中国政治史》,太平洋书店1933年版,第240页。

没有达成以前,先行垫支部分的款项。袁世凯的北京政府之所以能并吞南京政府,很大程度上是由于得到帝国主义的财政援助。

孙中山的南京政府所希望得到而没有得到的各国承认,袁世凯的政府得到了。1913 年 5 月 2 日,美国首先宣布承认中华民国。到了这一年 10 月 6 日,国会正式选出袁世凯为大总统的时候,其他列强也宣布承认。他们不愿意承认孙中山的中华民国而只愿意承认袁世凯的中华民国,用意是很明显的。

俄国、日本、英国在承认袁世凯政府时,都附有意在分裂中国领土、加强他们对中国的侵略势力的条件。

利用辛亥革命的形势,沙皇俄国唆使外蒙古的封建领主脱离中国宣告独立。1912 年到 1913 年间,俄国政府同外蒙古擅自订立了一系列的条约,实际上使外蒙古完全落到俄国控制下。对于这种公然分裂中国的行动,袁世凯政府不得不提出抗议。俄国政府拒绝废除它同外蒙古订立的条约。它虽然表示承认外蒙古是中国完整领土的一部分,但要求袁世凯承认外蒙古"自治"。这实际上是俄国承认袁世凯政府的交换条件。

日本利用时机和俄国协力共同加强它们在东北三省的地位,并且和俄国划分在内外蒙古的势力范围。1912 年 7 月日俄密约中规定日本在内蒙古的东部有特殊利益。1913 年 10 月初,日本向袁世凯政府提出了"满蒙五条铁路的修筑权"的要求,这五条铁路中有三条铁路都是以伸展势力到内蒙古东部为目的。袁世凯政府为了取得日本的承认,立即接受了这个要求。

英国在辛亥革命时,正在阴谋控制中国的西藏。1912 年 8 月间,英国公使朱尔典向袁世凯政府提出了实际上是使西藏逐步从中国分裂出去的要求,并且说,中英间应为此订立协定,"然后英国始能承认中华民国政府"①。袁世凯政府既不敢公开放弃对西藏的主权,又不敢得

---

① 张忠绂:《中华民国外交史》,第 101 页。

罪英国,对这问题只能采取模棱两可的态度①。

袁世凯在 1913 年 10 月 10 日就任正式大总统时所发宣言书中说:"迩来各国对我政策,皆主和平中正,遇事诸多赞助。固征世界之文明,尤感友邦之睦谊。凡我国民务当深明此义,以开诚布公巩固邦交为重。本大总统声明,所有前清政府及中华民国临时政府与各外国政府所订条约、协约、公约,必应恪守;及前政府与外国公司人民所订之正当契约,亦当恪守;又各国人民在中国按国际契约及国内法律并各项成案成例已享之权利并特权豁免各事,亦切实承认,以联交谊而保和平。"②

袁世凯以这种姿态表明了他的"民国政府"是清朝政府的卖国传统的继承者,帝国主义列强是可以完全放心的。

应该指出,在辛亥革命时,帝国主义列强不要孙中山而要袁世凯,这点是值得资产阶级革命派引为骄傲的。虽然资产阶级革命派没有能力使中国获得真正的独立,因而和世界各国平等相处,虽然他们对帝国主义有不切实际的幻想,但是归根到底,他们所想使中国走的路是和帝国主义者愿望相反的。

辛亥革命是失败了。虽然皇帝换成了大总统,中国却仍然是在帝国主义列强统治下的半殖民地半封建的国家。

通过辛亥革命这一场剧烈的阵痛,没有能产生预期的独立和民主,但是这场阵痛并不是白白地度过了的。把延续两千多年的帝制推翻,在中国的国土上树起民主共和国的旗帜,这不是一件小事情。从此以后,任何违反民主的潮流,要在中国恢复帝制和建立独裁统治的人和政治集团,都不能不遭到人民的反对而归于失败。

辛亥革命,如同毛泽东所指出的,是"在比较更完全的意义上开始

---

① 后来在 1913 年 10 月—1914 年 6 月,袁世凯政府派人同英国在印度的西姆拉举行关于西藏问题的会议,但没有达成协议。

② 《袁大总统书牍汇编》,新中国图书局 1914 年版,第 8 页。

了""反对帝国主义和封建势力,为了建立一个独立的民主主义的社会而斗争"的革命①。太平天国、戊戌维新和义和团运动,都含有反对外国侵略者、反对封建势力的意义,但是资产阶级和小资产阶级领导的辛亥革命确是在比较更完全的意义上开始了这个革命。

辛亥革命的失败是由于资产阶级、小资产阶级领导者具有他们自己克服不了的弱点的缘故,是由于中国广大下层群众——主要是农民的革命力量得不到正确和坚强的领导,没有能充分发挥出来的原故。人民,首先是人民中的先进分子,从失败中受到了教育。辛亥革命的失败预示着中国人民反帝反封建的革命斗争将要进入新的阶段,在更高的水平上继续展开。

---

① 《毛泽东选集》第2卷,人民出版社1991年版,第666—667页。

第 五 编

向新民主主义革命的过渡

第二十六章

袁世凯的反动统治和反袁世凯的斗争

（一）1913 年国民党反袁世凯的失败

虽然辛亥革命的果实已经被以袁世凯为代表的大地主大买办阶级所篡夺，但是，资产阶级革命派并不是立刻就认识到这一点的。

在 1912 年 3 月袁世凯就任临时大总统的时候，有些表面现象使资产阶级革命派相信自己并没有失败：第一，袁世凯不得不表示承认南京临时政府的临时约法，根据这个约法，国家行政的权力主要不在总统手里而在内阁手里。第二，袁世凯任命的内阁总理唐绍仪是一个多少具有资产阶级民主主义思想的官僚，他甚至愿意参加同盟会。第三，唐绍仪的内阁的十个部长中有四个是同盟会会员。第四，在由南京搬到北京去的临时参议院（按照临时约法，它具有议会的性质）中，同盟会占有相当多的席位（在一百三十个议员中，同盟会议员有四十多人）。此外，当时在经过革命风浪的各省中，当权的实力派有不少是同盟会会员。

这些表面现象似乎可以表明，袁世凯当大总统无碍于革命的胜利。

孙中山在他解职后不久,1912 年 4 月间发表演讲说:"吾国种族革命、政治革命俱已成功,惟社会革命尚未着手。故社会事业,在今日非常紧要。……仆此次解职,即愿为一人民事业之发起人。"①他又说:"我中华之弱,由于民贫。余观列强致富之原,在于实业。今共和初成,兴实业为救贫之药剂,为当今最要之政策"②。孙中山当时认为,他此后的任务是从事社会事业,振兴实业。

事实上,在民主共和国的招牌下,袁世凯正在一步步加强他的独裁统治。"临时约法"、"责任内阁"、"临时参议院"都不能对他起什么限制作用。在参议院议员和各省的当权派中的同盟会会员,有许多其实并不真是资产阶级革命派,并不真是资产阶级民主主义者。由同盟会会员主管的司法、农林、工商、教育这四个部,在当时说来,都不过是闲散衙门;重要的关键性的部,如外交、内务、陆军、海军等部则都掌握在袁世凯的亲信手中。而且唐绍仪的内阁只存在了两个多月就被迫下台了。

唐绍仪虽然是袁世凯的老朋友,他加入同盟会也是袁世凯所同意的,但是因为他要求行使责任内阁的权力,不为袁世凯所容。在他辞职时,同盟会的四个阁员也同时辞职。6 月底,袁世凯任命他所更信得过的原外交总长陆征祥为内阁总理。到了 9 月里,内阁总理又改由原任内务总长的赵秉钧(他是袁世凯的心腹)担任。对于内阁的这种变动,同盟会的领袖们仍没有感到不安。

同盟会的领袖人物之一宋教仁,特别醉心于资产阶级的议会政治。他主张改组同盟会,扩大其组织,以求能在将要成立的正式国会中占多数议席,从而能自己组成内阁。他的主张得到了黄兴等人的赞助。1912 年 8 月间,同盟会改组成为国民党。国民党仍奉孙中山为领袖,但以宋教仁为核心人物。

---

① 《孙中山全集》第 2 卷,中华书局 1981 年版,第 335 页。
② 《兴发实业为救贫良药》(孙中山民国元年四月十七日在上海实业联合会欢迎会演讲大意)。见《总理全集》,演讲乙,第 1 页。

当时在临时参议院中占有席位数和同盟会大体相等的一个党叫做共和党。它以黎元洪为领袖,它的骨干分子是张謇、程德全等人。这是个拥护袁世凯而反对同盟会的党。此外,还有统一共和党和其他名义的一些政团,其组成分子也大多是旧官僚政客和立宪派人物。宋教仁组织国民党时,把统一共和党和几个小政团拉了进来。吴玉章的回忆录中指出:宋教仁"以为国民党只要在议会中取得多数,就可以组织责任内阁,中华民国即可成为真正的民主国家而得到长治久安,袁世凯的大总统就只剩下一个元首的空名了。他为了在选举中取得多数,不惜把大批的政客和封建余孽拉入党内。他为了使这些人能够接受,又不顾许多同盟会员的反对,把同盟会纲领中的革命内容尽行删除。'平均地权'被改为'注重于民生政策','力谋国际平等'被改为'维持国际和平',这就是说,反对封建主义和反对帝国主义的革命精神完全被抛弃了。甚至连'男女平权'的主张也被取消,因此更遭到女同志们的反对"①。关于当时国民党滥收党员的情形,一个回忆录作者说:"简直是拿着本子乱填,谁要进党都可以登记,大批因势趋利的投机分子都混了进去"②。袁世凯的赵秉钧内阁的阁员中,除陆军、海军、外交三总长外,都挂名于国民党,因而这个内阁竟被称为"国民党内阁"。这样,同盟会就在资产阶级民主革命还未得到成功时,从一个资产阶级革命党倒退为以争取议会席位为唯一宗旨的、无原则的政党。

由于当时正处于革命热潮之后,袁世凯感到有必要拉拢孙中山和黄兴这样有声望的革命领袖来给自己装点门面。1912 年 8 月下旬,他先把孙中山请到北京,待以上宾之礼,共商国家大计。经过会谈,袁世凯使孙中山完全相信他可以做很好的民国元首,并且完全同意他所提出的八条"内政大纲",那其实一点也没有民主气息,完全是为建立袁家天下打算的。孙中山表示希望袁做十年总统,而他自己则将全力从

---

① 《吴玉章回忆录》,中国青年出版社 1978 年版,第 98 页。
② 《辛亥革命回忆录》第一集,第 488 页。

事铁路建设。袁世凯给孙中山以全国铁路总办的名义。黄兴也被邀请
到北京。在南京临时政府解散后,黄兴负责南京留守府,这个机构的任
务主要是处理集合在南京一带的十几万各省军队。袁世凯利用他遣散
了这些军队中的大部分。他到北京主要是谈了建立政党内阁的主张。
孙中山、黄兴在和袁世凯会谈后都仍回到上海。袁世凯表面上对孙、黄
十分推崇,暗中却派人编造孙、黄的所谓"阴私",印成小册子,在各处
散发,对他们进行造谣诋毁①。孙中山在到北京前以修筑二十万里铁
路为号召,组织了一个铁道协会。袁世凯派人在北京也成立了个铁路
协会相对抗。不久,北京的铁路协会竟要求解散上海的铁道协会,并终
于以两个协会合并的名义来取消了铁道协会②。

　　孙中山的这个对手是在军阀官僚专制统治集团中翻过好些斤斗而
爬上来的角色。这个集团虽然极端腐朽落后,但是它积累下了狡诈、狠
毒,耍阴谋、弄权术的丰富经验,用来对付本身具有很大弱点而且很少
政治经验的资产阶级革命派,一时还能奏效。读一下孙中山当时在同
袁世凯会见后的言论,可见他是多么深地落进了袁世凯设立的陷坑。
他在北京演讲说:"鄙人之意见,现在政治之事,已有袁大总统及一
般国务员担任。鄙人从此即不厕身政界,专求在社会上作成一种事
业。……鄙人所计划者非他,即建筑铁路问题是也。"③他从北京回到
上海后的演讲中更说:"余在京与袁总统时相晤谈,讨论国家大政策,
颇入精微。故余信袁之为人,甚有肩膀,其头脑亦甚清楚,见天下事均
能明澈,而思想亦很新。不过作事手腕,稍涉于旧;但办事本不能尽采
新法。……欲治民国,非具新思想旧经验旧手段者不可,而袁总统适足
当之。故余之推荐项城(就是袁世凯——引者),并不谬误"④。

----

① 参见《辛亥革命回忆录》第一集,第489页。
② 张奚若:《回忆辛亥革命》。同上书,第165页。
③ 孙中山民国元年九月二日在北京报界欢迎会演讲。《总理全集》,演讲乙,第4页。
④ 孙中山民国元年十月五日在上海国民党欢迎会演讲。同上书,演讲丙,第3
页。

　　对于国民党的知名人物,可以收买的,袁世凯就进行收买。汪精卫就是一贯从袁世凯那里领取"特别费"的。被"软化"的还有若干老同盟会的人,如刘揆一。刘早在华兴会时是黄兴的得力助手,又是同盟会总部在东京时的重要干部。在陆征祥和赵秉钧的内阁中他都担任工商部总长①。赵秉钧内阁被称为国民党内阁,其实并不是袁世凯的人投靠国民党,而是国民党的人被袁世凯拉过去了。

　　袁世凯对于他所收买不了而又容不下的人,采取卑鄙的暴力来对付。1912年底,各省开始进行正式国会的议员的选举。经过用各种方法竞争,国民党获得了国会议席中的大多数。这时在湖南参加竞选的宋教仁非常得意,他认为大局已定,可以成立以他为首的国民党的内阁。他从湖南转道上海、南京回北京,一路上宣传他的政党内阁的主张。1913年3月20日他在上海火车站遭到暗杀,伤重致死。这个三十二岁的有才干的资产阶级政治活动家,由于迷信议会选举死于袁世凯的毒手。虽然很快就发现了确实证据,证明暗杀的主使人是袁世凯的亲信、内阁总理赵秉钧,但是整个国民党已笼罩在妥协的空气下,只是采取"静待法律解决"的办法。孙中山毕竟是个敢于和反动势力相对抗的革命家,宋教仁被杀事件立即使他开始清醒过来,他主张组织兵力,声讨袁世凯。黄兴和其他领袖们不赞成这个主张。

　　各省当权的实力派虽然有不少在名义上和同盟会、国民党有关系,但他们的统治和旧军阀、旧官僚的统治没有什么不同。他们中不少人还为袁世凯所收买,例如山西的阎锡山、陕西的张凤翙②都已跟着袁世

---

　　① 刘揆一(1878—1950)在1913年7月失去袁世凯政府的职位,转而采取反袁的立场,但也没有再参加国民党的活动。1934年他发表文章,主张停止内战,共同抗日,致为国民党当局不满。从此他隐居湖南乡间。全国解放后,他被聘为湖南军政委员会顾问。

　　② 张凤翙(1881—1958),他在1914年为袁世凯调离陕西,到北京后仍依附于袁世凯。1916年袁死后,他多年间没有参与军阀政治,并有过反对北洋军阀统治的活动。他的后半生表现进步。在抗日战争期间,他坚持抗日爱国的立场,并在1946—1949年的国内革命战争时期,拒绝国民党反动派的拉拢。全国解放后,他拥护中国共产党的领导,任西北行政委员会委员,陕西省人民政府副省长。

凯走了。南方的有几个省中，还有些不是完全顺从袁世凯的国民党的武力。在刺杀宋教仁的同时，袁世凯正在同帝国主义列强的银行团进行大借款谈判。1913年4月间，大借款成立。袁世凯有了财政上的后盾，取得了帝国主义列强的支持，军事上也作好了布置，于是在6月间，先后下令罢免国民党的三个都督（江西的李烈钧、广东的胡汉民和安徽的柏文蔚），并且出动军队南下。只是到了这时，国民党才被迫应战。在上海的孙中山、黄兴号召南方各省力量，起来反对袁世凯，这就是国民党人所说的"二次革命"。

国民党在"二次革命"中的反袁军事行动，以江西和南京为中心，所以又称为"赣宁之役"。7月12日李烈钧据江西湖口炮台宣告独立，15日黄兴在南京成立讨袁军。安徽、广东、福建、湖南、四川虽都有国民党的力量表示响应，但多半是虚张声势。在袁世凯的南下军队压力下，江西、南京的反袁武力迅速瓦解，响应的各省也自动收场。不到两个月，赣宁之役就以袁世凯的全胜而结束了。袁世凯派他的亲信部队进驻南京、湖北、广东，把他的势力伸张到原来在国民党军人和其他派系控制下的长江流域和南方各省。

经过辛亥革命后一年半的时间，国民党已经使自己的形象褪去了革命的色彩。这时，袁世凯篡夺辛亥革命果实的罪恶尚未被全国人民所认识。因此，赣宁之役不过是少数国民党人的单纯军事行动，没有能成为一次群众性的革命，和辛亥革命不能相提并论。但是，它是一系列的反袁世凯的斗争的开始，就这点说，它是有积极的历史意义的。

在取得军事胜利后，袁世凯露出他的真面目来对待资产阶级革命派了。5月下旬他已经说："现在看透孙、黄，除捣乱外无本领，左也是捣乱，右也是捣乱。我受四万万人民之托，不能以四万万人之财产生命，听人捣乱！"①7月间他又发出布告说："暴徒擅自宣布独立，破坏民

① 《时报》民国二年五月二十四日载。据白蕉著《袁世凯与中华民国》，第49页。

国统一。政府依约法上之统治权,有以兵力平定变乱责任"①。原来是想用来束缚袁世凯的临时约法,现在却成了他用以镇压革命的合法依据。孙中山、黄兴等人都成为被通缉的"暴徒"。他们不得不离开了由他们的革命奋斗建立起来的中华民国,再一次出国流亡。当时的一个流亡者在许多年后的回忆录中说:"我们一行人出发东渡了。当轮船缓缓地开出吴淞口外,我回首遥望苦难深重的祖国,依然是风雨如晦。多少年梦寐系之的一次革命,就这样失败了。……我也深感前途渺茫,一时找不到一条救中国的道路。这种苦闷,正是一个资产阶级民主革命者在半封建半殖民地的旧中国所无法逃避的悲哀!"②

在赣宁之役发生时,国会已经开幕。留在北京的国民党的议员们向袁世凯表示,孙中山、黄兴等不过是国民党的名义上的领袖,这次江西、南京的发难,是他们个人的行动,"与本党无关"③。袁世凯又用收买分化的方法使不少国民党议员退出国民党,另组小党派,这样,国民党在国会中的多数地位也就失去了。

7月底,袁世凯任命熊希龄为内阁总理。这个内阁中外交、内务、陆军、海军、交通几个部仍由袁世凯的亲信把持,其余几个部的总长都是进步党人,其中有梁启超任司法总长,张謇任农商总长,汪大燮任教育总长,内阁总理兼财政总长熊希龄也是进步党人。

所谓进步党,是根据袁世凯的旨意,为了压倒国民党在国会中的优势,在1913年5月由共和党、统一党、民主党三个党合并而成的。共和党,前面已经说过,是在临时参议会中和同盟会对抗的一个党。统一党是由共和党分裂出来,以章太炎为领袖的一个小党。而民主党则是梁启超在1912年10月从日本回国后,纠合一些原来的君主立宪派分子组成的。

---

① 马震东:《袁氏当国史》,中华书局1932年版,第228页。
② 《辛亥革命回忆录》第一集,第495—496页。
③ 《袁氏当国史》,第234页。

梁启超虽然在辛亥革命前坚持反对革命,但在辛亥革命推翻了清皇朝后,他回到国内,却自认为有权同革命派分庭抗礼。他说:"现在之国势政局,为十余年来激烈温和两派人士之心力所协同构成。以云有功,则两俱有功;以云有罪,则两俱有罪。""此二派所用手段虽有不同,然何尝不相辅相成。去年起义至今,无事不资两派人士之协力,此其明证也。"①就历史的发展来看,辛亥革命是从戊戌变法以来一系列政治运动的结果,因此,立宪派对于辛亥革命未尝不是有功的。但是,辛亥革命之所以成为极不彻底的民主革命,固然和资产阶级革命派的软弱性有关,而立宪派在"参加"革命中所起的坏作用也是不可忽视的一个重要原因。对这一点,梁启超是不愿意承认的。

梁启超的回国使原来的君主立宪派分子们有了个带头的人。在清末的君主立宪运动中很活跃的汤化龙、孙洪伊、蒲殿俊、梁善济等人就推选他为领袖组成了民主党。在民主党和共和党、统一党合并而成的进步党中,民主党人占据重要的位置。

以梁启超为政治代表人物的上层资产阶级利用资产阶级革命的时机,大大提高了自己的政治地位。但是他们既不愿意同资产阶级革命派合作,也没有能力独立取得政权。他们宁愿依附于袁世凯,以为这是他们爬上政权的捷径。果然,在资产阶级革命派的人物被认为暴民、叛党而流亡出国的时候,梁启超、熊希龄等人被袁世凯邀请入内阁,取得了显赫的地位。

但是袁世凯所要建立的是以帝国主义为靠山,代表大地主阶级、大买办阶级的独裁政治。他不但不需要"激烈"的资产阶级政党,也不需要"温和"的资产阶级政党。在赣宁之役以后不久,1913 年 10 月 6 日,在袁世凯的指挥棒下,国会进行正式大总统的选举。这个国会中还有一部分议员不愿意完全按照袁世凯的意旨写票,因此,在一天中连续进行三次投票,袁世凯才得到了法定当选的票数。黎元洪仍被选为副总

① 梁启超:《初归国演说词》。《饮冰室文集》之二十七,第4—5页。

统。在袁世凯看来,这个国会并不是得心应手的工具,既然它已经使他"合法"地成为正式的大总统,它的作用已经完毕了。11月4日,袁世凯下令解散国民党,并把隶属于国民党的议员资格全部取消,以至国会无法召开会议。熊希龄的内阁接着也就只好下台(1914年2月12日)。进步党的梁启超等人在被袁世凯利用了一下以后终于也遭到了排斥。

(二)袁世凯独裁卖国真相的暴露

袁世凯所解散的国会,是根据民国元年制定的"临时约法"而产生的。在既已解散这个国会之后,袁世凯就来着手废除临时约法。临时约法原来被一些人认为具有"紧箍咒"的作用,是能够用议会制和责任内阁制来限制大总统袁世凯的权力的。

在解散国会以前,袁世凯已成立了一个完全由他亲信的官僚、政客组成的"政治会议",作为他的"咨询机关"。按照他的意旨,政治会议建议成立"约法会议"来制定一个合于他需要的约法以代替临时约法。临时约法是辛亥革命的成果的一个标志,为了把它废除,袁世凯采取了看起来似乎很郑重的手续。

袁世凯在1914年3月召开了他的约法会议,并且为这个会议规定了"约法增修大纲"七条[①],这七条的主要内容是:"外交大权绝对归于大总统","官制官规制定权及官吏任免权"也都属于大总统,都不需要经过议会,而且大总统有权不经过议会"发布与法律同等效力之政令",有权"以教令为临时财政处分",这就是取消了议会制;不设国务总理,而使政府各部总长"均直隶于大总统",这就是取消了责任内阁制;"关于人民的权利,其褫夺恢复等,得由大总统自由行之",这就是根本否定了民主的概念。按照这些原则制定的约法在1914年5月公

---

① 《袁氏当国史》,第354—355页。

布。这个约法赋予袁世凯的个人独裁以"合法性",只不过还保留着中华民国的名义罢了。

袁世凯的约法规定要成立一个类似议会的"立法院"(但它无权监督大总统而只能听命于大总统)和一个叫做"参政院"的咨询机关。实际上他只成立了参政院,其组成人员是些原来清朝的官员和各地的地主绅士,也有一些进步党人和变节的国民党人。这个参政院适应袁世凯的需要制定了一个"大总统选举法"(1915 年 1 月 1 日公布)①。按照这个选举法,大总统任期十年,并可连任。选举大总统是由参政院和立法院各推五十人来进行,而且参政院"认为政治上有必要时",可以"议决现任大总统留任"而不用进行选举。再有一项奇特的规定是,继任大总统的候选名单由现任大总统预先确定,写在"嘉禾金简"上,密藏于"金匮石室"中;到选举时,打开石室,取出金简,人们只能照单"选举"。所以当时舆论就认为,袁世凯不但有了终身任总统的保证,而且由于有权指定继承人,因而能够传位给自己的儿子。

到这时候,袁世凯实际上已经取得了和皇帝同样的权力,所差的只是个名义。1915 年下半年,袁世凯和他的党羽大肆制造民主共和不适于中国,中国必须实行帝制的舆论。还伪造了全国拥戴袁世凯当皇帝的"民意"。12 月 12 日,袁世凯正式宣布实行帝制。改中华民国为"中华帝国",并且像历代皇帝颁布年号一样,规定次年为"洪宪元年"。

袁世凯的政权,在国内依靠的是封建主义的旧势力,加上同封建势力勾结在一起的买办阶级的势力。袁世凯的家族是几代的大地主,他在河南彰德一带占有土地四万亩左右。他手下的大将段祺瑞、冯国璋、倪嗣冲等人都是占地数万亩的大地主。他的官员的班底是原来清朝的官僚。其中主要又分为两个派系,一个派系是老官僚派,他们在清朝做过尚书、侍郎、总督、巡抚一类大官。徐世昌是这一派系的代表,此人曾当过军机大臣、协办总理大臣,在辛亥革命后他表示效忠清朝,不做民

① 《袁氏当国史》,第 384—387 页。

国的官,但到了 1914 年临时约法被废除后,出任袁世凯的"国务卿"。另一派系被称为新官僚派,他们在清朝时的官职较低,入民国后渐据显要地位。他们中的代表人物梁士诒,清末是邮传部的官员,由袁世凯任为总统府秘书长,还兼任交通银行总经理,参与铁道事务,因而同外国帝国主义有较密切的关系。他是称为"交通系"的财阀的头子。比起老官僚派,新官僚派更多带有买办性。

袁世凯力求以武力实现全国的统一。以北洋六镇为基础,大肆扩充他的嫡系力量。在镇压了"二次革命"后,长江流域各省落到了北洋军人手里。对于南方的云南、贵州、四川、广东、广西、浙江等省的非北洋系的地方军阀,袁世凯通过收买和武力威胁,使他们表示服从和效忠。这样,在形式上他好像已实现了全国的统一。但实际上,不仅非北洋系的地方军阀,而且他的嫡系将领们在各自占得一块地盘后,也互相倾轧,竭力发展自己的势力。在袁世凯统治下,开始形成了军阀割据的局面,并没有真正的统一。

资产阶级革命派本来设想,经过革命,建立民国后,资本主义就能发展起来,国家就能走上富裕的道路。事实恰恰相反,在袁世凯和其他大大小小军阀统治下,民族资本主义经济显出了萎缩的趋势。1914 年张謇任北京政府的农商总长,提出"棉铁政策",主张发展棉纺织业和钢铁工业,也只能是纸上谈兵。

袁世凯能够篡夺辛亥革命的果实,主要依靠外国帝国主义的支持。他的政府实行卖国政策,和清朝相比,有过之无不及。1912 年 4 月参议院首次在北京开会,他发表宣言说:"凡从前缔结之条约,均当切实遵守;其已缔约而未办之事,迅速举办"[1]。到了他就任正式大总统时,又向各国公使外交团致词说:"本大总统深愿履行条约,循守成例,与友邦敦睦为唯一之基础"[2]。他说的是老实话,他的"唯一基础"就是

---

[1] 《袁大总统书牍汇编》卷首,1936 年上海版,第 4 页。
[2] 同上书,第 27 页。

取得帝国主义的信赖。因此，不仅遵守清朝政府签订的一切不平等条约，而且遵守一切不成文的"成例"，不仅已办的事全部承认，而且未办的事也要快办。

英、法、德、美四国银行团的巨额借款，由于帝国主义列强间的矛盾，经过一些周折。日本、俄国参加了进来，美国则中途退出，所以达成借款时，四国银行团变成了五国银行团。这笔借款总数为二千五百万英镑，以盐税收入为担保；规定四十七年还清，本利合计六千七百多万英镑。借款合同规定，由五国银行团派员稽查盐务，并监督贷款之使用。这完全是奴役性的政治贷款。袁世凯实际得到的数目是借款总数的84%，即二千一百万镑，其中一半以上用以支付各国到期的借款、赔款，还要以二百万镑作为"各国因革命所受损失的赔偿"，剩下来的约八百万镑，袁政府用来做军费和行政费用。靠了这笔借款，袁世凯才能在1913年以压倒优势战胜国民党势力。

1914年欧洲战争（第一次世界大战）爆发。侵略中国的帝国主义列强分成了两个营垒，互相厮杀，这使袁世凯政府感到很为难。8月6日它宣告中立。德国在胶州湾租借地（青岛）驻有军队，而同英国有同盟关系的日本随时可能参加战争，乘机夺取胶州湾。这是当时中国面临的一个迫切问题。国内舆论界有人主张，应该同德国协商，把胶州湾还给中国，以免为日本夺去。德国由于无力顾及远东，也曾表示可以这样做。但是日本发出警告说，如果中国从德国人手中接受胶州湾，日本将视中国为自行破坏中立而站到德国一边。在这种威胁下，袁政府不敢采取任何行动。8月23日，日本向德国宣战，封锁胶州湾，并以进攻青岛的名义出兵。日军从相距很远的山东北部的龙口以二万多人登陆，进兵黄县、掖县、平度、莱阳、即墨等地，把沿途的城镇和邮电机关全部占领，征发物资，役使人民，如同进入敌国一样。袁世凯政府不敢提出任何异议，却自行宣布按照1904年日俄战争先例，把龙口、莱州、胶州湾及其附近一带划为"交战地区"。日军行动甚至超过了这个所谓交战地区。11月7日，日军才打败德国在青岛的驻军，占领青岛；在这以前,日军已占领胶济线上的潍县等处,并沿铁路线西进,一直打到济南,10月6日占领济南车站。显然,日本帝国主义不仅是要从德国手里夺取胶州湾,而且是要控制胶济铁路全线以至整个山东省。

袁世凯一向主要得到英国和美国的支持,和英国的关系尤其密切。由于西方列强都卷入欧洲战争,日本政府认为这是它独占中国的好机会。它在对山东进行军事侵略后,以解决中日间的"悬案"为名向中国提出一系列的蛮横无理的要求,1915年1月18日日本公使日置益把这些要求当面交给袁世凯。这些要求列为二十一条,分为五个部分:第一部分四条,关于日本在山东的特殊权利;第二部分七条,关于日本在东三省南部和东部以及内蒙古的特殊权利;第三部分两条,要把已有日本资本渗入的汉冶萍公司包括汉阳铁厂、大冶铁矿、萍乡煤矿,变成中日合办的企业;第四部分一条,规定"中国沿海港湾、岛屿概不让与或租借与他国";第五部分七条,包括聘用日本人为中国政府的政治、财政、军事等顾问,某些地方的警察由中日合办,设立中日合办的军械厂,把武昌至九江、南昌间,南昌至杭州间,南昌至潮州间的铁路建造权以及在福建省内修铁路、开矿山的投资优先权许与日本等等。

对于日本方面无端提出的类似于对战败国的条件,袁世凯政府竟派出代表同日本公使进行秘密谈判。它的两个代表之一的曹汝霖向参政院报告说:"政府兢兢业业,既不敢意存挑拨,以速危机,又不敢轻言让步,自丧国权,惟苦请日使速行开议而已。"[①]在谈判中,袁世凯方面做了许多让步,仍不能使日本满意。这年5月7日,日本发出最后通牒,限四十八小时内答复。5月9日,袁政府全部接受日本提出的条件(只有第五部分中的有几条除外,但也承认"容日后协商")。

袁世凯用中国积弱已久,无力抵御外侮为理由,说明他的屈服是无可奈何的,是除此之外别无他法的。对于商、学、工各界中兴起的反对二十一条、抵制日货的群众爱国运动,袁世凯严令禁止。

---

① 《袁氏当国史》,第465页。

袁世凯的独裁统治使中国更加陷于贫弱和混乱。他在山东问题上,特别是在二十一条问题上屈服于日本帝国主义的压力,使他的卖国的面目充分暴露于全国人民的面前。在接受了二十一条后,他加紧进行复辟帝制的活动,以为可以利用中国社会中迷信皇权的传统习惯势力来稳定自己的统治。而且依仗日本帝国主义和其他帝国主义的支持,也不怕国内有人出来反对帝制。袁世凯及其党羽过高估计了帝国主义支配中国政治的作用,过低估计了辛亥革命所造成的民主共和的潮流,也过低估计了由于长期遭受帝国主义压迫而在中国人民中形成的爱国情绪和憎恶卖国贼的情绪。公然宣布实行帝制,不但不能增强袁世凯的统治地位,恰恰相反,只是加速了它的崩溃。

(三)孙中山的中华革命党

孙中山、黄兴及其他国民党人在1913年反袁世凯斗争失败,流亡出国时,已有了一次轰轰烈烈的革命经验。这次革命虽然取得了推翻清朝的大胜利,却在袁世凯手下遭到了惨败。如何从中吸取教训,决定下一步怎样做,成为他们的重大课题。

在流亡的国民党人中,思想是很混乱的。当时的情形是:"精神溃散,相继败走,扶桑三岛遂为亡命客集中之地矣。谈及将来事业,意见分歧。或缄口不谈革命,或期革命以十年,种种灰心,互相诟谇,二十年之革命精神与革命团体,几于一蹶不振。"①后来,孙中山还追述说,那时亡命于日本的人,"大都垂头丧气","以为日日言革命,究竟有何势力,有何方法。彼等以为当二年前吾党已是成功,据有十几省地盘,千万之款可以筹集,三四十万之兵可以调用,尚且不能抵抗袁氏;今已一败涂地,有何势力可以革命?革命进行究竟有何办法?"②

---

① 《中华革命党宣言》(1914年7月)。《总理全集》,宣言,第18页。
② 孙中山在1923年11月25日的演讲。《总理全集》,演讲丙,第32页。

　　黄兴是领导者中对革命表示沮丧的一个人。孙中山这时在给黄兴的信上批评他说:"中国当此外患侵逼,内政紊乱之际,正我辈奋戈饮弹,碎肉喋血之时。公革命之健者,正宜同心一致,乘机以起。若公以徘徊为知机,以观望为识时,以缓进为稳健,以万全为商榷,则文虽至愚,不知其可。"①

　　孙中山坚决反对失败主义的情绪。当时他"再三苦劝各同志说:……从前吾党当推翻满清时,何尝有力量? 大家皆是赤手空拳。当武昌革命党发动时,亦未有何种方法。不过大家皆明白满清一定要推翻,人人皆有此种信仰,人人皆明白此种道理,但尚未有何种事实可以证明。今日吾等虽失败而亡命,然吾等信用益大,经验益富,而且有事实可以证明。故今次失败,比之三年前,较有信用,有经验,有证据。何以在三年前遇有失败,无不继续奋斗;在三年后,便尔灰心,不肯继续奋斗呢?"②

　　本着他的革命信念,孙中山在日本创立"中华革命党"(1914 年 7 月 8 日开成立会)。从他组织中华革命党的方案中,可以看到,他是认真考虑了同盟会在辛亥革命后变为国民党一败涂地的这段经验,企图从中吸取有益的教训,以利于再次兴起反袁世凯的斗争。但是究竟如何总结经验,接受教训,却不能认为是已经很好地解决了的问题。

　　中华革命党成立后,有一个通告向党员们说明"国民党失败之真相,新党再造之苦心",其中说:"试思国民党之失败,自改组(指同盟会改组为国民党——引者)以来,即伏阴毒。份子既属复杂,官僚因之侵入(赵秉钧亦入国民党),将吾党之本来主义抛弃,对于国家,不敢直负责任。主持党务者,半为官僚所软化"③。为了改变国民党这种面貌,中华革命党成立宣言中说:"此次办法,务在正本清源:一、屏斥官僚,

---

①　孙中山 1914 年 3 月致黄兴书。《总理全集》,函札,第 148 页。
②　孙中山在 1923 年 11 月 25 日的演讲。同上书,演讲丙,第 32—33 页。
③　中华革命党的《第四号通告》。见邹鲁著《中国国民党史稿》第一篇,第 272 页。

二、淘汰假革命党,以收完全统一之效,不致如第一次革命时代(指辛亥革命——引者)异党入据,以伪乱真。"①

中华革命党规定,党员入党时必须按指模,立誓约,誓约的中心内容是:"为救中国危亡,拯民生困苦,愿牺牲一己之生命自由权利,附从孙先生再举革命"②。这是把是否愿意立誓服从孙中山看做是真假革命党人的唯一标准。孙中山对此申述理由说:"不论何党,未有不服从党魁之命令者,而况革命之际,当行军令,军令之下尤贵服从乎?是以此次重组革命党,以服从命令为唯一之要件。凡入党人员,必自问甘愿服从文一人,毫无疑虑而后可。若口是心非,神离貌合之辈,则宁从割爱,断不勉强。务以多得一党员即多一党员之用,无所浮滥,以免良莠不齐。此吾等今次立党所以与前次不同者。"③

中华革命党成立宣言说:这个新成立的党"为秘密团体,与政党性质不同"④。为什么这样说呢?原来当时人们是完全从资产阶级议会制度来理解政党的性质和作用的:政党就是要在议会选举中争取席位,以求在取得多数席位时组织内阁。按照这种理解,辛亥革命前的同盟会是革命党而不是"政党",1912年同盟会改组成国民党,就是改组成了政党。既然经验证明,在成为政党后,发生了党员"浮滥","良莠不齐",以及党内意见分歧,步骤凌乱等等弊病,所以孙中山认为必须确认新成立的中华革命党"与政党性质不同"。而且也不说这个党是像同盟会那样的革命党,这显然是因为感到同盟会的分子过于复杂,并不服从一个人的原故。这样,新成立的中华革命党的性质就被确定为一个"秘密团体"。

辛亥革命中发生了"革命军起,革命党消"的现象,这在当时人看来,纵然不是理所当然,也是难以避免的。既然有了革命军,有了新政

① 《总理全集》,宣言,第19页。
② 邹鲁:《中国国民党史稿》第一篇,第159页。
③ 孙中山致南洋同志书。见上书,第265页。
④ 《总理全集》,宣言,第19页。

府,那末,以联络会党,发动武装起义,推翻现政府为宗旨的革命党就没有存在的必要,而要变成争选票的政党了。鉴于革命党在这种思想支配下蜕化变质,国家政权为旧势力篡夺的教训,孙中山在成立中华革命党时提出了划分"军政"、"训政"、"宪政"这三个时期的说法①。《中华革命党总章》规定,军政时期是"以积极武力扫除一切障碍而奠定民国基础",训政时期是"以文明法理,督率国民建设地方自治",等到"地方自治完备之后",才创制和颁布宪法进入宪政时期。总章认为,"宪法颁布之日,即为革命成功之时",在此以前,都叫作"革命时期"。在革命时期内,"一切军国庶政,悉归本党负完全责任。"总章中又把党员分为三等,明确规定他们各自享有不同的权利。在革命军未起义以前入党的是"首义党员",他们在革命时期都称为"元勋公民","得一切参政执政之优先权利"。革命军起义后入党的是"协助党员",在革命时期称为"有功公民",有选举和被选举的权利。革命政府成立后入党的是"普通党员",称为"先进公民",那就只享有选举权利了。至于非党员,"在革命时期之内,不得有公民资格。"②

　　孙中山提出这一套办法主观上是为了使下一次革命不致重蹈辛亥革命的覆辙,防止在革命军起和革命政府成立时,革命成果为投机分子和旧势力所篡夺。他以为,推迟宪法的颁布,而把"革命时期"的全部政权掌握在革命军兴以前就宣誓效忠于他的一小批"首义党员",至多再加上那些"协助党员"的手里,就可以保证革命的胜利。却没有想到,如果真是按照这样做法,将只是使那些"首义党员"和"协助党员"成为一个狭隘的宗派,使他的党和所要进行的革命脱离广大人民群众。

　　中华革命党总章说:"本党以扫除专制政治,建设完全民国为目的"。他们的最高目的就是建设一个资产阶级民主共和国。但是辛亥

---

　　①　同盟会成立时,孙中山有"军法之治"、"约法之治"、"宪法之治"这三个时期的说法,但和军政、训政、宪政三时期的说法不尽相同。

　　②　《中华革命党总章》。《总理全集》,方略,第119—120页。

革命后三年的经验使人痛感到西方式的议会民主在中国行不通,丝毫不能起遏制以袁世凯为代表的旧势力的作用。孙中山在建立中华革命党时的思想是这种矛盾的反映。他解决不了这个矛盾。他为解决这个矛盾而采取的办法使他走向了民主的反面:他所建立的党以是否绝对服从领袖个人作为党员之唯一标准,并且预约给予最早宣誓服从的党员以"参政执政之优先权利";他所设想的革命时期成了少数"首义党员"和"协助党员"统治全体连公民资格都没有的人民的政治!

中华革命党在1914年7月成立时,以孙中山为总理,并要黄兴担任协理。黄兴表示不赞成以"附和孙先生革命"为誓词,拒绝参加。不少知识分子和军界的旧党员也对按手模宣誓的方式表示反感,以此为理由拒绝参加。欧洲战争爆发后,一些在日本的没有加入中华革命党的国民党人(其中多数是军人)成立了"欧事研究会"的组织。它虽然用研究会的名义,其实是中华革命党以外别树一帜的政治派别。他们和黄兴一样,不主张对袁世凯采取"急进"的革命手段,而主张"缓进"。

在日本向袁世凯提出二十一条后,1915年2月间,黄兴和欧事研究会的若干主要成员联名发表通电,认为当前国家处于危急存亡之际,应该暂停反袁活动,一致对外。由于黄兴和列名通电的另一些人(如柏文蔚、李烈钧)是1913年赣宁之役的重要人物,所以他们的看法颇有影响。对于这种看法,孙中山表示坚决反对。他在一封为这问题答复北京学生的信中说:"袁氏以求僭帝位之故,甘心卖国而不辞。祸首罪魁,岂异人任?"他把袁世凯比做已经升堂入室的大盗,"大盗在室,乃如取如携。祸本不清,遑言捍外? ……而乃望以一致为国,相去万里,何止迳庭!"①孙中山认为,对甘心卖国的袁世凯,必须坚决斗争,谈不到合作一致对外。

在这个问题上,孙中山无疑是正确的。但是,由于中华革命党的组织形式及其活动方式都成了脱离群众的"秘密团体",它不能在国内政

---

① 《总理全集》,函札,第165页。

治生活中起较大的影响。在 1916 年反袁世凯的斗争高涨的时候,以孙中山为代表的资产阶级革命派没有能够站在领导地位。

（四）梁启超：从拥袁到反袁

以梁启超为首的进步党人和西南几省的地方军阀,充分利用了袁世凯由于对帝国主义屈服和实行帝制而遭到全国人民反对的形势,为自己取得了反袁世凯的领导地位。

在熊希龄的内阁时期,梁启超和其他进步党人是支持袁世凯的。1914 年 1 月袁世凯解散了国会,在国会中同国民党相对抗的进步党也就不存在了。但是进步党中的主要活动分子,仍然可以视为一个政治派别。他们大体上就是清末的君主立宪派分子。梁启超仍是他们的领袖人物。他在反对袁世凯帝制的第一篇文章中自称为"立宪党",虽然这样的党的组织是没有的。

国会解散,熊希龄内阁下台以后,虽然袁世凯日益明显地实行独裁政治,但包括梁启超在内的进步党人仍然不反对袁世凯。在袁世凯为制定他的"大总统选举法"而设的参政院中,梁启超和其他几个进步党人受聘为参政员,他们对选举法没有表示任何异议。到了 1915 年 8 月,袁世凯的亲信们改行帝制的呼声已经公开喧嚷起来,梁启超观察形势,感到继续支持袁世凯是不聪明的事。这时,他发表《异哉所谓国体问题者》一文,开始宣布反袁的立场。梁启超所说他为什么要反袁的理由,是值得看一下的。

梁启超的这篇文章①首先声明:"鄙人原非如新进耳食家之心醉共和,故于共和国体非有所偏爱,而于其他国体非有所偏恶"。他把主张民主共和的人讥诮为"新进耳食者",自命是站在不偏不倚的立场上谈

---

① 梁启超的《异哉所谓国体问题者》,收在其所著《盾鼻集》中。见《饮冰室专集》之三十三,第 85—98 页。

国体问题。共和与君主，就是他所说的国体问题。他又说："鄙人生平持论，无论何种国体皆非所反对。惟在现行国体之下而思以言论鼓吹他种国体，则无论何时皆反对之"。他的意思是说，国体只能维持现状。在辛亥革命前，因为现状是君主国体，所以他反对鼓吹共和；而现在很不幸的（他认为是很不幸的）已经经过革命而成了共和国体，也就只好承认既成事实，不可再加以改变。他说，如果硬要改变现行国体，那就是革命，而革命是他从来反对的，所以他过去反对"共和革命"，现在反对"君主革命"。——袁世凯实行帝制，是对辛亥革命的反动，而梁启超把它说成是一种"革命"。这固然是他有意糟蹋革命这个字眼，同时还有深一层的意思。他的文章中说，他其实是很希望能使共和"复返于帝政"的，不过"又深感君主国体之难以恢复"，而如果在条件不成熟的时候进行"君主革命"，后果是很危险的。"革命之轨道恒继之以革命"，也就是可能导致真正的革命，这是他所最害怕的。

梁启超的文章又说："吾侪立宪党之政治家，只问政体，不问国体"。"故以为政体诚能立宪，则无论国体为君主为共和，无一而不可也。政体而非立宪，则无论国体为君主为共和，无一而可也。"照这样说，他似乎是既反对改变既存的共和国体，又主张在共和的国体下实行立宪的政体。按当时人的用语，共和立宪就是资产阶级的民主共和。但是梁启超的文章却又表明，他并不真正要求袁世凯实行民主共和。相反的，他认为，在共和的招牌下实行专制是可以容许的。他说："今在共和国体之下而暂行专制，其中有种种不得已之理由，犯众谤以行之，尚能为天下人所共谅"，但如果公然废弃共和，那就难免遭天下人之反对了。所以他的文章为袁世凯设想说，既然已经能够当终身大总统，而且有权使自己的儿子当继承人，那就应该满足于这种状况，"在共和国体之下而暂行专制"，何必一定要废弃共和而当皇帝呢？梁启超在举起反袁的旗帜时，对于袁世凯自己丢掉共和的招牌是深表惋惜的。

附带说一下，这时梁启超和康有为是有分歧的。康有为也反对袁世凯当皇帝,但他认为用帝制代替共和是必要的,不过袁世凯不配当皇帝,只应该让清朝复辟。梁启超和他的老师不同,虽然在他的文章中慨叹共和对中国是多么有害,但他认为,在反对袁世凯时必须以维护共和的战士的姿态出现。

梁启超还从辛亥革命中得出经验,如果抢先抓起反袁的旗帜,是对于自己一派最有利的。他在给南京的进步党人的信中说:"当此普天同愤之时,我若不自树立,恐将有煽而用之,假以张义声者。我为牛后,何以自存"①。

靠什么力量来反对袁世凯呢?梁启超找到的力量是西南几个省的地方势力:云南的唐继尧、贵州的刘显世、广西的陆荣廷。

梁启超的学生蔡锷是他的密切的合作者。蔡锷在辛亥革命时领导云南起义而成为云南都督,1913 年离开云南。由于他在军界中的声望,袁世凯授予他以各种荣誉职位,把他羁留在北京。原是蔡锷部下的唐继尧被袁世凯从贵州调到云南,受封为将军②。1915 年 11 月,蔡锷根据梁启超和他商定的行动计划,设法摆脱袁世凯的监视,离开北京,先到日本,然后回到云南。差不多同时回到云南的还有未参加中华革命党的原国民党人李烈钧、熊克武等人(都属于欧事研究会)。他们都主张在云南宣布反对袁世凯。唐继尧起先因为自己的力量对抗不了北洋军力,对于是否和蔡锷等人共同行动是动摇的。由于蔡锷在他部下的中下级军官中威信很高,许多人赞成反袁,又由于蔡锷等人说服了他,使他看到整个形势对袁世凯不利,他终于下了决心。12 月 25 日以唐继尧为首向全国发布声讨袁世凯的通电,云南宣告独立。唐继尧为云南都督。云南的军队组成三个军,号称护国军。由蔡锷率领一个军进兵四川。

贵州的军阀刘显世本来是地方豪绅,在辛亥革命期间乘立宪派和

<hr>

① 梁启超:《致籍亮侪等书》(1915 年 11 月 18 日)。《饮冰室专集》之三十三,第28 页。
② 袁世凯在准备行帝制时对各省的军事长官封为不同名目的将军。

革命派相争的时机掌握了省的军权。他也曾向袁世凯效忠,但这时追随云南,在 1916 年 1 月间宣布贵州独立。

争取广西军阀陆荣廷的响应是梁启超的计划中的重要的一步。陆荣廷是清朝的广西提督,在辛亥革命中成为广西的统治者,袁世凯也授予将军的封号。他时常担心受到北洋军人的排挤,但是对于是否参加反袁行列还很踌躇。为了促成他行动,梁启超接受他的邀请,在日本人的大力帮助下,避开袁世凯在各地密布的暗探,由上海经过香港、越南潜入广西。1916 年 3 月 15 日以陆荣廷、梁启超的名义通电声讨袁世凯,宣布广西独立。陆荣廷为广西都督。

由蔡锷率领的进入四川的护国军的力量是很小的。唐继尧为了使颇得人望的蔡锷离开云南,以免危及自己的地位,所以愿意分给一部分兵力,但并不给以充分的后勤支援。因此,蔡锷在川南虽曾打败四川本省一些军队,占领叙州(今宜宾)、泸州、綦江等地,但是在袁世凯从外省调进了一些北洋军队后,蔡锷在作战中受到了挫折。袁世凯派驻四川的将军陈宧,虽受到袁世凯的信任,但并不是北洋嫡系。他不愿意战争扩大,因为如果北洋军队更多地进入四川,他的地位就会动摇。在陈宧和蔡锷双方默契下,四川的战事成为僵持的局面。

云南、贵州、广西三省的首先独立,惊破了袁世凯称帝的迷梦。因为云南用护国军的名称,这次反袁斗争被称为“护国运动”。护国运动反映了全国人民对于企图彻底埋葬辛亥革命的独裁者袁世凯的反抗,但在运动中,立宪党人和地方军阀各有各的打算。梁启超为自己一伙人夺取反袁斗争的领导权的意愿是达到了的。由于领导权掌握在他们的手里,就注定了这个运动的发展规模远不如辛亥革命,其结局也不可能高过辛亥革命。

(五)袁世凯的覆灭

袁世凯虽然在 1915 年 12 月已开始使用皇帝的称号,但是预定在

1916 年元旦举行的"登极大典"却没有敢如期举行,而且一再推延,终于在 3 月 22 日宣布撤销帝制。

所谓举国一致拥戴帝制的"民意",袁世凯及其党羽也知道是他们自己伪造出来的,但他们的确以为,皇帝的龙袍具有比大总统的礼服不知高多少倍的权威,依靠这种权威,不但能够得到旧势力的拥护,而且能够博得众多"愚民"的膜拜,因而使主张民主共和的反对派无能为力。但是,这种奇迹没有出现。

利用社会各阶层中反对卖国独裁,憎恶帝制复活的情绪,西南几个省宣布独立,这对于袁世凯固然是严重打击,同时,帝国主义者看到袁世凯由于称帝而陷入困境,不愿意继续支持帝制了,北洋军阀内部的分裂也表面化了,这就更是袁世凯所没有预料到的。

在袁世凯的帝制运动开始酝酿时,他所聘用的宪法顾问、美国人古德诺(曾任哥伦比亚大学教授)发表《共和与君主论》,明确主张中国应该实行君主制,认为像中国这样的"民智卑下之国",民主共和是有害的;中国固然需要立宪政治,但"中国之立宪,以君主制行之为易,以共和制行之则较难也。"①美国博士的这种议论为袁世凯的帝制运动提供了"理论"基础。另一个政治顾问、日本人有贺长雄是日本首相大隈重信的亲信,也积极主张中国应当改共和为帝制,实行君主立宪。半殖民地半封建的中国统治者在实行任何国内政治的重大变动时,总是要首先看看帝国主义的眼色。由于欧战尚在进行,日本在远东有举足轻重的地位,日本的态度如何更是袁世凯所顾虑的。日本政府通过有贺长雄和其他渠道使袁世凯相信,他接受了"二十一条"就可以换得日本对帝制的支持。因此,袁世凯当时认为他实行帝制,在外交上是没有什么问题的,也就是能够得到帝国主义列强的承认和赞助的。

实际上,日本政府对袁世凯采取的是两面三刀的态度。由于袁世凯和英、美的关系较深,日本并不愿意看到袁世凯的统治稳定。相反

① 古德诺的全文见白蕉编《袁世凯与中华民国》,第 162—174 页。

的,它宁愿由于实行帝制而在中国造成混乱的局面,以便于扩充日本在中国的势力,并且培植完全能为日本所用的代理人。梁启超的反袁活动之所以能得到日本的帮助就是这个原故。早在云南宣布独立以前,1915 年 12 月 15 日,日本已经联合英、法、俄、意共五国公使一起向袁世凯提出警告,表示担心实行帝制能否维持国内治安。到了 1916 年 1 月间,日本更明显地表示不信任袁政府能够平息云南、贵州的局面。此外,日本还资助一些清朝的贵族和遗老,使他们进行复辟活动。总之,袁世凯逐渐发现,日本是在捣他的乱,而不是为他撑台。

袁世凯的北洋军内部的分裂特别表现在他的两员大将段祺瑞和冯国璋身上。在袁世凯的政府中,段祺瑞一直担任陆军总长。在准备实行帝制时,1915 年 8 月,袁世凯解除了段祺瑞这个重要职务,这是因为他感到段有自己的野心。坐镇江苏的冯国璋对于袁世凯实行帝制,采取冷淡的态度,并且同反袁的立宪党人和西南军阀暗中来往。在云南、贵州、广西宣布独立后,他愈来愈表现出反对帝制的态度。他是看到袁世凯的大厦有倒坍的危险,意图以自己为中心来维护北洋军的传统势力。他的这种意图特别得到江西、湖北等省的北洋军阀的声援。北洋军内部分裂的表面化使袁世凯更处于困难的境地。而且长江流域这几个军阀的动向又是英国态度的反映。

袁世凯是以大总统的名义下令撤销帝制的,他还企图继续当大总统。1916 年 4 月 21 日他向段祺瑞让步,请段出任国务卿,组织责任内阁。他想借段祺瑞的力量来渡过难关,而后者却企图利用这机会从袁世凯手里接管政权,如同在辛亥革命时袁世凯接管清朝政权一样。这时,不但西南独立各省认为袁世凯已无权继续担任大总统,而且冯国璋也电告袁世凯还是自动退位为好。4 月、5 月间,广东、浙江、陕西原来效忠袁世凯的地方军阀也相继响应云南的护国运动,宣告独立。四川的陈宧在 3 月底和蔡锷商量停战,到了 5 月间,陈宧宣告四川独立。接着湖南将军汤芗铭也宣告独立。陈宧和汤芗铭是袁世凯所信任的人,他们的倒戈使袁世凯特别感到众叛亲离,他的统治已不可能维持下去了。

孙中山的中华革命党虽然在云南护国运动以前已经进行反对袁世凯的斗争，但在整个斗争中没有能起主导作用。

中华革命党所能运用的力量主要还是旧式的帮会组织。陈其美是和上海的这种组织有很多联系的，他在 1914 年就企图以上海为中心，在江苏、浙江发动起义，但是没有成为事实。1915 年 11 月（云南护国运动开始前一个月）陈其美派人暗杀了袁世凯的爪牙、上海镇守使郑汝成，以为消灭了这个人就易于在上海起事。12 月初，陈其美组织了停泊在上海的肇和军舰的起义。他的部下虽然得到舰上官兵的响应占领了这只兵舰，但是其他两艘兵舰没有按预计配合，反而炮轰肇和舰。在陆上以手枪、炸弹武装起来的"决死队"也没有能占领警察局、电话局、电灯厂。这次起义只两天就失败了。在护国运动起来以后，中华革命党人在各处还发动了若干次勇敢的行动。1916 年 2 月，杨王鹏（辛亥革命前在武昌担任过振武学社社长）等四十多人在长沙用手枪、炸弹突袭湖南将军汤芗铭的衙门，全部牺牲，被捕的杨王鹏遭到剖腹挖心的惨刑。4、5 月在江苏、山东、广东各地也有中华革命党人的类似起义。比较有成绩的是在山东，以居正为首的中华革命党人组成中华革命军东北军，一度占领潍县、高密等地。

孙中山于 1916 年 4 月底从日本回上海，5 月 9 日发表讨袁宣言。他指出："保持民国，不徒以去袁为毕事，讨贼美举当视其职志之究竟为何，其所表示尊重者为何，其策诸方来与建设根本者为何，而后乃有牺牲代价之可言。民国前途始有攸赖"①。要为真正保持民国着想，而不能以去掉袁世凯一个人为满足，这是孙中山针对以梁启超为政治灵魂的护国运动说的话。但是他的呼声当时得不到反响。

梁启超明确认定，斗争的目的只是在于推翻袁世凯一个人。按照他的设计，1916 年 5 月 8 日在广东肇庆成立了个"军务院"，作为独立

---

① 《讨袁二次宣言》。《总理全集》，宣言，第 22 页。

各省的联合组织。独立各省的军阀都取得军务院抚军的名义,他们推云南的唐继尧为抚军长,而以在肇庆的岑春煊为抚军副长,代行抚军长职权,梁启超任军务院的政务委员长。岑春煊是清朝的老官僚,他在1900年任甘肃省的布政司,因带兵护卫逃出北京的朝廷而为慈禧太后赏识,历任陕西巡抚、四川总督、两广总督、云贵总督、邮传部尚书,因官场上的倾轧而与袁世凯不相容。入民国后,他参加过由同盟会改组的国民党。欧事研究会的军人们曾想拥戴他为领袖。他和梁启超为首的立宪党人有联系,又和两广的军人有老关系,因此能成为军务院的头头。军务院表示否认袁世凯的大总统资格,而认为应该"依法"由副总统黎元洪接任大总统。岑春煊宣布北伐的《出师布告》说:"天下汹汹,徒为袁氏之故,苟可以去袁氏而无借于用兵,其道何由,固无所择。"又说:"我师之起,职在讨袁。……非袁自退,黎大总统继任,不能罢兵。守此范围,无敢渝越"①。这就是说,他们的目的只在于袁世凯退位,决不超越这个范围,为达此目的,采取军事以外的任何办法都是可以的。岑春煊和梁启超一方面以出兵北伐造成声势,一方面和段祺瑞、冯国璋进行联络,希望他们劝说袁世凯自动退位。段、冯愿意这样做,因为这样做,就可以只牺牲袁世凯一个人而保持北洋军阀集团的统治势力。可是,袁世凯仍然不愿意退位。

1916年6月6日,袁世凯在忧愤中因病死去。手无兵权的黎元洪在段祺瑞同意下就大总统职,而以段祺瑞为内阁总理。不久后,冯国璋任副总统。黎元洪宣布恢复民国元年的临时约法。7月14日,广东的军务院自动宣布撤销,但北京政府仍然在北洋军阀控制下,只是没有了袁世凯。

中国虽然有二千年帝制传统,但辛亥革命打破了这种传统,从此民主共和成为不可抗拒的潮流。梁启超在发动护国运动后说得好:"国体违反民情而能安立,吾未之前闻。今试问全国民情为趋响共和乎为

---

① 《军务院考实》,商务印书馆1916年版。《作战方略》,第12页。

趋响帝制乎？此无待吾词费,但观数月来国人之一致反对帝制,已足立不移之铁证"①。袁世凯违抗这种表现广大人民意志的潮流,他的失败是不可免的。但是在护国运动结束时,梁启超实际上是以为,继承袁世凯衣钵的北洋军阀,由于保持共和的形式就能"安立",那还是错误地估计了"民情"。

孙中山成立中华革命党,是为了进行一场反袁世凯的革命。袁世凯虽然失败了,但是预期的革命并没有出现。梁启超一派人之所以发动反袁是为了防止反袁斗争变成一场民主革命,他们之所以力求迅速结束这场斗争,为的是不致在继续动乱中出现革命的危机。

孙中山虽然认为"保持民国,不徒以去袁为毕事",但是究竟应该怎样才能真正保持民国,他提出来的只是尊重民元约法一点。在北京政府已经算是恢复了民元约法的时候,中华革命党不能为自己提出新的斗争任务。孙中山宣布仍恢复国民党的名义②,和许多没有参加中华革命党的国民党人③重新合成一个党。

---

① 梁启超:《辟复辟论》。《饮冰室专集》之三十三,第118页。

② 邹鲁的《中国国民党史稿》第一篇中说:"民国八年(1919年)十月十日,中华革命党正式改名为中国国民党"(第287页)。但又说:"洪宪告终,袁世凯死。曾通令海内外各支分部、交通部,一律恢复国民党名义"。(第390页)事实上是,1916年中华革命党恢复国民党名义,不过,国民党作为一个政党的活动很少,到了1919年又改称为中国国民党。

③ 没有参加中华革命党的黄兴1916年7月由美国回到上海,孙中山曾和他会谈恢复合作。10月底他在上海病故。

第二十七章

五 四 运 动

（一）北洋军阀的派系分裂和
南方的"护法运动"

袁世凯死后,被袁废除的临时约法算是恢复了,被袁解散的国会也重新召集了,但这并不表明资产阶级的民主共和的胜利,而且这两个作为辛亥革命遗迹的东西,不久又被废弃了。

重新召开的国会中有国民党的议员,也有进步党的议员。但这时他们已不自称为国民党和进步党。国民党的议员组成为"宪政商榷会",并没有明确的纲领,又分裂成许多小的派别。进步党人组成为"宪法研究会",由此这一派人被称为研究系,梁启超仍然是他们中的主要领袖人物。研究系拥护袁世凯的继承人段祺瑞,如同过去进步党拥护袁世凯一样。国会重开后的主要任务是制定宪法。在国会议员们为宪法条文进行着无穷无尽的争执的过程中,国会又一次被解散。

国会这一次被解散是在大总统黎元洪和内阁总理段祺瑞为争权夺利而互相排挤的情况下发生的。袁世凯留下的北洋军系统的两个大头目,段祺瑞以内阁总理的身份掌握着北京政权;冯国璋在 1916 年 10 月由国会选为副总统,但他为了保持自己的实力地位,仍留任江苏督军①而不到北京。黎元洪看到北洋军中冯国璋一派和段祺瑞一派之间的裂痕,以为可以利用冯国璋来排除段祺瑞在北京政府中的势力。1917年,发生了要不要参加欧洲战争的争执。段祺瑞在研究系议员们的支持下主张参战,黎元洪在研究系以外的多数议员支持下反对参战,南京的冯国璋也表示不赞成参战。5 月里,黎元洪下令免除段祺瑞的内阁总理职。段祺瑞立即唆使安徽、奉天、山东、福建等八省军阀宣告"独立",并且自己到了天津,组成各省总参谋处,进行反黎元洪的活动。以冯国璋为首的江苏、江西、湖北三省的军阀虽然不附和段祺瑞的行动,却也没有积极支持黎元洪的表示。处境危险的黎元洪,求助于驻在徐州的军阀张勋。张勋不是北洋军嫡系,他一向主张清皇朝复辟,这时认为他的机会来了,便以在黎、段之间进行调停为名带兵入京。他的军队到北京后,他宣称,必须立即解散国会,否则无法进行调停。这样,黎元洪在 6 月 12 日发布了解散国会的命令。

张勋并不想当黎元洪的保护神,而是打算实现复辟。抱着同样主张的康有为这时从上海到北京,成为张勋的密切合作者。许多清朝的遗老旧臣也簇拥到张勋的周围来。7 月 1 日他们请出了住在故宫中的清朝最后一个小皇帝溥仪,"重登大宝",宣布中国重新成为"大清帝国"。

张勋进京路过天津时,曾与段祺瑞会谈,后者完全知道张勋的谋划,并不表示反对。他是想利用张勋来解散国会,并把黎元洪赶下台,然后自己来享受一切成果。所以当北京城内的复辟丑剧上演时,段祺瑞立即在马厂(在天津、沧州间的铁路线上)宣布讨伐张勋。张勋的兵力不多,无法抵抗出于他预料之外的这种压力。7 月 12 日段祺瑞的军队进入北京,张勋、康有为等复辟派纷纷逃窜。不到半个月,这幕复辟

---

① 这时各省的军事长官改称为"督军"。

丑剧结束。段祺瑞就这样把自己打扮成了"再造共和"的英雄。黎元洪只能宣告辞大总统职。冯国璋以副总统的资格继任大总统,8 月 1 日进京。段祺瑞仍为内阁总理。

康有为和梁启超师徒二人,这时一个成了张勋复辟的同谋者,一个则是段祺瑞出兵讨伐张勋的谋士。在段祺瑞重新组织的内阁中,外交、内务、财政、司法、农商、教育各部都由研究系的政客担任,梁启超出任财政总长。研究系还为段祺瑞出谋划策,不再恢复由黎元洪又一次解散了的国会,而召集"临时参议院"以"改造国会",为加强北洋军阀在全国的统治造成更有利的条件。

历史学家李剑农这样评论梁启超的政治活动:"梁氏相信国家要有一种中坚实力来维持,北洋派的武力有可以成为中坚实力的资格,很想和他们结合去改良他们;第一次想改良袁世凯,不成功;现在想改良冯、段……"[1]以梁启超为代表的研究系并不想建立资产阶级的民主政治,他们所想望的是依托北洋军阀的武力,实行梁启超历来所说的"开明专制"或"共和国体下之专制",他们以为,这样就可以造成国家稳定的局面,其实这种局面只是半殖民地半封建的局面,无论怎样"改良",是不可能稳定的。

由于北洋军阀内部的派系倾轧,并由于南方几个省的地方军阀和北洋军阀的矛盾,段祺瑞的包括研究系人物的内阁只存在了四个月就下台了。虽然到了 1918 年 3 月段祺瑞重整旗鼓,再任内阁总理,但这回的内阁中研究系已没有份。段祺瑞以他所更加亲信的官僚政客组成"安福俱乐部",并在 1918 年 8 月制造了一个国会。由于这个国会是以安福俱乐部的成员占多数,被称为"安福国会"。受段祺瑞的逼迫,大总统冯国璋辞职退位。安福国会另选了个前清老官僚(也是袁世凯的老伙伴)徐世昌为大总统。这样,在北洋军阀系统内部皖系(以段祺

---

① 李剑农:《最近三十年中国政治史》,第 425 页。

瑞为首,段是安徽人)和直系(以冯国璋为首,冯是直隶人)①的对立越来越剧烈,以至后来在 1920 年发生了两系军阀大火并(直皖战争)。

在皖系和直系的后面有外国帝国主义做后台。段祺瑞是一心一意依靠日本帝国主义的。冯国璋从 1913 年底起盘踞江苏,和英、美帝国主义关系较深。当欧洲列强都卷入世界战争时,在远东还能同日本抗衡的只有美国。1917 年 2 月美国参加世界战争,开始曾想把中国拉进战争。英、法、俄、意四国这时与日本秘密成立谅解,承认日本在战后可以占有在山东的特权;日本又给段祺瑞政府一亿日元的贷款,段政府答应将三个兵工厂交给日本代为整理,并请日本军官来练兵。美国看到段政府将由于参战而更深地陷入日本控制下,便转而主张中国暂不参战。这是冯国璋和黎元洪反对参战的国际背景。经过张勋复辟之役,段祺瑞重新支配北京政权后,8 月 14 日,宣布参加对德战争,这是日本帝国主义的一个胜利。

段祺瑞利用日本的财政支持,在编练参战军的名义下大肆扩充自己的实力,以求在国内实现武力统一;日本则企图利用段祺瑞来实现独霸中国的野心,并且把中国军队用做进行反苏战争的附庸军。俄国在十月革命后退出帝国主义战争,1918 年上半年帝国主义列强对新生的苏维埃国家进行武装干涉。这年 5 月间段祺瑞和日本政府订立秘密的"共同防敌"的军事协定②,保证日本军队可以在共同进行反苏战争的名义下进入中国境内,并支配中国的有关军队。1917 年到 1918 年之间,段祺瑞从日本得到了一笔笔巨额贷款,总数在五万万日元以上,这些贷款都附有各种各样的政治条件。当时日本的总理大臣寺内正毅在下台后曾自夸说,日本从这种巨额投资中所得的利益"何止十倍于二十一条"。

1918 年,欧洲战争结束,英、美重新加强对中国的侵略;与皖系势

① 冯国璋在 1919 年病死,曹锟成了直系军阀的领袖,曹锟也是直隶人。
② 包括陆军和海军两个协定。《中外旧约章汇编》第二册,第 1365—1369 页。

力有矛盾的直系军阀,就成为英、美所利用的工具。

在北洋军阀内部发生分裂时,又有南方的非北洋系的地方军阀起而与北洋军阀抗衡。他们主要是在反袁世凯的护国运动中的头面人物陆荣廷和唐继尧。广西的陆荣廷的势力这时已伸张到广东,他部下的一个师长陈炳焜当了广东督军。云南的唐继尧不仅控制贵州,还有军队插手四川。所以他们是南方两个重要的实力派。张勋复辟时,他们宣布反对,但是段祺瑞捷足先登,他们没有捞到什么好处。张勋复辟被推翻以后,段祺瑞企图用武力统一南方,使南方实力派感到受威胁。于是陆荣廷、唐继尧联合谴责北洋军阀解散民元国会,破坏民元约法,他们表示否认段祺瑞政府的合法性。这样,就形成了南北分裂的局面。

寓居上海的孙中山也宣布反对北洋军阀的政府。他在1917年7月从上海到广州。海军总司令程璧光这时率领海军向北京政府宣告独立,表示追随孙中山。南方的小军阀也愿意借用孙中山的威望。所以程璧光的海军和陆荣廷、唐继尧的地方实力成为孙中山所依靠的力量。孙中山在到广州时发表演讲说:"中国共和垂六年,国民未有享过些共和幸福。非共和之罪也,执共和国政之人以假共和之面孔,行真专制之手段也。故今日变乱,非帝政与民政之争,非新旧潮流之争,非南北意见之争,实真共和与假共和之争。能争回真共和以求福利者,在二大伟力。其一为陆军,其二为海军。鄙人密察大势,非得强大之海陆军,为国民争回真共和,无以贯彻其救国救民之宗旨。"①

总结袁世凯称帝,张勋复辟后形势发展的经验,孙中山提出了真共和还是假共和的问题。但是究竟如何实现真共和呢?在反袁斗争中,中华革命党以"秘密团体"来搞革命,没有什么成效;进步党人依靠地方军阀力量占了先着。这时,孙中山实际上沿用了梁启超用过的办法。陆荣廷、唐继尧也正是梁启超两年前反袁世凯所依托的力量。

---

① 孙中山在黄埔公园欢迎会上的演讲。见《中国国民党史稿》第三篇,第1072页。

孙中山提出的口号是"护法",就是维护继袁世凯之后,北洋军阀又加以废弃了的民元约法。在他号召下,原国会的一部分议员来到广东,8 月 25 日开始集会,因为人数不足,叫做"非常国会"。非常国会决定在广州成立军政府,以孙中山为军政府的首脑,称为大元帅,而以唐继尧、陆荣廷为元帅。孙中山以大元帅的名义通电否认冯国璋为总统、段祺瑞为国务总理的北京政府,号召北伐。北京政府下令通缉孙中山等人。

这回的护法运动形式上是孙中山领导的,但他的处境十分艰难。不到一年,1918 年 5 月,非常国会通过《修正军政府组织法》,准备取消大元帅的首领制,剥夺孙中山的职权。为此,孙中山愤然辞去大元帅之职,回到上海。辞职通电中说:"吾国之大患,莫大于武人之争雄。南与北如一丘之貉。虽号称护法之省,亦莫肯俯首于法律及民意之下。……文于斯痒口哓音,以致各省之觉悟,盖已力竭声嘶,而莫由取信。知我者谓我心忧,不知我者谓我何求,斯之谓矣。"①不久后,他在致友人信中谈到在广东任大元帅职的情形说:"艰难支撑一年之久,孑然无助,徒为亲厚所痛,仇雠所快,终至解职以去。"②

孙中山的护法运动之所以失败,因为,第一,护法运动虽是反对篡窃民国的北洋军阀,但所提出的具体口号不过是恢复民元约法和民元国会,而且还表示承认黎元洪是合法总统,要求他复位,这些要求对于广大人民群众是没有号召力的。第二,军政府所依靠的是南方的军阀势力。这些地方军阀所想的只是如何保持与扩大自己的势力,护法对他们不过是个幌子。北洋势力中,段祺瑞倾向于用武力对付南方,冯国璋则倾向于同南方军阀讲条件,谋调和。唐继尧和陆荣廷一面表示赞成北伐,一面同北洋势力暗中往来,随时准备在适当的条件下妥协。正因此,孙中山不得不慨叹:"南与北一丘之貉"。

---

① 孙中山 1918 年 5 月 4 日向非常国会辞大元帅电。同上书,第 1085 页。
② 孙中山致港商陈赓如函。见《总理全集》,函札,第 176 页。

　　梁启超和孙中山虽然先后与西南军阀合作,但前者是通过反袁世凯而投身到段祺瑞门下,后者却在"孤立无助"中失败。陈独秀在1917年已曾这样评论进步党和国民党说:"进步党不乏贤达可敬之士。惟愚之评论进步党人也,急切功名,依附权贵,惮于根本之改革,是其所短耳。以此原因,进步党人每以能利用权门自喜而反为权门所利用,一玷污于袁世凯,再见欺于督军团(段祺瑞为把持北京政权而组织的各省军阀,当时称为督军团——引者)。国民党之荣誉往往在失败;进步党之耻辱往往在成功。"①这个评论是有道理的(不过进步党的"成功"只是暂时的、形式的成功)。孙中山在护法运动中又一次失败,虽然表明他这时找不到革命的出路,但这是由于不与军阀同流合污而失败,是他的荣誉而不是他的耻辱。

　　孙中山辞大元帅职后,广东的护法军政府改行七总裁合议制,由非常国会推举岑春煊、孙中山、唐继尧、陆荣廷、伍廷芳、唐绍仪、林葆怿七人为总裁,而以岑春煊为主席总裁②。孙中山没有就职,并在不久后辞去总裁这个空名。岑春煊既与陆荣廷的桂系军阀关系密切,又为国民党中称为政学系的一派人所拥戴。国民党这时四分五裂,政学系是其中的右翼,由曾参与欧事研究会的一部分政客所组成,他们的政治色彩实际上同北方的研究系差不多。以岑春煊为首的护法军政府完全为桂系军阀和政学系的政客所支配。

　　以后,到了1920年,由于陈炯明的军队把桂系力量赶出广东,孙中山又回到广东,仍然在护法旗帜下成立"非常政府",任"非常大总统"。陈炯明的武力是孙中山1918年任大元帅时为对抗桂系力量而培植起来的。在孙中山就任非常大总统后不久,陈炯明又勾结北洋军阀和帝国主义而发动政变,使孙中山再一次无法在广州立足,护法运动遭到彻

---

　　①　陈独秀:《时局杂感》。《新青年》杂志第3卷,第四号。
　　②　七总裁中,伍廷芳和唐绍仪没有兵权,是有声望的社会名流、旧官僚。林葆怿是海军的首脑(程璧光已于1918年2月被人暗杀)。岑春煊是反袁的护国运动中的军务院的首脑,已见前。

底失败。

吴玉章(他在护法运动期间作为民主革命家坚定地站在孙中山一边工作)的回忆录说:"在当时,军队是统治者私人的财产和工具,军队的活动完全听命于他们的统帅,不知道有国家民族,我们也没有可能去根本改造旧军队,使它成为革命的工具,而只是看到个人的作用,力图争取有实力的统帅。从辛亥革命起,我们为了推翻清朝而迁就袁世凯,后来为了反对北洋军阀而利用西南军阀,再后来为了抵制西南军阀而培植陈炯明,最后陈炯明又叛变了。这样看来,从前的一套革命老办法非改变不可,我们要从头做起。但是我们要依靠什么力量呢?究竟怎样才能挽救国家的危亡呢?这是藏在我们心中的迫切问题,这些问题时刻搅扰着我,使我十分烦闷和苦恼。"①

这些是当时孙中山和其他有志于改造国家命运的革命者所面临的问题。

(二)民族工业昙花一现的繁荣

第一次世界大战期间,中国的民族工业得到了一个发展的机会。

由于战争,西方各国不可能继续以大量商品输入中国。虽然日本货的进口并不受到影响,反而更增加些,但进口货的总额减少是显著的。1912 年(民国元年)进口额为四亿七千三百万两,1913 年增加到五亿七千万两。到了 1914 年,欧战爆发的一年,是五亿五千七百万两,比前一年已减少了一些。以后几年,直到 1918 年,即世界大战结束的那一年,每年进口额都比 1913 年少,最少的一年是 1915 年,降到四亿五千四百万两,比 1913 年减少一亿一千多万两。另一方面,在战争期间,中国的出口额一般的没有减少,这是因为战争中的各国需要从中国输入农产品、原料和面粉等等的原故。所以,在战前几年,中国每年入

---

① 《吴玉章回忆录》,中国青年出版社 1978 年版,第 109—110 页。

超数字达一亿两至二亿两,而在战时的 1915 年到 1918 年,入超降到二千六百万两至八千三百万两。

有些原来由于受外国货排挤,营业不振,甚至连年亏损,无法维持的私人资本企业,到了欧战期间,一变而为取得厚利。以纱厂来说,"1909 年所建的无锡振新纱厂,经营七八年,并无重要发展,惟到了1919—1920 年,股东红利曾高达六分之多。又同年所建的宁波和丰纱厂,战前本难于维持的,但在 1919 年该厂竟以九十万元的资本获净利达一百二十五万元。江阴利用纱厂,一向出租出去,1915 年始由原股东收回自办,其后六年内以七十二万两的资本,一万五千七百九十二枚纱锭,获利达三百余万元之多。……总之,地无分南北,厂无论大小,大都全能获得意外的厚利。"①别的行业也有类似的情形。例如华侨资本的南洋兄弟烟草公司,1906 年创办于香港,十万元的资金曾亏蚀殆尽。1915—1916 年间,该公司业务大为发展,1918 年它的总公司移到上海,除在上海设厂外,又在广州、汉口、北京等地设分厂。1919 年公开招股,成为一千五百万元的大公司②。

这时期抵制日货的运动对于民族工业的发展也起了一定的作用。1915 年日本提出二十一条,激起了各地抵制日货,提倡国货的热情。有人以牙粉和伞为例,说明抵制日货的效果:"从前中国人惯用舶来之牙粉,如日本之金刚石牙粉到处风行。其后无敌牌出而应世,外货势力遂削。"无敌牌牙粉是上海的一个笔名为天虚我生的文人陈栩园在1918 年创办的家庭工业社的出品。"以前我国用伞多来自日本",1918年,杭州的旧式作坊孙源兴"改良纸伞,减轻重量,制造弯伞柄",由此杭州的制伞工场逐渐增多,所制丝伞、布伞在市场上渐次代替了进口的日本伞③。

---

① 严中平:《中国棉纺织史稿》,科学出版社 1955 年版,第 185—186 页。
② 汪敬虞编:《中国近代工业史资料》第二辑下册,第 1003—1005 页;参看龚骏编《中国新工业发展史大纲》,商务印书馆 1931 年版,第 226—227 页。
③ 龚骏:《中国新工业发展史大纲》,第 98 页。

在欧战期间,发展得最快的是棉纺织业。这可以从下列关于华商棉纺织厂的统计数字看出来①:

年份	厂数	纱锭(枚)	布机(台)
1915	22	544,010	2,254
1919	29	659,721	2,650
1920	37	856,894	4,540
1921	51	1,238,902	6,650
1922	64	1,593,034	7,817

1919—1922已是战后时期。因为筹组新厂和从外国购置机器需要时间,所以由战时有利条件激起来的建厂潮流到了1921—1922年才达到顶点。在战前由经营面粉业发家的荣宗敬,1916年和1919年在上海办了两个纱厂,1921年又在无锡和汉口办了两个纱厂②,发展为中国最大的纺织业资本家。创办南通大生纱厂的张謇由于他的两个老厂在1915—1916年获利甚丰,就定了新建九个厂的大计划。这个计划没有全部实现。1921年他在江苏海门办了个新厂,以后在1924年还办了个新厂。从上表中可以看到,1915年到1922年八年间,私人资本的纱厂,厂数和纱锭都增加了近二倍,布机增加且不止二倍,除了棉纺织业外,缫丝、丝织、针织等业这一时期都有显著发展。因此,这几年被认为是民族纺织业的"黄金时代"。

面粉在战前有少量出口,但进口是大量的。1913年和1914年的入超都在二百万担以上。1915年起的六年间一变而为出超,1918年到1921年每年出超二百万担到三百万担。在这期间,各地纷纷创办面粉工厂。战前全国面粉工厂只有四十多家,到了1920年、1921年间,已发展到一百二十多家(其中包括少数外国资本的工厂)。面粉工业也

---

① 《民国经济史》,银行学会1948年编印。原注:"根据华商纱厂联合会的统计"。

② 这四个厂即申新一厂到四厂,以后荣家还在1925—1928年续办了申新五厂到七厂。

是在欧洲战争期间民族资本发展较快的一个行业。

除了纺织业、面粉业以外,火柴、水泥、卷烟、榨油、造纸、制糖、制皂、制烛等业在战争期间和战后最初几年间也有些发展。总之,利用这时机发展的主要是轻工业,是日用品制造工业。民族的私人资本也只有力量发展这种较易于兴办,能较快取得利润的轻工业。

当时的军阀政府并不利用这种时机兴办工业。袁世凯、段祺瑞的政府从外国得来的大量借款都用于军政费用,特别是用以扩充军队。当权的大小军阀、官僚手中积累的财富,或用于购置田产,或用以从事商业投机和高利贷剥削,或存于外国银行。他们一般地对于办工业是没有兴趣的。但是社会上仍有相当数量的游资在寻求出路。有个作者这样描述民国初年的情况:"内则军阀干政,干戈迭寻,外则列强环伺,压迫有加。实业供其朘削,民生坠于涂炭。建设事由,无由发皇。民间资金苦无出路,壅塞于外国银行。在外商银行全盛时期,国人存款,多数无息,且有收取保管费者。"①这些"苦无出路"的"民间资金"的拥有者大多是卸任失势的官僚军阀和较大的商人。在看到办工业有利可图的时候,他们转而投资于工业。此外,有许多中小商人、手工业作坊主也乘机经营新式的工业,他们所能办的当然只能是规模很小的企业,他们以及某些中小地主也成为较大企业吸收股金的对象。

民族工业繁荣的好景不长。1918年世界战争结束。中国对外贸易的入超迅即上升到超过战前的水平。1919年的进口额为六亿四千六百万两,已高于战前1913年的五亿五千七百万两,但因这一年出口额还较多,所以入超只有一千六百万两。1920年进口额增为七亿六千二百万两,出口额却有所减少,这一年入超高达二亿二千万两,打破了战前的纪录。1921年进口额剧增为九亿两有余,入超高达三亿两。与外国商品的进口剧增同时,外国资本也大举重新侵入中国。民族工业

---

① 洪大里:《民元来我国之工业》。见银行周报社编印的《民国经济史》,第237页。

的短期繁荣既然只是利用了帝国主义暂时放松对中国侵略的一个间隙,所以当帝国主义势力卷土重来的时候,民族工业向上发展的趋势立刻就被打断了。受到打击最明显的也就是曾经发展最盛的棉纺织和面粉业。许多企业由于竞争不过外国资本而致产品销路呆滞,资金周转不灵,有的只能停产歇业,有的被外国资本并吞或因举借外债而受人操纵。

经济史研究者指出:"第一次世界大战所造成的中国棉纺织业的繁荣景象,维持到 1922 年而完全消逝,接着就是长期的慢性萧条"①。另一作者说:"惜我国工业基础未固而欧战即已告终。民国九年(1920年),中国国外贸易为先前未有之巨额,然查其进出口货,进口增六分之一,出口反减少六分之一。外货又来,经济压迫又来,经济压迫之幕又开。国人居此恶劣环境之下,不知振刷精神,亟谋补救,反于此时争设交易所与信托公司等投机事业,想谋意外之财,置本业于不顾,结果皆遭惨败。停厂者有之,杀生破家者有之,遂酿成民国十年(1921 年)之经济恐慌"②。这所说争作投机事业的现象,是民族资本在帝国主义经济压迫下没有出路的表现,同时也是"中国资本市场上商业高利贷资本统制工业资本的落后本质"③的表现。许多工厂经营者特别在遇到困难时,就转而从商业投机中找出路,这种情形反过来更增加了工业的危机。

在半殖民地半封建的中国,民族工业在第一次世界大战期间的繁荣景象以后再没有出现过。这种繁荣景象的暂时出现及其迅速消失,充分表现了帝国主义的侵略和压迫是阻碍中国民族资本主义发展的根本因素。不摆脱半殖民地半封建的社会关系,中国的国民经济根本不可能得到正常的发展。

---

① 严中平:《中国棉纺织史稿》,第 202 页。
② 《中国新工业发展史大纲》,第 132 页。
③ 《中国棉纺织史稿》,第 190 页。

当时有些人因为看到政治黑暗无望而提倡教育救国论、实业救国论。但是在军阀统治下根本谈不到发展教育。实业救国也同样只是一种空想。

（三）五四新文化运动

辛亥革命以后的几年间,中国思想界处于很混乱的状态。

社会政治的实际状况使许多人对于资产阶级民主革命的理想发生了怀疑和动摇。梁启超在1915年这样写道:"我国民积年所希望所梦想,今殆已一空而无复余。……二十年来朝野上下所昌言之新学新政,其结果乃至为全社会所厌倦所疾恶:言练兵耶,而盗贼日益滋,秩序日益扰;言理财耶,而帑藏日益空,破产日益迫;言教育耶,而驯至全国人不复识字;言实业耶,而驯至全国人不复得食。其他百端,则皆若是。"①梁启超这段话透露了他一向抱有的对民主革命的反感,但是确也反映了当时许多人面对辛亥革命后混乱局势的悲观情绪。

虽然有了中华民国的招牌,但占统治地位的仍旧是封建的经济、封建的政治;在思想领域内占统治地位的也还是封建的思想。袁世凯在称帝前已经提倡祭天祭孔,并且通令全国恢复"尊孔读经"。社会上出现了"孔道会"、"孔教会"、"尊孔会"这类名目的组织,前清的遗老是这些组织的主要人员,康有为不但参加他们的行列,而且是他们的最重要的发言人。他们鼓吹封建主义的纲常名教,提倡以"孔教"为"国教",利用人们对于辛亥革命后局势的失望情绪诋毁民主共和,诋毁自由平等的观念,企图使人相信只有重建封建礼教的权威,中国才能得救。这种反动思潮是和袁世凯称帝、张勋复辟相适应的。在袁世凯和张勋相继失败后,孔教会、尊孔会这类组织仍然到处活动。封建主义的三纲五常、忠孝节义的说教,加上崇拜鬼神的愚蠢的迷信,再加上使人

---

① 梁启超:《大中华发刊词》。《饮冰室文集》之三十三,第80页。

精神萎靡的低级趣味的文艺,互相交织起来,形成了束缚人民思想、扼杀民族生机,而仅仅有利于封建军阀统治的精神网罗。

1915 年创刊的《新青年》杂志发起了冲决这种精神网罗的斗争。《新青年》杂志开始时名为《青年杂志》,从 1915 年 9 月起的半年内连续出版了六期。1916 年 9 月出版第二卷第一期时改名为《新青年》,从此它在青年群众中的影响,随着发行数量的增加而越来越扩大。在《新青年》的影响下,形成了一个有历史意义的文化思想运动。这个文化思想运动被称为五四新文化运动。五四运动是以发生于 1919 年 5 月 4 日的北京学生爱国运动而得名。开始于 1919 年前三年的新文化运动在思想上启发了五四爱国运动,并随着五四爱国运动而得到更加深入蓬勃的发展。

《新青年》创刊时表示这个杂志的宗旨不是"批评时政"。但杂志的作者们明确地认识到他们所进行的文化思想工作是和政治密切相关的。他们不愿意就事论事地议论当时的政治问题,而要追求政治的一种根本改革。但他们也有些文章直接议论政治问题。杂志的主编和主要撰稿人陈独秀在 1918 年撰文痛驳康有为对共和的攻讦。康有为把民国成立后六年来的政治的混乱和黑暗现象都归罪于共和,也就是归罪于辛亥革命。为反驳这种说法,陈独秀指出:"共和建设之初,所以艰难不易实现,往往复反专制或帝制",并不是"共和本身之罪",而是由于受到"阻力";"武人"像"北洋派军人张勋等","学者"像"保皇党人康有为等"就是最强的阻力。"其反动所至,往往视改革以前尤甚,此亦自然之势也。然此反动时代之黑暗,不久必然消灭,胜利之冠终加诸改革者之头上,此亦古今中外一切革新历史经过之惯例,不独共和如斯也"。因此陈独秀指出:如果来讨论酿成"反动时代之黑暗"的原因,"不于阻碍改革者之武人学者是诛,而归罪于谋改革者之酿乱,则天壤间尚有是非曲直之可言乎?"①陈独秀和《新青年》其他作者对于辛亥

---

① 陈独秀:《驳康有为共和平议》。《新青年》第 4 卷,第三号。

革命的成就是很不满意的,但他们在反动势力的攻击面前,以坚定态度为辛亥革命作勇敢的辩护人。

初期《新青年》①以资产阶级民主主义为思想武器。它的作者们认为,为了使中国真正能成为一个民主共和国,就必须大张旗鼓地宣传民主主义的新思想、新道德、新文化,也就必须彻底地反对封建主义的旧思想、旧道德、旧文化。他们认为辛亥革命没有能这样做,所以民主共和只是个虚假的形式。他们就来着手从这方面做起。陈独秀说:"欲建设西洋式之新国家,组织西洋式之新社会,以求适合今世之生存,则根本问题,不可不首先输入西洋式国家之基础,所谓平等人权之新信仰,对于与此新社会新国家新信仰不可相容之孔教不可不有彻底之觉悟,猛勇之决心。不塞不流,不止不行。"②

《新青年》的作者们针对着当时正在十分猖獗的复古尊孔的反动思潮,进行了勇猛的斗争。他们举起民主和科学的旗帜,要用民主和科学来"救治中国政治上、道德上、学术上、思想上一切的黑暗"③。根据历史和现实生活,他们指出三纲五常、忠孝节义这些封建老教条是"奴隶之道德",是同"今世之社会国家"根本不相容的。他们把打击的矛头直指封建时代的圣人孔子,掀起了"打倒孔家店"的潮流。这些是戊戌变法时期的维新派和辛亥革命时期的革命派所不敢说的话。戊戌时期维新派在中国近代第一次用向西方资产阶级学来的新思想进行对封建主义旧文化的冲击,但是正如他们在政治上主张君主立宪一样,他们的思想其实是半新半旧的。他们抬出孔子作招牌,并没有同封建主义的旧思想、旧道德决裂。辛亥时期的革命派对封建宗法制度的某些传统表示否定。他们推翻了两千年来被认为不可动摇的君主制度,也就

---

① 《新青年》杂志一直出版到 1926 年。它在 1919 年五四运动时开始有宣传马克思主义的文章,在 1921 年中国共产党成立后,它成为中国共产党的理论刊物,这里所说的初期《新青年》是指直到 1919 年的《新青年》。

② 陈独秀:《宪法与孔教》。《新青年》第 2 卷,第三号。

③ 陈独秀:《本志罪案之答辩书》。《新青年》第 6 卷,第一号。

使附着于君主制度的种种传统观念发生动摇。但是他们并没有对封建主义的旧思想旧文化进行比较深入的批判,他们在政治上对封建主义的妥协也反映为对封建思想的妥协。五四新文化运动,作为反封建的运动是戊戌维新与辛亥革命的继续,而其斗争的彻底性大大超过了前两个时期。

提倡用白话文代替文言文,并且在"文学革命"的口号下提倡新文学,是五四新文化运动的一个组成部分,也是《新青年》的一个重大功绩。《新青年》的作者们明确地认识到,文体的这种改革和文学领域内的革命,是同反对旧政治、旧思想,提倡新政治、新思想的斗争密切联系着的。

《新青年》的作者们说,个人主义是他们的新道德、新思想、新信仰的核心。这虽然表现了他们还只能从资产阶级的思想库藏中寻找武器,但在一定的历史条件下,这个思想武器是发挥了战斗作用的。从个人有独立自主权利的观点出发,他们提倡独立思考,反对依附古人,反对盲从封建权威,反对做习惯势力的奴隶,要求从封建传统束缚下解放人的个性与才能,使其能够得到自由的发展。他们提倡的文学革命也贯彻了这种精神,主张写文章不应摹仿古人,写"八股文",而应该用自己的话写自己的文章。这些呼声反映了在实际生活和精神生活上深受封建桎梏之苦的青年的要求,引起他们的共鸣,激起他们的斗争的热情。

《新青年》的作者们以为思想革命能够为新国家打下可靠的基础,这种想法是不符合实际的。但是他们向封建的旧思想、旧道德、旧文学开火,实际上就是向封建的旧政治开火。作为民主主义的政治斗争来说,以《新青年》为代表的五四新文化运动具有比孙中山的国民党当时所进行的护法运动强大得多的生命力。

参加五四新文化运动的人和为这个运动振奋起来的人,有些始终在政治和思想上停留在资产阶级的个人主义和民主主义水平上,有些则由此开始了新的探索。世界的形势和中国的现实使他们感到资产阶级思想不能解决中国的问题。先进的知识分子在运动的发展中突破了资产阶级民主主义的樊篱,找到了马克思主义,找到了无产阶级的社会主义,开始用马克思主义作为观察国家命运的工具。五四新文化运动为社会主义思潮的传播打开了道路,由此开始了马克思主义在中国传播的历史,这更使这个运动远远超越了戊戌维新和辛亥革命这两个时期。

中国的知识界接触到社会主义并不始于五四时期。早在辛亥革命以前,人们已经知道西方资本主义社会由于自己的"弊病"而有了社会主义思想和社会主义运动。他们已经谈论社会主义,有些刊物上还讲到马克思主义。但是那时人们把马克思主义看做不过是各派社会主义学说中的一派,他们并不懂得马克思主义。他们对社会主义有几种不同的态度。康有为、梁启超一派由于看到资本主义国家中不可免地会发生社会主义革命,就越是反对资产阶级民主革命,以免下一步引起更"可怕"的社会主义革命。梁启超有的文章中表示他赞成社会主义,所指的其实只是资产阶级的某些社会改良政策。以孙中山为首的资产阶级革命派则认为不必害怕社会主义革命,因为中国现在还很落后,可以在进行资产阶级革命的同时,采取某些措施,预防将来再发生社会主义革命,并且可以"毕其功于一役"。他们把某种彻底实行资产阶级革命的方案看成就是社会主义。还有一些人虽然赞成资产阶级民主主义革命,但他们反对发展资本主义,惟恐因此损伤小生产者的利益,因而主张建立小生产者平均主义的社会,这其实是农业社会主义的思想。辛亥革命前章太炎、陶成章一派人大体是这种思想。辛亥革命以前和以后还有些自称为社会主义者而鼓吹无政府主义的人,他们一般地只能发出脱离实际的浮夸的喧嚣。当时中国知识分子从西方除了接触到无政府主义以外,还接触到第二国际的修正主义,这种"温和"的社会改良主义的思潮同某些知识分子很能投合,因此也有人接受了这种思潮①。

_____

① 1919年5月《新青年》出版马克思主义的专号,其中有的文章表示赞成第二国际伯恩斯坦的修正主义。

1914 年爆发的帝国主义战争使中国人民中的先进分子对资本主义制度发生了进一步的怀疑。1917 年俄国十月社会主义革命的胜利在中国人民中引起了巨大的激动,尤其是先进分子由此开拓了眼界,看到决定人类命运的已不是资产阶级,而是无产阶级,已不是资本主义,而是社会主义。辛亥革命究竟为什么失败? 爱国志士们的救中国的目的究竟为什么达不到? 为这些问题苦恼的先进分子开始从马克思主义中寻求解答。《新青年》的主要撰稿人之一的李大钊在 1918 年到 1919 年间开始发表文章宣传马克思主义。许多先进的青年知识分子包括毛泽东、周恩来、蔡和森、邓中夏、恽代英……在 1918 年到 1920 年间接触到和接受了马克思主义,并在各地成立了研究和宣传马克思主义的团体。陈独秀是五四新文化运动中的主将,他在 1920 年的文章中表示接受马克思主义思想。

中国的先进的知识分子主要是经过俄国十月革命而认识马克思主义的。他们当时能读到的马克思列宁主义的著作是很少的。他们学到了马克思主义的基本观点,就勇敢地投身于炽热的实践斗争中。他们的理论准备不够多,这是一个弱点;但是,一接受了马克思主义,就立即把它和中国的反帝反封建的群众运动结合起来,这又是中国马克思主义运动的一个特点和优点。

(四)五四群众爱国运动

1919 年的五四群众爱国运动是为反对帝国主义对中国的侵略,反对卖国的北洋军阀政府而爆发起来的。

世界大战结束后,为处理战后的世界问题,1919 年 1 月举行在"五强"(英、美、法、意、日)操纵下的巴黎和会。这时,北京政府的大总统是老官僚徐世昌,实际掌握北京政府的是日本帝国主义的走狗段祺瑞,他在 1918 年 10 月起不担任国务总理,而任"参战督办",统率着用日本贷款喂养的所谓"参战军"。南方的护法军政府在孙中山退出后,由以岑春煊为首的军阀官僚所把持。南北两个政府1918年底宣布停战，并且在1919年2月开始举行议和的会议。北京政府派出了一个出席巴黎和会的代表团，团长是北京政府的外交部长陆征祥，也有南方军政府的外交人员参加。

巴黎和会举行前，美国总统威尔逊的国会演说提出了"十四条"作为这次和会的主旨，其中表示，对于一切殖民地的处置，应顾全各殖民地居民的利益；并且表示，大小国家都要互相保证政治自由和领土完整。这就使中国的知识界对这次和会寄予很大希望，以为可以利用这机会争得中国在世界上平等独立的地位。中国代表团不得不反映人民的愿望，表示他们在这次和会上要做到：一、收回战前德国在山东的一切利益，这些利益不得由日本继承；二、取消1915年袁世凯政府对日本承认的"二十一条"；三、取消外国在中国的一切特殊利益，包括领事裁判权、租界、租借地、势力范围等；四、结束德、奥等战败国家在中国的政治与经济的利益。

战后，西方列强重新加强了对中国的侵略，他们和在战争期间得利最大的日本之间不能不发生矛盾，这种矛盾尤其强烈地表现于美国和日本之间。中国代表团的官员中虽然有亲日派，但多数是亲美派。代表团向会议提出特别使日本感到不利的要求，也同美国的怂恿有关。但是巴黎和会不过是帝国主义列强的分赃会议。美国和其他西方列强只是拿中国问题作为同日本讨价还价的一个筹码，它们不可能也不想使日本在中国问题上全面让步，更绝不愿由此而导致它们在中国的既得利益受损害以至失掉。对于中国代表团提出的废除"二十一条"和取消列强在中国的领事裁判权等问题，法国总理克里门梭代表"五强"答复说，这些问题都不属于这次和会讨论的范围。只是在讨论战前德国的殖民地处置问题时，和会讨论了中国的胶州湾问题。在这个问题上，中国代表团也完全失败了。日本方面说，胶州湾已经在事实上为日本占有，而且1917年9月北京政府在同日本政府关于山东问题的换文中已对于日本的要求表示"欣然同意"，所以德国在山东的一切权利都只能转让给日本。和会终于按照日本的意志作出了决定。在讨论过程中,美国还提出了由五国共管的主张。这个主张受到日本的反对,也无益于中国。

事实教训了原来对巴黎和会抱有幻想的人。例如 1918 年 12 月创刊的时事评论刊物《每周评论》(李大钊、陈独秀主编),在发刊词中说:大战结果是"公理战胜强权"①。但是到了 1919 年 5 月初,它写道:"巴黎的和会,各国都重在本国的权利。什么公理,什么永久和平,什么威尔逊总统十四条宣言,都成了一文不值的空话。"并且说,巴黎和会"与世界永久和平,人类真正幸福,隔得不止十万八千里,非全世界人民都站起来直接解决不可。"②

北京的学生首先起来用行动表示人民群众对帝国主义,特别是日本帝国主义,对亲日派的北京政府的愤慨。为商量如何抗议巴黎和会,5 月 1 日,北京各学校的一些学生积极分子开了一个小会,5 月 3 日北京大学学生和其他一些学校的学生代表又开了一次会议。后一次会议上决定第二天举行群众大会。

1919 年 5 月 4 日下午,北京各校学生三千多人在天安门前举行集会和游行示威。他们在宣言中提出"外争主权,内除国贼"的口号,主张立即召开国民大会。游行队伍想进入东交民巷向各国使馆表示抗议,但受到使馆巡捕的阻拦。他们便转向赵家楼曹汝霖的住宅。曹汝霖是当时北京政府的交通总长,1915 年任袁世凯的外交次长,是签订二十一条的代表之一。他和章宗祥、陆宗舆又是段祺瑞对日本借款和签订军事协定的经手人,因而成为最受到舆论指责的三个卖国贼③。学生群众包围和冲进了曹宅,没有找到曹汝霖,却找到了正在曹宅的章宗祥,他刚从日本回国。学生们在曹宅放了火,并且痛殴了章宗祥。大

---

① 《每周评论》的这篇发刊词署名"只眼",即陈独秀。

② 见《每周评论》第二十期的《随感录》,也是陈独秀写的。

③ 章宗祥在"五四"时任北京政府驻日本公使。陆宗舆也曾任驻日本公使,"五四"时是币制局总裁,又是中日合办的中华汇业银行的总裁。

批军警赶到曹宅,学生三十二人被逮捕。

5月4日北京学生的行动在黑夜沉沉的中国发出一声响亮的春雷,立即震动了全国。5月5日北京学生宣布罢课,成立了中等以上学校的学生联合会,要求释放被捕同学,并进行爱国宣传。他们的行动得到了全国各地舆论的支持,得到了全国各地学生的声援。

北京学生的爱国运动在1919年的五四运动前一年已有过一次演习,那是为反对1918年5月段祺瑞政府同日本订立实际上以共同反苏为目的的军事协定而发生的。那次学生运动由在日本的留学生开始,他们中有许多人罢课回国。北京学生立即响应,5月21日北京大学等校的学生二千余人游行到总统府,要求废除同日本的军事协定。在1918年的这次游行后,北京的学生群众中关心国事的空气大大增强,有些学生开始组织起来,并和天津及南方一些城市的学生取得联系,成立了称为学生救国会的"近乎全国性的学生团体"①。

《新青年》杂志创导的新文化运动和学生爱国运动是互为因果的。新文化运动使青年们摆脱封建传统思想的束缚,对国家危亡境遇的警觉更使青年们认真考虑新文化运动提出来的问题,归根结蒂,问题就是以什么思想来救中国。封建思想被否定了,辛亥革命时期的三民主义在青年中已失去了吸引力,大家都在追求新的适合于中国需要的思想。美国的实用主义,社会改良主义,无政府主义,马克思主义,纷然杂陈于青年面前。青年学生中的思想空前地活跃。

在五四运动发生前,北京的学生中出现了许多社团组织。其中有出版《国民杂志》的国民社(上述的学生救国会的成员所组织),出版《新潮杂志》的新潮社,在城乡居民中进行通俗爱国宣传的"平民教育讲演团",以及一些由无政府主义倾向的青年组织的社团。这些社团是五四游行示威中的骨干。天安门前的集会游行和赵家楼的示威虽然

① 许德珩的回忆录:《五四运动在北京》。见《五四运动回忆录》上册,中国社会科学出版社1979年版,第211页。

带有群众自发性，但是整个行动比较有组织，而且在这一天行动以后能够坚持下去，就因为有这些社团的原故。这些社团和参加这些社团的青年具有不同的思想倾向，其中开始接受马克思主义的青年起了特别重要的作用。李大钊当时是北京大学的教授和图书馆主任，他除在报刊上发表文章，积极推动运动的发展外，还和许多进步学生密切联系，参加了学联会的工作，并且组织学校教职员支持学生的运动。

北京政府虽然在五四游行的两天后释放了被捕学生，但对学生提出的政治要求置之不理，而且下达了禁止学生干政、镇压学生运动的命令。5月19日北京学生再次宣布总罢课。学生们以"十人团"的组织在北京市内，并在北京附近铁路沿线演讲。几天后，由于北京政府的严厉禁止，学生改用贩卖国货的形式进行宣传。6月1日北京政府下了两道命令，一道命令表扬为民众斥为卖国贼的曹汝霖、陆宗舆、章宗祥，一道命令取缔学生的一切爱国行动。这就加倍激起了学生群众的愤怒。学生们从6月3日起重新进行街头演讲。

北京政府出动军警进行镇压。6月3日，有一百七十多个学生被捕，第二天又有七百多学生被捕。但是第三天上街演讲的学生比前两天更多，有五千多人，北京政府已无法加以压制。运动迅速发展到全国，不仅各地学生罢课，而且商人罢市，工人罢工，形成全国性的反对帝国主义、反对卖国政府的运动。

各地民族资本的工商业这时正面临着帝国主义势力在战后卷土重来的威胁。五四学生运动提出了抵制日本货，劝用国货的口号，这对于工商业者是有利的。北京的商会在五四后立即表示赞助学生的行动，接着，天津、上海和全国许多城市的商会也纷纷响应。各地商会主张用有秩序的"文明"的方法进行爱国运动，其行动止于提倡国货。它们所代表的是民族资产阶级的态度。在6月3日的北京学生和反动政府形成尖锐对立的情况下，上海的商界受到学生的影响，在6月5日宣布罢市，抗议北京政府的暴行。上海附近的城镇以至全国其他许多城市也跟着宣布罢市。

工人群众的奋起更增添了运动的声势。全国产业工人的人数,辛亥革命时约为五六十万人,到了五四运动时已达二百万人,其中包括民族资本的工厂和外国设立的工厂中的工人。辛亥革命后几年间,各地工人进行有组织的罢工斗争,次数比辛亥革命前多,规模也比较大。有些地方的工厂开始建立工会组织。罢工斗争一般地是要求改善生活待遇,但有时也越出经济斗争的范围。例如1915年上海和其他一些地方的日本资本的工厂中的工人举行罢工,反对"二十一条"。1916年,天津法租界工人举行罢工反对法帝国主义强行扩大租界地区。这都是工人与其他各界人民相配合进行的爱国斗争。1919年的五四学生爱国运动立即在工人群众中得到响应。特别在6月3日后,以上海为中心,工人群众走上了斗争的前列。在上海,日本资本的内外棉第三、第四、第五厂的男女工人五六千人,在6月5日首先罢工,接着,日本资本的其他工厂,英国资本的一些工厂,还有美商、法商、华商的电车公司的工人也宣告罢工。在上海以外,沪宁路和沪杭路铁路工人,京奉路唐山工人,京汉路长辛店工人相继罢工。汉口、长沙、芜湖、南京、济南等地也都有工人罢工。

爱国运动在广度和深度上的迅速发展,特别是工人群众以罢工形式参加斗争,不但使北京政府,而且使帝国主义感到十分震惊。由于工人罢工,帝国主义在上海、天津等地的租界有陷入瘫痪的危险,帝国主义在华利益受到威胁。作为帝国主义的工具的北京政府不得不采取措施解救危机。6月10日,北京政府宣布"批准"曹汝霖、陆宗舆和章宗祥"辞职",并且改组了内阁,不过改组后的内阁仍然为段祺瑞的势力所控制。至于巴黎和会,北京政府虽已决定在和约上签字,但由于社会各界和舆论的反对,也就不敢坚持这个决定。6月28日在巴黎订立包括山东问题在内的对德和约(即凡尔赛条约)的时候,中国代表团没有签字。

6月间,学生罢课、工人罢工、商人罢市的风潮渐渐平息了下去。帝国主义及其走狗以为渡过了一个难关,但是,五四运动所起的影响是他们所遏制不了的。

通过五四群众运动，中国思想界经历了一次巨大的激荡。坚持资产阶级个人主义观点的人们在运动的高潮中渐渐地退出了斗争，在斗争中最坚决的、能够起领导作用的是开始接受了马克思主义的人们。在五四以前，新文化运动所举起的旗帜是资产阶级的民主主义与个人主义；经过五四运动，介绍、研究、宣传马克思主义成为不可抗拒的潮流。新文化运动发展为马克思主义思想运动，《新青年》杂志渐渐转变为宣传马克思主义的阵地就是这种发展的一个标志。"五四"后全国各地知识青年纷纷成立社团，出版刊物，在仅仅一年间出版的刊物达四百种之多。这些社团和刊物虽然有各种不同的思想倾向，但除了明确地接受马克思主义的以外，也几乎都不能不议论社会主义，议论俄国的社会主义革命，议论马克思主义。

在护法运动中遭到失败的孙中山，从五四运动中看到了新的希望。他在1920年1月致海内外国民党党员的信上说："自北京大学学生发生五四运动以来，一般爱国青年无不以革新思想为将来革新事业之预备。于是蓬蓬勃勃，发抒言论。国内各界舆论，一致同倡。各种新出版物，为热心青年所举办者，纷纷应时而出。扬葩吐艳，各极其致，社会遂蒙极大之影响。虽以顽劣之伪政府，犹且不敢撄其锋。此种新文化运动，在我国今日，诚思想界空前之大变动。推原其始，不过由于出版界之一二觉悟者从事提倡，遂至舆论大放异彩，学潮弥漫全国，人皆激发天良，誓死为爱国之运动；倘能继长增高，其将来收效之伟大且久远者，可无疑也。"①

在五四运动中学生群众起了先锋作用。占中国人口中最大多数的农民没有卷入这个运动。这个运动的特出的意义是工人阶级显示了它的力量。先进的知识分子，即开始接受马克思主义的知识分子，既从俄国无产阶级的十月社会主义革命得到启发，又从五四运动的经验中认

———

① 《孙中山选集》，人民出版社1981年版，第482页。

识到中国无产阶级的历史地位。他们走到工人群众中进行宣传工作和组织工作,由此马克思主义思想运动和工人运动相结合。许多地方成立了共产主义小组,为中国共产党的成立作了必要的准备。

五四运动后二年,1921年,中国无产阶级政党——中国共产党正式成立了。

中国仍然是在帝国主义、封建主义统治下的贫穷、落后的半殖民地半封建的国家,但是经过五四运动,中国近代历史发生了一个重大变化,中国无产阶级开始作为一个独立的阶级登上了历史舞台。无产阶级代替资产阶级而成为中国民族民主革命的领导者。

五四运动宣告了资产阶级领导的旧民主主义革命的结束和无产阶级领导的新民主主义革命的开始。从此,中国近代历史展开了新的篇章。

人 名 索 引

389

罗大纲 101,102,124

罗惇衍 162,163

罗尔纲 228

罗家伦 56

罗纶 692,694,747

罗曼诺夫 390

罗荣光 531

罗淑亚 Rachechouart 318

罗素 Russell John. 36

罗特 Rort Elihu 682,683

罗孝全 Roberts I. J. 96,126

罗应旒 305

罗邕 228

罗泽南 109

罗振玉 460

骆秉章 75,139,143,177,191

骆国忠 182,183,236

M

马福益 619,620,650

马复初 190

马格里 Macartney S. M. 281,
352,353

马格禄 McClure 370

马桂源 254

马化龙 254,255

马戛尔尼 Macartney Earl 22

马建忠 354

马科雷 Macauley C. 341

马克思 Marx K. 18,22,137,
138,150,295,431,627,641,
844,846,847,850,851,853,
854

马良 289

马如龙 190,252,253,358

马神甫(马奥斯定) Chapdelai A.
138

马士 Morse Hosea Ballou 35,
66,76,132,133,137,139,265,
272,319,395,416,423,511,
538,546,550,553,568

马寿 254

马文禄 254,255

马歇尔 Marshall H. 124,129

马新贻 664

马玉崑 367,540,544

马毓宝 753,754

马震东 808

马宗汉 660,661

玛地臣 Matheson 37

麦莲 McLane R. M. 124—
126,130,133—135

麦孟华 433,454,457

麦仲华 481

毛泽东 3,7,71,73,74,86—88,
91,104,240,308,309,312,

事　项　索　引

（本索引只列比较重大的事项，但已见于目录的项目不列入；

因已有人名索引，可通过人名直接查找的项目一般也不列入。

索引按汉语拼音顺序排列，每条所记数字是页码。）

A

责任编辑:郑牧野

版式设计:陈　岩

图书在版编目(CIP)数据

从鸦片战争到五四运动/胡　绳　著. -北京:人民出版社,2010.8(2019.4
　重印)

(人民文库)

ISBN 978－7－01－008020－8

Ⅰ. 从… Ⅱ. 胡… Ⅲ. 中国-近代史 Ⅳ. K25

中国版本图书馆 CIP 数据核字(2009)第 106193 号

从鸦片战争到五四运动
CONG YAPIAN ZHANZHENG DAO WUSI YUNDONG

胡 绳 著

人民出版社 出版发行
(100706　北京朝阳门内大街 166 号)

环球东方(北京)印务有限公司印刷　新华书店经销

2010 年 8 月第 1 版　2019 年 4 月北京第 3 次印刷
开本:710 毫米×1000 毫米 1/16　印张:58
字数:780 千字　印数:0,001-5,000 册

ISBN 978－7－01－008020－8　定价:109.00 元

邮购地址 100706　北京朝阳门内大街 166 号
人民东方图书销售中心　电话　(010)65250042　65289539